U0521210

贵州茅台酒
中國
貴州茅台酒廠出品
PRODUCE OF CHINA
MOUTAI DISTILLERY
KWEICHOW CHINA

茅台酒收藏

鉴 赏 投 资 大 全

赵晨 著

民主与建设出版社
·北京·

图书在版编目（CIP）数据

茅台酒收藏 / 赵晨著 . -- 北京 : 民主与建设出版社，2023.12

ISBN 978-7-5139-4427-4

Ⅰ . ①茅… Ⅱ . ①赵… Ⅲ . ①茅台酒 – 收藏 Ⅳ . ① G262.9

中国国家版本馆 CIP 数据核字（2023）第 213413 号

茅台酒收藏

MAOTAIJIU SHOUCANG

著　　者　赵　晨
责任编辑　郎培培
封面设计　紫图图书 ZITO®
出版发行　民主与建设出版社有限责任公司
电　　话　（010）59417747　59419778
社　　址　北京市海淀区西三环中路 10 号望海楼 E 座 7 层
邮　　编　100142
印　　刷　艺堂印刷（天津）有限公司
版　　次　2023 年 12 月第 1 版
印　　次　2023 年 12 月第 1 次印刷
开　　本　889 毫米 ×1194 毫米　1/16
印　　张　73
字　　数　1341 千字
书　　号　ISBN 978-7-5139-4427-4
定　　价　1199.00 元

注：如有印、装质量问题，请与出版社联系。

序言一

酱香越千年，国酒酿佳话

在中国历史上，恐怕没有哪一种酒能比肩贵州茅台酒的荣誉与地位。1949年中华人民共和国成立后，茅台酒被推举为“国酒”，自此以后，越数十载时光，茅台酒不仅成为国家形象的“代言人”，“行走”在外交舞台上，还被广大国人崇奉，并被尊为拥有“最佳饮用酒质、最高收藏价值”的中国白酒。

过去，茅台酒是一款美酒，今天仍然是。但不同的是，时代赋予了茅台酒一个新的身份——艺术收藏品。它是拍卖会场上的常青藤，更是佼佼者。茅台酒成为艺术收藏品，本身是学术范畴的事儿，可以说因为它有悠久的历史文化，也可以说因为它珍贵。其实对于茅台酒的价值定义，抛开纷繁的古代史部分，至少它曾在民国初年就为南洋劝业会的审查总长杨士琦（淮安人）所青睐，所以才在美国“巴拿马万国博览会”上获奖，从此被西方人关注。

酱香型白酒是地地道道的中国传统酿酒风格香型，因为它有浓郁的香，在整个中国白酒风格体系当中特点突出，给世人留下了深刻的印象。酱香型白酒还有一个可陈放的特性，越放越香，有别于浓香型等白酒始终保持中性芬芳的陈年特征，这又让贵州茅台酒在陈年白酒的价值竞逐中占了上风。

中华人民共和国成立后，茅台酒由低向高完成了质的飞跃。国家整合管理与经营、科学技术与人才投入、资金和市场的扶持，改变了千百年来茅台酒在小农意识下的经营理念，并树立起品牌意识，属于茅台的许多文化悄然改变，价值又被重新体现。就在这时期，又有一位淮安人开始不遗余力地推进茅台酒发展，他就是一代伟人——周恩来总理。是他亲自审定茅台酒成为“开国第一宴”主酒；是他使用茅台酒招待世界各国首脑、政要、友人，以及国内各条战线英雄、模范和知名人士；是他两次指示“茅台河水不容污染”；是他两次指派工作组深入茅台酒厂搞科学实验；是他强调“茅台河上游100公里内，不能因工矿建设影响酿酒用水，更不能建化工厂”……贵州茅台酒在周恩来总理的亲切关怀、关心下，成了名副其实的“国酒”。

有了“国酒”这样一个身份，自然铸就了茅台酒一个又一个的辉煌。截至2017年底，茅台集团成为世界上生产规模最大、库房最多的酿酒实体企业；全球蒸馏酒单品销售额最大的品牌；连续两年荣登“全球烈酒品牌价值50强”榜首。2017年4月，茅台酒厂超越帝亚吉欧，成为全球市值最高的酒厂。

贵州茅台酒取得了如此骄人的业绩，也给陈年茅台酒的收藏投资市场带来示范效应。随着茅台热的持续升温，从2010年开始，陈年茅台酒在收藏市场中价值不断攀升。仅2011年一年时间，茅台酒在国内各大拍卖会上的成交总额就接近10亿元人民币，分别占白酒拍卖标的、成交额的81.04%和93.62%。至2017年底，茅台酒在中国民间收藏的成交额已达1000亿元人民币，收藏、投资贵州茅台酒的人越来越多。

2010年，我完成中国首部酒类收藏书籍《茅台酒收藏》，转眼13年过去了。2012年，我又与紫图合作，推出了《茅台酒收藏投资指南》一书，成为当时茅台酒收藏市场中炙手可热的参考读本，并在2019年荣获第二十四届世界美食美酒图书大赛唯一特别大奖。转眼已越11年时光，这本书其间再版加印了10余次，体现出市场对于茅台酒收藏投资的极大关注。

10余年过去了，书中的茅台酒如今依然“驰骋”在各大拍卖会场，酒没变，但价格却一次超越一次。所以，我决定将此书修订再版。除了更新茅台酒的收藏投资参考价值，也补充了一些新的内容，尤其是在这10余年间出产的一些具有独特个性的茅台酒。我想这本书受到广大读者如此喜爱，以后肯定还会再版增修。10余年来，我藏酒事业有了长足发展，思想境界也有所提高，除了在茅台酒收藏方面的提升外，对茅台酒的文化认识也有了新的体会。所以，这本再版增修本，将茅台酒的奥秘一一呈现出来，以飨读者。

作为中国当代最有价值的酒类收藏投资品，贵州茅台酒绝不是一个原因、一个事件、一场拍卖会、一本书所能诠释的。所以，本书只是展现当前关于贵州茅台酒收藏投资的一个点、一个面，一个属于当下的价值风向标。在上一版介绍的三大类酒款的基础上，新版书增添了两个种类，一共五类茅台酒。

一、珍稀品种（第一章）。书中展示的陈年贵州茅台酒的珍稀品种，主要是产于20世纪中期的土陶瓶、白瓷瓶封装的贵州茅台酒，此类茅台酒是各场次拍卖会上竞拍最为激烈的品种。

二、常见品种（第二、三、四、五、六、七章）。主要分为三类。第一类是茅台酒收藏中的中端品种，如酱瓶装贵州茅台酒、“葵花牌”贵州茅台酒；第二类是拥有“三大革命”背标和“地方国营”正标的贵州茅台酒，它们产于20世纪70年代到80年代，是拍卖会上成组拍卖的主要拍品；第三类则为20世纪80年代以后产的各类贵州茅台酒，可品鉴、可收藏，大众认知度较高。

三、纪念酒品种（第八章）。增补2012年至2023年间未曾刊录和后续出品的茅台纪念酒。茅台纪念酒通常是为了纪念某个重要事件而限量发行的一款酒，具有编号。该酒本身包含了一个或多个含有突出意义的事件，再加上它年份酒的身份，具有很高的收藏投资回报率。

四、定制酒品种（第九、十章）。茅台定制酒是茅台集团迎合市场多元化需求所推出的一种贵州茅台酒的包装形式。如今市场上常见的“蓝茅”“青印”等定制茅台酒，多为单位、企业或者个人署名的贵州茅台酒，均属于茅台定制酒。

五、生肖酒和节气酒品种（第十一章）。茅台“十二生肖”酒是茅台集团与生肖设计巨擘黄永玉老先生共同打造的一款茅台主品牌酒。产品延请艺术大师黄永玉在茅台酒瓶上绘制出十二生肖图案，旨在创造国酒茅台、国家级艺术大师与中国生肖文化的完美结合，是在茅台酒基础之上升华成的高尚饮品酒。自2014年起每年推出当年的生肖酒一款，至今已推出了各种容量和款式十种生肖的贵州茅台酒。2023年，贵州茅台酒“二十四节气”系列发布，彰显了茅台酒顺应天时酿造的文化内涵，让传统节气更富诗情画意。

对于国酒茅台的收藏，众多名家曾给予我们无微不至的关怀。在文化上，我们需要在此感谢成龙先生、马云先生、刘长乐先生、陈凯歌先生以及钱文忠先生对茅台酒文化的推动。在收藏上，我们要感谢张靖先生、陈连茂先生以及每一个热衷于茅台酒收藏的同人，正是因为贵州茅台酒拥有了许许多多的爱好者，它才能在如今景象繁荣，一片生机。

当然，我们更要感谢贵州茅台集团的历届领军者们，以及万千茅台职工，他们为当下贵州茅台酒事业的发展，立下了汗马功劳。

贵州茅台酒作为我国唯一进入世界三大蒸馏名酒之列的酒，它能在浓厚的酱香中传承悠久的中华酿酒文化以及在新时期实现价值增长，既是品牌的成功，也有品质的力量；既是概念上的成功，更是资本运作投资成功的一个具体体现。随着传统艺术品投资可增值资源的日益稀缺，贵州茅台酒在各大拍卖会场上的飒爽英姿，展现的不仅仅是贵州茅台酒的收藏价值，更是投资者的精准眼光。

赵晨

2023年6月于北京

序言二

如何收藏茅台酒

在如今的艺术品投资市场，贵州茅台酒的光芒已经远远盖过国外洋酒。而作为拥有“国酒”高贵身份的茅台酒，又有哪些收藏常识是我们必须掌握的呢？

我们需要知道的是，白酒是可以收藏的。单纯从酒体本身来说，越陈越香的特点已经为世人所熟知。如果提及酒的品牌和历史文化，显而易见，文化价值和经济价值将会伴随着酒体一起，给收藏者和投资者一个价值上的回报。

中国白酒的收藏，紧随文化的发展而发展。收藏之风自古而兴。而国酒茅台，始于西汉，兴于唐宋，盛于明清。自中华人民共和国开国之宴起，诏以“国酒”后，它的价值逐步呈现，乃至在当下受到无数藏酒爱好者的争相追捧。

收藏时机

很多藏友会问，现在开始收藏投资贵州茅台酒会不会晚，哪些年份、种类的茅台酒具有一定的收藏价值？答案是，现在着手茅台酒的收藏，是完全可以的，且可以获得价值收益。在开始收藏前，我们首先需要对茅台酒的历史文化知识有所了解，藏酒爱好者可以根据自己的经济条件来进行学习、研究和收藏。其次，寻找适合自己的收藏品种也是初学者应该考虑到的。找到适合自己收藏的类别，真的特别重要。

收藏分类

在茅台酒收藏的分类上，我们通常将茅台酒按年份分为中华人民共和国成立初期、“文革”时期、改革开放、经济腾飞四个时期；按照商标类别，可以分为“五星”“飞天”“葵花”三类；还可以按照特供酒和纪念酒进行分类。如此系统的分类收藏方式，为众多收藏家所推崇。当然，如果拥有一定的经济实力以及丰富的藏酒知识，我们还是主张针对存世较少的品种进行收集。对于初级玩家，可以尝试购买近年新出的纪念酒，价格不高，升值空间大，而且承载的意义非凡。此外，由于白酒的特殊性质，年份越早的品种，收藏价值越高。

收藏价值

至于哪些茅台酒仍具有较高的收藏价值，“物以稀为贵”，这是收藏界的真理。作为高端投资，20 世纪五六十年代的土陶瓶茅台酒仍然是首选，其悠远的年份和稀少的存世量，随着时间的推移，将越发珍贵，升值率极高。此外，一些年份酒也是具有收藏价值的。而作为普通品种的投资，能够拥有一瓶或数瓶诸如 20 世纪 80 年代的普通茅台酒，同样可以跟随市场走势获得价值收益。不过，对于收藏茅台纪念酒的藏友，需要注意的是，目前的茅台纪念酒有两大类：一类是茅台集团官方发行的每逢盛世庆典的纪念酒，如香港回归纪念日、澳门回归纪念日、国庆周年纪念日等，这些全国性题材，大多用礼品盒包装，设计独特，每款都高贵典雅，值得收藏；另一类是为各大组织定制的纪念酒，如华商书院成立 10 周年纪念、中国收藏家协会成立二十周年纪念等。这些茅台酒多为普通茅台酒包装，增加相关文字而成，此类品种繁多、门类繁杂，不宜收藏。

收藏条件

茅台酒的存储条件没有红酒那样要求严格。红酒必须收藏在指定的温度、湿度环境中，且按照一定的放姿进行存储。而中国白酒因为其特性，无须这样苛刻的收藏条件。我们普通藏家只需要在家中寻找到一个干燥、避光且远离空调的位置，即可长期存放。收藏之时可以在瓶口用塑料带封紧，防止酒体挥发，且一定垂直站放，严禁倒卧。而有条件的藏家，可以购买酒窖式酒柜进行存放，恒温恒湿的环境可以更加科学地保护收藏之酒。

特别注意

除了酒本身，白酒收藏应该更加注重其完整性。酒瓶、酒标、瓶口封装以及包装设计等，都是茅台酒收藏价值的一部分。一瓶酒的内容再好，品相、包装、封口不好也会让其身价大跌。一瓶未曾过量挥发且外观、品相完好的茅台酒，才能在收藏之外获得巨大的经济价值回报。

贵州茅台酒的地位与社会影响力以及以后的收藏价值和增值潜力，得益于当年国家领导人的亲切关怀。可以肯定的是，陈年茅台酒是一种稀有的、不可复制的消费品。如今，茅台酒的收藏得到了越来越多的关注，未来的升值速度与空间还比较大，且资金占有率相对较小。在收藏与投资茅台酒取得一定经济效益的同时，还可以了解和传承中华五千年悠久文化的灿烂与辉煌，一举多得。

特别鸣谢

在浩如烟海的中华文化中，中国的劳动人民创造了无比灿烂辉煌的文明，造就了可以凝结文明力量的不朽之物——白酒。而在悠久的中国白酒酿造历史中，茅台酒独树一帜地成为中国白酒文化的杰出代表。茅台酒因地而名，其酿造工艺不可复制、酿制环境得天独厚。它遵天时而作，尽善尽美地酿造出如同神话般的茅台美酒，也彰显出它的宝贵价值。中华人民共和国成立后，茅台酒成为国宴用酒，其身影也频繁地出现在政治、外交等舞台，在创造一个个对外交往奇迹的同时，也成就了不凡的国酒地位。

因为敬仰和尊重文化，因为对茅台酒的厚重历史充满了执着的向往，我们拍摄大量图片编写此书，尽可能地用丰富的图文信息体现茅台精神，发扬和提倡中华文化。我们希望将中国的白酒在世界酒林重新定位，更希望通过这样的形式，增加我们对文化的信仰，让国人在传统文化的深邃之中自信、自强、自豪。

在此书出版之际，我首先要感谢我的家人。正是因为我的父母、夫人对我无微不至的关怀和支持，才让我得以专心对茅台酒的历史文化进行研究。

还要感谢在本书出版工作中付出辛劳且默默无闻支持茅台酒收藏事业发展的我的几位密友：陈克宏、张璞、许华东和刘建军，正是因为你们的加入，茅台酒历史文化的光芒才会在当下如此耀眼、灿烂。

感谢我收藏界的好友尹延奎、李文英、徐方、黄文杰、张继斌、朱颜、国建立、杨振东、迟志亮、王胜源、陈健朝、张学明、卢川、侯康升等对本书在收藏学术上的支持。

感谢陈连茂先生、斯舰东先生、张本雷先生、顾玲小姐一直以来对我在文化藏茅事业上的肯定、关注与支持。特别感谢西藏酒盒子商贸有限公司周传奎先生、北京千岛天宝酒业有限公司李金华女士对本书出版发行的大力支持。正是他们对我的认可，给予了我无尽的动力和信心。

最后感谢肖强、姜军利、何雄周对本次出版工作的大力支持，以及紫图公司的万夏先生、黄利女士，是他们的尽心尽力，才让本书最终以一个最佳的状态出版发行。

正是因为有了许许多多为文化藏茅不计得失的藏酒家，我们才创造了茅台酒收藏的辉煌。因为有你们，中华酒文化才能生生不息，得以延续。

目　录

CONTENTS

20 世纪 30 年代
茅台村酒坊出品茅酒

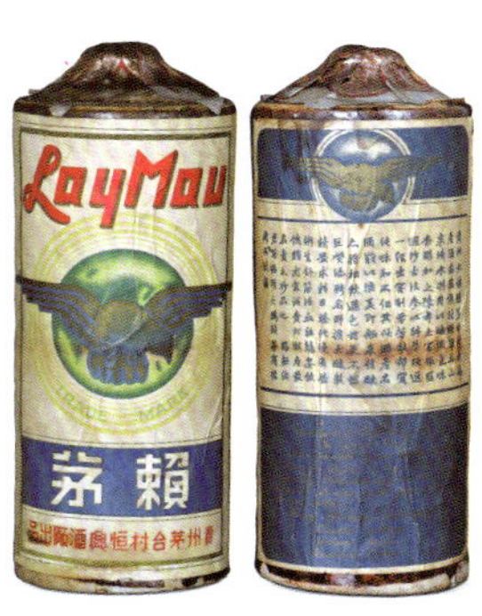

20 世纪 40 年代
恒兴酒厂“飞鹰牌”赖茅

1953 年内销“金轮牌”
贵州茅台酒（土陶瓶）

第一章　清代、民国时期

第二章　中华人民共和国成立初期

目录

CONTENTS

1956 年内销“金轮牌”
贵州茅台酒（土陶瓶）

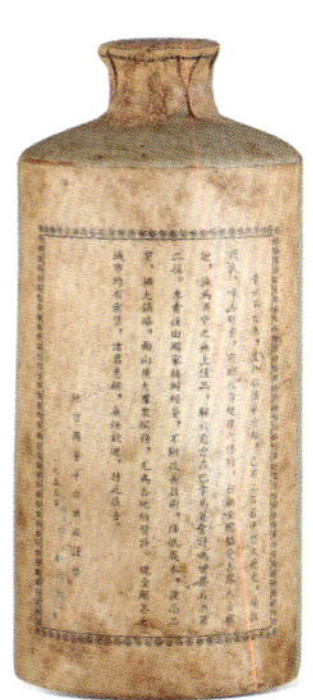

1958 年外销“金轮牌”
贵州茅台酒（白瓷瓶）

1960 年内销“金轮牌”
贵州茅台酒（土陶瓶）

目　录
CONTENTS

1966 年外销“飞天牌”
贵州茅台酒（白瓷瓶）

1967 年内销“金轮牌”
贵州茅台酒（土陶瓶）

1968 年外销“飞天牌”
贵州茅台酒（白玻瓶）

第三章 “文化大革命”时期

目 录

CONTENTS

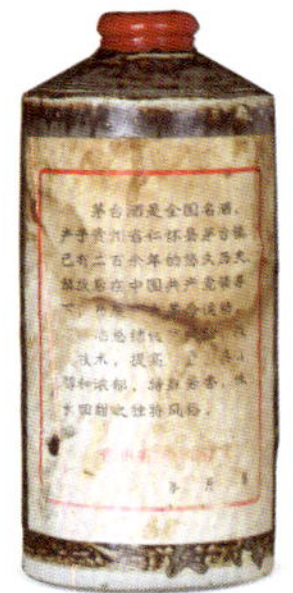

1969 年特供“金轮牌”
贵州茅台酒（酱瓶）

第四章　改革开放时期

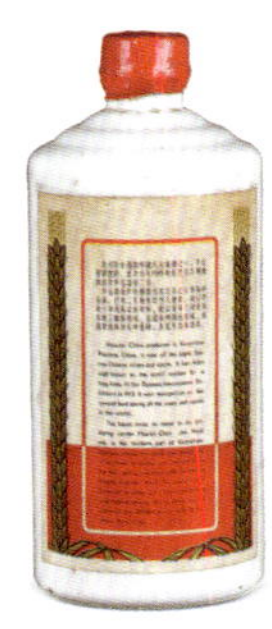

1971 年外销“葵花牌”
贵州茅台酒（白玻瓶）

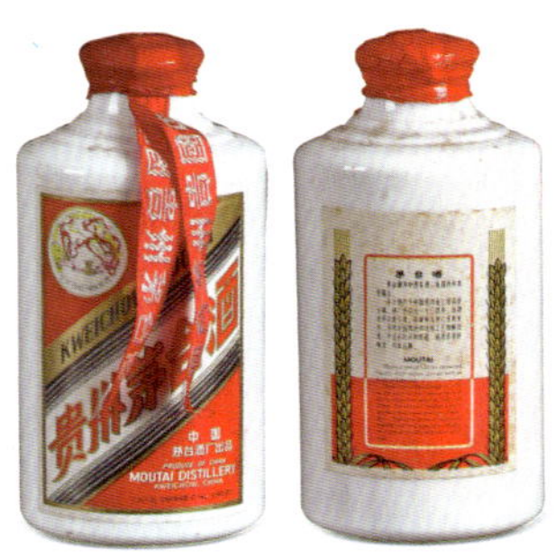

1977 年外销“飞天牌”贵州茅台酒

目　录

CONTENTS

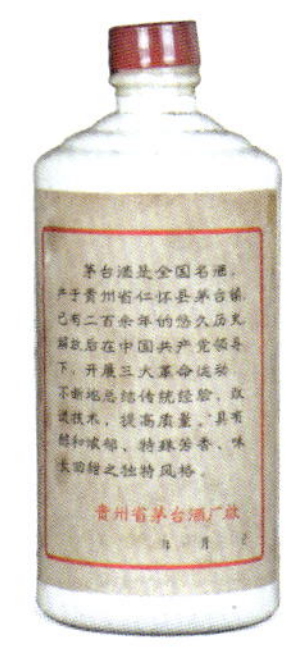

1978 年内销“葵花牌”贵州茅台酒

1983 年外销“飞天牌”贵州茅台酒

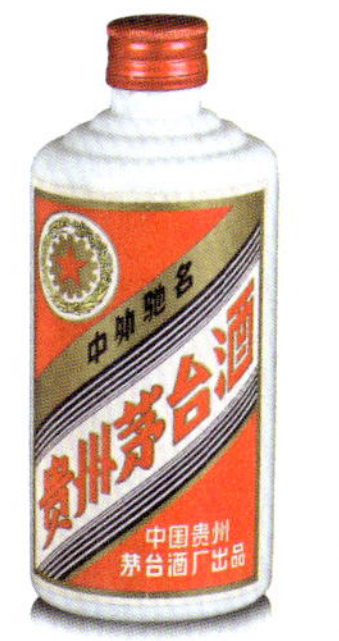

1987 年内销 54 度“五星牌”贵州茅台酒

第五章　伟大复兴时期

目　录

CONTENTS

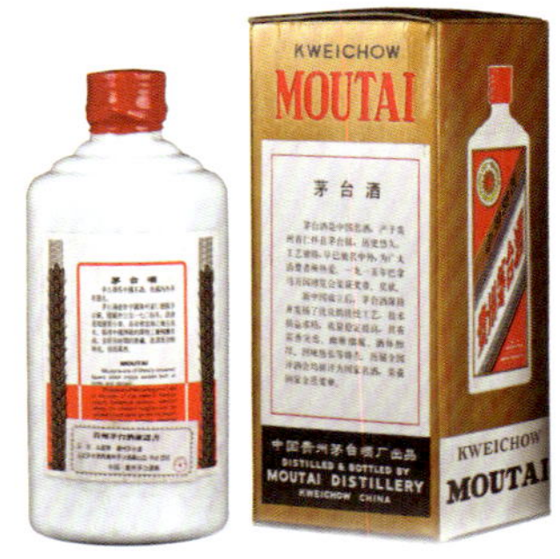

1990年正背标混贴
“五星牌”贵州茅台酒

2000年内销“五星牌”贵州茅台酒

2006年“飞天牌”贵州茅台酒

目　　录

CONTENTS

第六章　珍品茅台系列

2009 年“五星牌”贵州茅台酒

1986 年“一七〇四年”标珍品贵州茅台酒

1999 年“小黑标”珍品贵州茅台酒

第七章　年份酒系列

目　录
CONTENTS

2008 年珍品贵州茅台酒

1992 年“陈年”贵州茅台酒

2013 年八十年年份贵州茅台酒

目　录

CONTENTS

1999 年贵州茅台酒
（国庆 50 周年盛典茅台纪念酒）

2016 年贵州茅台酒
（澳门回归 17 周年纪念酒）

2002 年贵州茅台酒
（世纪经典）

目　录

CONTENTS

2015 年贵州茅台酒
（纪念巴拿马金奖 100 年珍藏版）

2008 年贵州茅台酒
（奥运纪念酒）

2010 年贵州茅台酒
（孔子纪念酒）

目　录

CONTENTS

2012 年贵州茅台酒
（成龙特制陈酿）

2012 年贵州茅台酒
（百年巨匠张大千）

2014 年贵州茅台酒
（中国国家博物馆）

目　　录
CONTENTS

2015 年贵州茅台酒
（双龙汇）

2016 年贵州茅台酒
（丝绸之路）

2017 年贵州茅台酒
（灵猴献瑞）

目　录

CONTENTS

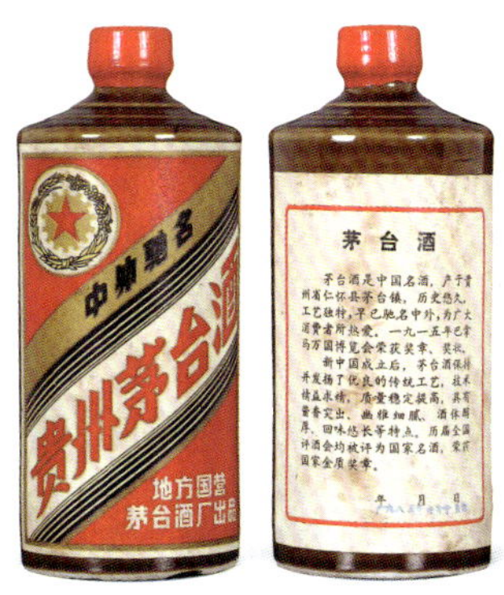

1983 年特供“五星牌”贵州茅台酒

1992 年汉帝茅台酒

2015 年贵州茅台酒
（★★★★★）

第九章　特供茅台系列

第十章　定制茅台系列

目　录
CONTENTS

2003 年贵州茅台酒
（33 度礼盒·寿星）

2004 年贵州茅台酒
（礼盒装）

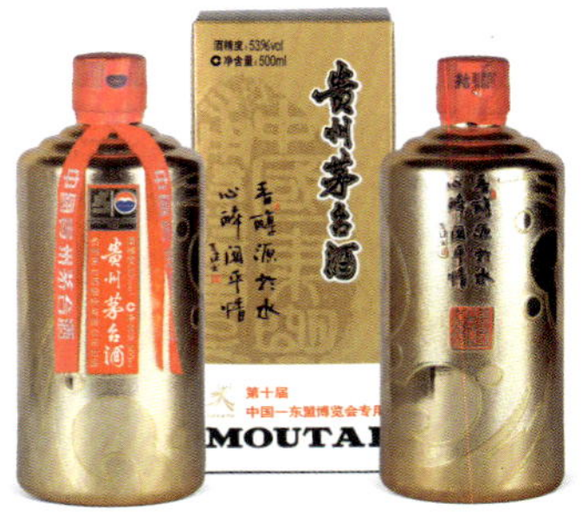

2013 年贵州茅台酒
（第十届中国—东盟博览会专用）

目　录
CONTENTS

2011 年贵州茅台酒
（博鳌亚洲论坛十周年）

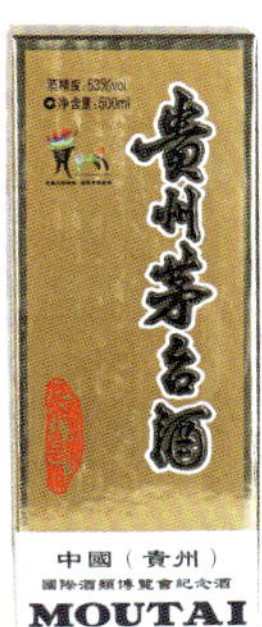

2011 年贵州茅台酒
〔中国（贵州）国际酒类博览会纪念酒〕

2008 年贵州茅台酒
（盛世国藏）

目　录

CONTENTS

2014 年贵州茅台酒
（新年快乐）

2014 年贵州茅台酒
（会员专享）

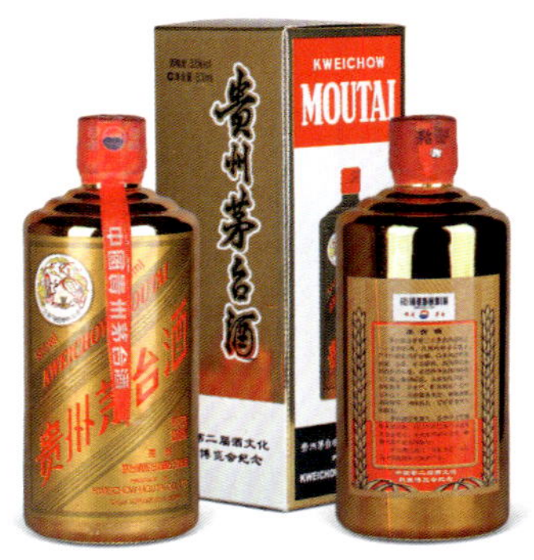

2015 年贵州茅台酒
（中国第二届酒文化收藏博览会纪念）

目　录

CONTENTS

2015 年贵州茅台酒
（印象水仙）

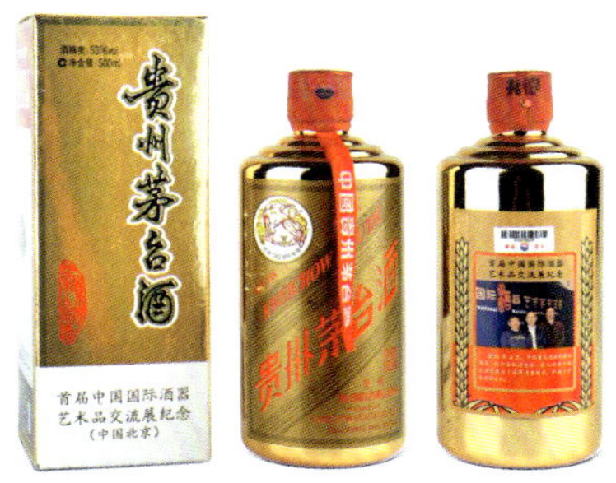

2017 年贵州茅台酒
〔首届中国国际酒器艺术品交流展纪念（中国北京）〕

2016 年贵州茅台酒
（李白《将进酒》）

目　录
CONTENTS

2016 年贵州茅台酒
（金桂叶酱瓶）

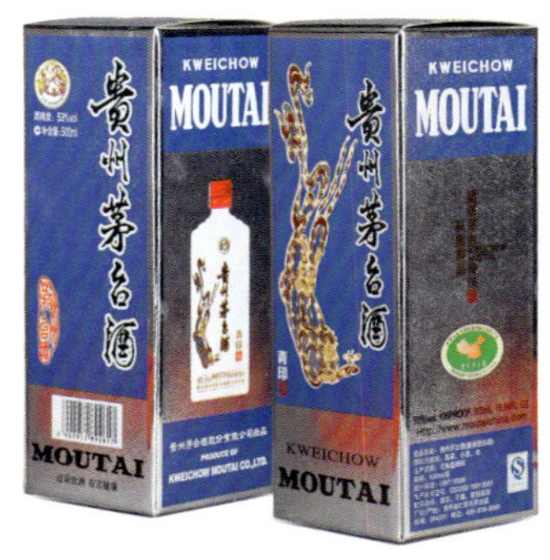

2016 年贵州茅台酒
（青印）

2016 年贵州茅台酒
（只为卓越不凡的你）

目　录

CONTENTS

2017 年贵州茅台酒
（风雨十载辉煌共庆）

2018 年贵州茅台酒
（中国红）

2021 年贵州茅台酒
（鸽画友谊）

目　录

CONTENTS

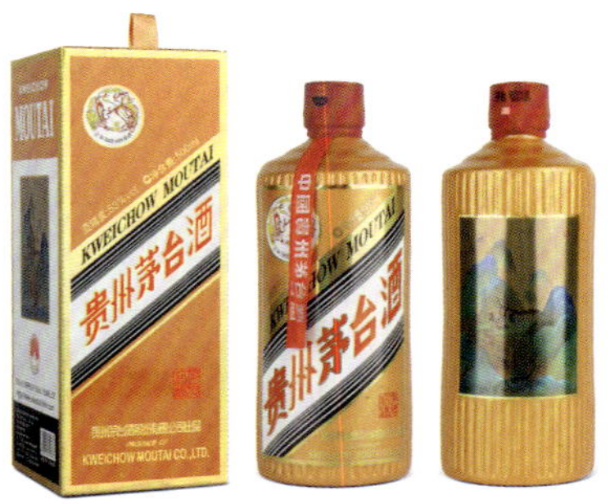

2022 年贵州茅台酒
（厚德致远）

2015 年贵州茅台酒
（凤梧酒洲）

2016 年贵州茅台酒
（医之匠心 传承经典 著名外科专家
秦保明教授 89 岁寿辰纪念）

目　录

CONTENTS

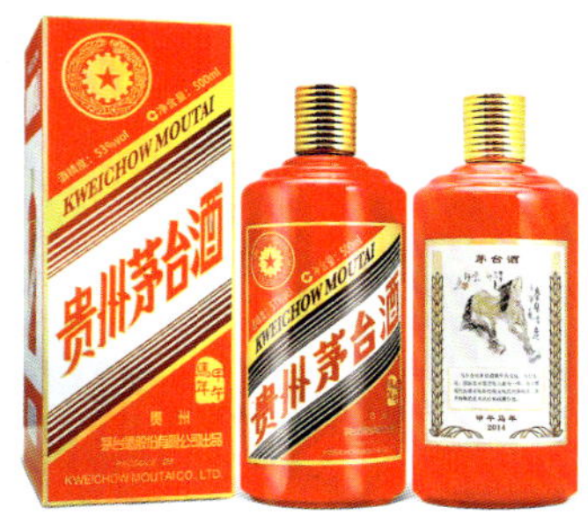

2014 年贵州茅台酒
（马年）

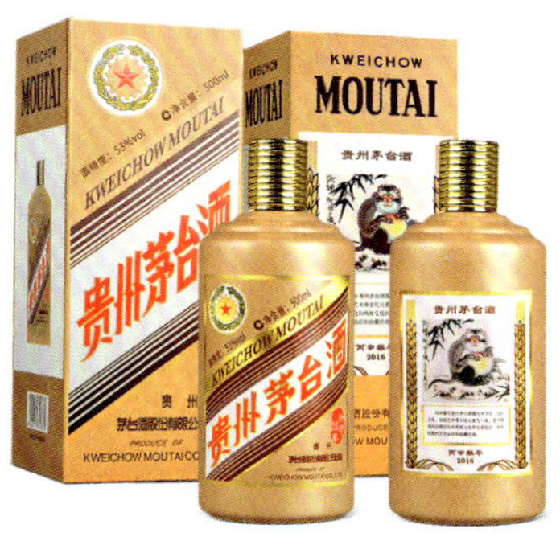

2016 年贵州茅台酒
（猴年）

2018 年贵州茅台酒
（港区省级政协委员联谊会尊享）

第十一章　生肖酒和节气酒系列

目　录
CONTENTS

2020 年贵州茅台酒
（鼠年）

2023 年贵州茅台酒
（兔年）

2023 年贵州茅台酒
（立春）

阅读导航

配图

与当年该款贵州茅台酒相关的书籍、报刊、海报、广告、老照片等。

排序

书中全部选品以年份、款式等顺序排序，数字仅为顺序标记，无排名先后之分。

基本信息

每款茅台酒的参考价格、规格等资料查询信息，详细含义如下：

- 羊—该款茅台酒的近期（截止到 2023 年 6 月）拍卖价格，或市场流通参考价格。
- 拍—该款茅台酒的拍卖公司、拍卖时间及拍卖项目标号。
- 年—该款茅台酒的生产年份。
- 容—该款茅台酒的容量规格。
- 度—该款茅台酒的酒精度数。
- 藏—该款茅台酒的收藏星级。

酒款名称

为此页所介绍茅台酒之名称。

微距超清图片

用专业高清设备微距拍摄的细节图片，让历年贵州茅台酒的暗记一览无遗，使各类高仿、低仿的假茅台无处可藏。

茅台酒实物图片

读者可以依照书中图片酒标信息，选择、确认、辨别所要购买、收藏的茅台酒。

45

羊 成交价格	RMB 2,999,000
拍 拍卖信息	北京歌德 2014.6.1，Lot 1658
年 生产年份	1958 年
容 容量规格	500 g
度 酒精度数	55°
藏 收藏星级	★★★★★★

该酒入选《世界之醉》封面

1958 年内销“金轮牌”贵州茅台酒（土陶瓶）

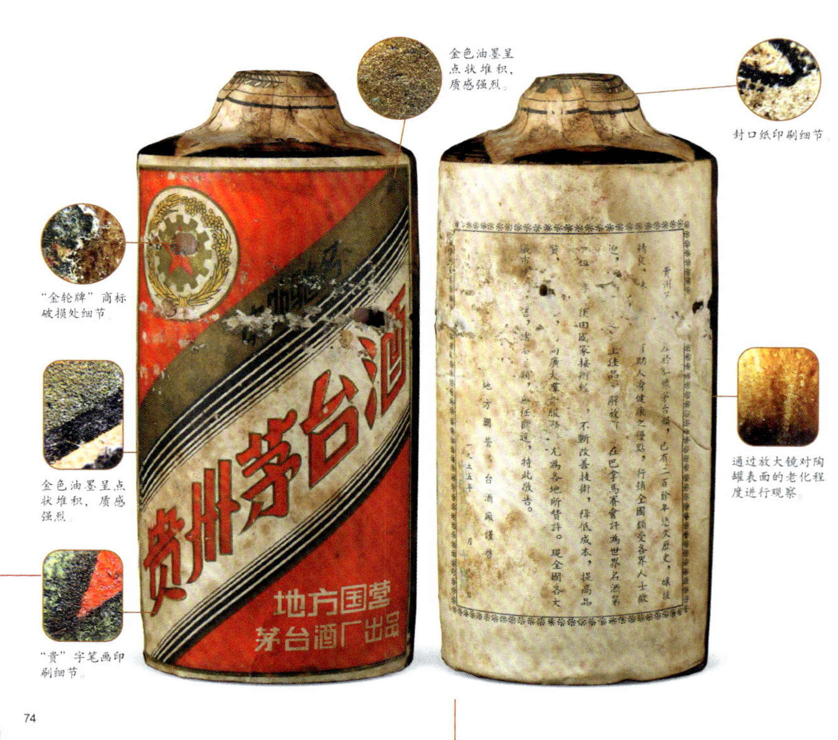

74

中华人民共和国成立初期

相关事记:

在 1958 年 7 月召开的全国酒类出口专业会议上，应外贸部门要求，茅台酒厂签订协议，将茅台酒度数由 55 度降到 53 或 52 度。

同年 8 月，茅台酒出口商标“飞天牌”于上海签订协议，由香港五丰行在香港办理注册，并报国务院备案。

通过放大镜对陶罐表面的老化程度进行观察。

封口纸印刷细节。

1958 年茅台酒顶部、底部细节

通过放大镜对陶罐表面的老化程度进行观察。

点评： 封口纸与土陶瓶相依一体，可谓“青山松柏尚相忆，粉身碎骨不分离”。此瓶通体施黑釉，色泽透明，厂名中“品”为“㗊”。这瓶酒体现了 20 世纪 50 年代酒瓶大致风格：瓶体不规整，稍有扭曲。酒之明星，明星之酒。

75

综合信息

针对每一款贵州茅台酒用“相关事记”详述其历史背景、变迁、酿造工艺、品质特点。

细节图片

许多茅台酒的酒标十分相似，容易混淆。特增加了一些相关细节图片，如标志细节、厂名细节、出厂日期细节等，以方便读者的选择、确认。

作者点评

为本书作者赵晨所评。提供该款茅台的具体品鉴信息，包括色泽、嗅香、口感、余味等详细特征，以及对酒瓶、酒标、封口方式的点评，展示此款茅台的独特魅力。

山环水抱茅台镇

茅台镇是黔北名镇，位于赤水河畔，四面环山，平均海拔880米，年平均气温16.3℃，年日照1400小时，无霜期311天，年降雨量800~1000毫米，非常适合酿酒，被誉为“中国第一酒镇”，是中国“国酒”茅台酒的故乡。

茅台镇鸟瞰图

从这张鸟瞰图可以看出，赤水河贯穿全境，茅台镇地处河谷地带，地势低凹。独特的地理位置及气候环境，十分有利于酿造茅台酒的微生物栖息和繁殖。

赤水河及位于赤水河畔的“天下第一瓶”。“天下第一瓶”是世界上最大的、有七层楼高的茅台酒瓶，瓶内有螺旋楼梯，可登高环眺。

茅台镇也是有名的风景区。清晨，秀丽的茅台镇，镶嵌在青山绿水之间，美如一幅山水画；夜晚，小镇被灯火照亮，显得厚重且深邃。再加上茅台酒的酱香环绕，正是“人在画中游，在酒香中沉醉”。

中国美酒河（赤水河）

重庆市
贵州省
习水大曲
习酒
贵州茅台酒
仁怀
董酒
董醇
湄窖酒
遵义市
怀酒
鸭溪窖酒
珍酒
金沙窖酒
金沙

贵州茅台酒历史发展沿革

中国是世界上制曲酿酒最早的国家，白酒的历史在中国源远流长，最早可以追溯至商代。随着春秋时期儒学文化的兴起，酒逐步从日常饮品成为一种文化的载体，并与众多的历史人物、重大历史事件紧密相连。

我国的贵州茅台酒与法国的科涅克白兰地、英国的苏格兰威士忌并称为“世界三大蒸馏酒”。茅台酒，始于西汉，兴于唐宋，盛于明清。自中华人民共和国开国之宴起，诏以国酒。

酿造历史

汉代：枸酱酒

《史记·西南夷列传》中记载：“建元六年（前 135 年），大行王恢击东越，东越杀王郢以报。恢因兵威使番阳令唐蒙风指晓南越。南越食蒙蜀枸酱，蒙问所从来，曰：‘道西北牂柯，牂柯江广数里，出番禺城下。’蒙归至长安，问蜀贾人，贾人曰：‘独蜀出枸酱，多持窃出市夜郎。’”由此，我们看到自番阳县令唐蒙出使南越国起，南越王以枸酱盛情款待，枸酱此时初为汉人所接触，传至汉朝皇室，汉武帝饮后赞其为“甘美之”，并将枸酱酒定为了贡品，渐为四方诸国所识。因此，汉武帝时期南越国所进贡枸酱是茅台酒的雏形，也是酱香型白酒的前身。

唐宋：钩藤酒

发展到唐宋时期，贵州已成酒乡，各民族间善于饮酒的习惯促使早年的“枸酱酒”演变成“钩藤酒”。北宋朱辅在其《溪蛮丛笑》中曰：“钩藤酒，酒以火成，不酢不刍，两缶东西，以藤吸取，名钩藤酒。”古时钩藤酒，是用糯米、玉米、小麦等酿成的一种甜酒，需藏坛于窖中数月或数年，后劲较大，饮时需兑水。饮用钩藤酒不用酒具，而是用藤管吸饮，每饮一次，兑水一次，直至酒色无味。所谓“酒以火成”，表明钩藤酒系用火蒸制而成。

宋元：风曲法酒

北宋末年，茅台村地产白酒又叫“风曲法酒”，在北宋张能臣《酒名记》中有记载，且在当时已享有盛名，这为曲酒产生奠定了基础。

发展至元代，茅台村落出现。至元代中期，酱香型定型。据茅台村存明朝《邬氏族谱》，所绘邬氏家族居住地形图中便有酿酒作坊。

宋代酒爵

明末清初：回沙茅台

明末清初，茅台村酿酒时在烤过酒的糟中加入高粱，俗称“沙”，再进行发酵。烤酒的“糙沙”工艺、茅台酒的“回沙”工艺初具雏形。“风曲法酒”最终衍生为“回沙茅台”，曲酒问世。此时期，文人酒宴较之唐宋更为兴盛。

至清代，贵州地区的白酒酿造已历经千余年，夹酒、女酒、窖酒、蓼花酒、刺梨酒等各种工艺的酿造酒层出不穷，品质也各有高低。曾任兵部尚书和礼部尚书的淮安人李宗昉在其著《黔记》中载：“咂酒（即钩藤酒），一名重阳酒，以九日贮米于瓮而成，他日味劣，以草塞瓶头，临饮注水平口，以通节小竹插草内吸之，视水容若干征饮量，苗人富者以多酿此为胜”，又载“夹酒，初用酿烧酒法，再用酿白酒法乃成”之酿造方式。“茅春”是一种劣质白酒，而“茅台烧”是由“茅春”经勾兑、加热、储藏而来，其口感和品质明显优于“茅春”。

清末：茅台酒

清康熙四十三年（1704 年），茅台村杨柳湾酿酒作坊参考各种酿酒工艺，用赤河之水酿制玉液琼浆，最终酿出之酒有别于他处，袭地得名“茅台”。

道光《遵义府志》中载：“茅台酒，仁怀城西茅台村制酒，黔省称第一，其料用纯高粱者上，用杂粮者次。制法：煮料和曲即纳地窖中，弥月出窖烤之，其曲用小麦，谓之白水曲，黔人称大曲酒，一曰茅台烧。仁怀地瘠民贫，茅台烧房不下二十家，所费山粮不下二万石。”

茅台酒在清代的兴盛发展，与乾隆时期开修赤水河，使茅台村成为黔南重地有关。古语云：“蜀盐走贵州，秦商聚茅台。”据三百梯出土“路碑”中记载，可

清代酒壶

查茅台村最早有字号的酿酒作坊是乾隆四十九年（1784 年）“茅台偈盛酒号”，至嘉庆年间又有“大和烧房”等。至嘉庆、道光年间，茅台村酿制茅台酒的烧房已经有数十家。

清朝学者张国华曾经作《竹枝词·茅台村》，其中有云：“一座茅台旧有村，糟邱无数结为邻。使君休怨曲生醉，利锁名缰更醉人。于今酒好在茅台，滇黔川湘客到来。贩去千里市上卖，谁不称奇亦罕哉。”诗中记录了当时茅台村甚多的酿酒烧房和云、贵、川、湘诸省客商竞相前来购买茅台好酒的盛况，是研究清中、晚期茅台酒的酿造、营销等情况的珍贵史料。

“清咸丰四年（1854 年）八月二十二日，贵桐梓州杨龙喜、舒明达领导的号军叛乱，克县城，旋克仁怀县，进围遵义府。”朝廷派兵镇压，激战于茅台村，茅台村化为废墟，兴盛的几十家酿酒作坊、字号毁于兵灾，酿酒生产一度中断。

同治元年（1862 年），华联辉在百废待兴的茅台村首建“成裕酒坊”。

光绪年间，为了提高川盐入黔的运输能力，地方再次疏浚赤水河，加之实行官运商销的运销制度，又促进了茅台村酿酒业的大力发展，“茅春”“茅台烧春”以及“回沙茅酒”远销各地。

“成裕”招牌

近现代发展

成裕酒坊，即后来驰名的“成义烧房”前身。该酒坊的创始人华联辉祖籍江西临川，祖辈自康熙年间来黔经商，遂定居遵义府，此后子孙均以经营盐业为生。华联辉为咸丰乙亥科举人，光绪三年（1877年）任职于四川盐法道总文案。胞弟华国英为清末举人，官至四川官盐总办。华氏兄弟在官府任职的同时，在贵阳、茅台设“永发祥”“永隆裕”盐号。成裕酒坊附属于永隆裕，不久更名为成义烧房。其拥有两个窖坑，年产约1750公斤，酒名“回沙茅酒”，由其家族经营的盐号经销。

光绪五年（1879年），仁怀县绅石荣霄、孙全太和“王天和”盐号老板王立夫合股收购偈盛酒号创立“荣太和烧房”。经营初期由孙全太掌柜，但因孙全太家距茅台村较远，便由石荣霄全权负责，后孙全太中途撤资，还以石荣霄账目不清提出诉讼，石荣霄以200两纹银连股带息退还孙全太，此后“荣太和烧房”更名为“荣和烧房”。数年后，王立夫病逝，其子王和星虽有股权，但烧房实际已完全落入石荣霄手中。石荣霄原姓王，因其为石家所收养，故姓石。王立夫死后，石荣霄又复王姓，到石荣霄长孙王少章之时，荣和烧房已为王家独揽。

在民国十八年（1929年）时，贵阳人周秉衡在茅台村创立“衡昌烧坊”。周秉衡原在贵阳与人合伙开设“天福公”商号经营鸦片，但看中茅台酒销售的火爆，从而开始投资生产经营茅台酒。其在茅台村以800块大洋购得可建5间厂房的土地，并修建了17个窖，于两年后正式投产经营。但是时隔不久，天福公商号破产，周秉衡只得将衡昌烧坊流动资金挪用还债，只留下酒师和一个帮工，其余近30名工人均

印章

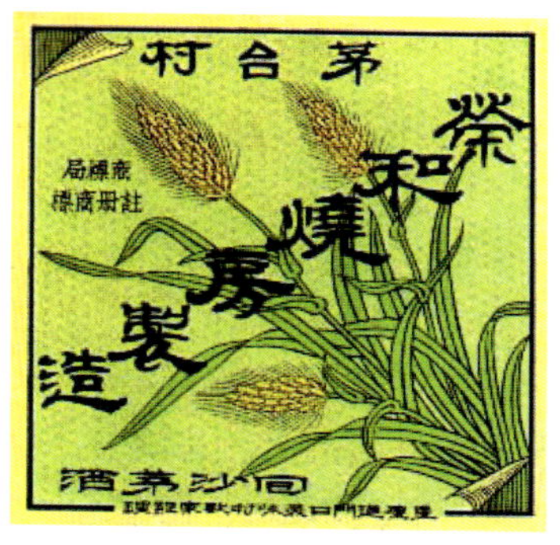

荣和烧房酒标

被迫解雇，生产勉强维持。在此窘境之中，衡昌烧坊一拖就是八年之久。民国二十七年（1938 年），周秉衡与金融家赖永初合伙组建“大兴实业公司”，共集资 8 万银圆，周秉衡以酒厂作股，由赖永初任总经理，周秉衡任副经理。周秉衡之子周扶常在公司派往四川合江坐庄运销花纱布和香烟之时，成天不务正业、吃喝嫖赌，亏空现金 2 万多银圆。于是，赖永初亲自到泸州、合江查账，要求周秉衡替子还款。周秉衡只得将衡昌烧坊转于赖永初用于抵账，赖永初补周秉衡 7000 银圆。此后，衡昌烧坊由赖永初接手。

民国三十年（1941 年），赖永初将衡昌烧坊更名为恒兴烧房，并扩大经营。工人最多之时达 60 余人。异军突起的恒兴烧房首先创立了中英文赖茅商标，成为茅台酒业领导者。

至此，成义烧房、荣和烧房、恒兴烧房三足鼎立，这三家酒坊所产酒的名称分别为“华茅”“王茅”和“赖茅”。

中华人民共和国成立后，人民政府给茅台酒的发展带来了蓬勃生机。20 世纪 50 年代，政府通过赎买“成义”、没收“荣和”、接管“恒兴”烧房的方式，组建了国营仁怀茅台酒厂，开始使用“贵州茅台酒”这个崭新的茅台酒商标。

1953 年，茅台酒开始出口，新的“金轮”（即后来的五星商标前身）、“飞天”、“葵花”商标逐步启用，这也标志着贵州茅台酒多元化发展已经开始。

1955 年，茅台酒厂升格更名为贵州省茅台酒厂；1986 年，再次更名为中国贵州茅台酒厂；至 1997 年企业改制，更名为中国贵州茅台酒厂（集团）有限责任公司，并成为一家具有现代化气息的国有大型企业。

国酒身份的由来

从中华人民共和国成立后开始，中央就要求贵州省委、仁怀县委正确执行党的工商业政策，保护好茅台酒厂的生产设备，继续进行生产。1949 年 9 月，开国大典前夜，茅台酒走进中南海怀仁堂，共和国的开国元勋们以此互相敬贺。据中新社报道：“开国大典当晚的开国第一宴在北京饭店举行，从厨师选择到菜单酒品都经周恩来亲自审定，主酒为茅台。”“国运兴，国酒兴”，当年为红军疗伤洗尘的茅台酒终于成为共和国的“开国喜酒”。

茅台酒虽然对中国革命做出了特殊贡献，但是它被尊为“国酒”，却是在全国性的评酒会上评出来的。

1952 年 9 月，经周恩来总理批准，由中国专卖事业总公司主持，中国有史以来的全国第一届评酒会在北京举行。经过来自全国的酿造专家、评酒专家及学者的认真品评，最终选出并命名了中国八大名酒，茅台酒名列榜首，成为中国国酒。

包装及商标变迁

茅台酒的包装装潢是茅台酒生产的最后一个环节，包括包装操作工艺，内包装盛酒瓶的造型与质量的改进和提高，外包装酒盒的设计、纸箔的设计、包装箱的改进等。

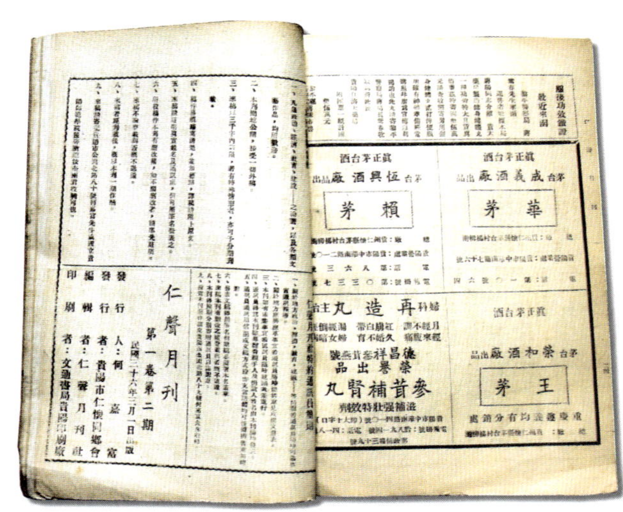
仁聲月刊
第一卷第二期

茅台恆興酒廠出品
茅賴

茅台成義酒廠出品
茅華

婦科再造丸

參茸補腎丸

茅台榮和酒廠出品
茅王
重慶遵義均有分銷處

1945 年赖茅、华茅、王茅刊登的广告

贵州茅台酒厂专家们正在探讨茅台酒包装

茅台酒厂二合分厂酒罐

当年茅台酒厂的酒篓

包装工艺的变化

茅台酒的包装操作经历了一个由手工操作到半机械化的发展过程。

中华人民共和国成立前的漫长时间里和中华人民共和国成立后的40多年间，一直是人工挑抬酒罐或竹篓，将酒从酒库搬运到包装车间，20世纪40年代初也曾用人力汽滚车，50年代至60年代曾用牛拉车。当时的盛酒皿“竹篓”又称“支子”，系山细竹篾编制成篓，内糊猪血、生石灰和皮纸，再由桐油浸泡。每个竹篓可装50公斤酒。支子的缺点是酒易渗漏。到80年代初有了很大变化，盛酒皿改用不锈钢桶，用汽车运载，解决了人力挑抬、牛拉与渗漏酒的问题。

灌酒操作上，长期用盛500g酒的“提子”，凭手工一瓶一瓶地灌装。提子原是竹制，后改为锡制。手工的灌装方式，不能保证每瓶酒一样多，工效也很低，60 年代初期改为圆盘桌式的旋转灌装，虽然工效有所提高，但劳动强度很大，灌酒的数量也因操作工人的熟练程度和注意力是否集中而受到影响。60 年代末期，通过厂里工程技术人员和厂外有关部门合作研究，试制成功了用马达带动的“一条龙”的半机械化灌装操作，大大减轻了劳动强度，提高了工效，也保证了灌装数量的准确度。

早期茅台酒酒罐

酒瓶的变化

酒瓶的材质与外形

在 1956 年前，茅台酒的酒瓶是沿用仁怀县本地产的土陶瓷瓶，造型上有两种：一种为葫芦形，形似酒坛；一种为三节形。但是，这两种瓶子装酒渗漏大、储存难。

1956 年，轻工业部曾要求有关部门试制一节形的新瓶，并在江西景德镇特别聘调了两位八级制瓶技师来厂专门进行新酒瓶的试制，做成的瓶子渗漏现象虽然减少，但外形不美观，没有被采用。

1966 年，贵州清镇玻璃厂试制乳白色玻璃瓶获得成功，解决了渗漏和形态不美的问题，结束了用土陶瓷瓶的历史。

改进后的茅台酒罐装瓶

封口

茅台酒瓶上的塞子也经历了一个漫长的改进过程。

中华人民共和国成立前，茅台酒瓶一直是用油纸扎塞在瓶口里边，外用猪猪尿脬皮绑扎，然后再用封盖纸封口；20 世纪 50 年代，仍用猪猪尿脬皮和封口纸，后改为塑料盖顶的软木塞；60 年代末到 1986 年，采用塑料制内塞和螺旋外盖；1985 年外销酒改为防盗式扭断盖；1987 年 1 月内销酒也全部改用防盗盖。

当年茅台酒厂的酒罐

贵州茅台酒厂窖藏老酒坛

1983年，贵州省粮油进出口公司下文通知，从1984年1月开始，茅台酒外销包装瓶盖全部改用扭断式防盗铝盖，并取消原有丝带和小标签，地方国营内销茅台酒包装使用至1986年底。此段时间内瓶盖还出现了“八角盖”，比较常见的年份为：1980年、1981年、1985年、1986年。

1996年8月，茅台酒使用了来自意大利的防盗式扭断盖；1998年11月，茅台酒开始使用珠海龙狮瓶盖厂生产的无害塑料瓶盖。次年5月，正式批量生产，并一直沿用至今，成为贵州茅台酒的经典符号。

规格及包装

茅台酒的包装容量规则，根据市场变化要求和国际上量制的日趋统一，逐步有所改变。

1952年2月以前，茅台酒销售分为散装和瓶装，散装盛酒用具为竹篓子，容量为50公斤，酒渗漏损失较大。从1952年2月起，全部改为陶瓷瓶装，分500g装和250g装两种。灌装地点在厂内，贴商标地点分别在遵义、贵阳、重庆3处。重庆方面由茅台酒厂派人员储运包装，专办对外省的供应。1954年后，包装全部由茅台酒厂负责。

20世纪50年代后期至80年代末，茅台酒一直分为内销、外销两种包装。内销有500g、250g、500ml装3种规格；外销则有0.54L、0.27L、0.14L及50ml、200ml、500ml装6种规格。

此外，茅台酒厂对包装箱也进行了改进。

50年代初用木箱包装，先是35瓶为一箱，后改为30瓶为一箱，再改为20瓶为一箱，箱底及酒瓶间以稻草、谷壳为填充物，以防运输中的挤、压、震、碰撞等。60年代初为了适应国际包装箱惯例，每箱由原来装 20 瓶改为 24 瓶（两打）。70 年代后期，为节约木材、减轻重量和增加包装的外形美观，改木箱为纸箱，箱内填充物由稻草、谷壳改为瓦楞纸板，每箱装的数量减为 12 瓶（一打）。

商标的变化

中华人民共和国成立后的地方国营仁怀茅台酒厂，随着品牌意识的增强、国际竞争力的加强，商标的使用成为茅台酒厂对外发展的重中之重。自 1953 年起，茅台酒厂注册“贵州茅苔牌”商标，并启用工农携手图形，俗称“工农牌”。

因为贵州茅台酒的优良品质，从 1953 年开始，在香港市场上就出现了假冒伪劣产品。而之前所使用的“工农牌”商标因福建怡隆酒厂申请在先，茅台酒厂的申报便未被批准，也仅仅只有图形可用。在这种紧迫的形势下，原贵州省工业厅立即通知茅台酒厂尽快注册产品商标，以在市场上获得合法的权益保护。之后，茅台酒厂开始了商标注册工作。

1954 年，经过一番设计、准备、申报之后，国营茅台酒厂所生产的贵州茅台酒商标正式注册成功，商标名称为“金轮牌”，注册证号 19666，专用年限为 20 年。由此，贵州茅台酒有了合法的身份，“金轮牌”成了如今“五星牌”商标的前身。当年 2 月，由贵州省人民印刷厂印制了 20 万套商标酒标。4 月 19 日，茅台酒厂还将“贵州茅苔酒”中的“苔”字替换成“台”，向贵州省人民政府工业厅申报并进行备案。这是因为“茅苔”二字在历史上出现过，但都属于误写，并没有得到社会的认可，所以做出了相关的更正。当年 11 月，茅台酒厂向国家工商局申请更厂名为“地方国营茅台酒厂”，并完成换领商标手续。（虽然后来茅台酒厂在经营过程中更换过几次厂名，但因为工商注册等原因，内销的贵州茅台酒酒标上一直使用“地方国营茅台酒厂”厂名，直至 1986 年。）

金轮商标，即今天所称五星商标的前身。商标由金色麦穗、齿轮和红色五星组成，酒标设计独特、印刷精美，历经半个多世纪，沿用至今。

飞天来源于佛教：仙女飞绕在天空，有的脚踏彩云，徐徐降落；有的昂首挥臂，腾空而上；有的手捧鲜花，直冲云霄；有的手托花盘，横空飘游。

20 世纪 70 年代，因外销茅台飞天牌商标采用敦煌飞天图，有“四旧”嫌疑，而改用“葵花牌”。葵花牌茅台酒无疑是“文革”时期特殊的产物。

1956 年，贵州茅台酒开始陆续在国际上注册。在同年 1 月，由中国食品进出口公司湖北省公司、中国专卖事业公司贵州省仁怀县公司和贵州茅台酒厂三家联合发出的授权书中，我们可以看出，茅台酒的金轮商标，当时已在中国香港、中国澳门、新加坡、马来西亚等地区和国家进行注册。

1956 年 6 月 18 日，茅台酒厂向贵州省工业厅打报告，对茅台酒的酒标进行了一些更正。如：正体字“貴”少一横，当属错别字，改为“貴”；“厂”字原属草写，更正为正体字“廠”；说明上的“贵州茅台酒是中国八大名酒之一”去掉“之一”；“曾于公元一九一五年在巴拿马赛会上评为世界名酒第二位”去掉“第二位”。不过报告并没有立即得到批复。少一画的“貴”字在外销“葵花牌”时才得到更改，而背标说明上的文字一直到 1975 年重新更换背标内容时，才得以更改。

内销茅台酒正标中的“貴”少一画的问题，直到 1966 年才得以更改。而 1956 年 10 月 15 日，茅台酒厂申请将酒标中的正体字全部改为简体字，这也是执行国家对于汉字简化政策所做出的一项工作。

虽然金轮牌商标在国内广受欢迎，但这一商标图案被国外政客视为“政治商标”，因而受到歧视。为了有利于外销，1958 年，茅台酒厂决定使用敦煌壁画中的“飞天献酒”图形作为外销商标。时经原国家轻工部批准，茅台酒外销商标于 20 世纪 60 年代改为“飞天牌”。

1966 年 6 月，鉴于遵义市糖业烟酒分公司发出的《关于废除旧商标的倡议》，贵州茅台酒商标中的 12 角齿轮改为五角星，包括飞天商标，以及涉及“四旧”成分的其他品牌白酒酒标也相继停用，如五粮液改为“长江大桥牌”，汾酒改为“四新牌”，习水大曲改为“红卫牌”，等等。就在此时，茅台酒厂请来了贵阳市工艺美术研究设计室设计了一款“大叶葵花”的商标，并直接替换“飞天”商标使用。不过这款商标并没有被采用，茅台酒厂最终使用了商标权在山东粮油进出口公司手中的“小叶葵花”商标，也就是我们今天所熟知的“葵花”商标。

1973 年，中国粮油进出口公司宣布葵花商标停用，此后至 1975 年，茅台酒厂也开始停用葵花商标。之后，茅台酒使用了重新设计的飞天商标。次年，中国粮油进出口公司正式通知贵州茅台酒厂，葵花牌商标改为飞天牌商标。而在之后的 1978 年，尚有 25.8 万张数量的葵花商标，被再次利用起来，贴在了当年内销的“三大革命”茅台酒正面，这就是我们所熟悉的“三大革命葵花”。

1979 年，茅台酒厂接到仁怀县工商局关于恢复全国商标统一注册管理的通知后，开始呈报全新的内销茅台酒背标内容，即“茅台酒是中国名酒，产于贵州省仁怀县茅台镇，历史悠久，工艺独特，早已驰名中外，为广大消费者所热爱，一九一五年巴拿马万国博览会荣获奖章、奖状。中华人民共和国成立后，茅台酒保持并发扬了优良的传统工艺，技术精益求精，质量稳定提高，具有酱香突出、优雅细腻、酒体醇厚、回味悠长等特点，历届全国评酒会均被评为国家名酒，荣获国家金质奖章。年 月 日”。

直至 1982 年 12 月 30 日，我们今天耳熟能详的“五星牌”商标，才被茅台酒厂注册，此时酒标的右下角被落款为“地方国营茅台酒厂出品”。“地方国营”茅台酒从 1983 年 1 月起面市，至 1986 年 12 月底结束，虽历时 4 年，但背标上的说明文字却一直沿用到了 2004 年。

1986 年，贵州茅台酒厂再次成功注册“五星牌”商标，并在 1989 年和 1996 年两次进行续展。茅台酒厂的酒标从最初解放初期的上海印制，到“文革”时期就在遵义印制，再到如今由茅台酒厂自己的商标印制车间印制，其间的发展，见证了茅台酒一步步走过艰辛，走向辉煌的历史进程。

如今，市场中可见茅台酒“五星”和“飞天”两种商标共存。五星为茅台集团有自主知识产权的商标。飞天商标权则当属贵州省粮油进出口公司所有，其为茅台酒海外贸易合作伙伴，是它让茅台酒在 50 年前进入国际市场。如今继续使用飞天商标，更多的是考虑到茅台酒历史的厚重和文化的传承，以及国人对国酒沧桑变迁的一种情结。两标共存于世，品质当属一致。

20 世纪 50 年代出产的
土陶瓶茅台酒

价格演变

从茅台酒厂生产经营开始，贵州茅台酒的零售价格便根据国家的相关政策法规进行定价，并分为出厂价、调拨价、批发价、零售价四种。因按因质论价的原则，贵州茅台酒的价格高于其他白酒价格。

以出厂价为例，从 1953 年至 1956 年的三年间，茅台酒平均每吨 2,553.02 元，每瓶 1.28 元，零售价为 2.84 元。

1957 年，价格调整为每吨 3574 元，每瓶 1.79 元，零售价则为 2.97 元。

1961 年，价格为每吨 5000 元，每瓶 2.50 元，零售价 4.07 元。

1974 年，价格调为每吨 1 万元，每瓶 6.20 元，零售价 8 元。1961 年，茅台酒厂为了能适应不同消费者的需求，先后开发了 250g 装和 125g 装两种规格的茅台酒产品，此时，250g 装每吨 5000 元，每瓶 1.25 元。1975 年，调为每吨 14,700 元，250g 装每瓶 3.68 元；1975 年，125g 装每吨为 23,100 元，每瓶 2.89 元。

1981 年，贵州茅台酒的出厂价每吨为 16,800 元，500g 装每瓶 8.40 元。

1986 年，出厂价为每吨 20,262.96 元，500g 装每瓶为 9.54 元。内部供应的零售价为：白皮纸包装 500g 每瓶 18 元、250g 装 10 元；彩盒 500g 装 20 元、250g 装 11.50 元、125g 装 7 元。对省外调拨价同年调为每吨 34,922.81 元，每瓶 16.44 元。当年，“g” 改为 “ml”，即 500g 改为 500ml，每吨 2000 瓶改为 2124 瓶。

20 世纪 60 年代出产的
出口白瓷瓶茅台酒

1987 年，外销茅台酒 500ml 装每瓶 9.54 元，每瓶还返还给酒厂 6 元用于生产发展基金，另付酒瓶提价补助每瓶 0.4 元。

1988 年，茅台酒彩盒 500ml 计划内供应每瓶出厂价调整为 14 元，内供每瓶 30 元。其他规格的茅台酒，内销每瓶（500ml）返还生产发展基金 9 元，每吨返还 19,116 元。1988 年 7 月 6 日，全国烟酒价格专业会议出台《关于放开名酒价格和适当提高粮食酿酒价格的几项规定》，茅台酒被列为放开的 13 种名酒之一。价格放开后，茅台酒的产地基础零售价升为 100 元。8 月内销 500ml 出厂价每瓶为 100.04 元，外销 500ml 出厂价每瓶为 120 元，外销珍品 500ml 出厂价为每瓶 220 元。

1988 年，珍品豪华型茅台酒 500ml 每瓶 265 元，200ml 每瓶 145 元，外销 500ml 每瓶 190 元，内销 500ml 每瓶 170 元。1989 年，53 度 500ml 的彩盒装每瓶出厂价为 80 元，调拨价为 90.48 元、批发价 95.24 元、当地零售价 106 元、贵阳零售价 109 元，外销 500ml 每瓶出厂价 84 元、批发价 100 元、当地零售价 110 元、贵阳零售价 114 元。珍品 500ml 每瓶出厂价 119.50 元、批发价 142.30 元、当地零售价 158 元、贵阳零售价 165 元。

1990 年 8 月起，茅台酒外销 375ml 彩盒装每瓶出厂价 50 元、调拨价 56.50 元、零售价 65.20 元，外销 500ml 木漆彩盒蜡染袋装珍品茅台酒每瓶出厂价 133 元、调拨价 150 元、批发价 157.50 元、零售价 170 元。至 1992 年后，内销 500ml 茅台酒，每瓶出厂价 66.10 元、调拨价 72 元、厂批发价 77.70 元、厂贸易价 85 元、零售价 128 元、厂协议价 155 元、驻外公司贸易价 170 元。

1994 年 11 月，由于原材料和包装材料价格提高，茅台酒再次提价。“飞天牌”500ml 每瓶 140 元、375ml 每瓶 112 元、200ml 每瓶 64 元、50ml 每瓶 16.5 元；“五星牌”500ml 每瓶 140 元、木漆珍品 500ml 每瓶 230 元、纸盒珍品 500ml 每瓶 190 元、纸盒珍品 375ml 每瓶 161 元。43 度 500ml 每瓶 115 元、38 度 500ml 每瓶 105 元。500ml（内销、外销）厂零售价每瓶 150 元。

1996 年，茅台酒价格体系中少了批发价、调拨价，提高零售价为 500ml 每瓶 168 元。1997 年，茅台酒开始推出中高档酒，如 30 年、50 年、80 年陈等品种，并开发了 43 度 1000ml 茅台酒，出厂价为每瓶 188 元，33 度为每瓶 75 元。而为迎接香港回归，特制生产的纪念酒 1997 瓶，每瓶价格为 600 元。

2001 年，53 度 500ml“飞天牌”到岸价由每瓶 178 元调整为 218 元。

2003 年 10 月 27 日，茅台酒价格大幅提升，平均提价幅度为 20%。其中，普通茅台酒提升幅度为 17.54%、15 年陈提升幅度为 30%，30 年和 50 年陈提升幅度分别为 20% 和 10%。53 度

500ml“飞天牌”茅台酒公司到岸价格由每瓶228元调整为268元。

2006年，茅台酒出厂价平均上调14.3%，53度500ml“飞天牌”茅台酒公司到岸价格由每瓶268元调整为308元。15年以上陈年茅台酒上调近20%。

2007年，53度500ml“飞天牌”茅台酒公司到岸价格由每瓶308元调整为358元。

2008年，53度500ml“飞天牌”茅台酒每瓶价格为439元，53度500ml“五星牌”茅台酒每瓶价格为429元。

2011年，53度500ml“飞天牌”茅台酒出厂价为每瓶819元，零售价为999元。

至2018年1月，茅台酒出厂价达950元，官方指导零售价为1499元，但市场实际零售价格均已达到1800元。2018年3月，市场价回落到1600元以下。

结语

“酱香突出，优雅细腻，酒体醇厚，回味悠长。”如今，茅台酒是我国唯一进入世界三大蒸馏名酒之列的国产名酒。酒的魅力在于时间让它越来越醇，醇厚的酒香变成陈香，让昂贵变成价值。一瓶老酒其实就是一个鲜活的生命，也是一部史书，记载着它坎坷的发展历史。一瓶陈年茅台酒，其价值超越了生命的厚重，更是与国家的荣耀紧紧相连。茅台酒的发展和收藏，定会在将来谱写出更加精彩的篇章。

中国的白酒收藏有别于其他文物器件的收藏。首先，白酒拥有极其广泛的群众基础。无论是名商巨贾，还是平民百姓，每一个家庭都会有白酒的身影出现。其次，白酒拥有越陈越香的性质特征。无论是陈酒的饮用者，还是白酒收藏爱好者都会将其珍藏。最后，极其简单的收藏条件，得天独厚的收藏氛围，使白酒已经得到社会各界的青睐。在当下，曾经火热的邮票、钱币等大众类收藏品市场每况愈下，而白酒作为可以食用的藏品，因其实用性比书画、瓷器都高，加之拥有一定的文化背景和极其便捷的获取方式，正逐步成为中国收藏品的新宠。

珍藏茅台酒不但能在浓厚的酒香中嗅出散发已久的历史气息，更能在传承具有文物特质背景下实现价值增长，其中也包含着劳动人民的辛勤劳作和聪明才智。在当下，茅台酒收藏已经和考古学、文物学、博物馆学、文化人类学及其若干分支学科息息相关，紧密相连。茅台酒的收藏者和茅台文化的传承者们，期待着酒文化能与社会共同进步，期待着更多的人能对酒有健康、乐观、富有创造性的研究和奉献，也期待着社会对中国酒收藏领域的关怀和关注。

贵州茅台酒的收藏文化发展

酒越藏越香、越醇，在中国，从酒诞生的那一刻便有了藏酒文化。过去曾有“女儿红”，《吕氏春秋》一书中有记载：此酒为女儿出世时酿造，并储藏在地窖或埋于桂花树下，也有甚者将酒封于墙内，至女儿出嫁之时，挖出美酒与亲朋畅饮或作陪嫁之用。“女儿红”藏酒时间通常长达20年左右，异香扑鼻，满室芬芳。还有一种“状元红”，是为子所酿、所藏之酒，待子中榜之时庆贺饮用。“女儿红”“状元红”都是经过长期储藏的陈年老酒，且风俗长久，历代延续，不失为藏酒之起源。

到目前为止，考古发掘出世界上最老的古酒，是40年前出土的中山国一位诸侯王陵墓中的两种古酒。这些酒自酿造至今已有2300多年的历史，依然酒香浓郁、清澈透明。司马迁在《史记·大宛列传》中写道：“宛左右以蒲桃为酒，富人藏酒至万余石，久者数十年不败……”可见中国藏酒之悠久的历史。

1999年10月底，中国历史博物馆为一瓶50年的茅台酒举行了隆重的收藏仪式，此前该馆大门从未向白酒打开过。2004年，中国国家博物馆典藏“国酒茅台十大青铜器酒”。事实上，茅台酒的价值已经不只是饮用，其蕴含的文化绵延不断，正因如此，茅台酒成了老酒收藏界的主力军和顶级收藏品，也是极为保值的投资品。

从1998年开始至今，中国藏酒界发生了翻天覆地的变化，历经了7个重要发展阶段。这些重要的历史阶段不断更迭，奠定了如今老酒收藏市场的全新格局，也让茅台酒的辉煌在藏酒界显得更加耀眼。

1998—2004：酝酿

当代中国藏酒发展的第一个阶段，是1998年至2004年。这段时间，全国各地的藏友均以交流的形式收藏老酒。在当时，互联网刚刚兴起，老酒价格还未像现在这样透明化。

2004—2006：萌芽

2004年10月29日晚，在上海世贸商城举行的“东方福善夜——东方模特大赛颁奖晚会暨上海时装周”闭幕式上，一瓶“葵花牌”茅台酒以10万元拍卖成交。

2005 年，山东省泰安市茅台酒专卖店总经理张本雷先生创办了全国首个专业酒类收藏网站“华东烟酒网”，之后他又相继创办了“藏酒论坛”“中国藏酒网”，为酒收藏文化做出了巨大贡献。

2006 年 12 月 20 日，一瓶 1966 年出厂的“飞天牌”茅台酒在杭州拍出了 51 万元人民币；同时，一瓶 1997 年纪念香港回归茅台酒成交价为 10 万元。此次慈善拍卖，成为贵州茅台酒收藏投资价值体现的重要事件。

2007—2009：兴起

2006 年后，“中国名酒博物馆”“淘酒网”“老酒网”等相关酒类收藏的网站、论坛相继出现，为藏酒者提供丰富资讯的同时，又给全国乃至全世界的酒友提供了一个专业的交流平台。此后，在各类拍卖会上，开始频繁出现白酒的身影。

2007 年 5 月 20 日，在深圳大中华喜来登酒店举行的世界名酒珍品拍卖会上，起拍价为 8.8 万元的 1997 年纪念香港回归茅台酒，最终以远高于起拍价的 18 万元被买家拍走；2007 年 12 月 19 日在贵阳大剧院举行的国酒茅台慈善拍卖会上，一瓶 1957 年产的茅台酒以 138 万元拍出；1997 年纪念香港回归茅台酒以 25 万元拍出；1966 年产的茅台酒以 80 万元拍出。

当年各种藏酒网站层出不穷

2010—2011：从飞跃到下跌

这段时期，既是以贵州茅台酒为核心的陈年老酒价值飞跃上升的重要时期，也是老酒行情突然进入价值“冰冻”直至大跌的特殊时期。

2010 年 5 月 26 日，北京国酒茅台文化研究会内部拍卖会上，一瓶 1963 年产的茅台酒以 109 万元成交；2010 年 6 月 10 日，歌德拍卖在北京昆仑饭店举行的中国名酒专场拍卖会上，一瓶 1959 年产的“五星牌”茅台酒以 103.04 万元成交；2010 年 6 月 21 日，在北京饭店举行的“贵水琼浆——国酒茅台陈酿”专场拍卖会上，两瓶半斤的小瓶包装“葵花牌”茅台酒以 63.84 万元的高价被拍出。一时间，茅台酒的成交价格越来越高，资本进入陈年茅台酒收藏投资领域也越来越多。

2011 年 4 月 10 日，我在贵州省拍卖公司举办的“首届陈年茅台酒专场拍卖会”上，以 998 万元的含佣价格，拍下了一瓶“汉帝茅台酒”，刷新了茅台酒拍卖成交价格的历史纪录。一瓶酒能拍出如此高的价格，这在当时成了一个巨大新闻，即便到今天，这样一个价格依然不低，且其他各种普通老酒成交价格也已飞升数倍。

然而天有不测风云，2011 年后，价格一路走高的贵州茅台酒开始大跌。同时期受到影响的，除了酒类流通行业之外，还有股市、房地产等诸多领域。

因为老酒过早地“红过头”“爬得高”，以至于在这一时期，很多盲目投资的人损失惨重，诸多投资者破产。

2012—2013：缓慢上升

但茅台酒毕竟是茅台酒，纵使有人一败涂地，但依然有人坚持，因为他们相信“国酒”的价值绝对不会触底。

随着茅台酒的价格缓缓平稳，在老酒收藏圈中，新时代的藏酒文化又在这段时期悄然兴起。

作为一向推崇文化藏茅的我，在 2010 年推出了中国第一部茅台藏酒著作《茅台酒收藏》，如今，这本业内首本品鉴茅台之作的书价，居然从几百元的定价，被炒至数千元不等。其中的原因，并不是我个人研究的深厚与否，而是茅台所散发出的无穷文化魅力。此后，各种著作不断涌现。

各类茅台酒拍卖会层出不穷

我也在 2010 年之后的 7 年间，潜心研究藏酒文化，先后出版了 10 部相关著作，其中关于茅台酒收藏投资的就有 7 部之多。可谓百花齐放，百家争鸣，茅台文化研究越来越深入，越来越精致化。

说到我在 2012 年与紫图合作出版的《茅台酒收藏投资指南》这本书，还有一个小故事，从中我们便可以看出文化的力量无穷之大。一本简简单单的书籍，因为印刷上了茅台的酒、茅台的事，居然能让一位亿万富翁陆续在数月时间里，先后花了 9000 万元，购买了一批琳琅满目的贵州茅台酒。我所说的这位亿万富翁，便是福建漳州南源酒庄的陈连茂。他早年做着为首都某国宾馆提供新鲜水果的生意，现在的生意绝大多数是和酒有关，而其中分量最重的便是贵州茅台酒。他第一次见到我的时候，激动无比，一把就拉住了我的手。他告诉我，如果没有我的《茅台酒收藏投资指南》一书，也就没有他现在这么多的藏品。而他之前对于茅台酒的认识、认知，便是从这本书开始的，他是一瓶一瓶对照着我的书去买的，还不停地称赞这本书对世界做出了巨大贡献。虽然他说得有点儿夸张，但是从中我们可以看出，发展文化，是对茅台酒收藏投资有益的。

斯舰东曾是一名具有工匠精神的东阳木雕大师，自幼生活在一个世代从事木刻手艺与经营的工艺之家。待到他成年后用双手接下祖辈的刻刀时，无意中买到了我的这本书——《茅台酒收藏投资指南》，顿时改变了他的人生大格局。和一般人不同，作为艺术大师的他，觉得茅台酒的包装并不是每一瓶都很精美，于是便通过自己的双手，为“一堆”茅台酒定制雕刻了各式各样的木盒包装。又因为家庭比较富裕，他仅仅用了几个月的时间，就几乎收集全了书中的各个品种，并用新式木雕包装这种形式让“一群”茅台酒在一个个精美的包装里重新进入收藏市场。此举一下火爆藏酒圈，并且铸就了他与他的东阳木雕和贵州茅台酒在收藏圈内的共同辉煌。

2014—2015：平稳发展

经过一段漫长的沉稳、平稳发展，茅台酒的价值逐步开始回升。

也就是在这段平稳发展的时期，全国上下各个行业原本同样低迷的形势都开始复苏。这段时期，互联网 + 的概念与金融资本更加融合，从自媒体到共享单车；从老酒互联网金融产品到 APP 在线拍卖。又一个崭新的互联网时代，正在此时酝酿。

2016—2023：复苏到疯狂上升

从 2016 年开始，中国陈年白酒的价值开始回升。至 2017 年，茅台酒在短暂的一年间，价格疯狂上升，曾低至 800 元的普通贵州茅台酒飞速上升至 1800 元。茅台酒重回昔日“酒王”宝座。

与此同时，我的团队为我精心策划，敢为藏酒圈中之先，推出了中国第一栏白酒收藏类自媒体脱口秀节目《晨醉》，节目旨在谈酒论道，以文化视角审视历史、展望未来。

“晨醉”通“沉醉”，“晨”为本人，也有清晨之意，“醉”是陶醉之意。《晨醉》是一档有态度、讲道理的酒文化脱口秀节目。

2019年《茅台酒收藏》荣获第二十四届世界美食美酒图书大赛唯一特别大奖，给了更多世界各地的美食、美酒爱好者一个全方位了解茅台、爱上茅台的机会。

虽然我们也在多方位地宣传茅台文化、推广藏酒精髓，但书作为一个可见可得的文化载体，依然有着它重要的社会地位。有鉴于此，现在推出这本《茅台酒收藏》，一是它的社会意义重大；二是对收藏投资者来说，更为齐全的品种收录，会有助于他们文化藏茅事业的有序发展；三则是留下一个记录，便于未来的藏酒家们和投资者们查询、了解今天的藏酒状态和市场资料。在当下，无论是茅台酒收藏书籍，还是电视节目、杂志专刊，它们存在且不断更新的目的，就是向社会、向整个世界宣传中国的酒文化。而这些，都是中国酒的无穷魅力所带来的。

贵州茅台酒，一款可以饮用的文化、艺术、收藏投资品，在它酿造历史、文化的光环下，定会成就一段传奇，屹立在世界酒类收藏之林。

中国第一档白酒收藏类自媒体脱口秀《晨醉》

1862-1949

清代、民国时期

MOUTAI

贵州茅台

KWEICHOW

茅酒之源　满怀豪情

成裕酒坊-成义烧房-王茅

荣太和-荣和烧房-华茅

衡昌烧坊-恒兴酒厂-赖茅

荣获巴拿马万国博览会金奖

第一章

清代、民国时期

1862—1949

KWEICHOW MOUTAI

PART ONE

参考价格	RMB 30,000
拍卖信息	无
生产年份	19 世纪
容量规格	500 g
酒精度数	无

19世纪茅台镇酒坊出品茅酒罐

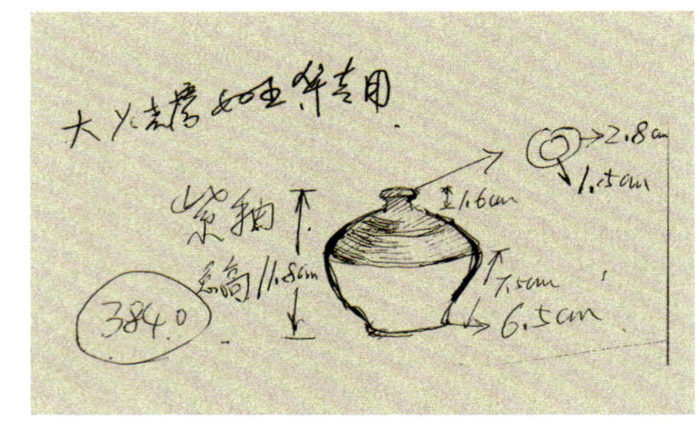

作者初见此酒罐时绘制的手稿

相关事记：

百年前出产的茅台镇茅酒罐，其形制、材质属于黔北地区特有。10 年前初见之时，我欣喜若狂，它们给我的第一感觉就是茅台大酒坛的缩小版，有些用玉米芯塞口，有些罐体残留当年的窑泥，有些罐体甚至留有淡淡的酒香……在拍摄照片的同时，我用手稿快速地描绘、记录了每款酒罐的瓶口、瓶底、宽度、高度等相关数据。

2

参考价格	RMB 30,000
拍卖信息	无
生产年份	19 世纪
容量规格	500 g
酒精度数	无

19世纪茅台镇酒坊出品茅酒罐

相关事记：

19 世纪时，茅台镇产的酒多用 60~100 斤的酒坛灌装分销，只有“成义”“荣和”两家烧房注重包装，采用 1 斤装的圆罐小包装盛酒，因而这两家价格比普通高粱酒贵 5~6 倍。

3

通过放大镜对陶罐表面的老化程度进行观察。

参考价格	RMB 30,000
拍卖信息	无
生产年份	19 世纪
容量规格	500 g
酒精度数	无

19世纪茅台镇酒坊出品茅酒罐

参考价格	RMB 38,000
拍卖信息	无
生产年份	20 世纪初
容量规格	500 g
酒精度数	无

20世纪初茅台村酒坊出品茅酒罐

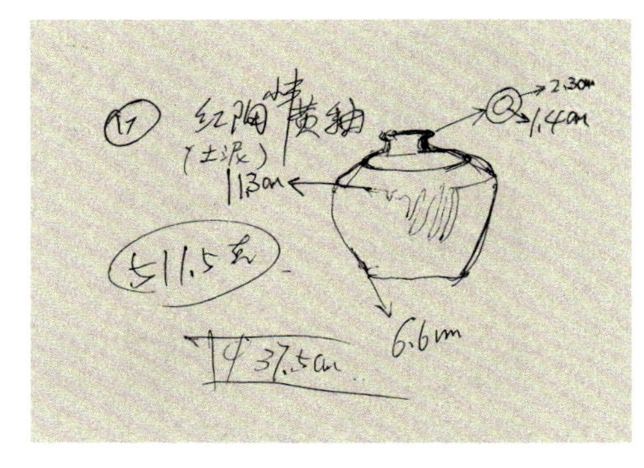

作者初见此酒罐时绘制的手稿

相关事记：

此酒罐形体圆润、厚实，内胎为红陶土烧制，外施黄褐色釉体。上部瓶口外侧有双弦纹，初见时煞是喜爱，并用手绘图留下记录。

南洋劝业会，是中国历史上首次以官方名义主办的国际性博览会。清宣统二年（1910年6月5日）在南京举办，历时半年，共有中外30多万人参观，会址占地700余亩。

南洋劝业会借鉴了美国万国博览会、比利时博览会、意大利米兰博览会，成功吸引了全国22个行省和14个国家及地区参加展览，东南亚各国也前来参展，展品约达百万件，时人称之为“中国五千年未有之盛举”。

清廷农工商部侍郎杨士琦被任命为南洋劝业会审查总长，以钦差大臣的身份监督南洋劝业会的具体实施，对南洋劝业会予以监督指导，并负责对所有参赛物品统一进行检验、审查和评（颁）奖。茅台酒在此次盛会上获金奖。

农工商部侍郎、邮传大臣、钦差大臣、南洋劝业会审查总长杨士琦

该款茅酒罐顶部细节

该款茅酒罐底部细节

南洋劝业会褒奖章

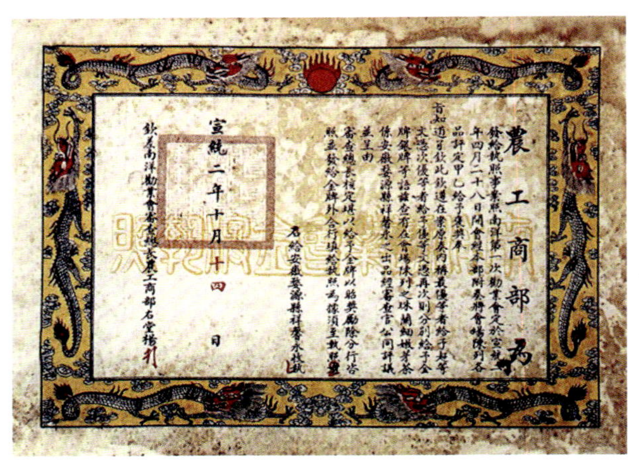

農工商部為

宣統二年十月十四日

清宣统二年（1910年）农工商部颁发的南洋劝业会金牌执照

参考价格	RMB 30,000
拍卖信息	无
生产年份	20 世纪初
容量规格	500 g
酒精度数	无

20世纪初茅台村酒坊出品茅酒罐

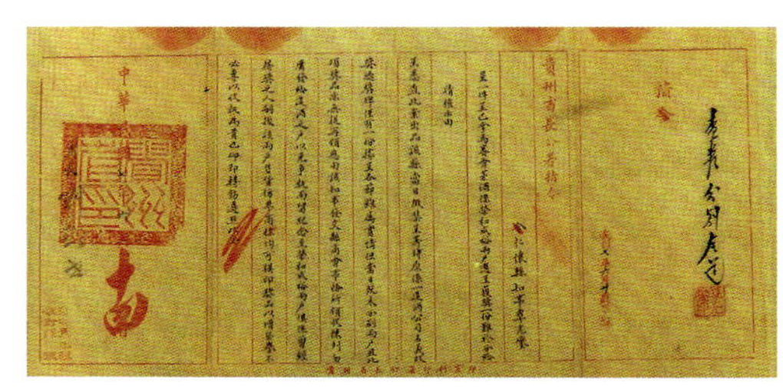

国民政府贵州省省长刘显世之裁决

相关事记：

“成义”“荣和”“恒兴”是清末至民国时期贵州茅台酒生产最著名的三家烧房。早在民国四年（1915 年），国民政府农工商部向全国各地征集产品前往巴拿马世博会参展。茅台酒因该年在南洋劝业会上获奖的记录，被列入农工商部所征产品名录。成义与荣和两家以华茅和王茅应征，农工商部官员发现两家茅台酒产自一地，均用黄褐色土陶罐为酒瓶，且都冠有“茅台烧房出品”字样，唯一标以“王”“华”可为识别。为在参展时与各国商品称谓协调，于是官方以“茅台造酒公司”为生产厂家，作为单一产品以“贵州省公署”名义送展。同年，茅台酒在巴拿马世博会获得金奖，金牌和证书带回贵州。自此，荣和与成义两家开始针对巴拿马世博会获奖之名与金牌和证书归属问题不停斗争。直至民国七年（1918 年），由贵州省省长刘显世做出裁决：“巴拿马赛会茅台酒系荣和、成义两户选呈，获奖一份，难予分给……毋庸发给造酒之户，以免争执，省署留作纪念。”此时成义烧房、荣和烧房两厂奖牌之争才算了结。

国民政府贵州省省长刘显世

当年茅酒罐的竹编提篓

参考价格	RMB 30,000
拍卖信息	无
生产年份	20 世纪初
容量规格	500 g
酒精度数	无

20世纪初茅台村酒坊出品茅酒罐

相关事记：

清末至民国初年，茅台镇烧房生产的茅台酒大多采用紫陶圆罐包装，每罐 1 斤。

7

参考价格	RMB 35,000
拍卖信息	无
生产年份	20 世纪初
容量规格	500 g
酒精度数	无

20世纪初茅台村酒坊出品茅酒罐

参考价格	RMB 30,000
拍卖信息	无
生产年份	20 世纪 20 年代
容量规格	500 g
酒精度数	无

20世纪20年代茅台村酒坊出品茅酒罐

相关事记：

当年部分烧房所产茅台酒商标为红底黑字，标注酒名，并印展示图字样，瓶口用猪尿脬皮封装。

茅台镇成义烧房全景

原成义烧房后的杨柳湾古井

参考价格	RMB 35,000
拍卖信息	无
生产年份	20 世纪 20 年代
容量规格	500 g
酒精度数	无

20世纪20年代茅台村酒坊出品茅酒罐

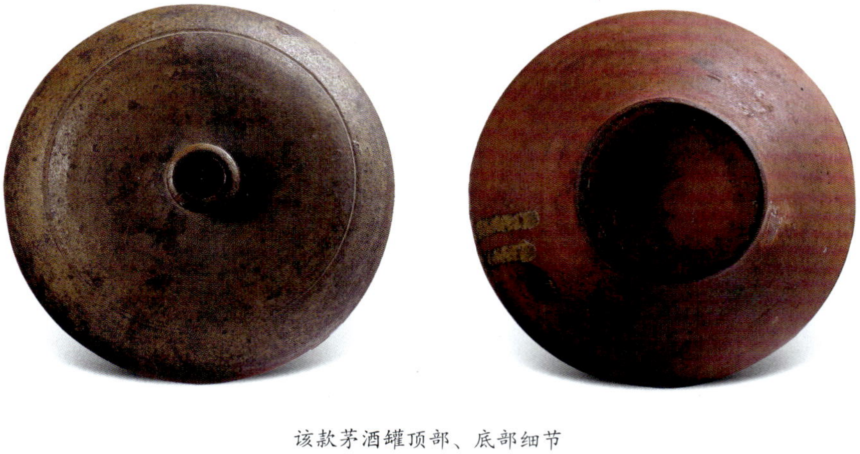

该款茅酒罐顶部、底部细节

10

参考价格	RMB 35,000
拍卖信息	无
生产年份	20 世纪 20 年代
容量规格	500 g
酒精度数	无

20世纪20年代茅台村酒坊出品茅酒罐

该款茅酒罐底部细节

相关事记：

民国十八年（1929 年），贵阳人周秉衡在茅台创立“衡昌烧坊”，其原在贵阳与人合伙开设“天福公”商号经营鸦片，但看中茅台酒销售的火爆，从而开始投资生产经营茅台酒。周秉衡在茅台村以 800 块大洋购得可建 5 间厂房的土地，并修建了 17 个大窖，于两年后正式投产经营。

11

参考价格	RMB 35,000
拍卖信息	无
生产年份	20 世纪 20 年代
容量规格	500 g
酒精度数	无

20世纪20年代茅台村酒坊出品茅酒瓶

原立于贵阳市中心的周西成铜像

相关事记：

20 世纪 20 年代开始，原有的球形茅酒罐因在运输过程中难以固定，破损严重，于是改用圆柱形的小口陶瓷酒瓶，当地俗称“棒棒瓶”。此款酒瓶征集于茅台镇古酒坊，是迄今为止非常少见的白色土陶瓶。

民国四年（1915 年）茅台酒在巴拿马万国博览会获奖后，时任国民政府贵州省主席、国民革命军第 25 军军长的周西成大量采购茅台酒。此时，成义烧房、荣和烧房两厂开始改进包装，烧制圆柱形小口状陶酒瓶，以便装运。

1915 年贵州茅台酒所荣获的巴拿马万国博览会金奖奖牌

该款茅酒瓶顶部细节

该款茅酒瓶底部细节

12

参考价格	RMB 35,000
拍卖信息	无
生产年份	20 世纪 20 年代
容量规格	500 g
酒精度数	无

20世纪20年代茅台村酒坊出品茅酒瓶

相关事记：

从球形酒罐向圆柱形瓶体过渡的过程中，曾出现过几款过渡瓶形。此款白色方形茅酒瓶就是其中难得一见的品种。

13

参考价格	RMB 25,000
拍卖信息	无
生产年份	20 世纪 20 年代
容量规格	500 g
酒精度数	无

20世纪20年代茅台村酒坊出品茅酒瓶

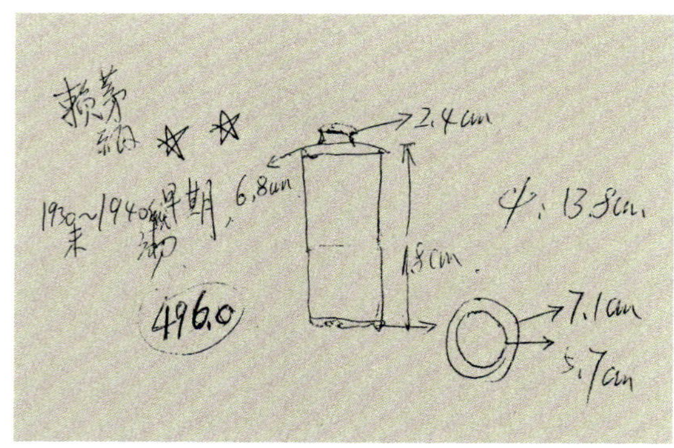

作者初见此瓶时绘制的手稿

相关事记：

20 世纪 20 年代后期，从球形酒罐向圆柱形瓶体过渡的过程中，出现了各式各样的瓶形，但最终被广泛应用的是竹节形土陶瓶，此瓶是由上下两节胎体拼合烧制而成，故而被人们形象地称为“竹节瓶”“三节瓶”。

14

参考价格	RMB 35,000
拍卖信息	无
生产年份	20 世纪 30 年代
容量规格	500 g
酒精度数	无

20世纪30年代茅台村酒坊出品茅酒瓶

该款茅酒瓶顶部细节

该款茅酒瓶底部细节

15

参考价格	RMB 3,150,000
拍卖信息	无
生产年份	20 世纪 30 年代
容量规格	500 g
酒精度数	55°
收藏星级	★★★★★★☆

20世纪30年代茅台村酒坊出品茅酒

点评：一瓶辗转至中南海的珍贵文物酒，除了散发着的醇厚酱香，还有“千颗明珠一瓮收，君王到此也低头。五岳抱住擎天柱，吸尽黄河水倒流”的豪情。

相关事记：

在收藏茅台酒的时候需了解，王茅、华茅、赖茅三种酒并非我们所熟知的贵州茅台酒，因为正式定名“贵州茅台酒”是在中华人民共和国成立之后。由国营茅台酒厂所生产酿造的白酒被称为贵州茅台酒，且茅台酒厂的酿酒质量也远远优于私营酒厂。所以，中华人民共和国成立前的茅酒，和当今的茅台酒是有区别的，而专门收藏茅台酒之人，应该懂得区分。

2001 年，为了庆祝中国足球冲出亚洲走向世界，在北京一家烤鸭店里，聂卫平将一瓶自称 1000 万元也不卖的“中国孤酒”——中华人民共和国成立前的一瓶茅酒端上了餐桌，席间有年维泗、王俊生、高丰文、徐根宝、戚务生及贵州茅台酒集团董事长季克良。

至于这瓶酒的身世，季克良先生请教了厂里的老酒师，仍然没有得到准确的答案，但能肯定的是它至少已有 60 年的历史。由于年代已久，瓶子里的酒大多已挥发，只剩下约二两。

聂卫平感慨道：“这瓶酒我们终于喝上了！有好几次都有机会喝上这酒，老高、大戚你们都跟世界杯出线擦肩而过，我真以为这辈子喝不上这瓶酒了，准备子子孙孙传下去。没想到这么快就圆梦了，真是非常高兴。今天我还跟邓小平以前的警卫秘书通了电话，询问他开酒时要注意什么。他在电话中还说，邓小平临终前一直惦记的几件事里就有中国足球。”为了亲历这个特殊的时刻，徐根宝特意从上海赶来。众人注视着，季克良小心翼翼地将酒瓶封口打开，茅台酒独特的香气扑鼻而来。由于这酒太醇也太稠了，季克良将事先准备好的一瓶 1958 年生产的茅台酒勾兑进去，给每人斟上了一小杯。在座七人举起了酒杯，一同为中国足球队冲出亚洲走向世界干杯。

红军长征途经茅台镇（茅台国酒文化城内装饰画）

16

参考价格	RMB 25,000
拍卖信息	无
生产年份	20 世纪 30 年代
容量规格	1000 g
酒精度数	无

20世纪30年代茅台村酒坊出品茅酒瓶罐

相关事记：

此款茅酒瓶罐征集于茅台镇古酒坊，当年店家为了上门买酒的客人尝酒方便，便使用了容量是普通酒罐两倍的茅酒瓶罐。此瓶罐造型古朴、简洁，釉色沉稳，充满时代气息。

通过放大镜对陶罐表面的老化程度进行观察。

该款茅酒瓶罐底部细节

17

参考价格	RMB 20,000
拍卖信息	无
生产年份	20 世纪 30 年代
容量规格	500 g
酒精度数	无

20世纪30年代茅台村酒坊出品茅酒瓶

相关事记：

1930 年冬，在贵州举办的全省实业展览会上，贵州茅台酒荣获特等奖。

18

参考价格	RMB 25,000
拍卖信息	无
生产年份	20 世纪 30 年代
容量规格	500 g
酒精度数	无

20世纪30年代茅台村酒坊出品茅酒罐

相关事记：

1935 年，贵州茅台酒在成都举办的西南各省物资展览会上获特别奖。

民国二十五年（1936 年）后，川黔、湘黔、滇黔公路开通，给茅台酒运销又创造了有利的条件。

19

参考价格	RMB 50,000
拍卖信息	无
生产年份	20 世纪 30 年代
容量规格	5000 g
酒精度数	无

20世纪30年代茅台村酒坊出品茅酒锡罐

贵州茅台村恒兴酒厂总经理 赖永初

相关事记：

此款茅酒锡罐征集于贵阳市大南门阳明路口赖家茅酒铺（原国营大众饭店旧址），不同于普通陶质酒罐，此酒罐为高档锡质材料，是当时贵阳赖家老酒铺店家盛酒置于柜台，为方便顾客品尝之用。

20

参考价格	RMB 50,000
拍卖信息	无
生产年份	20 世纪 30 年代
容量规格	500 g
酒精度数	无

20世纪30年代茅台村酒坊出品茅酒锡罐

相关事记：

民国二十七年（1938 年），周秉衡与金融家赖永初合伙组建“大兴实业公司”，共集资 8 万银圆，周秉衡以酒厂作股，由赖永初任总经理，周秉衡任副经理。周秉衡之子周扶常在公司派往四川合江坐庄运销花纱布和香烟时，成天不务正业、吃喝嫖赌，亏空现金 2 万多银圆。于是，赖永初亲自到泸州、合江查账，要求周秉衡替子还款。周秉衡只得将衡昌烧坊转于赖永初用以抵账，赖永初补周秉衡 7000 银圆，此后衡昌烧坊由赖永初接手。民国三十年（1941 年），赖永初将衡昌烧坊更名为恒兴烧房，并扩大经营。工人最多之时达 60 余人。异军突起的恒兴烧房首先创立了中英文赖茅商标，成为茅台酒业领导者。直至民国三十六年（1947 年），恒兴烧房年产酒量达到 6.5 万斤。

赖永初还继承祖业经营“赖兴隆钱庄”，吸收存款，同时经营布匹、杂货、茶叶、桐油、黄金、棉纱等生意，并利用各地所设分号，扩大茅台酒的销路。

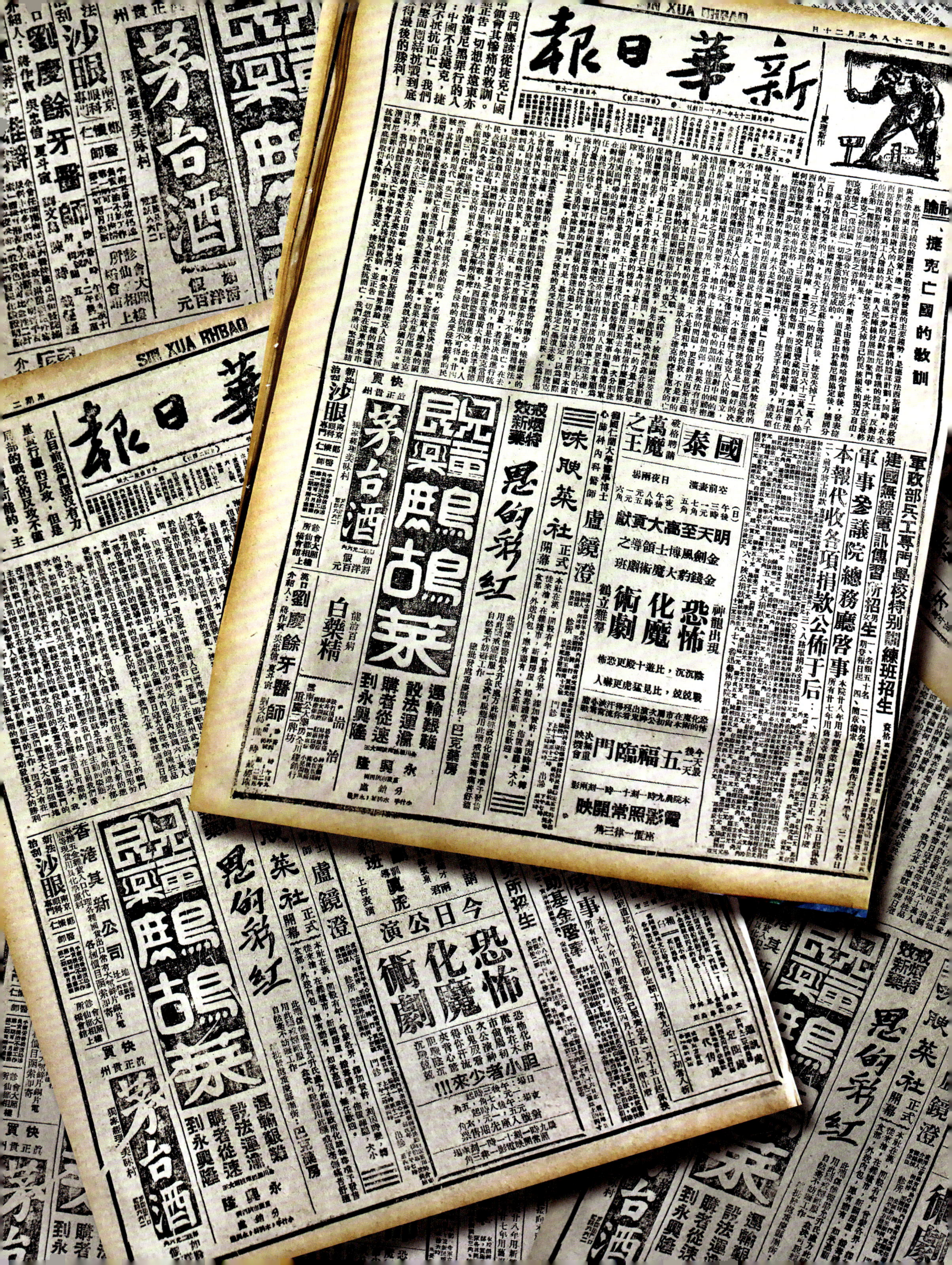

新華日報
社論 捷克亡國的教訓
我們應該從捷克亡國中領會其慘痛的教訓。嚴正告一切想在遠東亦串演慕尼黑罪行的人：中國不是捷克，捷克因不抵抗而亡，我們因堅固團結抗戰到底得最後的勝利！
軍政部兵工專門學校特別訓練班招生
軍事參議院總務廳啓事
本報代收各項捐款公佈于后
國泰
恐怖 化魔 術劇
五福臨門
味腴菜社 正式開幕
盧鏡澄
鷓鴣菜
茅台酒
沙眼
劉慶餘牙醫師
白藥精
今日公演

新法治愈沙眼

南京眼科專門

鄭懷仁

醫師

手術安當功效迅速
負責擔治不妨工作
第一期可一月痊癒
第二期可兩月痊癒

診所
會仙橋大都會照相館樓上

快買

宗正貴州

獨家經理美味村

電話六六二一

每瓶二元六角

如假
罰洋百元

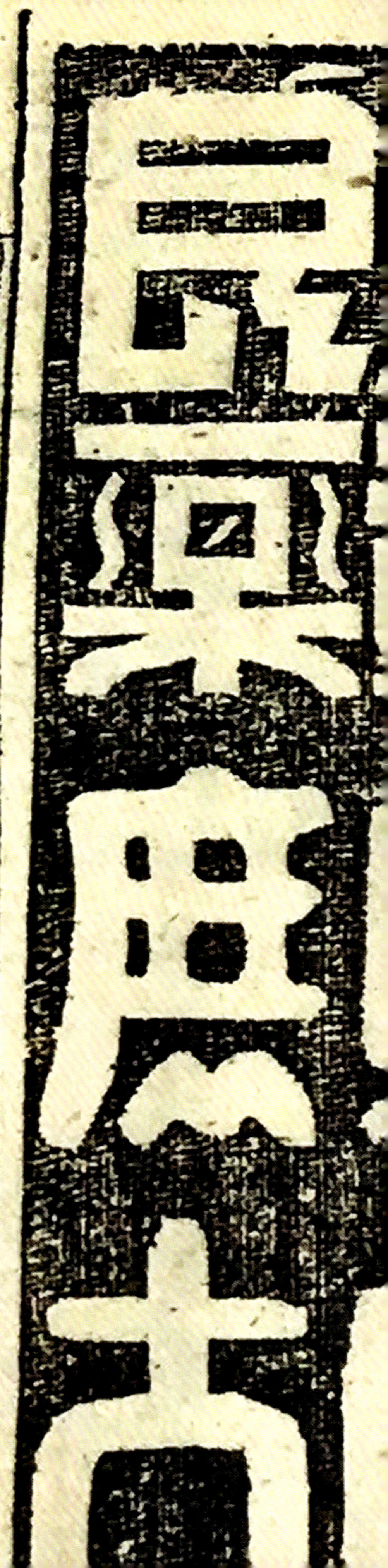

21

参考价格	RMB 50,000
拍卖信息	无
生产年份	20 世纪 30 年代
容量规格	500 g
酒精度数	无

20世纪30年代茅台村成义酒房制造茅酒瓶

22

成交价格	RMB 896,000
拍卖信息	上海敬华 2011.4.25 , Lot 0710
生产年份	20 世纪 30 年代
容量规格	500 g
酒精度数	53°

20世纪30年代茅台村荣华酒庄制造茅酒瓶

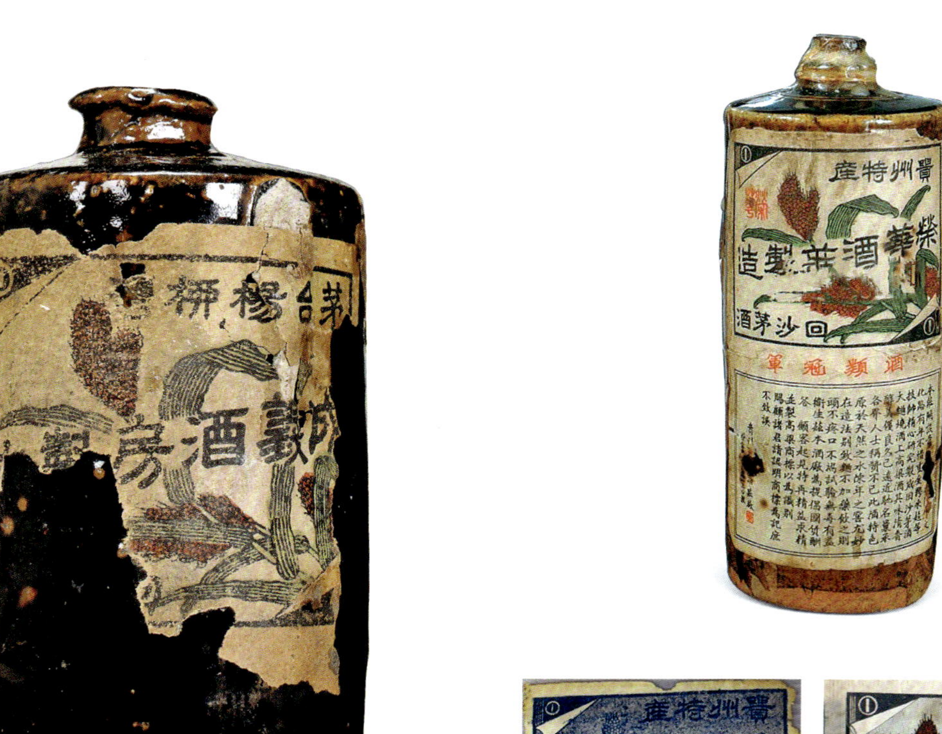

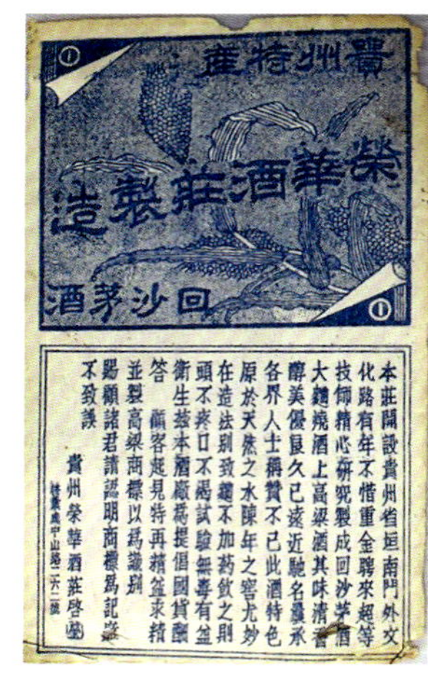

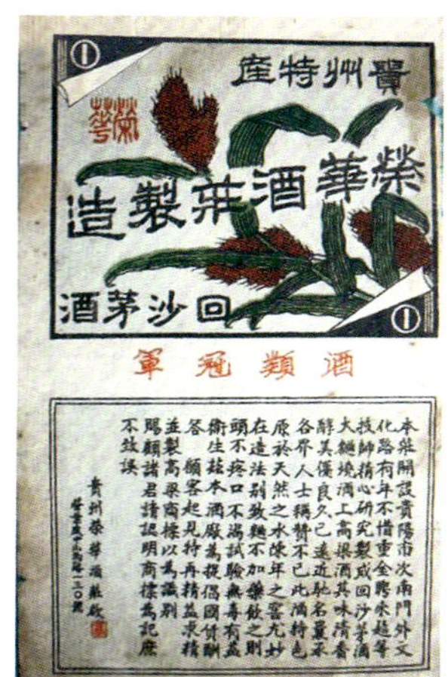

荣华酒庄制造回沙茅酒正面酒标

20世纪30年代茅台村
荣和烧房制造茅酒标正标、背标、封口纸

相关事记：

荣和烧房商标改为道林纸石印，白底蓝字，除酒瓶正、反两面之外，再封贴瓶口。正面两侧印有麦穗图案，下方是“回沙茅酒”隶书字样，背面文字主要说明当年茅台酒在巴拿马万国博览会荣获金奖的经过，其中成义烧房还在其产品包装上加印了清代诗人郑珍的诗句“酒冠黔人国”。荣和烧房原销往重庆、古蔺及贵阳各地，后销售地扩大到遵义地区。

茅台国酒文化城里的王丙乾塑像

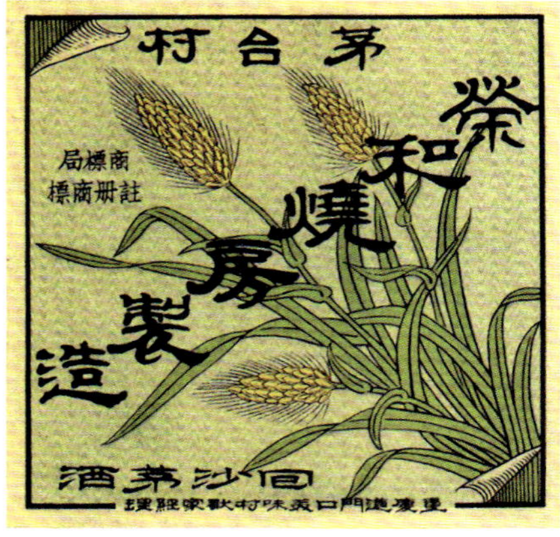

茅台村荣和烧房制造回沙茅酒正面酒标

茅台村荣和烧房制造回沙茅酒封口纸

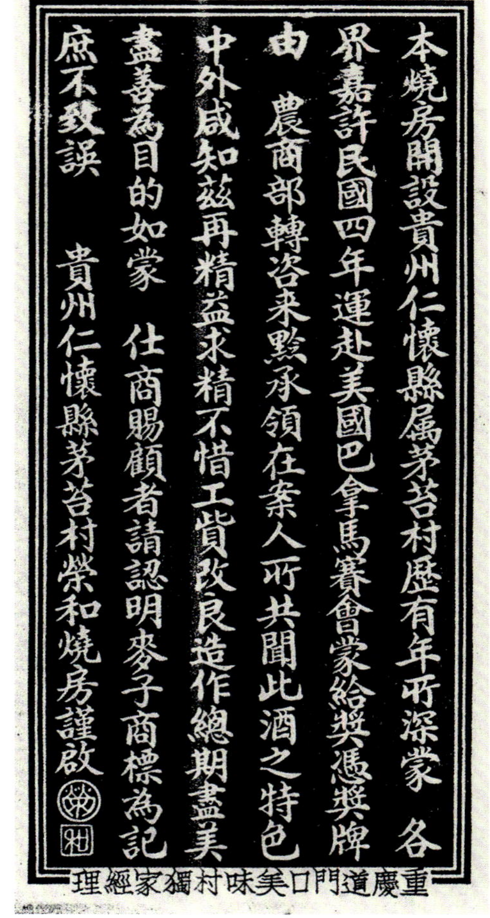
本燒房開設貴州仁懷縣屬茅苔村歷有年所深蒙 各界嘉許民國四年運赴美國巴拿馬賽會蒙給獎憑獎牌由 農商部轉咨來黔承領在案人所共聞此酒之特色中外咸知茲再精益求精不惜工貲改良造作總期盡美盡善為目的如蒙 仕商賜顧者請認明麥子商標為記庶不致誤

貴州仁懷縣茅苔村榮和燒房謹啟

重慶道門口美味村獨家經理

茅台村荣和烧房制造的回沙茅酒背面酒标

23

- 参考价格　RMB 15,000
- 拍卖信息　无
- 生产年份　20 世纪 30 年代
- 容量规格　500 g
- 酒精度数　无

20世纪30年代茅台村恒昌酒厂茅酒标

恒昌酒厂茅酒正面酒标

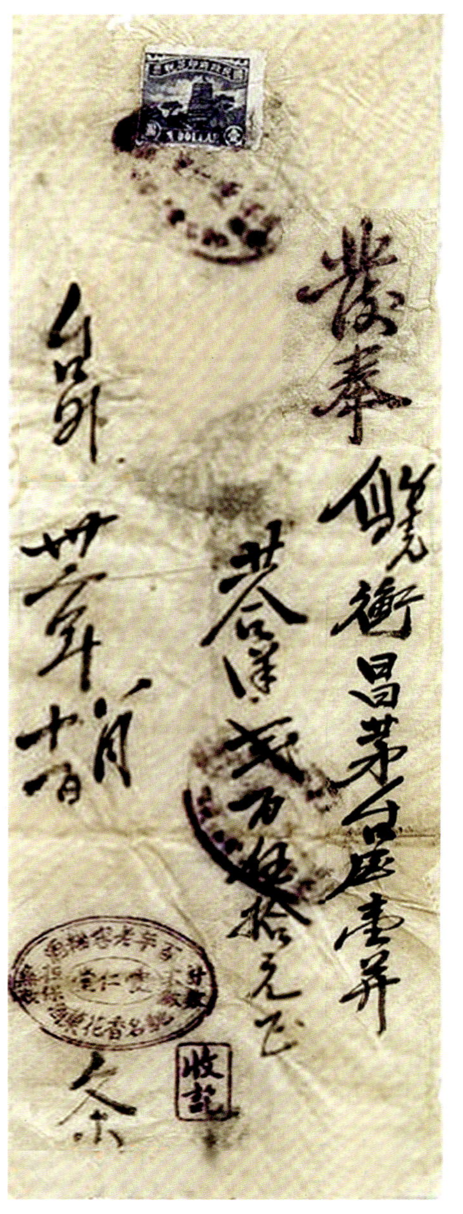

由“爱仁堂”售出的衡昌茅台酒购买票据（贴印花税票）

24

成交价格	RMB 1,150,000
拍卖信息	北京保利 2011.6.4 , Lot 4431
生产年份	20 世纪 30 年代
容量规格	500 g
酒精度数	54°
收藏星级	★★★★★★☆

20世纪30年代成义烧房出品华茅

相关事记：

1950 年 9 月底，华问渠将此酒赠送给时任贵州省委书记、省长周林的秘书朱金城。华问渠告诉朱金城，民国时期成义烧房的调酒师为他酿造勾兑了少量用于家用和馈赠亲友的酒，这些酒是华茅中珍品，此为其中一瓶。

茅台国酒文化城里的华问渠塑像

25

参考价格	RMB 1,200,000
拍卖信息	无
生产年份	20 世纪 40 年代
容量规格	500 g
酒精度数	55°
收藏星级	★★★★★★☆

20世纪40年代茅台村出品“金狮牌”金茅

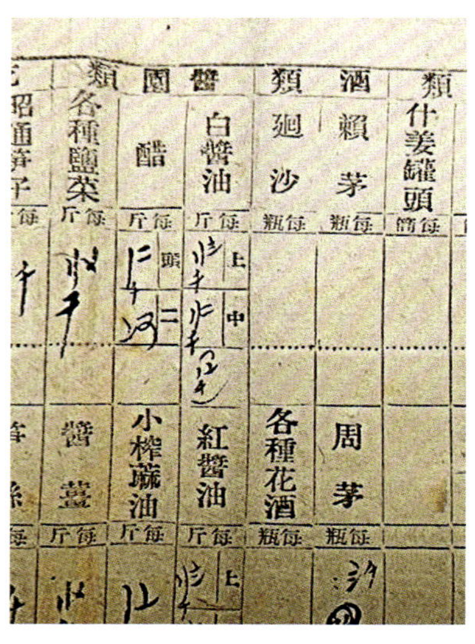

類	酒類		醬園類		
什錦罐頭 筒每	賴茅 瓶每	廻沙 瓶每	白醬油 斤每	醋 斤每	各種鹽菜 斤每
	周茅 瓶每	各種花酒 瓶每	紅醬油 斤每	小榨蔴油 斤每	醬薹 斤每

20 世纪 40 年代各式茅酒的订货单

相关事记：

民国三十三年（1944 年），成义烧房遭遇火灾，房屋全部烧毁，后恢复重建并扩大规模，窖坑增至 18 个，年产量最高时可达 4 万斤。成义烧房原销往重庆、古蔺及贵州各地，后主要销售地转到贵阳。

1950 年中秋节，时任贵州省委书记、省长周林的秘书朱金城，在贵阳市四季拍卖行购得此酒，拍卖行老板告诉朱金城：这些中华人民共和国成立之前酿造的“金茅”酒，是仁怀县茅台村一户金姓酒坊的人送来寄卖的，在拍卖行委托寄卖的酒很多，但像“金茅”这种印有精美规范中英文简介的酒非常少见。

26

成交价格	RMB 7,475,000
拍卖信息	河南厚铭 2014.8.16 , Lot 0568
生产年份	20 世纪 40 年代
容量规格	500 g
酒精度数	55°
收藏星级	★★★★★★☆

20世纪40年代恒兴酒厂“飞鹰牌”赖茅

相关事记：

民国三十五年（1946 年），赖永初在上海设立永兴公司，销售赖茅 2 万斤，并在其位于重庆、汉口、广州、长沙等大中城市的商号中推销赖茅。成义的华茅，也逐步在上海、广州、重庆、长沙等地通过其家族文通书局分店进行销售。荣和的王茅则在重庆、贵阳以“稻香村”字号进行销售。

27

参考价格	RMB 50,000
拍卖信息	无
生产年份	20 世纪 40 年代
容量规格	500 g
酒精度数	无

20世纪40年代茅台村酒坊出品茅酒瓶

该款茅酒瓶顶部细节

该款茅酒瓶底部细节

相关事记：

从此瓶残留的大部分酒标及封口纸可以认定，此酒为当年茅台镇民间私营酒坊、烧房所产茅酒。瓶底有一突出“彭”字，应为酒瓶烧制生产方的标记。

20世纪40年代茅台村酒坊出品的茅酒瓶底特征

瓶底有凸起字形或图形

瓶底有釉色标记

瓶底露胎无标记

28

成交价格	RMB 1,680,000
拍卖信息	贵州省拍 2012.1.9 , Lot 0077
生产年份	约 1945 年
容量规格	500 g
酒精度数	55°
收藏星级	★★★★★★☆

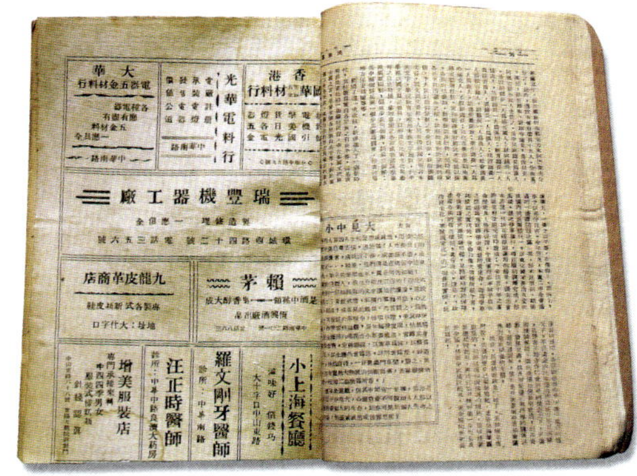

大華電器五金材料行

光華電料行

香港國華材料行

瑞豐機器工廠

九龍皮革商店

賴茅

增美服裝店

汪正時醫師

羅文剛牙醫師

小上海餐廳

赖茅在当年的期刊上刊登广告的书影

恒兴酒厂出品“飞鹰牌”赖茅

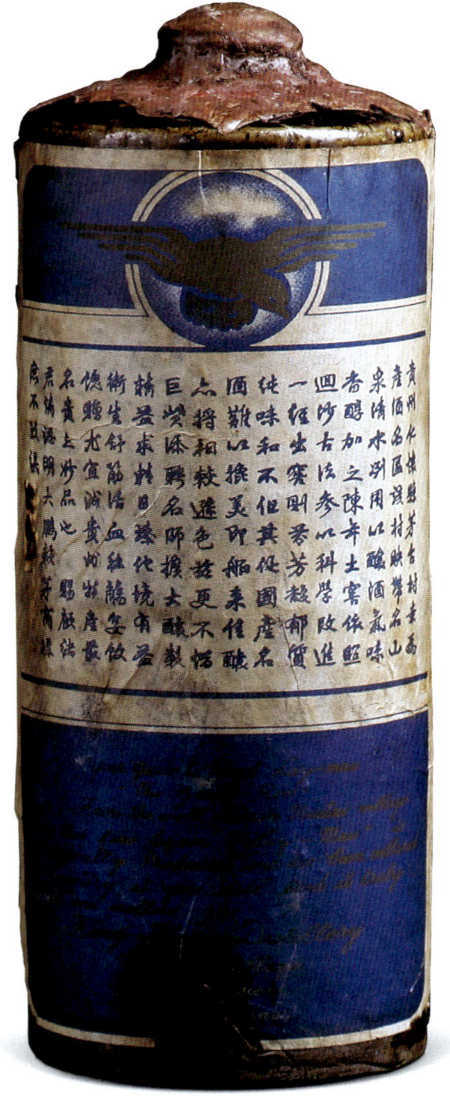

相关事记：

抗日战争胜利后，恒兴酒厂所有人赖永初将商标改为“赖茅”，在上海印制 30 万套，贴瓶用以提高知名度和竞争力。赖茅酒瓶 20 世纪 40 年代原为遵义红陶质坛形细口酒瓶，后改为筒形。此瓶小口、平肩，瓶身为酱色筒形，高 20 厘米，口径 1.5 厘米，底径 7.3 厘米，容量 500g。商标贴于瓶身，从左至右依次为“RQYMQU”字样，商标正中日晕形状上有大鹏蓝色图案，图下有“TRADE MARK”小字样，再下为蓝底白字，从右至左书“赖茅”两个美术体大字，最下从右至左书“贵州茅台村恒兴酒厂出品”字样。商标背面说明书内容为：“贵州仁怀县茅台村素为产酒名区，该村映带名山泉清水洌，用以酿酒，气味香醇，加之陈年土窖，依照回沙古法参以科学改进，一经出窖则芬芳馥郁质纯味和，不但其他国产名酒难以媲美，即舶来佳酿众将相较逊色，兹更不惜巨资添聘名师扩大酿制，精益求精，日臻化境。有益卫生，舒筋活血，执觞宴饮馈赠尤宜，诚贵州特产最名贵之妙品也，赐顾诸君请认明大鹏赖茅商标，庶不致误。”背标上方也有一日晕背景上的展翅大鹏图案。这个商标不但有正面的厂名品牌图案，背标更详细介绍了茅台酿酒的历史、环境、水质、方法以及产品质量等，是非常简洁明了、言之有物的印刷广告。在援华“飞虎队”一些队员的回忆文章中，这种包装的茅台酒是他们难以忘记的品尝记忆。

1982 年《商标法》实施时，茅台提出了“赖茅”商标注册申请，于 1992 年获得商标使用权。2003 年，归属于赖家后人的深圳赖永初酒业经销公司以“茅台 3 年未使用该商标”为由，要求撤销“赖茅”注册，同年“赖茅”注册商标被撤销。之后，茅台集团再度申请注册，2007 年，国家工商总局商标局核准茅台注册“赖茅”商标。

“飞鹰牌”赖茅顶部、底部细节

29

成交价格	RMB 2,645,000
拍卖信息	北京保利 2011.6.4 , Lot 4430
生产年份	20 世纪 30 年代
容量规格	500 g
酒精度数	54°
收藏星级	★★★★★★☆

作者与著名藏酒家肖强先生（右）鉴赏“飞鹰牌”赖茅

20世纪30年代恒兴酒厂“飞鹰牌”赖茅

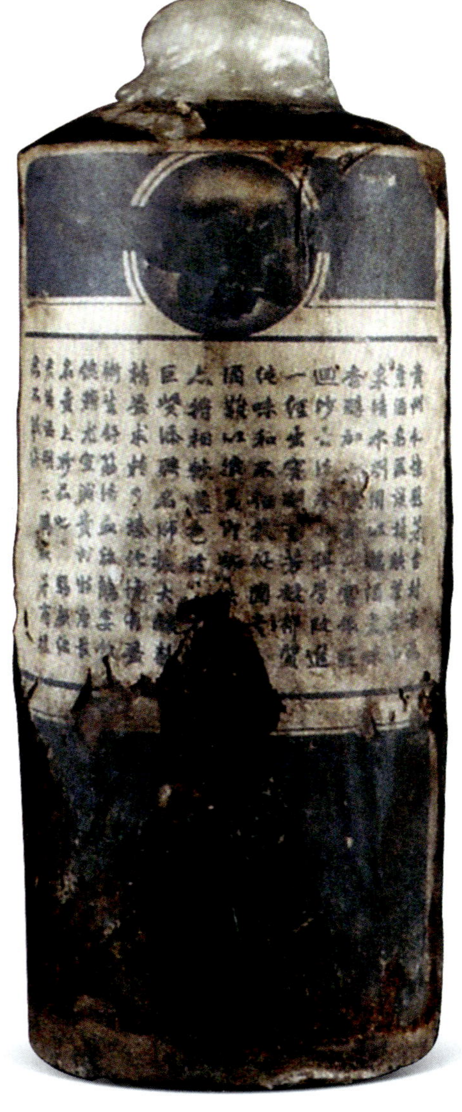

目前面世的各款“飞鹰牌”赖茅

著名收藏家叶恭绰先生旧藏赖茅

存世的另一款赖茅

藏于茅台国酒文化城的赖茅酒瓶

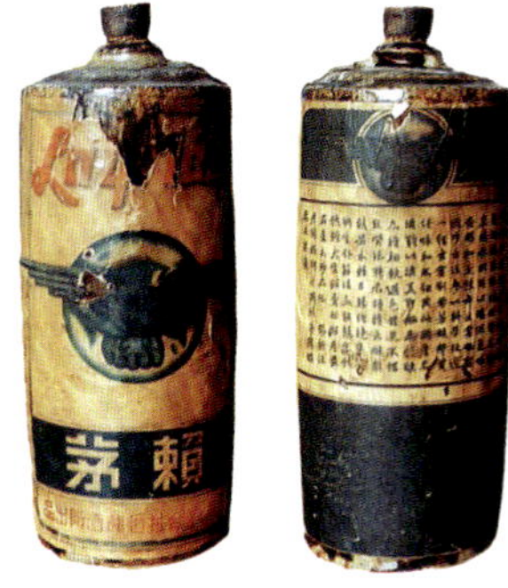

藏于贵州茅台国酒文化城博物馆的赖茅酒瓶

藏于茅台国酒文化城的赖茅酒瓶、茅酒土陶罐

30

成交价格	RMB 2,587,500
拍卖信息	北京匡时 2017.6.3 , Lot 2990
生产年份	20 世纪 40 年代
容量规格	500 g
酒精度数	54°
收藏星级	★★★★★★☆

中國的土特產

二〇四、茅台酒

茅台酒亦稱茅酒，產貴州仁懷縣茅台村，華姓經營者稱為華茅，賴姓經營者稱賴茅，王姓、金姓經營者稱王茅、金茅。華茅已有百餘年歷史，曾於一九一五年參加巴拿馬展覽會，獲有獎狀及金質獎章，貴州茅台酒因此名聞世界。

茅台酒呈白色，清可鑒影，味濃厚，香氣遠溢，飲後滿口芬芳，回味深長而不損頭腦，且無頭暈口乾等現象。茅台酒色、香、味俱佳，據善飲者評論：「我國之酒，以茅台為第一」。

茅台酒年產量約在十萬斤左右，過去用喇叭形瓦瓶裝盛，瓶花美，有古風，後來又改用圓柱形瓦瓶，每瓶一斤。茅台的銷路主要還是在四川、雲南、貴州等西南一帶，輸往其他地區者，每年不過五千瓶左右，因受裝璜運輸等影響，目前尚在滯銷狀態中。（元英、永仲）

赖茅在报纸上刊登的广告图文

20 世纪 40 年代恒兴酒厂“飞鹰牌”赖茅

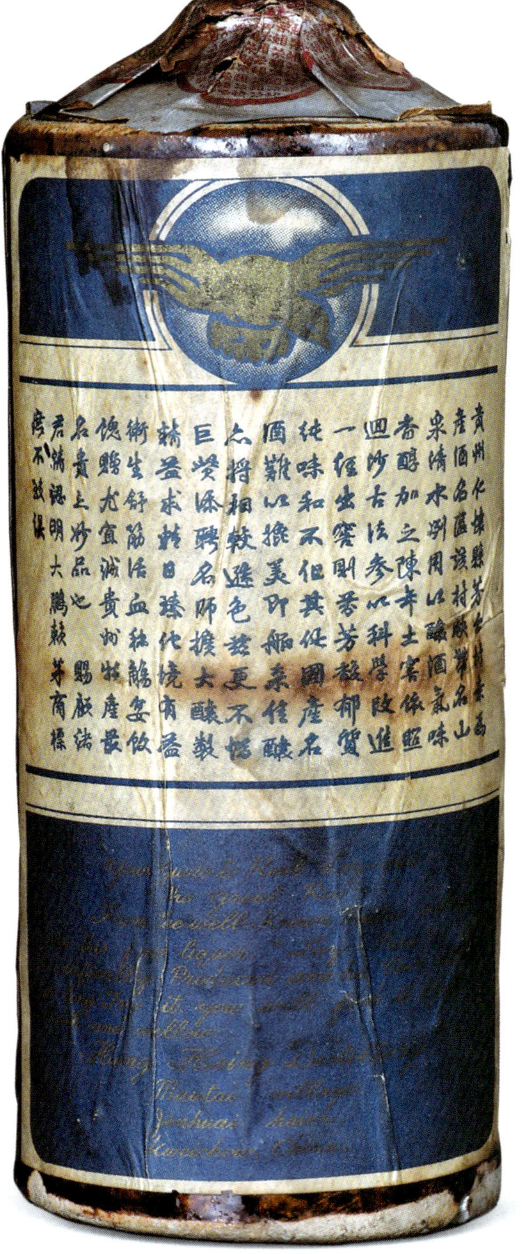

相关事记：

恒兴烧房的前身是衡昌烧坊，由贵阳人周秉衡于 1929 年开设，后卖给赖永初，1941 年更名为恒兴烧房，所酿茅台酒人称赖茅。

原恒兴烧房大门

1949 年各类酒瓶查验证标签

“飞鹰牌”赖茅顶部、底部细节

点评：“飞鹰牌”赖茅是三大烧房时代流传的名酒实物，它闪耀着巴拿马万国博览会金奖的光辉。此酒堪称茅酒之源。

20 世纪 40 年代茅台村恒兴酒厂出品“飞鹰牌”赖茅使用的竹节瓶特征

鉴藏要点：

赖茅为柱形陶瓶，小口、平肩，通体施酱色釉，高 20 厘米，口径 1.5 厘米，底径 7.3 厘米，可容 500g。

20世纪40年代茅台相关酒标、广告、发票、汇票

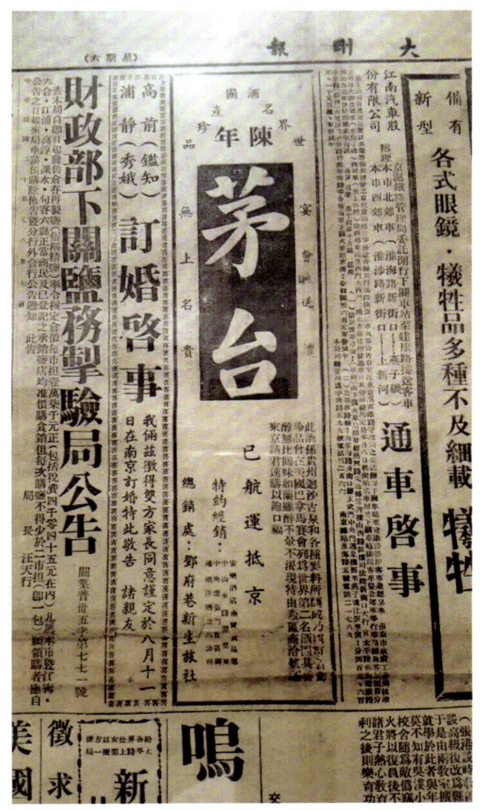
大剛報

備有各式眼鏡·犧牲品多種不及細載

江南汽車股份有限公司 通車啓事

世界名酒 陳年珍品

茅台

已航運抵京

特約經銷：

總銷處：鄧府巷新生旅社

高前（鑑知） 浦靜（秀娥） 訂婚啓事

我倆茲徵得雙方家長同意謹定於八月十一日在南京訂婚特此敬告 諸親友

財政部下關鹽務緝驗局公告

1946 年 8 月 7 日《大刚报》刊登的茅台广告

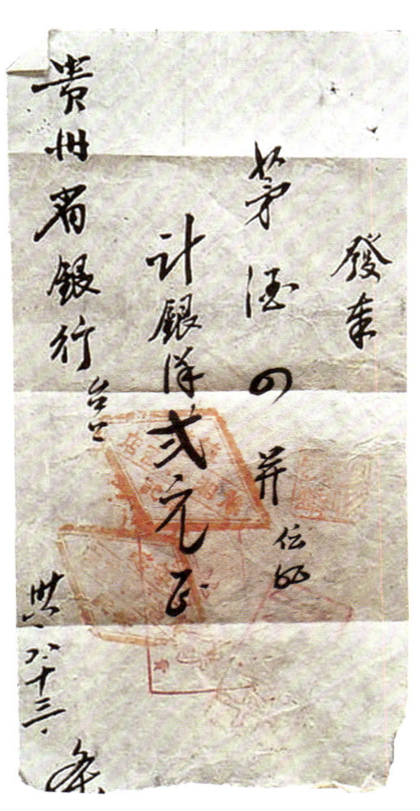
貴州省銀行

發來

民国三十八年（1949 年）贵州省银行购买茅台酒票据

“飞鹰牌”赖茅正面酒标

中华邮政国内汇票（茅台）及核对据一对

1949-1965
中华人民共和国成立初期
MOUTAI

贵州茅台

KWEICHOW

百废初兴 峥嵘岁月

工农牌-金轮牌-原封纸

飞天牌-飞天牌-红飘带

竹节瓶-土陶瓶-白瓷瓶

首获中国第一届评酒会金奖

第二章

中华人民共和国成立初期

1949–1965

KWEICHOW MOUTAI
PART TWO

31

参考价格	RMB 30,000
拍卖信息	无
生产年份	1951 年
容量规格	无
酒精度数	无
收藏星级	★★★★

1951 年茅台村恒兴酒厂“真正茅酒”酒标

相关事记：

1951 年 11 月，国家以 1.3 亿元（旧币，折合人民币 1.3 万元）赎买成义烧房，组建国有企业。由此，茅台酒厂正式开始组建，全名为“贵州省专卖事业公司仁怀茅台酒厂”。

国营茅台酒厂组建以后，恒兴酒厂为了区别于国营茅台酒厂，曾在自己的商标上印有“真正茅酒”以及“原名赖茅”字样，以示区分。此酒标沿用至 1952 年。

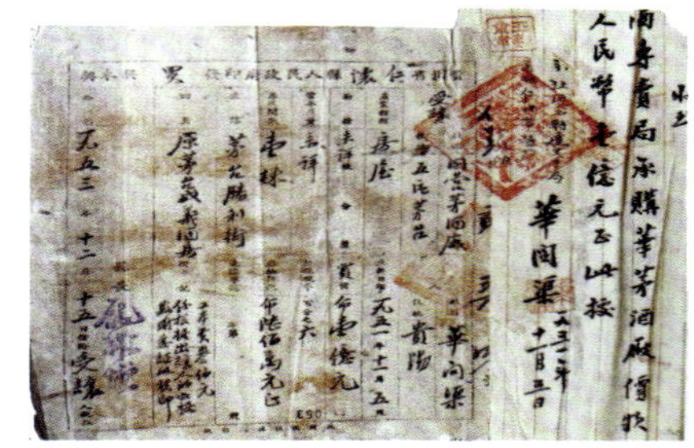

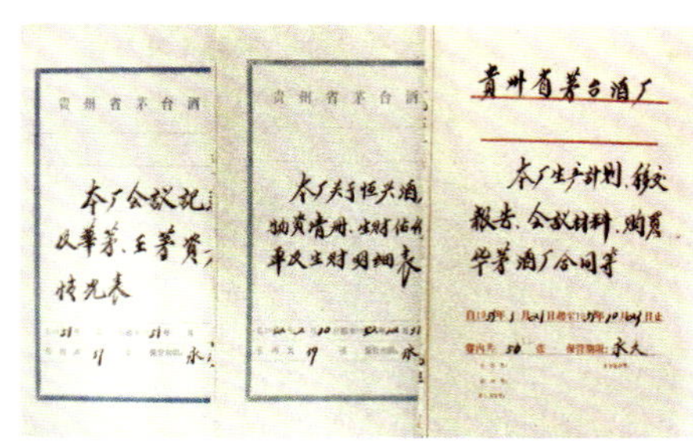

1951 年茅台酒厂公私合营的资料

点评： 茅台村素为产酒名区，山明、泉清、水洌，酿酒气味香醇。恒兴酒厂作为茅台村私营酒厂的佼佼者，用陈年土窖，依回沙古法参以科学改进，所产茅酒馥郁醇香，确为茅台村私营酒厂酿酒的典范。

32

参考价格	RMB 30,000
拍卖信息	无
生产年份	1953 年
容量规格	无
酒精度数	无
收藏星级	★★★★

1953 年仁怀酒厂“工农牌”茅台酒标

相关事记：

1951 年，地方国营茅台酒厂成立后，申请注册“工农牌”茅台酒商标。1953 年 7 月 16 日，中央工商行政管理局批函通知贵州省专卖事业公司仁怀茅台酒厂：“所申报的‘工农’商标与福建怡隆酿酒厂已呈批的‘工农’商标名称相同，不可核准，唯图样可用。”并要求多择名称再送审核。

1953 年 11 月 13 日，贵州省专卖事业公司仁怀茅台酒厂再次呈函中央工商行政管理局，建议商标名称选用意见为：金轮、新轮、时轮、前进、粱麦红星、金轮红星、金轮五星。

1953 年 2 月 24 日，广州商行来函，申请办理茅台酒国外销售。当月，茅台酒厂厂长张兴忠遵从了县财委的决定，全面接管起了恒兴酒厂。7 月，贵州省财委通知：“仁怀茅台

酒厂划为省级企业，由工业厅领导，现正式命名为贵州省人民政府工业厅茅台酒厂。”当年，地方食品工业部还投资了10亿元（旧币，折合人民币10万元），致力于发展茅台酒生产。

1953年2月，贵州茅台酒厂厂长张兴忠宣布接收恒兴酒厂

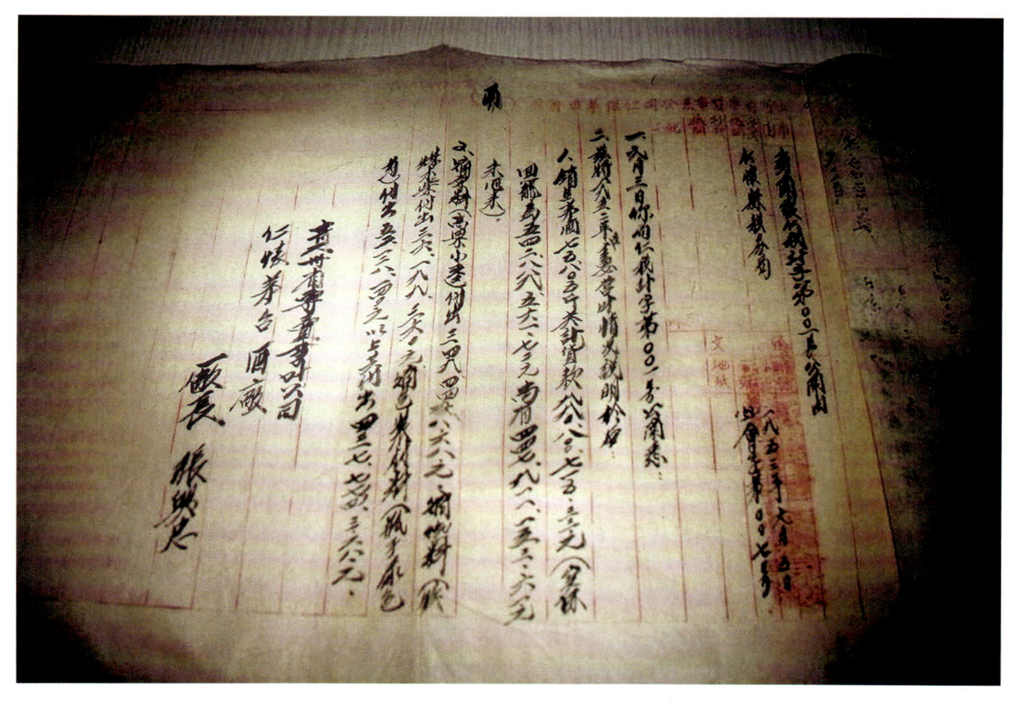

贵州省专卖事业公司
仁怀茅台酒厂
厂长 张兴忠

1953年贵州茅台酒厂第一任厂长张兴忠手书的公函

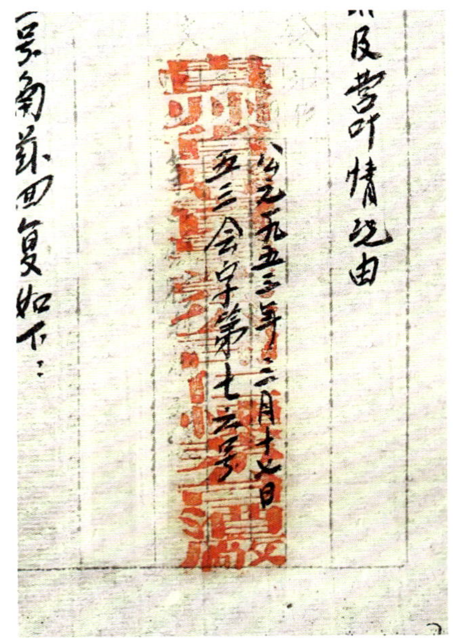

建厂初期的仁怀茅台酒厂印章

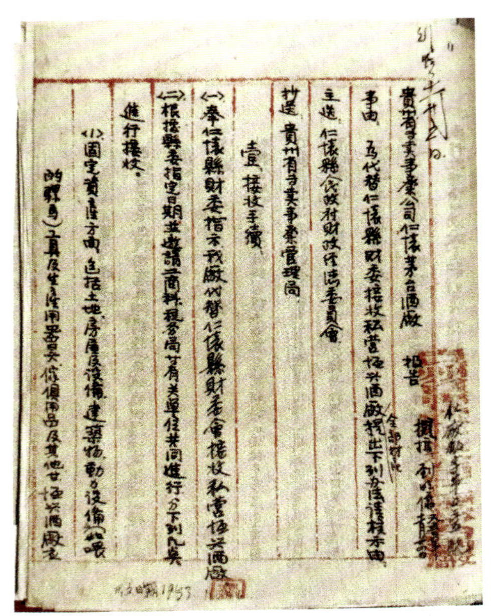

1953 年仁怀茅台酒厂报告

建厂初期的“地方国营茅台酒厂印”印章

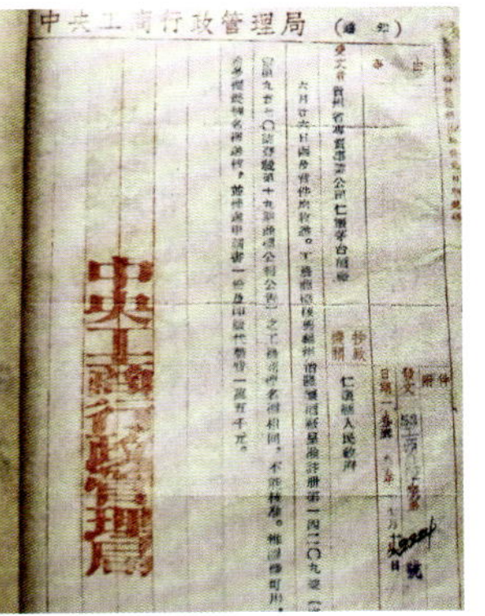

1953 年仁怀茅台酒厂商标注册证

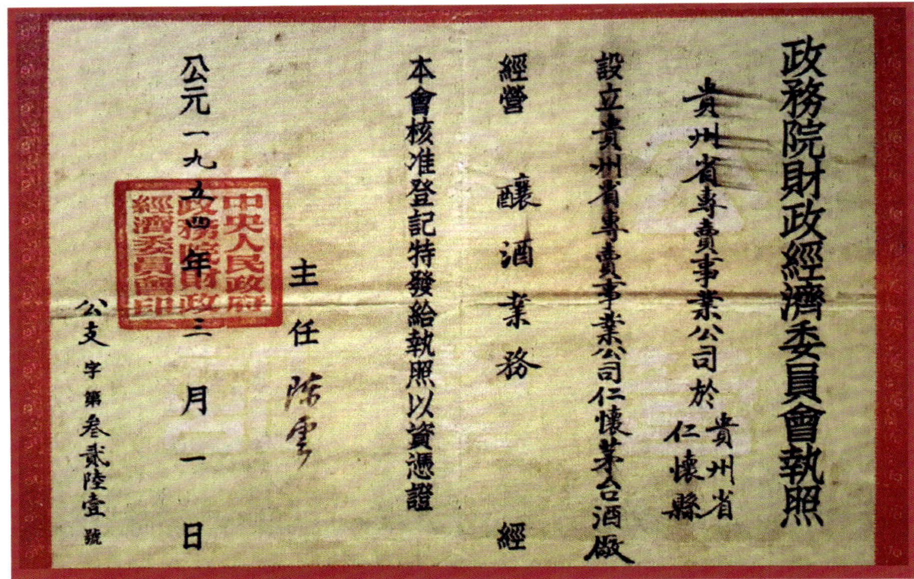

政務院財政經濟委員會執照

貴州省專賣事業公司於貴州省仁懷縣

設立貴州省專賣事業公司仁懷茅台酒廠

經營釀酒業務經

本會核准登記特發給執照以資憑證

主任 陳雲

中央人民政府政務院財政經濟委員會印

公元一九五四年二月一日

公支字第叁貳陸壹號

1954 年陈云签署的政务院执照

33

参考价格	RMB 1,200,000
拍卖信息	无
生产年份	1953 年
容量规格	500 g
酒精度数	无
收藏星级	★★★★☆

1953 年内销“金轮牌”贵州茅台酒（土陶瓶）

通过放大镜观察，酒标红底色上方布满黑点网纹。

通过放大镜观察，金色油墨呈点状堆积，质感强烈。

“贵州茅苔酒”下半部分印有黑色斜纹。

7 根黑线

6 根白线

5 根黑线

4 根白线

貴州茅台酒，產於仁懷茅台鎮，已有二百餘年悠久歷史，釀技精良，味美醇香，有助人身健康之優點，行銷全國頗受各界人士歡迎，誠為酒中之無上佳品，解放前曾在巴拿馬賽會評為世界名酒第二位。專賣後由國家接辦經營，不斷改善技術，降低成本，提高品質，擴大銷路，面向廣大羣衆服務，尤為各地所贊許。現全國各大城市均有出售，諸君惠顧，無任歡迎，特此敬告。

國營仁懷茅台酒廠謹啓

一九五三年　月　日

背标边框右上角呈断开状态。

“茅”字中间横钩处有圆点暗记。

背标边框右下角呈断开状态。

相关事记：

1953 年，在全国土特产品交易会上，茅台被评为名酒。

1953 年，产量 72 吨。

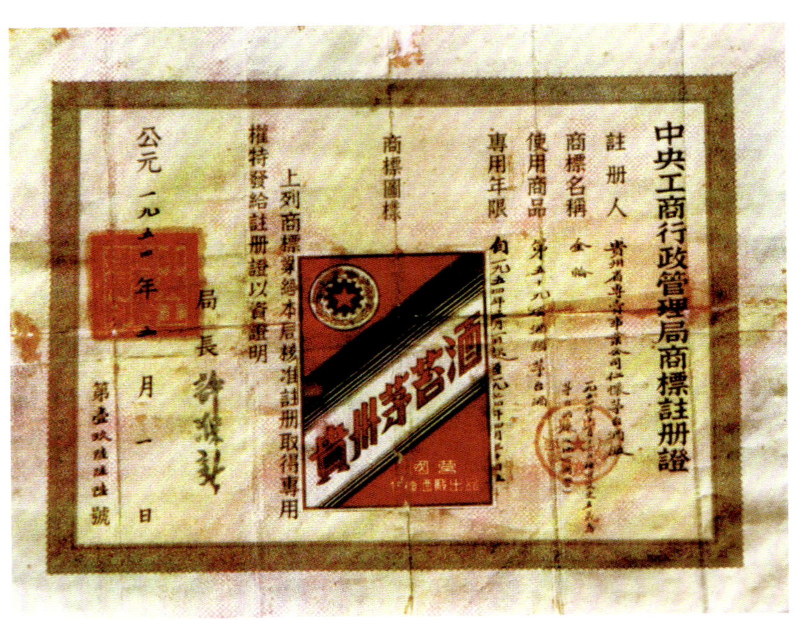

中央工商行政管理局商標註册證

註册人 貴州省專賣事業公司仁懷茅台酒廠

商標名稱 金輪

使用商品 茅台酒

專用年限

商標圖樣

上列商標業經本局核准註册取得專用權特發給註册證以資證明

局長

公元一九五四年五月一日

第　號

1954 年 5 月 1 日“金轮牌”贵州茅苔酒商标注册证

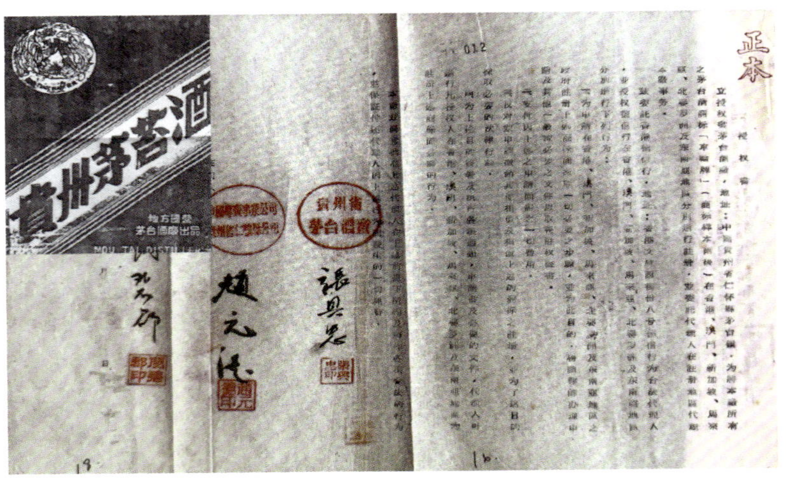

1954 年“金轮牌”贵州茅苔酒商标授权书

点评： 贵州仁怀酒厂出品的“貴州茅苔酒”甚是难得。从茅台酒厂成立到 1956 年，使用商标文字为“貴州茅苔酒”，1956 年 3 月开始将“苔”改为“台”。厂名中“品”为三“口”分开，此酒标印刷以铅印为主，金色油墨点状堆积，犹如真金般厚重，瓶口有着穿越时空的芬芳……

中外馳名
貴州茅苔酒
國營
仁懷酒廠出品

貴州茅台酒，產於仁懷茅台鎮，已有二百餘年，悠久歷史，釀技精良，味美醇香，有助人身健康之優點，行銷全國，頗受各界人士歡迎，誠為酒中之無上佳品，解放前曾在巴拿馬賽會評為世界名酒第二位。專賣後由國家接辦經營，不斷改善技術，降低成本，提高品質，擴大銷路，面向廣大羣衆服務，尤為各地所贊許。現全國各大城市均有出售，諸君惠顧，無任歡迎，特此敬告。

國營仁懷茅台酒廠謹啓

一九五三年　月　日

1953—1954 年贵州茅台酒

鉴藏要点：

瓶体 以黄釉土陶瓶、黑釉土陶瓶为主。

正标 “金轮牌”商标、贵州茅台酒字样、厂名的组合。

包装 当地生产的皮纸包装。

封口 印有贵州二字、麦穗、齿轮图样的封口纸。

背标 厂名、生产日期、标点符号位置发生改变。

日期 手工加盖的蓝色生产日期。

正标

1953 年“金轮牌”商标细节

1954 年“金轮牌”商标细节

背标

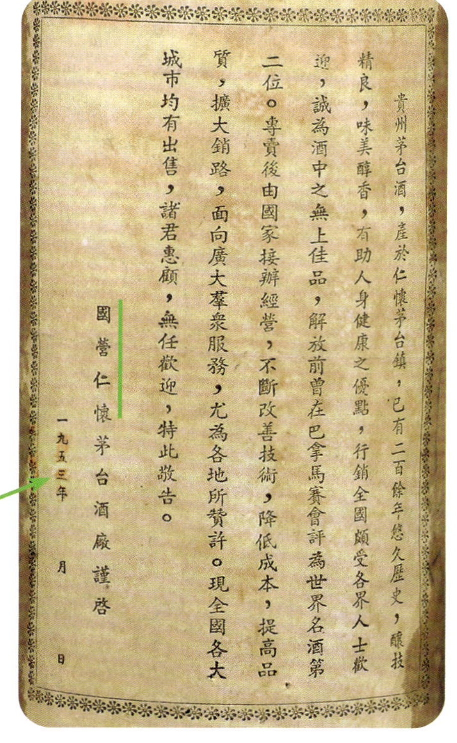

貴州茅台酒，產於仁懷茅台鎮，已有二百餘年悠久歷史，釀技精良，味美醇香，有助人身健康之優點，行銷全國頗受各界人士歡迎，誠為酒中之無上佳品，解放前曾在巴拿馬賽會評為世界名酒第二位。專賣後由國家接辦經營，不斷改善技術，降低成本，提高品質，擴大銷路，面向廣大羣衆服務，尤為各地所贊許。現全國各大城市均有出售，諸君惠顧，無任歡迎，特此敬告。

國營仁懷茅台酒廠謹啓

一九五三年 月 日

1953 年“金轮牌”茅台酒背标

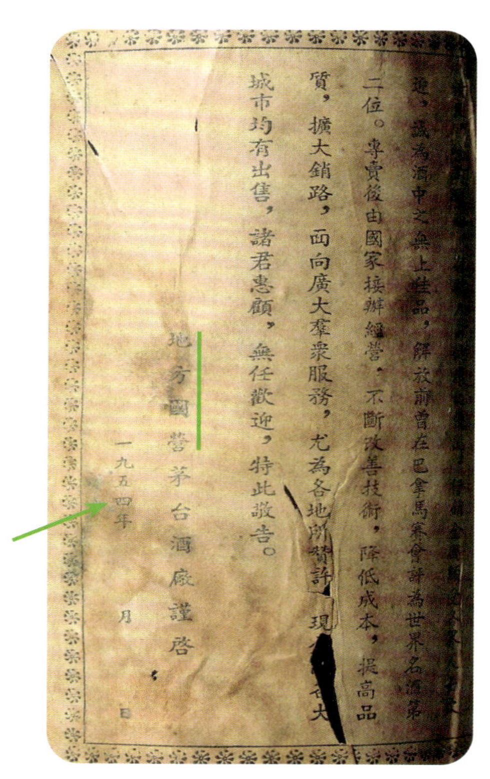

迎，誠為酒中之無上佳品，解放前曾在巴拿馬賽會評為世界名酒第二位。專賣後由國家接辦經營，不斷改善技術，降低成本，提高品質，擴大銷路，面向廣大羣衆服務，尤為各地所贊許。現全國各大城市均有出售，諸君惠顧，無任歡迎，特此敬告。

地方國營茅台酒廠謹啓

一九五四年 月 日

1954 年“金轮牌”茅台酒背标

正标

1953 年“金轮牌”下方为空白

1953 年“金轮牌”下方印有“MOU-TAI CHIEW”

1953 年“金轮牌”正标厂名细节

1954 年“金轮牌”正标厂名细节

封口

1954 年印有贵州二字、麦穗、齿轮图样的原封纸

瓶体

1953 年黑釉土陶瓶瓶底露胎、有圈足

点评： 地方国营茅台酒厂在建厂初期，贵州茅台酒先在仁怀茅台镇灌装酒体，然后在遵义、贵阳、重庆三地加贴商标销售。当年酒瓶仍为中华人民共和国成立前所沿用下来的“竹节瓶”（三节式矮盖陶瓷瓶），酒标正面的“貴”字少一横，背标生产日期为印刷体。封口盖纸印有篆体“貴州”二字，周围环绕麦穗图案的封纸，此封纸一直沿用到 1966 年。

34

参考价格	RMB 2,800,000
拍卖信息	无
生产年份	1954 年
容量规格	500 g
酒精度数	55°
收藏星级	★★★★★★☆

1954 年外销“金轮牌”贵州茅台酒（土陶瓶）

该款茅台酒的广告宣传画

通过放大镜观察，酒标红底色上方布满黑点网纹。

通过放大镜观察，金色油墨呈点状堆积，质感强烈。

7根黑线

6根白线

增加1根金线

5根黑线

4根白线

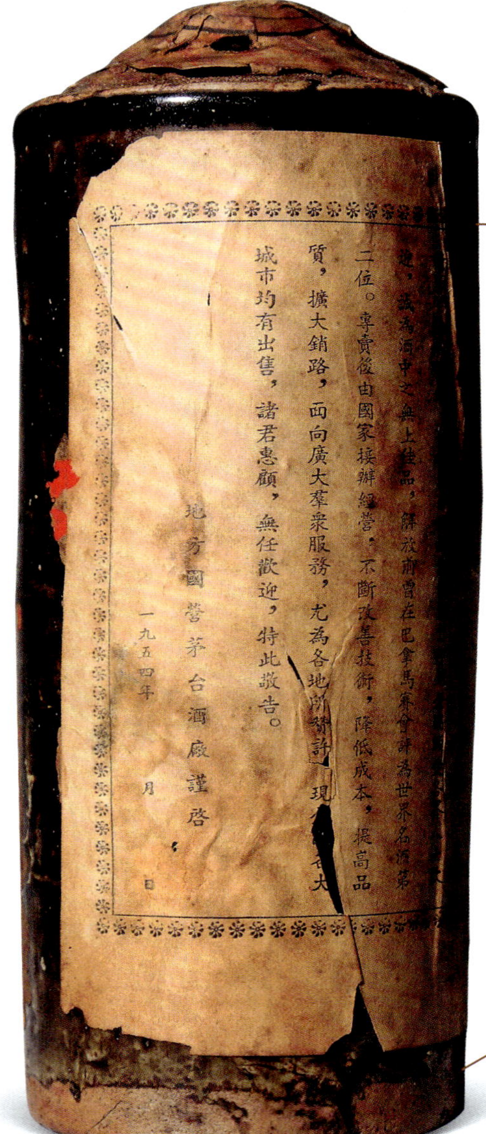

背标边框四周装饰图案的放大细节。

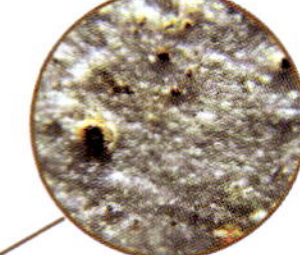

通过放大镜对陶罐表面的老化程度进行观察。

相关事记：

1954年5月，经遵义区专员公署批准，“贵州省人民政府工业厅茅台酒厂”更名为“地方国营茅台酒厂”。酒标上“地方国营茅台酒厂”的称号一直使用到1986年底。

1954年5月10日，茅台酒厂“金轮牌”商标正式注册，注册证号为19666，使用年限为20年。

1954年6月，地方国营茅台酒厂生产的“贵州茅台酒”商标核准注册，商标名称“金轮牌”，注册证号19666，专用年限20年，从1954年5月10日至1974年4月30日。

1954年，周恩来在日内瓦会议上用茅台宴请贵宾，得到好评。后来周恩来说，在日内瓦会议上帮助他成功的有“两台”，一台是“茅台”，另一台是电影《梁山伯与祝英台》。

1954年10月，湖北省进出口公司致函茅台酒厂，建议“茅台”改进包装，因其包装与名贵国酒的地位并不相衬。同年，朱德关心茅台酒的发展，致电贵州省委，指示要改进茅台酒包装，另外还指出：不要为了片面强调茅台酒的政治性和增产节约，而舍弃了传统的生产工艺。

1958年，茅台酒厂又对酒标进行了改版，分为内销和外销两种版式：内销酒标为“红星牌”，图案正中为红色五角星，意蕴“遵义会议”“四渡赤水”的长征精神永放光辉，另有金色齿轮衬托，麦穗、高粱环绕，象征着工人、农民；外销酒标为“飞天牌”，图案为两位仙女合捧一樽美酒从天而降、翩翩起舞，“下凡”献给人间，其构思来源于敦煌壁画“飞天”的神话传说，富有浓郁的中国传统文化底蕴。

点评：此酒为20世纪50年代出口新加坡的外销茅台酒，上面注明“重庆川南有限责任公司”字样，说明中华人民共和国成立初期茅台酒还是沿用民国时期的方式从水路运至重庆对外销售的。酒瓶封口处还贴有当年新加坡海关的封条“CHUNG NAN CO., LTD. SINGAP”。已经老旧泛黄的纸条体现了这瓶酒所经历的沧桑历史。此酒也是茅台建厂以来第一批出口包装茅台酒，出产日期1954年清晰可辨。包装沿用了中华人民共和国成立前的酱黑釉粗陶瓶，瓶体瘦高工整，典型的手工制作，封口为木塞加猪猪尿脬皮封口，外部加贴绘有齿轮、麦穗图案的“贵州”方形封口纸盖顶，酒精度数为55度。

1954年茅台酒顶部细节

1955 年贵州茅台酒厂包装车间

1955 年内销“金轮牌”贵州茅台酒标

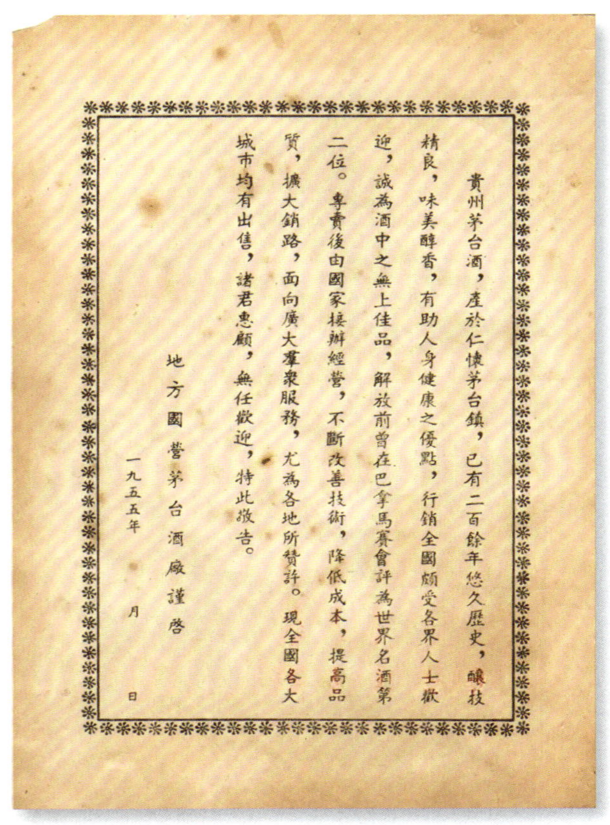

貴州茅台酒，產於仁懷茅台鎮，已有二百餘年悠久歷史，釀技精良，味美醇香，有助人身健康之優點，行銷全國頗受各界人士歡迎，誠為酒中之無上佳品，解放前曾在巴拿馬賽會評為世界名酒第二位。專賣後由國家接辦經營，不斷改善技術，降低成本，提高品質，擴大銷路，面向廣大羣衆服務，尤為各地所贊許。現全國各大城市均有出售，諸君惠顧，無任歡迎，特此敬告。

地方國營茅台酒廠謹啓

一九五五年　月　日

相关事记:

贵州茅台酒“金轮牌”商标诞生于 1954 年，是具有时代象征意义的商标图形。“金轮牌”商标以红色五角星、齿轮、麦穗等元素作为图形图案，配合使用红、金、白为主色调。该酒标使用繁体中文，并有“地方国营茅台酒厂出品”字样。1955 年第一次更换版别，酒标中“苔”改为“台”，为现在使用的“五星牌”商标的前身。

35

参考价格	RMB 2,600,000
拍卖信息	无
生产年份	约 1955 年
容量规格	500 g
酒精度数	55°
收藏星级	★★★★★★☆

1955 年内销“金轮牌”贵州茅台酒（土陶瓶）

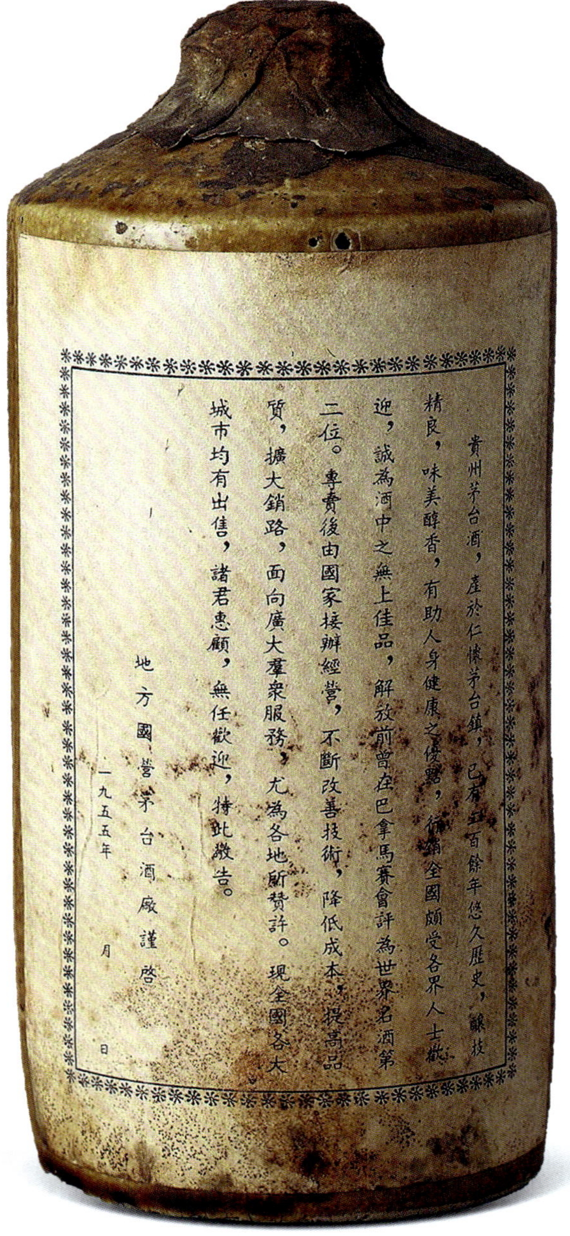

相关事记：

当年贵州省茅台酒厂正在灌装茅台酒

1955年，地方国营茅台酒厂更名为贵州省茅台酒厂。中国粮油食品进出口公司在广州秋季交易会之时向茅台酒厂提出了商标事宜。周恩来总理也一再强调茅台酒的品质要保证，茅台酒厂评酒委员会正式成立。国家继续投资7.3万元建设酒厂，余吉宝担任茅台酒厂党委书记，张兴忠任厂长。

是年，茅台酒厂正式授权香港五丰行经销贵州茅台酒。

从1953年至1956年的三年间，茅台酒平均每吨2,553.02元，每瓶1.28元，零售价为2.84元。

金额：元

産地	品名	規格	单位	批發牌价	零售牌价	度
武漢	碧綠酒	8两瓶裝	瓶	0.98	1.10	四
江苏	洋河大曲	64° 18两 "	"	2.00	2.24	
"	洋河大曲	64° 10两 "	"	1.15	1.29	
"	洋河大曲	64° 4两 "	"	0.50	0.56	
"	洋河大曲	50°散裝	斤	1.12	1.25	
貴州	茅台酒	50° 16两瓶裝	瓶	2.30	2.58	
廣東	普通酒精	95°散裝	斤	1.40		
"	医药酒精	95° "	"	0.78		
"	改供酒精	95° "	"	0.80		

当年贵州茅台酒的销售单据

点评：1955年启用的茅台酒背标因印刷数量巨大，一直使用至1960年。相关年份的茅台酒用印章手工加盖了蓝色日期。

批發商品購

編製單位：中國專賣事業公司貴州省沿河縣公司　　1954年 2 月 26 日至

品名	規格	單位	上旬結存數量	收入：購進：對象	數量	單價	金額	調進數量	盤盈數量
白酒	57°	斤	6881		2471	0.298	735.61		
〃		〃			3095	0.304	940.88		
合計		〃	6881		5566		1676.49		
五加皮		瓶	230						
茅台酒		〃	54						
味美思		〃	2						
合計			286						
細茶	一	斤	61.13						
〃	二	〃	197.12						
〃	三	〃	173.2						
〃	四	〃	184						
合計		〃	626.11						
合計									

經副理　　　　會計　　　　業務

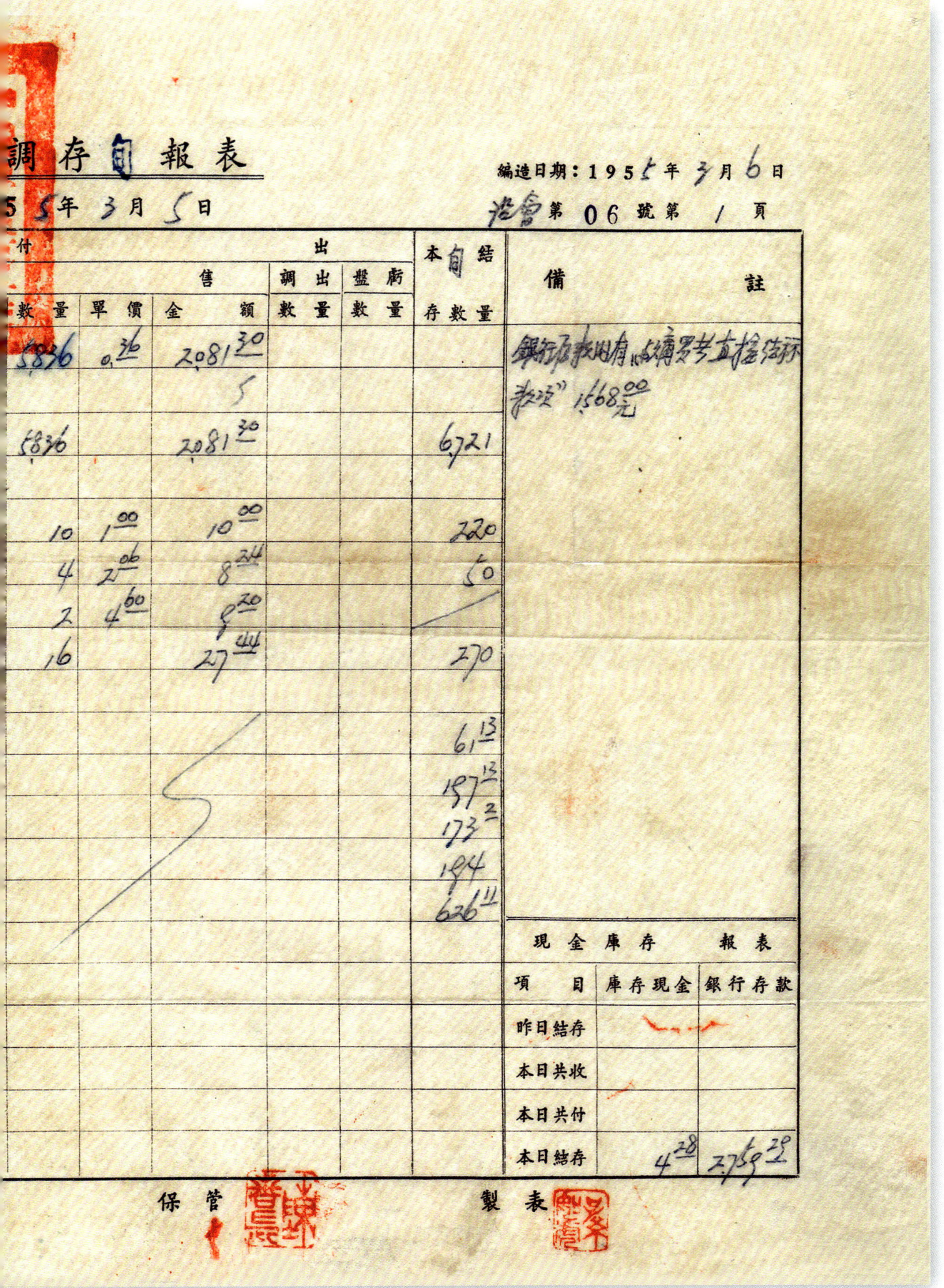

調存旬報表

55年3月5日

編造日期：1955年3月6日

沿會第 06 號第 1 頁

付			出			
售			調出	盤虧	本旬結	備註
數量	單價	金額	數量	數量	存數量	
5836	0.36	2081.30				銀行存款内有“[illegible]”1568.00元
		5				
5836		2081.30			6721	
10	1.00	10.00			220	
4	2.06	8.24			50	
2	4.60	9.20				
16		27.44			270	
					61.13	
					157.12	
					173.2	
					184	
					626.11	

現金庫存報表

項目	庫存現金	銀行存款
昨日結存		
本日共收		
本日共付		
本日結存	4.28	2759.29

保管　　製表

1955年中国专卖事业公司贵州省沿河县公司销售贵州茅台酒的单据

1954—1955 年贵州茅台酒

鉴藏要点：

瓶体 以黑釉竹节形土陶瓶为主。

正标 “金轮牌”商标、贵州茅台酒字样都有变更。

包装 当地生产的皮纸包装。

封口 印有贵州二字、麦穗、齿轮图样的封口纸。

背标 贵州茅台酒的历史介绍没变，生产日期变更。

日期 手工加盖的蓝色生产日期。

正标

1954 年“金轮牌”商标细节

1955 年“金轮牌”商标细节

背标

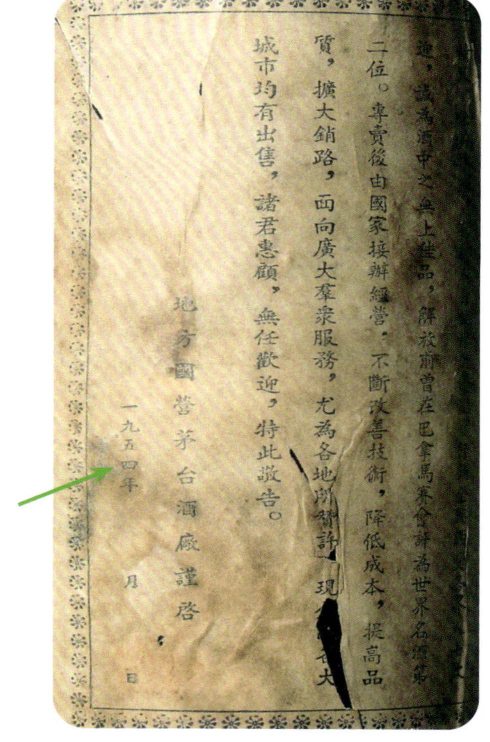

迎，誠為酒中之無上佳品，解放前曾在巴拿馬賽會評為世界名酒第
二位。專賣後由國家接辦經營，不斷改善技術，降低成本，提高品
質，擴大銷路，面向廣大羣衆服務，尤為各地所贊許。現全國各大
城市均有出售，諸君惠顧，無任歡迎，特此敬告。
地方國營茅台酒廠謹啓
一九五四年 月 日

1954 年“金轮牌”茅台酒背标

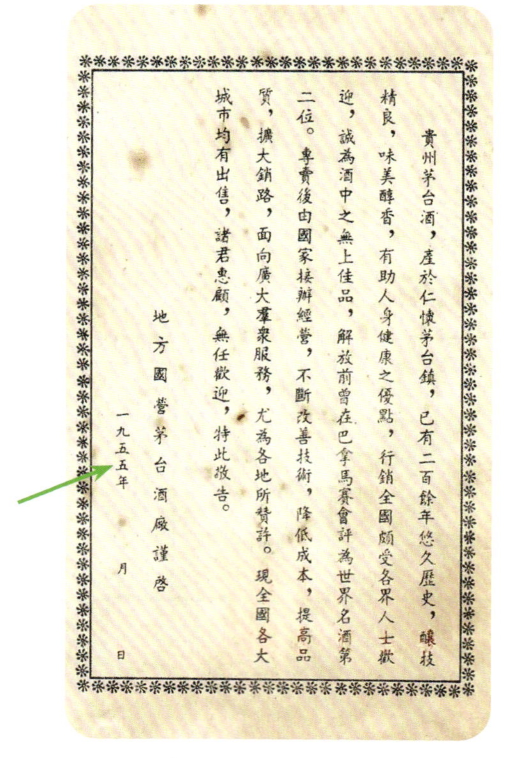

貴州茅台酒，產於仁懷茅台鎮，已有二百餘年悠久歷史，釀技
精良，味美醇香，有助人身健康之優點，行銷全國頗受各界人士歡
迎，誠為酒中之無上佳品，解放前曾在巴拿馬賽會評為世界名酒第
二位。專賣後由國家接辦經營，不斷改善技術，降低成本，提高品
質，擴大銷路，面向廣大羣衆服務，尤為各地所贊許。現全國各大
城市均有出售，諸君惠顧，無任歡迎，特此敬告。
地方國營茅台酒廠謹啓
一九五五年 月 日

1955 年“金轮牌”茅台酒背标

1954 年 1 月，贵州茅台酒厂印制商标 20 万套，将正面酒标“貴州茅苔酒”中的“苔”改为“台”。“貴”字未变，仍为中间少一横的繁体字。

“金轮牌”商标印刷图案区别于 1954 年的版本，出现多处细微变化。

背标中日期印刷有所改变。

正标

1954 年“苔”字细节

1955 年“台”字细节

封口

印有贵州二字、麦穗、齿轮图样的原封纸

瓶体

黑釉土陶瓶瓶底有阿拉伯数字编号

点评：1959 年是茅台的高产期，这个年代的茅台酒传世较多，是各大拍卖公司常拍的拍品，也是 20 世纪 50 年代茅台酒拍卖的风向标。当年零售价 2.98 元的单瓶茅台酒，现在的价格已经达到百万元以上。

36

参考价格	RMB 2,600,000
拍卖信息	无
生产年份	约 1955 年
容量规格	500 g
酒精度数	55°
收藏星级	★★★★★★☆

1955 年内销“金轮牌”贵州茅台酒（土陶瓶）

鉴藏要点:

此款贵州茅台酒酒瓶为当时特有的圆柱形三节土陶瓶，现在厂家们觉得古朴、雅拙的土陶瓶，在当时最大的缺点是储存难、易渗漏。

当年的茅台酒厂包装车间

江山如此多娇

茅台河

贵州茅台有一条“茅台河”，岸上山峦起伏，具有一番自然景色。沿河都是红砂土，所以水的含碱性很少，闻名全国的“茅台酒”，就是汲取这里的河水酿制的，香甜醇厚，盛名蔓延二百多年而不衰，可说是“酒以地名，地以酒传”。【新华社记者 [illegible]摄影】

当年报纸上的茅台风光

37

参考价格	RMB 2,600,000
拍卖信息	无
生产年份	1955 年
容量规格	500 g
酒精度数	55°
收藏星级	★★★★★★☆

1955 年内销“金轮牌”贵州茅台酒（土陶瓶）

鉴藏要点：

此酒为贵州茅台酒厂新试制的两节形酒瓶，与之前的竹节瓶相比，中间少了突起的接头部。

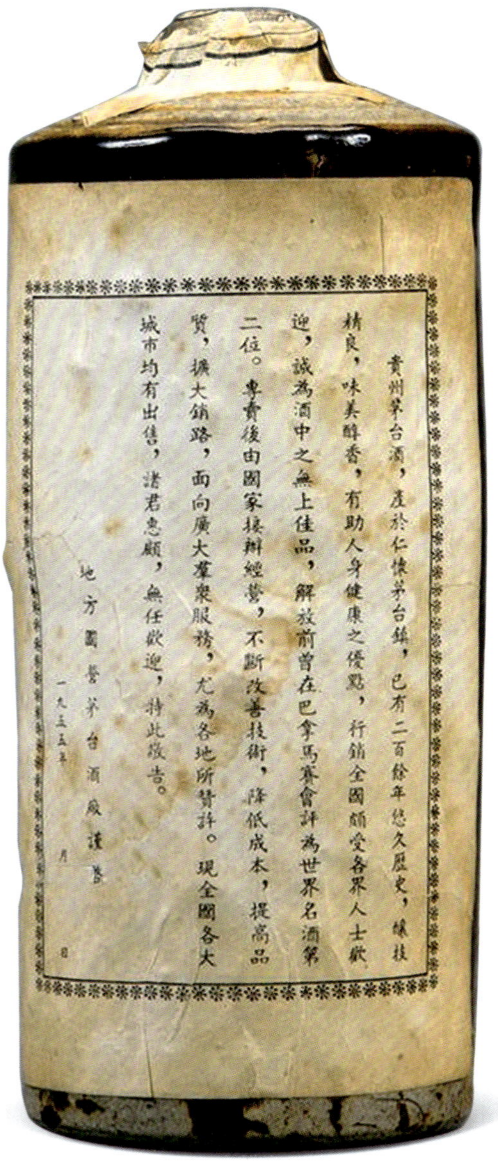

38

成交价格	RMB 1,792,000
拍卖信息	北京翰海 2011.1.16 , Lot 0875
生产年份	1956 年
容量规格	500 g
酒精度数	55°
收藏星级	★★★★★★☆

1956 年内销“金轮牌”贵州茅台酒（土陶瓶）

鉴藏要点:

该年使用了大量的三节形的深褐色陶瓷瓶，其造型风格、材质均为中华人民共和国成立前遗留产品。此酒瓶底有一突出“才”字，应为酒瓶烧制生产方的标记。背标为 1955 年印刷，生产日期处手工加盖“一九五六年 × 月 × 日”的蓝色印章。

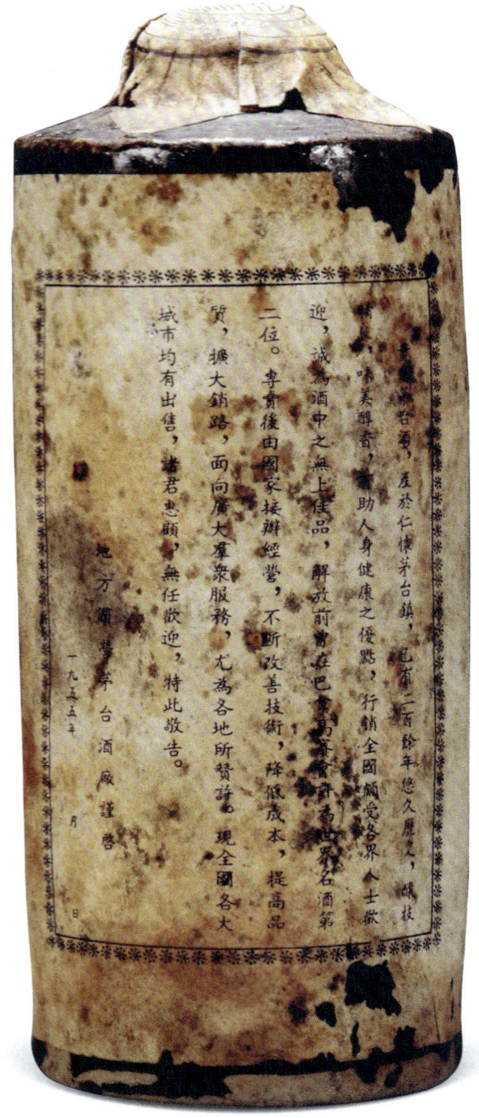

相关事记：

1956 年，贵州茅台酒开始陆续在国际上注册。茅台酒厂对茅台酒商标“金轮牌”在中国香港、中国澳门、新加坡、马来西亚等国家和地区分别进行注册，并委托代理人在注册地区代理茅台酒业务。香港市场的代理人为香港德信行。

该款贵州茅台酒的瓶底细节

该款贵州茅台酒的瓶口细节

20 世纪 50 年代中期仍在使用的中华人民共和国成立前生产的竹节形土陶瓶

39

参考价格	RMB 1,900,000
拍卖信息	无
生产年份	约 1956 年
容量规格	500 g
酒精度数	55°
收藏星级	★★★★★★☆

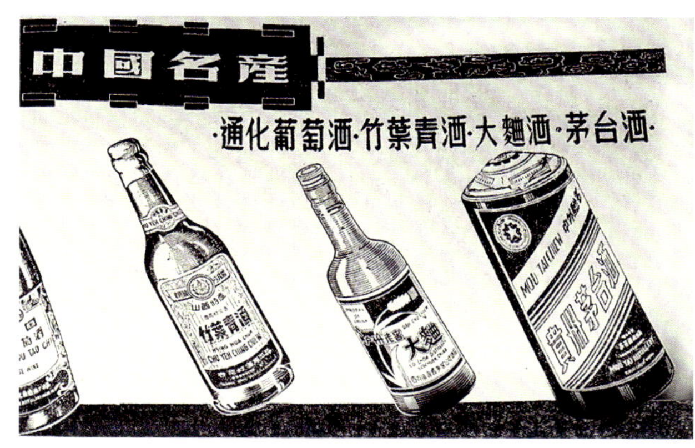

该款贵州茅台酒的广告宣传画

1956 年内销“金轮牌”贵州茅台酒（土陶瓶）

通过放大镜观察，“金轮牌”商标麦穗颗粒细节。

通过放大镜观察，金色油墨呈点状堆积，质感强烈。

“贵州茅台酒”下半部分印有黑色斜纹。

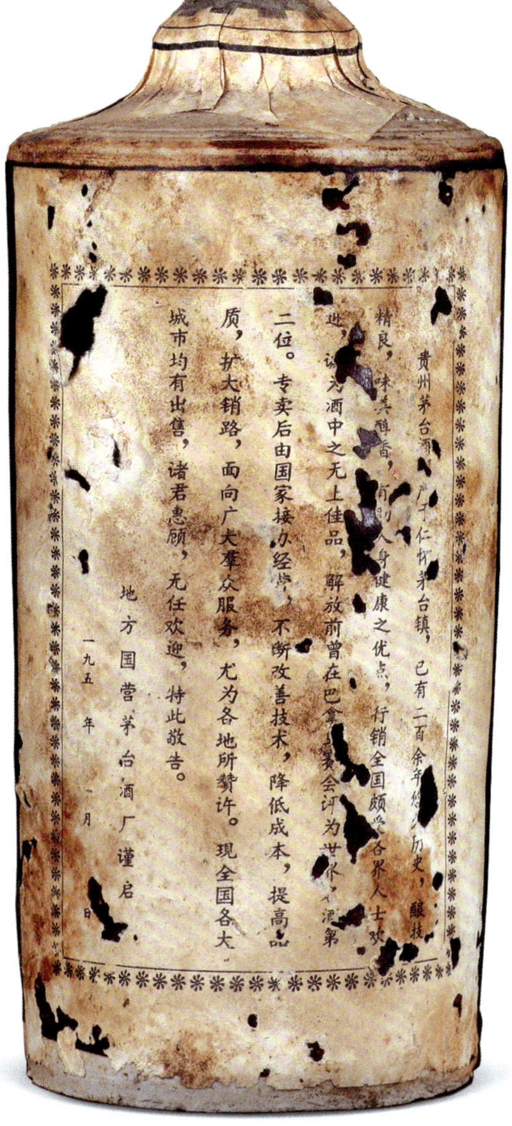

贵州茅台酒
仁怀茅台镇，已有二百余年
历史，酿技
精良，味美醇香，有
人身健康之优点，行销全国颇受各界人士欢
为酒中之无上佳品，解放前曾在巴拿
第
二位。专卖后由国家接办经营，不断改善技术，降低成本，提高品
质，扩大销路，面向广大群众服务，尤为各地所赞许。现全国各大
城市均有出售，诸君惠顾，无任欢迎，特此敬告。
地方国营茅台酒厂谨启
一九五 年 月 日

相关事记：

1956 年前，茅台酒瓶沿用的都是仁怀县本地产的土陶瓷瓶。造型上有两种：一种为葫芦形，形似酒坛；另一种为三节形。因为这两种瓶子装酒渗漏大，储存难，1956 年轻工业部曾要求有关部门试制一节形的新瓶，并在江西景德镇特别聘请了两位八级制瓶工艺师专门进行新酒瓶的试制，做成的瓶子，渗漏现象虽然减少，但由于外形不美观，最终没有被采用。

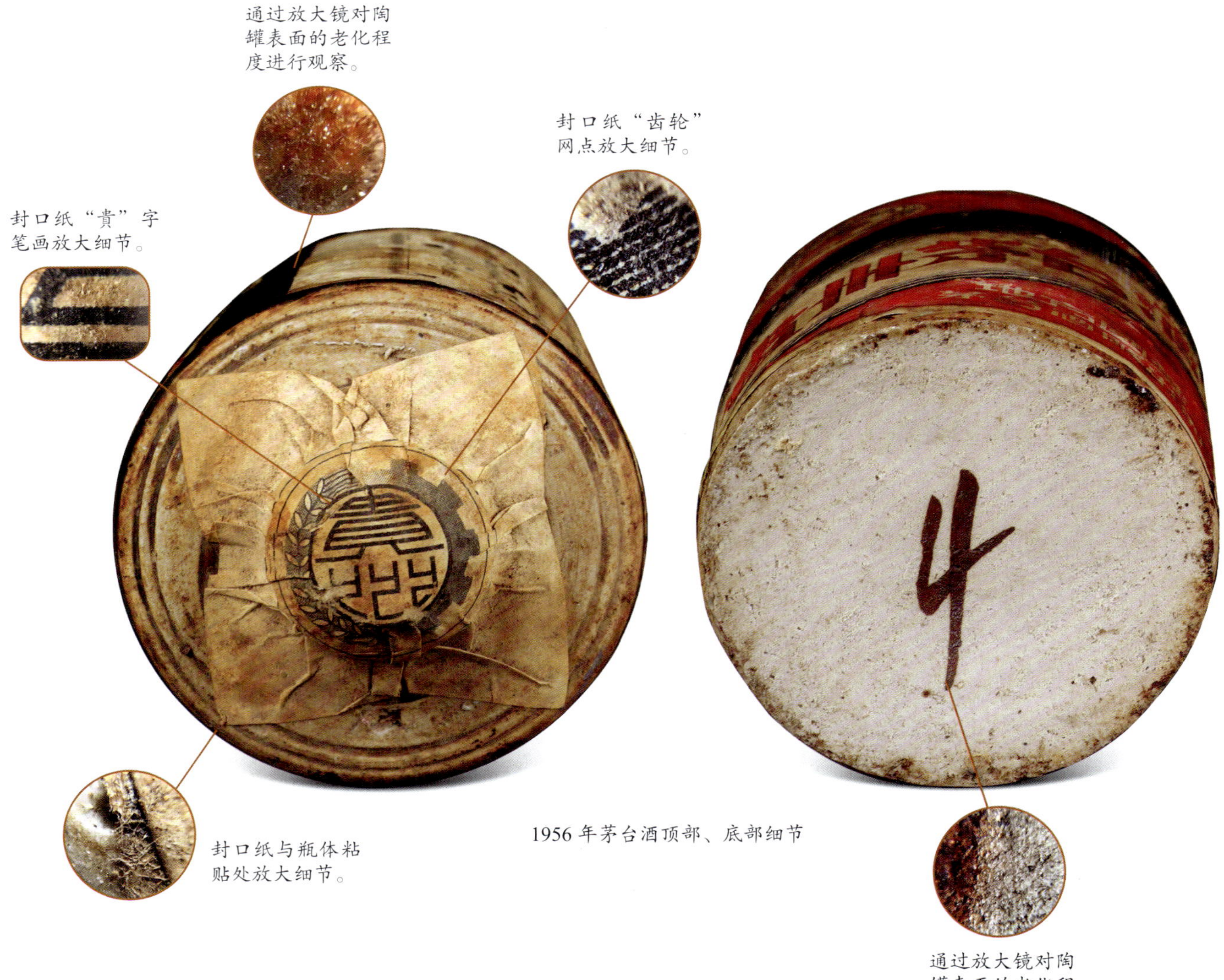
通过放大镜对陶罐表面的老化程度进行观察。
封口纸“齿轮”网点放大细节。
封口纸“贵”字笔画放大细节。
封口纸与瓶体粘贴处放大细节。
通过放大镜对陶罐表面的老化程度进行观察。

1956 年茅台酒顶部、底部细节

点评： 毫无疑问，“贵”字标土陶瓶五星茅台酒是整个茅台收藏系列中的顶尖品种，那个灿烂辉煌的年代，造就了它的厚重与平衡。瓶体上的每一个字都是那个年代的真实记录。

40

成交价格	RMB 1,840,000
拍卖信息	中国嘉德 2011.3.20，Lot 6157
生产年份	1956 年
容量规格	500 g
酒精度数	54°
收藏星级	★★★★★★☆

1956 年内销“金轮牌”贵州茅台酒（土陶瓶）

相关事记：

1956 年 3 月，按照湖北省进出口公司的信函要求，始将“苔”改为“台”。同年，外贸部驻香港办事处人员亲赴茅台酒厂研究茅台酒包装问题。

1956 年贵州茅台酒原包装纸的样式

41

参考价格	RMB 1,600,000
拍卖信息	无
生产年份	约 1956 年
容量规格	500 g
酒精度数	55°
收藏星级	★★★★★★☆

1956 年内销“金轮牌”贵州茅台酒（土陶瓶）

相关事记：

1956 年 6 月，贵州茅台酒厂向贵州省工业厅打申请报告，要求修改商标中的“貴”（少一横）字和“廠”字字体。但这个申请报告并没有立即得到批复，所以原商标继续在该年度使用。

42

当年的茅台酒厂包装车间

成交价格	RMB 1,725,000
拍卖信息	华艺国际 2021.6.3, Lot 3296
生产年份	1957 年
容量规格	500 g
酒精度数	55°
收藏星级	★★★★★★

1957 年内销“金轮牌”贵州茅台酒（土陶瓶）

43

成交价格	RMB 2,484,000
拍卖信息	北京保利 2015.12.7 , Lot 18002
生产年份	1957 年
容量规格	500 g
酒精度数	55°
收藏星级	★★★★★★☆

1957 年外销“金轮牌”贵州茅台酒（白瓷瓶）

相关事记：

1957 年，价格调整为每吨 3574 元，每瓶 1.79 元，零售价则为 2.97 元。

1957 年，贵州茅台酒厂在仁怀大鹿村中华嘴建设的酒瓶车间开始投产，并从江西景德镇请来两名八级技师指导生产，最早试制的白瓷酒瓶为米白色和纯白色两种，米白色的瓶身较大，瓶嘴较高，瓶底没有上釉，容易渗漏。

此酒正标沿用了老版外销“金轮牌”商标的主要内容，只是“貴州茅苔酒”中的“苔”去掉了草字头。

该款贵州茅台酒的广告宣传画

44

成交价格	RMB 2,530,000
拍卖信息	北京荣宝 2017.6.2 , Lot 1225
生产年份	1957 年
容量规格	500 g
酒精度数	55°
收藏星级	★★★★★★☆

1957 年外销“金轮牌”贵州茅台酒（白瓷瓶）

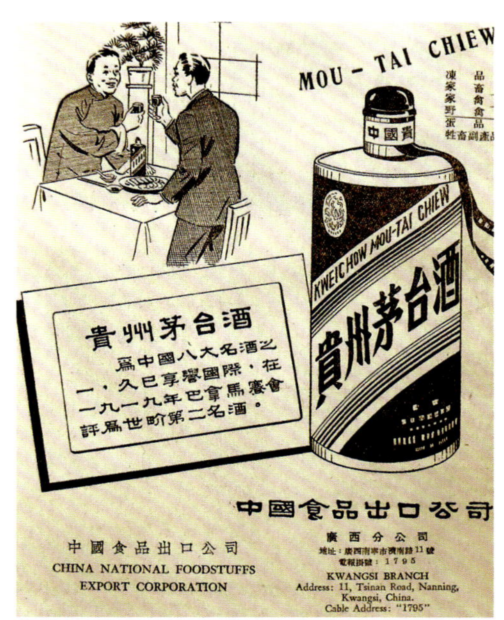

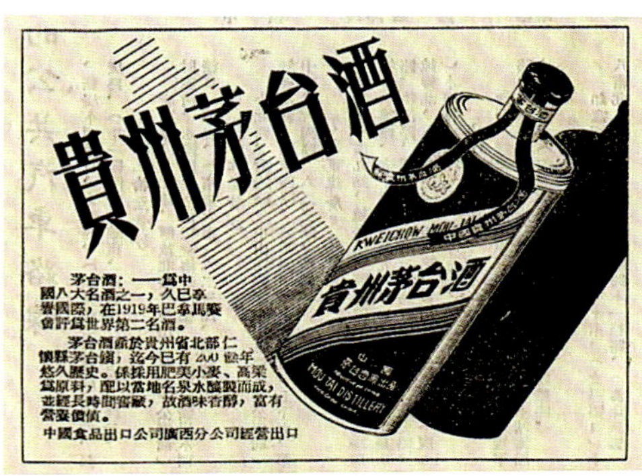

当年印有“一九一九年巴拿马赛会评为世界第二名酒”的广告宣传画

鉴藏要点:

此酒最大的特色为背标，绿底图案中飞天仙女献酒于左右，四边为传统花卉纹样，中部背景图案为黎葛民先生创作的黄果树瀑布绘画，背景之上为中英文文字，其中将“1915 年在巴拿马赛会评为世界名酒第二位”错误地写成“1919 年巴拿马赛会评为世界名酒第二位”。背标“贵州”的英译文“KWEICHOW”和正标中的“KWAICHOW”写法不同 。

1957 年“金轮牌”茅台酒瓶正面、侧面及背面展示

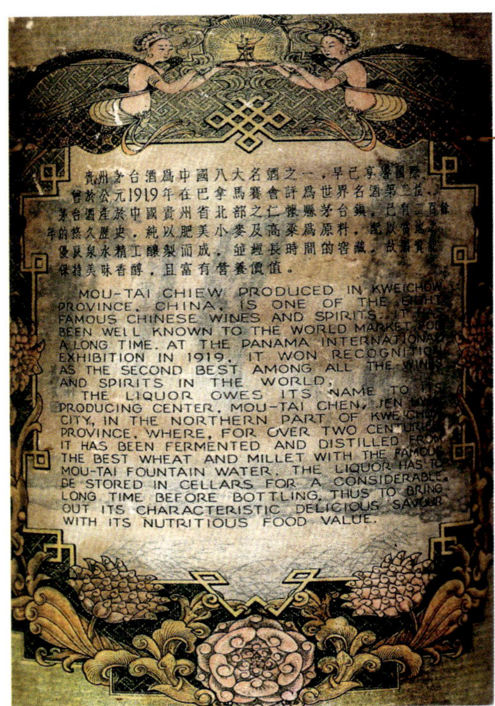

该酒背标细节图

花纹图案中布满“茅台酒”字样。

该酒封口细节图

45

成交价格	RMB 2,999,000
拍卖信息	北京歌德 2014.6.1 , Lot 1658
生产年份	1958 年
容量规格	500 g
酒精度数	55°
收藏星级	★★★★★★

该酒入选《世界之醉》封面

1958 年内销“金轮牌”贵州茅台酒（土陶瓶）

金色油墨呈点状堆积，质感强烈。

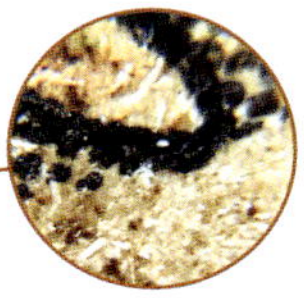
封口纸印刷细节。

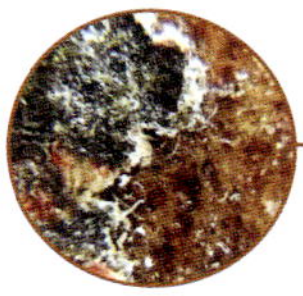
“金轮牌”商标破损处细节。

金色油墨呈点状堆积，质感强烈。

“贵”字笔画印刷细节。

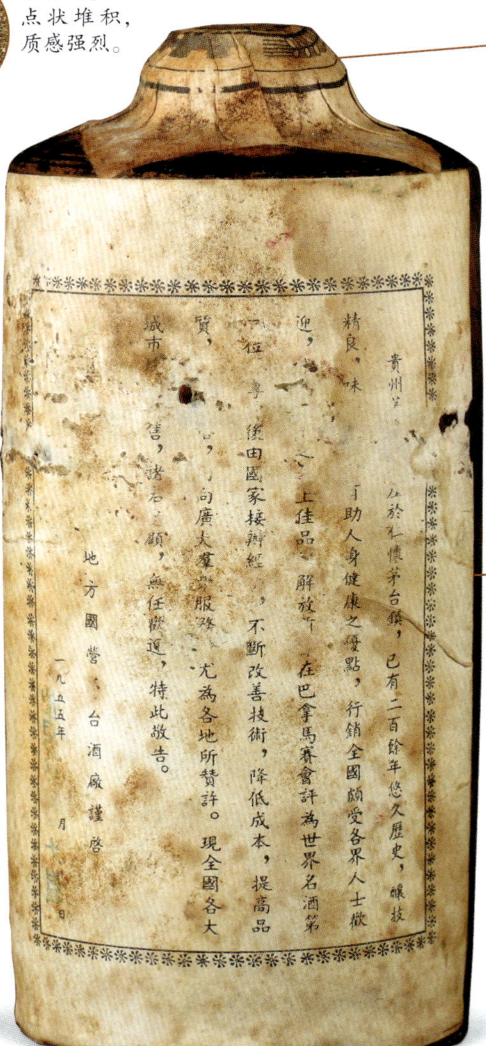

通过放大镜对陶罐表面的老化程度进行观察。

相关事记：

在 1958 年 7 月召开的全国酒类出口专业会议上，应外贸部门要求，茅台酒厂签订协议，将茅台酒度数由 55 度降到 53 或 52 度。

同年 8 月，茅台酒出口商标“飞天牌”于上海签订协议，由香港五丰行在香港办理注册，并报国务院备案。

通过放大镜对陶罐表面的老化程度进行观察。

封口纸印刷细节。

1958 年茅台酒顶部、底部细节

通过放大镜对陶罐表面的老化程度进行观察。

点评：封口纸与土陶瓶相依一体，可谓“青山松柏尚相忆，粉身碎骨不分离”。此瓶通体施黑釉，色泽透明，厂名中“品”为“昷”。这瓶酒体现了 20 世纪 50 年代酒瓶大致风格：瓶体不规整，稍有扭曲。酒之明星，明星之酒。

1958 年内销“金轮牌”贵州茅台酒使用的土陶瓶特征

鉴藏要点：

1958 年酒瓶表面粗糙有颗粒，较上代产品略粗。整体瓶形比之前的三节瓶规整。釉面颜色以酱黄色和深褐色为主。瓶底无釉、露胎、无圈足、有阿拉伯数字。

46

成交价格	RMB 1,120,000
拍卖信息	北京保利 2010.12.2 , Lot 1455
生产年份	1958 年
容量规格	500 g
酒精度数	55°
收藏星级	★★★★★★

1958 年内销“金轮牌”贵州茅台酒（土陶瓶）

47

成交价格	RMB 2,530,000
拍卖信息	北京歌德 2013.12.1 , Lot 1629
生产年份	1958 年
容量规格	500 g
酒精度数	53° ~ 52°
收藏星级	★★★★★★

1958 年内销“金轮牌”贵州茅台酒（土陶瓶）

48

成交价格	RMB 2,999,000
拍卖信息	北京歌德 2014.6.1 , Lot 1658
生产年份	1958 年
容量规格	500 g
酒精度数	55°
收藏星级	★★★★★★

1958 年内销“金轮牌”贵州茅台酒（土陶瓶）

此酒背标中的文字较其他茅台酒多一行。

“金轮牌”商标麦穗细节。

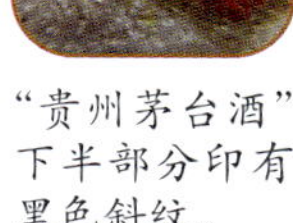

“贵州茅台酒”下半部分印有黑色斜纹。

背标“貴”字印刷细节。

背标“，”印刷细节。

背标边框四周装饰图案的放大细节。

相关事记：

1958 年 10 月 29 日晚，国务院、全国人大、全国政协、抗美援朝总会等六个单位在北京饭店联合举办盛大庆功宴会，欢迎中国人民志愿军凯旋。

周恩来总理与王平将军斟酒同饮，并亲持酒瓶，为出席宴会的志愿军将士一一斟酒，与将士们一一干杯，一共饮了 37 杯茅台酒。

1958 年产量为 627 吨，其中出口销量为 52.5 吨。

FORM TM—15.

HONG KONG TRADE MARKS ORDINANCE, 1954

CERTIFICATE OF REGISTRATION

It is hereby certified that the Trade Mark a specimen of which is hereunto annexed has been registered in Part [illegible] of the Register in the name of [illegible]

in Class [illegible] under No. [illegible] as of the date of [illegible] 195[illegible] in respect of [illegible]

Sealed at my direction this [illegible] day of [illegible] 195[illegible]

Trade Marks Registry
Registrar General's Department
Hong Kong

Registrar General
(Registrar of Trade Marks)

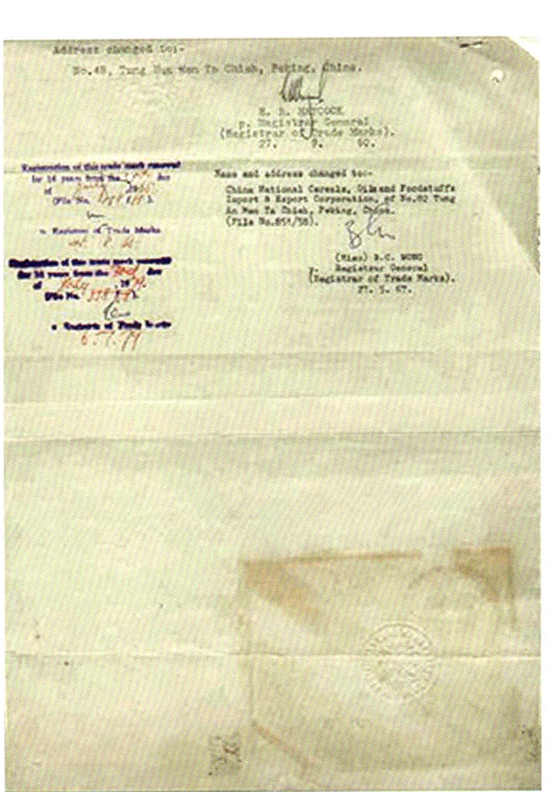

Name and address changed to:-

China National Cereals, Oils and Foodstuffs Import & Export Corporation, of No.82 Tung An Men Ta Chieh, Peking, China.

(File No.[illegible]/58).

Registrar General
(Registrar of Trade Marks).

1958 年 10 月 6 日“飞天牌”在香港通过注册

点评：“今天，我们为抗美援朝的伟大胜利，为英勇的中国人民志愿军和英勇的朝鲜人民军干杯。”这是周总理当年讲的话，中华人民共和国的尊严在这里得到了充分的证明。此时，茅台酒已成为激动和高兴的代名词。

49

成交价格	RMB 1,035,000
拍卖信息	北京歌德 2011.6.2 , Lot 1673
生产年份	1958 年
容量规格	500 g
酒精度数	55°
收藏星级	★★★★★★

1958 年内销“金轮牌”贵州茅台酒（土陶瓶）

50

成交价格	RMB 977,500
拍卖信息	北京保利 2017.12.19 , Lot 4669
生产年份	1958 年
容量规格	500 g
酒精度数	55°
收藏星级	★★★★★★

1958 年内销“金轮牌”贵州茅台酒（土陶瓶）

1957—1958 年贵州茅台酒（白瓷瓶）

鉴藏要点：

瓶体	白瓷瓶瓶体稍有区别。	封口	封口纸和红塑膜的区别。
正标	没有变化。	背标	全新改版，区别较大。
包装	当地生产的皮纸包装。	日期	一款有手工加盖的蓝色生产日期，一款无。

封口

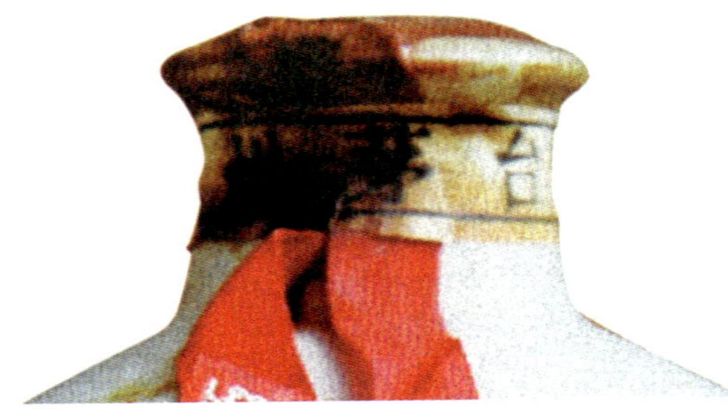

1957 年“金轮牌”封口细节

1958 年“金轮牌”封口细节

背标

「年」字排版突出

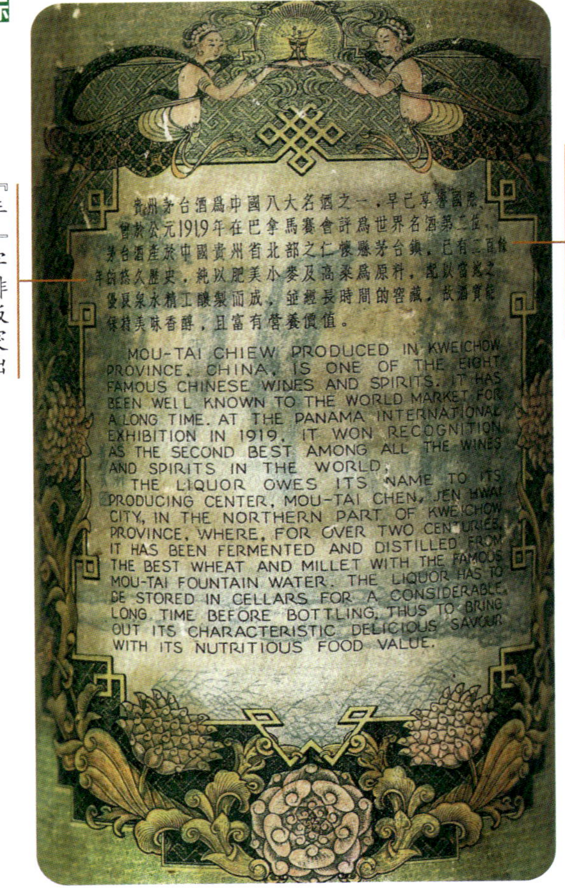

1957 年外销“金轮牌”茅台酒背标

「餘」字排版突出

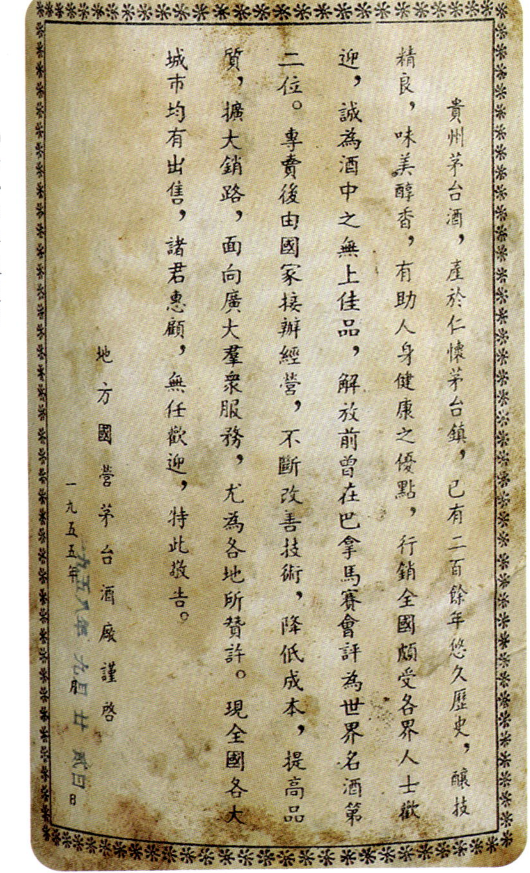

1958 年外销“金轮牌”茅台酒背标

51

成交价格	RMB 1,518,000
拍卖信息	朵云轩 2011.7.3 , Lot 1577
生产年份	1958 年
容量规格	500 g
酒精度数	53° ~52°
收藏星级	★★★★★★

1958 年外销“金轮牌”贵州茅台酒（白瓷瓶）

白瓷瓶表面气泡的形成与瓷器的釉质成分、胎的干湿程度、厚度、烧造时的温度有着密切的关系。在釉子的成熟温度范围内，烧成温度越高，釉内的气泡就越大越多越密；反之烧成温度越低，釉内气泡就越小越少越稀。

6根黑线

6根白线

1根金线

5根黑线

5根白线

通过放大镜观察，金色油墨呈点状堆积，质感强烈。

“贵州茅台酒”下半部分印有黑色斜纹。

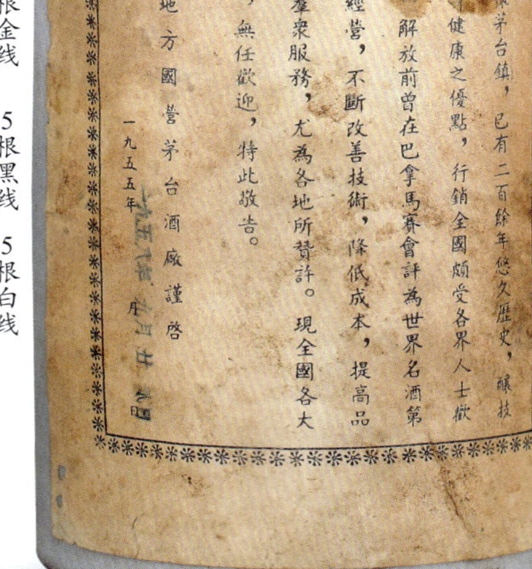

貴州茅台酒，產於仁懷茅台鎮，已有二百餘年悠久歷史，釀技精良，味美醇香，有助人體健康之優點，行銷全國頗受各界人士歡迎，誠為酒中之無上佳品。解放前曾在巴拿馬賽會評為世界名酒第二位。專賣後由國家接辦經營，不斷改善技術，降低成本，提高品質，擴大銷路，面向廣大羣衆服務，尤為各地所贊許。現全國各大城市均有出售，諸君惠顧，無任歡迎，特此敬告。

地方國營茅台酒廠謹啓

一九五五年

通过放大镜观察到的白瓷瓶釉面气泡。

背标“貴”字印刷细节。

背标边框四周装饰图案的放大细节。

相关事记：

1958年10月16日，“飞天牌”商标在香港注册成功。据1980年10月14日的《贵州日报》，徐文仲在《茅台酒瓶的沿革》一文中报道：“……1958年为使装潢美观，（茅台酒瓶）改用与黄色陶制釉瓶形状相同的白色细瓷瓶……”此种白色瓷瓶外销茅台酒生产时间很短（仅有两年多）。

1958年，茅台酒厂决定使用敦煌壁画中的“飞天献酒”图形作为外销商标。后经原国家轻工部批准，茅台酒外销商标于20世纪60年代改为“飞天牌”。“飞天”源自佛教：仙女飞绕在天空，有的脚踏彩云，徐徐降落；有的昂首挥臂，腾空而上；有的手捧鲜花，直冲云霄；有的手托花盘，横空飘游。那迎风摆动的衣裙，飘飘翻卷的彩带，使飞天标识显得多么轻盈曼妙、潇洒自如、妩媚动人。

通过放大镜观察到的白瓷瓶釉面气泡。
封口纸印刷细节。
封口纸印刷细节。
通过放大镜观察到的白瓷瓶釉面气泡。

该款茅台酒顶部、底部细节

52

成交价格	RMB 2,070,000
拍卖信息	北京歌德 2012.12.2 , Lot 5041
生产年份	1958 年
容量规格	500 g
酒精度数	53°
收藏星级	★★★★★★

20 世纪 50 年代赤水河畔的茅台酒厂

1958 年外销“金轮牌”贵州茅台酒（白瓷瓶）

通过放大镜观察白瓷瓶釉面气泡。

通过放大镜观察印刷细节。

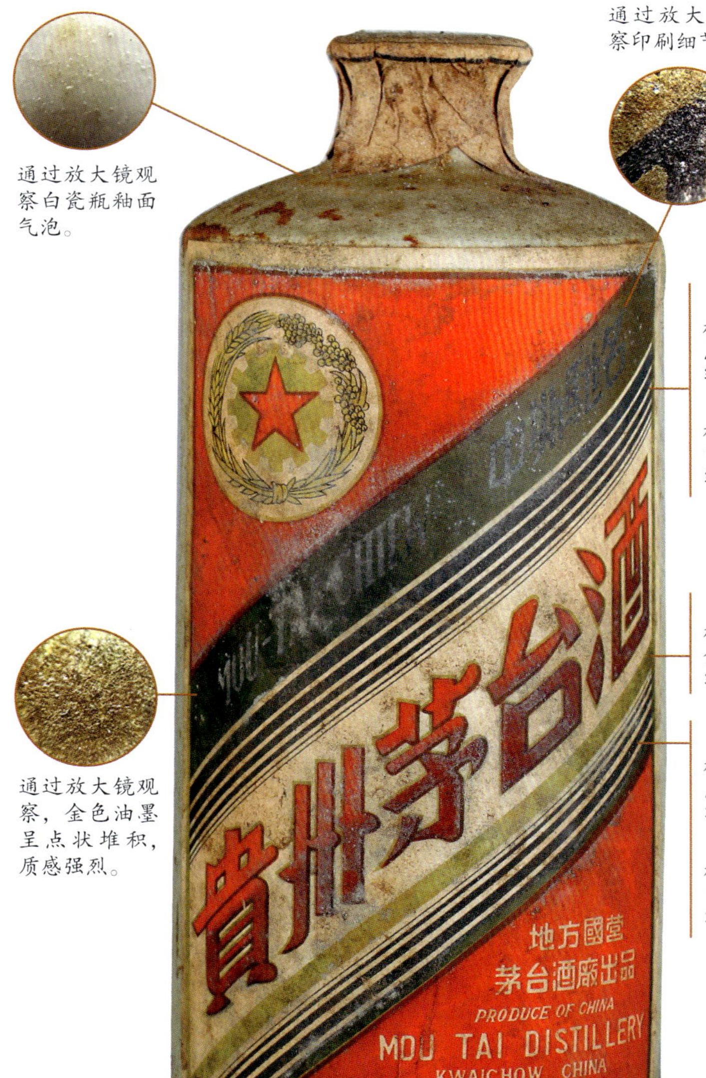

通过放大镜观察，金色油墨呈点状堆积，质感强烈。

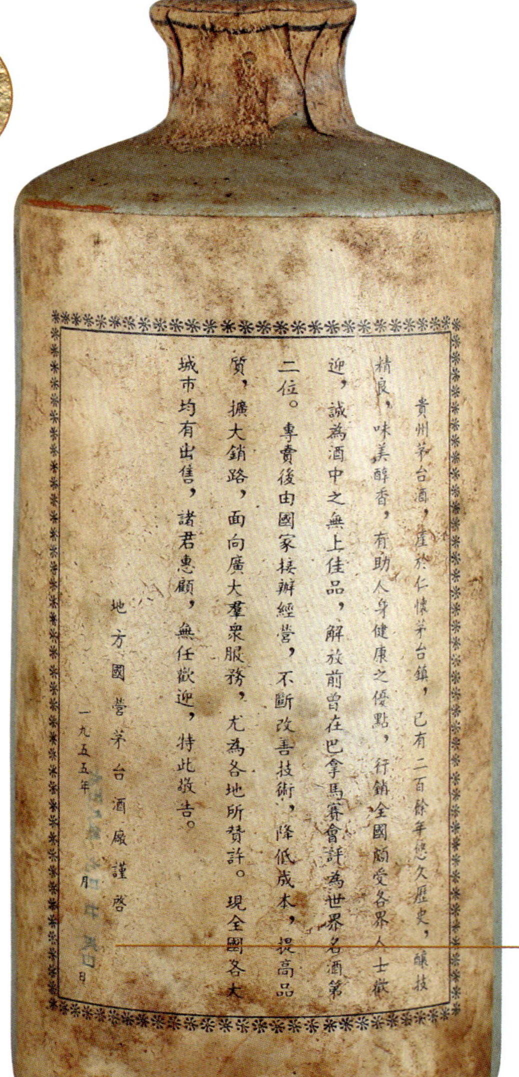

手工加盖的生产日期文字细节。

相关事记：

贵州省工业厅将仁怀县二合陶瓷厂归并给贵州茅台酒厂，由贵州省轻工业厅直接投资，贵州茅台酒厂创建中华瓶子厂。该年茅台酒瓶为此厂所产的首批酒瓶，与之前的酒瓶相比，该款酒瓶密度较高、不易渗漏，故作外销使用。

邓小平到遵义视察，指示：“应大力发展茅台酒生产，以适应人民生活的需要。”国家投资 15.7 万元扩建茅台酒厂。

赤水河码头停靠的贵州茅台酒厂运船

通过放大镜观察白瓷瓶釉面气泡。

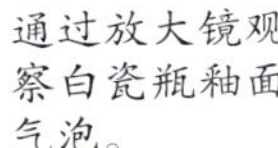

封口纸印刷细节。

该款茅台酒顶部、底部细节

53

参考价格	RMB 1,200,000
拍卖信息	无
生产年份	1958 年
容量规格	500 g
酒精度数	53° ~52°
收藏星级	★★★★★★

1958 年外销“金轮牌”贵州茅台酒（白瓷瓶）

54

成交价格	RMB 1,725,000
拍卖信息	北京歌德 2012.6.3 , Lot 2575
生产年份	1958 年
容量规格	500 g
酒精度数	53° ~52°
收藏星级	★★★★★★

1958 年外销“金轮牌”贵州茅台酒（白瓷瓶）

相关事记：

1958年3月，中共中央在成都召开政治局扩大会议。在此期间，时任贵州省委第一书记兼省长的周林陪毛泽东去杜甫草堂。毛泽东主席问周林：“你是贵州仁怀人，你说说，茅台酒生产情况怎么样，茅台酒是用什么神水搞的哟，那么香，那么美？”周林回答：“哪是什么神水！刚开始，茅台酒是用杨柳湾的井水，后来不够用，就用的是您四渡赤水的那个水搞的。”毛泽东主席听后高兴地说：“唷，原来那么多的水，你何不搞它一万吨？人民需要嘛，国家需要嘛，还可以换钢材、汽车，但要保证质量啊！”

20世纪50年代茅台酒厂产品照片

点评： 因为酱香型白酒的特点，茅台酒必须放置在不透光的容器中。此前的外销茅台酒包装为“苔”字标褐色土陶瓶，后改用瓷瓶，是为了使瓶装茅台酒仍然保存在与酒窖相近的环境之中，保持最正宗的风味。玉液醇香配以温润的中国瓷，有谁能抵挡住这“国色天香”的诱惑？外销白瓷瓶五星茅台酒，此品非凡。

55

成交价格	RMB 1,243,200
拍卖信息	上海拍卖行 2011.4.21 , Lot 0079
生产年份	1958 年
容量规格	500 g
酒精度数	53° ~52°
收藏星级	★★★★★★

1958 年外销“金轮牌”贵州茅台酒（白瓷瓶）

56

参考价格	RMB 1,200,200
拍卖信息	无
生产年份	1958 年
容量规格	500 g
酒精度数	53° ~52°
收藏星级	★★★★★★

1958 年外销“金轮牌”贵州茅台酒（白瓷瓶）

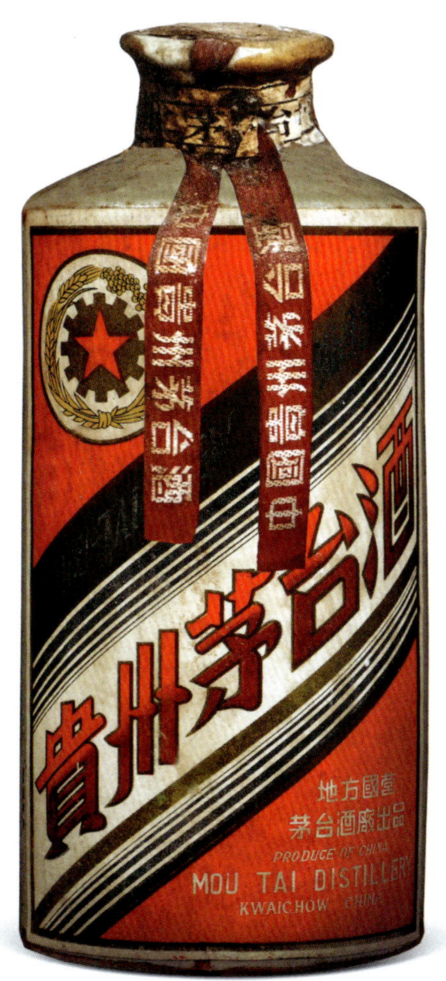

20 世纪 50 年代内销“金轮牌”贵州茅台酒

鉴藏要点：

瓶体 以黄釉土陶瓶、黑釉土陶瓶为主。

正标 “金轮牌”商标右侧箭头处少一粒谷穗。

包装 采用茅台镇当地生产皮纸包裹。

封口 软木塞、猪尿脬皮、原封纸。

背标 全篇文字改为简体字，厂名落款改变。

日期 日期印刷体有改变，手工加盖蓝印汉字。

封口

1959 年外销“金轮牌”贵州茅台酒封口一：软木塞、透明膜、红飘带、瓶口封条

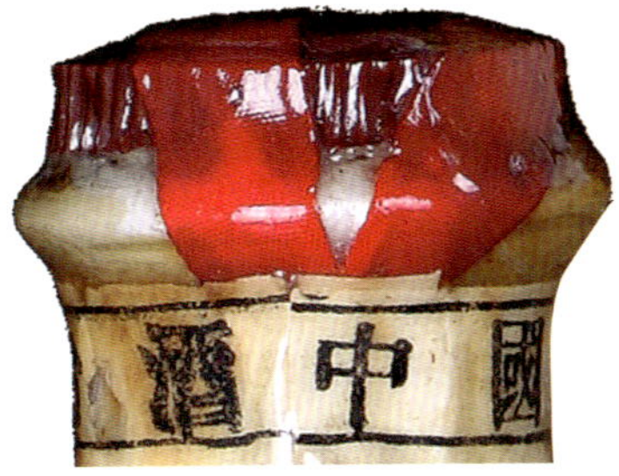

1959 年外销“金轮牌”贵州茅台酒封口二：塑料盖内置软木塞、透明膜、红飘带、瓶口封条

1959 年外销“金轮牌”贵州茅台酒封口三：软木塞、猪尿脬皮、原封纸

1959 年内销“金轮牌”贵州茅台酒封口四：软木塞、猪尿脬皮、原封纸

鉴藏要点：

瓶体	以黄釉土陶瓶、黑釉土陶瓶为主。	封口	软木塞、猪尿脬皮、原封纸。
正标	“金轮牌”商标右侧箭头处少一粒谷穗。	背标	全篇文字改为简体字，厂名落款改变。
包装	采用茅台镇当地生产皮纸包裹。	日期	日期印刷体有改变，手工加盖蓝印汉字。

正标

1956—1958 年“金轮牌”商标细节

1959—1966 年“金轮牌”商标细节

背标

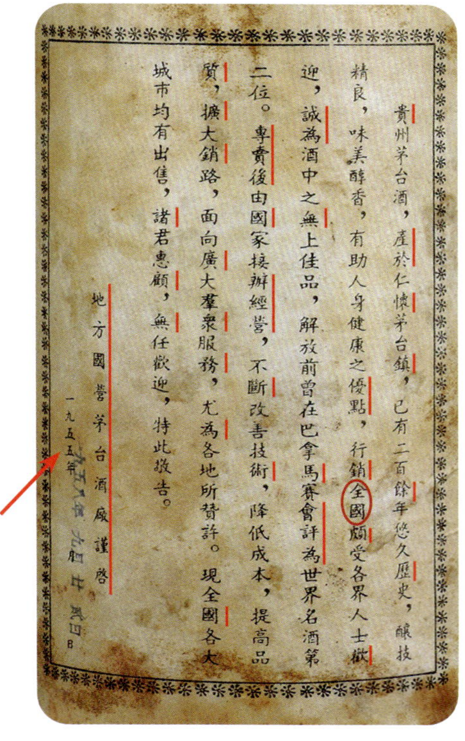

貴州茅台酒，產於仁懷茅台鎮，已有二百餘年悠久歷史，釀技精良，味美醇香，有助人身健康之優點，行銷全國，頗受各界人士歡迎，誠為酒中之無上佳品，解放前曾在巴拿馬賽會評為世界名酒第二位。專賣後由國家接辦經營，不斷改善技術，降低成本，提高品質，擴大銷路，面向廣大羣衆服務，尤為各地所贊許。現全國各大城市均有出售，諸君惠顧，無任歡迎，特此敬告。

地方國營茅台酒廠謹啓

一九五 年 月 日

1955—1958 年“金轮牌”贵州茅台酒背标

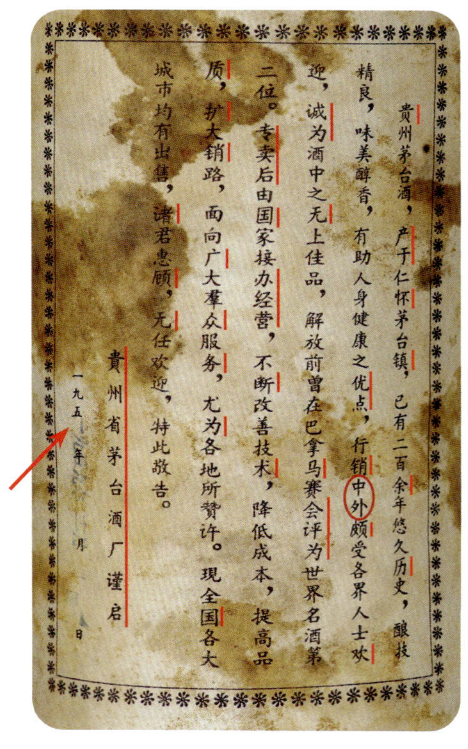

贵州茅台酒，产于仁怀茅台镇，已有二百余年悠久历史，酿技精良，味美醇香，有助人身健康之优点，行销中外，颇受各界人士欢迎，诚为酒中之无上佳品，解放前曾在巴拿马赛会评为世界名酒第二位。专卖后由国家接办经营，不断改善技术，降低成本，提高品质，扩大销路，面向广大羣众服务，尤为各地所赞许。現全国各大城市均有出售，诸君惠顾，无任欢迎，特此敬告。

贵州省茅台酒厂谨启

一九五 年 月 日

1959—1966 年“金轮牌”贵州茅台酒背标

日期

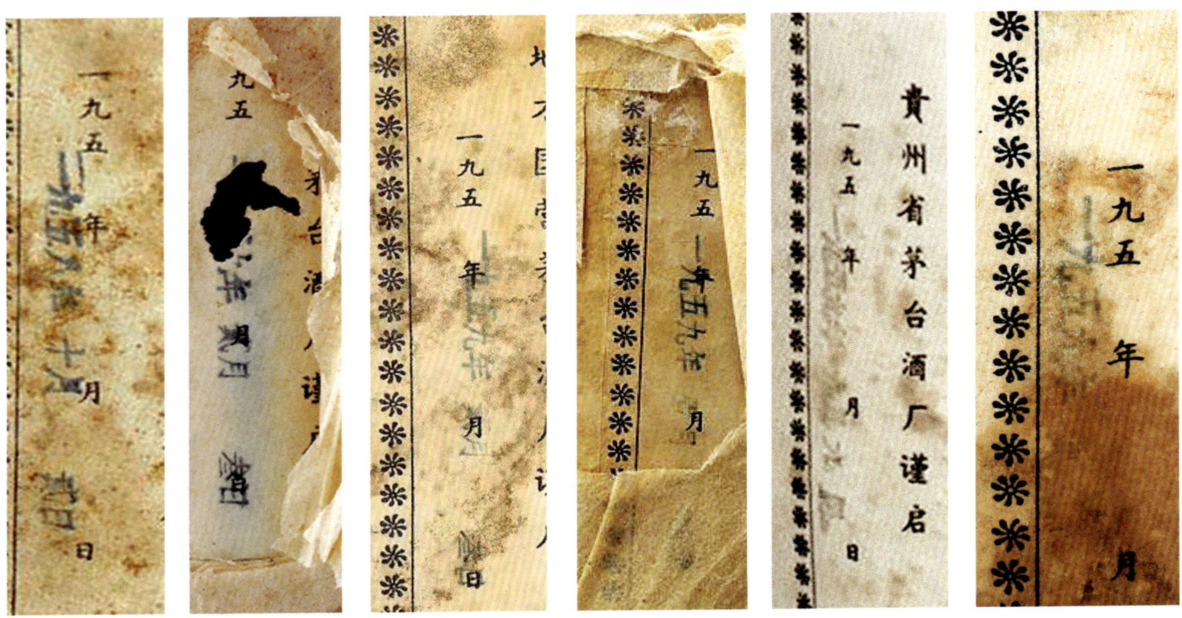

“金轮牌”商标以及背标和瓶体材质都是此时期所特有的，与之前和之后的都不同。
背标日期为黑色楷体字，印刷格式为“一九五 年 月 日”。
手工加盖日期印章，为蓝色宋体字，格式为“一九五九年十月贰日”。

封口

印有贵州二字、麦穗、齿轮图样的原封纸

瓶体

黑釉土陶瓶瓶底有阿拉伯数字编号

57

成交价格	RMB 1,644,500
拍卖信息	北京长风 2011.6.21 , Lot 0300
生产年份	1959 年
容量规格	500 g
酒精度数	53° ~ 52°
收藏星级	★★★★★☆

1959 年内销“金轮牌”贵州茅台酒（土陶瓶）

相关事记：

1959 年 11 月 5 日，周恩来接见了出席全国群英会的部分代表，并用茅台酒招待了各位劳模。

1959 年产量为 820 吨，其中出口销量为 51.3 吨。

当年中粮油公司出口产品目录的封面图

当年贵州茅台酒厂的员工正在灌装酒瓶

点评：此酒带有怡人的浓郁酱香味，非常诱人，原封纸残破，透过木塞的香气让人感觉到这是一瓶真正余味悠长的精致之作。

58

羊	成交价格	RMB 1,495,000
拍	拍卖信息	北京盈时 2011.12.16 , Lot 0783
年	生产年份	1959 年
容	容量规格	500 g
度	酒精度数	55°
藏	收藏星级	★★★★★★☆

1959 年内销“金轮牌”贵州茅台酒（土陶瓶）

鉴藏要点：

该酒瓶体较粗大，瓶肩处双弦纹较浅，瓶底露胎内凹。加盖的蓝色中文日期十一月、十二月排列为上下结构。

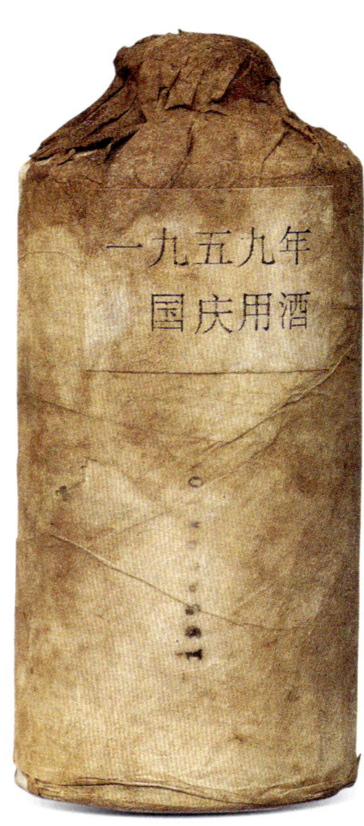

收藏于贵州茅台国酒文化城内的1959年国庆用酒

印有贵州二字、麦穗、齿轮图样的原封纸

黑釉土陶瓶瓶底有阿拉伯数字编号

59

成交价格	RMB 1,644,500
拍卖信息	北京长风 2011.6.21 , Lot 0300
生产年份	1959 年
容量规格	500 g
酒精度数	53° ~ 52°
收藏星级	★★★★★☆

1959 年内销“金轮牌”贵州茅台酒（土陶瓶）

1959 年以前

1959 年以后

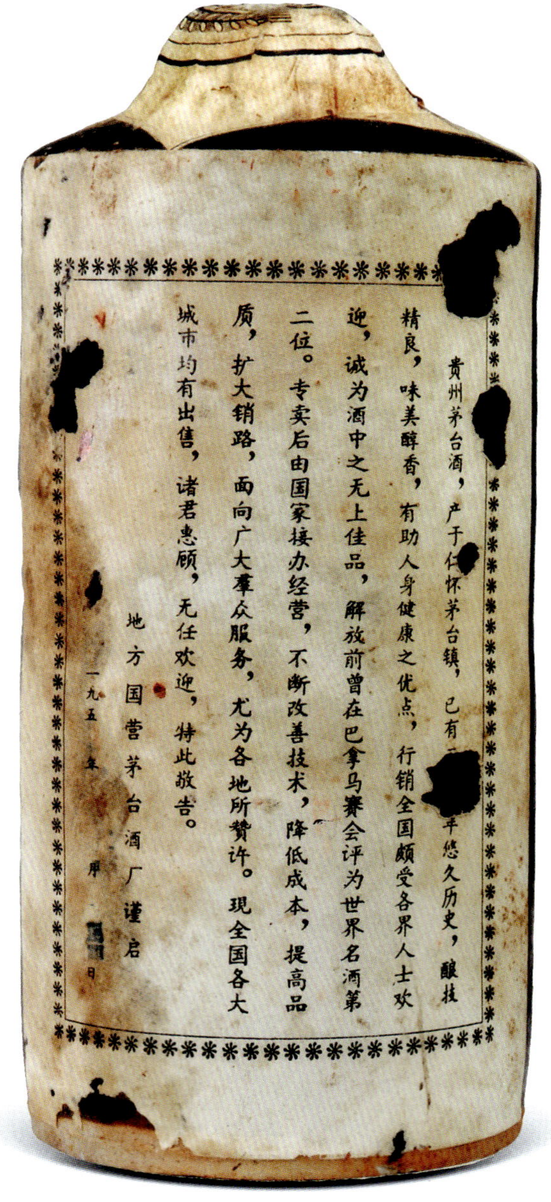

贵州茅台酒，产于仁怀茅台镇，已有
年悠久历史，酿技
精良，味美醇香，有助人身健康之优点，行销全国颇受各界人士欢
迎，诚为酒中之无上佳品，解放前曾在巴拿马赛会评为世界名酒第
二位。专卖后由国家接办经营，不断改善技术，降低成本，提高品
质，扩大销路，面向广大群众服务，尤为各地所赞许。现全国各大
城市均有出售，诸君惠顾，无任欢迎，特此敬告。
地方国营茅台酒厂谨启
一九五 年 月 日

60

成交价格	RMB 1,030,400
拍卖信息	北京歌德 2010.6.19 , Lot 1409
生产年份	1959 年
容量规格	500 g
酒精度数	53°
收藏星级	★★★★★★☆

1959 年内销“金轮牌”贵州茅台酒（土陶瓶）

61

¥ 成交价格	RMB 1,207,500
拍 拍卖信息	北京歌德 2012.6.3 , Lot 2544
年 生产年份	1959 年
容 容量规格	500 g
度 酒精度数	53°
藏 收藏星级	★★★★★★☆

1959 年内销“金轮牌”贵州茅台酒（土陶瓶）

62

¥ 成交价格	RMB 2,070,000
拍 拍卖信息	北京歌德 2012.12.2 , Lot 5041
年 生产年份	1959 年
容 容量规格	500 g
度 酒精度数	55°
藏 收藏星级	★★★★★★☆

1959 年内销“金轮牌”贵州茅台酒（土陶瓶）

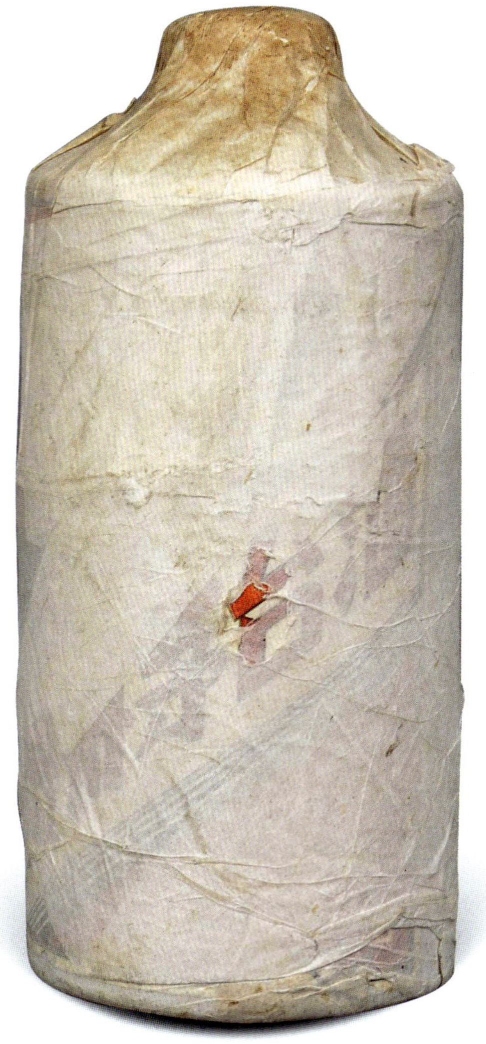

63

成交价格	RMB 2,392,000
拍卖信息	北京歌德 2013.6.2 , Lot 1726
生产年份	1959 年
容量规格	500 g
酒精度数	53°
收藏星级	★★★★★★☆

1959 年内销“金轮牌”贵州茅台酒（土陶瓶）

该年贵州茅台酒正面样式

64

成交价格	RMB 1,495,000
拍卖信息	北京盈时 2011.12.16 , Lot 0763
生产年份	1959 年
容量规格	500 g
酒精度数	53°
收藏星级	★★★★★★☆

当年贵州茅台酒的生产车间

1959 年内销“金轮牌”贵州茅台酒（土陶瓶）

鉴藏要点：

此款茅台酒正标中“贵”字为简体，而背标铅印内容中的“貴”字为繁体，这种正背标文字不统一的茅台酒，为简繁体过渡时期生产，现在罕见，收藏价值极高。

通过放大镜对陶罐表面的老化程度进行观察。

通过放大镜对瓶底胎体进行观察。

65

参考价格	RMB 500,000
拍卖信息	无
生产年份	1959 年
容量规格	50g
酒精度数	55°
收藏星级	★★★★★★☆

1959 年外销“金轮牌”贵州茅台酒（白瓷瓶）

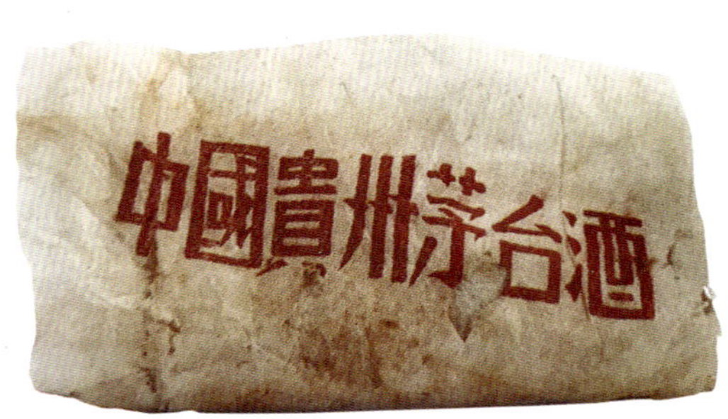

外包纸

封口

瓶底

鉴藏要点：

此酒容量为50g，正面酒标与1958—1959年外销“金轮牌”贵州茅台酒一致。繁体贵、右下角中英文对照排列、白瓷瓶、软木塞封口、上套透明胶套等时代特征明显。瓶口最外层加封“中国贵州茅台酒”字样的封口纸。

66

参考价格	RMB 1,500,000
拍卖信息	无
生产年份	1959 年
容量规格	500 g
酒精度数	53° ~52°
收藏星级	★★★★★★

1959 年外销“金轮牌”贵州茅台酒（白瓷瓶）

点评： 此段时期的外销白瓷瓶茅台酒正面酒标为“五星牌”和“飞天牌”混用，背面酒标相同。此酒为木塞向塑料盖转变时期的过渡产物，酒瓶口有飘带，顶部封塑膜，异常稀有。

相关事记：

1959 年，外销“五星牌”白瓷瓶茅台酒包装首次采用“中国贵州茅台酒”红色飘带、透明塑膜封口、红色塑料盖顶的软木塞，此后茅台酒在外销市场中脱颖而出。此瓶胎体厚重，釉色青白，其色凝重、温润肥腴。此酒有划时代的包装特征：首次采用红飘带，从此在白瓷瓶上面飘荡着两抹红色的带子，也就成了茅台酒的标志之一。另外，带子上还标有“中国贵州茅台酒”的字样。它系于瓶首，随意地飘然而下，融合于这浓郁的酒风中。

该款茅台酒的广告宣传画

当年中粮油公司出口产品目录中该款茅台酒的广告画

该款茅台酒的广告宣传画

该款茅台酒的广告宣传画

67

羊 成交价格	RMB 1,518,000
拍 拍卖信息	朵云轩 2011.7.3 , Lot 1577
年 生产年份	1959 年
容 容量规格	500 g
度 酒精度数	53° ~52°
藏 收藏星级	★★★★★★

该款茅台酒在日历上刊登的广告图片

1959 年外销“金轮牌”贵州茅台酒（白瓷瓶）

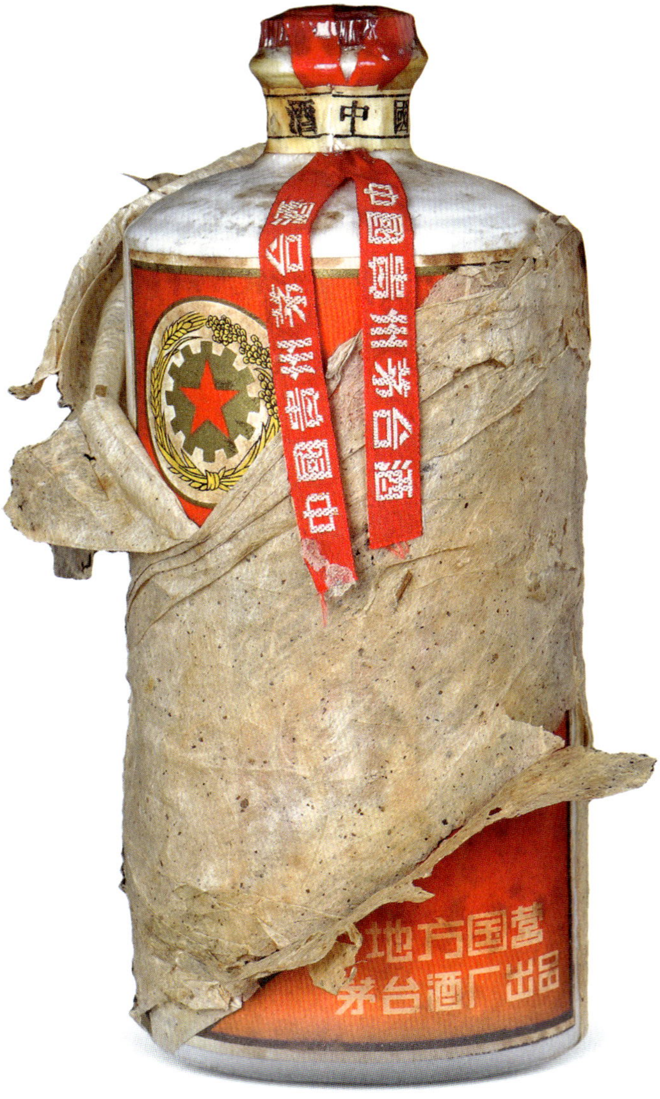

鉴藏要点：

贵州茅台酒所系的红色飘带，如古代的酒旗般醒目飘逸。古代的酒旗大致可分三类：一是象形酒旗，以酒壶等实物、模型、图画来表现；二是标志酒旗，即旗幌及夜晚灯幌；三是文字酒旗，以单字、双字甚至是对子、诗歌为表现形式，如“酒”“太白遗风”等，茅台酒的红飘带便属于此类范畴。

当年贵州茅台酒的广告宣传画

该款贵州茅台酒的生产包装场景

点评： 除了红飘带，此瓶首次采用的还有透明塑膜封口和红色塑料盖顶的软木塞。从此茅台酒依靠其新颖的包装在外销市场脱颖而出。红色的国度，红色的五星，意味着超乎寻常。该年同时出现外销“金轮牌”白瓷瓶与外销“飞天牌”白瓷瓶贵州茅台酒，显示当年印刷的两种商标同时在使用。

註冊 TRADE MARK 商標
KWEICHOW MOU TAI CHIEW
貴州茅台酒
中國
茅台酒廠出品
PRODUCE OF CHINA
MOU TAI DISTILLERY
KWEICHOW, CHINA

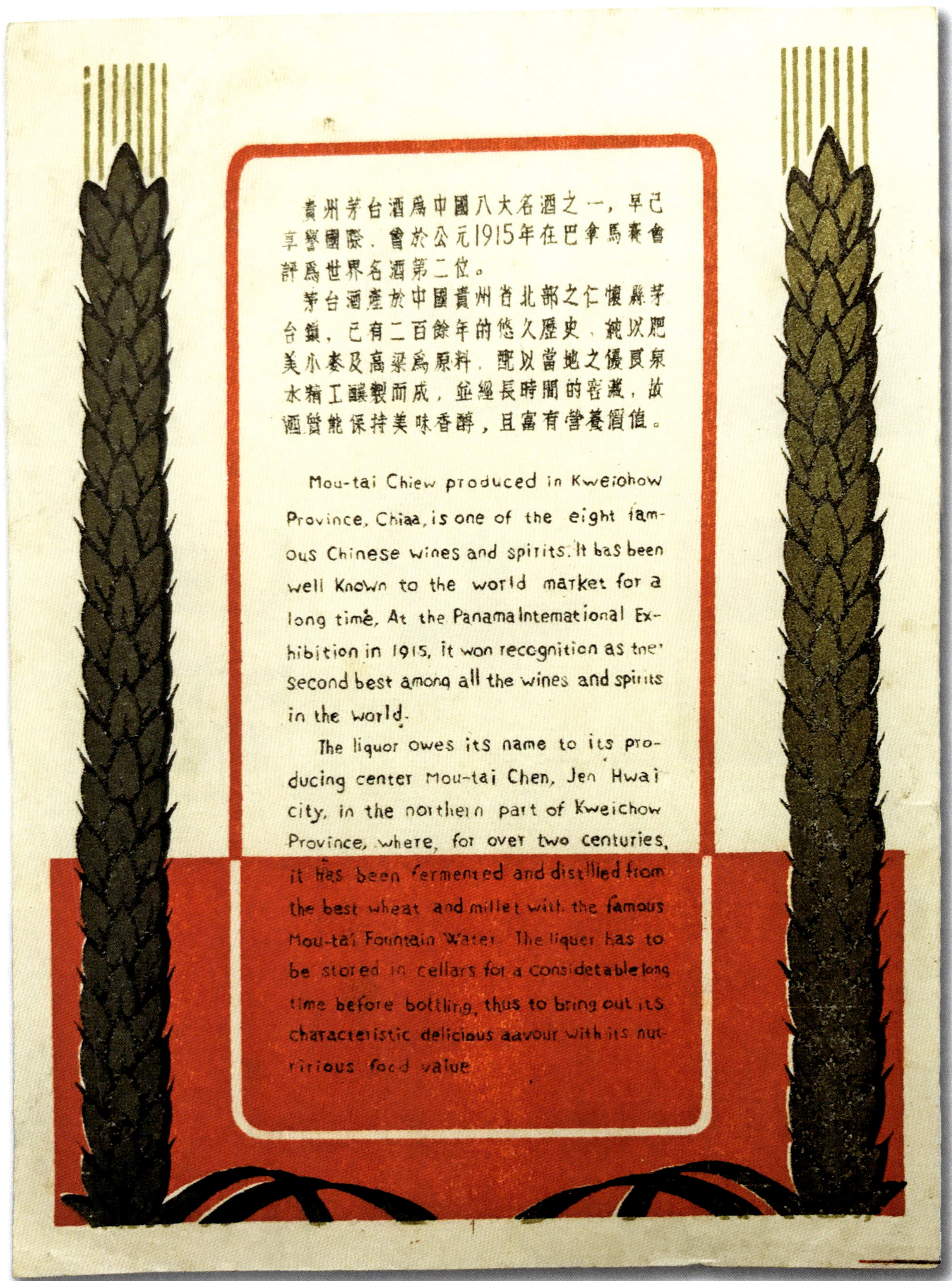

貴州茅台酒爲中國八大名酒之一，早已享譽國際，曾於公元1915年在巴拿馬賽會評爲世界名酒第二位。

茅台酒產於中國貴州省北部之仁懷縣茅台鎮，已有二百餘年的悠久歷史，純以肥美小麥及高粱爲原料，配以當地之優良泉水精工釀製而成，並經長時間的窖藏，故酒質能保持美味香醇，且富有營養價值。

Mou-tai Chiew produced in Kweichow Province, Chiaa, is one of the eight famous Chinese wines and spirits. It has been well Known to the world market for a long time. At the Panama International Exhibition in 1915, it won recognition as the second best among all the wines and spirits in the world.

The liquor owes its name to its producing center Mou-tai Chen, Jen Hwai city, in the northern part of Kweichow Province, where, for over two centuries, it has been fermented and distilled from the best wheat and millet with the famous Mou-tai Fountain Water. The liquer has to be stored in cellars for a considetable long time before bottling, thus to bring out its characteristic delicious aavour with its nutririous food value.

第一代“飞天牌”商标（1958—1959）

酒爵为金粉大面积覆盖印刷。

左侧飞天仙女面部较胖，为黑头发戴一个红球。

右侧飞天仙女面部男性化。

第二代“飞天牌”商标（1959—1960）

① 较之上代商标，此处“★”暗记取消；
② 较之上代商标，此处“▲”暗记取消；
③ 较之上代商标，此处“..”暗记取消；
④ 较之上代商标，此处“（”暗记取消；
⑤ 较之上代商标，此处“▲”暗记取消。

第三代“飞天牌”商标（1960—1961）

① 黄飘带花纹连接；
② 红飘带压黄飘带；
③ 黄飘带花纹连接；
④ 减少一根皱褶；
⑤ 皱褶线条连接；
⑥ 红、黄飘带分开；
⑦ 飞天仙女脸部较之上代变瘦；
⑧ 酒爵较上代增加花纹。

第四代“飞天牌”商标（1961—1966）

① 黄飘带缺口连接；
② 黄飘带压红飘带；
③ 黄飘带缺口断开；
④ 较上代此段飘带变为白色；
⑤ 较上代增加一根皱褶。

第五代“飞天牌”商标（1966—1970）

脚部增加线条，脚趾变明显。

① 黄飘带皱褶连接；
② 黄飘带皱褶分开；
③ 黄飘带皱褶连接；
④ 黄裙摆皱褶分开；
⑤ 黄飘带和红飘带连接。

酒爵上方“止酒”柱变短。

飞天仙女头上装饰红球变大，全标采用凹凸压印工艺。

68

参考价格	RMB 1,500,000
拍卖信息	无
生产年份	1959 年
容量规格	500 g
酒精度数	53° ~52°
收藏星级	★★★★★★

1959 年外销“飞天牌”贵州茅台酒（白瓷瓶）

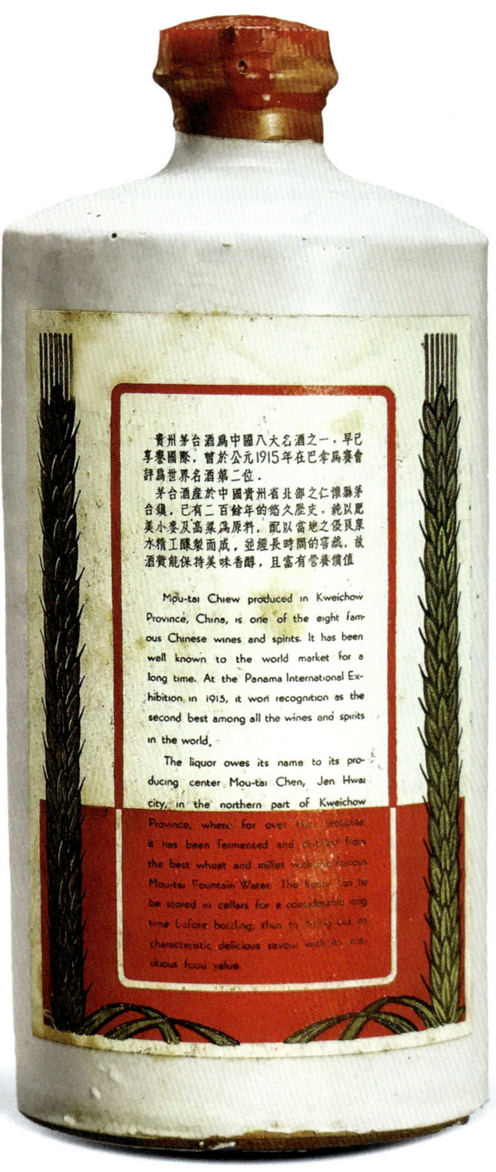

69

成交价格	RMB 1,322,500
拍卖信息	北京保利 2011.6.4 , Lot 4352
生产年份	1960 年
容量规格	500 g
酒精度数	53° ~52°
收藏星级	★★★★★☆

1960 年内销“金轮牌”贵州茅台酒（土陶瓶）

中外驰名
贵州茅台酒
地方国营
茅台酒厂出品

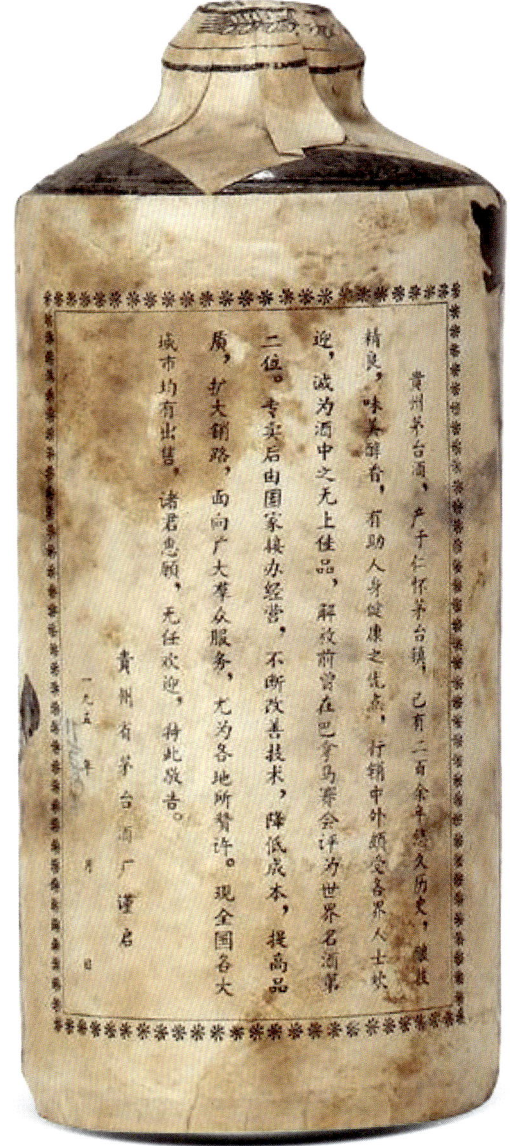
贵州茅台酒、产于仁怀茅台镇，已有二百余年悠久历史，酿技精良，味美醇香，有助人身健康之优点，行销中外颇受各界人士欢迎，诚为酒中之无上佳品，解放前曾在巴拿马赛会评为世界名酒第二位。专卖后由国家接办经营，不断改善技术，降低成本，提高品质，扩大销路，面向广大群众服务，尤为各地所赞许。现全国各大城市均有出售，诸君惠顾，无任欢迎，特此敬告。
贵州省茅台酒厂谨启
一九五 年 月 日

相关事记：

1960 年 4 月 27 日，全国民兵先进代表大会在京召开，朱德用茅台酒招待参会代表。

1960 年五一国际劳动节，周恩来、邓颖超在贵州举行招待会，与贵阳市劳动模范和先进工作者同饮茅台酒，共度佳节。当月，周恩来与越南主席胡志明同饮茅台酒，陈毅外长和越南总理范文同一同出席。

本年度贵州茅台酒总产量为 912 吨，其中出口销量为 39.9 吨。

同年召开工人荣升工程师大会，郑义兴、王绍彬、许明德等 7 人获工程师职称。国家投资 67.1 万元建设茅台酒厂。

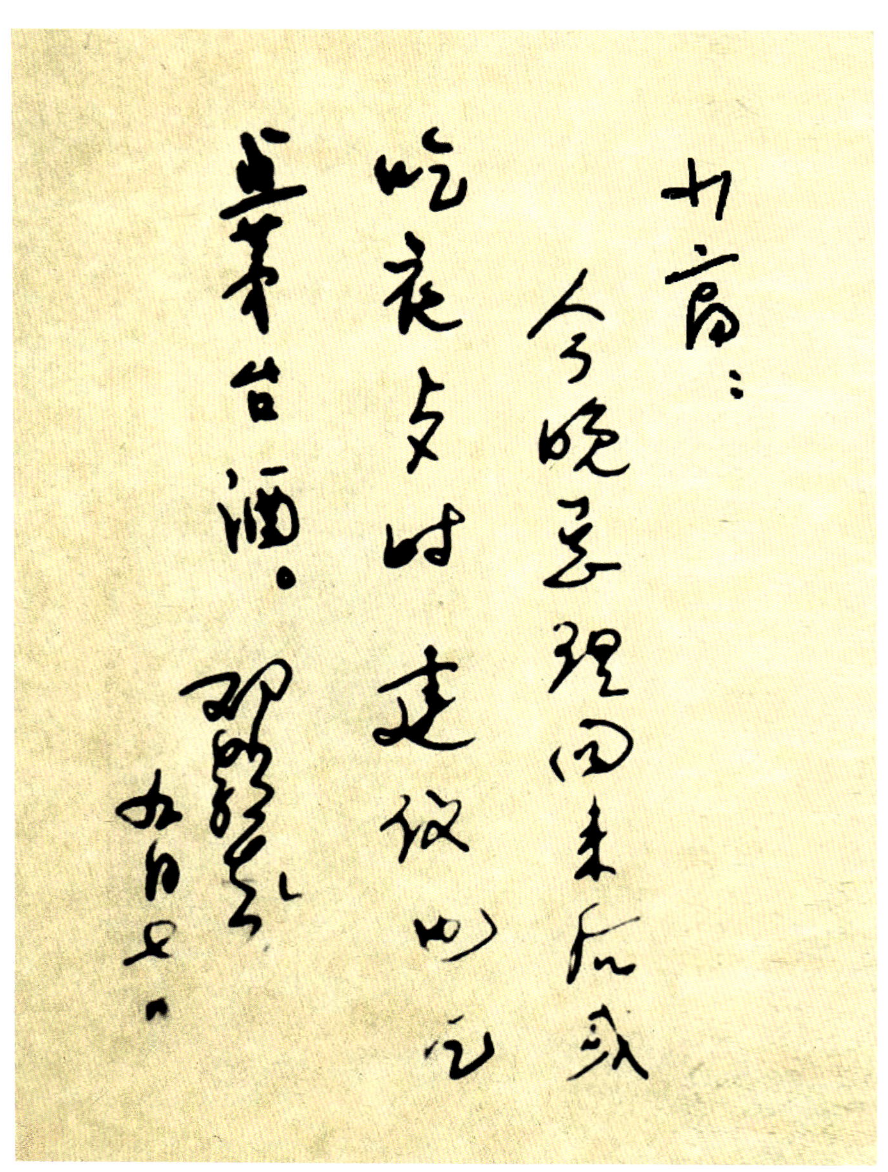

小高：
今晚总理回来后或
吃夜宵时建议以已
点茅台酒。
邓颖超
九日七时

收藏于天津周恩来邓颖超纪念馆中邓颖超的亲笔便条

70

成交价格	RMB 920,000
拍卖信息	河南厚铭 2014.8.16，Lot 0604
生产年份	1960 年
容量规格	500 g
酒精度数	53° ~52°
收藏星级	★★★★★☆

1960 年内销“金轮牌”贵州茅台酒（土陶瓶）

贵州茅台酒
地方国营
茅台酒厂出品

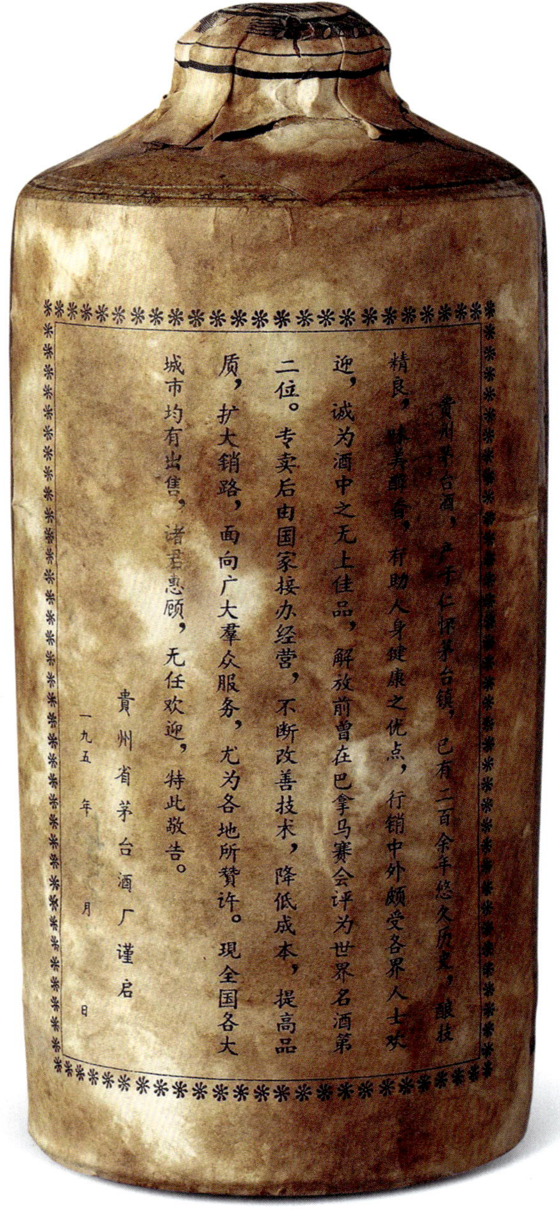
贵州茅台酒，产于仁怀茅台镇，已有二百余年悠久历史，酿技
精良，味美醇香，有助人身健康之优点，行销中外颇受各界人士欢
迎，诚为酒中之无上佳品，解放前曾在巴拿马赛会评为世界名酒第
二位。专卖后由国家接办经营，不断改善技术，降低成本，提高品
质，扩大销路，面向广大羣众服务，尤为各地所赞许。现全国各大
城市均有出售，诸君惠顾，无任欢迎，特此敬告。
贵州省茅台酒厂谨启
一九五 年 月 日

相关事记：

1960年，在轻工部的组织领导下，由轻工业部科学研究设计院发酵所工程师熊子书、胡国焕，贵州省轻工科研所、贵州茅台酒厂、中国科学院贵州化工所、贵州农学院等单位的科技人员、专家组成的“贵州茅台酒总结工作组”，对茅台酒生产与工艺进行了全面的科学总结。通过对制曲酿酒的现场观察、生产记录、取样分析测定、微生物分离检查、综合讨论，对一个生产周期进行了完整的研究，写出了包括原料、生产、陈酿、勾兑、包装等过程的《贵州茅台酒整理总结报告（初稿）》。本报告共分9章36节，16万多字。

这一报告指出了茅台酒酿造过程中的基本特点，对茅台酒的传统工艺进行了科学的分析和认定，肯定和完善了“疏松上甑法”“密封管窖法”“一窖多甑”“入甑对号”“糠壳清蒸”等先进经验；研究和分析了茅台酒高温大曲微生物网络群的构成和繁殖过程，进行了茅台酒酿造迁移不同地址的试验，对茅台酒的质量提高、产量增加，起到了十分重要的作用。

当年茅台酒厂的品酒师

71

参考价格	RMB 1,500,00
拍卖信息	无
生产年份	1960 年
容量规格	500 g
酒精度数	53° ~52°
收藏星级	★★★★★☆

1960 年内销“金轮牌”贵州茅台酒（土陶瓶）

相关事记：

1960 年出产的茅台酒，此酒棉纸尚存，品相上佳，瓶盖顶部封纸有破损，上书繁体“贵州”二字，瓶身采用仁怀县二合陶厂烧制的短颈陶瓷瓶，瓶口沿用早期软木塞，瓶身施釉均匀，圆润大方。透过棉纸依稀可见背面商标简介为繁体竖列排版，生产日期处采用铅字印刷“一九五 年 月 日”，具体生产日期“一九六〇”用手工另行加印其上。为典型 20 世纪 50 年代末期茅台酒厂出产之内销茅台酒。

不断改善技术，降低成本，
众服务，尤为各地所赞许。现
，无任欢迎，特此敬告。
地方国营茅台酒厂谨
一九五

72

成交价格	RMB 1,344,000
拍卖信息	中鼎国际 2011.4.24 , Lot 0080
生产年份	1960 年
容量规格	500 g
酒精度数	53° ~52°
收藏星级	★★★★★☆

1960 年内销“金轮牌”贵州茅台酒（土陶瓶）

贵州茅台酒

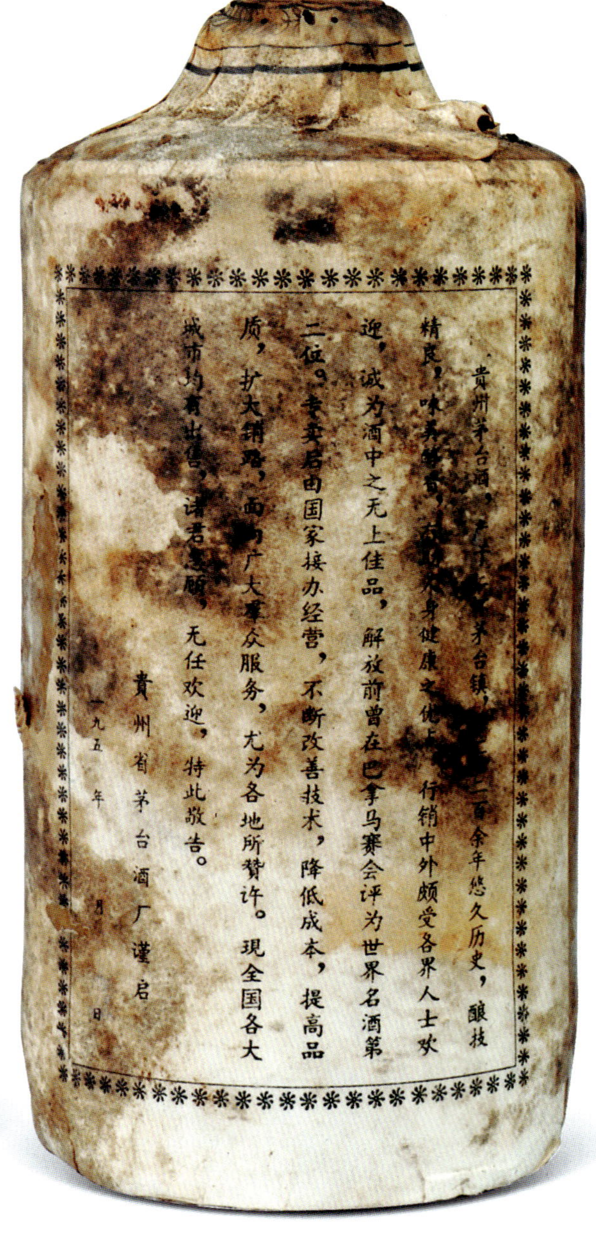

贵州茅台酒， 茅台镇， 二百余年悠久历史，酿技
精良，味美 身健康之优 行销中外颇受各界人士欢
迎，诚为酒中之无上佳品，解放前曾在巴拿马赛会评为世界名酒第
二位。专卖后由国家接办经营，不断改善技术，降低成本，提高品
质，扩大销路，面向广大群众服务，尤为各地所赞许。现全国各大
城市均有出售，诸君惠顾，无任欢迎，特此敬告。
贵州省茅台酒厂谨启
一九五 年 月 日

73

参考价格	RMB 1,500,000
拍卖信息	无
生产年份	1960 年
容量规格	500 g
酒精度数	53° ~52°
收藏星级	★★★★★☆

1960 年内销“金轮牌”贵州茅台酒（土陶瓶）

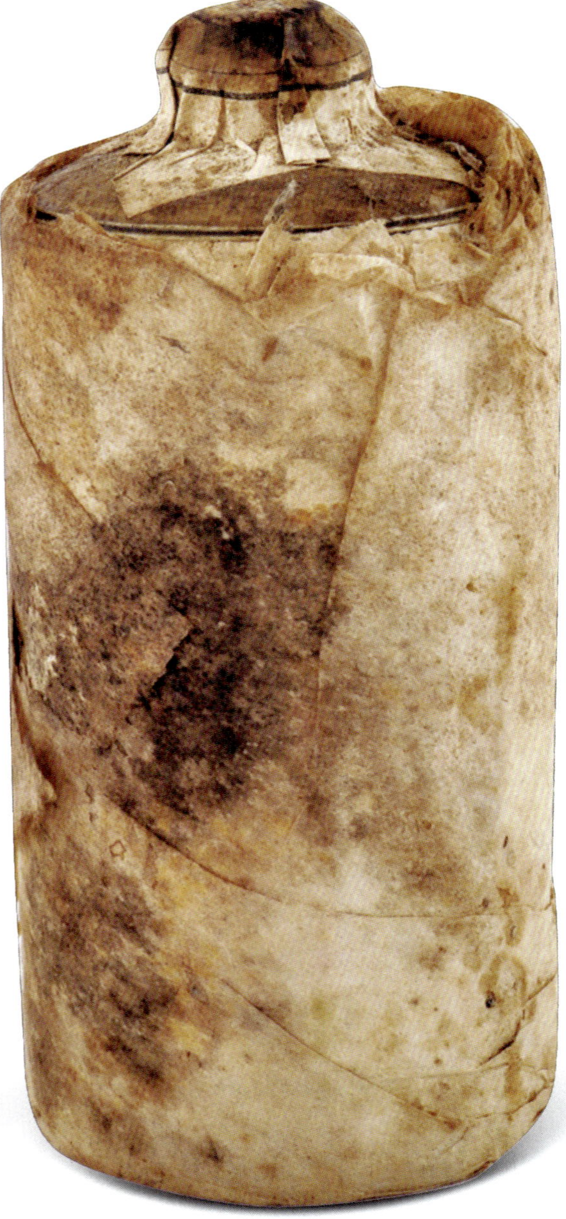

74

参考价格	RMB 1,500,000
拍卖信息	无
生产年份	1960 年
容量规格	500 g
酒精度数	53° ~52°
收藏星级	★★★★★☆

1960 年内销“金轮牌”贵州茅台酒（土陶瓶）

通过放大镜对瓶体表面的老化程度进行观察。

通过放大镜对瓶底胎体进行观察。

该款贵州茅台酒的瓶底细节

75

成交价格	RMB 920,000
拍卖信息	北京保利 2017.12.19 , Lot 4668
生产年份	1960 年
容量规格	500 g
酒精度数	55°
收藏星级	★★★★★☆

1960 年内销“金轮牌”贵州茅台酒（土陶瓶）

76

参考价格	RMB 920,000
拍卖信息	无
生产年份	1960 年
容量规格	500 g
酒精度数	53°~52°
收藏星级	★★★★★☆

1960 年内销“金轮牌”贵州茅台酒（土陶瓶）

77

参考价格	RMB 1,100,000
拍卖信息	无
生产年份	1960 年
容量规格	500 g
酒精度数	53° ~52°
收藏星级	★★★★★★

1960 年外销“飞天牌”贵州茅台酒（白瓷瓶）

78

参考价格	RMB 900,000
拍卖信息	无
生产年份	1961 年
容量规格	500 g
酒精度数	53° ~52°
收藏星级	★★★★★☆

1961 年内销“金轮牌”贵州茅台酒（土陶瓶）

1961 年贵州茅台酒原包装纸的样式

1961 年贵州茅台酒正面样式

79

参考价格	RMB 900,000
拍卖信息	无
生产年份	1961 年
容量规格	500 g
酒精度数	53° ~52°
收藏星级	★★★★★☆

1961 年内销“金轮牌”贵州茅台酒（土陶瓶）

中外驰名
贵州茅台酒
地方国营
茅台酒厂出品

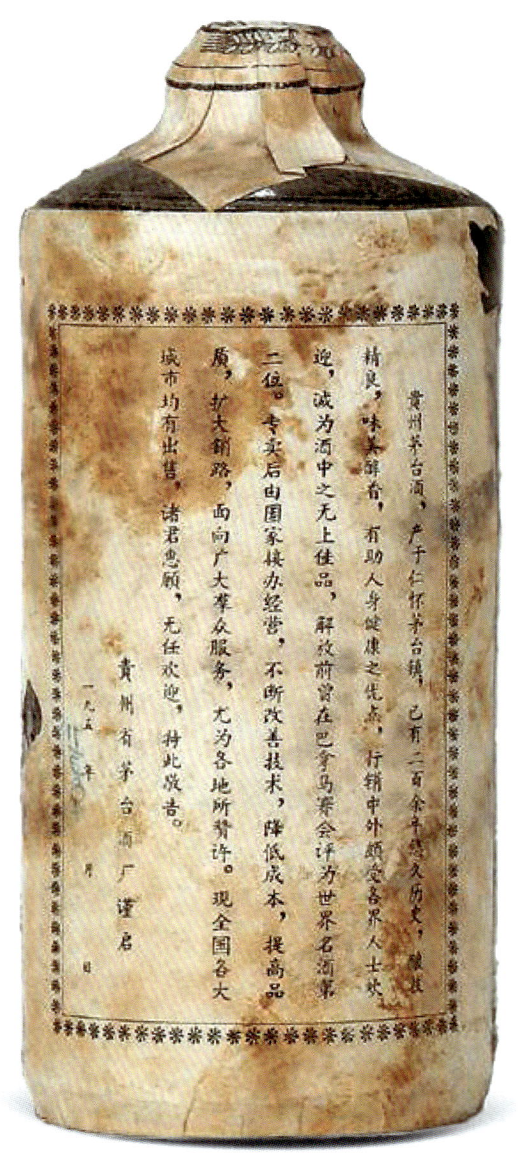

贵州茅台酒，产于仁怀茅台镇，已有二百余年悠久历史，酿技精良，味美醇香，有助人身健康之优点，行销中外，颇受各界人士欢迎，诚为酒中之无上佳品，解放前曾在巴拿马赛会评为世界名酒第二位。专卖后由国家接办经营，不断改善技术，降低成本，提高品质，扩大销路，面向广大群众服务，尤为各地所赞许。现全国各大城市均有出售，诸君惠顾，无任欢迎，特此敬告。
贵州省茅台酒厂谨启
一九五 年 月 日

点评： 此酒瓶口留有经典的酱香气息，瓶体规整，酒标正面印刷的金粉历经半个多世纪岁月的洗礼依旧晶莹泛亮，为难得的珍品。

80

参考价格	RMB 1,322,500
拍卖信息	无
生产年份	1961 年
容量规格	500 g
酒精度数	53° ~52°
收藏星级	★★★★★☆

1961 年外销“飞天牌”贵州茅台酒（白瓷瓶）

1960—1985 年外销贵州茅台酒封口变化

鉴藏要点：

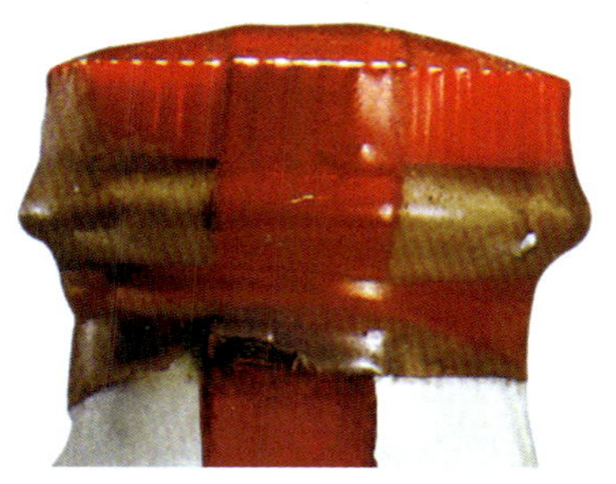

1960 年外销“飞天牌”贵州茅台酒封口：塑料盖内置软木塞、淡红透明膜、红飘带

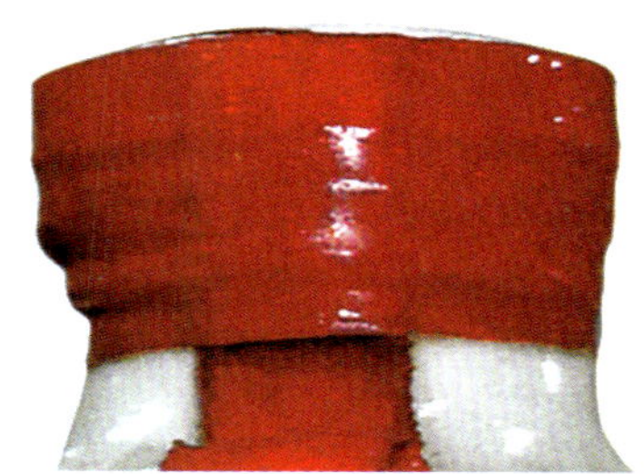
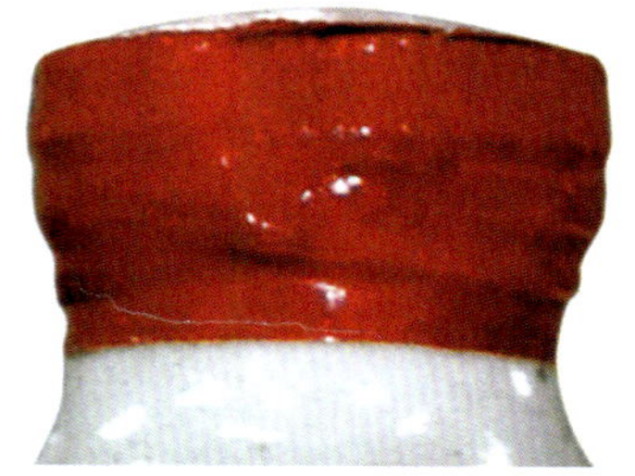

1960—1967 年外销“飞天牌”贵州茅台酒封口：塑料盖内置软木塞、红封膜、红飘带

1968—1985 年外销“飞天牌”贵州茅台酒封口：塑料盖、塑料内塞、红封膜、红飘带

81

成交价格	RMB 537,600
拍卖信息	北京翰海 2011.1.16 , Lot 0824
生产年份	1961 年
容量规格	500 g
酒精度数	53° ~52°
收藏星级	★★★★★☆

1961 年外销“飞天牌”贵州茅台酒（白瓷瓶）

该款茅台酒的广告宣传画

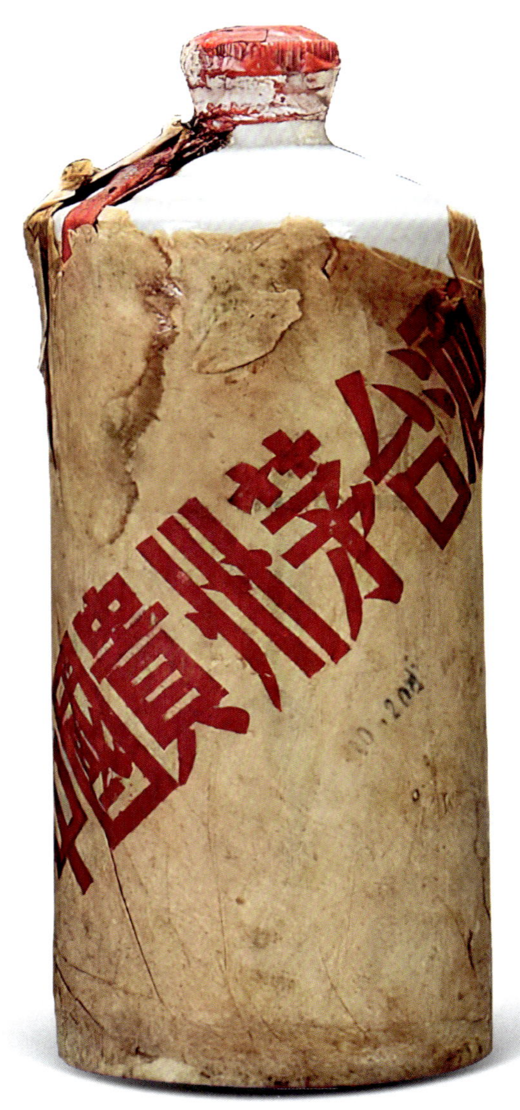

点评：此酒瓶体纯洁细润，胎体轻薄，釉色白丽，如霜似雪，光莹如玉。该年份的瓶形较之以后出产的白瓷瓶稍粗稍矮。

82

参考价格	RMB 2,000,000
拍卖信息	无
生产年份	1961 年
容量规格	250 g
酒精度数	53° ~52°
收藏星级	★★★★★★

1961 年外销“飞天牌”贵州茅台酒（白瓷瓶）

相关事记：

1961 年贵州茅台酒厂推出了 250g 装、125g 装、50g 装三种规格的产品。

1961 年茅台酒顶部、底部细节

点评： 此酒为 250g 装，与 20 世纪 50 年代的其他茅台酒一样，内置软木塞，猪尿脬皮封口，外加“贵州”字样的原封纸。用 500g 装的皮纸包裹，因而红色的“贵州茅台酒”五个字显大，个别字笔画甚至显露不全。不同之处则在于，这是茅台酒首次采用红飘带来装饰，而原封纸和红飘带的组合搭配也实属罕见。250g 装第一代“飞天牌”商标的白瓷瓶茅台酒传世稀少，为一代绝品。

83

参考价格	RMB 250,000
拍卖信息	无
生产年份	1961 年
容量规格	250 g
酒精度数	53° ~52°
收藏星级	★★★★★☆

该款茅台的广告宣传画

1961 年外销“飞天牌”贵州茅台酒（白瓷瓶）

通过放大镜对瓶体釉面进行观察。

相关事记：

1961 年，贵州茅台酒价格调整为每吨 5000 元，每瓶 2.50 元，零售价 4.07 元。贵州茅台酒厂收到来自苏联、匈牙利等国家和中国香港地区对贵州茅台酒赞扬的函件，函件表明了多地区爱酒人士对茅台酒的喜爱，更表明了其继续订购的意愿。也正是当年，贵州茅台酒厂根据上级指示，全厂保留职工 629 人，下放农村 220 人。同时，开展生产自救运动，种蔬菜 20 亩。

20 世纪五六十年代外销茅台酒使用的瓶盖

点评： 该年使用的飞天白瓷瓶，瓶肩有三层环形台阶，与之前的外销白瓷瓶相比，立体感更加突出。酒瓶封口处取消了“中国贵州茅台酒”字样的封口纸。250g 装酒瓶外包裹的皮纸与 500g 装相同。那白瓷瓶的釉光是梦开始的地方。酒光中的倩影永留心中荡漾。此酒为近年罕见之物，正所谓：“国酒茅台，琼浆之冠，玉液之尊。”

84

参考价格	RMB 900,000
拍卖信息	无
生产年份	1962 年
容量规格	500 g
酒精度数	53° ~52°
收藏星级	★★★★★☆

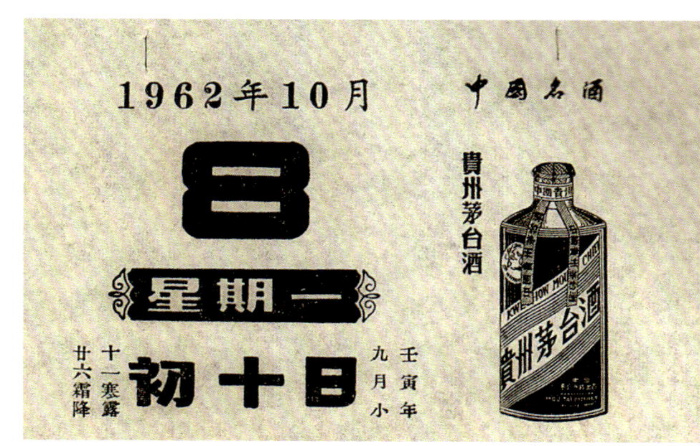
1962年10月
8
星期一
廿六霜降
十一寒露
初十日
九月小
壬寅年
中国名酒
贵州茅台酒

1962 年外销茅台酒的广告宣传画

1962 年内销“金轮牌”贵州茅台酒（土陶瓶）

中外驰名
贵州茅台酒
地方国营
茅台酒厂出品

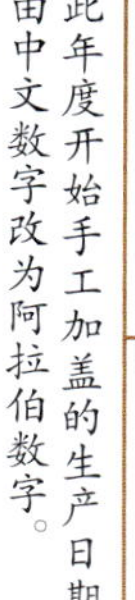
此年度开始手工加盖的生产日期，由中文数字改为阿拉伯数字。

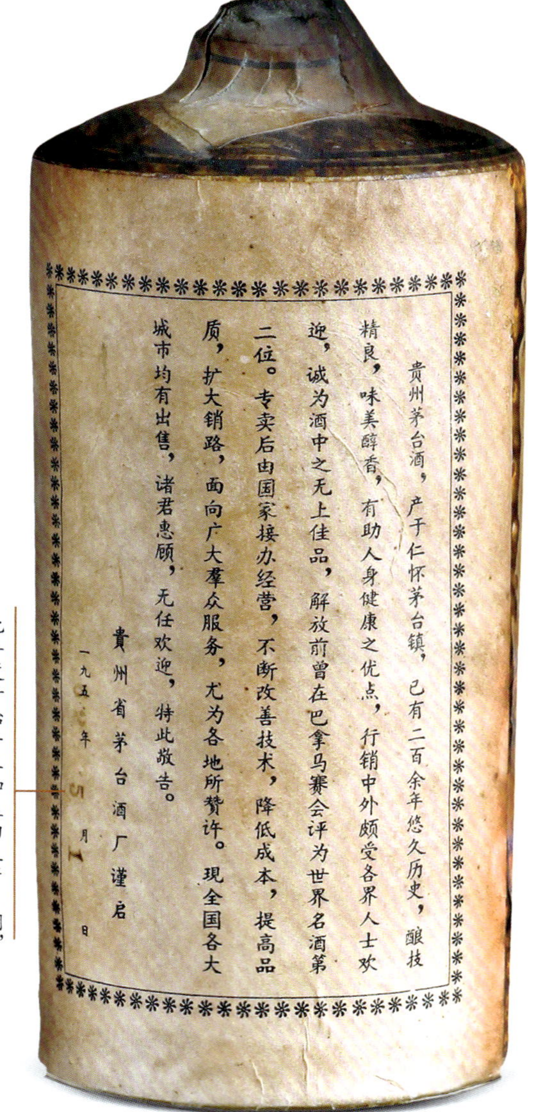
贵州茅台酒，产于仁怀茅台镇，已有二百余年悠久历史，酿技精良，味美醇香，有助人身健康之优点，行销中外颇受各界人士欢迎，诚为酒中之无上佳品，解放前曾在巴拿马赛会评为世界名酒第二位。专卖后由国家接办经营，不断改善技术，降低成本，提高品质，扩大销路，面向广大羣众服务，尤为各地所赞许。现全国各大城市均有出售，诸君惠顾，无任欢迎，特此敬告。
贵州省茅台酒厂谨启
一九五 年 5 月 1 日

相关事记：

1962 年 8 月，贵州省轻工业厅核定茅台酒年产量为 500 吨，茅台酒厂定员 610 人。

1962 年贵州茅台酒产量为 363 吨，其中出口销量为 49 吨。

周恩来赠送日本乒乓球运动员松崎君代的茅台酒与该款相类似

1962 年茅台酒顶部、底部细节

点评： 此酒瓶为陶瓷瓶挂黄釉，经典又精致。胎体轻薄，釉面平整，莹润光洁。产量骤跌导致这一时期的茅台酒较为稀少，收藏难度较大。目前，该年份茅台仅在 2010 年北京的一场拍卖会上面世过。

1962 年贵州茅台酒酒标正标、背标、瓶底

1962 年内销“金轮牌”贵州茅台酒正标

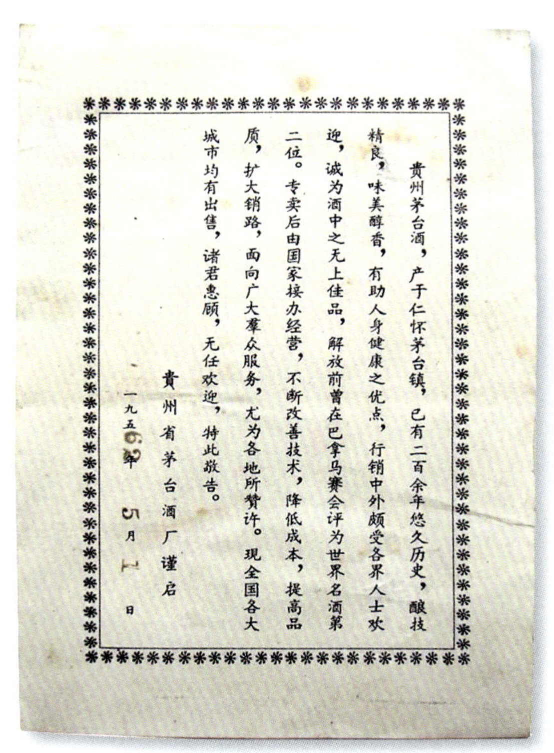

贵州茅台酒，产于仁怀茅台镇，已有二百余年悠久历史，酿技精良，味美醇香，有助人身健康之优点，行销中外颇受各界人士欢迎，诚为酒中之无上佳品，解放前曾在巴拿马赛会评为世界名酒第二位。专卖后由国家接办经营，不断改善技术，降低成本，提高品质，扩大销路，面向广大羣众服务，尤为各地所赞许。现全国各大城市均有出售，诸君惠顾，无任欢迎，特此敬告。

贵州省茅台酒厂谨启

一九五62年 5月 1日

1962 年内销“金轮牌”贵州茅台酒背标

1962 年内销“金轮牌”贵州茅台酒瓶底细节

1962—1963 年贵州茅台酒

鉴藏要点：

瓶体

1959—1962 年内销“金轮牌”贵州茅台酒瓶

1963 年内销“金轮牌”贵州茅台酒瓶

1956—1962 年内销“金轮牌”贵州茅台酒瓶底细节

1963 年内销“金轮牌”贵州茅台酒瓶底细节

85

成交价格	RMB 952,000
拍卖信息	北京雍和嘉诚 2010.6.1 , Lot 2427
生产年份	1963 年
容量规格	500 g
酒精度数	53° ~52°
收藏星级	★★★★★☆

当年茅台酒厂土陶瓶的生产车间

1963 年内销“金轮牌”贵州茅台酒（土陶瓶）

通过放大镜对瓶体釉面进行观察。

6 根黑线

6 根白线

5 根黑线

4 根白线

由上而下第 1 根为白线

厂名字体发生变化，比之前略粗。

相关事记：

1963 年元旦，全国政协宴请 70 岁以上老同志，周恩来用茅台酒款待各位。

在本年召开的全国第二届评酒会上，茅台酒再次荣获全国名酒称号，并获得名酒证书。

由于盲目扩大生产，茅台酒生产原料告急，各方面困难接踵而至。当年亏损金额达到 37.7 万元，厂里决定减少 17% 非生产人员。

1963 年 9 月，周恩来用茅台酒宴请来华参加北京科学讨论会筹备会的各国科学家。

1963 年贵州茅台酒总产量为 325 吨，其中出口销量为 39 吨。

通过放大镜对瓶底胎体进行观察。

1963 年茅台酒底部细节

点评：此酒瓶为高颈陶瓷瓶挂黄釉，瓶底无字，有放射状颗粒，不同于 20 世纪 50 年代的大多数茅台酒瓶。由于出现亏损，加之产量骤跌，导致这一时期的茅台酒较为稀少，收藏难度较大。

86

参考价格	RMB 900,000
拍卖信息	无
生产年份	1963 年
容量规格	500 g
酒精度数	53° ~52°
收藏星级	★★★★★☆

1963 年外销“飞天牌”贵州茅台酒（白瓷瓶）

相关事记：

1963 年生产的外销“飞天牌”贵州茅台酒为白瓷瓶，外包装皮纸出现两种款式：白色皮纸不加红字和白色皮纸加“中国贵州茅台酒”红色字体。

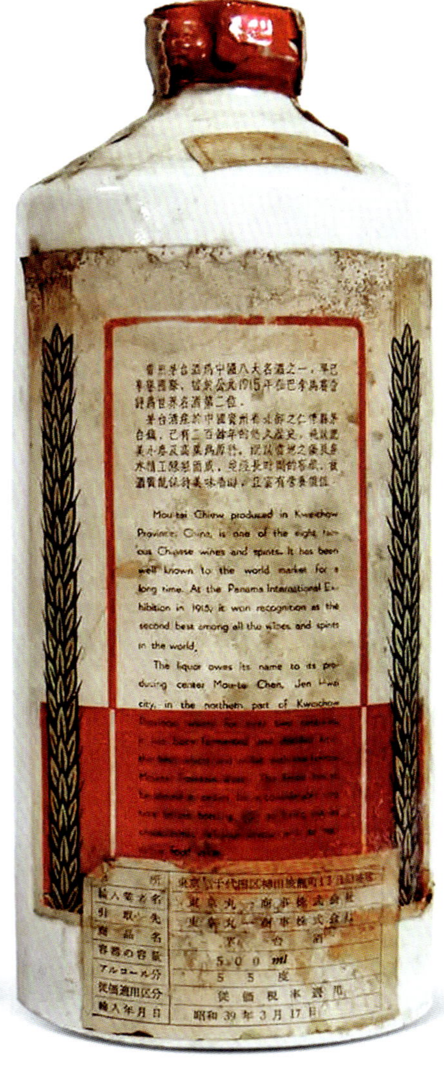

87

参考价格	RMB 900,000
拍卖信息	无
生产年份	1963 年
容量规格	500 g
酒精度数	53°~52°
收藏星级	★★★★★☆

1963 年外销“飞天牌”贵州茅台酒（白瓷瓶）

相关事记：

正背面酒标与前代相比略有缩小，酒标正面“茅”字草字头由“++”改为“艹”。

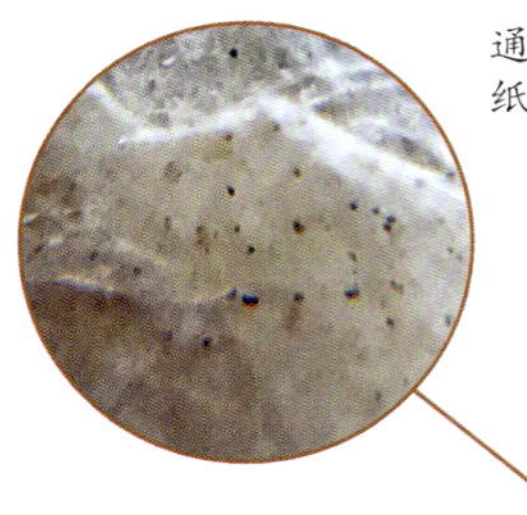

通过放大镜对皮纸进行观察。

1964 年外销茅台酒酒标细节

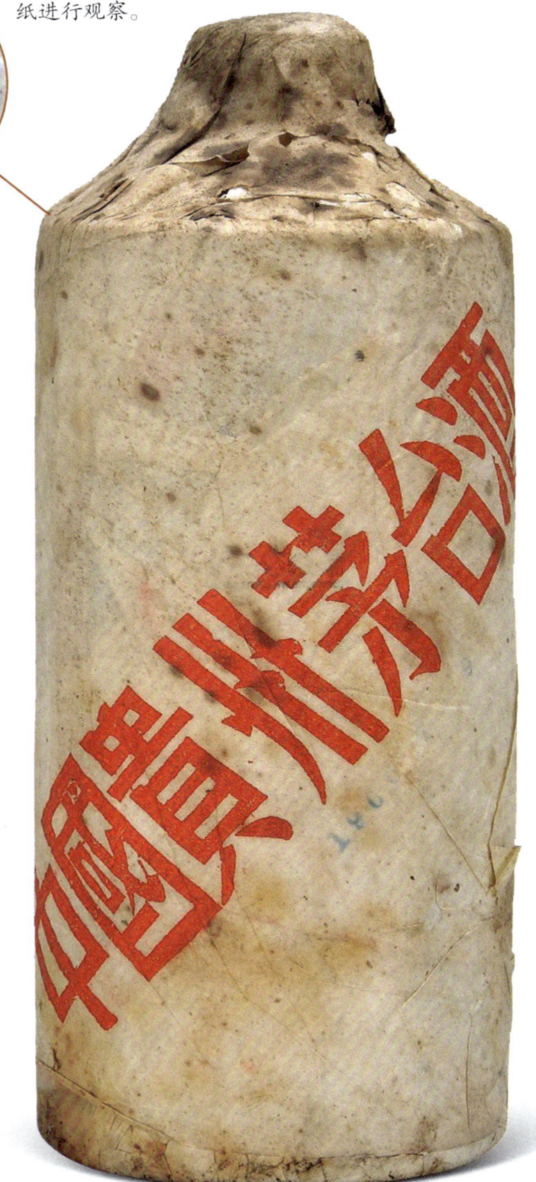

88

参考价格	RMB 1,100,000
拍卖信息	无
生产年份	1964 年
容量规格	500 g
酒精度数	53° ~52°
收藏星级	★★★★★★

貴州茅台酒裝箱單

品名	貴州茅台酒
規格	0.5公斤
單位	瓶
數量	24
批次	
裝箱工号	1
檢驗員	检3
裝箱日期	1964.8 7

1964 年装箱单

1964 年外销“飞天牌”贵州茅台酒（白瓷瓶）

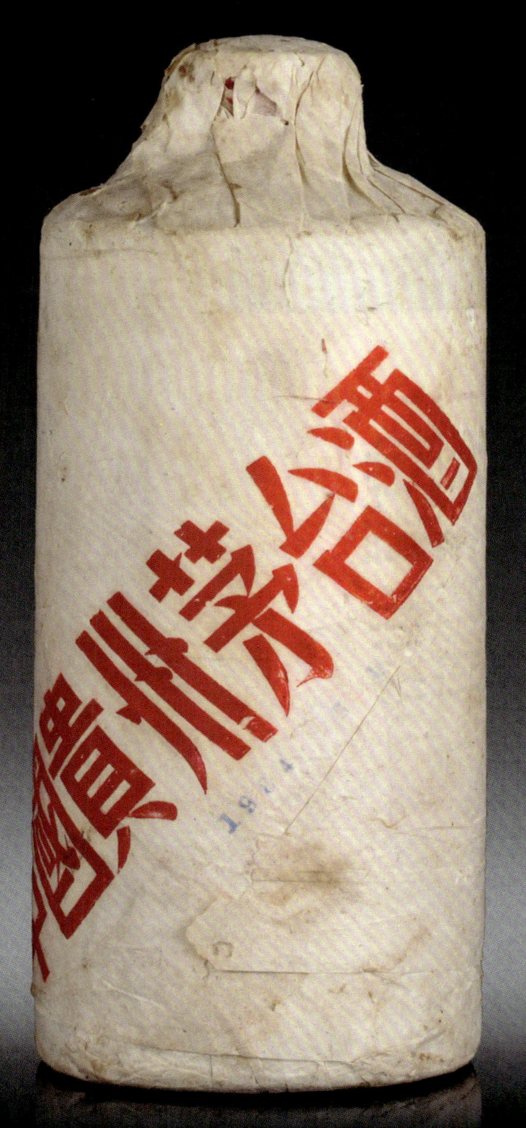

相关事记：

1964 年 6 月，刘同清任茅台酒厂厂长。同年 10 月，在轻工部的主持下，由轻工业厅和茅台酒厂的专家牵头，成立了茅台酒试点委员会。中国科学院微生物所副所长方心芳、轻工业部科学院发酵所所长秦含章、无锡轻工学院副院长朱宝镛、北京轻工业学院教授金培松等专家，以及贵州茅台酒厂厂长刘同清、副厂长郑义兴、工人邹国启等受到邀请，加入了试点委员会。当年 11 月，茅台酒厂将产瓶车间移交至仁怀县手工业管理局。

2007 年作者赵晨在广西喜获该品种贵州茅台酒

该酒当年的宣传画

点评： 贵州茅台酒的正背标与上年产品相同，外包皮纸上印刷的红色繁体字“中国贵州茅台酒”中的“茅”字草字头为“++”。该酒瓶较 20 世纪 60 年代后期的白瓷瓶稍有不同，为高塑盖木塞封口，外包棉纸较厚，“中国贵州茅台酒”字样为深红色。豪气成酒气，天下称珍品。

89

成交价格	RMB 952,000
拍卖信息	北京永乐 2010.11.23 , Lot 0272
生产年份	1965 年
容量规格	500 g
酒精度数	53° ~52°
收藏星级	★★★★★★

1965 年内销“金轮牌”贵州茅台酒（土陶瓶）

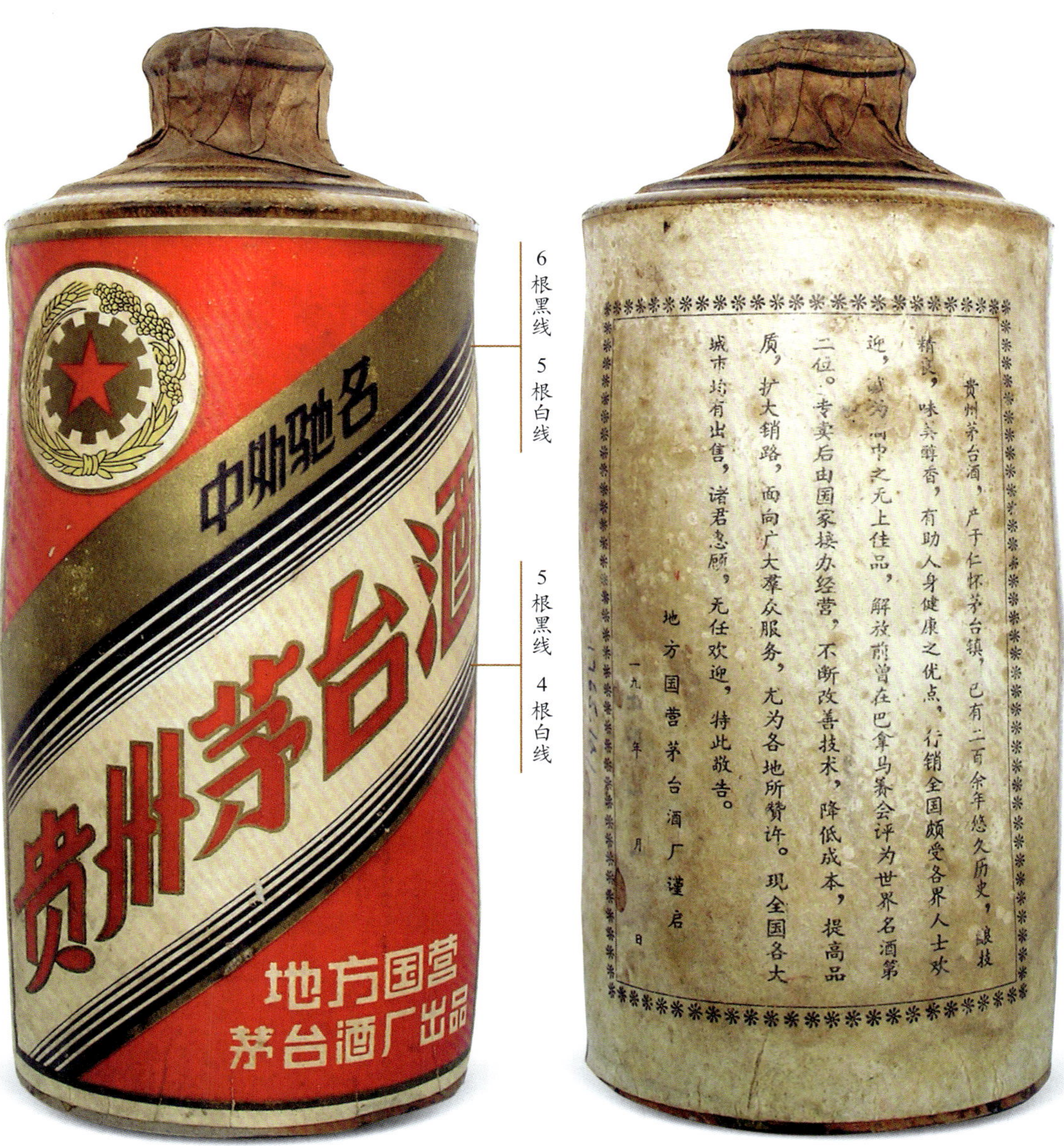

中外驰名
贵州茅台酒
地方国营
茅台酒厂出品
6根黑线
5根白线
5根黑线
4根白线
贵州茅台酒，产于仁怀茅台镇，已有二百余年悠久历史，酿技
精良，味美醇香，有助人身健康之优点，行销全国颇受各界人士欢
迎，诚为酒中之无上佳品，解放前曾在巴拿马赛会评为世界名酒第
二位。专卖后由国家接办经营，不断改善技术，降低成本，提高品
质，扩大销路，面向广大群众服务，尤为各地所赞许。现全国各大
城市均有出售，诸君惠顾，无任欢迎，特此敬告。
地方国营茅台酒厂谨启
一九 年 月 日

相关事记：

1965 年 1 月，“四清”工作队陆续来到贵州茅台酒厂，郑光先、罗庆忠、谢世礼等厂级干部和部分中层干部、职工被错误处理。

同年 7 月，茅台酒厂技术委员会成立，杨仁勉为负责人，委员有刘同清、李兴发、郑义兴、何光荣、王恒才、毛光才、杨之彬、王绍彬等。茅台酒厂还将二合陶瓷厂划归至手工业管理局。

当年，中共贵州省委书记、省政府省长、中共西南局书记处书记周林到厂视察。

这一年，确立了茅台酒的三种典型体（酱香、醇甜、窖底）的划分。

1965 年茅台酒顶部、底部细节

1965 年 11 月至 1966 年 4 月第二期茅台试点活动
参加人员合影

该酒当年的广告宣传画

点评： 该年生产的“金轮牌”贵州茅台酒，瓶肩部分三层环形台阶较为突出，瓶身较以前缩短，正背标尺寸未变。酒瓶瓶身施黄釉，瓶颈较之前略高，瓶体黄釉细腻光泽，胎泽较薄，瓶底露胎有较高圈足，标注阿拉伯数字。此酒存世稀少。五十载风云沧桑，五十载开拓创新。

90

参考价格	RMB 550,000
拍卖信息	无
生产年份	1965 年
容量规格	500 g
酒精度数	53°
收藏星级	★★★★★☆

1965 年外销“飞天牌”贵州茅台酒（白瓷瓶）

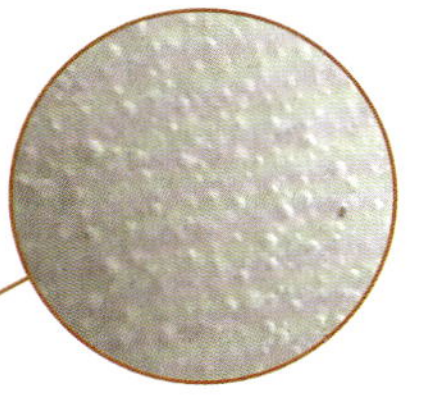

通过放大镜对瓶体釉面进行观察。

贵州茅台酒封口变化

【1949—1959】

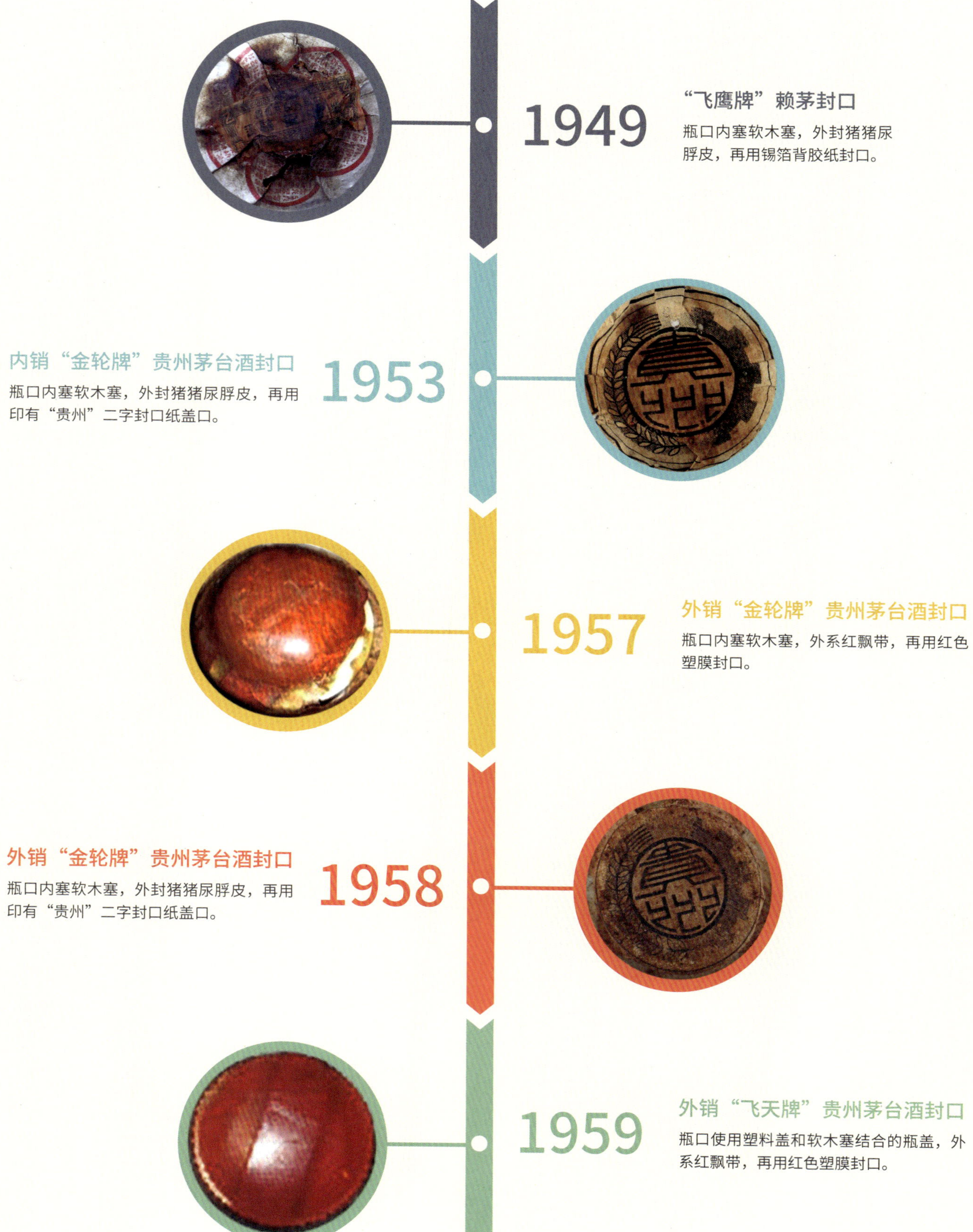
1949
“飞鹰牌”赖茅封口
瓶口内塞软木塞，外封猪猪尿脬皮，再用锡箔背胶纸封口。
1953
内销“金轮牌”贵州茅台酒封口
瓶口内塞软木塞，外封猪猪尿脬皮，再用印有“贵州”二字封口纸盖口。
1957
外销“金轮牌”贵州茅台酒封口
瓶口内塞软木塞，外系红飘带，再用红色塑膜封口。
1958
外销“金轮牌”贵州茅台酒封口
瓶口内塞软木塞，外封猪猪尿脬皮，再用印有“贵州”二字封口纸盖口。
1959
外销“飞天牌”贵州茅台酒封口
瓶口使用塑料盖和软木塞结合的瓶盖，外系红飘带，再用红色塑膜封口。

贵州茅台酒封口变化

【1962—1969】

1962

外销“飞天牌”贵州茅台酒封口

瓶口使用塑料盖和软木塞结合的瓶盖，外系红飘带，再用红色塑膜封口。

1965

内销“金轮牌”贵州茅台酒封口

瓶口内塞软木塞，外封猪猪尿脬皮，再用印有“贵州”二字封口纸盖口。

1966

内销“金轮牌”贵州茅台酒封口

瓶口内塞软木塞，外用金黄色塑膜封口。

1968

内销“金轮牌”贵州茅台酒封口

瓶口内塞软木塞，外用金黄色塑膜封口。

1969

内销“金轮牌”贵州茅台酒封口

瓶口内塞软木塞，外用金黄色塑膜封口。

贵州茅台

KWEICHOW

葵花佳酿 昙花一现

飞天牌-葵花牌-五星牌
-土陶瓶-白瓷瓶
-白玻璃瓶

酱香醉万里 国酒誉全球

第三章

“文化大革命”时期

1966—1976

KWEICHOW MOUTAI
PART THREE

91

参考价格	RMB 600,600
拍卖信息	无
生产年份	1966 年
容量规格	500 g
酒精度数	53° ~ 52°
收藏星级	★★★★★☆

1966 年内销“金轮牌”贵州茅台酒（土陶瓶）

相关事记：

1966 年，贵州清镇玻璃厂试制乳白色玻璃瓶获得成功，解决了渗漏和形态不美的问题，茅台酒结束了用土陶瓷瓶的历史。

该年上半年瓶盖仍用软木塞、猪尿脬皮、封口纸包装，其他特征与上一年一致。

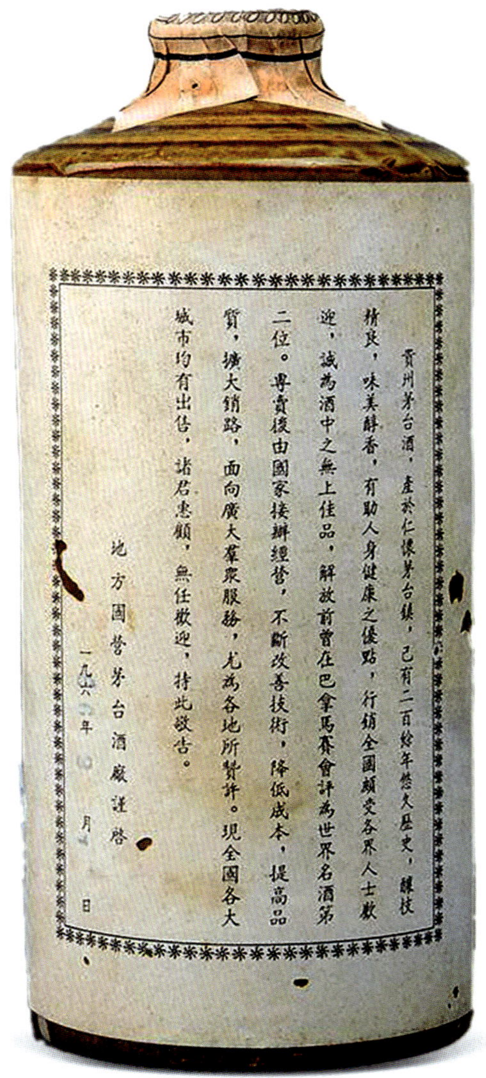

1966 年内销“金轮牌”贵州茅台酒
（土陶瓶原包纸、土陶瓶）

该年贵州茅台酒原包装纸的样式

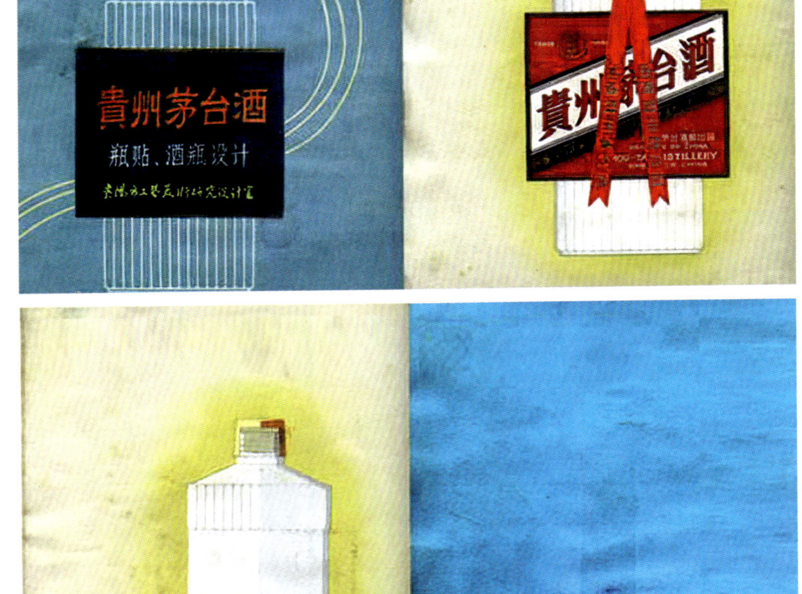

1966 年贵州茅台酒瓶贴、酒瓶设计图稿

该年贵州茅台酒正面样式

92

参考价格	RMB 500,000
拍卖信息	无
生产年份	1966 年
容量规格	500 g
酒精度数	53°
收藏星级	★★★★★★

1966 年内销“金轮牌”贵州茅台酒（土陶瓶）

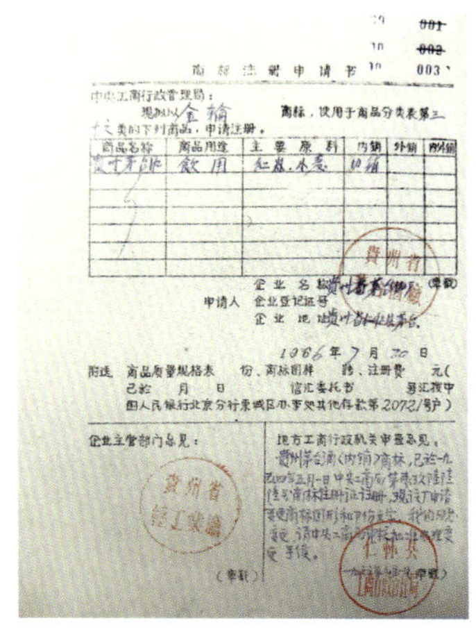

商标注册申请书

中央工商行政管理局：

现拟以金輪商标，使用于商品分类表第三十六类的下列商品，申请注册。

商品名称	商品用途	主要原料	内销	外销	内外销
贵州茅台酒	饮用	红粱、小麦	内销		

企业名称 贵州省茅台酒厂（章戳）

申请人 企业登记证号

企业地址 贵州省仁怀县茅台镇

1966 年 7 月 20 日

附送 商品质量规格表 份、商标图样 张、注册费 元（已於 月 日 信汇委托书 另汇交中国人民银行北京分行东城区办事处其他存款第 20721 号户）

企业主管部门意见：（章戳）

地方工商行政机关审查意见：（章戳）

1966 年茅台酒商标注册申请书

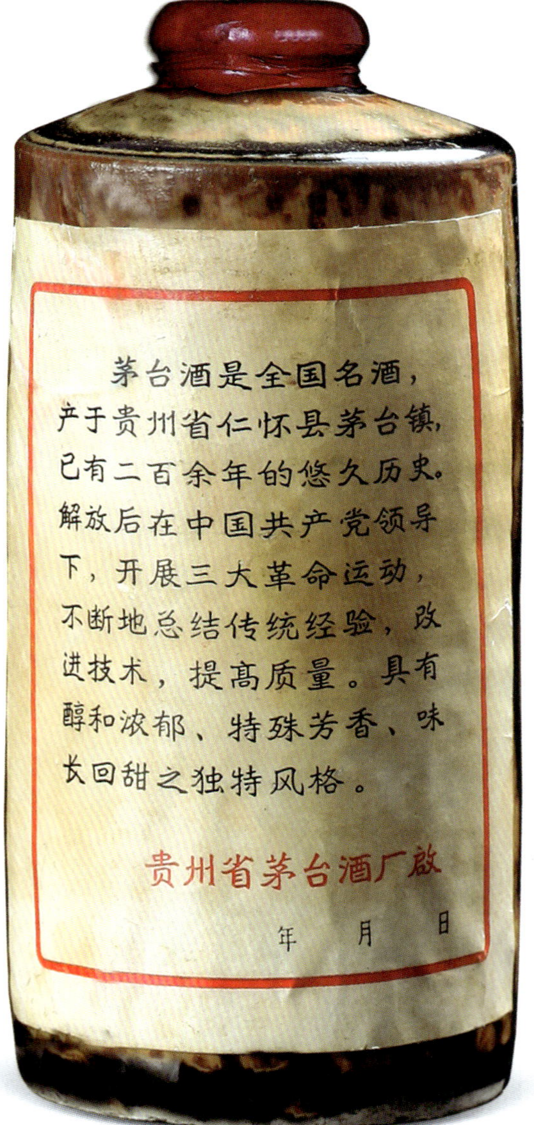

通过放大镜对瓶体釉面进行观察。

相关事记：

1966 年 3 月，轻工部召开了出口酒工作会议，决定将茅台酒陶瓷瓶改为螺旋口白玻璃瓶，并采用塑料旋盖。

1966 年 7 月 20 日，茅台酒厂向国家工商局申请变更“金轮牌”贵州茅台酒的商标图形以及部分文字内容。至 9 月 23 日，贵州省工业厅发函通知茅台酒厂申请通过。内容为：“茅台酒是全国名酒，产于贵州省仁怀县茅台镇，已有二百余年的悠久历史。解放后在中国共产党领导下，开展三大革命运动，不断地总结传统经验，改进技术，提高质量。具有醇和浓郁、特殊芳香、味长回甜之独特风格。贵州省茅台酒厂启 年 月 日。”这就是我们如今所熟知的“三大革命”茅台酒的前世今生。这样的背标，一直被使用到 1982 年。

1966 年贵州茅台酒总产量为 312 吨，其中出口销量为 93.3 吨。

1966 年贵州茅台酒底部细节

同时期其他封口、瓶形

点评：1966 年下半年，瓶盖封口由软木塞、猪尿脬皮、封口纸包装，变为软木塞和红色酒精膜。“金轮牌”商标中的十二角齿轮改为十四角齿轮。酒标正面“茅”字草字头由“++”改为“艹”。1966 年，茅台酒启用“三大革命”背标，此标一直沿用至 1982 年，贴在内销酒和特供酒瓶背面。藏酒界曾一度把“三大革命”看作老茅台酒的代名词。

93

参考价格	RMB 900,000
拍卖信息	无
生产年份	1966 年
容量规格	500 g
酒精度数	53°
收藏星级	★★★★★★

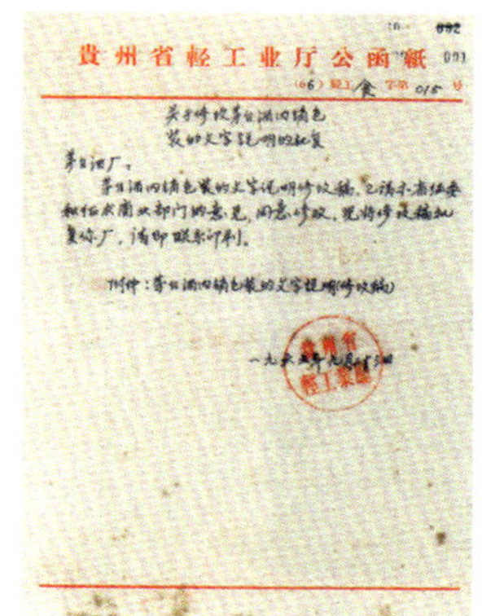

贵州省轻工业厅公函纸

(66) 轻工 食 字第 015 号

关于修改茅台酒内销包装的文字说明的批复

茅台酒厂：

茅台酒内销包装的文字说明修改稿，已请示省级委和征求有关部门的意见，同意修改。现将修改稿批复给厂，请即联系印刷。

附件：茅台酒内销包装的文字说明（修改稿）

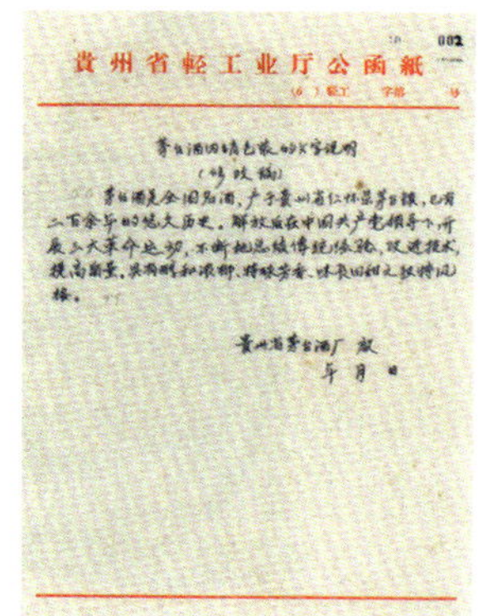

贵州省轻工业厅公函纸

(6) 轻工 字第 号

茅台酒内销包装的文字说明

（修改稿）

茅台酒是全国名酒，产于贵州省仁怀县茅台镇，已有二百余年的悠久历史。解放后在中国共产党领导下，开展三大革命运动，不断地总结传统经验，改进技术，提高质量，具有既和浓郁、特殊芳香、味长回甜之独特风格。

贵州省茅台酒厂 敬

年 月 日

1966 年贵州省轻工业厅关于修改茅台酒内销包装等文字说明的批复

1966 年内销“金轮牌”贵州茅台酒（白瓷瓶）

中外驰名
贵州茅台酒
地方国营
茅台酒厂出品

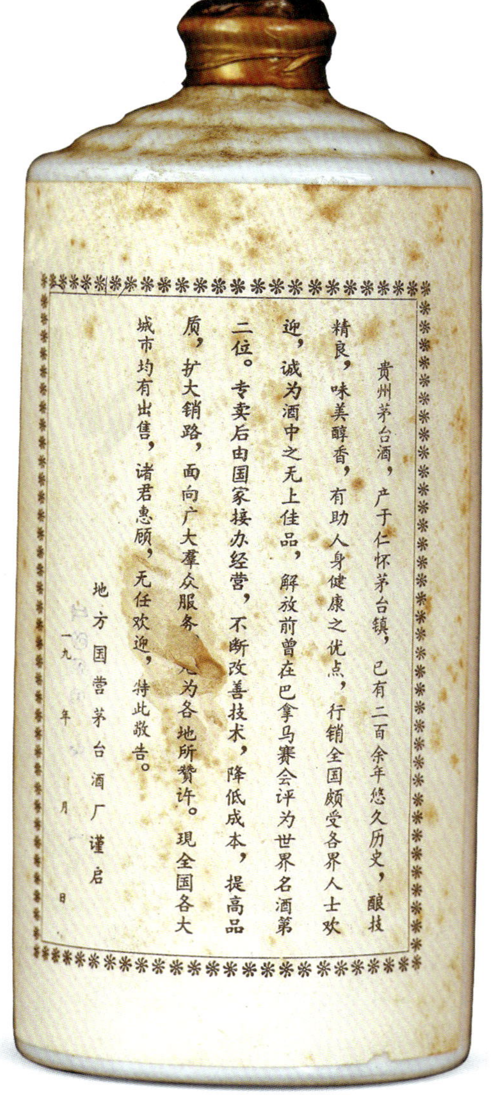

贵州茅台酒，产于仁怀茅台镇，已有二百余年悠久历史，酿技精良，味美醇香，有助人身健康之优点，行销全国颇受各界人士欢迎，诚为酒中之无上佳品，解放前曾在巴拿马赛会评为世界名酒第二位。专卖后由国家接办经营，不断改善技术，降低成本，提高品质，扩大销路，面向广大群众服务，为各地所赞许。现全国各大城市均有出售，诸君惠顾，无任欢迎，特此敬告。
地方国营茅台酒厂谨启
一九 年 月 日

相关事记：

1966 年 7 月，接轻工业厅通知，内外销陶瓷瓶一律改为乳白玻璃瓶，瓶盖改用红色塑料螺旋盖。背标上段内容为：“贵州茅台酒为中国八大名酒之一，早已享誉国际，曾于公元 1915 年在巴拿马赛会评为世界名酒第二位。茅台酒产于中国贵州省北部之仁怀县茅台镇，已有 200 余年的悠久历史，纯以肥美小麦及高粱为原料，配以当地优良之泉水精工酿制而成，并经长时间的窖藏，故酒质能保持美味香醇，且富有营养价值。”下段内容为上段中文的英文翻译。顶部红色塑料盖顶的软木塞从 1959 年开始使用，沿用至 1967 年结束。

1966 年产量为 312 吨，其中出口销量为 93.3 吨。

1966 年贵州茅台酒顶部细节

点评： 此白瓷瓶为金色塑膜封口，封膜较薄，极为罕见，内为软木塞。瓶体纯洁细润，胎体轻薄，釉色白丽，如霜似雪，光莹如玉。

小心玻璃
茅台酒
中外驰名

1966 年贵州茅台酒

鉴藏要点：

瓶体 瓶体有酱瓶、白瓷瓶、白玻璃瓶。

封口 套软木塞、金色封膜、红色封膜。

正标 没有变化。

背标 全新改版。

包装 采用茅台当地生产皮纸包裹。

日期 日期印刷体有改变，手工加盖蓝印汉字。

封口

1966 年特有的内销“金轮牌”贵州茅台酒金色封口：软木塞、金色封膜

1966 年特有的内销“金轮牌”贵州茅台酒红色封口：软木塞、红色封膜

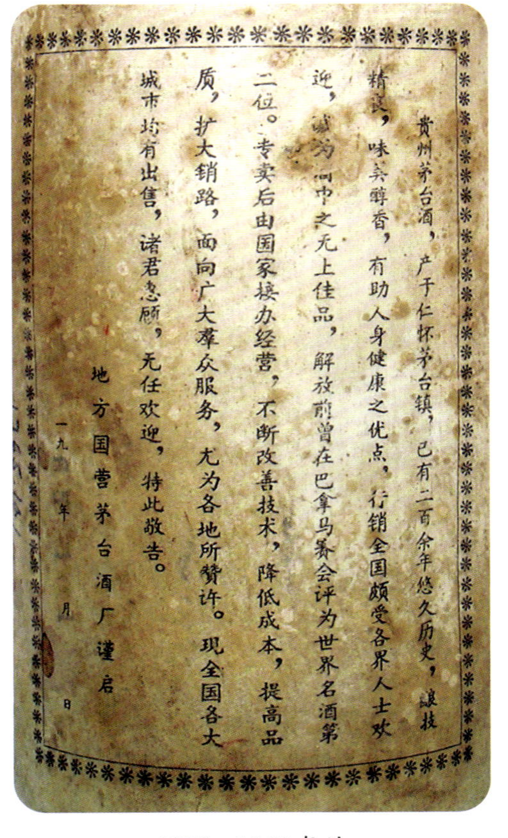

贵州茅台酒，产于仁怀茅台镇，已有二百余年悠久历史，酿技精良，味美醇香，有助人身健康之优点，行销全国颇受各界人士欢迎，成为酒中之无上佳品，解放前曾在巴拿马赛会评为世界名酒第二位。专卖后由国家接办经营，不断改善技术，降低成本，提高品质，扩大销路，面向广大羣众服务，尤为各地所赞许。现全国各大城市均有出售，诸君惠顾，无任欢迎，特此敬告。

地方国营茅台酒厂谨启

一九 年 月 日

1959—1966 年的
内销“金轮牌”贵州茅台酒背标

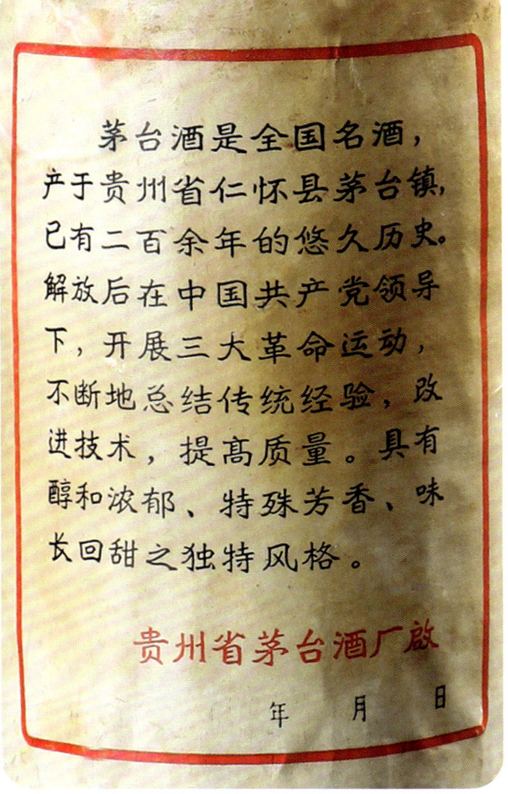

茅台酒是全国名酒，产于贵州省仁怀县茅台镇，已有二百余年的悠久历史。解放后在中国共产党领导下，开展三大革命运动，不断地总结传统经验，改进技术，提高质量。具有醇和浓郁、特殊芳香、味长回甜之独特风格。

贵州省茅台酒厂啟

年 月 日

1967—1982 年的
内销“金轮牌”贵州茅台酒背标

1966 年原包装外销“飞天牌”贵州茅台酒

中國貴州茅台酒
中國貴州茅台酒
中國貴州茅台酒

94

成交价格	RMB 701,500
拍卖信息	北京保利 2011.6.4 , Lot 4351
生产年份	1966 年
容量规格	500 g
酒精度数	53°
收藏星级	★★★★★★

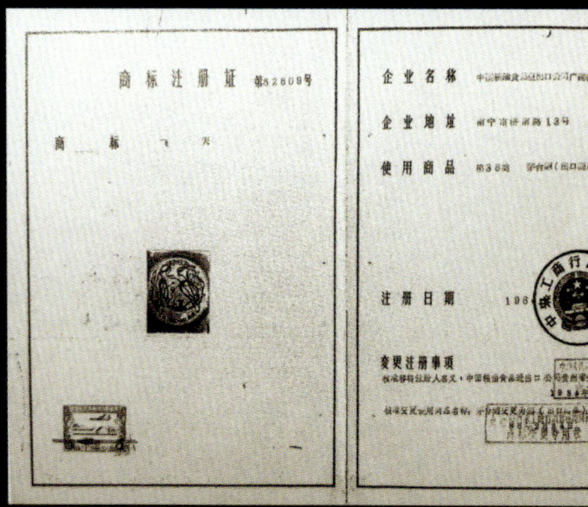

商标注册证 第52609号

商 标 飞 天

企业名称

企业地址

使用商品

注册日期

变更注册事项

1966 年 4 月 15 日，“飞天牌”贵州茅台酒商标注册证

1966 年外销“飞天牌”贵州茅台酒（白瓷瓶）

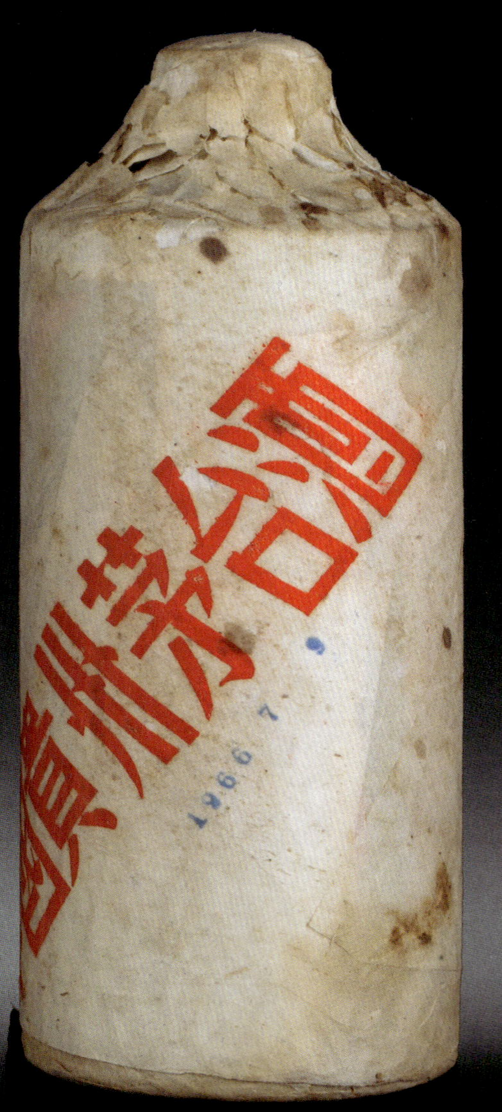

相关事记：

1966 年，“文化大革命”开始。这一时期的茅台酒还是用棉纸包瓶，棉纸正面印有红色“贵州茅台酒”字样以及生产日期。

1966 年产量为 312 吨，其中出口销量为 93.3 吨。

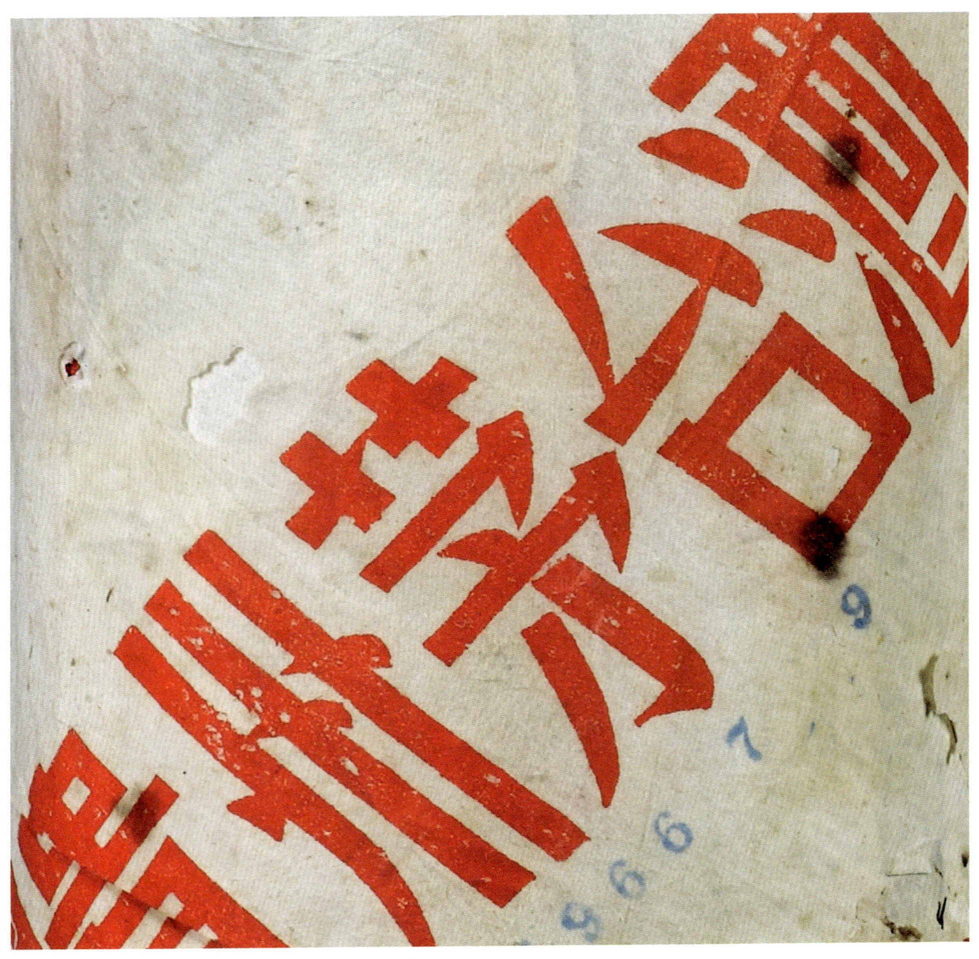

1966 年外销茅台酒生产日期

点评： 此白瓷瓶以红色塑膜封口，内为红色塑料矮盖顶的软木塞（此年另有高塑料盖玻璃瓶形存在）。瓶体纯洁细润，胎体轻薄，釉色白丽，如霜似雪，光莹如玉。此酒传世稀少，存量为 20 世纪 50 年代茅台酒的几十分之一，为一代绝品。

95

成交价格	RMB 563,500
拍卖信息	北京歌德 2012.12.2 , Lot 5037
生产年份	1966 年
容量规格	500 g
酒精度数	53°
收藏星级	★★★★★★

1966 年外销“飞天牌”贵州茅台酒（白瓷瓶）

相关事记：

1966 年至 1968 年生产的“飞天牌”贵州茅台酒由于特殊原因停止出口，直到 20 世纪 70 年代中期，中国酒业贸易有限公司封存了十几年的这批酒才被重新包装销售。因为此酒已存放多年，为区别于其他普通贵州茅台酒，中国酒业贸易有限公司制作了一款名为“陈年”的礼盒，委托香港五丰行及澳门蓝光公司负责海外销售。此酒为第一款陈年礼盒配原包纸矮盖白瓷瓶的茅台酒。

96

成交价格	RMB 598,000
拍卖信息	北京歌德 2013.6.2 , Lot 1760
生产年份	1966 年
容量规格	500 g
酒精度数	53°
收藏星级	★★★★★☆

1966 年外销“飞天牌”贵州茅台酒（白瓷瓶）

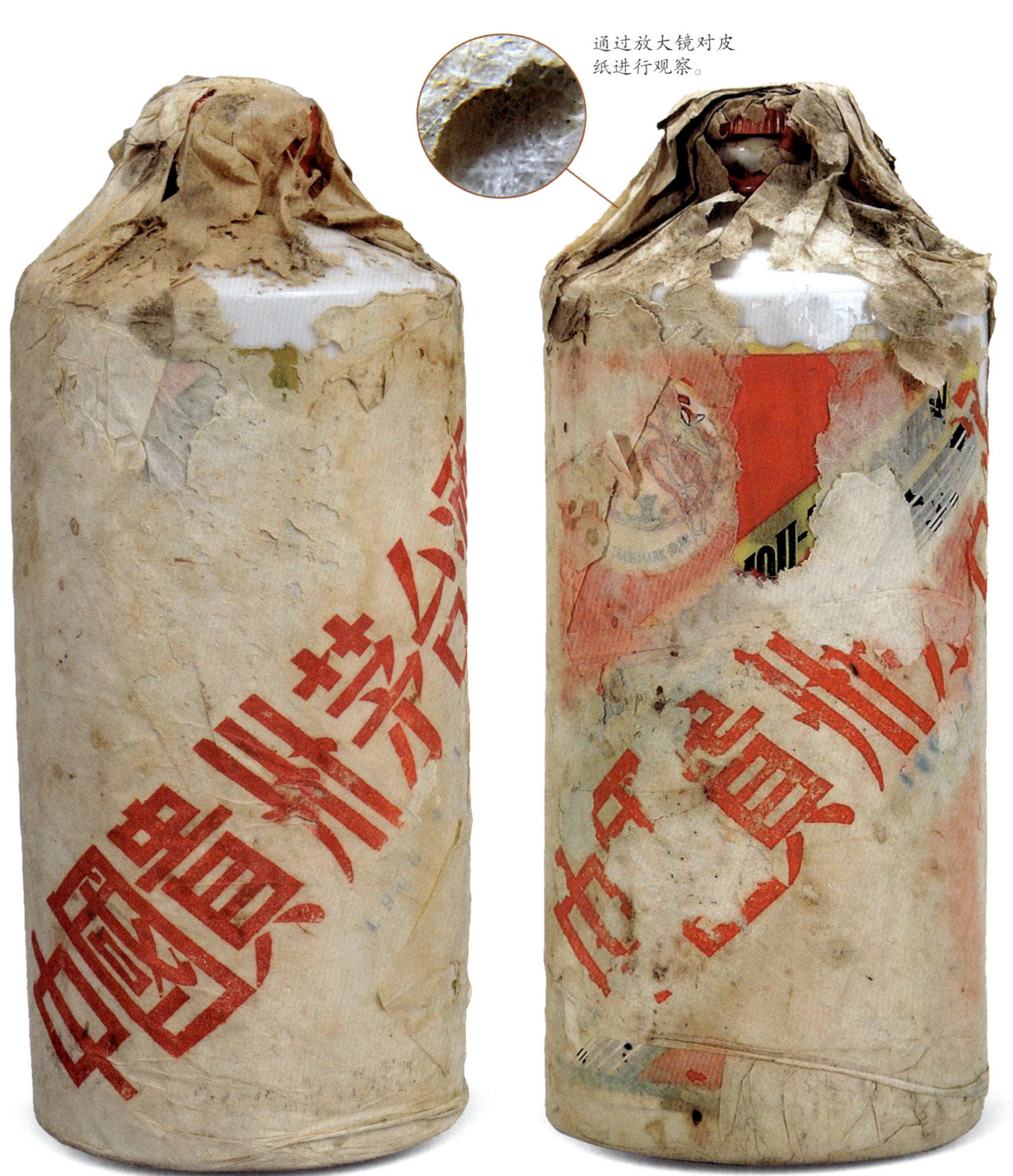

1966 年贵州茅台酒

鉴藏要点：

瓶体	黄釉土陶瓶、白瓷瓶、白玻璃瓶混用。	封口	封口纸、红色胶套、金色胶套混用。
正标	启用全新的“金轮牌”贵州茅台酒正标。	背标	启用全新的“金轮牌”贵州茅台酒背标。
包装	采用皮纸包装，外销印有红色厂名。	日期	手工加盖的蓝色生产日期。

正标

原有 12 齿“金轮牌”商标

改版后的 14 齿“金轮牌”商标

背标

原有“金轮牌”贵州茅台酒正标细节

笔画相连

笔画分开

笔画相连

地方国营

茅台酒厂出品

笔画形状改变

字体变化

笔画分开

改版后的“金轮牌”贵州茅台酒正标细节

原有"金轮牌"贵州茅台酒正标"中外驰名"细节

改版后的"金轮牌"贵州茅台酒正标"中外驰名"细节

封口

1966 年内销"金轮牌"贵州茅台酒封口：
软木塞、猪尿脬皮、原封纸

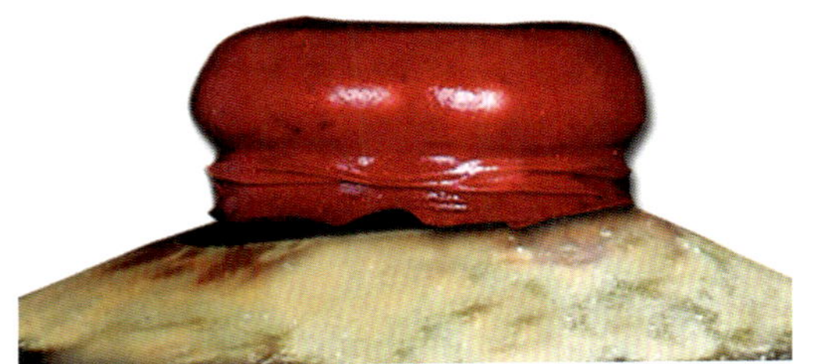
1966 年内销"金轮牌"贵州茅台酒封口：
软木塞、红封膜

1966 年内销"金轮牌"贵州茅台酒封口：
软木塞、金色封膜

1966 年内销"金轮牌"贵州茅台酒封口：
软木塞、红色封膜

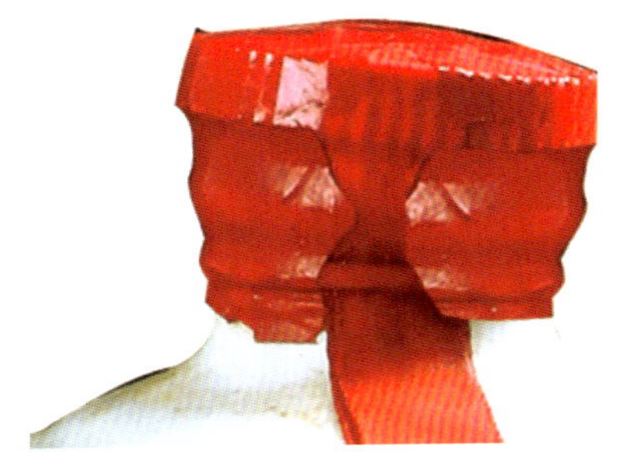
1966 年外销"飞天牌"贵州茅台酒封口：
塑料盖内置软木塞、红封膜、红飘带

1966 年底启用的内销"金轮牌"贵州茅台酒封口：
塑料盖、塑料内塞、红封膜

1966 年贵州茅台酒各式酒瓶、酒标、封口

01 金轮牌 黄釉土陶瓶

正标：金轮牌（老款 12 角齿轮）
背标：老款竖印日期（一九六　年）
封口：软木塞、猪尿脬皮、原封纸

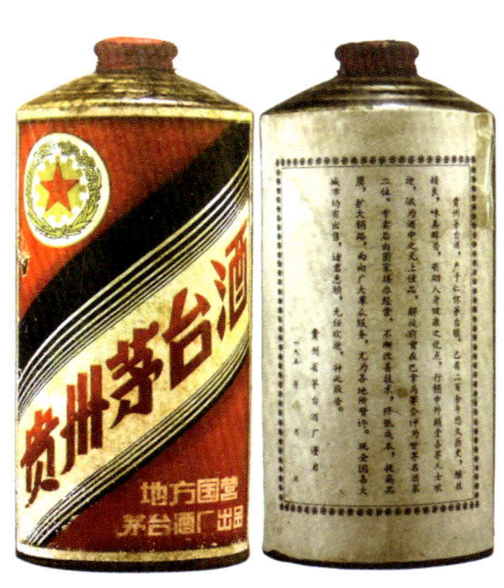

02 金轮牌 黄釉土陶瓶

正标：金轮牌（老款 12 角齿轮）
背标：老款竖印日期（一九五　年）
封口：软木塞、红色封膜

03 金轮牌 白瓷瓶

正标：金轮牌（新款 14 角齿轮）
背标：老款竖印日期（一九　　年）
封口：软木塞、金色封膜

04 金轮牌 酱黄土陶瓶

正标：金轮牌（新款 14 角齿轮）
背标：新款“三大革命”内容
封口：软木塞、红色封膜

05 金轮牌 白玻璃瓶

正标：金轮牌（新款 14 角齿轮）
背标：老款竖印日期（一九五　年）
封口：白塑内盖、红塑外盖、红封膜

06 飞天牌 白瓷瓶

正标：飞天牌（第五代）
背标：老款中英文对照
封口：内嵌木塞的红塑盖、红封膜

97

成交价格	RMB 287,500
拍卖信息	北京翰海 2014.10.25，Lot 2233
生产年份	1967 年
容量规格	500 g
酒精度数	53°
收藏星级	★★★★★

1967 年内销“金轮牌”贵州茅台酒（土陶瓶）

98

成交价格	RMB 632,500
拍卖信息	北京歌德 2013.6.2，Lot 1768
生产年份	1967 年
容量规格	500 g
酒精度数	53°
收藏星级	★★★★★★

1967 年外销“飞天牌”贵州茅台酒（白瓷瓶）

99

参考价格	RMB 600,500
拍卖信息	无
生产年份	1967 年
容量规格	500 g
酒精度数	53°
收藏星级	★★★★★★

1967 年外销“飞天牌”贵州茅台酒（白瓷瓶）

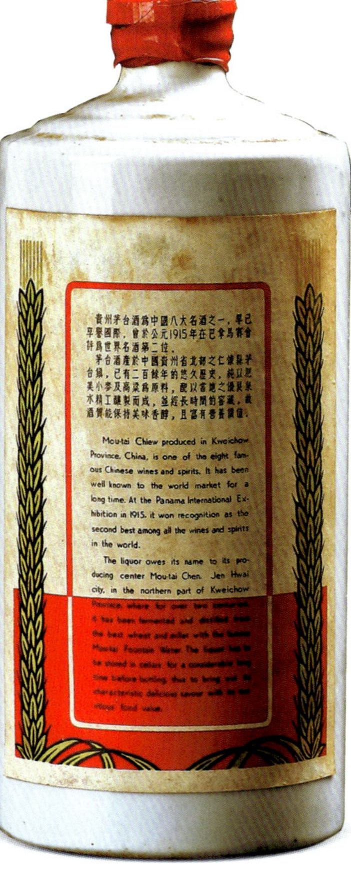

相关事记：

20 世纪 70 年代中期，中国酒业贸易有限公司制作了印有“陈年茅台酒”字样的精美礼盒，用来包装 20 世纪 60 年代的“飞天牌”贵州茅台酒。

1967 年贵州茅台酒总产量为 321 吨，其中出口销量为 85 吨。

1967 年茅台酒顶部、底部细节

点评： 由于茅台酒的出口商标改为“葵花牌”，一批未能出口的“飞天牌”贵州茅台酒便积压在海关，1975 年以后这批酒被重新包装出售，上图中 1967 年茅台酒为当时产品。一代绝品，弥足珍贵。远洋货轮上的芬芳，闪烁着南国的异光。

100

¥ 成交价格	RMB 805,000
拍 拍卖信息	北京歌德 2012.6.3 , Lot 2531
年 生产年份	1967 年
容 容量规格	500 g
度 酒精度数	53°
藏 收藏星级	★★★★★★

1967 年外销“飞天牌”贵州茅台酒（白瓷瓶）

相关事记：

在湖南省韶山市的毛泽东纪念馆，有一只模样普通的大玻璃缸，瓶里装的是白瓷瓶“飞天牌”贵州茅台酒，足足有 4kg，里边泡的高丽参是朝鲜国家主席金日成赠送的极品。1991 年在将毛泽东的遗物从北京运往韶山的火车上，因为这缸酒的存在，整个车厢香气扑鼻。

毛泽东不善饮酒，是个既不爱喝，也不能喝酒的人。一个不好酒的人怎么会藏着这么一大瓶子的好酒呢？原来，朝鲜国家主席金日成送给毛主席的一些高丽参，不用就浪费了，于是就用来泡酒了。可是，这缸精心泡制的酒在主席的菊香书屋里一摆就是好几年，不管人们怎么劝，毛泽东就是一滴不沾。

据说这茅台酒本来有两缸，其中一缸在搬运的时候被打碎了，其飘出的香气，弥漫了整个车厢。

101

成交价格	RMB 632,500
拍卖信息	北京歌德 2013.6.2 , Lot 1768
生产年份	1967 年
容量规格	500 g
酒精度数	53°
收藏星级	★★★★★

1967 年外销“飞天牌”贵州茅台酒（白玻瓶）

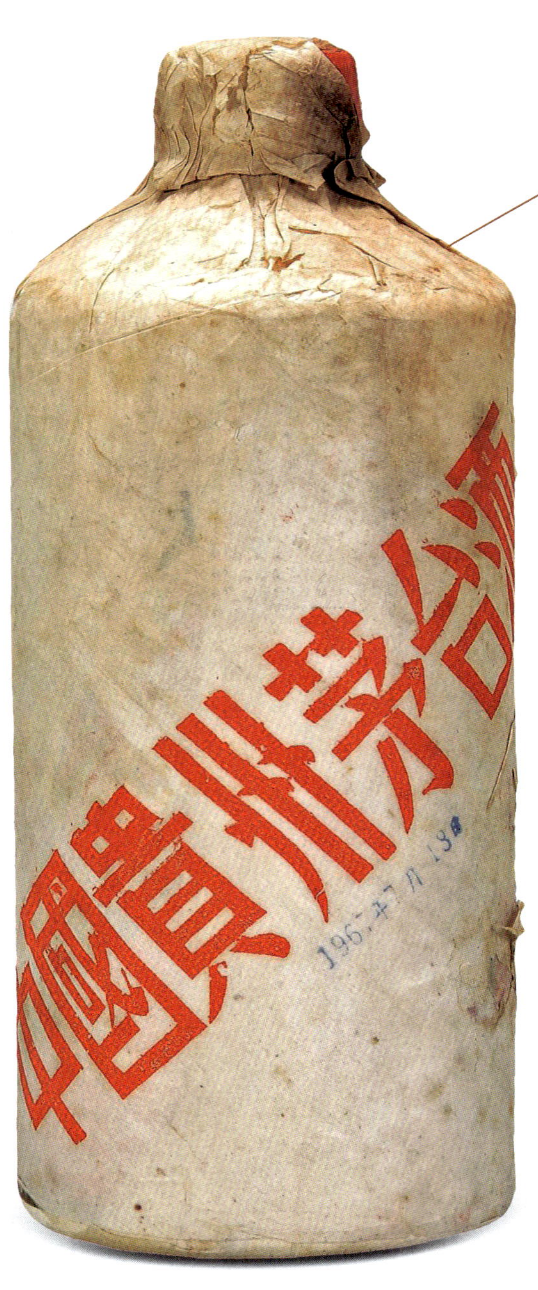

通过放大镜观察的皮纸细节。

该酒采用新式塑料瓶盖

102

成交价格	RMB 264,500
拍卖信息	北京保利 2011.6.4 , Lot 4350
生产年份	1967 年
容量规格	500 g
酒精度数	53°
收藏星级	★★★★★

1967 年特供“金轮牌”贵州茅台酒（酱瓶）

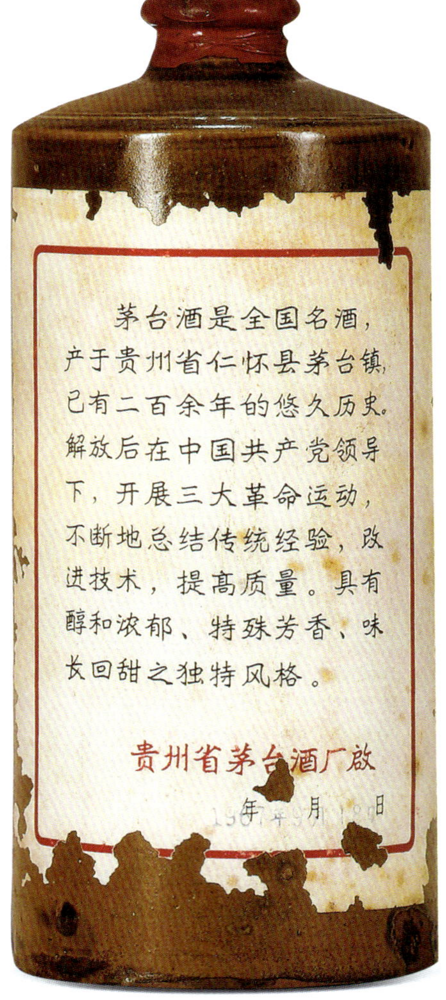

103

成交价格	RMB 437,000
拍卖信息	北京歌德 2013.6.2，Lot 1744
生产年份	1968 年
容量规格	500 g
酒精度数	53°
收藏星级	★★★★★

1968 年内销“金轮牌”贵州茅台酒（白瓷瓶）

相关事记：

1968 年，茅台酒厂改地窖烧煤烤酒为锅炉蒸汽烤酒。

在 1966 年之前，贵州茅台酒的封口包装使用猪尿脬皮加封口纸，之后漫长的 40 年里主要都是使用红色塑料膜封口。此款金色塑料封口膜非常罕见，仅在 1966—1968 年之间部分酒瓶使用。

中外驰名
贵州茅台酒
地方国营
茅台酒厂出品

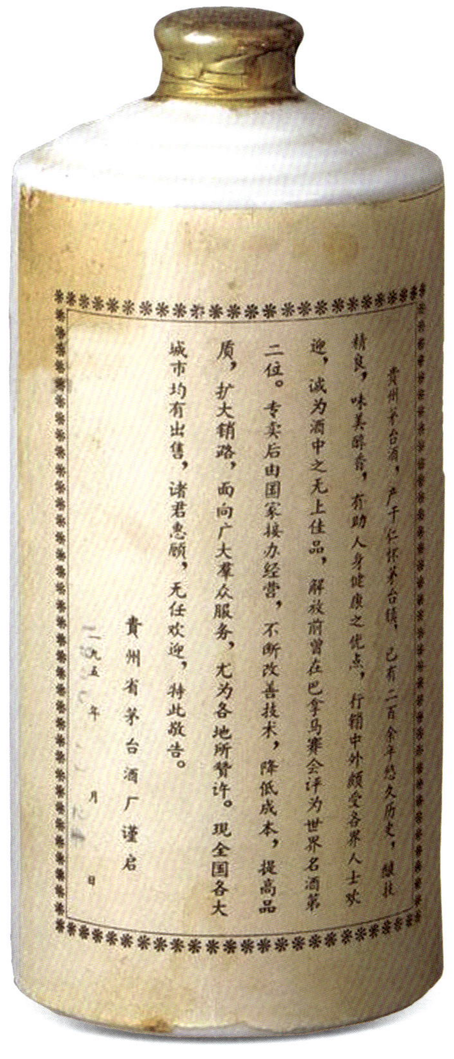
贵州茅台酒，产于仁怀茅台镇，已有二百余年悠久历史，酿技
精良，味美醇香，有助人身健康之优点，行销中外颇受各界人士欢
迎，诚为酒中之无上佳品，解放前曾在巴拿马赛会评为世界名酒第
二位。专卖后由国家接办经营，不断改善技术，降低成本，提高品
质，扩大销路，面向广大群众服务，尤为各地所赞许。现全国各大
城市均有出售，诸君惠顾，无任欢迎，特此敬告。
贵州省茅台酒厂谨启
一九五 年 月 日

104

成交价格	RMB 632,500
拍卖信息	北京歌德 2013.6.2，Lot 1768
生产年份	1968 年
容量规格	500 g
酒精度数	53°
收藏星级	★★★★★

该酒瓶顶部细节

1968 年内销“金轮牌”贵州茅台酒（白瓷瓶）

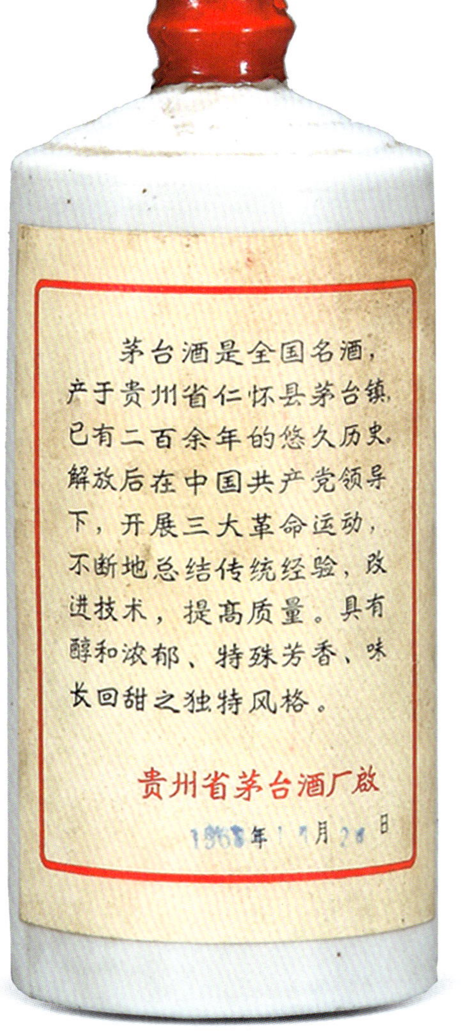

105

参考价格	RMB 300,000
拍卖信息	无
生产年份	1968 年
容量规格	500 g
酒精度数	53°
收藏星级	★★★★★

1968 年内销“金轮牌”贵州茅台酒（白瓷瓶）

106

参考价格	RMB 300,000
拍卖信息	无
生产年份	1968 年
容量规格	500 g
酒精度数	53°
收藏星级	★★★★★

1968 年内销“金轮牌”贵州茅台酒（白瓷瓶）

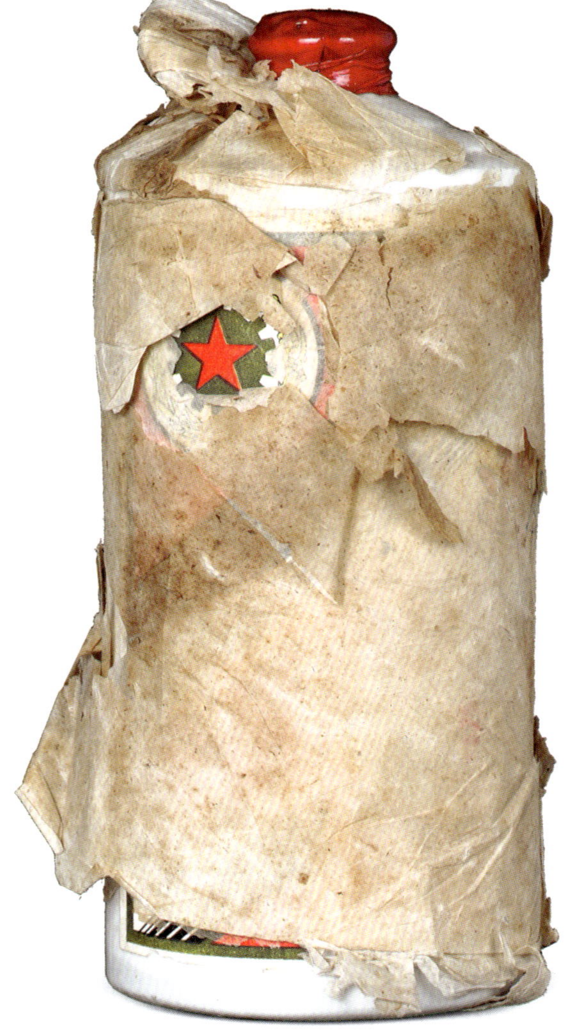

107

成交价格	RMB 246,400
拍卖信息	北京保利 2010.12.2 , Lot 1401
生产年份	1968 年
容量规格	500 g
酒精度数	53°
收藏星级	★★★★★

该酒当年的广告宣传画

1968 年外销“飞天牌”贵州茅台酒（白玻瓶）

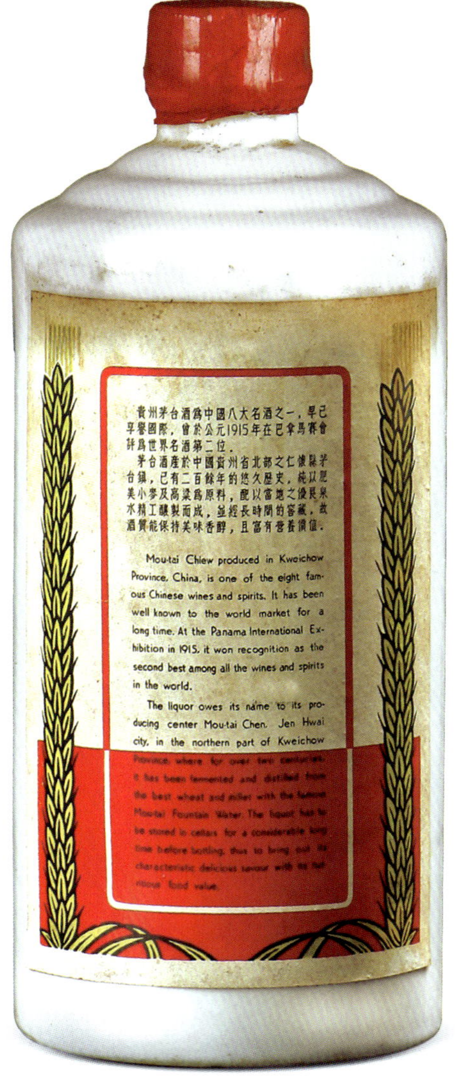

点评： 存世稀少的繁体“貴”白玻璃瓶茅台具有丰富的内涵。它是白玻璃瓶的鼻祖，因此器形更接近之前的白瓷瓶，较后世的白玻璃瓶粗大。

108

参考价格	RMB 632,500
拍卖信息	无
生产年份	1968 年
容量规格	500 g
酒精度数	53°
收藏星级	★★★★★

1968 年外销“飞天牌”贵州茅台酒（白瓷瓶）

109

参考价格	RMB 332,500
拍卖信息	无
生产年份	1968 年
容量规格	500 g
酒精度数	53°
收藏星级	★★★★★

1968 年外销“飞天牌”贵州茅台酒（白玻瓶）

点评：该款“飞天牌”贵州茅台酒为白玻璃瓶，瓶肩较为平坦，三层台阶并不突出。

110

成交价格	RMB 218,500
拍卖信息	上海朵云轩 2011.7.3 , Lot 1565
生产年份	1968 年
容量规格	500 g
酒精度数	53°
收藏星级	★★★★★

1968 年外销“金轮牌”贵州茅台酒（白瓷瓶）

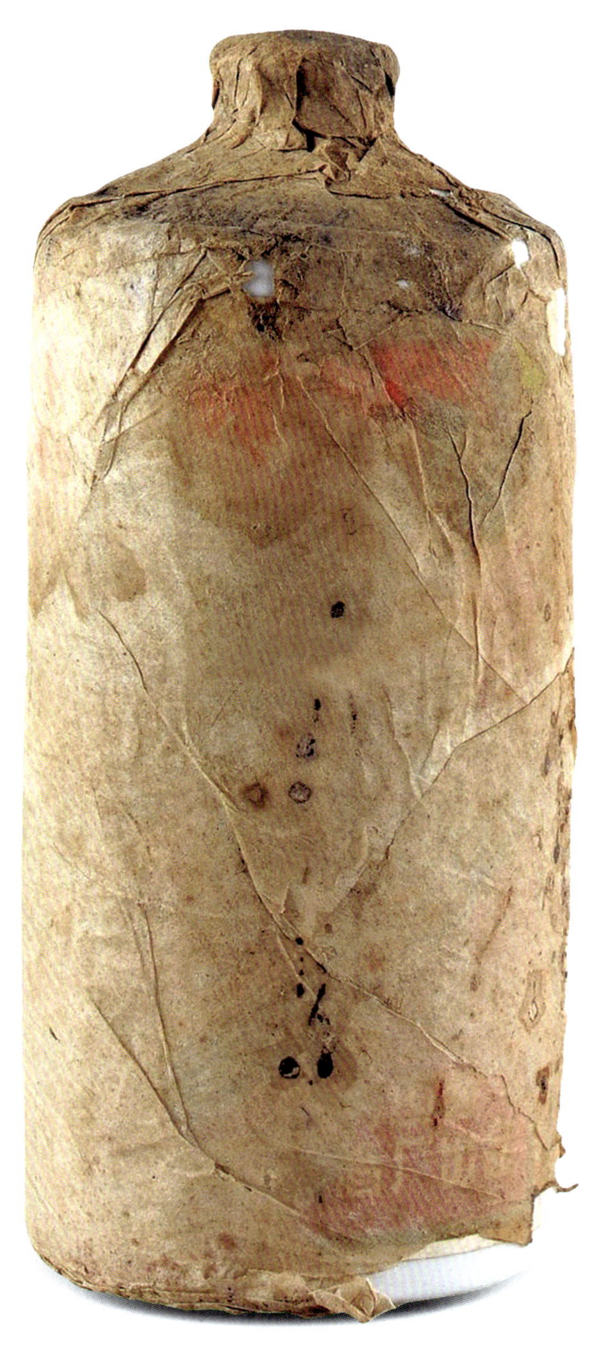

111

成交价格	RMB 805,000
拍卖信息	北京盈时 2011.12.16 , Lot 0795
生产年份	1968 年
容量规格	500 g
酒精度数	53°
收藏星级	★★★★★

1968 年外销“飞天牌”贵州茅台酒（白玻瓶）

相关事记：

1966 年，外销茅台酒还是用棉纸包瓶，正面印有红色繁体“贵州茅台酒”字样以及生产日期。1967 年以后，外销茅台酒统一改为乳白色玻璃瓶和红色塑料螺旋盖包装。20 世纪 70 年代中期，中国酒业贸易有限公司还制作了名为“陈年茅台酒”的精美彩盒，包装 60 年代末因更换“葵花牌”商标而封存的“飞天牌”贵州茅台酒。

当年启用的新式内塞

当年启用的新式瓶盖

112

参考价格	RMB 630,000
拍卖信息	无
生产年份	1968 年
容量规格	500 g
酒精度数	53°
收藏星级	★★★★★

1968 年外销“飞天牌”贵州茅台酒（白瓷瓶）

相关事记：

1966 年 6 月，鉴于遵义市糖业烟酒分公司发出的《关于废除旧商标的倡议》，贵州茅台酒商标中的 12 角齿轮改为 14 角齿轮，包括“飞天牌”商标，以及涉及“四旧”成分的其他品牌白酒酒标也相继停用，如五粮液改为“长江大桥牌”，汾酒改为“四新牌”，习水大曲改为“红卫牌”等。就在此时，茅台酒厂请来了贵阳市工艺美术研究设计室设计了一款为“大叶葵花”的商标，并直接替换“飞天牌”商标使用。不过这款商标没有正式使用，茅台酒厂最终使用了商标权在山东粮油进出口公司手中的“小叶葵花”商标，也就是我们今天所熟知的“葵花牌”商标。

本年外销茅台酒的生产日期格式为阿拉伯文数字和中文排列，如“1968 年 7 月 2 日”。

113

参考价格	RMB 300,000
拍卖信息	无
生产年份	1968 年
容量规格	500 g
酒精度数	53°
收藏星级	★★★★★

1968 年特供“金轮牌”贵州茅台酒（酱瓶）

114

参考价格	RMB 300,000
拍卖信息	无
生产年份	1968 年
容量规格	500 g
酒精度数	53°
收藏星级	★★★★★

1968 年特供“金轮牌”贵州茅台酒（酱瓶）

相关事记：

贵州省革委会主任、省军区第一政委兰亦农到厂视察，赞扬茅台酒厂员工在“文化大革命”中坚持生产的精神。

根据生产发展需要，贵州茅台酒厂从职工家属和茅台、中枢两镇招收新工人 135 人。

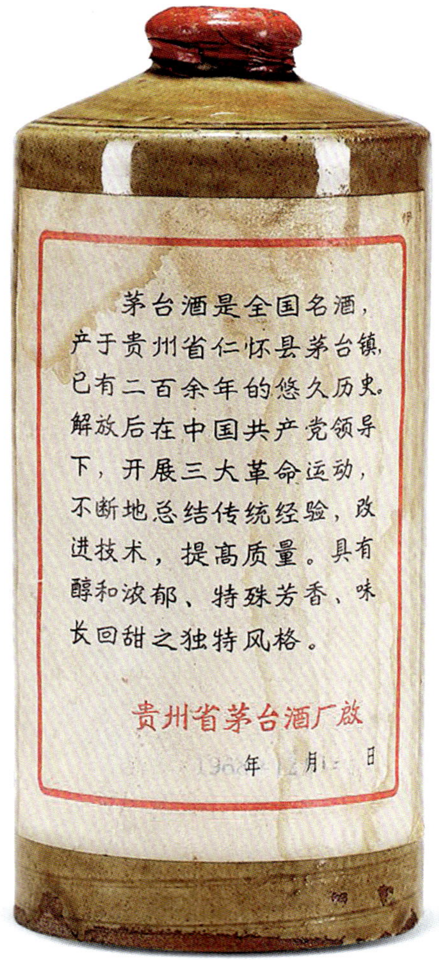

点评：此款酱瓶贵州茅台酒容量为 500g，直到 20 世纪 80 年代才变为 540ml。

115

成交价格	RMB 246,400
拍卖信息	北京保利 2010.12.2 , Lot 1401
生产年份	1969 年
容量规格	500 g
酒精度数	53°
收藏星级	★★★★★

1969 年内销“金轮牌”贵州茅台酒（白玻瓶）

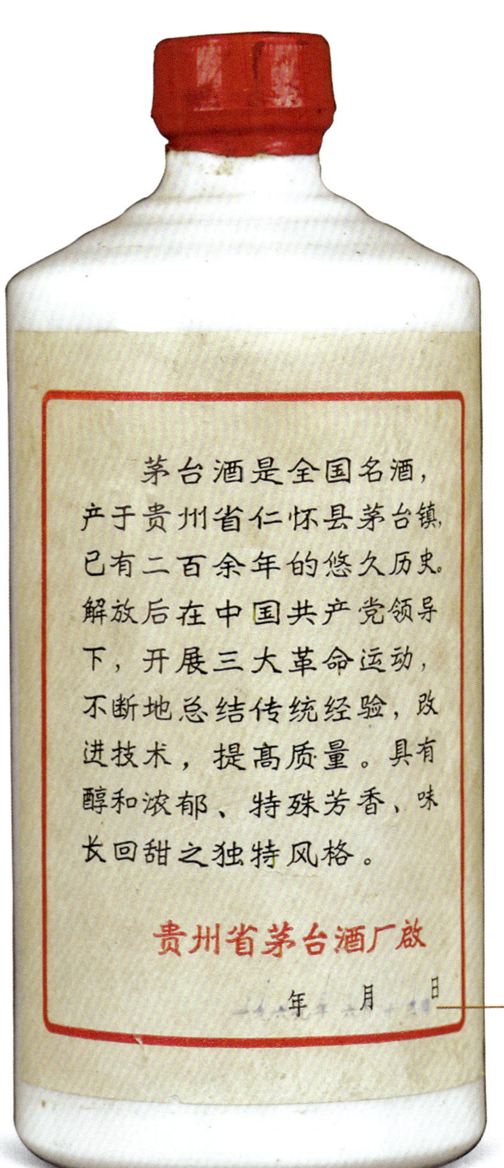

此年度开始手工加盖的生产日期，由阿拉伯文数字改为中文数字。

点评： 它是“金轮牌”白玻璃瓶的鼻祖，因此器形更接近之前的白瓷瓶，较后世的白玻璃瓶稍高。动荡的年代，恍惚的岁月，国酒光芒仍照千秋。

116

成交价格	RMB 322,000
拍卖信息	北京歌德 2013.6.2 , Lot 1812
生产年份	1969 年
容量规格	500 g
酒精度数	53°
收藏星级	★★★★★★

1969 年外销“飞天牌”贵州茅台酒（白玻瓶）

117

参考价格	RMB 300,000
拍卖信息	无
生产年份	1969 年
容量规格	500 g
酒精度数	53°
收藏星级	★★★★★

1969 年特供“金轮牌”贵州茅台酒（酱瓶）

相关事记：

20 世纪 60 年代末期，通过厂里工程技术人员和厂外有关部门合作研究，试制成功了用马达带动的“一条龙”半机械化酒瓶灌装操作，大大降低了劳动强度，提高了工作效率，也保证了酒瓶灌装数量的准确度。

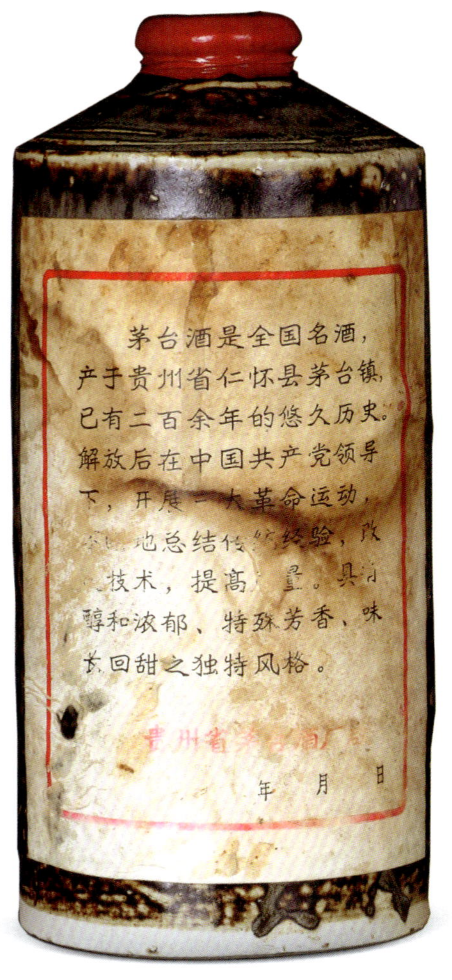

点评：黄褐釉为制作过程中的窑变产物。沧桑千载，峥嵘百岁，群液比美，茅台为冠。

118

成交价格	RMB 280,000
拍卖信息	中国嘉德 2010.12.18 , Lot 4251
生产年份	1969 年
容量规格	500 g
酒精度数	53°
收藏星级	★★★★★

1969 年特供“金轮牌”贵州茅台酒（酱瓶）

相关事记：

虽然从 1966 年开始，贵州茅台酒厂的土陶瓶更换为清镇玻璃厂生产的玻璃瓶，但由于当时的特供需要，类似的酱瓶生产一直延续到 1973 年。

特供酱瓶贵州茅台酒的各款瓶形

119

成交价格	RMB 201,600
拍卖信息	北京永乐 2010.11.23，Lot 0271
生产年份	1970 年
容量规格	500 g
酒精度数	53°
收藏星级	★★★★

1970 年内销“金轮牌”贵州茅台酒（白玻瓶）

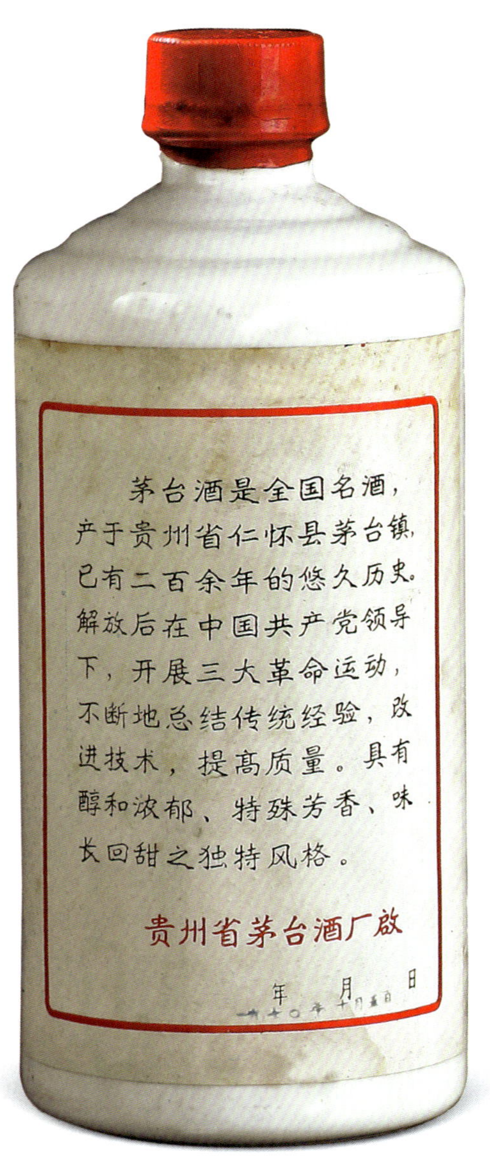

点评： 此年份的“金轮牌”贵州茅台酒虽然与后世产品相似，但存量较之同年的“葵花牌”、酱瓶茅台酒，则显得稀少。茅台美酒夜光杯，丝丝酱香阵阵醉。

“文革”时期各大名酒更换商标

相关事记：

伴随着“文革”开始，全国各地酒厂也开始了轰轰烈烈的更换符合时代特征的酒标运动。如“葵花牌”贵州茅台酒、“红旗牌”五粮液、“工农牌”泸州老窖、“四新牌”汾酒、“红卫牌”习水大曲等，极具“文革”色彩。

“四新牌”汾酒

“工农牌”泸州老窖

“红旗牌”五粮液

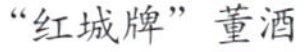
“红城牌”董酒

“古井牌”古井酒

“红卫牌”习水大曲

贵阳市工艺美术研究设计室设计的“葵花牌”贵州茅台酒酒标

相关事记：

1967年10月，随着贵州省茅台酒厂革命委员会的成立，曾用于出口的“飞天牌”商标被扣上“四旧”的帽子，并不得再继续使用。最终，经研究决定，委托贵阳市工艺美术研究设计室重新设计一款能反映时代特征的新商标继续使用，即“葵花牌”贵州茅台酒商标。之后“大叶向阳葵花”图案酒标正式诞生，酒标正面、背面汉字均为繁体中文。该商标因未在海外注册，故在茅台酒酒标上的存续时间极短，一种说法认为其并未曾正式上市。

“大叶向阳葵花”图案商标简称“大叶葵花”，关于它的最早记载始于2001年12月由贵州人民出版社出版的《国酒文化城》一书。书中在第156页刊登了一枚“大叶葵花”的酒标，自此以后，各类关于“大叶葵花”的信息、传说、故事流传于坊间，不过一直未有实物酒面市。

2012年7月10日，在杭州西泠拍卖公司举办的“中国陈年名酒”专场拍卖会上，一瓶编号为“3313”的250g装“大叶葵花”贵州茅台酒忽然出现在拍场，并最终以人民币57.5万元成交。由于该酒的特殊背景，此次拍卖之后，随即在藏投圈中引起轰动。虽这件拍品引发的社会关注度一度很高，但似乎并未有人对它除价值以外的东西进行深入剖析与分析。为此，笔者专门对此进行研究与比对，从印刷工艺等方面质疑并进行论证，最终断定此次拍卖的“大叶葵花”为假酒无疑。该瓶酒虽确定为假酒，但是否有真的“大叶葵花”贵州茅台酒传世，还要等待时间为我们揭晓最终的答案。

中国粮油食品进出口公司（青岛）葵花牌系列产品

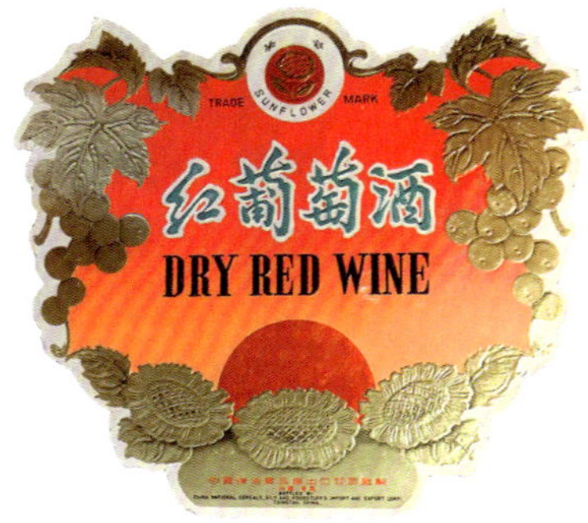

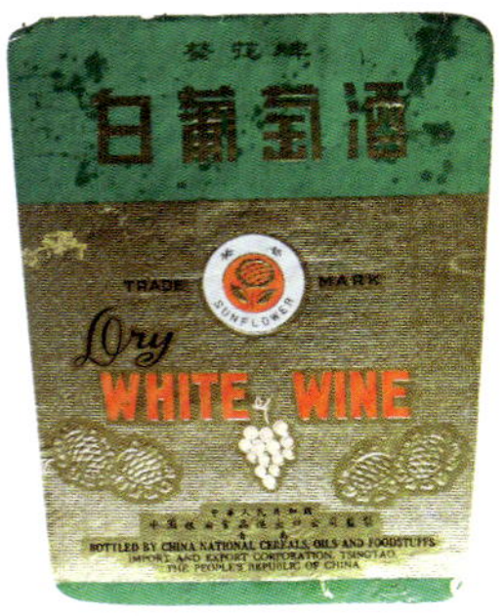

1970 年贵州茅台酒的广告宣传画

120

参考价格	RMB 280,000
拍卖信息	无
生产年份	1970 年
容量规格	250 g
酒精度数	53°
收藏星级	★★★★★

1970 年外销“葵花牌”贵州茅台酒（白玻瓶）

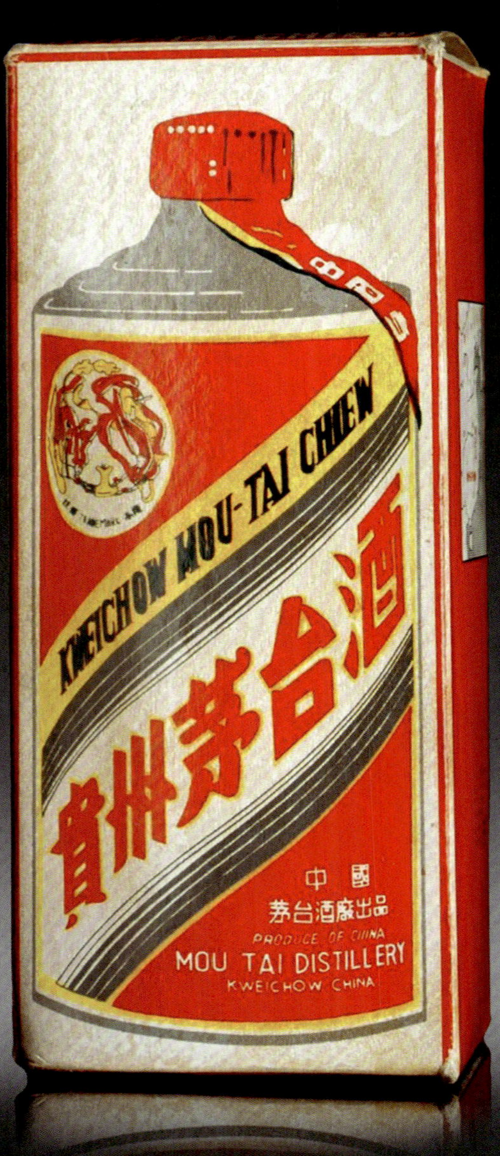

点评： 右图为当年日本大阪经销商江滋贸易株式会社包装制作的酒盒，酒盒上的贵州茅台酒为老款“飞天牌”，而内置酒瓶的正面酒标已改为葵花牌，贵州茅台酒的“贵”字由繁体改为了简体，右下角厂名中的繁体字也均改为简体字。

121

成交价格	RMB 280,000
拍卖信息	北京翰海 2011.1.16 , Lot 0823
生产年份	1970 年
容量规格	500 g
酒精度数	53°
收藏星级	★★★★★

1970 年外销“葵花牌”贵州茅台酒（白玻瓶）

“葵花牌”贵州茅台酒正标

“葵花牌”贵州茅台酒背标

122

成交价格	RMB 280,000
拍卖信息	北京翰海 2011.1.16 , Lot 0823
生产年份	1970 年
容量规格	250 g
酒精度数	53°
收藏星级	★★★★★

1970 年外销“葵花牌”贵州茅台酒（白玻瓶）

点评： 此酒为“文革”时期较早的半斤装“葵花牌”贵州茅台酒，瓶肩扁平凹陷，存世稀少，有很高的收藏价值。

123

成交价格	RMB 575,000
拍卖信息	杭州西泠 2012.7.7 , Lot 1969
生产年份	1970 年
容量规格	545ml
酒精度数	55°
收藏星级	★★★★★★

1970 年外销“飞天牌”贵州茅台酒（白玻瓶）

点评：此为当年日本大阪经销商江滋贸易株式会社包装制作的酒盒，当年酒盒上标注的容量为 545ml，酒精度数为 55 度。

124

成交价格	RMB 280,000
拍卖信息	北京翰海 2011.1.16 , Lot 0823
生产年份	1970 年
容量规格	500 g
酒精度数	53°
收藏星级	★★★★★

1970 年特供“金轮牌”贵州茅台酒（酱瓶）

点评： 此酒为“文革”时期酱瓶茅台，虽生产日期模糊不辨，但此酒是旧式土陶瓶与白瓷瓶、新式白玻璃瓶交替时期的产物不容置疑。可谓：但求至醇至美，何记年月？

125

成交价格	RMB 103,500
拍卖信息	北京保利 2011.6.4 , Lot 4398
生产年份	1971 年
容量规格	500 g
酒精度数	53°
收藏星级	★★★★

1971 年内销“金轮牌”贵州茅台酒（白玻瓶）

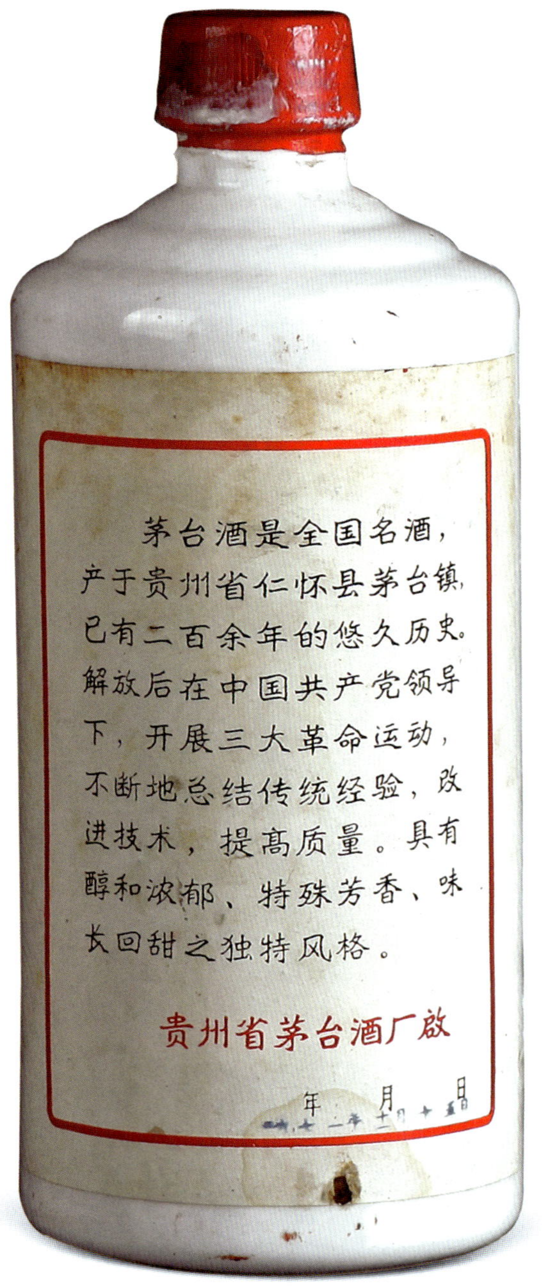

相关事记：

20 世纪 70 年代初，茅台酒厂党团组织开始恢复活动，广大职工在“文革”中坚持生产。1971 年产量为 375 吨，其中出口销量为 160.4 吨。

20 世纪 70 年代贵州茅台酒包装车间

正在包装贵州茅台酒的酒厂员工

点评： 此酒瓶为“文革”时期的“五星牌”白玻璃瓶，此段时期茅台酒有多个瓶形款式出现，目前已经面世的就有十余个品种。此段时期的白玻璃瓶的瓶形较之日后品种主要特点为：瓶肩陡平、瓶脖略长。背标字体比之后的产品略粗。

126

成交价格	RMB 207,000
拍卖信息	北京歌德 2012.12.2 , Lot 5065
生产年份	1971 年
容量规格	500 g
酒精度数	53°
收藏星级	★★★★☆

国宴图谱中的“葵花牌”贵州茅台酒

1971 年外销“葵花牌”贵州茅台酒（白玻瓶）

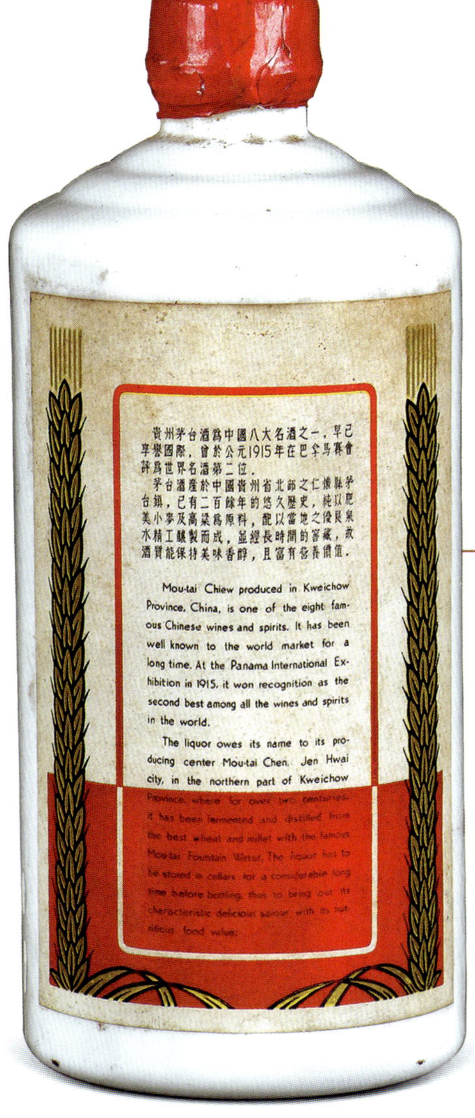

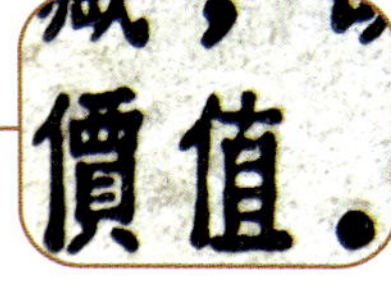

此处较之上代产品增加“.”。

相关事记：

1966年“文革”开始以后，茅台酒原出口商标“飞天牌”因采用敦煌壁画的飞天图案，有“四旧”嫌疑被停用。经讨论取而代之的是“葵花牌”茅台，它是六七十年代的特殊产物，为当年外销“飞天牌”茅台的变身，在茅台酒收藏系列中较为罕见。

目前可见的“葵花牌”茅台出现在1969年以后，最晚约见于1983年。可分为“文革”期间和“文革”以后两个阶段。

“文革”期间的葵花牌贵州茅台酒分为：①外包棉纸、瓶口系飘带、500g装葵花牌贵州茅台酒；②外包棉纸、瓶口系飘带、250g装葵花牌贵州茅台酒；③瓶口系飘带、125g装葵花牌贵州茅台酒。

“文革”以后的葵花牌贵州茅台酒分为：①外包棉纸、无飘带、“三大革命”背标、500g装红胶套葵花牌贵州茅台酒；②外包棉纸、无飘带、“三大革命”背标、500g装透明胶套葵花牌贵州茅台酒；③外包棉纸、无飘带、“三大革命”背标、250g红胶套装葵花牌贵州茅台酒；④外包棉纸、无飘带、“1975年版外销”背标、250g红胶套装葵花牌贵州茅台酒；⑤外包棉纸、无飘带、1983年封套有“茅台”暗记、250g红胶套装葵花牌贵州茅台酒；此外还有一些特殊品种，如葵花牌与五星牌两层同时粘贴的品种。

1971年产量为375吨，其中出口销量为160.4吨。

1972年产量为550吨，其中出口销量为117.9吨。

1973年产量为606吨，其中出口销量为120.4吨。

1974年产量为664.5吨，其中出口销量为36.2吨。

此款贵州茅台酒外包纸上加盖的生产日期

点评：四海绝品，酿天地之精英；五洲珍奇，贯华夏之慧根。

127

成交价格	RMB 253,000
拍卖信息	北京歌德 2013.6.2 , Lot 1715
生产年份	1971 年
容量规格	500 g
酒精度数	53°
收藏星级	★★★★★

1971 年特供“金轮牌”贵州茅台酒（酱瓶）

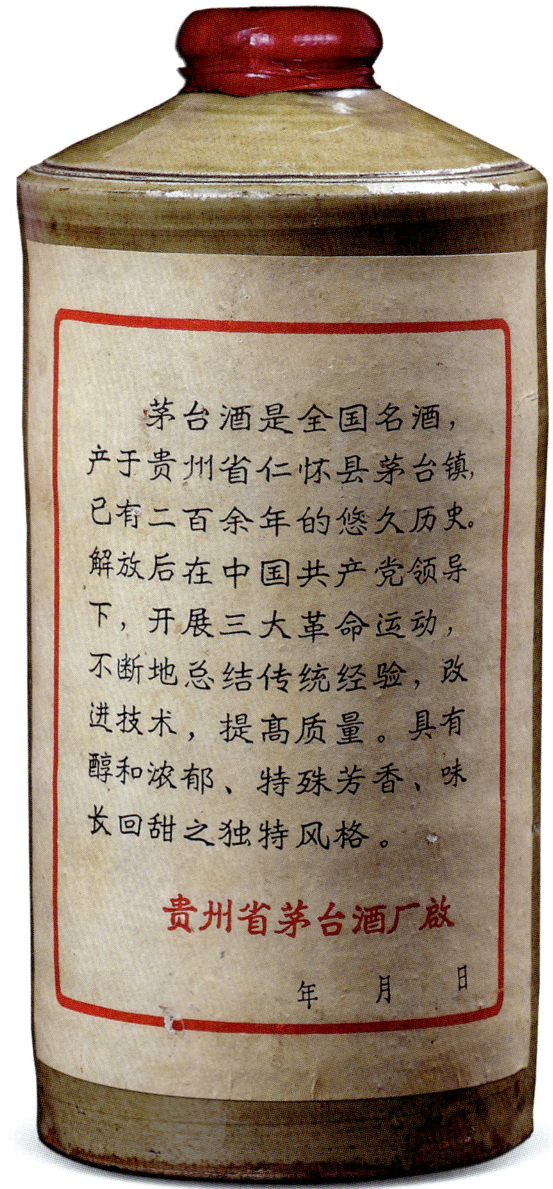

鉴藏要点：

此酒瓶为“文革”时期的“五星牌”淡黄釉酱瓶，釉面光滑，用色浅淡，光润莹亮。酱香独具，品质卓绝！

此酒背标内容为：“茅台酒是全国名酒，产于贵州省仁怀县茅台镇，已有二百余年的悠久历史。解放后在中国共产党领导下，开展三大革命运动，不断地总结传统经验，改进技术，提高质量。具有醇和浓郁、特殊芳香、味长回甜之独特风格。贵州省茅台酒厂启　年　月　日。”

茅台酒厂酒师们品评茅台酒，副厂长王绍彬（右二）、副厂长郑义兴（右四站立者）、技术科科长杨仁勉（右一）

1971 年茅台酒顶部、底部细节

点评： 尤物移人付酒杯，荔枝滩上瘴烟开。汉家枸酱知何物？赚得唐蒙鳛部来。

128

成交价格	RMB 437,000
拍卖信息	中贸圣佳 2022.7.24, Lot 6623
生产年份	1971 年
容量规格	500 g
酒精度数	53°
收藏星级	★★★★

1971 年特供“金轮牌”贵州茅台酒（酱瓶）

特供酱瓶贵州茅台酒的各款瓶形

129

成交价格	RMB 380,800
拍卖信息	杭州西泠 2011.5.8, Lot 0005
生产年份	1971 年
容量规格	500 g
酒精度数	53°
收藏星级	★★★★

1971 年特供“金轮牌”贵州茅台酒（酱瓶）

130

成交价格	RMB 280,000
拍卖信息	北京翰海 2011.1.16, Lot 0823
生产年份	1971 年
容量规格	500 g
酒精度数	53°
收藏星级	★★★★

1971 年特供“金轮牌”贵州茅台酒（酱瓶）

131

成交价格	RMB 368,000
拍卖信息	北京长风 2011.6.21 , Lot 0301
生产年份	1971 年
容量规格	500 g
酒精度数	53°
收藏星级	★★★★★

1971 年特供“金轮牌”贵州茅台酒（酱瓶）

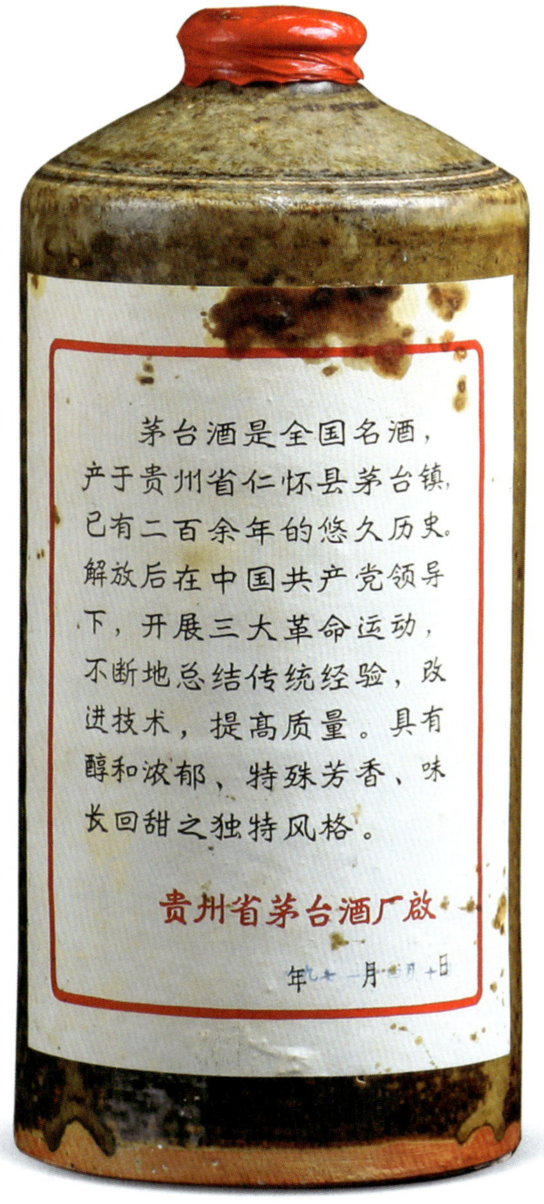

相关事记：

此酒瓶为“文革”时期的“金轮牌”鳝釉酱瓶，釉面起伏，用色如鳝鱼表面深浅不一。此酒背标仍为从 20 世纪 60 年代开始使用的“三大革命”背标。

1971 年产量为 375 吨，其中出口销量为 160.4 吨。

1971 年茅台酒顶部、底部细节

点评：苦旅酒王的万里辗转，回忆悲喜的百味人生。茅台美酒盛名扬，与众不同韵味长。漫道此酒只乃尔，空杯尚留满室香。体验酱香鼻祖的千年轮回，领略茅台名酒的傲群风骨。

132

成交价格	RMB 345,000
拍卖信息	北京歌德 2013.6.2 , Lot 1755
生产年份	1971 年
容量规格	500 g
酒精度数	53°
收藏星级	★★★★★

1971 年特供“金轮牌”贵州茅台酒（酱瓶）

相关事记：

此酒主要特征为矮脖木塞，瓶体不十分规整。黄色釉茅台酒有别于普通白色玻璃瓶茅台酒。

此酒瓶为“文革”时期的“金轮牌”淡黄釉酱瓶，釉面粗糙，麻点起伏，瓶体不整。在此时期面世的酱瓶茅台酒瓶形就有十余品种。

1971 年茅台酒顶部、底部细节

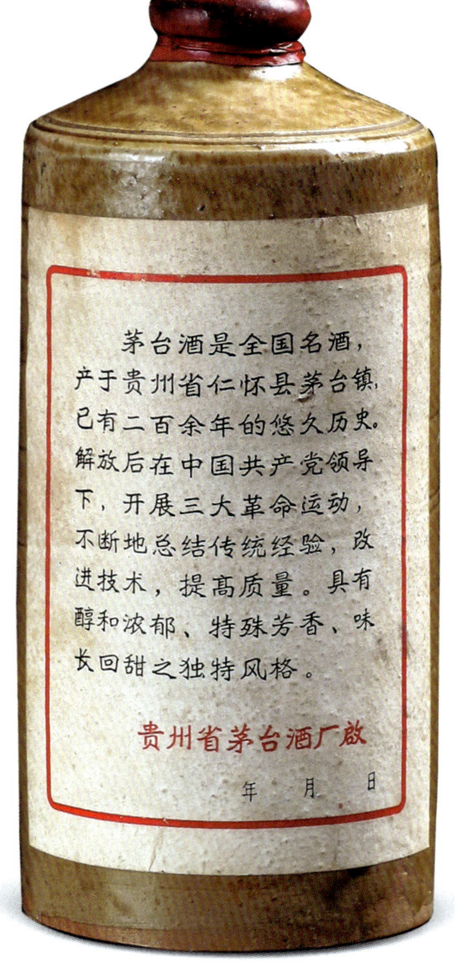

133

成交价格	RMB 168,000
拍卖信息	杭州西泠 2010.12.13 , Lot 2576
生产年份	1972 年
容量规格	500 g
酒精度数	53°
收藏星级	★★★★☆

1972 年内销“金轮牌”贵州茅台酒（白玻瓶）

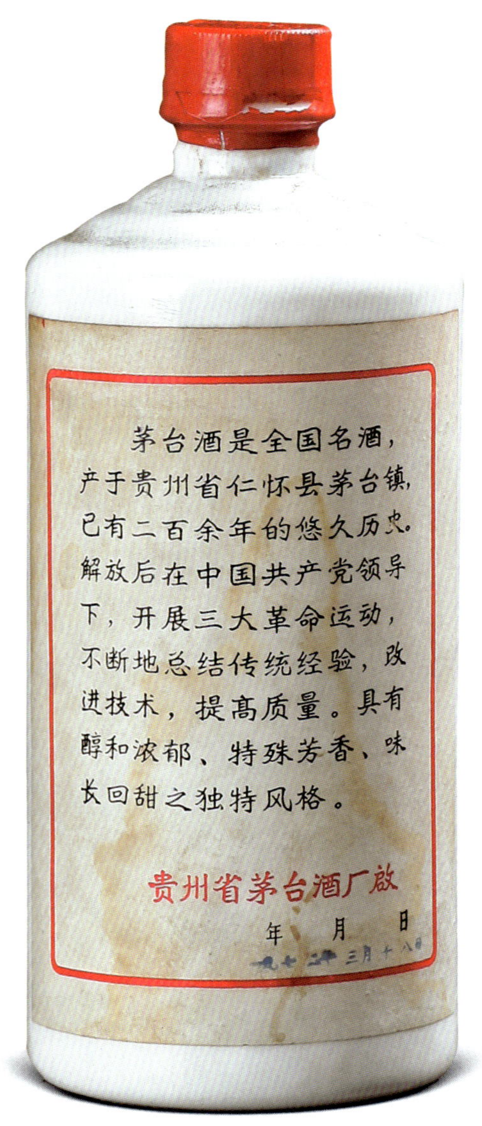

点评： 20 世纪 70 年代，“三大革命”茅台酒的鲜红封皮和酒标，映照着那样一个鲜红的年代。流传至今的，除了这样一瓶美酒，还有一颗传承文化的鲜红的心。

134

成交价格	RMB 575,000
拍卖信息	北京荣宝 2021.6.19，Lot 3028
生产年份	1972 年
容量规格	500 g
酒精度数	53°
收藏星级	★★★★☆

1972 年外销“葵花牌”贵州茅台酒

相关事记：

“葵花牌”商标象征着“朵朵葵花向太阳”。葵花牌贵州茅台酒无疑是“文革”这个特殊时期的产物。葵花牌贵州茅台酒如今备受追捧，就是因为它只存在了几年的时间，因为存世量有限，所以得到了藏友、买家的青睐。

1972 年 6 月，茅台酒厂招收了 250 名新工人，用于补充后备力量。同年 12 月份，轻工业部发出通知，严格控制贵州茅台酒厂的参观人数。当年，周恩来总理在全国计划工作会议上指示，赤水河上游不得再修建厂矿，以确保茅台酒生产用水质量。

1972 年贵州茅台酒装箱场景

点评：世间美酒多国酿，唯有葵花最娇艳。酱香醉万里，茅台誉全球。

135

成交价格	RMB 345,000
拍卖信息	中国嘉德 2020.12.1, Lot 3481
生产年份	1972 年
容量规格	500 g
酒精度数	53°
收藏星级	★★★★☆

1972 年外销“葵花牌”贵州茅台酒

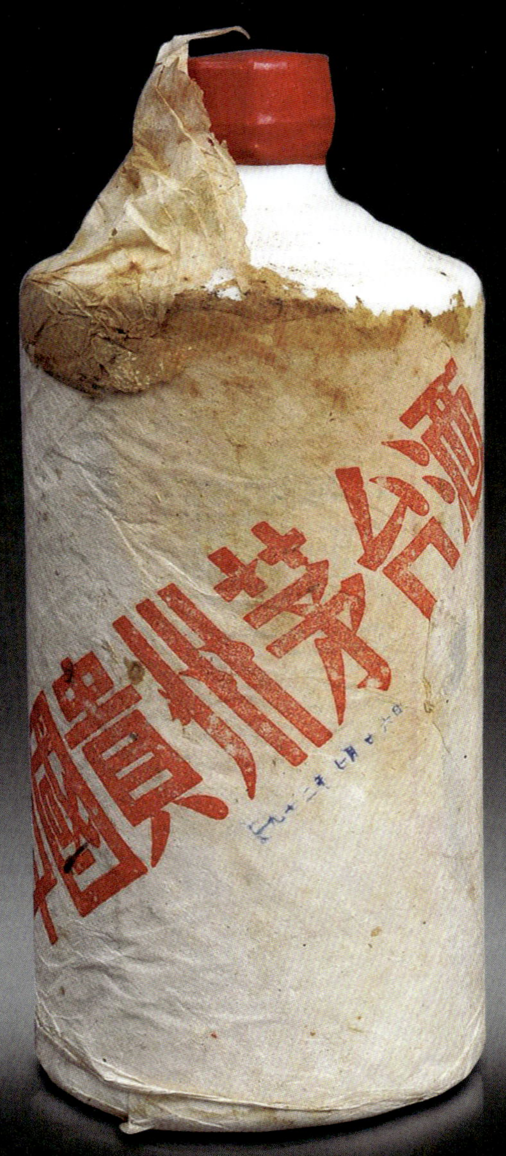

1972 年贵州茅台酒原包装纸的样式

1972 年贵州茅台酒正面样式

136

成交价格	RMB 437,000
拍卖信息	北京保利 2019.6.5, Lot 7531
生产年份	1972 年
容量规格	500 g
酒精度数	53°
收藏星级	★★★★★

1972 年特供“金轮牌”贵州茅台酒（酱瓶）

相关事记：

酱瓶十分特殊。20 世纪 70 年代初期采用矮脖木塞，瓶体并非十分规整。20 世纪 70 年代中期，瓶体才发展至规整。

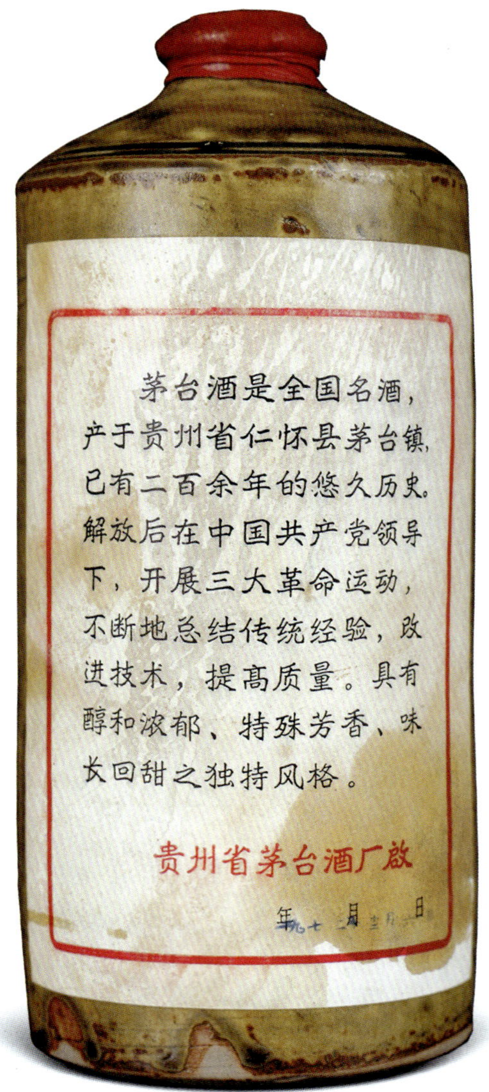

1972 年美国总统尼克松访华用酒（白玻瓶）

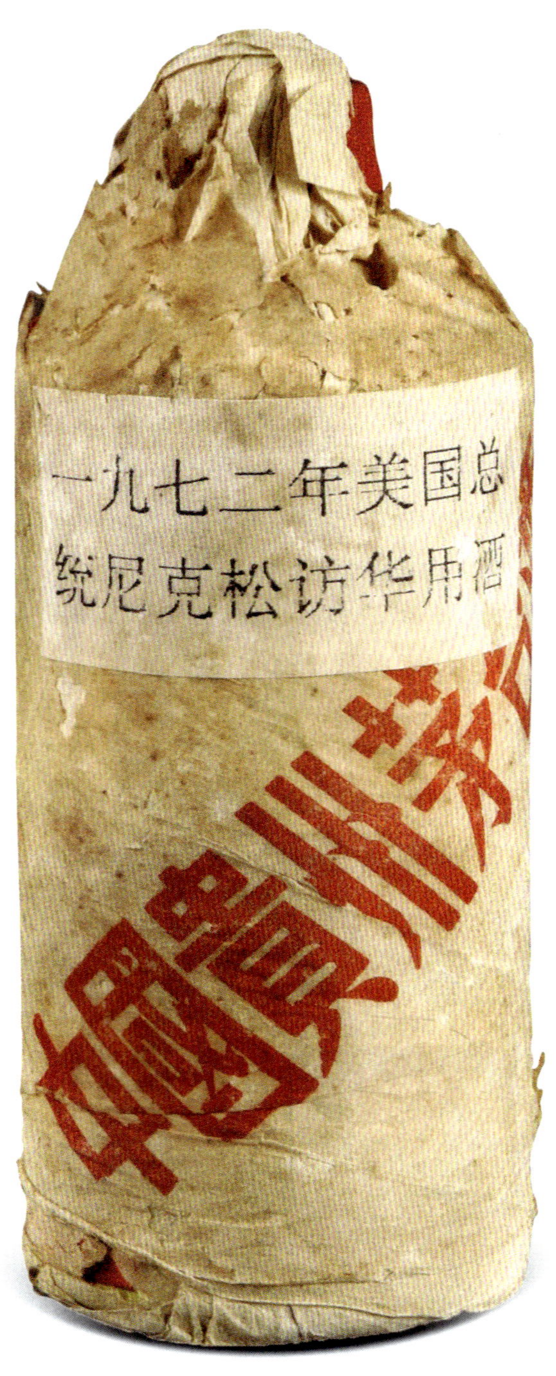

相关事记：

1972 年，乒乓外交成功后，美国总统尼克松终于实现了他的中国之旅，他甚至形容这次中国之行仿佛是在探索月球。

尼克松对中国的访问开启了一个崭新的时代。对于这次到访中国，尼克松十分重视，为此他的太太帕特女士甚至特意准备了一套非常鲜艳的红色外套，以显示对红色中国的尊重与敬意。

有一次在宴会上，尼克松夫妇得知周总理的酒量很大，还听说了周总理在长征中和茅台酒的传奇故事，这些故事让这些美国客人印象深刻。尤其是中国的茅台酒，尼克松夫妇对此印象极深。为什么呢？

原来周总理在宴会上给尼克松夫妇表演了茅台酒的“魔术”——周总理将一小杯茅台酒点燃了。看着蓝蓝的火苗，尼克松夫妇都惊奇地张大了嘴巴，半天没有缓过神来。简直太奇妙了！刚刚入口还回味无穷的琼浆玉液，竟然此刻可以被点燃，尼克松夫妇完全被周总理的演示迷住了。

后来，当美国客人访问结束回国后，尼克松像个孩子，迫不及待地要给他心爱的女儿表演周总理给他曾经演示过的那个“魔术”，尼克松想给未去过中国的家人带来一个意外的惊喜。他拿出了茅台酒，倒进一只碗里，这只碗还不小，等他倒满后就点燃了，还真的点燃了，尼克松很有成就感。但是由于茅台酒倒得太多溢出来了，流到桌面上。火苗也顺着酒燃烧了起来。哎呀！全家人都大惊失色，大家一起上阵，奋力折腾了半天才将火苗扑灭。

尼克松访华纪念章

137

成交价格	RMB 168,165
拍卖信息	北京匡时 2019.4.2, Lot 0057
生产年份	1973 年
容量规格	500 g
酒精度数	53°
收藏星级	★★★★

1973 年内销“金轮牌”贵州茅台酒

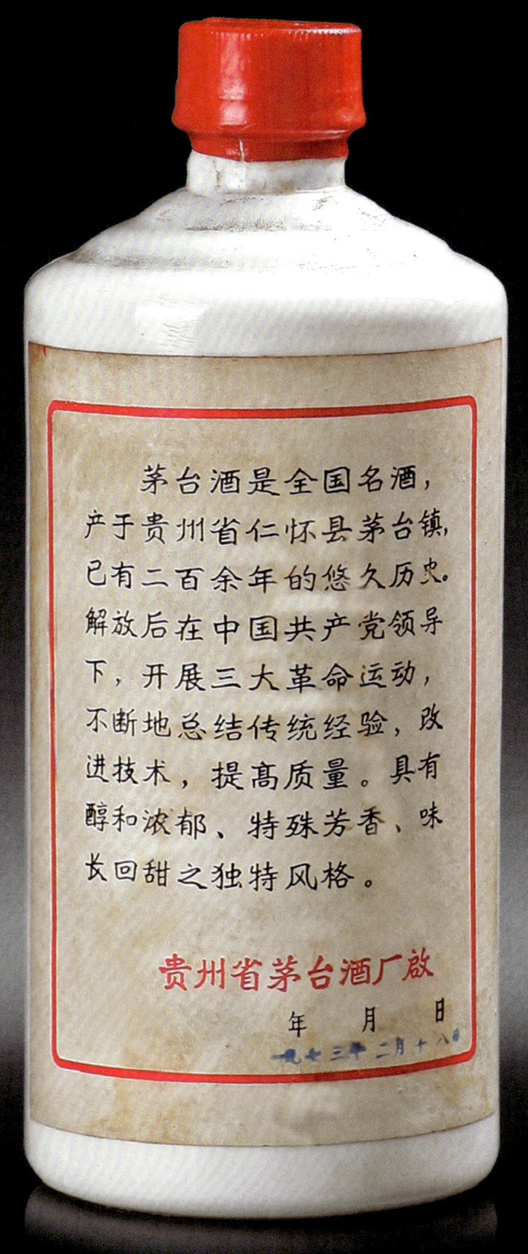

138

参考价格	RMB 200,000
拍卖信息	无
生产年份	1973 年
容量规格	500 g
酒精度数	53°
收藏星级	★★★★☆

1973 年外销“葵花牌”贵州茅台酒

139

成交价格	RMB 161,000
拍卖信息	荣宝斋 2011.11.25, Lot 1131
生产年份	1973 年
容量规格	500 g
酒精度数	53°
收藏星级	★★★★☆

1973 年外销“葵花牌”贵州茅台酒

半斤装“葵花牌”贵州茅台酒

一斤装“葵花牌”贵州茅台酒

相关事记：

1973 年，茅台酒外包装改木箱为纸箱，箱内填充物由稻草、果壳改为瓦楞纸，每箱数量由 24 瓶减为 12 瓶。

1973 年 3 月，毛泽东主席通过中央军委致电茅台酒厂，要求送 3 箱贵州茅台酒到北京，并指定要 1952 年的，其中 1 箱送朝鲜领导人金日成，2 箱留中央。这 3 箱酒均用飞机送至北京。

1973 年 7 月，香港五丰行一行人前往茅台酒厂联系贵州茅台酒购销事宜。

当年，邹开良调任茅台酒厂革委会副主任、党委常委。轻工厅批准贵州茅台酒厂成立科学研究室，并将茅台酒内外销包装箱全部改成纸箱。

点评： 一枝金色的花朵，一个激情的年代，一瓶珍藏的美酒，个中滋味，几人能懂?

140

成交价格	RMB 149,500
拍卖信息	中国嘉德 2022.6.26, Lot 3302
生产年份	1973 年
容量规格	500 g
酒精度数	53°
收藏星级	★★★★☆

1973 年外销“葵花牌”贵州茅台酒（270ml）

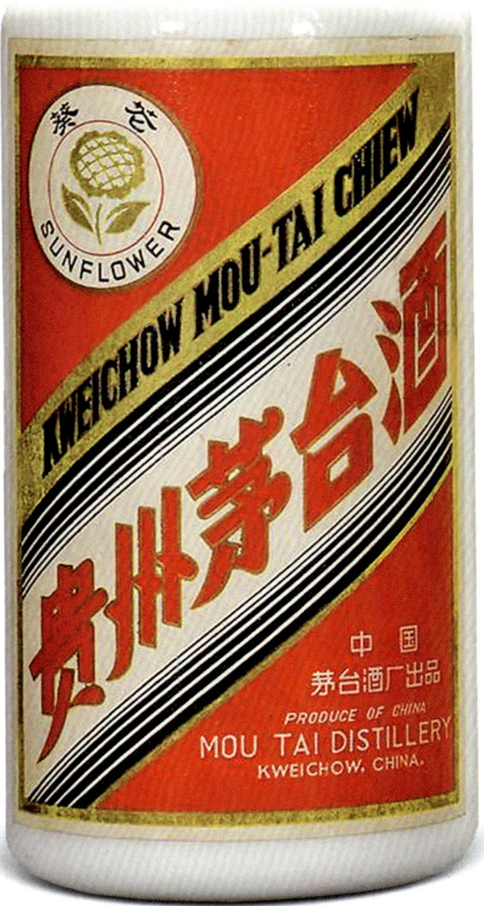

141

成交价格	RMB 97,750
拍卖信息	北京保利 2011.6.4 , Lot 4396
生产年份	1973 年
容量规格	500 g
酒精度数	53°
收藏星级	★★★★

1973 年特供“金轮牌”贵州茅台酒

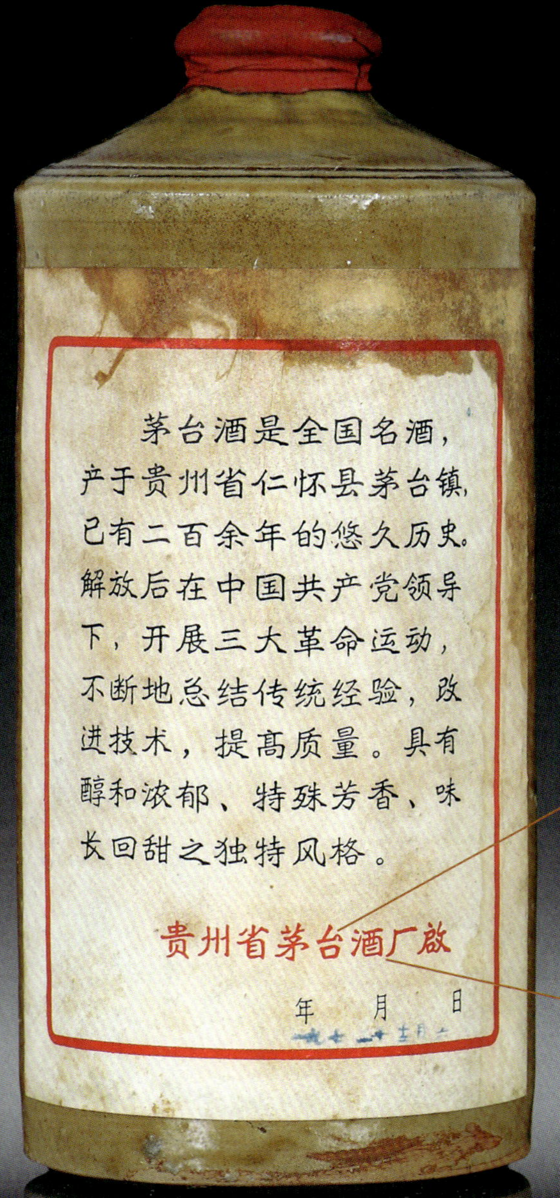

142

成交价格	RMB 537,600
拍卖信息	北京翰海 2011.1.16 , Lot 0824
生产年份	1973 年
容量规格	500 g
酒精度数	53° ~52°
收藏星级	★★★★★☆

1973 年特供“金轮牌”贵州茅台酒（酱瓶）

1973 年以前

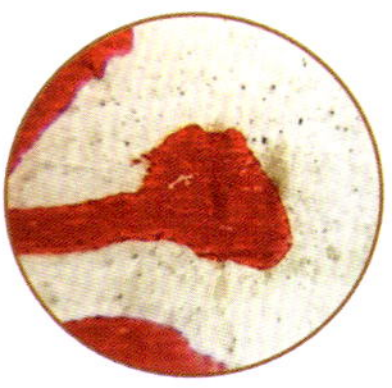

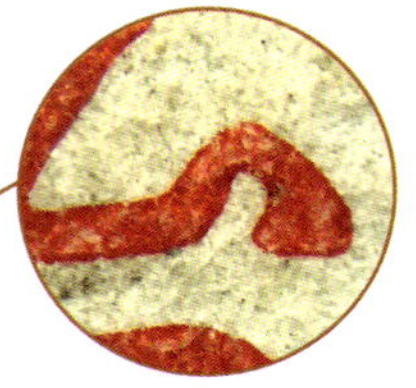

1973 年以后

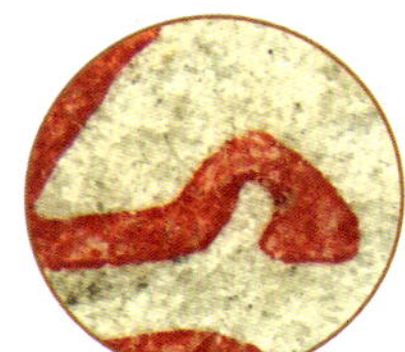

背标上“台”字一点有两种写法，1973 年之前为左边两种混用，1973 年以后只有一种用法。

1966—1982 年，“金轮牌”贵州茅台酒背标中“酒厂”二字字距较近。

143

成交价格	RMB 134,400
拍卖信息	北京翰海 2011.1.16 , Lot 0801
生产年份	1974 年
容量规格	500 g
酒精度数	53°
收藏星级	★★★★

1974 年内销“金轮牌”贵州茅台酒

相关事记:

1974 年 2 月，茅台酒厂第二次修改了茅台酒的内销商标说明书。11 月，厂内召开了“抓革命、促生产”先进单位和先进个人代表大会。

12 月 12 日，茅台酒厂召开曲师会议，制定《茅台酒曲操作注意事项》。

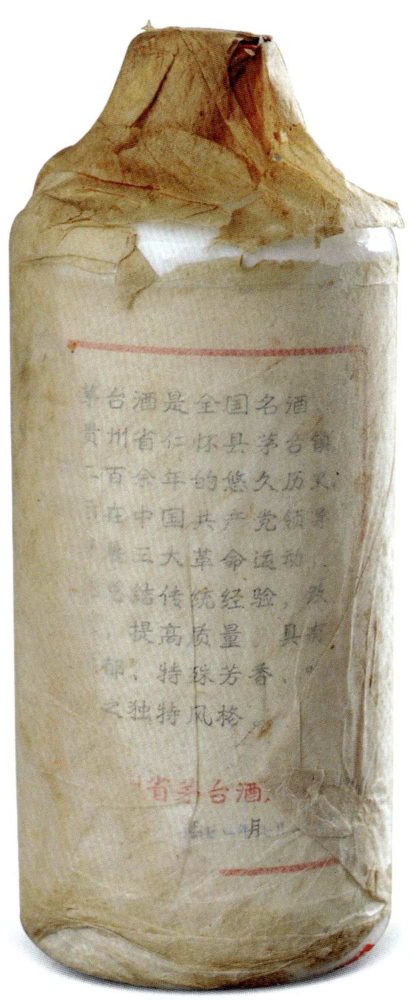

点评： 包裹着茅台酒的轻盈棉纸，如同一层珍贵的膜，不可触碰。在它的保护下，这样一瓶老酒，依然保持着它那傲人的红。

144

成交价格	RMB 224,000
拍卖信息	北京翰海 2011.1.16 , Lot 0822
生产年份	1974 年
容量规格	500 g
酒精度数	53°
收藏星级	★★★★☆

1974 年外销“葵花牌”贵州茅台酒

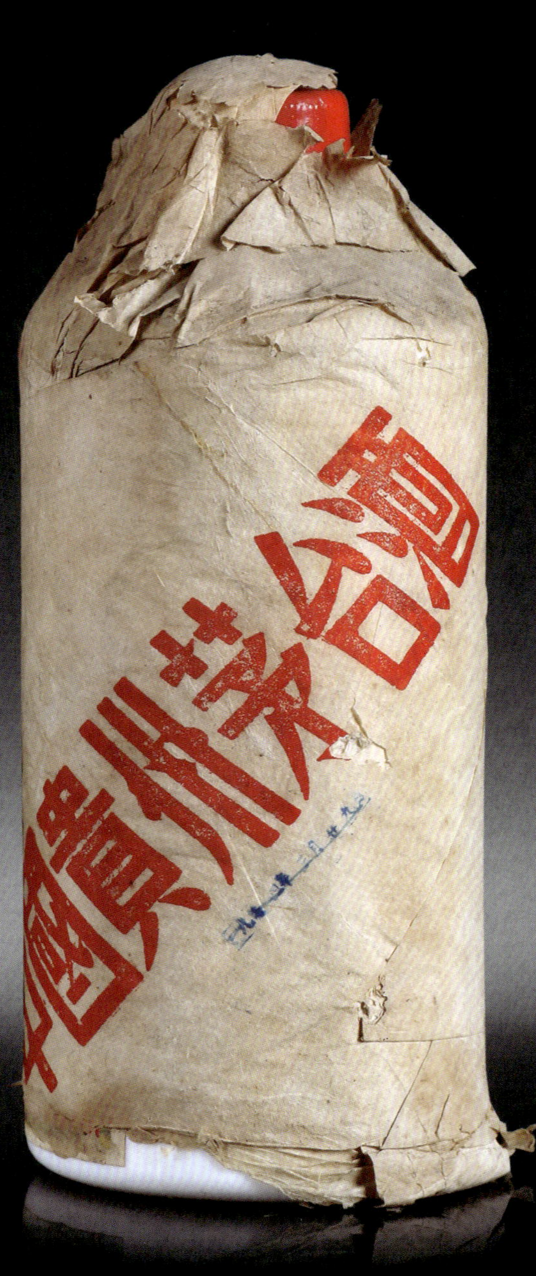

日本销售公司自行印刷包装的“葵花牌”贵州茅台酒

1974 年贵州茅台酒的广告宣传画

相关事记：

1974 年，贵州茅台酒价格调为每吨 1 万元，出厂价每瓶 6.20 元，零售价 8 元。

该酒背标上段为：“贵州茅台酒为中国八大名酒之一，早已享誉国际，曾于公元 1915 年在巴拿马赛会评为世界名酒第二位。茅台酒产于中国贵州省北部之仁怀县茅台镇，已有 200 余年的悠久历史，纯以肥美小麦及高粱为原料，配以当地优良之泉水精工酿制而成，并经长时间的窖藏，故酒质能保持美味香醇，且富有营养价值。”下段内容为上段中文的英文翻译。

日本经销商制作的“葵花牌”贵州茅台酒包装盒

《十月的螃蟹》 黄翔（摄）

此摄影作品是著名摄影家黄翔于1977年创作的，曾经轰动一时。这幅作品有着和《开国大典》《亚运会》《奥运会》《杨利伟飞天》等一样重要的历史地位。摄影家黄翔，湖北长阳人，曾任国民党中将军长。1948年底，于平津战役中，率部起义，脱离国民党。中华人民共和国成立后，历任第二至第五届全国政协委员、第六届全国政协常委、中国摄影家协会副主席。平生12次上黄山、5次下桂林。其作品《黄山雨后》获罗马尼亚“国际图片展览会”金奖。《漓江渔歌》获巴基斯坦“国际摄影作品展览”金奖。

大家细看不难发现，这四只螃蟹是三只公的、一只母的。四只螃蟹代表了“四人帮”。“四人帮”被隔离审查，标志着“文化大革命”实质意义上的结束。周年之际，老摄影家黄翔按捺不住与全国人民一样的激动心情，创作了这幅在海内外都引起轰动的静物作品，名字很简单，就叫《十月的螃蟹》。

说到这幅作品的创作，还有段小插曲。1977年，表演艺术家常香玉演唱的豫剧：“大快人心事，揪出四人帮。政治流氓文痞，狗头军师张……”经常在广播电台播放，黄翔特别爱听这段戏，偶尔兴起还能唱上几句。当年10月上旬，黄翔接到儿子从湖北黄石市的来信，信中写道：“近两天晚上，常在长江边附近的一条河渠里捉螃蟹，一捉就是二三十只，又大又肥。”黄翔拿着儿子的信，回忆起50年代末，曾想以“持螯赏菊”为题材，拍摄一幅摄影作品，由于创作的主题与大跃进的时代精神相左，就没有付诸行动。而此时距“四人帮”被粉碎已有一年有余，又接到儿子的信，黄翔以螃蟹和菊花为

题材的构思再次被激活。想到这些，黄翔就赶紧让儿子给他寄了几只螃蟹。

黄翔平时好喝一点点酒，家里正好保存着一个茅台酒瓶和一个泸州大曲的酒壶，他又找来一个陶瓷盘和两个酒杯。另外用家中自养的一盆秋菊，表示时令和“四人帮”被粉碎的时间。

盘子中四只螃蟹通过巧妙的摆放，很直白地告诉了读者它的喻义，旁边几只蟹爪隐喻了“四人帮”及其爪牙的下场；茅台酒是中国特产，葵花茅台在这里是作为一种象征，加上羊形酒壶、酒杯，表达了中国人民喜气洋洋、举杯庆贺的心情；秋天是菊花盛开的季节，菊花也是中国的传统名花，背景上菊花的投影恰到好处地交代了时间、地点等背景，也烘托了喜庆的氛围。

拍摄这幅作品的时候是深秋时节，当时的光照不如夏季，拍摄台搭高至 1.5 米，黄翔不得不站在凳子上拍摄。当时黄翔左腿骨折正绑着石膏，腋下还夹着拐杖，带伤坚持工作。从下午 3 点开始上下折腾，拍了 10 张片子，但黄翔总感觉不太满意。经过两个多小时的拍摄，太阳渐渐西斜，这时螃蟹身上的阴暗处更为明显，菊花的投影也显得夸张，黄翔抓住时机，最后才拍得这两张还算满意的照片。

1976 年 10 月，“四人帮”倒台。在那个金秋时节，全国人民纷纷抢购螃蟹，吃“三公一母”成了时尚。

145

成交价格	RMB 80,500
拍卖信息	北京保利 2011.6.4，Lot 4394
生产年份	1975 年
容量规格	500 g
酒精度数	53°
收藏星级	★★★★

1975 年内销“金轮牌”贵州茅台酒

相关事记：

1975 年 1 月，茅台酒厂接上级通知，包装了一部分 125g 瓶装的茅台酒供民航飞机专用。当月，中共贵州省委第一书记鲁瑞林到厂视察工作，研究贵州茅台酒发展规划。

10 月 21 日，郭景德出任茅台酒厂代理党委书记。当月，全国白酒技术协作会在茅台酒厂召开。当年，“贵州茅台酒传统工艺操作总结及提高质量研究”列入省科研项目。

国务院副总理王震在全国食品工作会议上指出，茅台酒是国酒。

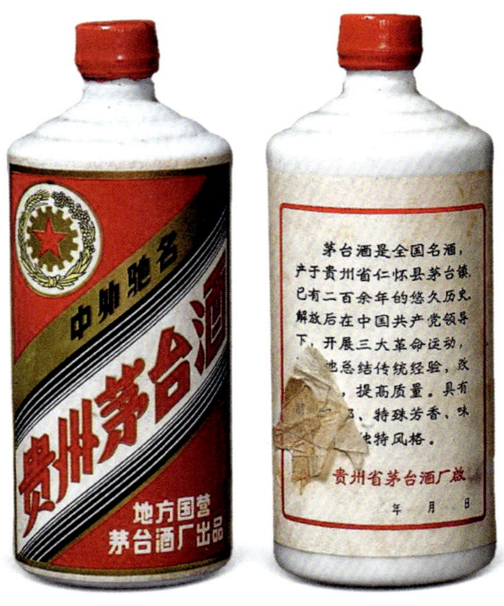

1975 年“金轮牌”贵州茅台酒

点评：中华名酒之冠，引领酒林风流，祖国之光，世界之荣。

20 世纪 70 年代外销“葵花牌”贵州茅台酒酒标样张

“葵花牌”贵州茅台酒正标

“葵花牌”贵州茅台酒背标

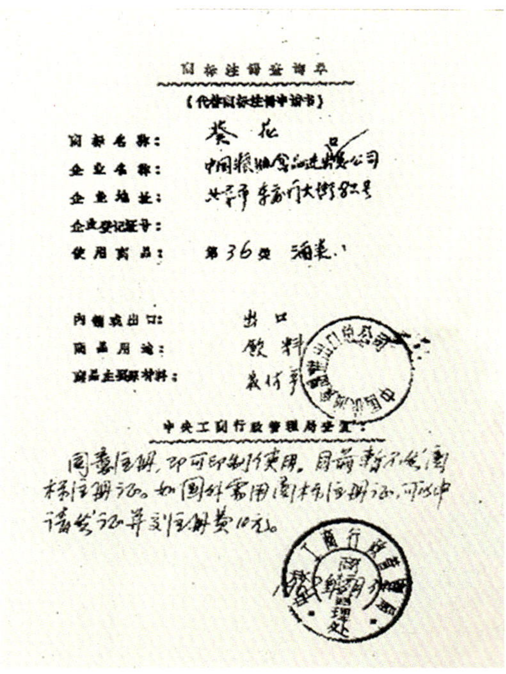

商标注册查询单

（代替商标注册申请书）

商标名称：葵花

企业名称：中国粮油食品进出口公司

企业地址：

企业登记证号：

使用商品：第36类 酒类

内销或出口：出口

商品用途：饮料

商品主要原材料：

中央工商行政管理局意见：

同意注册，即可印制并使用。目前暂不发商标注册证。如国外需用商标注册证，可以申请发证并交注册费10元。

中央行政管理局商标注册查询单

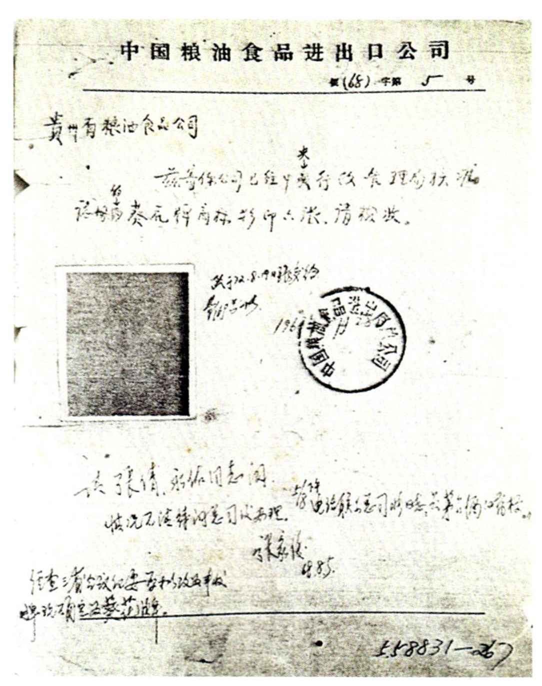

中国粮油食品进出口公司

(68)字第 5 号

贵州省粮油食品公司

兹寄你公司已经中央工商行政管理局核准注册的葵花牌商标彩印六张，请检收。

“葵花牌”商标核准通知

20 世纪 70 年代“葵花牌”贵州茅台酒包装箱

当年外销茅台酒的包装箱

20 世纪六七十年代木箱 24 瓶包装茅台酒

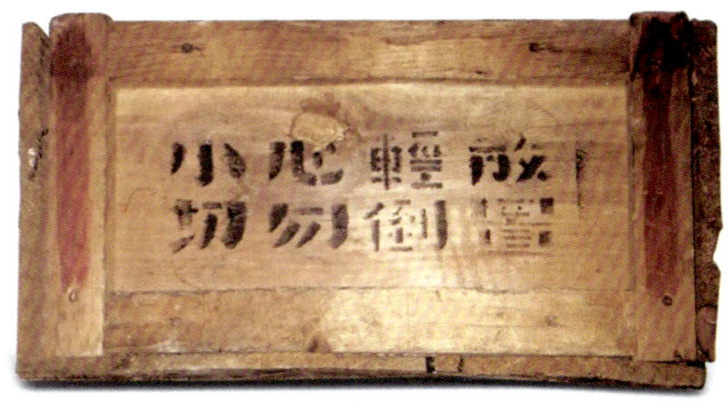

当年外销茅台酒的包装箱

20 世纪 70 年代“飞天牌”贵州茅台酒酒标样张

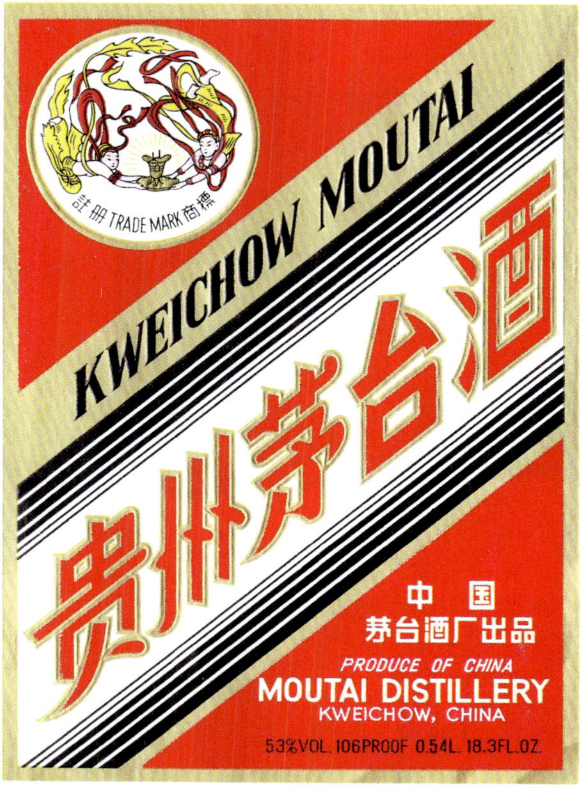

註册 TRADE MARK 商標
KWEICHOW MOUTAI
贵州茅台酒
中国
茅台酒厂出品
PRODUCE OF CHINA
MOUTAI DISTILLERY
KWEICHOW, CHINA
53%VOL. 106PROOF 0.54L. 18.3FL.OZ.

茅 台 酒
茅台酒为中国名酒，在国内外享有盛名。
茅台酒产于中国贵州省仁怀县茅台镇，建厂于公元一七〇四年。该酒是用优质小麦、高粱和当地之优良泉水，采用中国传统的独特工艺精酿而成，并经长时间的窖藏，故酒质香醇味美，别具风格。
MOUTAI
Moutai is one of China's renowned liquors which enjoys acclaim both at home and abroad.
Production of Moutai began in 1704 in the town of that name in Renhuai county, Kweichow province. Selected wheat, the choicest sorghum and the excellent local water go into its preparation. Traditional brewing expertise together with long aging gives Moutai its characteristically distinctive bouquet.

1975 年，“飞天牌”商标右侧仙女头部特征：
① 无鼻梁；
② 头上三个红球之间为黄色；
③ 头上左边红球下方有一黑点。

1976 年，“飞天牌”商标右侧仙女头部特征：
① 有鼻梁；
② 头上三个红球之间为红色；
③ 头上左边红球下方有一红点。

1975 年，“飞天牌”商标左侧仙女头部特征：
① 右侧眉毛较下一年偏短；
② 头上红球下方为黄色。

1976 年，“飞天牌”商标左侧仙女头部特征：
① 右侧眉毛较上一年偏长；
② 头上红球下方黄色中有杂色。

1975 年，“飞天牌”商标红色飘带压在黄色飘带下方。

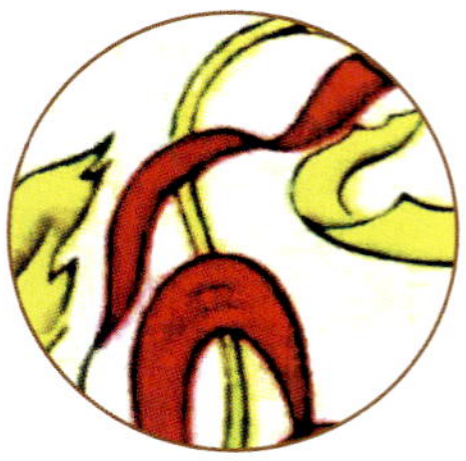

1976 年以后，“飞天牌”商标红色飘带和黄色飘带上下重叠顺序根据版别不同，交替混用。

146

参考价格	RMB 100,000
拍卖信息	无
生产年份	1975 年
容量规格	500 g
酒精度数	53°
收藏星级	★★★★☆

1975 年外销“飞天牌”贵州茅台酒

相关事记：

1975 年，重新恢复生产的“飞天牌”贵州茅台酒开始标注酒精度数为 53 度，经后来反复实验研究证明，53 度的茅台酒口感最佳，品质最好。厂址右下角的“MOU TAI”改为“MOUTAI”，并在下面增加了一行字：53% VOL 0.54L。

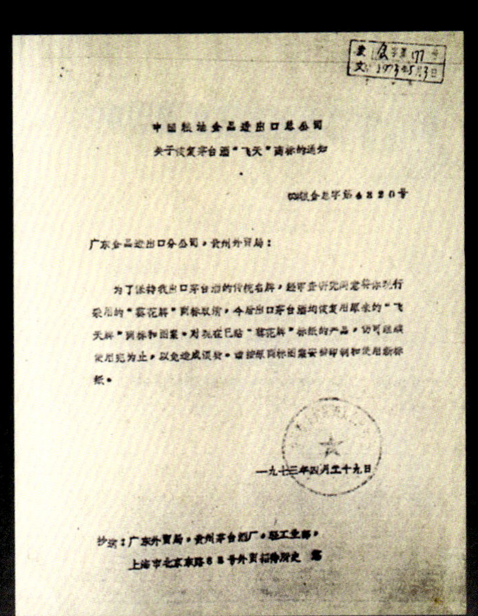

中国粮油食品进出口总公司

关于恢复茅台酒“飞天”商标的通知

[illegible]字第 [illegible] 号

广东食品进出口分公司，贵州外贸局：

为了保持我出口茅台酒的传统名牌，经再研究同意将[illegible]采用的“葵花牌”商标取消，今后出口茅台酒均恢复用原来的“飞天牌”商标和图案。对现在已贴“葵花牌”标纸的产品，仍可继续使用完为止，以免造成浪费。请按照商标图案安排印制和使用新标纸。

一九七三年四月二十九日

抄送：广东外贸局，贵州茅台酒厂，轻工业部，上海市北京东路 [illegible] 号外贸[illegible]

中央行政管理局恢复“飞天牌”商标的通知

点评： 此酒是恢复“飞天牌”商标后最早的一批“飞天牌”贵州茅台酒，外包白色皮纸与此前相同，没有外包装盒，只于 1975 年生产一年。

147

成交价格	RMB 168,000
拍卖信息	杭州西泠 2010.12.13 , Lot 2576
生产年份	1975 年
容量规格	0.14 L
酒精度数	53°
收藏星级	★★★★☆

1975 年外销“葵花牌”贵州茅台酒

相关事记：

1975 年 1 月，茅台酒厂接上级通知，安排包装一部分 125g 瓶装的茅台酒供民航飞机专用。

2 月，凡是用于出口的贵州茅台酒一律使用“飞天牌”新商标。

点评：侧面贴有“中国民航 CAAC”标贴的茅台为乳白玻璃瓶，按压式塑料封盖，外套红色封膜，并有飘带，为民航飞机专用。

148

成交价格	RMB 73,250
拍卖信息	中国嘉德 2010.12.18 , Lot 4241
生产年份	1976 年
容量规格	500 g
酒精度数	53°
收藏星级	★★★★

1976 年内销“金轮牌”贵州茅台酒

贵州茅台酒厂副厂长郑义兴向解放军官兵介绍茅台酒

点评：时光荏苒，所有的事物都坚强地度过了漫长的十年“浩劫”，这瓶酒也是如此。它产自那个年份，带着那个年份的豪迈，封口的鲜红犹如舒展的豪情。从珍贵的棉纸包裹中透出了一丝凛然的傲气。

KWEICHOW
MOUTAI
Chiew
贵州茅台酒
KWEICHOW
MOUTAI
CHIEW
DISTILLED & BOTTLED BY
MOUTAI DISTILLERY
KWEICHOW CHINA
KWEICHOW
MOUTAI
Chiew
SUNFLOWER
贵州

20世纪70年代茅台酒广告宣传画

149

成交价格	RMB 126,500
拍卖信息	中贸圣佳 2022.7.24, Lot 6626
生产年份	1976 年
容量规格	0.54 L
酒精度数	53°
收藏星级	★★★☆

岭南书法大家、一代宗师麦华三先生亲题“贵州茅台酒”作为外包装字样，从 1976 年开始使用至今。

1976 年外销“飞天牌”贵州茅台酒

相关事记：

1966年，“文革”开始以后，茅台酒原出口商标“飞天牌”因涉嫌“四旧”被停用改为“葵花牌”商标。1973年4月29日，中国粮油进出口总公司下文通知，贵州茅台酒恢复“飞天牌”商标。

1976年，中国粮油进出口总公司贵州分公司发布通知，外销茅台酒外包纸取消，改用彩印纸盒，瓶口加挂吊牌，吊牌用圆形红色飘带系结。每箱24瓶装的木箱改用纸箱12瓶装，箱内不允许附带任何纸物。

1976年，贵州茅台酒总产量为764吨，其中出口销量为27.8吨。

吴儒璋设计的茅台酒彩盒

点评： 时间的浩劫与流逝，带不走那份深邃的国酒印象。一樽静默的佳酒，为我们展开一幕幕遥不可及却伸手可触的回忆。这瓶“飞天牌”贵州茅台酒，既包有棉纸也有外包装盒，为罕见品种，存世稀少。

贵州茅台酒 历史上使用过的三大商标

贵州茅台酒封口变化

【1971—1978】

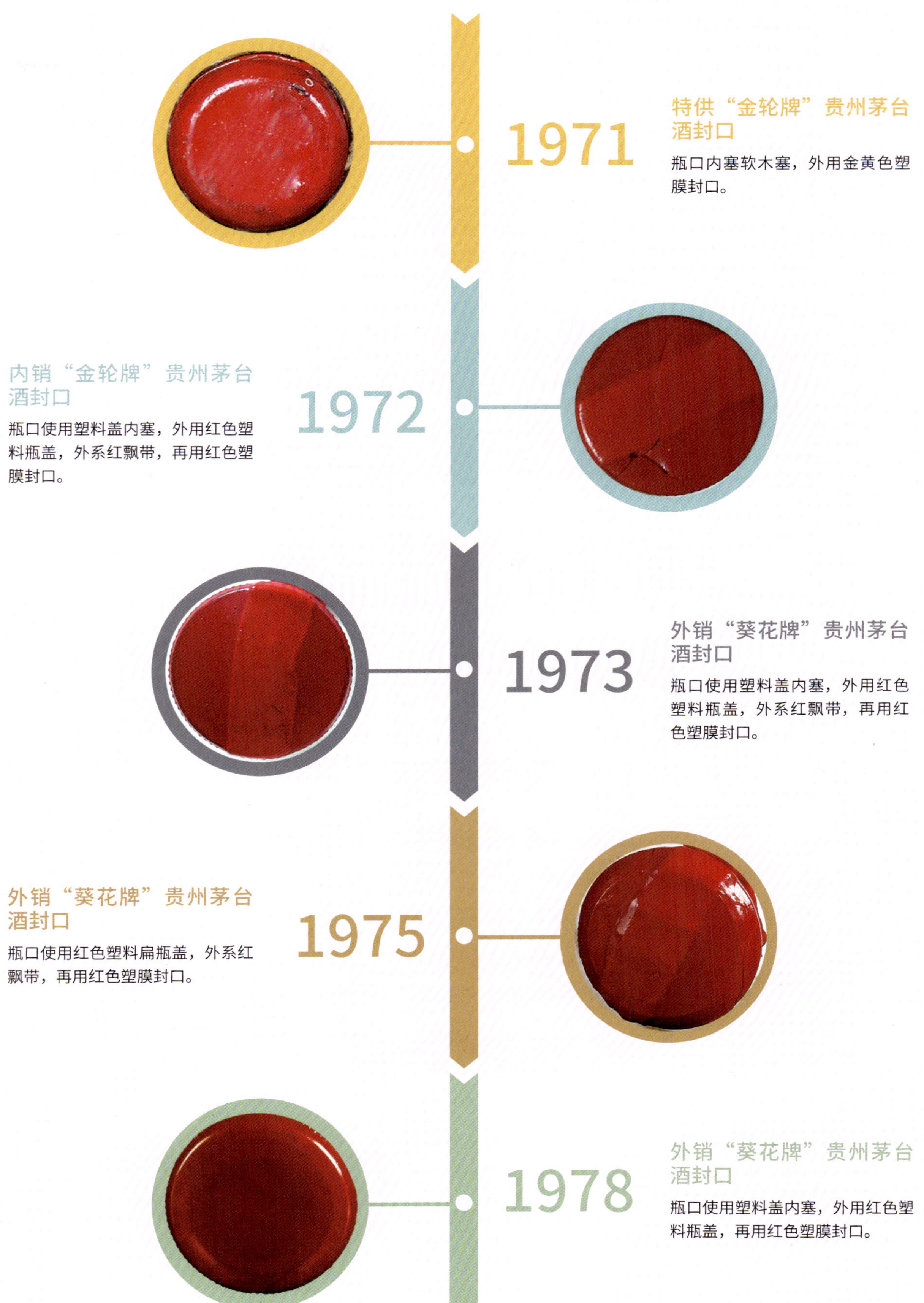

1971
特供“金轮牌”贵州茅台酒封口
瓶口内塞软木塞，外用金黄色塑膜封口。
1972
内销“金轮牌”贵州茅台酒封口
瓶口使用塑料盖内塞，外用红色塑料瓶盖，外系红飘带，再用红色塑膜封口。
1973
外销“葵花牌”贵州茅台酒封口
瓶口使用塑料盖内塞，外用红色塑料瓶盖，外系红飘带，再用红色塑膜封口。
1975
外销“葵花牌”贵州茅台酒封口
瓶口使用红色塑料扁瓶盖，外系红飘带，再用红色塑膜封口。
1978
外销“葵花牌”贵州茅台酒封口
瓶口使用塑料盖内塞，外用红色塑料瓶盖，再用红色塑膜封口。

1977-1999
改革开放时期

MOUTAI

贵州茅台
KWEICHOW

享受无数 历创辉煌

三大革命-三大葵花-大飞天
紫膜白环-地方国营-八角盖
红塑盖-金银字铁盖-新塑盖
囊括五届全国评酒会金奖

第四章

改革开放时期

1977–1999

KWEICHOW MOUTAI
PART FOUR

150

参考价格	RMB 115,000
拍卖信息	中贸圣佳 2022.7.24, Lot 6627
生产年份	1977 年
容量规格	500 g
酒精度数	53°
收藏星级	★★★☆

1977 年贵州茅台酒的广告宣传画

1977 年内销“金轮牌”贵州茅台酒

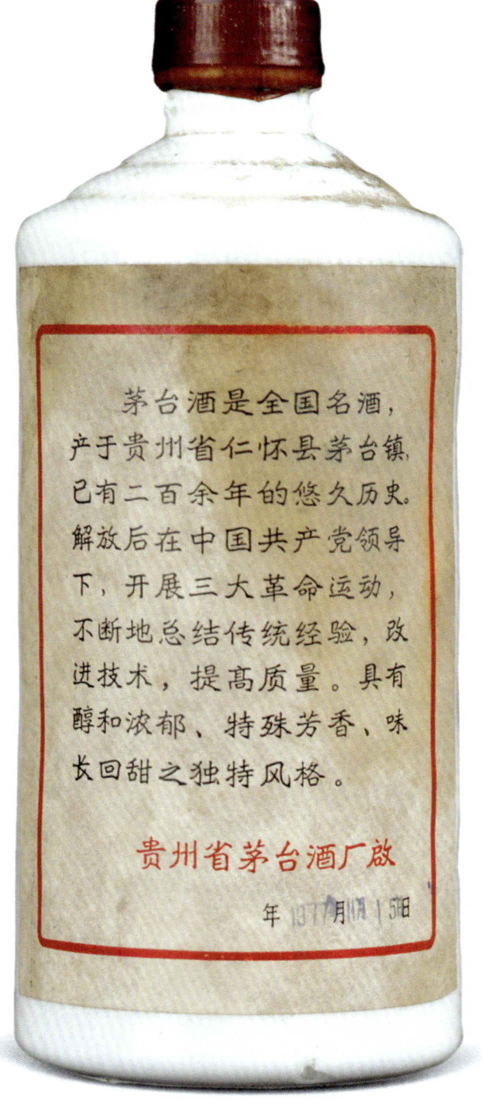

相关事记：

经过16年的努力，1977年茅台酒厂终于完成了国家下达的生产计划，年产量达到763吨，其中出口123吨，产量比1976年增长了4.4倍，亏损2万元，为16年来最低。

1977年上半年，使用蓝色中文数字加盖生产日期，下半年用蓝色阿拉伯数字加盖生产日期。

20世纪70年代末的封口胶套

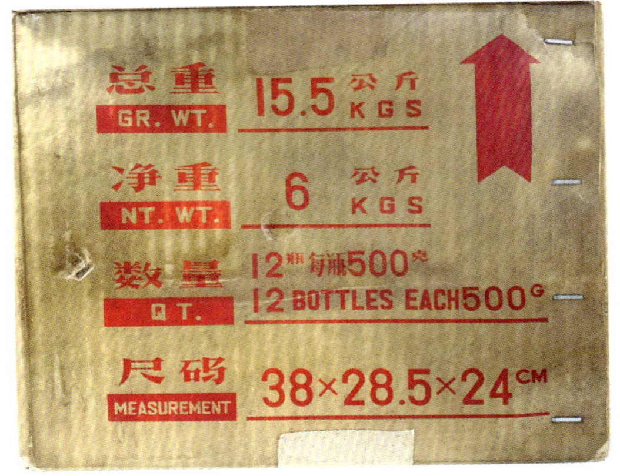

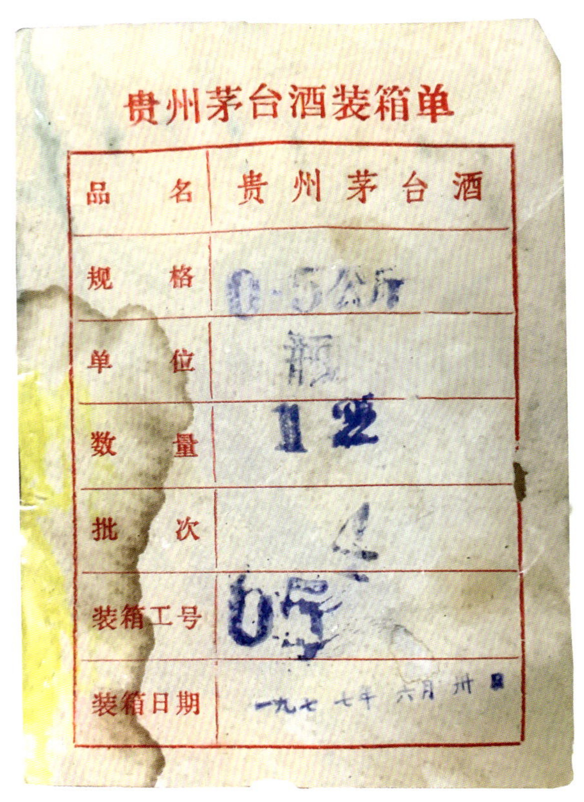

贵州茅台酒装箱单

品名	贵州茅台酒
规格	0.5公斤
单位	瓶
数量	12
批次	4
装箱工号	05
装箱日期	一九七七年六月卅日

1977年外销“飞天牌”贵州茅台酒包装箱正面、侧面、装箱单

点评： 1977—1980年，茅台酒的封口采用淡红色透亮胶套，在生产过程中，极少数使用了双层胶套。此类酒为茅台酒收藏界最早定称的“紫皮大飞天”和“透亮膜大飞天”，且“紫皮大飞天”还为双层紫皮封套。均十分罕见，比较珍贵。

151

参考价格	RMB 100,000
拍卖信息	无
生产年份	1977 年
容量规格	0.14 L
酒精度数	53°
收藏星级	★★★☆

1977 年外销“飞天牌”贵州茅台酒

1977 年贵州茅台酒的广告宣传画

1977 年外销“飞天牌”贵州茅台酒瓶底

相关事记：

茅台酒为中国名酒，在国内外享有盛名。茅台酒产于中国贵州省仁怀县茅台镇，建厂于1704年。该酒是用优质小麦、高粱和当地之优良泉水，采用中国传统的独特工艺精酿而成，并经长时间的窖藏，故酒质香醇味美，别具风格。

当年民航客机上常备此款茅台酒

1977 年有点　1978 年后无点

1977 年

1978 年

1977 年 0.14L 外销“飞天牌”贵州茅台酒

152

成交价格	RMB 84,000
拍卖信息	北京翰海 2011.1.16 , Lot 0857
生产年份	1978 年
容量规格	500 g
酒精度数	53°
收藏星级	★★★☆

1978 年内销“金轮牌”贵州茅台酒

相关事记：

1978 年，“葵花牌”商标经上级批准，再次用于内销茅台酒上，即“三大革命葵花”。正标与外销茅台的相同，背标仍为“三大革命”背标，一直沿用至该年底。

1978 年茅台酒厂的骨干精英们在遵义会址留影

点评：茅台酒的产量在 1978 年突破了 1000 吨大关，自 1962 年来首次扭亏为盈。我们熟悉的 20 世纪 70 年代棉纸包裹瓶体的贵州茅台酒，与它的红色胶套、红色五星，把我们带回那样一个火热的年代。这样一瓶美酒，会瞬时凝固住我们的记忆，它就是那个时代的见证物之一，也是美的象征。

153

成交价格	RMB 138,000
拍卖信息	中国嘉德 2019.6.2, Lot 3521
生产年份	1978 年
容量规格	500 g
酒精度数	53°
收藏星级	★★★★

1978 年内销“葵花牌”贵州茅台酒

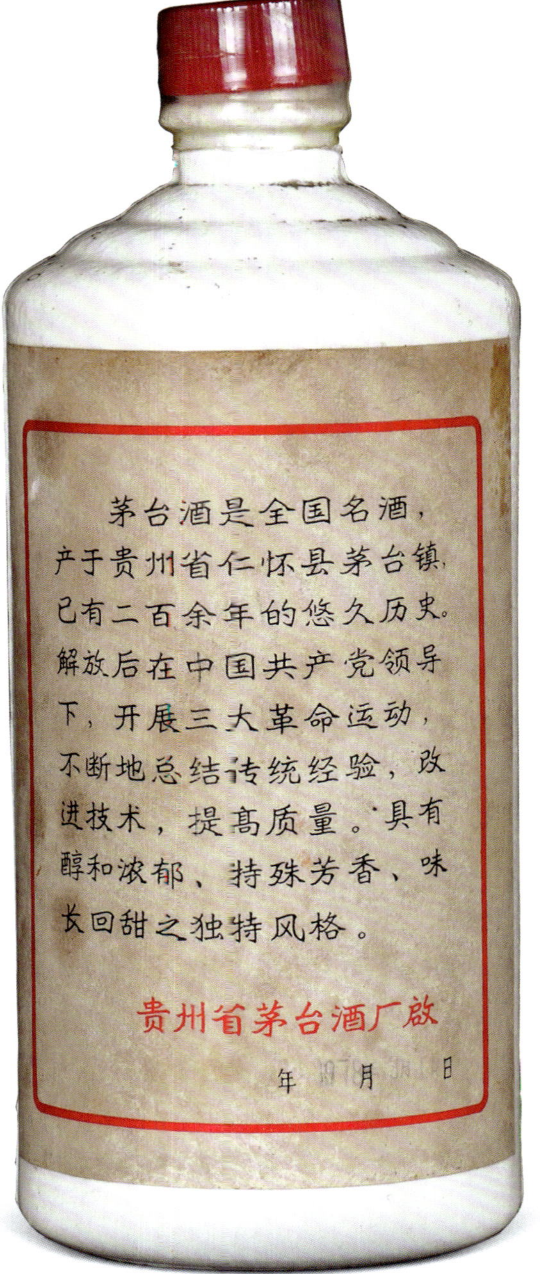

相关事记：

1978 年有 25.8 万张“葵花牌”商标用于内销茅台酒上（1978 年由于外销商标将“葵花牌”恢复为“飞天牌”，因此已印成的 25.8 万张外销“葵花牌”商标经有关部门同意后，用于内销包装）。

当年酒展上陈列的“葵花牌”茅台酒模型

此酒正标由“葵花牌”商标及中英文图案组成。背标内容为：“茅台酒是全国名酒，产于贵州省仁怀县茅台镇，已有二百余年的悠久历史。解放后在中国共产党领导下，开展三大革命运动，不断地总结传统经验，改进技术，提高质量。具有醇和浓郁、特殊芳香、味长回甜之独特风格。贵州省茅台酒厂启　年 月 日。”

1978 年产量为 1068 吨，其中出口销量为 182.7 吨。

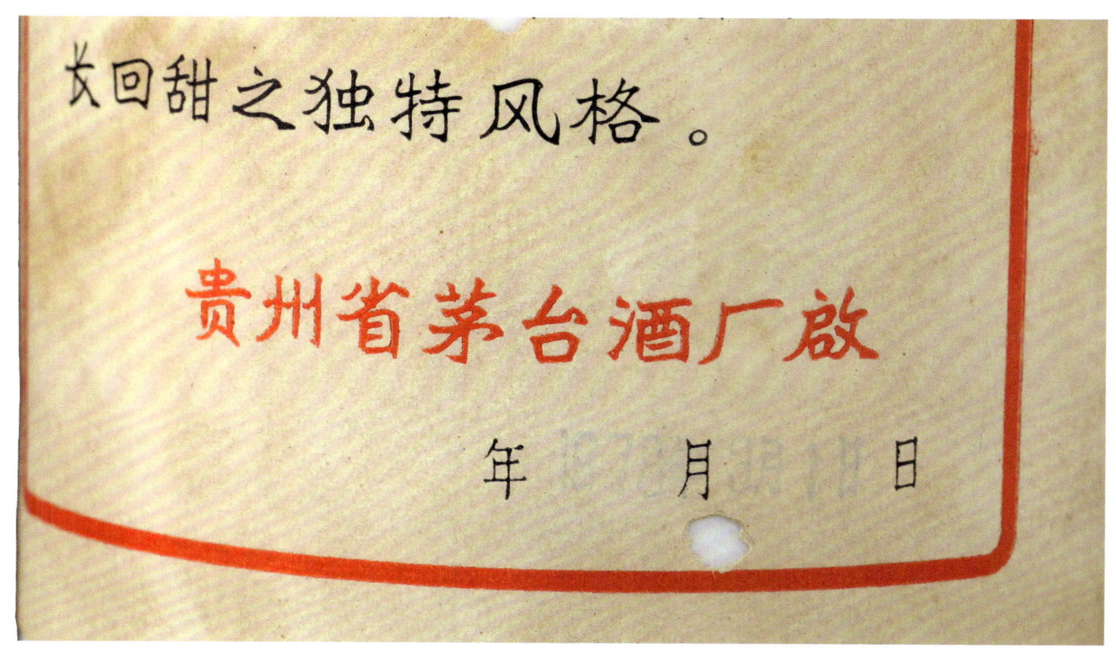

此款贵州茅台酒的生产日期细节

点评： 此时期的茅台酒多采用红胶套封口，而此瓶无飘带，有“三大革命”背标、透明胶套、500g“葵花牌”贵州茅台酒。该酒因采用透明胶套，加之瓶盖倾斜，一直以来都被误认为是赝品。后经季克良先生亲自鉴定，真品无疑。

154

参考价格	RMB 32,000
拍卖信息	无
生产年份	1978 年
容量规格	250 g
酒精度数	53°
收藏星级	★★★★

1978 年内销“葵花牌”贵州茅台酒

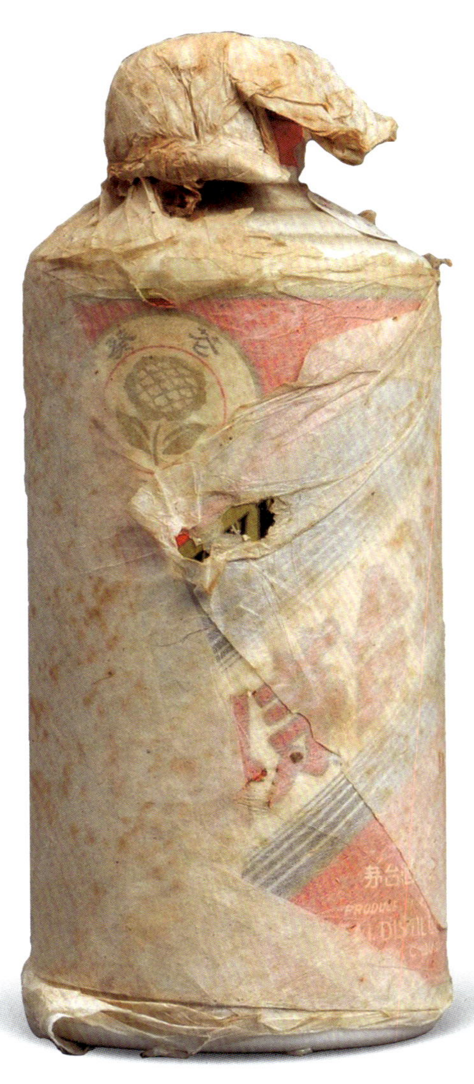

155

成交价格	RMB 138,000
拍卖信息	中国嘉德 2021.5.18, Lot 3987
生产年份	1978 年
容量规格	500 g
酒精度数	53°
收藏星级	★★★★

1978 年内销“葵花牌”贵州茅台酒

156

成交价格	RMB 195,500
拍卖信息	中贸圣佳 2022.7.24, Lot 6629
生产年份	1978 年
容量规格	0.54 L
酒精度数	53°
收藏星级	★★★☆

1978 年外销“葵花牌”贵州茅台酒

点评： 漫饮此酒只乃尔，空杯尚留满室香。

20 世纪 70 年代贵州茅台酒（500g）瓶底

20 世纪 70 年代贵州茅台酒（250g）瓶底

157

成交价格	RMB 537,600
拍卖信息	北京翰海 2011.1.16 , Lot 0824
生产年份	1978 年
容量规格	500 g
酒精度数	53° ~ 52°
收藏星级	★★★★★☆

1978 年外销“葵花牌”贵州茅台酒

该款贵州茅台酒的各款封口膜

加贴进口国当地海关标签的“飞天牌”贵州茅台酒

158

参考价格	RMB 90,000
拍卖信息	无
生产年份	1978 年
容量规格	0.54 L
酒精度数	53°
收藏星级	★★★★

1978 年外销“飞天牌”贵州茅台酒

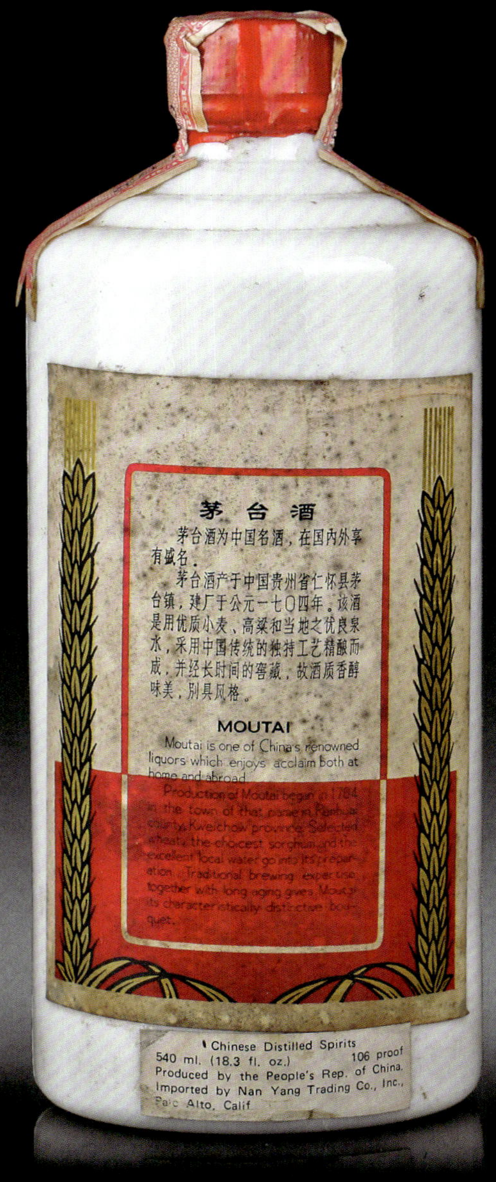

点评： 红色的胶套、粉色的飘带、金色的麦穗，这是一幅茅台酒的画卷。“飞天”载着这样的深刻印象，成就了中国名酒的国际地位。

用荧光灯照射“飞天牌”商标时，仙女皮肤的颜色会发生变化。

该酒顶部细节

该酒底部细节

159

参考价格	RMB 32,000
拍卖信息	无
生产年份	1978 年
容量规格	0.14 L
酒精度数	53°
收藏星级	★★★★

1978 年外销“葵花牌”贵州茅台酒（八角盖）

160

1979 年贵州茅台酒厂的工作场景

成交价格	RMB 138,000
拍卖信息	中国嘉德 2020.12.1, Lot 3486
生产年份	1979 年
容量规格	500 g
酒精度数	53°
收藏星级	★★★☆

1979 年内销“金轮牌”贵州茅台酒

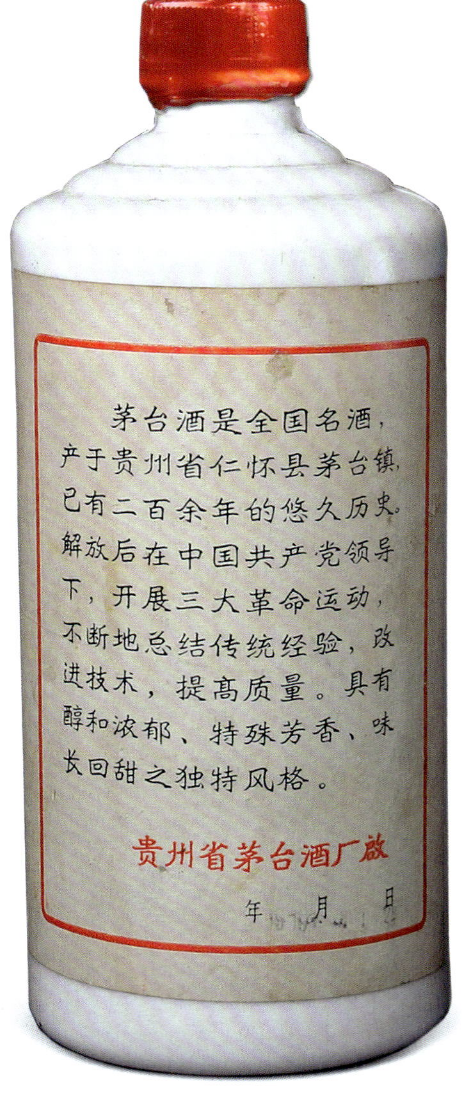

相关事记：

1979 年 9 月，茅台酒第三次荣获“国家名酒”称号，第一次获全国最高质量金质奖，厂长周高廉赴京领奖，国务院副总理方毅亲自颁奖。周厂长领奖回厂时酒厂组织了盛大迎奖游行活动。

该年度的贵州茅台酒封口很特别，有紫红色、粉红色、透明等颜色的封口膜。质地轻薄，容易破碎，不同于其他时期的封口膜。

当年贵州茅台酒厂总产量为 1143 吨，其中出口销量为 196.9 吨。

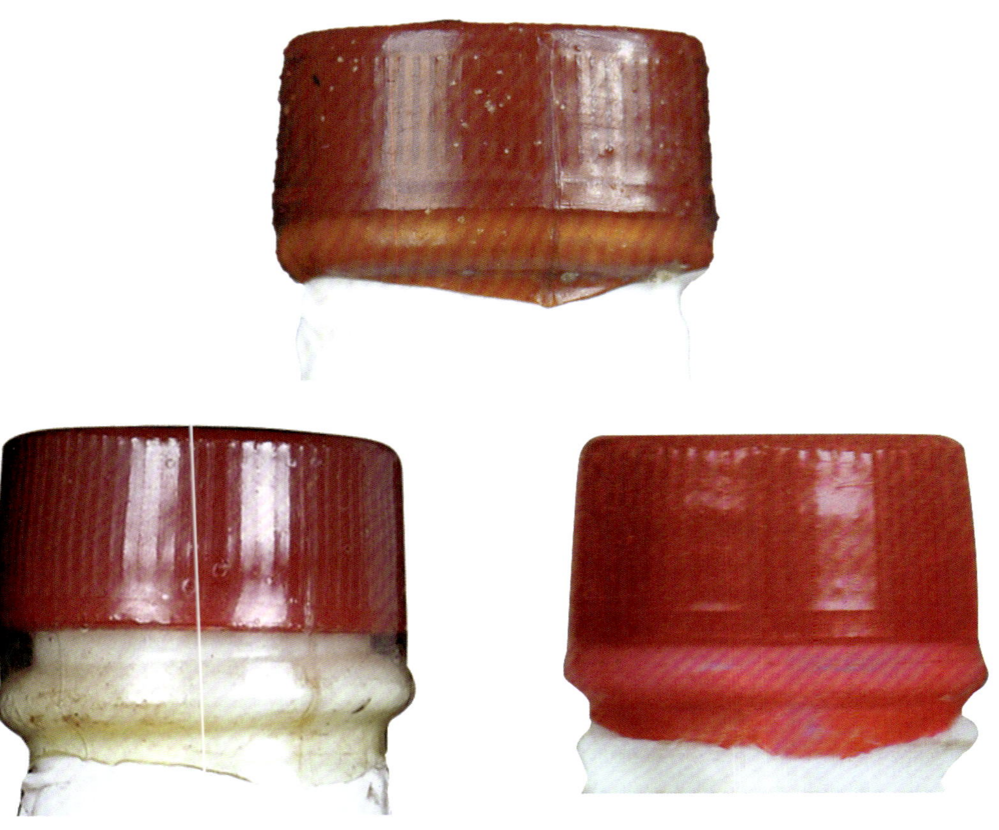

此年度特有的封口胶套

点评：我们熟悉的茅台酒红色胶套、红色五星，把我们带回了那样一个火热的年代。这样一瓶美酒，会瞬时凝固住我们的记忆，它就是那个时代的见证物之一，也是美的象征。

161

成交价格	RMB 100,800
拍卖信息	中鼎国际 2011.4.24 , Lot 0006
生产年份	1979 年
容量规格	0.54 L
酒精度数	53°
收藏星级	★★★☆

1979 年外销“飞天牌”贵州茅台酒

鉴藏要点：

1977—1980 年，茅台酒的封口采用淡红色透亮胶套，极少数还使用双层胶套。此类酒为茅台酒收藏界最早定称的“紫皮大飞天”和“透亮膜大飞天”，且“紫皮大飞天”还为双层紫皮封套，均十分罕见，比较珍贵。

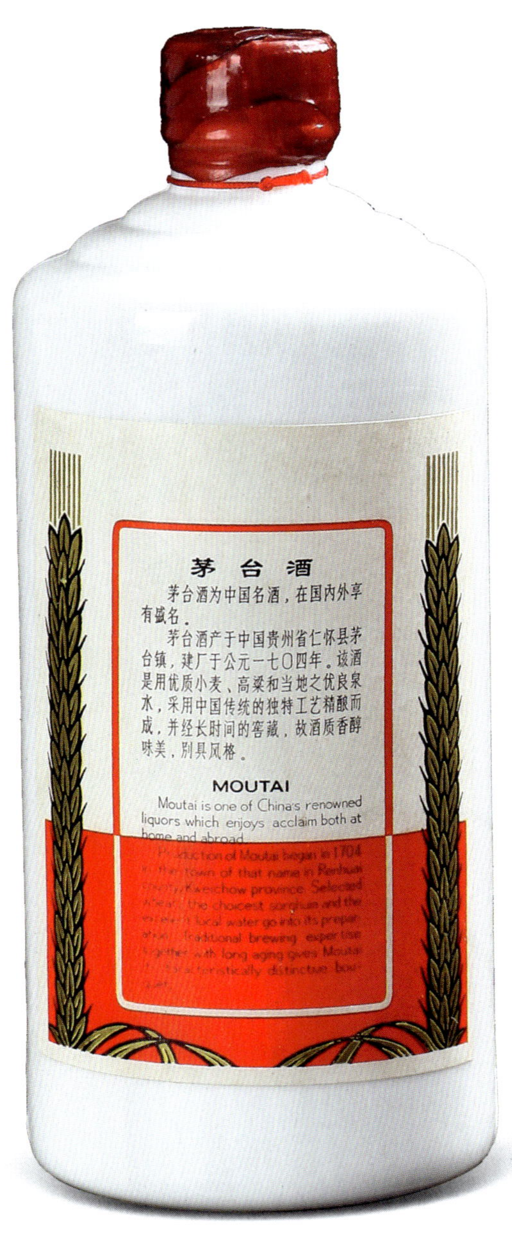

该酒瓶顶部细节

该酒瓶底部细节

点评：国酒茅台，名酿之首，佳醪之珍。

1975—1983 年外销“飞天牌”贵州茅台酒包装盒内标签

鉴藏要点：

1975 年，外销“飞天牌”贵州茅台酒包装盒内有一款茅台酒瓶造型的纸质标签。此标签早期和晚期的版本不同，详见下图。

162

成交价格	RMB 99,667
拍卖信息	中国嘉德 2011.3.20 , Lot 6122
生产年份	1980 年
容量规格	500 g
酒精度数	53°
收藏星级	★★★☆

1980 年内销"金轮牌"贵州茅台酒

相关事记:

1980 年 8 月，厂长周高廉就贵州茅台酒的生产工艺保密问题做出规定。10 月，贵州省轻工业厅发给李兴发 500 元奖金，作为他探索出茅台酒的三种香型构成成果的奖励。当月，茅台酒厂实行了包装半机械化生产，有效地提高了包装质量和效率。同月，茅台酒厂获得贵州省"先进企业"称号，被《贵州日报》"光荣榜"列入重点表彰企业。峨眉电影制片厂还专程到酒厂拍摄了茅台酒纪录片，并在全国发行。

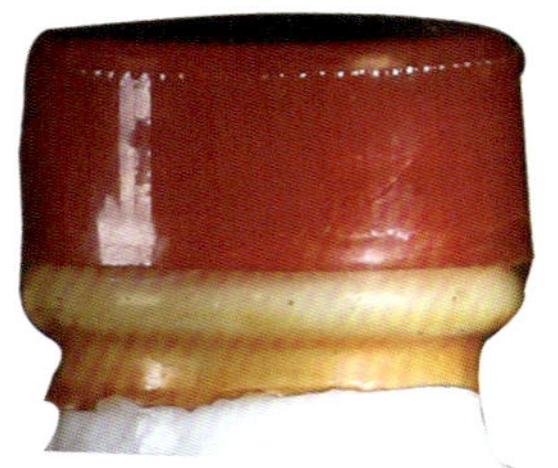

1980 年度特有的封口胶套

点评：一夜东风来天地，茅台酒化万木春。情有独钟此年岁，酒转乾坤星辉生。

163

参考价格	RMB 120,000
拍卖信息	无
生产年份	1980 年
容量规格	250 g
酒精度数	53°
收藏星级	★★★☆

1980 年内销“葵花牌”贵州茅台酒

鉴藏要点：

此瓶为 1980 年无飘带、红色胶套、250g“葵花牌”贵州茅台酒。该酒因其“三大革命”背标，较为罕见。

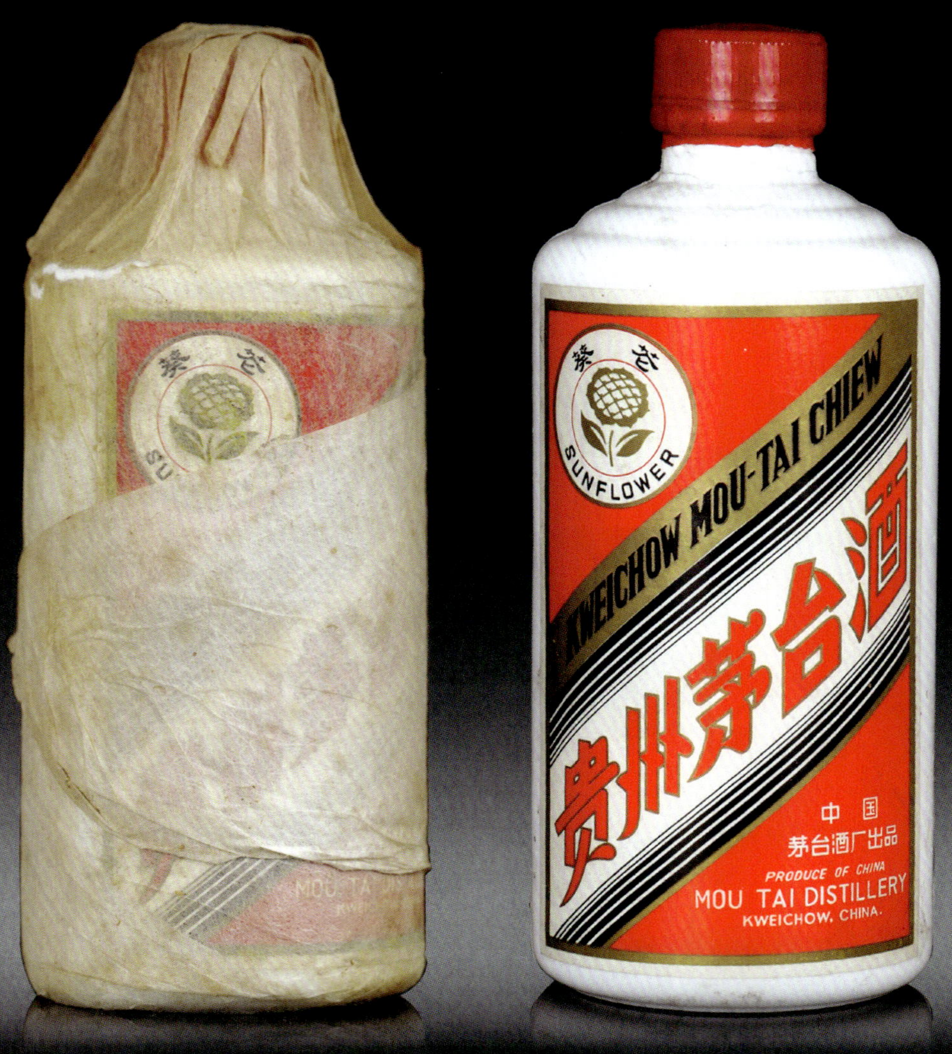

点评：茅台，中国人一个世纪难以解开的情结！

164

成交价格	RMB 80,500
拍卖信息	中国嘉德 2011.3.20 , Lot 6141
生产年份	1980 年
容量规格	0.54 L
酒精度数	53°
收藏星级	★★★☆

1980 年外销“飞天牌”贵州茅台酒

鉴藏要点：

因瓶体较大，此酒在收藏界俗称“大飞天”。毋庸置疑这款酒就是那个时代的象征，留住了渐渐远去的岁月。

1979—1980 年贵州茅台酒原装箱

1979 年“金轮牌”贵州茅台酒原装箱

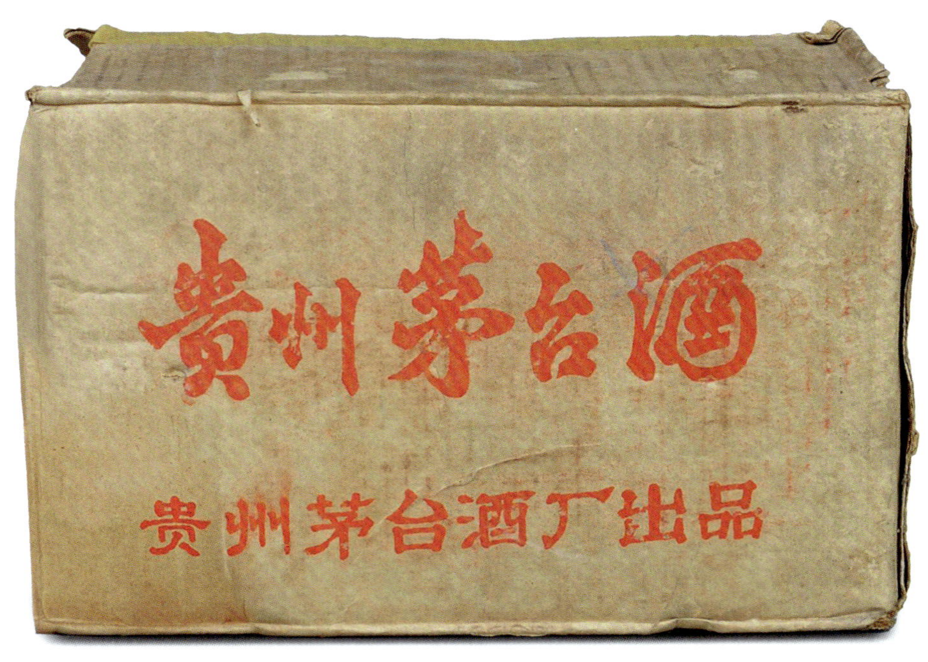

1979 年“金轮牌”贵州茅台酒原装箱

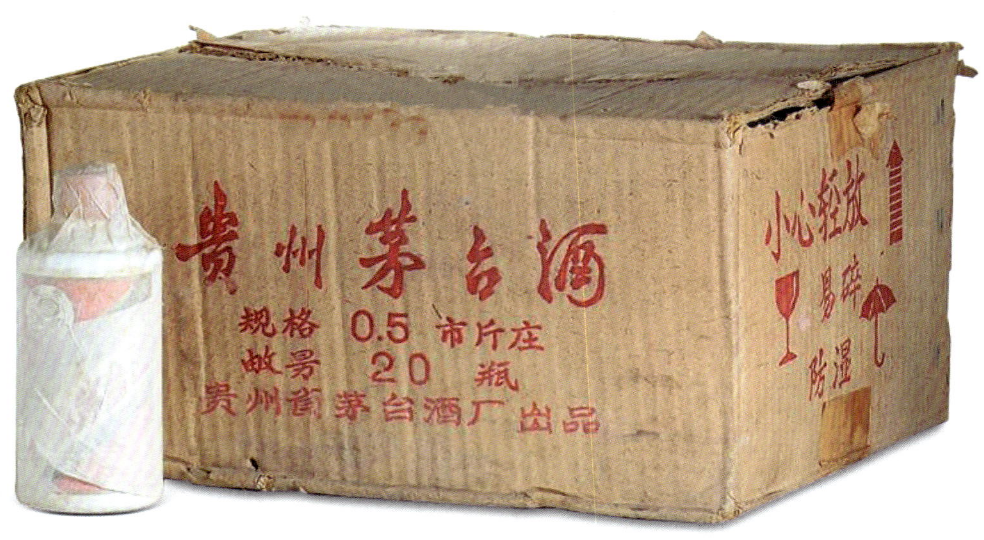

1980 年“葵花牌”贵州茅台酒原装箱

1980 年“飞天牌”贵州茅台酒原装箱

165

成交价格	RMB 99,667
拍卖信息	中国嘉德 2011.3.20 , Lot 6122
生产年份	1981 年
容量规格	500 g
酒精度数	53°
收藏星级	★★★

1981 年内销“金轮牌”贵州茅台酒

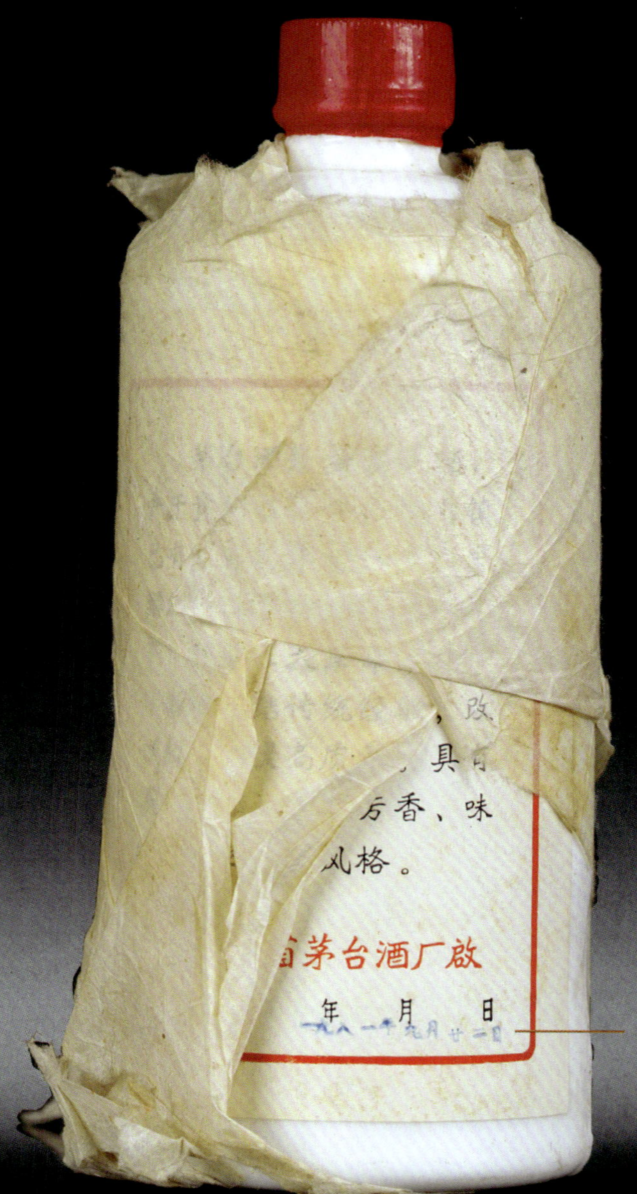

1981 年下半年开始手工加盖的生产日期，由阿拉伯数字改为中文数字。

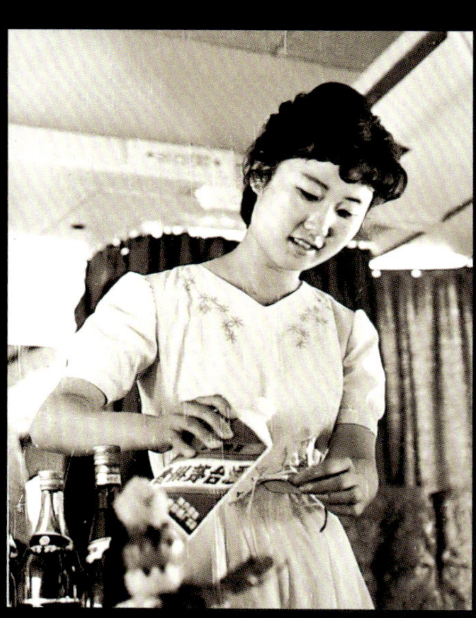

当年的飞机上，曾荣获全国“新长征突击手”荣誉称号的胡惠萍正在给乘客倒茅台酒

相关事记：

内销“金轮牌”贵州茅台酒自“文革”初期诞生，一直采用“三大革命”背标，沿用时间长达10余年之久。

1981年6月，季克良任茅台酒厂副厂长。11月，季克良任茅台酒厂厂长。

1981年，贵州茅台酒总产量为1052吨，其中出口销量为200.95吨。贵州茅台酒的出厂价为每吨16,800元，500g装每瓶8.40元。

无“茅台”暗记的封口胶套

点评： 此年份茅台酒生产日期有中文和阿拉伯文两种标识方法，皮纸以顺时针方向包裹。品尝过这款酒的人会保留着被感动的记忆。

166

参考价格	RMB 110,000
拍卖信息	无
生产年份	1981 年
容量规格	250 g
酒精度数	53°
收藏星级	★★★★

1981 年内销“葵花牌”贵州茅台酒

相关事记：

此时期 250g“葵花牌”贵州茅台酒多贴外销背标，贴“三大革命”背标的较少。1981 年全年产量为 1052 吨，其中出口销量为 200.95 吨。

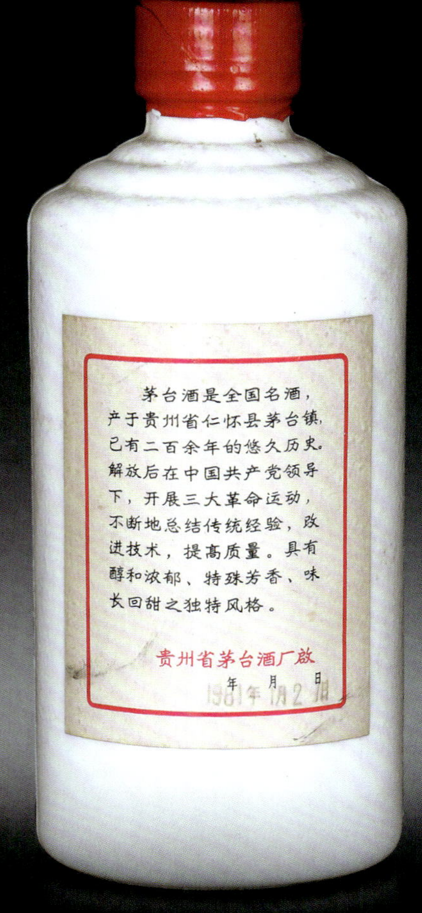

点评： 此酒为 1981 年无飘带、红色胶套、250g“葵花牌”贵州茅台酒。该酒因其“三大革命”背标，较为罕见。

167

成交价格	RMB 80,500
拍卖信息	中国嘉德 2011.3.20 , Lot 6141
生产年份	1981 年
容量规格	0.54 L
酒精度数	53°
收藏星级	★★★

1981 年外销“飞天牌”贵州茅台酒

相关事记：

外销“飞天牌”贵州茅台酒自“文革”后期再次生产，“飞天牌”商标后沿用达 10 余年之久。1981 年全年产量为 1052 吨，其中出口销量为 200.95 吨。

1981—1983 年菱形暗记

168

成交价格	RMB 80,500
拍卖信息	中鸿信 2022.9.12, Lot 5102
生产年份	1982 年
容量规格	500 g
酒精度数	53°
收藏星级	★★★

1982 年内销“金轮牌”贵州茅台酒

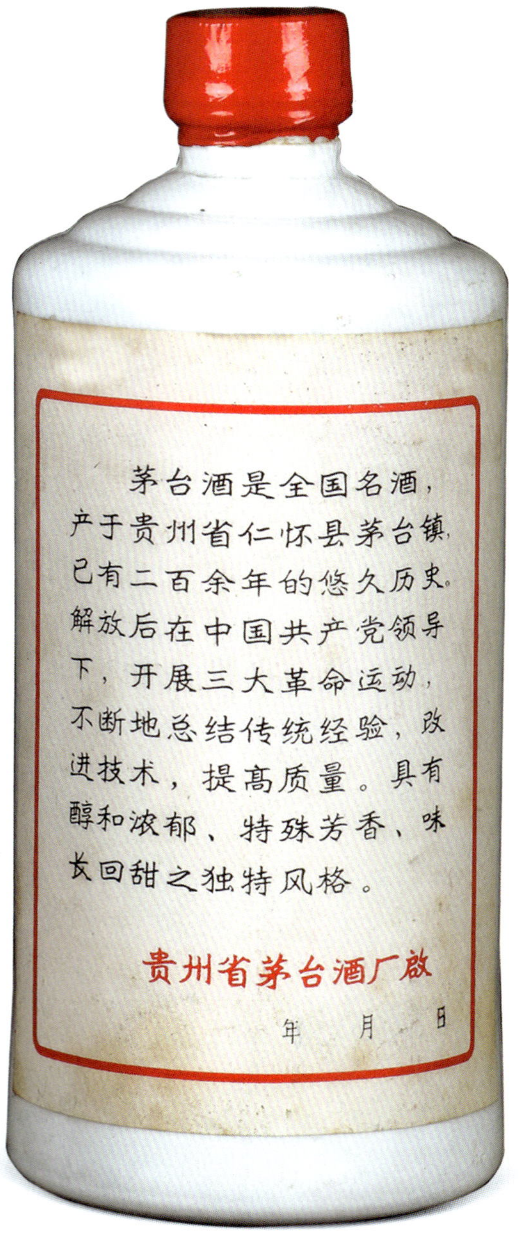

相关事记：

1982 年 4 月，著名诗人流沙河到茅台酒厂参观，并赋诗留念。

8 月，贵州省经委、贵州省科委聘任茅台酒厂副厂长、副总工程师杨仁勉为贵州茅台酒异地试验厂生产试验项目总工程师。

12 月，茅台酒厂向省工业厅供销公司作了《关于以纸箱代替木箱，全面改进贵州茅台酒包装情况》的汇报，再次修改了贵州茅台酒的商标说明。

当年民航客机上免费供应茅台酒

点评：1982 年 10 月，“金轮牌”贵州茅台酒更换背标，沿用多年的“三大革命”背标至此停用。醇香魅力引墨客，美文美诗赞美酒。直至 1982 年 12 月 30 日，我们今天耳熟能详的“五星牌”商标才被茅台酒厂注册，国营建厂以后使用的“金轮牌”商标退出历史舞台。此时酒标的右下角落款为：地方国营茅台酒厂出品。

1979—1984 年贵州茅台酒原装箱

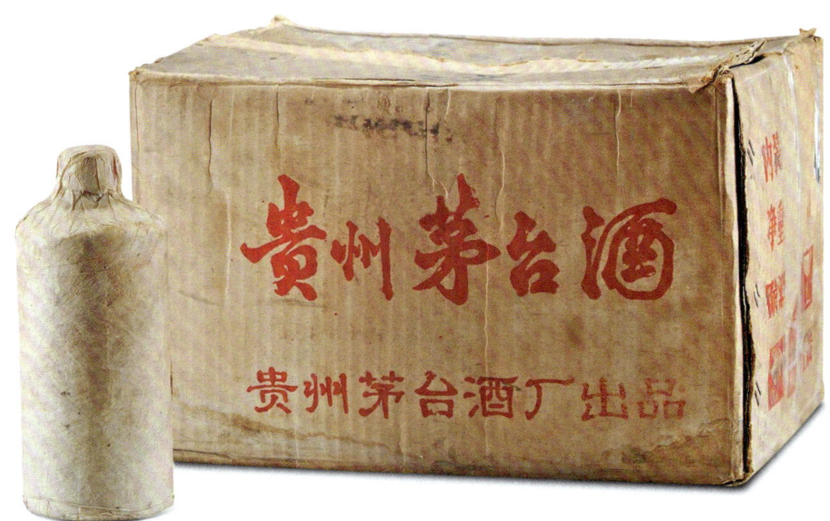

1981 年“五星牌”贵州茅台酒原装箱

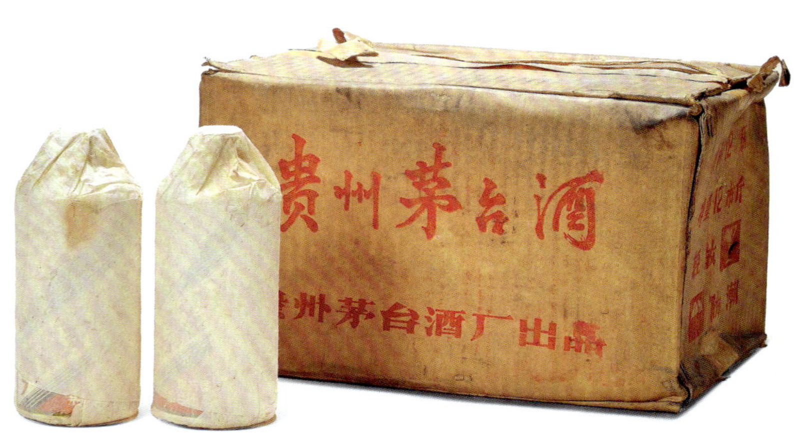

1981 年“五星牌”贵州茅台酒原装箱

1981 年“五星牌”贵州茅台酒原装箱

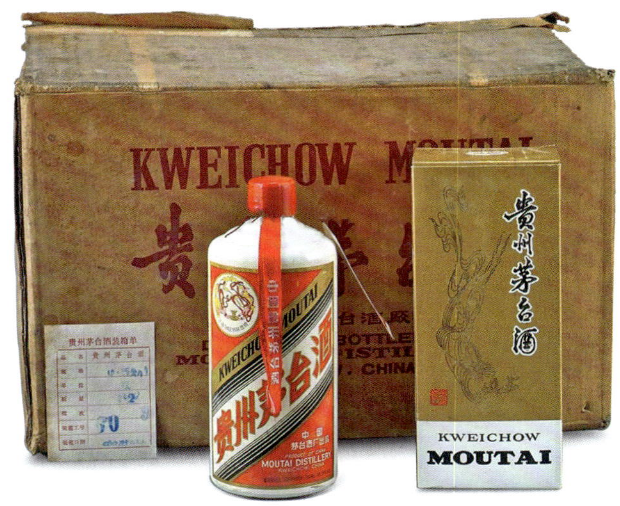

1981 年“飞天牌”贵州茅台酒原装箱

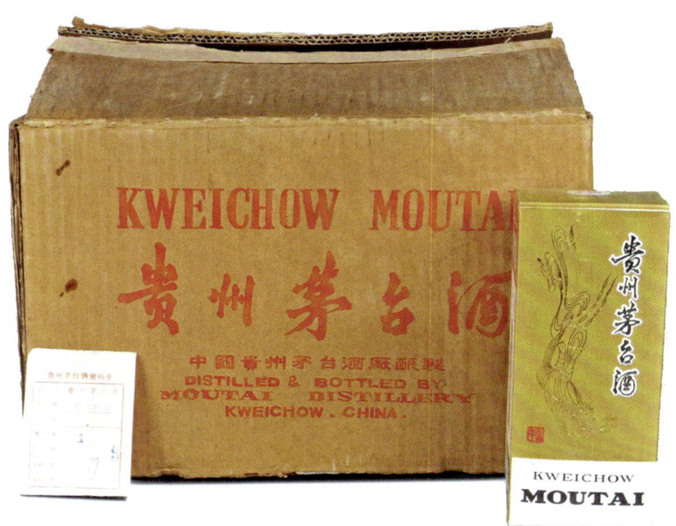

1982 年“飞天牌”贵州茅台酒原装箱

1983 年“五星牌”贵州茅台酒原装箱

169

羊	参考价格	RMB 110,000
拍	拍卖信息	无
年	生产年份	1982 年
容	容量规格	250 g
度	酒精度数	53°
藏	收藏星级	★★★☆

1982 年内销“葵花牌”贵州茅台酒

鉴藏要点：

“葵花牌”贵州茅台酒可分为“文革”期间和“文革”以后两个阶段。最早出现在1969年以后，最晚约见于1983年。

原纸包装的 1982 年内销“葵花牌”贵州茅台酒

点评：一枝金色的花朵，一个激情的年代，一瓶珍贵的美酒——茅台！

1982—1983 年贵州茅台酒（内销）各式酒标、封口

01 三大革命前标 三大革命背标 无暗记封膜

02 三大革命前标 三大革命背标 有暗记封膜

03 三大革命前标 地方国营背标 无暗记封膜

04 三大革命前标 地方国营背标 有暗记封膜

05 地方国营前标 地方国营背标 无暗记封膜

06 地方国营前标 地方国营背标 有暗记封膜

07 地方国营前标 三大革命背标 无暗记封膜

08 地方国营前标 三大革命背标 有暗记封膜

09 三大革命前标 三大革命背标 无暗记封膜（1982年）

20 世纪 80 年代贵州茅台酒（内销）背标

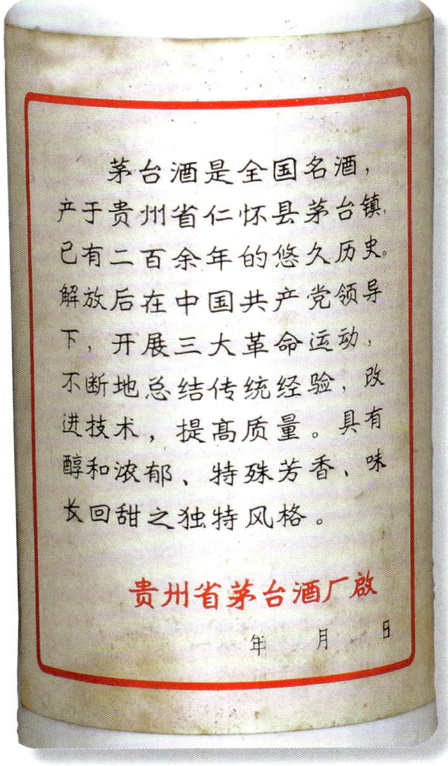

1980—1982 年“金轮牌”贵州茅台酒背标

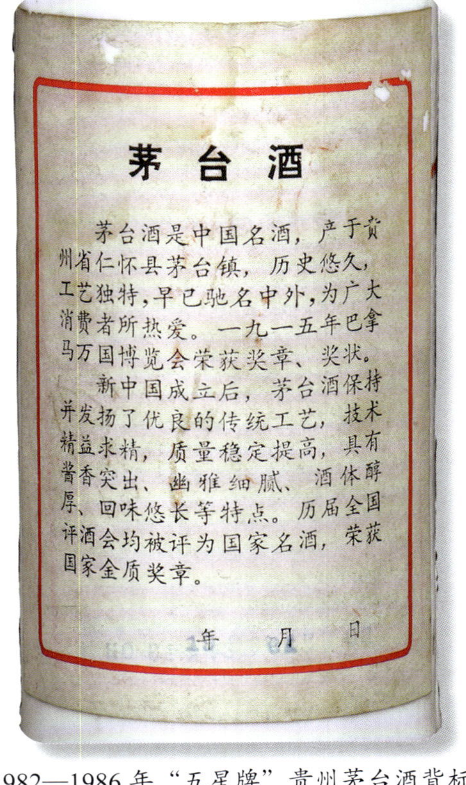

1982—1986 年“五星牌”贵州茅台酒背标

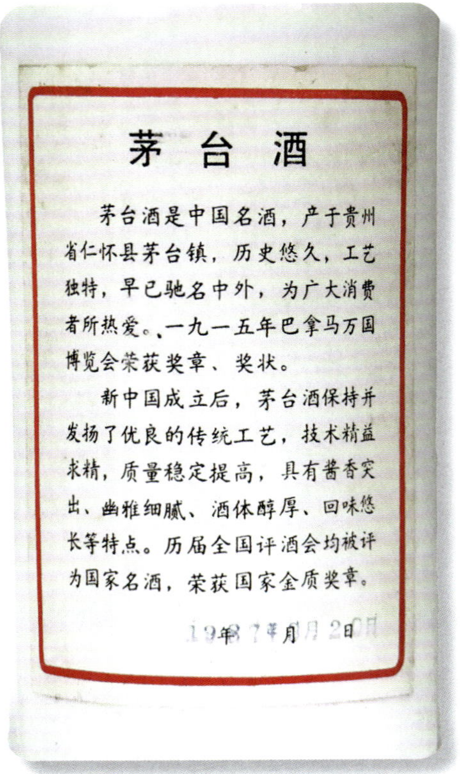

1987 年 3 月“五星牌”贵州茅台酒背标

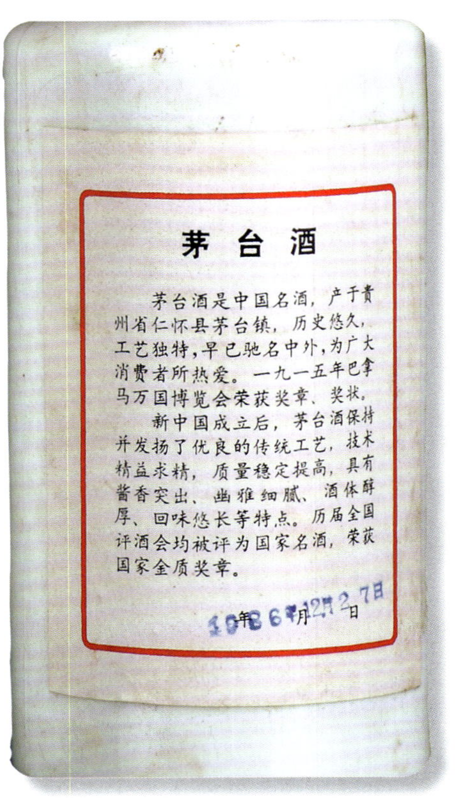

1987—1990 年“五星牌”贵州茅台酒背标

1982—1983 年贵州茅台酒

鉴藏要点：

瓶体	白玻璃瓶。	封口	红色塑料外盖、白色塑料内塞。
正标	“五星牌”商标右侧箭头处少一粒谷穗。	背标	全新改版。
包装	采用茅台镇当地生产皮纸包裹。	日期	日期印刷体有改变，手工加盖蓝印汉字。

正标

1982 年，经工商部门批准，原“金轮牌”商标更名为“五星牌”商标。.

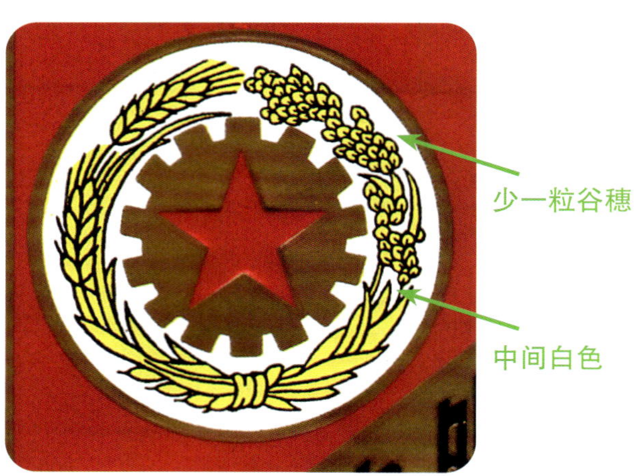

1983 年“五星牌”商标，右上角比 1982 年少一粒谷穗。

背标

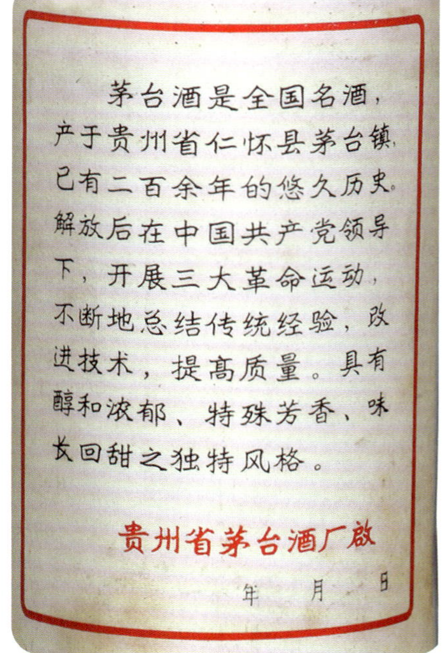

茅台酒是全国名酒，产于贵州省仁怀县茅台镇，已有二百余年的悠久历史。解放后在中国共产党领导下，开展三大革命运动，不断地总结传统经验，改进技术，提高质量。具有醇和浓郁、特殊芳香、味长回甜之独特风格。

贵州省茅台酒厂启

年 月 日

1982 年“金轮牌”贵州茅台酒背标

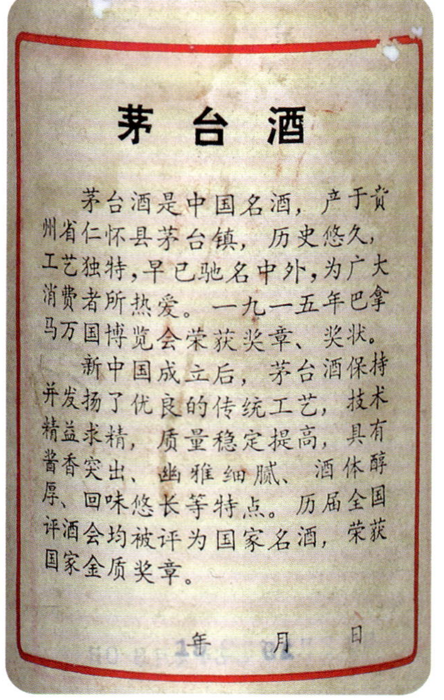

茅 台 酒

茅台酒是中国名酒，产于贵州省仁怀县茅台镇，历史悠久，工艺独特，早已驰名中外，为广大消费者所热爱。一九一五年巴拿马万国博览会荣获奖章、奖状。

新中国成立后，茅台酒保持并发扬了优良的传统工艺，技术精益求精，质量稳定提高，具有酱香突出、幽雅细腻、酒体醇厚、回味悠长等特点。历届全国评酒会均被评为国家名酒，荣获国家金质奖章。

年 月 日

1983 年“五星牌”贵州茅台酒背标

170

成交价格	RMB 80,500
拍卖信息	中国嘉德 2011.3.20 , Lot 6141
生产年份	1982 年
容量规格	0.54 L
酒精度数	53°
收藏星级	★★★

1982 年外销“飞天牌”贵州茅台酒

171

成交价格	RMB 80,500
拍卖信息	中国嘉德 2011.3.20 , Lot 6141
生产年份	1982 年
容量规格	0.14 L
酒精度数	53°
收藏星级	★★★

1982 年外销“飞天牌”贵州茅台酒

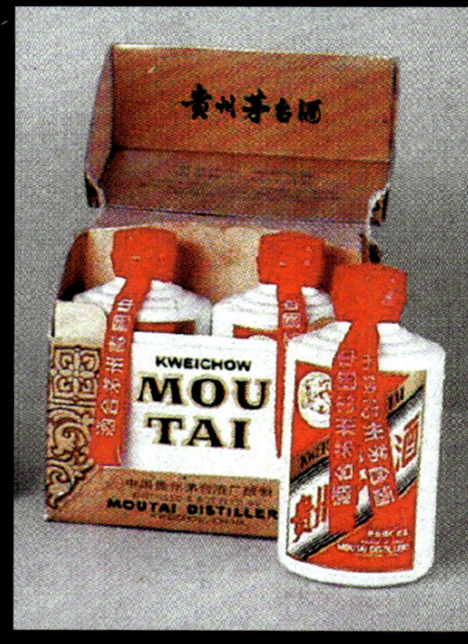

该款茅台酒的外包装盒

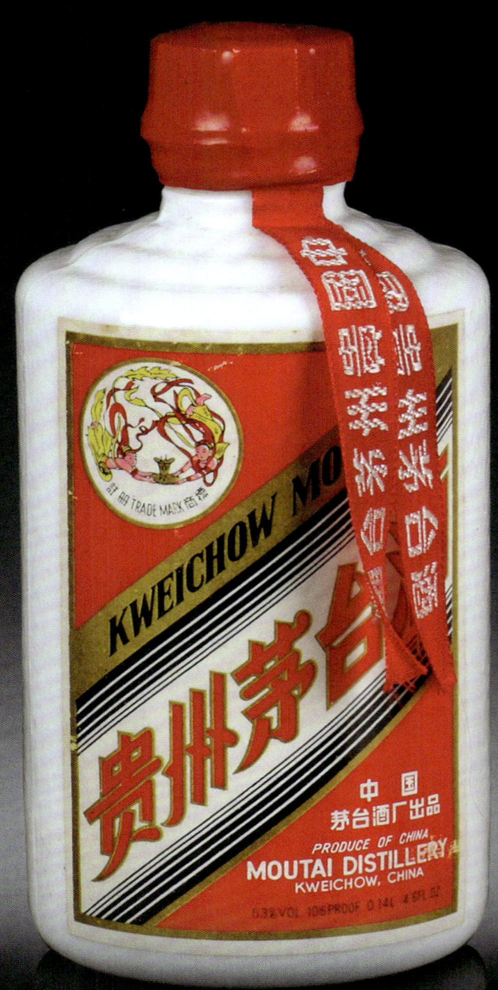

172

成交价格	RMB 61,333
拍卖信息	中国嘉德 2011.3.20 , Lot 6118
生产年份	1983 年
容量规格	500 g
酒精度数	53°
收藏星级	★★★

1983 年内销“五星牌”贵州茅台酒

相关事记：

1983 年 4 月，茅台酒厂获得贵州省轻纺系统“先进企业”称号。

11 月，季克良任茅台酒厂厂长。轻工业部下文将茅台酒的酿造工艺列为轻工系统第一批科学技术保密项目，对外开放程度为可参观，不准拍照。

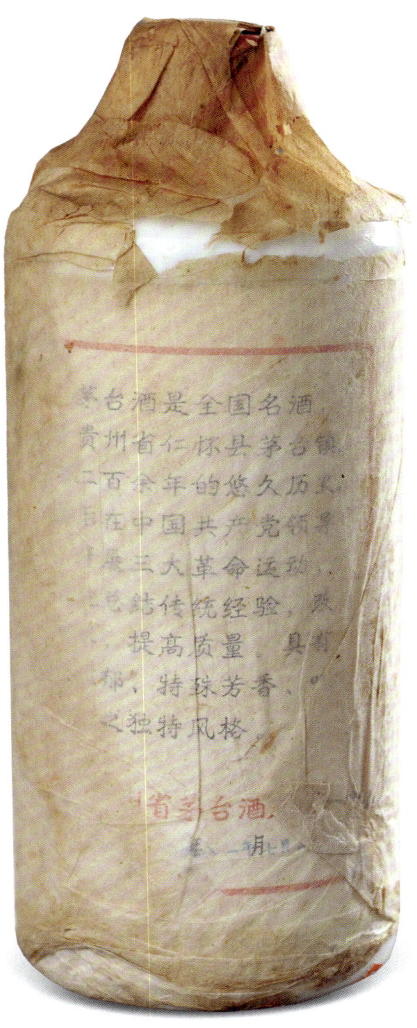

点评：棉纸包裹的不只是一个时代的结晶，更是我们的一份情怀。

173

成交价格	RMB 55,200
拍卖信息	上海嘉禾 2021.11.14, Lot 0072
生产年份	1983 年
容量规格	0.54 L
酒精度数	53°
收藏星级	★★★

1983 年内销“五星牌”贵州茅台酒

鉴藏要点:

此年开始,“金轮牌”商标正式更名为“五星牌”,其注册商标图案发生细微变化。1983 年“五星牌”贵州茅台酒背标改动较大,沿用 16 年之久的“三大革命”背标正式停用,启用新款“地方国营”背标。红色封口膜顶部加“茅台”二字作为暗记。

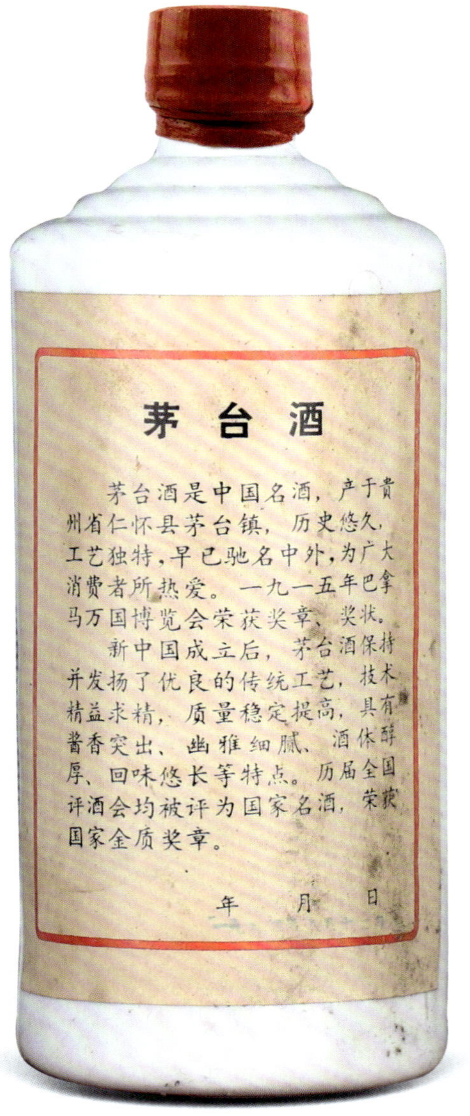

174

成交价格	RMB 47,917
拍卖信息	中国嘉德 2011.3.20 , Lot 6140
生产年份	1983 年
容量规格	0.54 L
酒精度数	53°
收藏星级	★★★

1983 年外销“飞天牌”贵州茅台酒

当年贵州茅台酒的广告宣传画

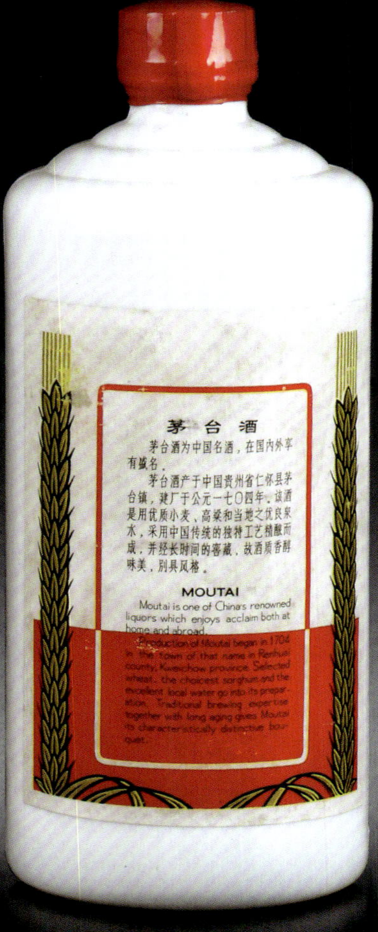

175

成交价格	RMB 47,917
拍卖信息	中国嘉德 2011.3.20 , Lot 6140
生产年份	1983 年
容量规格	0.54 L
酒精度数	53°
收藏星级	★★★

1983 年外销“飞天牌”贵州茅台酒

相关事记：

1983年12月，贵州省粮油进出口公司下文通知：同意从1984年1月起，茅台酒外销包装瓶盖全部改用扭断式防盗铝盖，取消原来的丝带和小标签。

1983 年，“飞天牌”贵州茅台酒商标中飞天仙女与上一代相比眉毛变短、无鼻梁。

176

成交价格	RMB 47,917
拍卖信息	中国嘉德 2011.3.20 , Lot 6140
生产年份	1983 年
容量规格	0.54 L
酒精度数	53°
收藏星级	★★★

1983 年“葵花牌”贵州茅台酒

177

参考价格	RMB 110,000
拍卖信息	无
生产年份	1983 年
容量规格	250 g
酒精度数	53°
收藏星级	★★★☆

1983 年“葵花牌”贵州茅台酒

相关事记：

1983 年至 1985 年的“飞天牌”贵州茅台酒及“葵花牌”贵州茅台酒，因瓶身没有标注生产日期，可根据封口膜顶部的“茅台”暗记去区分年代。

“葵花牌”贵州茅台酒背标上段内容为：“贵州茅台酒为中国八大名酒之一，早已享誉国际，曾于公元 1915 年在巴拿马万国博览会上摘得世界名酒第二位的殊荣。茅台酒产于中国贵州省北部之仁怀县茅台镇，已有 200 余年的悠久历史，以肥美小麦及高粱为原料，配以当地优良之泉水精工酿制而成，并经长时间的窖藏，故酒质能保持美味香醇，且富有营养价值。”背标下段内容为上段中文的英文翻译。

1983 年贵州茅台酒总产量为 1189 吨，其中出口销量为 200 吨。

带“茅台”暗记的封口胶套

点评：此瓶为无飘带、红色胶套、250g“葵花牌”贵州茅台酒。该酒因其盖顶封套有“茅台”暗记，故认定为 1983 年所产。

1980—1986 年贵州茅台酒原装箱

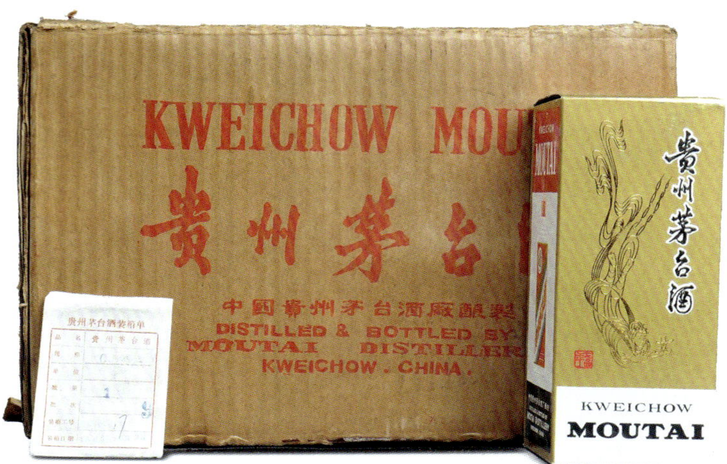

1980 年“飞天牌”贵州茅台酒原装箱

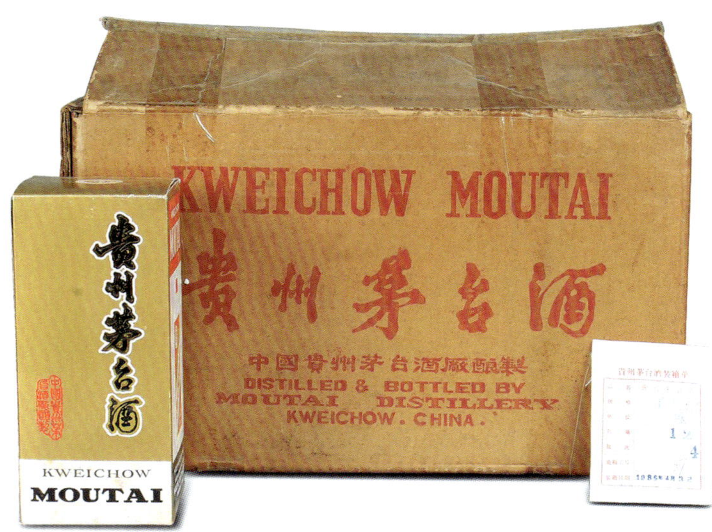

1985 年“飞天牌”贵州茅台酒原装箱

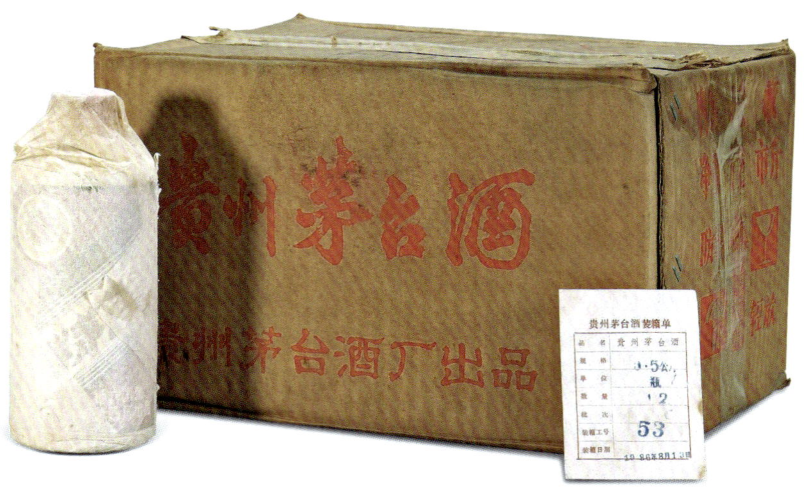

1986 年“五星牌”贵州茅台酒原装箱

1983 年贵州茅台酒厂的各位品酒师正在品鉴“飞天牌”茅台酒

1984 年贵州茅台酒再次蝉联“中国名酒”称号时茅台镇欢庆场景

178

该款茅台酒的外包装箱

成交价格	RMB 55,200
拍卖信息	上海嘉禾 2021.11.14, Lot 0074
生产年份	1984 年
容量规格	250 g
酒精度数	53°
收藏星级	★★★

1984 年内销“五星牌”贵州茅台酒

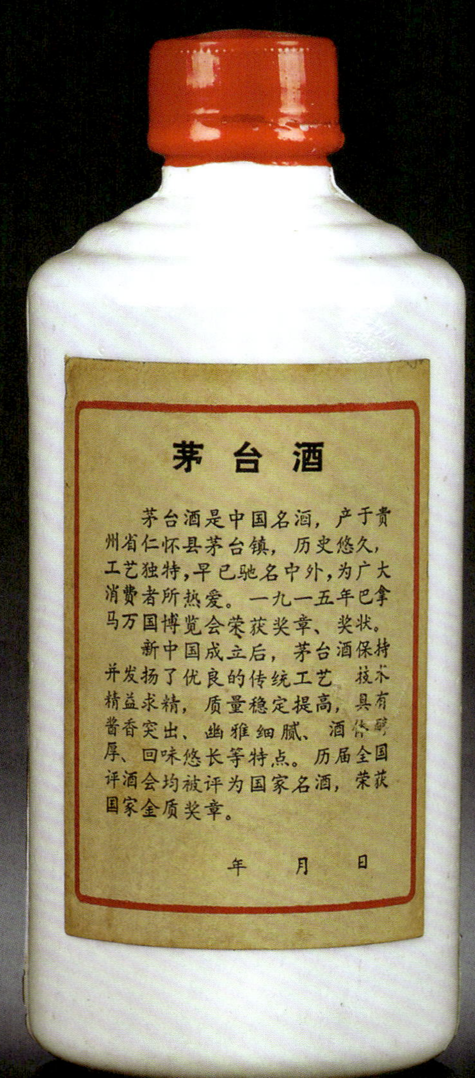

茅台酒

茅台酒是中国名酒，产于贵州省仁怀县茅台镇，历史悠久，工艺独特，早已驰名中外，为广大消费者所热爱。一九一五年巴拿马万国博览会荣获奖章、奖状。

新中国成立后，茅台酒保持并发扬了优良的传统工艺，技术精益求精，质量稳定提高，具有酱香突出、幽雅细腻、酒体醇厚、回味悠长等特点。历届全国评酒会均被评为国家名酒，荣获国家金质奖章。

年　月　日

相关事记：

1984 年 3 月，轻工业部开始研究茅台酒厂扩建问题。

4 月，季克良被评为全国评酒委员。9 月，《国酒茅台》等系列文章在《经济参考》上发表。当月，贵州茅台酒扩建年产 800 吨指挥部组建完毕，初步预算投资为 3841 万元。贵州茅台酒还获得了国家最高质量管理奖（金质奖），季克良赴北京领奖，国务院副总理姚依林亲自颁奖。12 月，成义、恒兴旧厂房拆除改建。

同年，贵州茅台酒获轻工业部酒类大赛金杯奖。低度茅台酒试制（中试）列为部级项目下达。许德珩、朱学范、阿沛阿旺晋美等领导接见茅台酒厂厂长季克良，并题词祝贺茅台酒再获国家金奖。中国科学院学部委员、著名微生物专家方心芳赋诗赠茅台酒厂，高度赞美茅台酒。

此处为黄色，是 1984 年 4 月启用的新版“五星牌”商标。

此处为白色，1984 年 4 月以后仍在使用的老版“五星牌”商标。

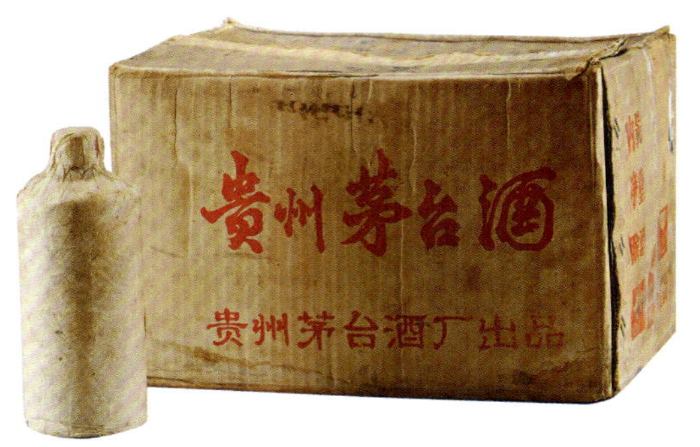

1984 年内销茅台酒的外包装箱

1984 年生产日期细节

点评：熟悉的茅台酒红色胶套、红色五星，把我们带回了那样一个火热的年代。

179

参考价格	RMB 45,000
拍卖信息	无
生产年份	1984 年
容量规格	0.27 L
酒精度数	53°
收藏星级	★★★☆

1984 年“飞天牌”贵州茅台酒（0.27L）

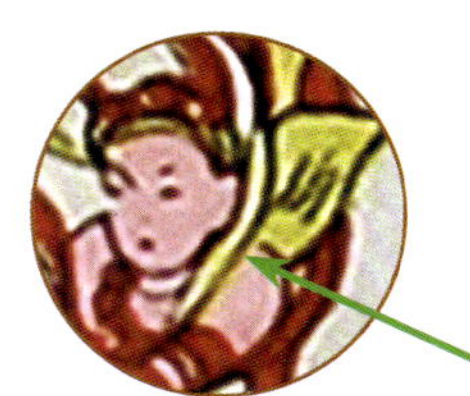

飞天仙女头部右侧的飘带为黄色。

1984 年“飞天牌”贵州茅台酒
（200ml、0.27L、0.27L）

180

成交价格	RMB 36,417
拍卖信息	中国嘉德 2011.3.20 , Lot 6116
生产年份	1985 年
容量规格	500 g
酒精度数	53°
收藏星级	★★★

1985 年内销“五星牌”贵州茅台酒

相关事记：

1983—1986年，内销的地方国营“五星牌”贵州茅台酒，不再使用“三大革命”背标，故此酒的简称也就改为正标的“地方国营”。

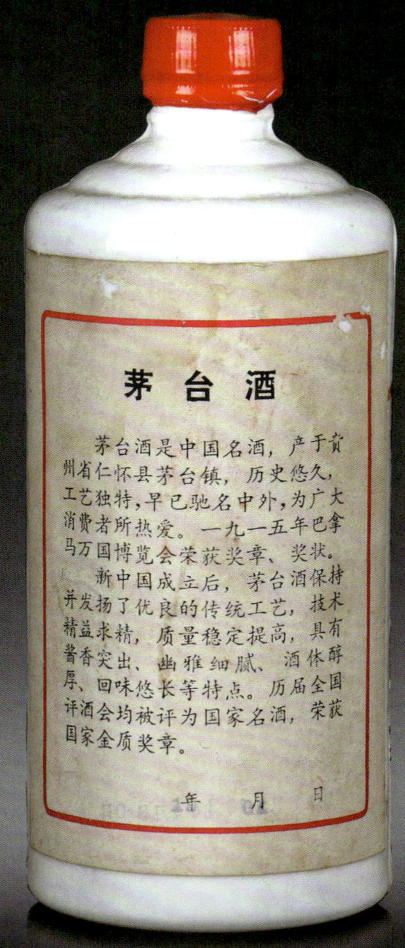

点评： 改革开放几年间，茅台酒保留了它傲人的红色和华丽的金色，褪下了其政治色彩，“三大革命”背标早已换成了自身历史的描述。华丽高贵和轻松典雅相融合，也是一番味道。

181

成交价格	RMB 47,917
拍卖信息	中国嘉德 2011.3.20，Lot 6140
生产年份	1985 年
容量规格	500 ml
酒精度数	53°
收藏星级	★★★

1985 年外销“飞天牌”贵州茅台酒

1985 年到 1989 年“飞天牌”商标右上角裙脚处暗记。

点评：茅台醉心沁寰宇，浓淡相间白玉体。

182

成交价格	RMB 47,917
拍卖信息	中国嘉德 2011.3.20 , Lot 6140
生产年份	1985 年
容量规格	500 ml
酒精度数	53°
收藏星级	★★★

1985 年外销“飞天牌”贵州茅台酒

1985 年前

1985 年后

相关事记：

1985 年 2 月，全国政协副主席陈再道题词赞美茅台酒。3 月，贵州茅台酒荣获巴黎美食及旅游委员会颁发的国际商品金桂奖，由中国驻法大使在巴黎领奖。这是中华人民共和国成立后茅台酒第一次获得国际金奖。7 月，《茅台酒厂志》编写组成立，杨良全任编委会主任，季克良、王胜涛任副主任。8 月，茅台酒年产能力 800 吨扩建工程动工。12 月，茅台酒厂科研室大容器存储试验通过国家鉴定。当月，王震接见了季克良、徐英。

1985 年，贵州茅台酒总年产量为 1265.9 吨，其中出口销量为 215 吨。

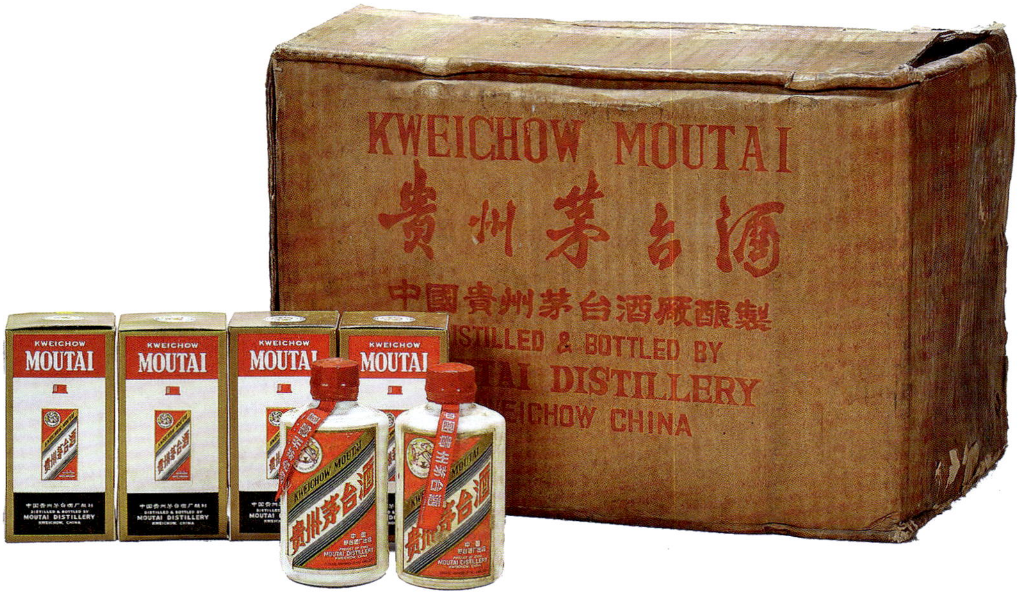

1985 年“飞天牌”贵州茅台酒（0.14L 包装的原箱）

点评：白丽动人初长成，古楚夜郎多奇酿。玉液嘉珍夺金牌，万里飘香招远来。

183

成交价格	RMB 74,750
拍卖信息	华艺国际 2021.12.11, Lot 3514
生产年份	1986 年
容量规格	500 ml
酒精度数	53°
收藏星级	★★★

1986 年内销“五星牌”贵州茅台酒

相关事记：

1986 年 8 月，接上级通知更改内销酒包装，由 0.54L 改为 500ml，并改塑盖为铝盖。

1986 年底，沿用了 30 余年的“地方国营”酒标结束使用。1986 年全年产量为 1266.6 吨，出口销量为 225 吨。出厂价为每吨 20,262.96 元，500g 装每瓶为 9.54 元。内部供应的零售价为：白皮纸包装 500g 每瓶 18 元、250g 装 10 元；彩盒 500g 装 20 元、250g 装 11.50 元、125g 装 7 元。对省外调拨价同年调为每吨 34922.81 元，每瓶 16.44 元。当年，“g”改为“ml”，即 500g 改为 500ml，每吨 2000 瓶改为 2124 瓶。

中国贵州茅台酒厂将“我爱茅台，为国争光”作为企业精神。茅台酒包装获“亚洲之星”国际包装奖。39 度茅台酒通过国家级鉴定，获得高度评价。电视剧《茅台酒的传说》播出，茅台酒文化兴起。首家专营茅台酒的“茅台宫”在北京开业。厂名更为“中国贵州茅台酒厂”。

点评：那个年代的成功之作，酱香独到，孕育着大度、完美、含蓄和成熟。

184

成交价格	RMB 46,200
拍卖信息	上海嘉禾 2022.1.1, Lot 1817
生产年份	1986 年
容量规格	500 ml
酒精度数	54°
收藏星级	★★★☆

1986 年内销 54 度“五星牌”贵州茅台酒

鉴藏要点：

“五星牌”贵州茅台酒从 1986 年 12 月 24 日开始使用金属防盗式扭断铝盖，并启用新式彩盒包装，与老款外销“飞天牌”贵州茅台酒包装不同的是，此彩盒为单层无内盒，酒盒上标注的酒精度为 54% VOL，外盒侧面酒瓶图案右下角印有：“地方国营茅台酒厂出品”字样。酒瓶由 0.54L 大瓶改为 500ml 小瓶，封口由红塑盖、红封膜的组合改为红色铝盖，正标尺寸缩小，右下角厂名发生变化，背标尺寸缩小。

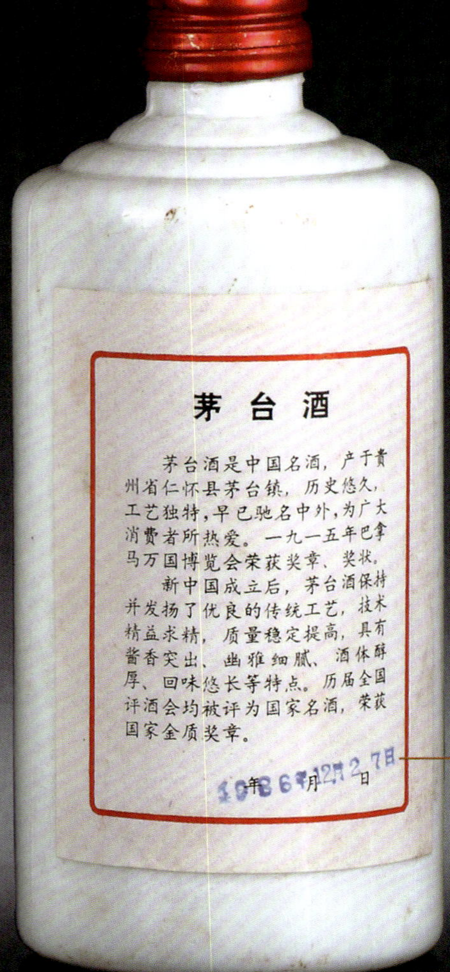

此年度开始手工加盖的生产日期，由中文数字改为阿拉伯数字。

1987—1988 年贵州茅台酒原装箱

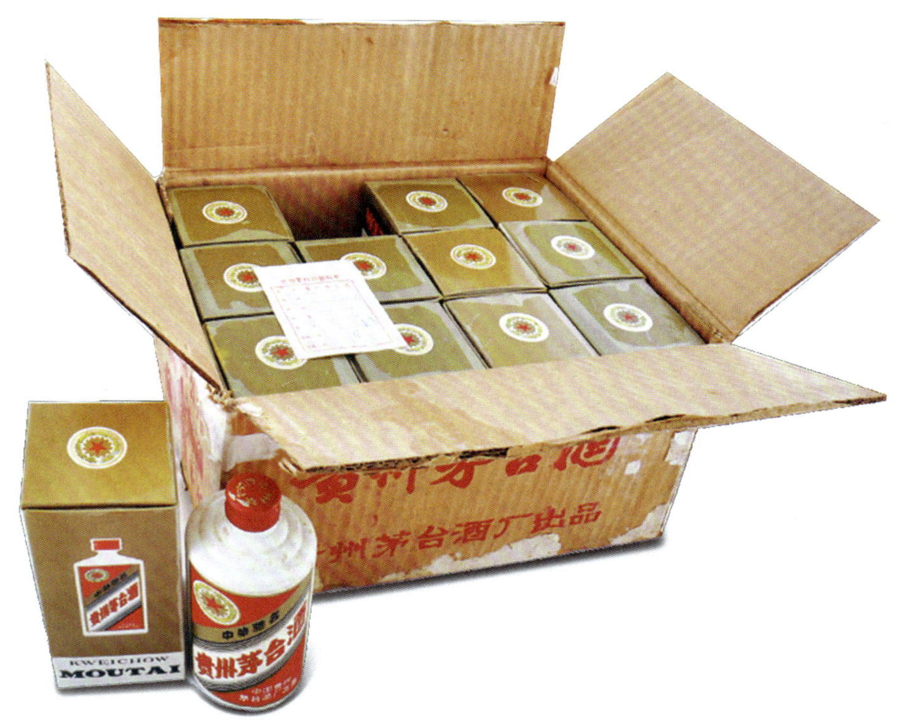

1987 年“五星牌”贵州茅台酒原装箱

1988 年“五星牌”贵州茅台酒原装箱

贵州茅台酒的商标注册证

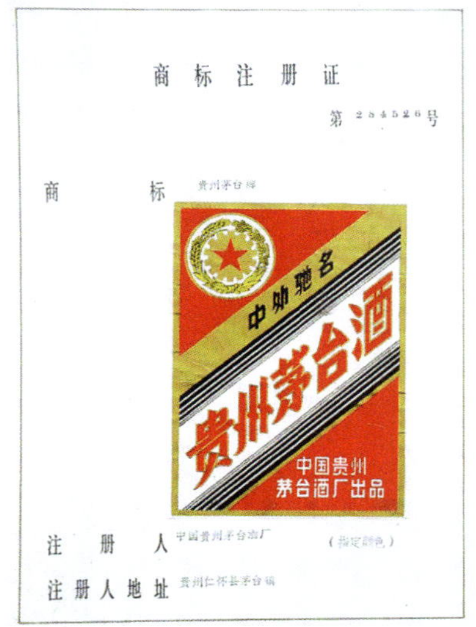
商标注册证

第 254526号

商　　标　贵州茅台牌

注　册　人　中国贵州茅台酒厂　（指定颜色）

注册人地址　贵州仁怀县茅台镇

使用商品　第 36 类

酒

经核准续展注册在商品国际分类，第 33 类

有效期限　自 1987 年 4月20日至[illegible]

续展有效期限自1997年4月20日至2007年4月19日

商标局

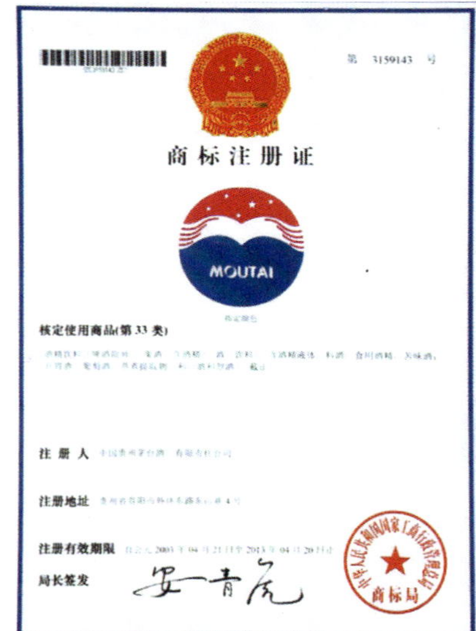
第 3159143 号

商标注册证

核定使用商品(第 33 类)

[illegible]

注册人　[illegible]

注册地址　[illegible]

注册有效期限　[illegible]

局长签发

商标局

第 3333018 号

商标注册证

核定使用商品(第 33 类)

果酒（含酒精）；苦味酒；开胃酒；鸡尾酒；热香提取物（利口酒和烈酒）；酒（饮料）；含酒精液体；酒精饮料（啤酒除外）；料酒；食用酒精（商品截止）

注册人　中国贵州茅台酒厂有限责任公司

注册地址　贵州省贵阳市外环东路东山巷4号

注册有效期限　自公元 2003 年 09 月 28 日至 2013 年 09 月 27 日止

局长签发

商标局

商标注册证

第 1658963 号

商　　标

茅台
MAOTAI

注　册　人　中国贵州茅台酒厂（集团）有限责任公司

注册人地址　贵州省贵阳市外环东路东山巷4号

核定使用商品　第 33 类

含酒精饮料（啤酒除外）☆

注册有效期限　自公元2001 年10月28 日至2011 年10月[illegible]日止

商标局

局长签发

185

参考价格	RMB 30,000
拍卖信息	无
生产年份	1986 年
容量规格	500 ml
酒精度数	53°
收藏星级	★★★

1986 年外销“飞天牌”贵州茅台酒

相关事记：

1986 年 10 月，贵州茅台酒以独特风格，在法国巴黎荣获第十二届国际食品博览会金奖。是年，《茅台酒厂志》开始编撰，许多历史事件资料、照片被首次系统地记录下来。

点评：国酒茅台兮，琼浆之冠，玉液之尊。

186

参考价格	RMB 30,000
拍卖信息	无
生产年份	1987 年
容量规格	500 ml
酒精度数	54°
收藏星级	★★★

1987 年内销 54 度“五星牌”贵州茅台酒

相关事记：

1986—1988 年，推出了内销“五星牌”54 度茅台酒。扭断式防盗铝盖顶部有银色字和金色字之分。1987 年 9 月，首次试用贵阳美工玻璃瓶。

部分瓶盖上印有“OPEN”

点评：仅有的 54 度茅台，强劲、浓郁。

187

成交价格	RMB 40,250
拍卖信息	中鸿信 2022.9.12, Lot 5105
生产年份	1987 年
容量规格	500 ml
酒精度数	53°
收藏星级	★★★

麦穗谷粒为尖角

此处断开

此处断开

1987 年内销“五星牌”贵州茅台酒

相关事记：

此酒背标字体、字距、行距较为特殊，仅在 1987 年 3 月使用过几天。瓶盖顶端文字“贵州茅台酒”有金色，存世量较少。

1987 年，外销茅台酒 500ml 装每瓶 9.54 元，每瓶还返还给酒厂 6 元用于生产发展基金，另付酒瓶提价补助每瓶 0.4 元。

厂名字体较粗

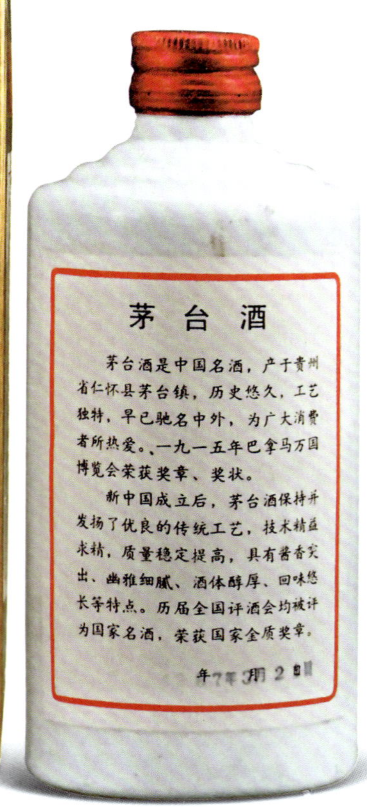

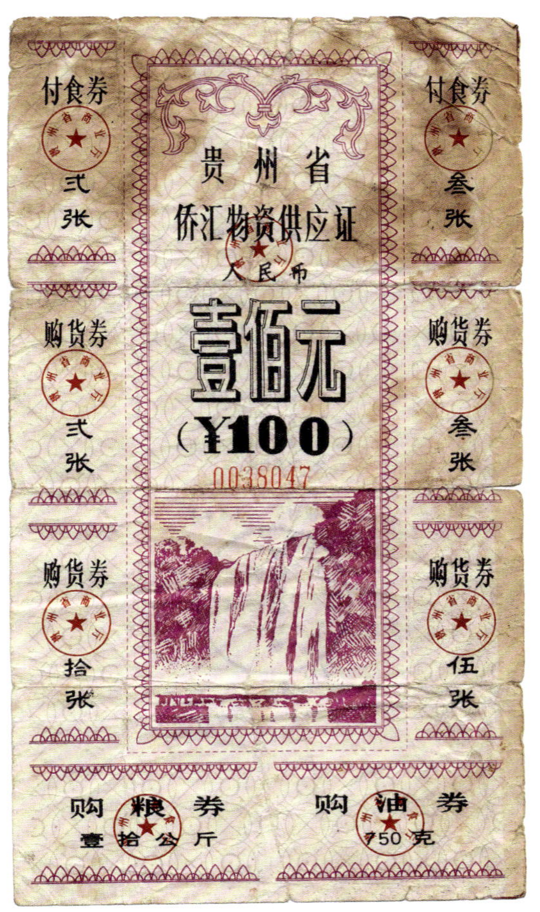

付食券 贰张 | 贵州省 侨汇物资供应证 | 付食券 叁张

购货券 贰张 | 人民币 壹佰元 (¥100) 0038047 | 购货券 叁张

购货券 拾张 | | 购货券 伍张

购粮券 壹拾公斤 | 购油券 750克

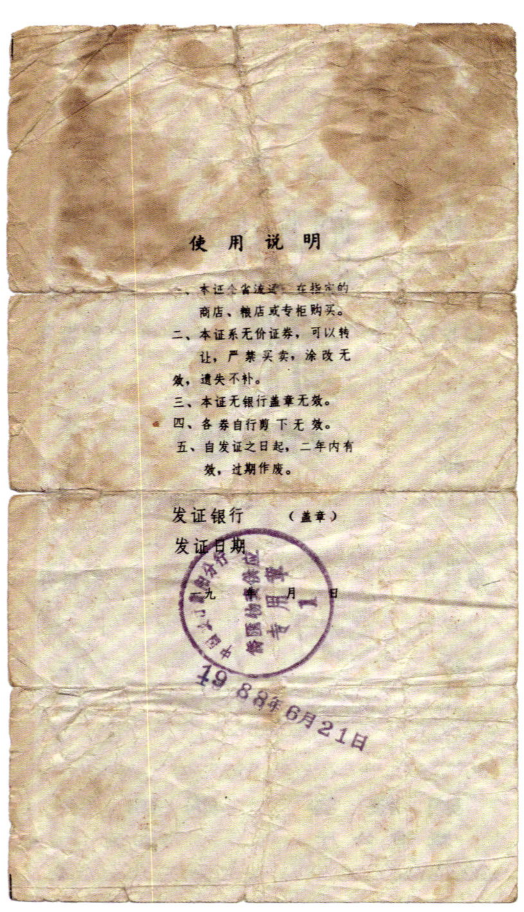

使用说明

一、本证全省流通，在指定的商店、粮店或专柜购买。

二、本证系无价证券，可以转让，严禁买卖，涂改无效，遗失不补。

三、本证无银行盖章无效。

四、各券自行剪下无效。

五、自发证之日起，二年内有效，过期作废。

发证银行 （盖章）

发证日期 一九 年 月 日

1988年6月21日

计划经济年代购买贵州茅台酒特需的侨汇券

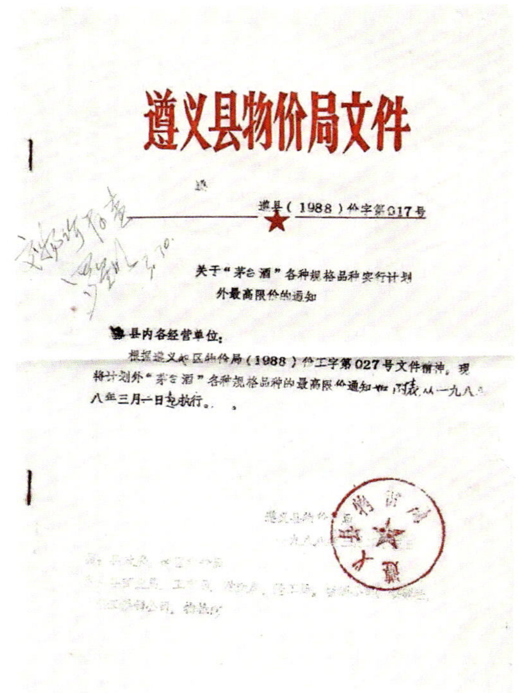

遵义县物价局文件

遵县（1988）价字第017号

关于“茅台酒”各种规格品种实行计划外最高限价的通知

县内各经营单位：

根据遵义地区物价局（1988）价工字第027号文件精神，现将计划外“茅台酒”各种规格品种的最高限价通知如附表，从一九八八年三月一日起执行。

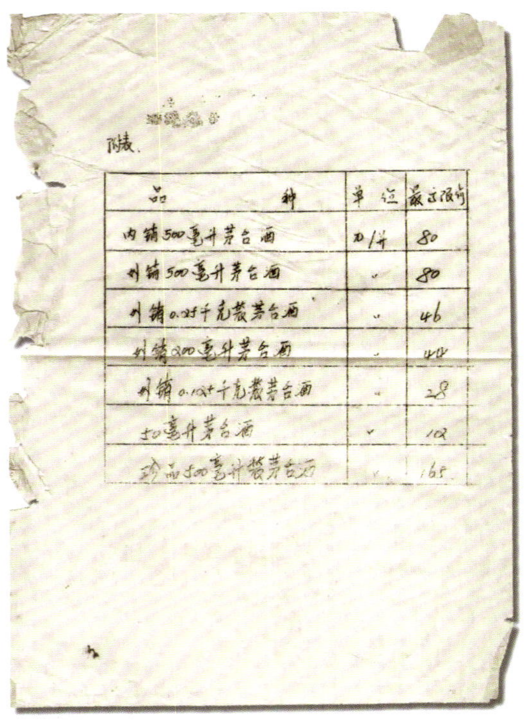

附表

品种	单位	最高限价
内销500毫升茅台酒	元/件	80
外销500毫升茅台酒	〃	80
外销0.25千克装茅台酒	〃	46
外销200毫升茅台酒	〃	44
外销0.125千克装茅台酒	〃	28
50毫升茅台酒	〃	102
珍品500毫升装茅台酒	〃	165

当年贵州茅台酒的限价文件

贵州茅台酒封口变化

【1981—1988】

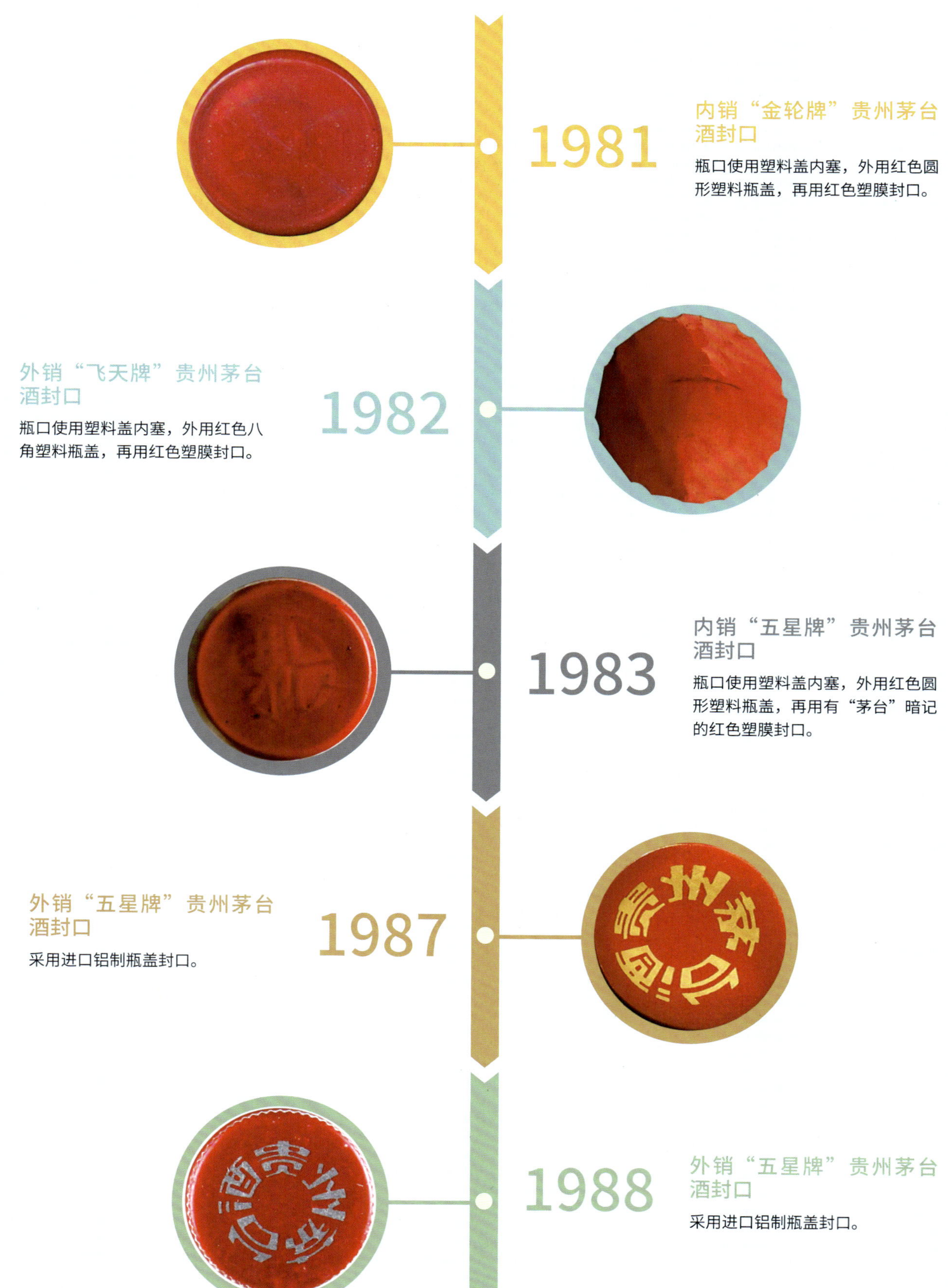

1981
内销“金轮牌”贵州茅台酒封口
瓶口使用塑料盖内塞，外用红色圆形塑料瓶盖，再用红色塑膜封口。
1982
外销“飞天牌”贵州茅台酒封口
瓶口使用塑料盖内塞，外用红色八角塑料瓶盖，再用红色塑膜封口。
1983
内销“五星牌”贵州茅台酒封口
瓶口使用塑料盖内塞，外用红色圆形塑料瓶盖，再用有“茅台”暗记的红色塑膜封口。
1987
外销“五星牌”贵州茅台酒封口
采用进口铝制瓶盖封口。
贵州茅台酒
1988
外销“五星牌”贵州茅台酒封口
采用进口铝制瓶盖封口。
贵州茅台酒

188

参考价格	RMB 30,000
拍卖信息	无
生产年份	1987 年
容量规格	500 ml
酒精度数	53°
收藏星级	★★★

1987 年外销“飞天牌”贵州茅台酒

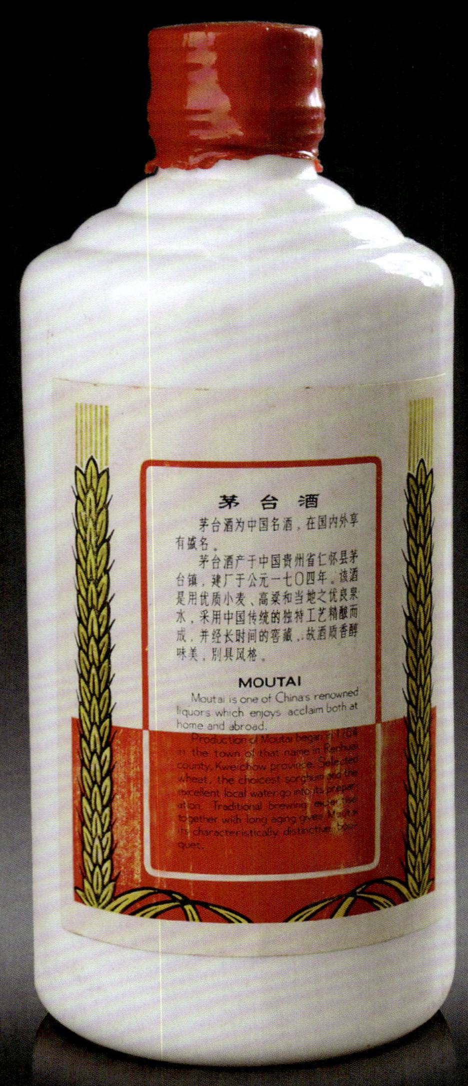

点评： 1987 年开始“飞天牌”茅台恢复红飘带，“飞天牌”的铝制旋钮盖依然包裹于那娇艳的红色封套之中，伴随着酒旗般的飘带，映照人心，令人记忆深刻。

1987年酒盒正面厂名的变化

时间	规格
1986.12-1988.1	54%VOL 108PROOF 500ML 16.94 FL.OZ.
1988.2-1989.6	53%VOL.108PROOF 500ML16.94FL.OZ.
1989.7-1992.6	53%VOL 106PROOF. 500ml.16.94FL.OZ.

笔画松散 — 笔画分开
笔画紧密 — 笔画相连

310

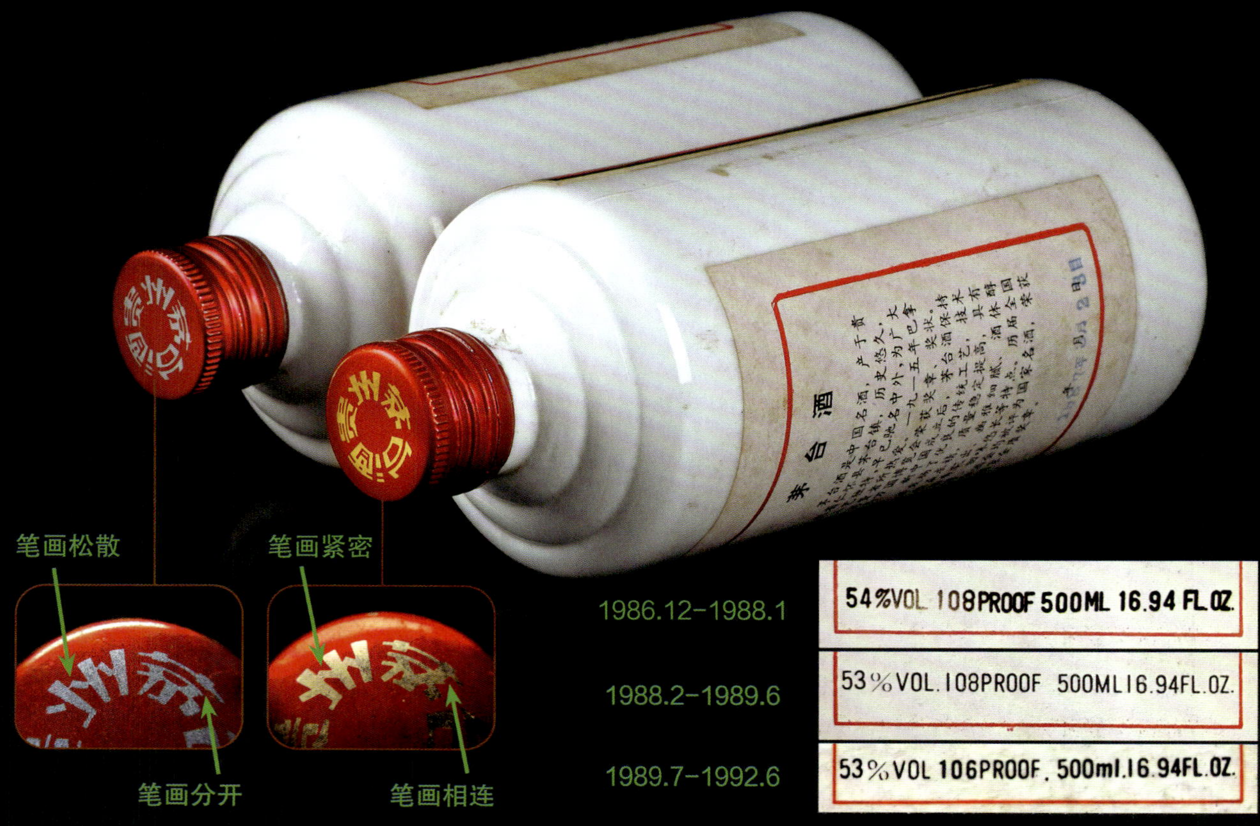

189

该款茅台酒的外包装箱

成交价格	RMB 40,250
拍卖信息	中鸿信 2022.9.12, Lot 5106
生产年份	1988 年
容量规格	500 ml
酒精度数	54°
收藏星级	★★★

1988 年内销 54 度“五星牌”贵州茅台酒

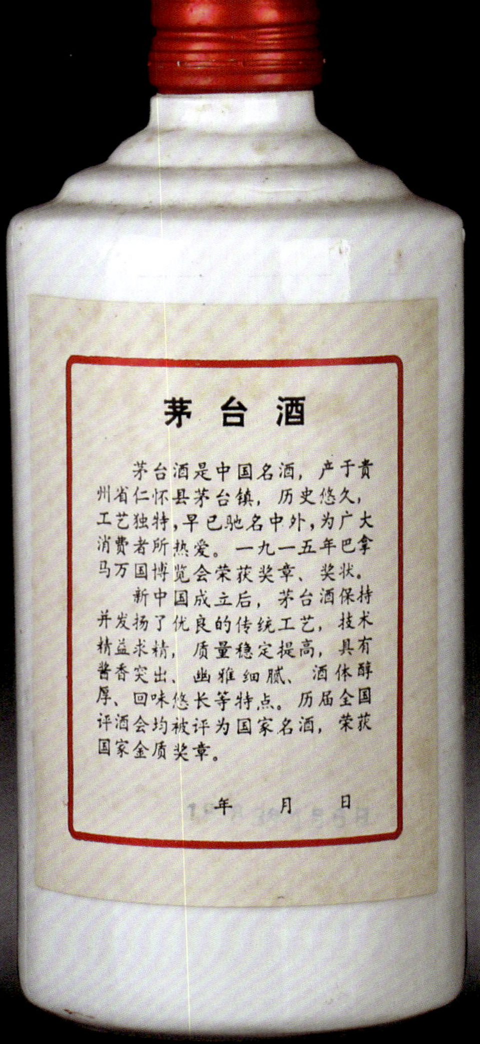

相关事记：

1988 年 1 月，茅台酒厂厂长邹开良当选为第七届全国人大代表。

2 月，茅台酒厂代表团奔赴云南边防慰问指战员。

5 月，茅台酒厂被评为贵州省先进企业。

6 月，由中央顾问委员会的周林亲题的“茅源宾馆”正式挂牌营业。

8 月，为了拍摄中国名酒纪录片《中国酒文化》，北京酒文化中心的摄制组到茅台酒厂进行了考察。

9 月 28 日，贵州茅台酒通过国家技术监督局主持的国家食物标准审定。

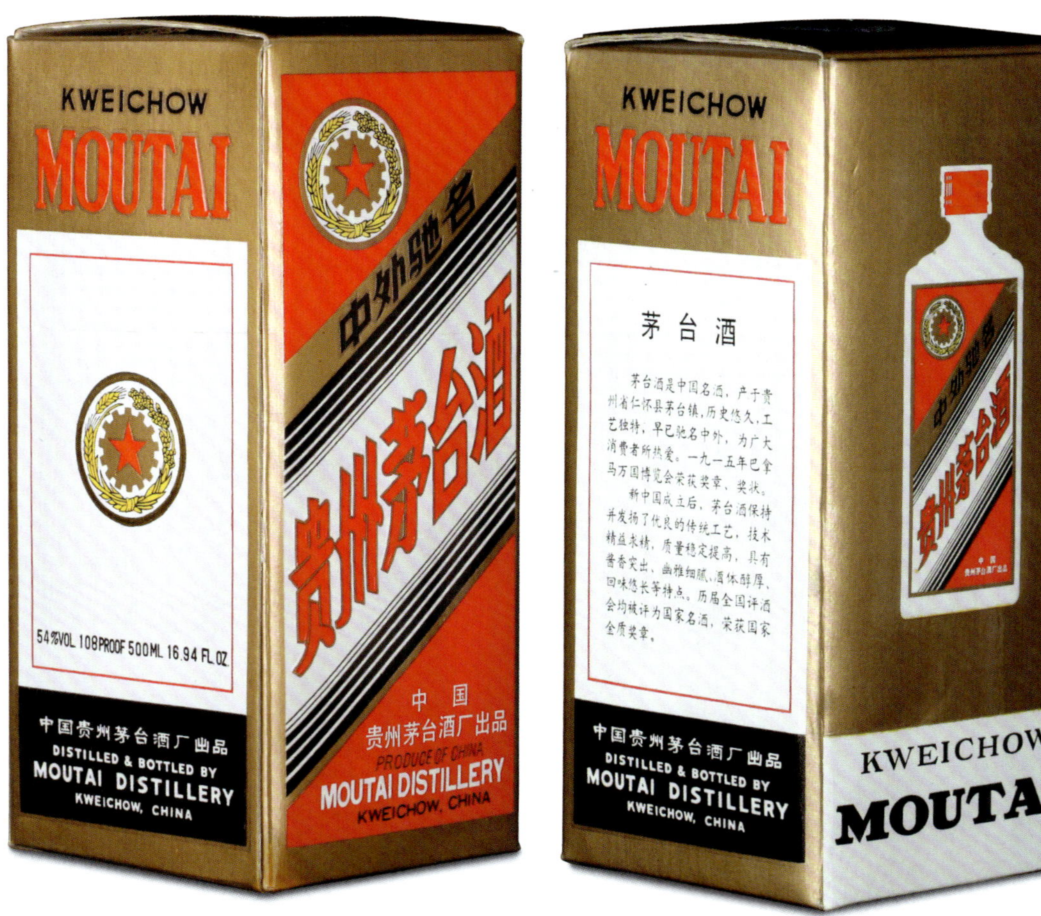

1988 年茅台酒外包装

点评：黔地诗乡连酒香，诗情酒意相较长。送君一河茅台水，多大巴蜀咏佳章。

1988 年内销 54 度“五星牌”贵州茅台酒

相关事记：

1988 年，茅台酒彩盒 500ml 计划内供应每瓶出厂价调整为 14 元，内供每瓶 30 元。其他规格的茅台酒，内销每瓶（500ml）返还生产发展基金 9 元，每吨返还 19116 元。

7 月 6 日，全国烟酒价格专业会议出台《关于放开名酒价格和适当提高粮食酿酒价格的几项规定》，茅台酒被列为放开的 13 种名酒之一。价格放开后，茅台酒的产地基础零售价升为 100 元。

内销 500ml 出厂价每瓶为 100.04 元，外销 500ml 出厂价每瓶为 120 元，外销珍品 500ml 出厂价为每瓶 220 元。

190

参考价格	RMB 30,000
拍卖信息	无
生产年份	1988 年
容量规格	500 ml
酒精度数	53°
收藏星级	★★★

1988 年外销“飞天牌”贵州茅台酒

相关事记：

1988 年 8 月，茅台酒厂 44 吨 / 时锅炉投入使用。茅台酒厂扩建年产 800 吨工程部分竣工投产，增设至四车间。

11 月，中国人民武装警察部队贵州总队分配一个中队进驻茅台酒厂执勤。

1988 年外销“飞天牌”贵州茅台酒

相关事记：

1988 年 11 月，试用湖北松滋玻璃厂生产的茅台酒瓶。

12 月，茅台酒获得中国首届食品博览会金奖。茅台酒厂还在当年获得“贵州省轻工出口产品创汇和全国轻工产品创汇先进企业”称号，被认定为“贵州省工业企业标准化三级”企业。《茅台酒厂志》初稿编撰完成。著名作家何士光的《在神秘的茅台》一书出版。贵州茅台酒被列为社会集团控制购买商品。

191

参考价格	RMB 50,600
拍卖信息	无
生产年份	1988 年
容量规格	500 ml
酒精度数	53°
收藏星级	★★★★

1988 年外销“飞天牌”贵州茅台酒（参赛样品酒）

相关事记：

1989 年 1 月 10 日至 19 日，在安徽省合肥市举行的全国第五届评酒会上，1988 年生产的“飞天牌”贵州茅台酒得分最高，被评为国家名酒，实现了中国名酒“五连冠”。

全国第五届评酒会贵州茅台酒（参赛样品酒）

192

参考价格	RMB 30,000
拍卖信息	无
生产年份	1989 年
容量规格	500 ml
酒精度数	53°
收藏星级	★★★

1989 年内销“五星牌”贵州茅台酒

当年生产的原装箱贵州茅台酒

相关事记：

1989 年 1 月 11 日，全面恢复人工踩曲。12 日，修订大曲酱香型酒厂国家一级企业标准。4 月 26 日，茅台酒获得“羊城杯”首届中国酒类包装装潢评展特级金杯奖。

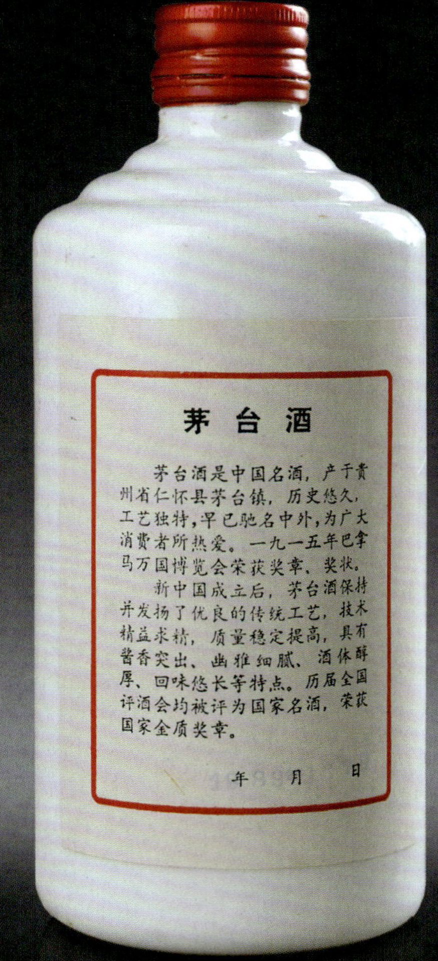

点评：文化铸就辉煌，传统呈现醇厚，浮雕铭刻历史。

193

参考价格	RMB 30,000
拍卖信息	无
生产年份	1989 年
容量规格	500 ml
酒精度数	53°
收藏星级	★★★

当年生产的贵州茅台酒瓶底

1989 年外销“飞天牌”贵州茅台酒

相关事记：

1989 年，在北京举行的国际博览会上，茅台酒获国际博览会金奖。

1985 年后“飞天牌”商标右侧仙女右上角裙脚暗记取消。

1989 年“飞天牌”商标右侧仙女眉毛与鼻梁相连。

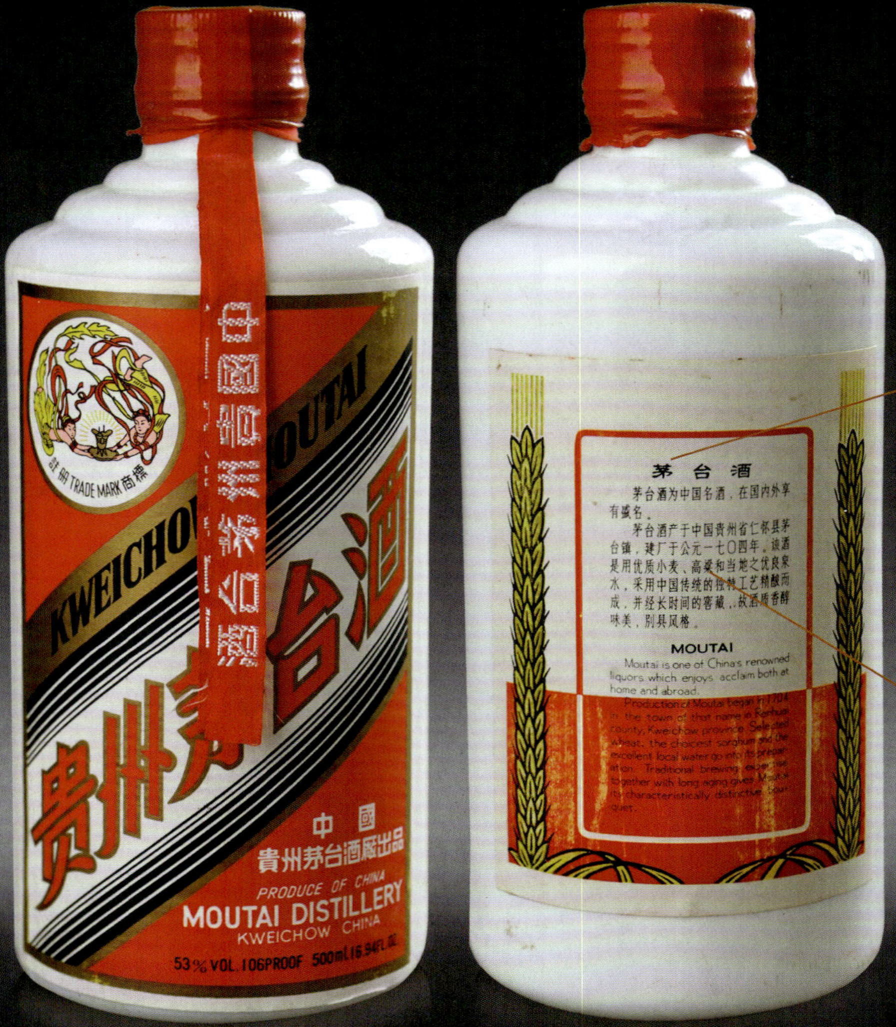

1989 年前

1989 年后

错别字“梁”字启用，此版别背标仅在 1989 年和 1992 年交替存在。

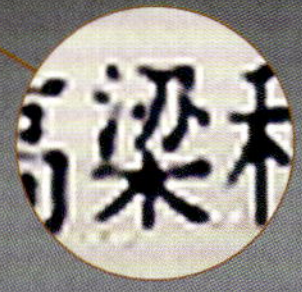

点评： 即将进入一个崭新的年代，茅台酒那傲人的红色变得更加轻盈却不失稳重，如此变化，值得我们追忆。

20 世纪 80 年代外销
“飞天牌”贵州茅台酒的各种规格

相关事记：

20 世纪 50 年代后期至 80 年代末，茅台酒一直分为内销、外销两种包装。内销有 500g、250g、500ml 装 3 种规格；外销则有 0.54L、0.27L、0.14L 及 50ml、200ml、500ml 装 6 种规格。

1988 年酒文化节纪念章

194

参考价格	RMB 3,000
拍卖信息	无
生产年份	1988 年
容量规格	50 ml
酒精度数	53°
收藏星级	★★★

20 世纪 80、90 年代外销“飞天牌”贵州茅台酒

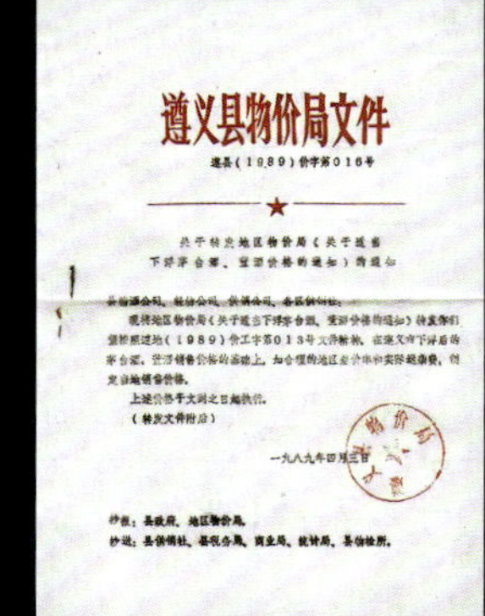

遵义县物价局文件

遵县（1989）价字第016号

[illegible]

上述价格于文到之日起执行。

（转发文件附后）

一九八九年四月三日

当年贵州茅台酒的价格通知文件

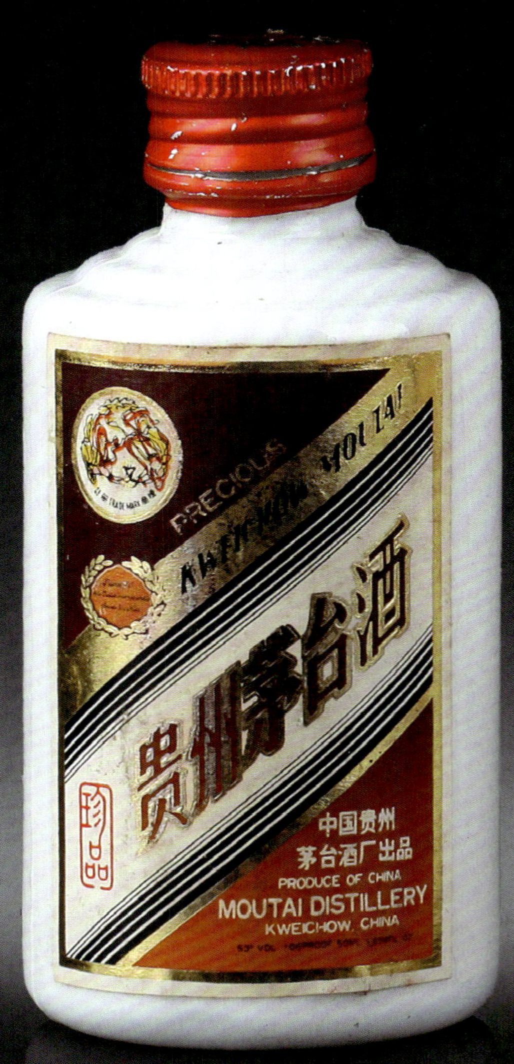

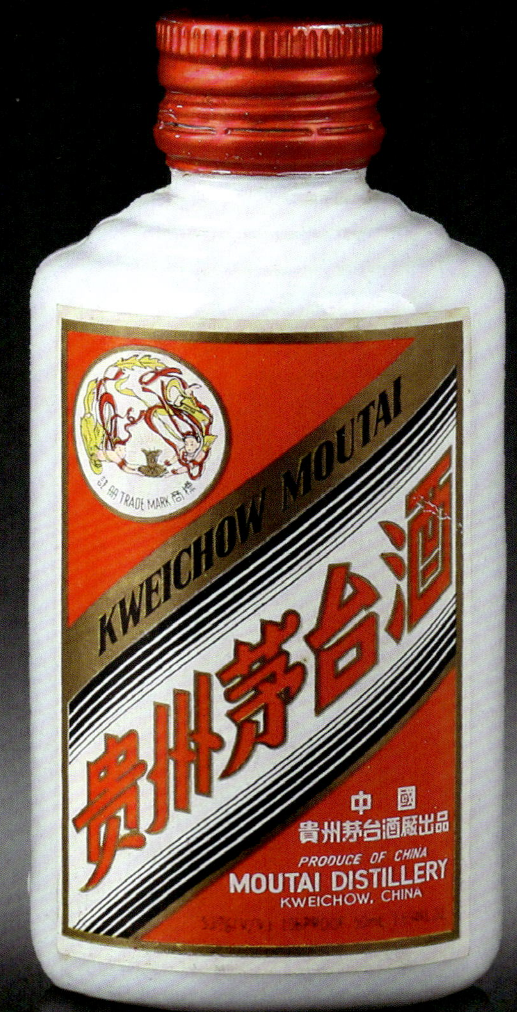

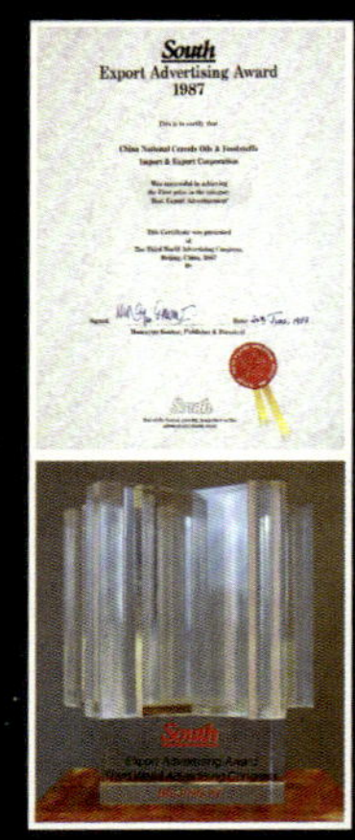

该广告当年的获奖证书

贵州茅台酒当年的广告宣传画

贵州茅台酒商标（系列商标）20 世纪 90 年代使用变化情况及特征：

1. 茅台酒的商标使用在瓶上后一般比未使用前略长或宽 2~3mm，其凹凸感较使用前略为不明显，但这不是鉴定的标准。

2. 贵州茅台牌（五星）53%（VOL）500ml 茅台酒商标于 1991 年 1 月 8 日启用。1991 年 1 月 8 日至 1993 年 4 月 28 日出产的酒特征如下：①分别使用了食品小标签和背标；②背标未打印生产日期；③食品小标签上的生产日期、批号字体为蓝色。1993 年 4 月 28 日至 1995 年 11 月 23 日出产的酒特征如下：①背标与食品小标签印在同一张纸上，不再分别印刷；②日期、批号字体为红色。1993 年 8 月 26 日起外包装盒顶部采用了五星激光防伪标志，1996 年 5 月 15 日以后，背标上的厂址中的“仁怀县”改为“仁怀市”。1997 年 1 月 31 日后，背标上“原料”一栏加“水”字。

3. 贵州茅台牌（飞天）53%（V/V）500ml 商标于 1992 年 6 月 22 日启用，1992 年 6 月 22 日至 1996 年 3 月 25 日贴有背标和食品标签；1996 年 3 月 25 日食品标签停用，其上的内容打印于彩盒二层盖上，字样颜色为黑色，其上的批号、日期喷印在瓶口；自 1996 年 7 月 16 日起彩盒上的厂址中的“仁怀县”改为“仁怀市”。商标 1997 年 3 月 25 日起改小 2~3mm，背标未变。

4. “五星牌”“飞天牌”43%（V/V）500ml 商标于 1992 年 5 月 8 日启用，贴有背标和食品小标签；1996 年 9 月 23 日食品小标签停止使用，其内容打印于彩盒二层盖上，字体颜色为黑色，1996 年 12 月 3 日起字体由黑变红。“飞天牌”商标 1997 年 8 月起改小，背标未变。

5. 38%（V/V）500ml 商标于 1992 年 3 月 31 日启用，贴有背标和食品小标签；1996 年 4 月 18 日起食品小标签停止使用，内容打印于彩盒二层盖上，字体为黑色，1996 年 8 月 7

日起字体由黑色改为黄色，商标 1997 年 4 月 24 日起改小，背标未变。

6. 凡 500ml 装茅台酒，其瓶盖均于 1996 年 8 月 19 日后改用意大利进口防盗瓶盖，胶帽为透明无色。1998 年 1 月 1 日，启用美国 3M 公司激光防伪小白标，加于瓶口，直至 1999 年 5 月 31 日。1999 年 6 月 1 日改用激光防伪小黑标于瓶口，直至 2000 年 6 月 30 日。2000 年 7 月 1 日至 2008 年 12 月 31 日，瓶口处贴有第三代激光彩色小标。2009 年 1 月起，启用第四代全新防伪胶套。

7. 喷码数字于 1995 年 2 月 21 日启用，喷码点状清晰圆润，用手擦不掉。1995 年 2 月 21 日至 11 月 23 日，五星茅台酒的生产日期既印于瓶身、背标，在瓶盖的喷码上也有标识。

20 世纪 90 年代茅台酒商标

195

参考价格	RMB 30,000
拍卖信息	无
生产年份	1990 年
容量规格	500 ml
酒精度数	53°
收藏星级	★★☆

1990 年内销“五星牌”贵州茅台酒

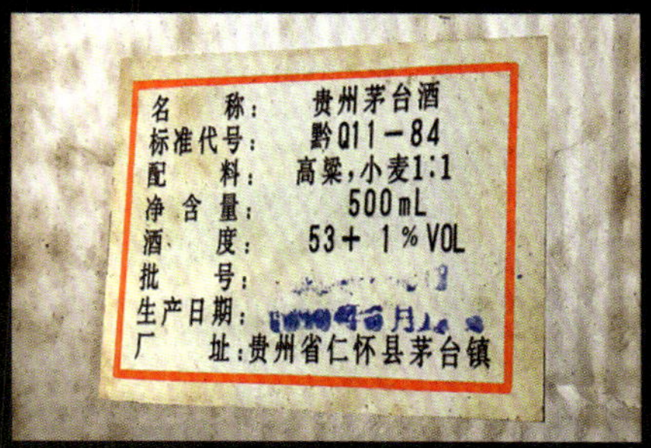
名　　称：贵州茅台酒
标准代号：黔Q11－84
配　　料：高粱，小麦1:1
净 含 量：500mL
酒　　度：53＋1％VOL
批　　号：
生产日期：
厂　　址：贵州省仁怀县茅台镇

“五星牌”贵州茅台酒盒盖内贴的产品标签

名　　称：贵州茅台酒
标准代号：黔Q11－84
配　　料：高粱，小麦1:1
净 含 量：500mL
酒　　度：53±1％VOL
批　　号：
生产日期：
厂　　址：贵州省仁怀县茅台镇

“五星牌”贵州茅台酒产品标签

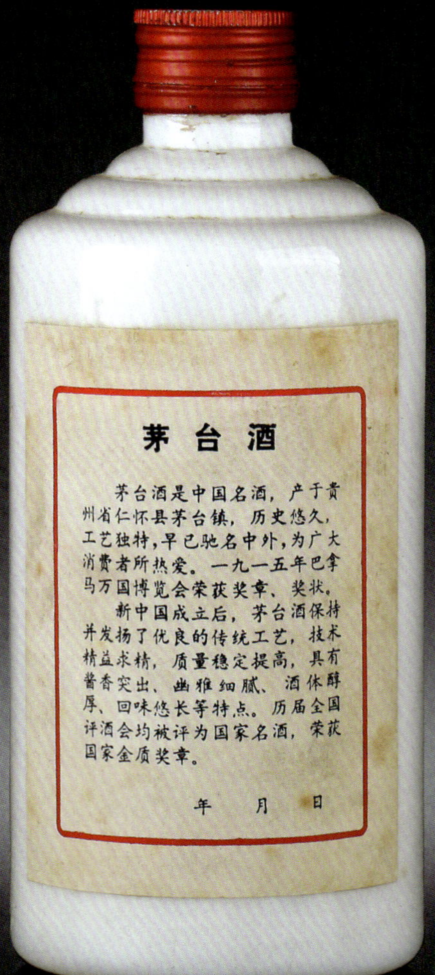

相关事记：

1990 年 1 月 5 日，前国家副主席王震为厂志题名——《茅台酒厂志》。

6 日，贵州省政府办公厅向茅台酒厂发来贺电，祝贺茅台酒厂 1989 年超额完成国家销售计划。

8 月起茅台酒外销 375ml 彩盒装每瓶出厂价 50 元、调拨价 56.50 元、零售价 65.20 元；外销 500ml 木漆彩盒蜡染袋装珍品茅台酒每瓶出厂价 133 元、调拨价 150 元、批发价 157.50 元、零售价 170 元。

12 月，《茅台酒厂志》出版发行。

该年贵州茅台酒印有“贵州茅台酒”字样的红色铝盖密封，瓶口无内塞，瓶盖上印制的“贵州茅台酒”字体平滑，有光泽，瓶盖和酒瓶密封好。酒瓶倒置，滴酒不漏，而且一拧就开。假茅台瓶盖色泽暗淡，手摸感觉粗糙，由于盖子和瓶不配套，酒瓶倒置，会有酒液漏出，或可闻到酒味。假酒的瓶盖往往拧半天也拧不开，甚至用剪刀剪才能拧开，这样的“茅台酒”必假无疑。茅台酒全瓶贴“贵州茅台酒”注册商标，是用进口 100g 铜版纸印刷，500ml 容量酒瓶的商标纸规格为 90mm × 125mm。商标印刷精美，套色准确，图案、字体规范，标签金边和字体密合，切边均匀。外销“飞天牌”酒瓶上系有两条红底白字的“中国贵州茅台酒”丝带，瓶贴上印有中英文对照说明。

1990 年贵州茅台酒瓶底

196

成交价格	RMB 71,875
拍卖信息	中国嘉德 2021.5.18 , Lot 4021
生产年份	1990 年
容量规格	500 ml
酒精度数	53°
收藏星级	★★★

1990 年外销“飞天牌”贵州茅台酒

相关事记：

1990 年“飞天牌”贵州茅台酒将 1989 年“飞天牌”贵州茅台酒包装外盒上容量的字母“ML”改为“ml”，并增加彩盒内食品标签、标注日期等信息。“飞天牌”商标印刷线条更加流畅，色彩更加鲜艳。

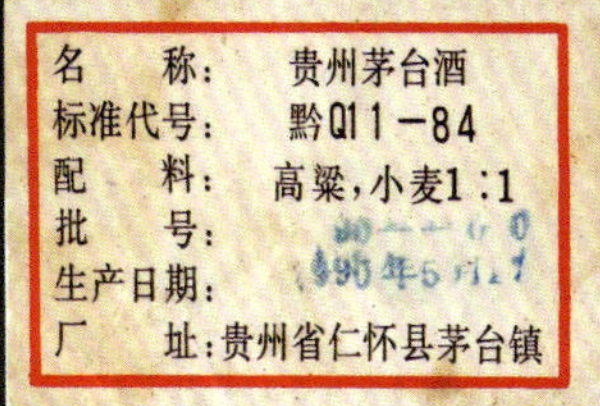

名　称：贵州茅台酒
标准代号：黔Q11-84
配　料：高粱，小麦1∶1
批　号：
生产日期：1990年5月
厂　址：贵州省仁怀县茅台镇

“飞天牌”贵州茅台酒产品标签

1990 年到 1996 年“飞天牌”商标右侧仙女手臂上出现类似“倒刺”的暗记。

1990 年另一款“飞天牌”商标

点评： 完整滑顺、毫不妥协的酱香风味，圆润、均衡、醇厚。口味悠长令人回味无穷，倍显浓郁之情。

197

成交价格	RMB 71,875
拍卖信息	中国嘉德 2021.5.18 , Lot 4011
生产年份	1990 年
容量规格	500 ml
酒精度数	53°
收藏星级	★★★

1990 年正背标混贴“五星牌”贵州茅台酒

点评： 正背标混贴“五星牌”贵州茅台酒，俗称“错标茅台”或“错版茅台”。就版别错误而言此酒为茅台酒厂史上少见，就酒质而言已达到巅峰，具有一定的收藏价值。尊者所爱，定非凡品！

198

成交价格	RMB 47,913
拍卖信息	中国嘉德 2021.12.10 , Lot 4021
生产年份	1991 年
容量规格	500 ml
酒精度数	53°
收藏星级	★★★

贵州茅台酒荣获的“中国驰名商标”

1991 年内销“五星牌”贵州茅台酒

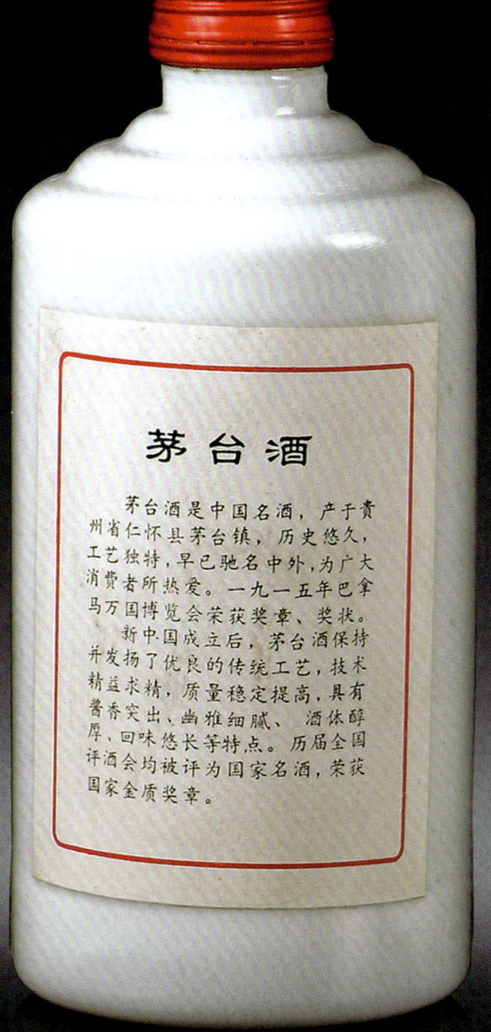

相关事记：

1991 年 1 月，茅台酒厂通过国家一级企业预考核。1 月 22 日，为满足韩国等国际市场的需求，茅台酒厂决定成立 43 度贵州茅台酒科研组。

8 月，贵州茅台酒厂通过国家一级企业验收考核。8 月 24 日，中国贵州茅台酒文化博览城开放。

9 月 19 日，贵州茅台酒荣获首批“中国驰名商标”称号。

11 月 16 日，贵州茅台酒厂新研发的 43 度茅台酒通过省级鉴定，同意进行批量生产。贵州省经委、轻纺厅下拨茅台酒厂扩建改造工程项目前期费用 100 万元。

12 月 28 日，中共中央总书记江泽民参观全国出口商品基地成果展览，他在参观贵州省粮油食品进出口公司展台时说：“茅台酒，很好。”

“五星牌”贵州茅台酒 53% vol 500ml 茅台酒商标于 1991 年 1 月 8 日启用，1991 年 1 月 8 日至 1993 年 4 月 28 日出产的酒特征如下：①正标右下角加注：53% VOL 500ml；②分别使用了食品小标签和背标；③背标取消“年 月 日”三个字，未打印生产日期；④食品小标签上的生产日期、批号字体为蓝色。

1991 年贵州茅台酒瓶底多有“清玻”暗记。

1983—1990 年

茅台酒

茅台酒是中国名酒，产于贵州省仁怀县茅台镇，历史悠久，工艺独特，早已驰名中外，为广大消费者所热爱。一九一五年巴拿马万国博览会荣获奖章、奖状。新中国成立后，茅台酒保持并发扬了优良的传统工艺，技术精益求精，质量稳定提高，具有酱香突出、幽雅细腻、酒体醇厚、回味悠长等特点。历届全国评酒会均被评为国家名酒，荣获国家金质奖章。

年 月 日

1991—1992 年

茅台酒

茅台酒是中国名酒，产于贵州省仁怀县茅台镇，历史悠久，工艺独特，早已驰名中外，为广大消费者所热爱。一九一五年巴拿马万国博览会荣获奖章、奖状。新中国成立后，茅台酒保持并发扬了优良的传统工艺，技术精益求精，质量稳定提高，具有酱香突出、幽雅细腻、酒体醇厚、回味悠长等特点。历届全国评酒会均被评为国家名酒，荣获国家金质奖章。

1983—1992 年使用的这两个版别的背标有以下几点区别：①上方的“茅台酒”字体由原来的黑体变为隶书；② 1991—1992 年版酒标下方的“年月日”去除；③两个版别的酒标正文内容标色块处的字距略大，导致上下文不对齐。

199

成交价格	RMB 76,666
拍卖信息	广州保利 2011.8.7 , Lot 0793
生产年份	1991 年
容量规格	500 ml
酒精度数	53°
收藏星级	★★★

1991 年内销“五星牌”贵州茅台酒

1991 年贵州茅台酒瓶底

点评： 1991 年 1 月 8 日以后的“五星牌”贵州茅台酒首次采用红色飘带、红色封膜，隐约能见铁盖顶部字迹。厂名格式由“中国 贵州
茅台酒厂出品”改为“中国
贵州茅台酒厂出品”。

200

成交价格	RMB 72,833
拍卖信息	中国嘉德 2021.5.18 , Lot 4020
生产年份	1991 年
容量规格	500 ml
酒精度数	53°
收藏星级	★★★

1991 年外销“飞天牌”贵州茅台酒

相关事记：

1991 年 4 月，贵州茅台酒荣获第二届北京国际博览会金奖。

茅台酒厂通过国家一级企业正式考核。

贵州“茅台牌”商标获首届“中国驰名商标”第一名。

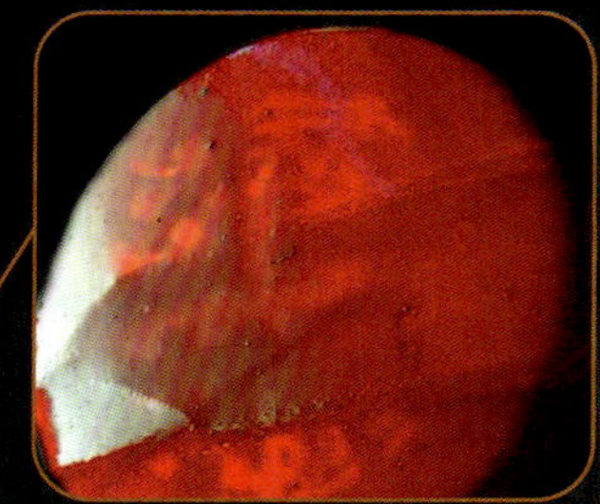

瓶盖顶部细节

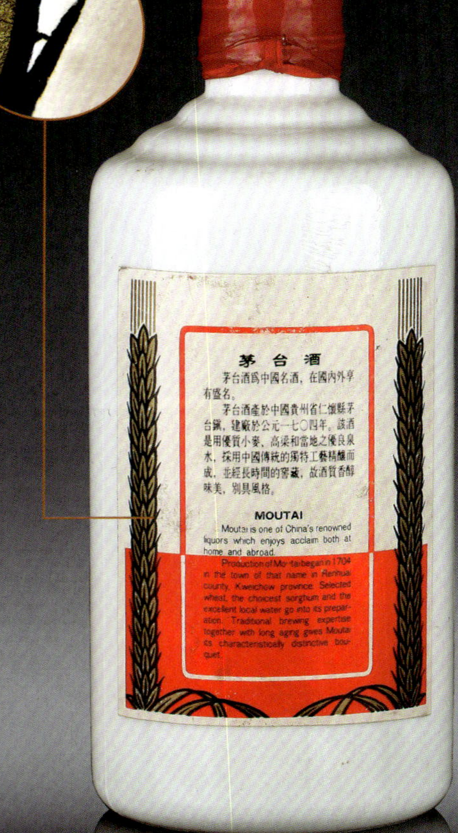

点评： 从 1991 年开始，“五星牌”贵州茅台酒飘带其中一条文字改为“中国名酒世界名酒”，另一条仍为“中国贵州茅台酒”。“飞天牌”贵州茅台酒的飘带，两条都绣着“中国贵州茅台酒”。从本年度开始，背标左侧麦穗由上而下第七节麦节处右边有一黑点暗记，直至 90 年代末。

1991 年“五星牌”贵州茅台酒酒标样张

1992 年“飞天牌”贵州茅台酒酒标样张

201

参考价格	RMB 27,000
拍卖信息	无
生产年份	1992 年
容量规格	500 ml
酒精度数	53°
收藏星级	★★☆

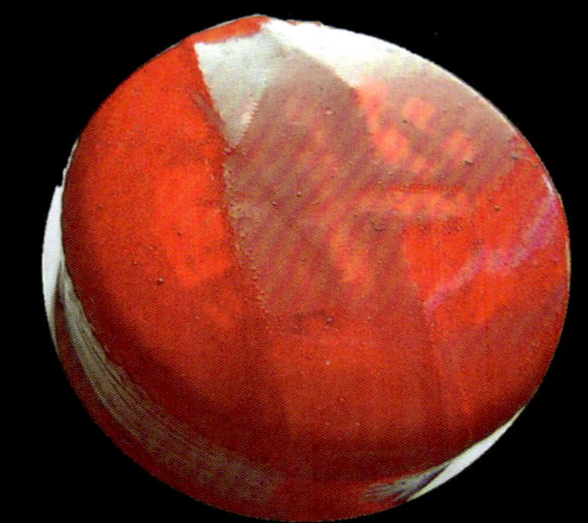

1990 年、1991 年的红色胶套较之前较薄一些，可以看到胶套下“贵州茅台酒”五个字。

1992 年内销“五星牌”贵州茅台酒

相关事记：

1992 年 1 月，贵州省人民政府召开茅台酒厂扩建改造工程（2000 吨 / 年）领导小组第二次会议。后省政府批复，工程总投资概算为 2.9633 亿元。

2 月，贵州省经委把茅台酒厂列入首批贯标试点单位。22 日，茅台酒在广州举行的“中华百绝博览会”上获得特别金奖。

5 月 22 日，茅台酒厂代表参加中国酒类技术合作代表团，奔赴欧洲考察，了解了法国的葡萄酒、白兰地和英国的威士忌的生产、存储、勾兑、包装工艺。

6 月 22 日，贵州茅台酒在日本东京举行的“第四届国际酒类博览会”上荣获白酒金奖。

7 月 30 日，贵州茅台酒厂荣获国家大一级企业，在轻工企业中排名第 25 位。

10 月，由中宣部外事局、中央电视台组织的《变化中的中国》摄制组到厂拍摄专题片《中国第一名酒茅台酒的故乡》。

12 月 15 日，因 1992 年经济效益突出，贵州省轻纺工业厅给予茅台酒厂特殊奖金 80 万元。

本年度，清镇玻璃瓶因质量问题停止使用。

当年的贵州茅台酒不分等级，统一经销。外销以“飞天牌”为注册商标，由仁怀县外贸公司统一调拨；内销以“五星牌”为注册商标，由仁怀县烟酒糖业公司调拨。茅台酒的销售凭证是销售单、票头和专用章，三者上面都没有“仁怀县”三个字，若有则是假冒的茅台酒。

1992 年后，内销 500ml 贵州茅台酒，出厂价每瓶为 66.10 元、调拨价每瓶 72 元、厂批发价每瓶 77.70 元、厂贸易价每瓶 85 元、零售价每瓶 128 元、厂协议价每瓶 155 元、驻外公司贸易价每瓶 170 元。

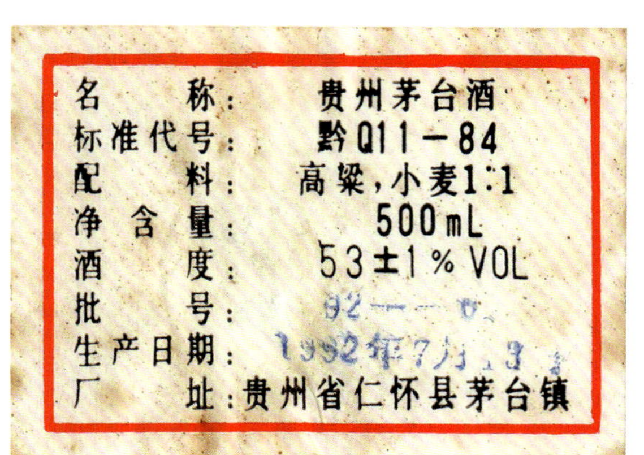

名　　称：贵州茅台酒
标准代号：黔Q11－84
配　　料：高粱，小麦1:1
净 含 量：500mL
酒　　度：53±1%VOL
批　　号：
生产日期：
厂　　址：贵州省仁怀县茅台镇

“五星牌”贵州茅台酒产品标签

1992 年出现五星飘带，从 1992 年 1 月 1 日起，“五星牌”贵州茅台酒在铝盖上加套电脑刺绣彩带和红色胶帽。两条彩带一条绣有“中国贵州茅台酒”，另一条绣有“中国名酒世界名酒”8 个字，阅读顺序不一致，如图①所示。2004 年起，飘带上面只有一个数字，如图②所示。

点评：当年内销酒 1000 余吨的产量足以说明一切。茅台酒，美如诗，诗韵味，酒魅力。

202

成交价格	RMB 46,958
拍卖信息	中国嘉德 2021.12.10 , Lot 4055
生产年份	1992 年
容量规格	375 ml
酒精度数	53°
收藏星级	★★★

1992 年酒文化节徽章

1992 年外销“飞天牌”贵州茅台酒

相关事记：

“飞天牌”贵州茅台酒 53%（V/V）500ml 商标于 1992 年 6 月 22 日启用，1992 年 6 月 22 日至 1996 年 3 月 25 日分别使用了背标和食品标签；新食品标签中代号“黔 Q11-84”改为“Q/MJJ2.1”。

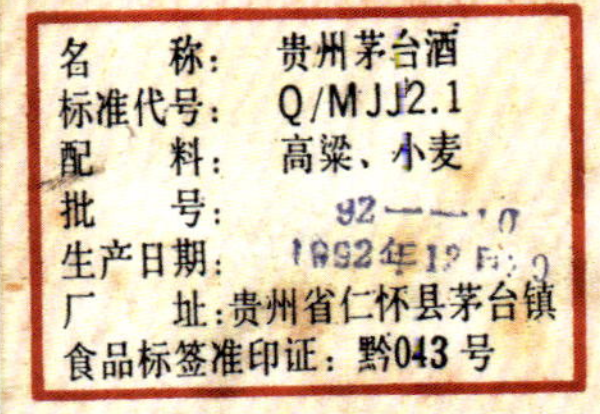
名　　称：贵州茅台酒
标准代号：Q/MJJ2.1
配　　料：高粱、小麦
批　　号：92——10
生产日期：1992年12月
厂　　址：贵州省仁怀县茅台镇
食品标签准印证：黔043号

1992 年下半年食品标签中的“黔 Q11-48”改为“Q/MJJ2.1”

1992 年贵州茅台酒瓶底

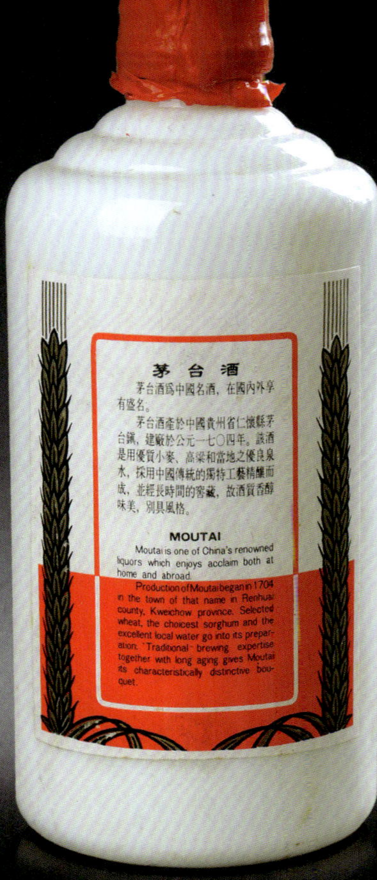

点评： 红色的胶套、飘带和酒标，在白色轻盈的玻璃瓶映衬下，依然显得那么华丽，在世界酒林，这样的包装代表着红色中国的形象。

20 世纪 90 年代 43 度“飞天牌”贵州茅台酒

20 世纪 90 年代 39 度“飞天牌”贵州茅台酒

203

成交价格	RMB 65,166
拍卖信息	中国嘉德 2020.8.15 , Lot 3049
生产年份	1993 年
容量规格	500 ml
酒精度数	53°
收藏星级	★★★

该款茅台酒的外包装箱

1993 年内销“五星牌”贵州茅台酒

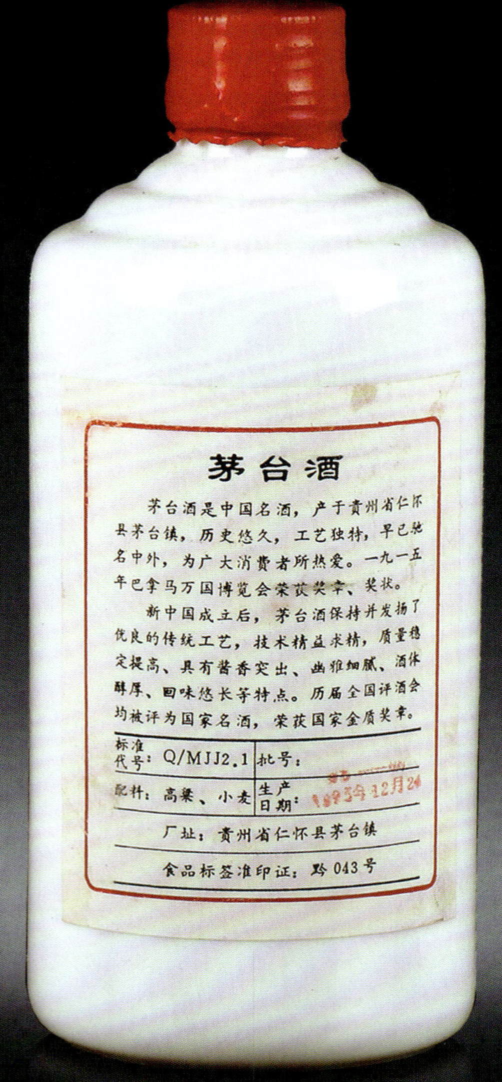

相关事记：

1993 年 2 月 21 日，由贵州省人民政府主持的汉帝茅台酒包装获国际包装最高奖“世界之星”奖新闻发布会在北京人民大会堂召开。各级领导参加，世界包装组织秘书长波尔杰露发来贺电。22 日，田纪云题词“祝贺汉帝茅台酒获世界之星包装奖”。25 日，《茅台酒厂志》获贵州省第二届哲学社会科学优秀科研成果特别奖。

3 月 12 日，茅台酒厂《质量手册》发布会召开。21 日，38 度茅台酒酒盒上开始增设条形码，53 度 500ml 装“飞天牌”贵州茅台酒增加激光防伪标志。

8 月 8 日，茅台酒厂 53 度、43 度、38 度贵州茅台酒荣获国际名酒节特别金奖。

9 月 21 日，中央军委副主席张震带领军委工作组成员考察茅台酒厂，并题词“茅台玉液质量第一，驰名中外为国争光”。当月 26 日，茅台酒厂进入中国 500 家最大工业企业行列。

10 月 30 日，53 度、43 度、38 度贵州茅台酒荣获“驰名白酒精品”称号。

从 1993 年起，“五星牌”贵州茅台酒启用新背标，标准代号由“黔 Q11-84”改为“Q/M JJ2.1”。

1993 年 4 月 28 日至 1995 年 11 月 23 日出产的“五星牌”贵州茅台酒特征如下：①背标与食品小标签印在同一张纸上，不再分别印刷；②日期、批号字体为红色；③ 1993 年 8 月 26 日起，外包装盒顶部采用五星激光防伪标志。

1993 年 8 月 26 日，外包装盒顶部启用激光防伪标志

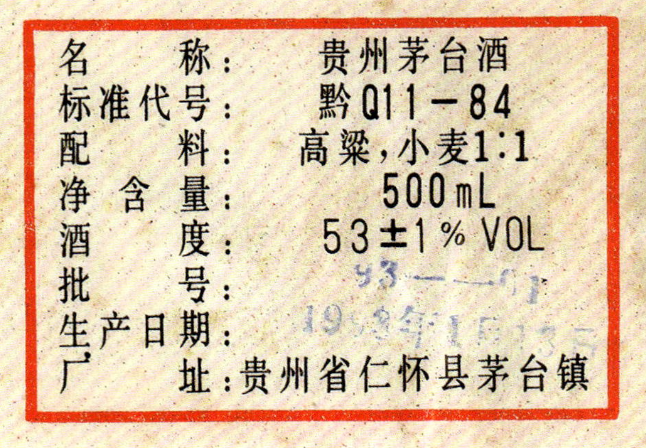

“五星牌”贵州茅台酒产品标签

204

参考价格	RMB 27,000
拍卖信息	无
生产年份	1993 年
容量规格	375 ml
酒精度数	53°
收藏星级	★★☆

1993 年外销“飞天牌”贵州茅台酒

相关事记：

1993 年贵州茅台酒瓶底多有“清玻”“美工”“MT”“景玻”暗记。

1993 年贵州茅台酒瓶底

1993 年 8 月 26 日，外包装盒顶部启用激光防伪标志

名　　称：贵州茅台酒
标准代号：Q/MJJ2.1
配　　料：高粱、小麦
批　　号：1993年2月 89
生产日期：
厂　　址：贵州省仁怀县茅台镇
食品标签准印证：黔043号

生产日期标签

该款茅台酒的外包装箱

点评： 1993 年的胶套相较以前的更厚，胶套下“贵州茅台酒”不明显。但仍可明显看到瓶盖上印有的齿轮。色彩斑斓的激光防伪标志伴随着更加规范的酒标签，在 20 世纪 90 年代，给我们带来了对品质的理解和认定。

205

成交价格	RMB 62,291
拍卖信息	中国嘉德 2021.5.18 , Lot 4032
生产年份	1994 年
容量规格	500 ml
酒精度数	53°
收藏星级	★★★

1994 年内销“五星牌”贵州茅台酒

红封膜顶部细节

相关事记：

1994 年 4 月 13 日，茅台酒厂获得 1993 年度“全国优秀企业金马奖”。

7 月 14 日，茅台酒厂与法国轩尼诗公司驻香港代表在贵阳就中国贵州茅台酒厂和轩尼诗公司合资建立股份有限公司事宜进行了友好洽谈，并签订理解备忘录。

10 月 4 日，茅台酒厂获得国家统计局颁发的“93 中国行业 100 强”“中国工业生活消费相关行业利税 10 强企业”称号。

11 月 26 日，在美国举行的纪念巴拿马万国博览会 80 周年国际名酒评比会上，53 度、43 度、38 度贵州茅台酒均获特别金奖第一名。

12 月 6 日，在全国名优酒复查评比会上，53 度、43 度、38 度贵州茅台酒同列国家名酒第一位。9 日，茅台酒厂通过 ISO 9000 系列标准体系认证。

1994 年 11 月，由于原材料和包装材料价格提高，茅台酒再次提价。“飞天牌”贵州茅台酒 500ml 每瓶 140 元、375ml 每瓶 112 元、200ml 每瓶 64 元、50ml 每瓶 16.5 元；“五星牌”500ml 每瓶 140 元。43 度 500ml 每瓶 115 元、38 度 500ml 每瓶 105 元。500ml（内外销）厂零售价每瓶 150 元。

该年白玻璃瓶瓶底有“美工”“景玻”暗记。

1994 年茅台酒包装盒

点评：1994 年，贵州茅台酒的产量突破了 3000 吨。金奖茅台，载誉中外。

206

成交价格	RMB 46,958
拍卖信息	中国嘉德 2021.12.10 , Lot 4029
生产年份	1994 年
容量规格	500 ml
酒精度数	53°
收藏星级	★★★

1994 年外销“飞天牌”贵州茅台酒

1994 年商标细节

点评：慢慢地寻找那浓厚酱香的源头，我们离茅台酒越来越近！

207

成交价格	RMB 49,833
拍卖信息	中国嘉德 2021.12.10 , Lot 4017
生产年份	1995 年
容量规格	500 ml
酒精度数	53°
收藏星级	★★★

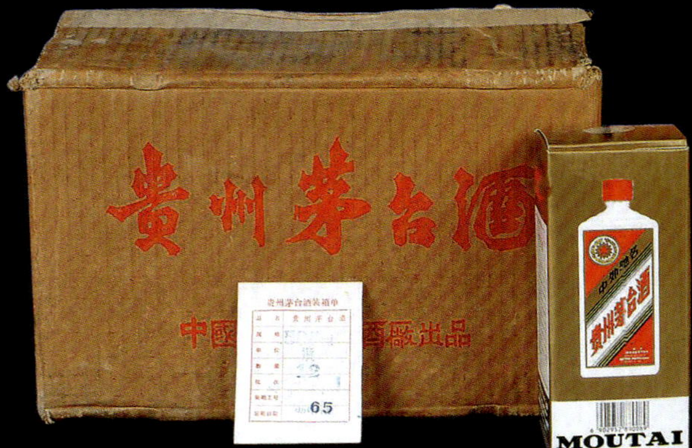

该款茅台酒的外包装箱

1995 年内销“五星牌”贵州茅台酒

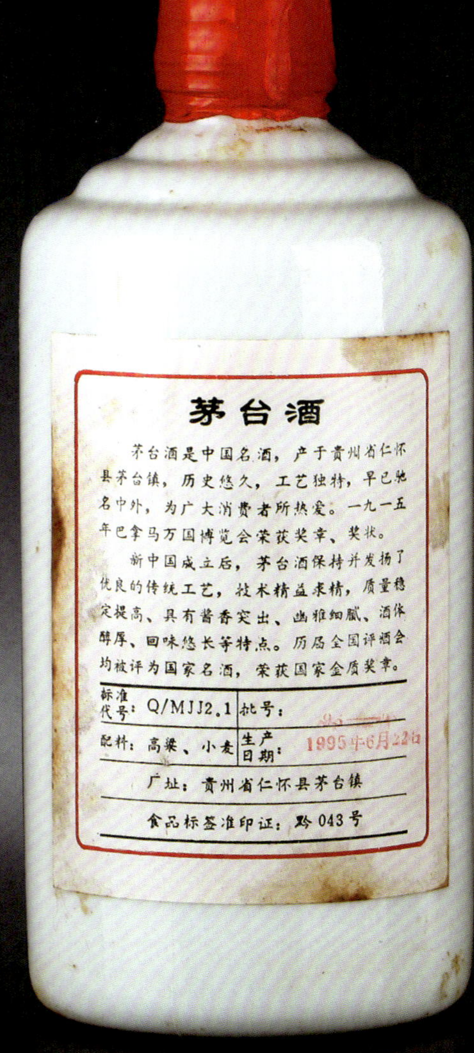

相关事记：

1995 年 1 月 3 日，贵州茅台酒获全国亿万民众最喜爱的家用产品“酒类”特别金奖。9 日，贵州茅台酒获贵州省名牌产品称号。20 日，贵州茅台酒获“94 中国轻工业知名企业质量宣言活动中国轻工知名企业产品质量优秀奖”。

2 月 15 日，茅台酒厂成立知识产权领导小组，并设立办公室。21 日，茅台酒包装车间首次使用喷码机，在茅台酒胶套上喷码以增强防伪。

4 月 26 日，季克良荣获“贵州省劳动模范”称号。5 月 15 日，法国轩尼诗酿酒公司派员来到茅台酒厂洽谈合作事宜。季克良被评为“中国酿酒企业最有贡献的人”。

贵州茅台酒的瓶口喷码数字于 1995 年 2 月 21 日启用，喷码点状清晰，用手擦不掉。1995 年 2 月 21 日至 1995 年 11 月 23 日生产的“五星牌”贵州茅台酒，生产日期既加盖于瓶身背标，也在瓶盖封口的喷码上有标识。

瓶口喷码分别印有出厂日期、生产批次、批号

1995—1996 年独有的凸起压膜铝盖

名　　称：贵州茅台酒
标准代号：Q/MJJ2.1
配　　料：高粱、小麦
批　　号：
生产日期：
厂　　址：贵州省仁怀市茅台镇
食品标签准印证：黔 043 号

“飞天牌”贵州茅台酒生产日期

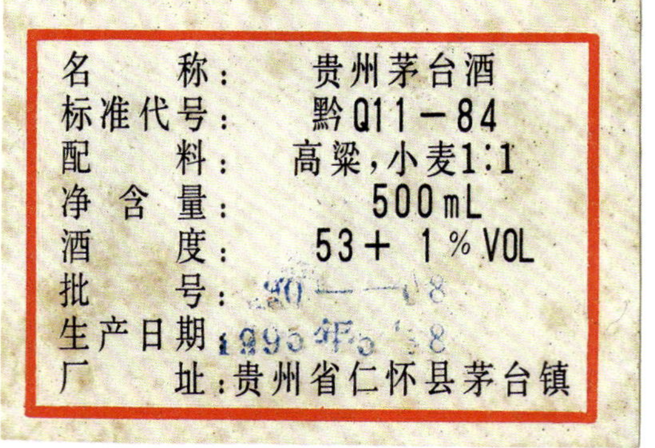
名　　称：贵州茅台酒
标准代号：黔Q11－84
配　　料：高粱，小麦1:1
净 含 量：500mL
酒　　度：53＋ 1％VOL
批　　号：
生产日期
厂　　址：贵州省仁怀县茅台镇

“五星牌”贵州茅台酒生产日期

点评： 1995 年红色铝盖顶部“贵州茅台酒”字体为凸起压膜制作，红色封套开始用喷码注明该酒的生产日期和生产批次等。仅 1993 年 5 月到 1996 年 8 月的茅台酒酒标上的生产日期采用红色字体。

208

成交价格	RMB 62,291
拍卖信息	中国嘉德 2021.5.18 , Lot 4033
生产年份	1995 年
容量规格	500 ml
酒精度数	53°
收藏星级	★★★

1995 年外销“飞天牌”贵州茅台酒

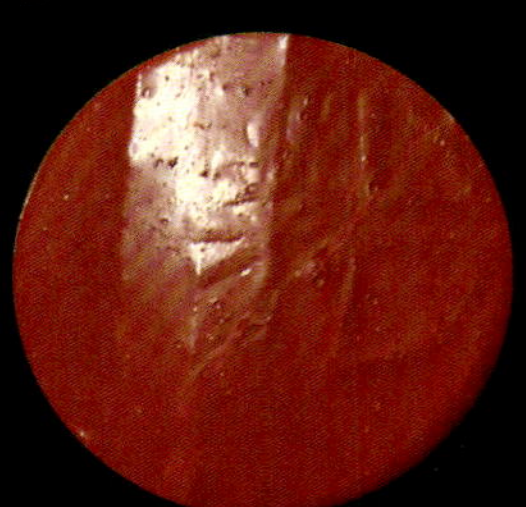

红封膜顶部细节

53%

“%” 中的 “/” 变长

点评： 1995 年，“飞天牌”贵州茅台酒标注生产日期，结束了十年来外销茅台酒瓶体没有生产日期的历史。

209

成交价格	RMB 52,708
拍卖信息	中国嘉德 2021.12.10 , Lot 4016
生产年份	1996 年
容量规格	500 ml
酒精度数	53°
收藏星级	★★★

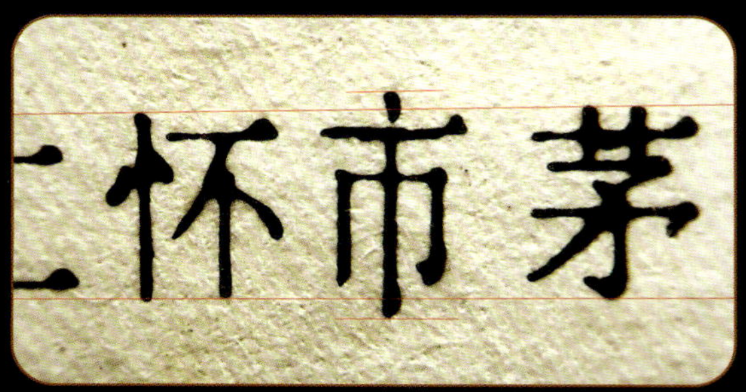

背标最下方“仁怀市”中的“市”比其他文字略长。

1996 年内销“五星牌”贵州茅台酒

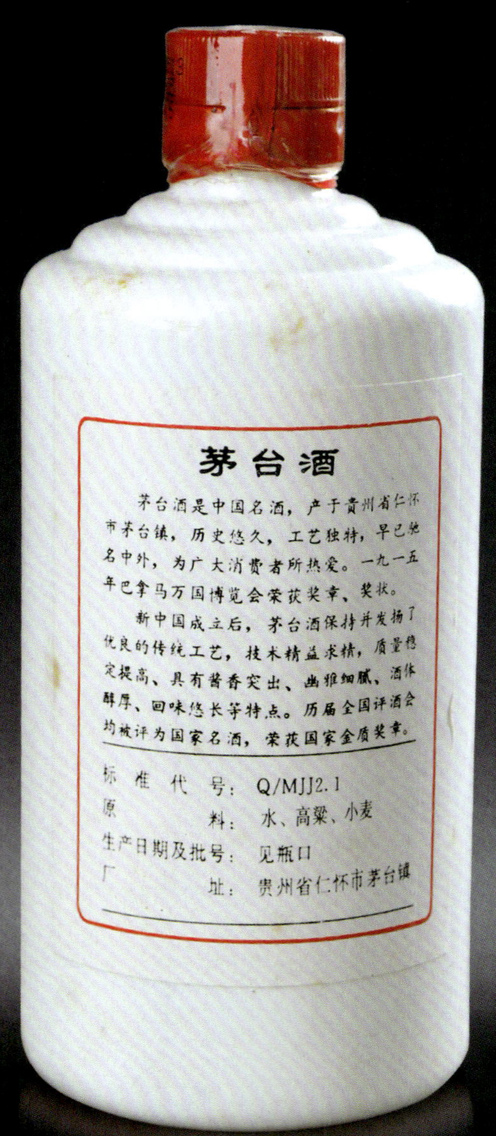

相关事记：

1996 年 1 月 15 日，茅台酒厂厂长季克良入选“95 中国商界十大风云人物”。27 日，季克良被评为“1995 年度全国劳动模范”。

3 月 25 日，茅台酒采用日本生产的酒瓶，用于茅台酒珍品包装。

5 月 15 日以后，“五星牌”贵州茅台酒背标上的厂址中的“仁怀县”改为“仁怀市”。

7 月 20 日，香港茅台贸易公司成立。22 日，茅台酒厂副厂长吕云怀赴新加坡参加国际酒文化研讨会。当月，贵州茅台酒厂改制为国有独资公司，更名为“中国贵州茅台酒厂（集团）有限责任公司”。

8 月 19 日，茅台酒厂主导产品贵州茅台酒 500ml 系列（“五星牌”“飞天牌”）正式启用从意大利 GUALA 公司进口的专用瓶盖。该瓶盖具有防伪、防止再次灌装、使用安全等特点。

11 月 24 日，茅台酒厂“纪念茅台酒荣获巴拿马博览会金奖 80 周年活动月”开幕。

1996 年，两条红飘带内容都改为“中国贵州茅台酒”。之前一条为“中国名酒世界名酒”，另一条为“中国贵州茅台酒”。

1996 年贵州茅台酒的两款瓶盖

敬启者：

现在您手里这瓶国酒茅台的瓶盖是我厂从意大利 GUALA 公司进口的专用瓶盖，具有防伪、防再次灌装，使用安全的功能。

开启时，握住塑料旋转盖逆时针方向旋转即可。

需要向您提醒的是：因机压关系，偶然会有倒酒不畅的现象，这时可握住酒瓶，垂直上下稍作晃动，即可轻松地将酒倒出。

中国贵州茅台酒厂

敬启者：

现在您手里这瓶国酒茅台的瓶盖是我厂从意大利 GUALA 公司进口的专用瓶盖，具有防伪、防再次灌装，使用安全的功能。

开启时，握住塑料旋转盖逆时针方向旋转即可。

需要向您提醒的是：因机压关系，偶然会有倒酒不畅的现象，这时可握住酒瓶，垂直上下稍作晃动，即可轻松地将酒倒出。

中国贵州茅台酒厂

1996 年“启用新瓶盖”的介绍标签

点评：本年度的茅台酒产量跨越了 4000 吨大关，国酒天香，香飘万邦。

210

成交价格	RMB 55,583
拍卖信息	中国嘉德 2021.12.10, Lot 4058
生产年份	1996 年
容量规格	500 ml
酒精度数	53°
收藏星级	★★★

1996 年外销“飞天牌”贵州茅台酒

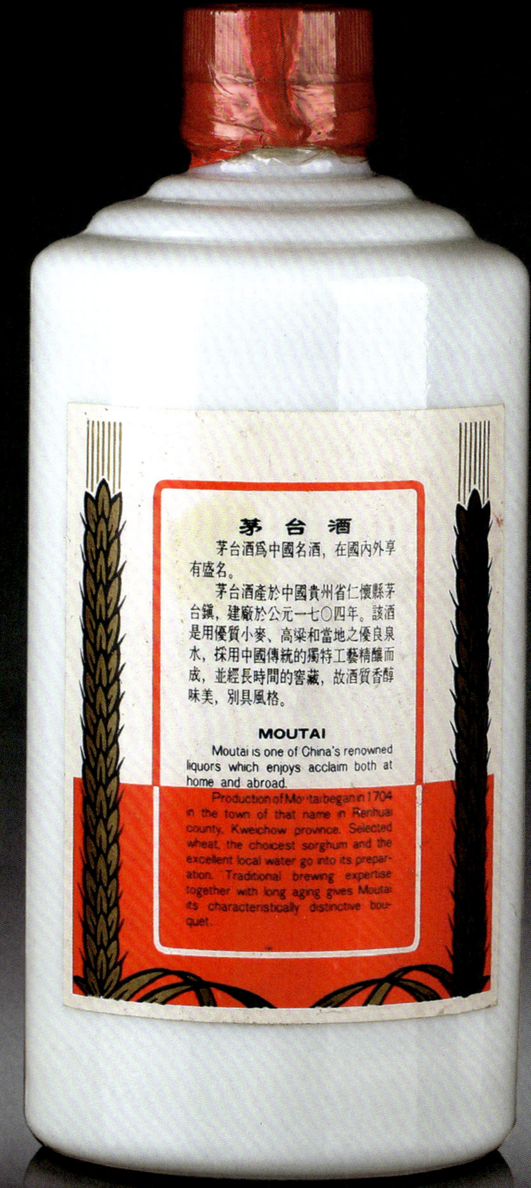

点评： 茅台酒具有复杂口感，味道层次分明。香风溢金盏，佳酿重茅台。

相关事记：

1996年，贵州茅台酒价格体系中少了批发价、调拨价，提高零售价为500ml每瓶168元。

“飞天牌”贵州茅台酒，1996年3月25日起停用食品标签，其上的内容打印于彩盒二层盖上，字样颜色为黑色，其上的批号、日期喷印在瓶口；自1996年7月16日起彩盒上的厂址中的“仁怀县”改为“仁怀市”。

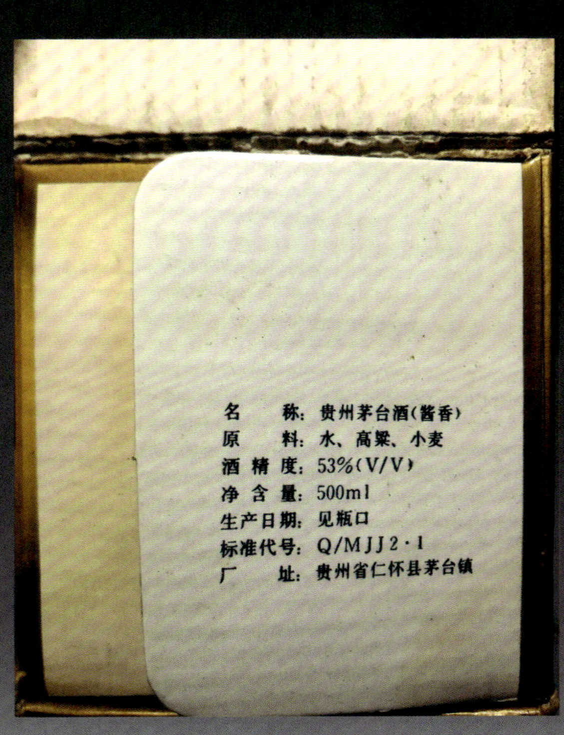

1996年3月25日，“飞天牌”贵州茅台酒取消“食品小标签”，原有信息印刷在彩盒顶部右侧的盒舌上。

1996年启用的贵州茅台酒瓶底

211

成交价格	RMB 21,083
拍卖信息	北京保利 2021.6.7, Lot 15058
生产年份	1997 年
容量规格	500 ml
酒精度数	53°
收藏星级	★★

1997 年内销“五星牌”贵州茅台酒

相关事记：

1997 年 1 月 31 日后，“五星牌”贵州茅台酒背标上原料一栏加“水”字。

1997 年，贵州茅台酒开始推出了中高档酒，如 30 年、50 年、80 年陈等品种，并开发了 43 度 1000ml 茅台酒，出厂价为每瓶 188 元，33 度为每瓶 75 元。而为迎接香港回归，特制生产的纪念酒 1997 瓶，每瓶价格为 600 元。

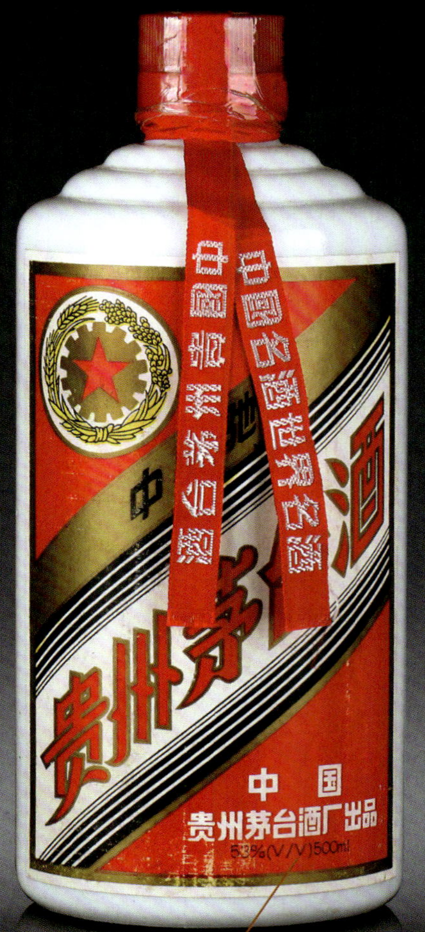

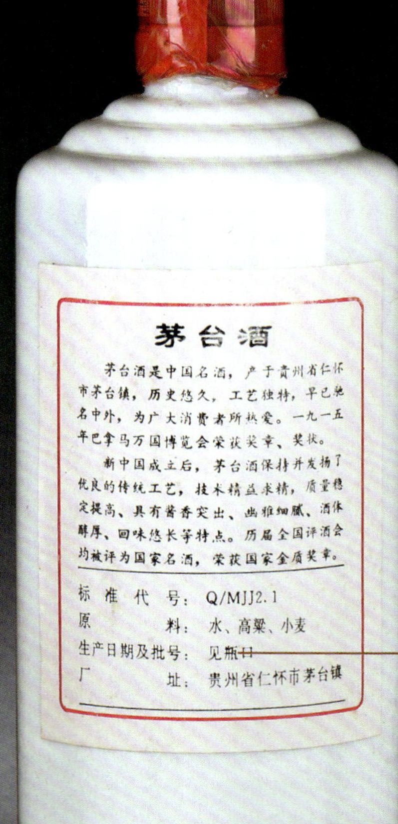

1997 年到 1998 年背标中的“瓶”字第一笔点画残缺。

1997 年下半年起，“53%VOL”改为“53%（V/V）”。

212

成交价格	RMB 18,408
拍卖信息	北京匡时 2018.10.3, Lot 0023
生产年份	1997 年
容量规格	500 ml
酒精度数	53°
收藏星级	★★

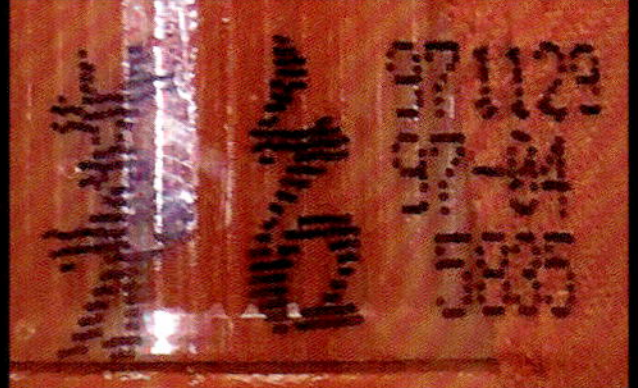

1997 年喷码特写

1997 年外销“飞天牌”贵州茅台酒

相关事记：

“飞天牌”贵州茅台酒商标尺寸自 1997 年 3 月 25 日起改小 2 ～ 3 毫米，背标未变。

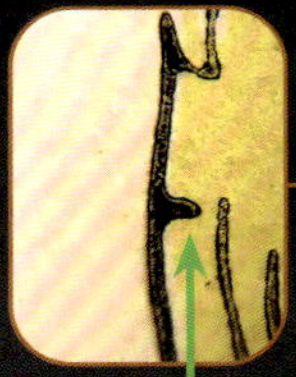

左侧飞天仙女裙摆处的“暗记”

点评：风来隔壁三家醉，雨后开瓶十里香。

1997 年贵州茅台酒酒标样张

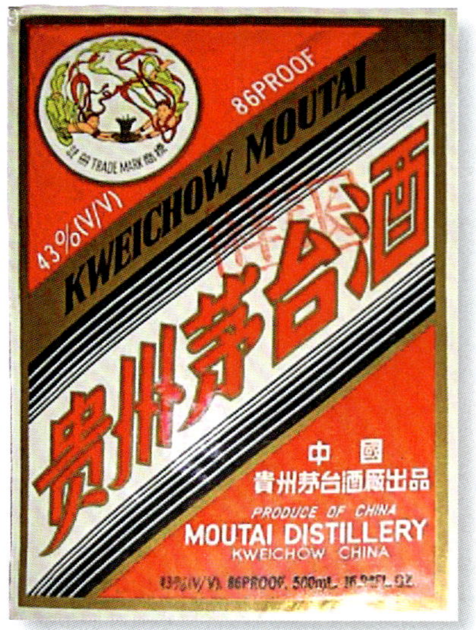

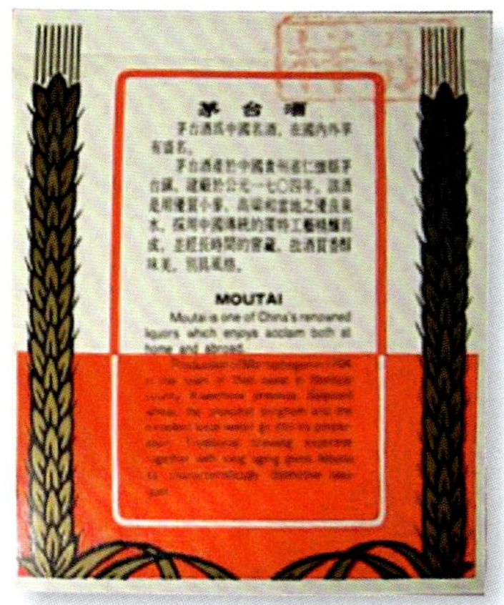

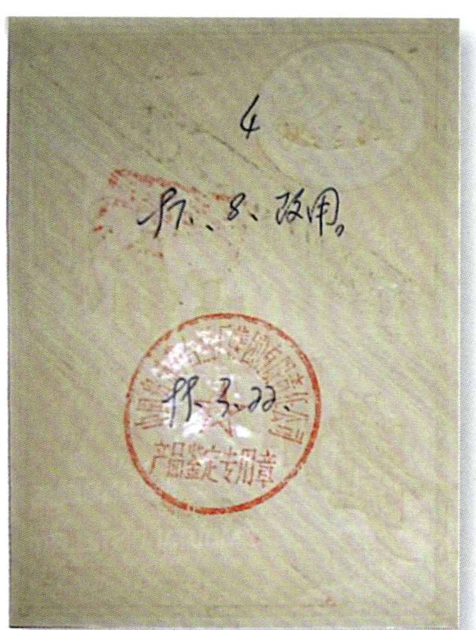

1998 年贵州茅台酒盒内附赠 2 个印有茅台集团标志的小酒杯。

1998 年 8 月 15 日，为纪念周恩来 100 周年诞辰，茅台集团公司党委、董事会决定，为周恩来总理家乡江苏省淮安市人民政府赠送的周恩来总理铜像举行揭幕仪式。铜像基座上镌刻着著名书法家李锡贵先生题写的“国酒之父”四个大字。

213

成交价格	RMB 52,708
拍卖信息	中国嘉德 2018.6.18, Lot 3577
生产年份	1998 年
容量规格	500 ml
酒精度数	53°
收藏星级	★★

1998 年内销“五星牌”贵州茅台酒

通过贵州茅台酒专用防伪识别器观察小白标的效果

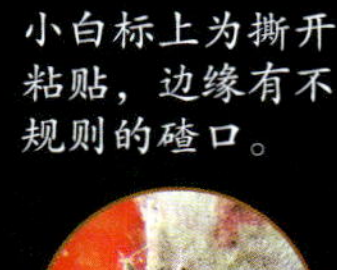

小白标上为撕开粘贴，边缘有不规则的碴口。

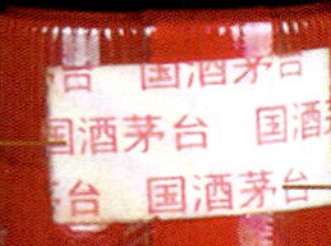

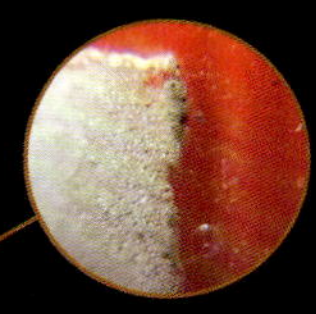

小白标边缘粘贴细节。

小白标上“茅”字“艹”右边的竖画与“矛”相连。

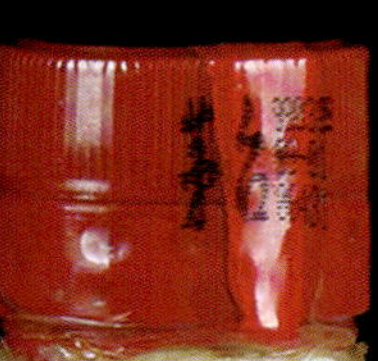

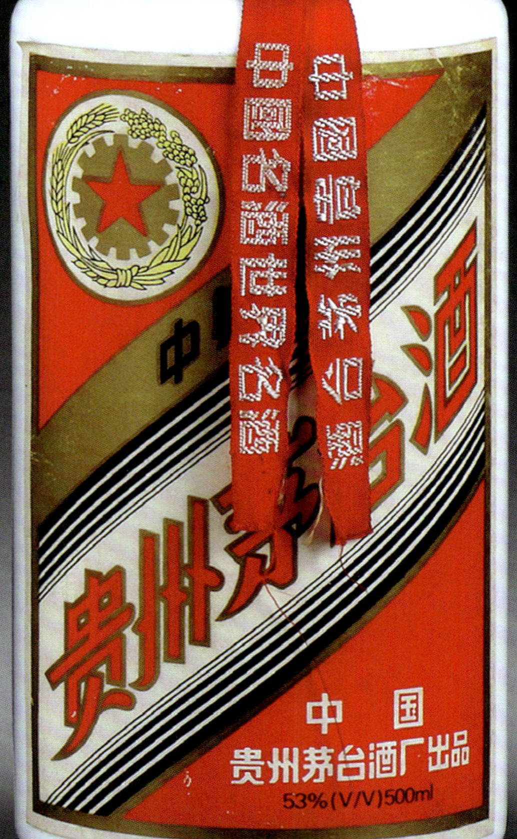

茅台酒

茅台酒是中国名酒，产于贵州省仁怀市茅台镇，历史悠久，工艺独特，早已驰名中外，为广大消费者所热爱。一九一五年巴拿马万国博览会荣获奖章、奖状。

新中国成立后，茅台酒保持并发扬了优良的传统工艺，技术精益求精，质量稳定提高、具有酱香突出、幽雅细腻、酒体醇厚、回味悠长等特点。历届全国评酒会均被评为国家名酒，荣获国家金质奖章。

标准代号：Q/MJJ2.1
原料：水、高粱、小麦
生产日期及批号：见瓶口
厂址：贵州省仁怀市茅台镇

相关事记：

1998 年 2 月 9 日、10 日，茅台集团公司首次召开董事会。14 日，茅台集团公司科学研究所被国家经贸委、海关总署、税务总局确定为全国第五批享受国家优惠政策的企业技术中心。

4 月 16 日，茅台酒总经销工作会议在茅台集团公司召开，全国 130 多位茅台酒总经销、特约经销单位的经理和集团公司领导参加会议。28 日，制曲车间制曲师傅陈开权获“1998 年贵州省五一劳动奖章”。

5 月 5 日至 7 日，香港新闻界、艺术界共 19 位客人到茅台酒厂参访。25 日，茅台酒文化城总体工程验收交付。

8 月 31 日，茅台集团兼并贵州习酒总公司。

1998 年 1 月 1 日，贵州茅台酒启用美国 3M 公司激光防伪小白标，加贴于瓶口处。该标采用最新反射防伪技术，用电筒照射瓶盖侧面，红色塑料胶帽上白底红字的“国酒茅台”四个字会消失，从内部显示 OMT 字样。

中国贵州茅台酒厂（集团）有限责任公司技术中心成立。

1998 年贵州茅台酒瓶底

214

成交价格	RMB 33,541
拍卖信息	中国嘉德 2020.8.15, Lot 3078
生产年份	1998 年
容量规格	500 ml
酒精度数	53°
收藏星级	★★

1998 年外销“飞天牌”贵州茅台酒

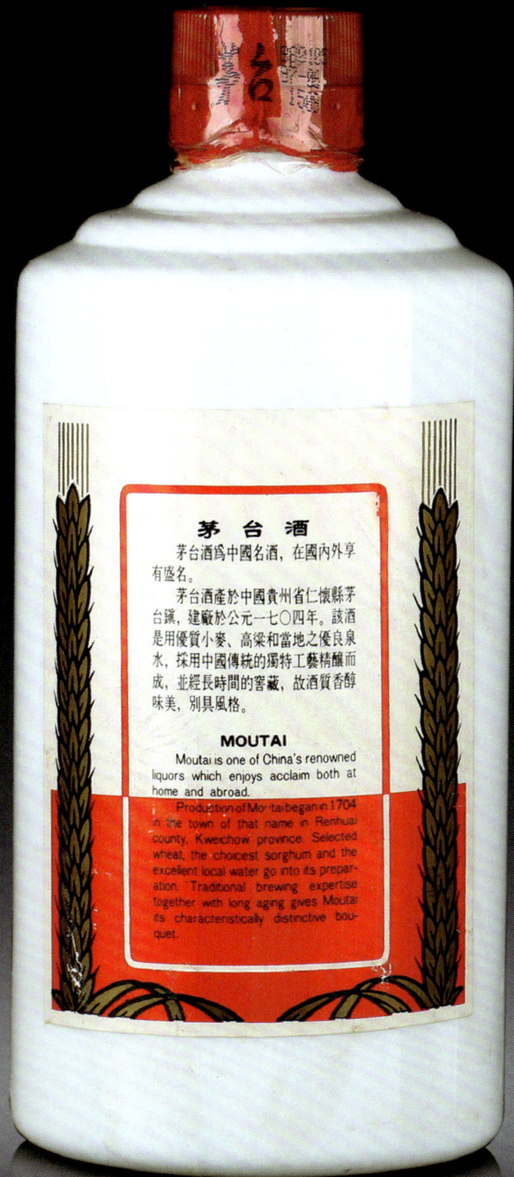

点评： 酱香独特，品质卓越，誉满中外，香飘万里。

215

成交价格	RMB 17,888
拍卖信息	永乐拍卖 2021.12.3, Lot 7061
生产年份	1999 年
容量规格	500 ml
酒精度数	53°
收藏星级	★★

1999 年内销“五星牌”贵州茅台酒

相关事记：

1999 年 6 月 1 日起，贵州茅台酒改用激光防伪小黑标，贴于瓶口处。

1999 年下半年，仁怀市的“市”改成与左右一样大小，背标中的“瓶”字第一笔点画恢复正常。

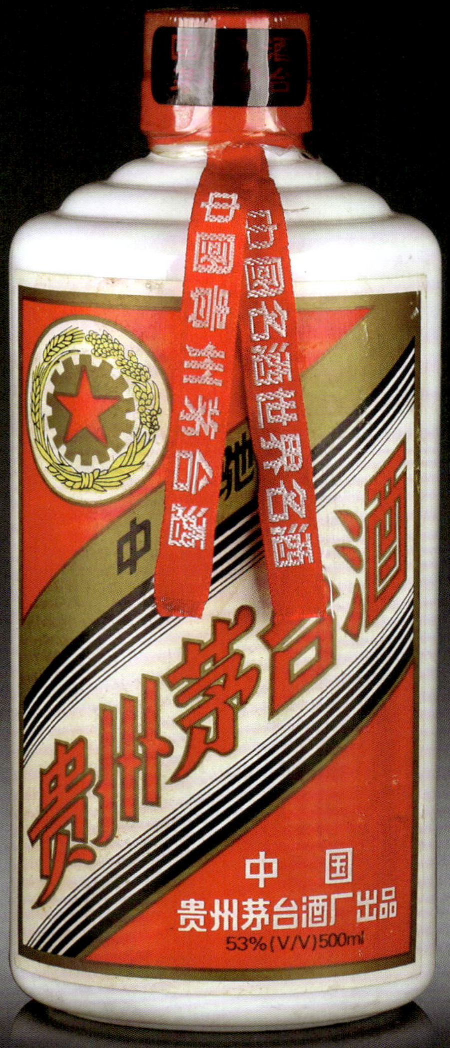

点评：如此酱香醇美的茅台酒，怎能不让人沉醉其间。

216

成交价格	RMB 26,354
拍卖信息	华艺国际 2021.12.11, Lot 3576
生产年份	1999 年
容量规格	500 ml
酒精度数	53°
收藏星级	★☆

1999 年外销“飞天牌”贵州茅台酒

点评：一杯世纪之末由时间酝酿的醇厚玉液——茅台酒。

贵州茅台酒封口变化

【1993—1999】

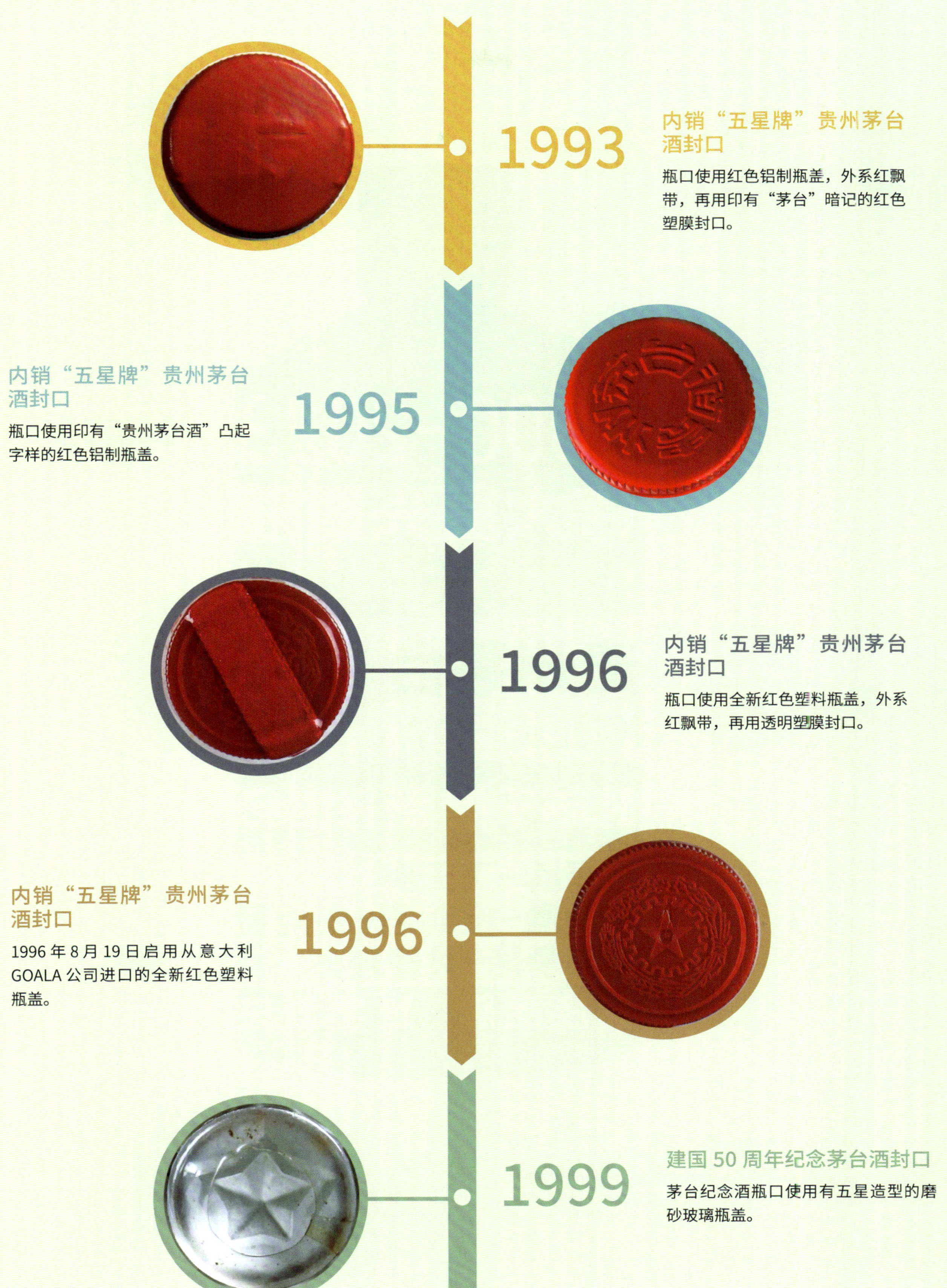

1993
内销“五星牌”贵州茅台酒封口
瓶口使用红色铝制瓶盖，外系红飘带，再用印有“茅台”暗记的红色塑膜封口。
1995
内销“五星牌”贵州茅台酒封口
瓶口使用印有“贵州茅台酒”凸起字样的红色铝制瓶盖。
1996
内销“五星牌”贵州茅台酒封口
瓶口使用全新红色塑料瓶盖，外系红飘带，再用透明塑膜封口。
1996
内销“五星牌”贵州茅台酒封口
1996 年 8 月 19 日启用从意大利 GOALA 公司进口的全新红色塑料瓶盖。
1999
建国 50 周年纪念茅台酒封口
茅台纪念酒瓶口使用有五星造型的磨砂玻璃瓶盖。

贵州茅台
KWEICHOW

跨越千禧 新兴世纪

五星牌-飞天牌
年份酒-定制酒-生肖酒
白酒争艳-共呈佳酿

民族品牌 世界酒王

第五章

伟大复兴时期

2000—2023

KWEICHOW MOUTAI

PART FIVE

贵州茅台酒封口膜防伪变化

【1997—2009】

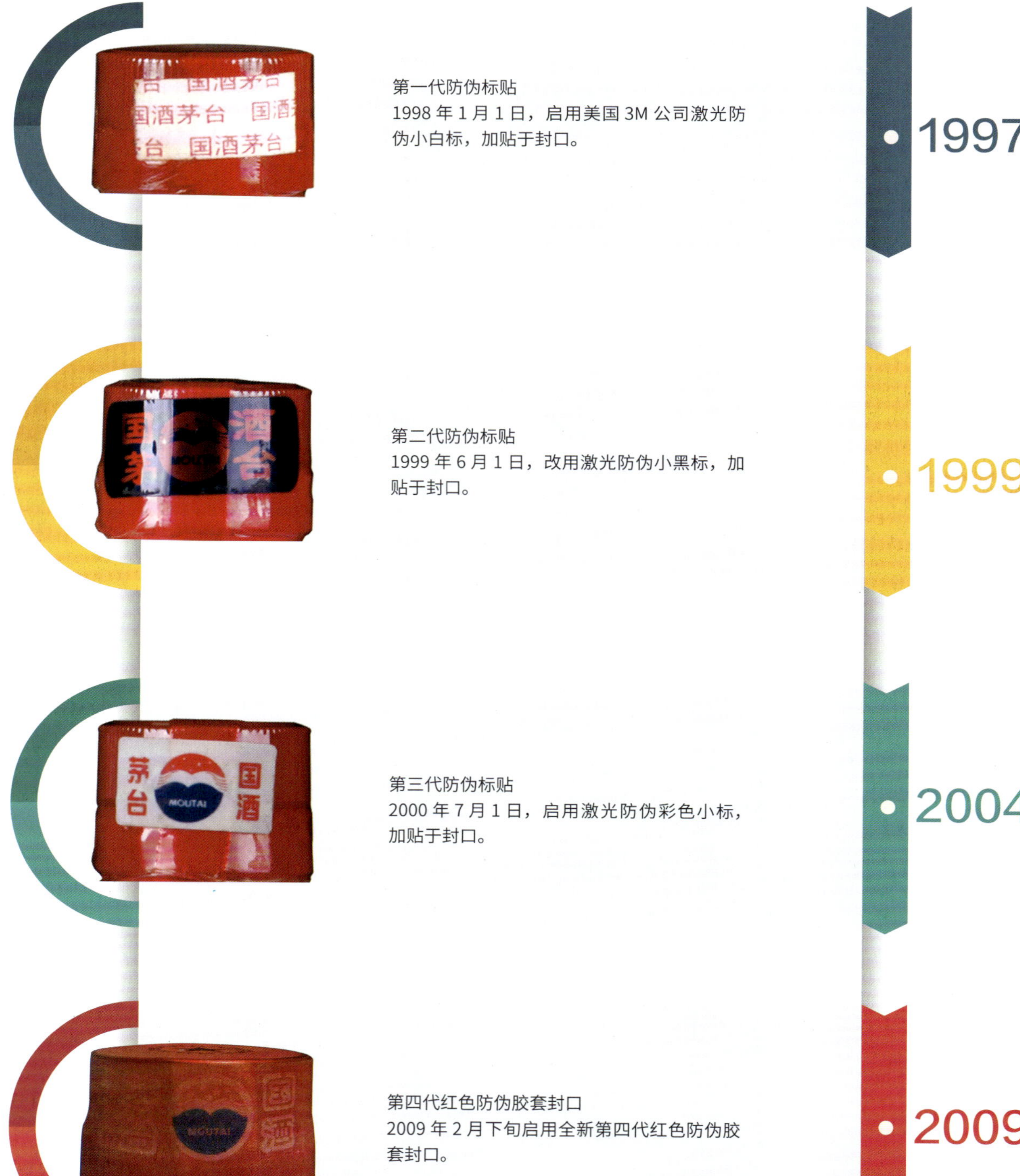

第一代防伪标贴
1998 年 1 月 1 日，启用美国 3M 公司激光防伪小白标，加贴于封口。

第二代防伪标贴
1999 年 6 月 1 日，改用激光防伪小黑标，加贴于封口。

第三代防伪标贴
2000 年 7 月 1 日，启用激光防伪彩色小标，加贴于封口。

第四代红色防伪胶套封口
2009 年 2 月下旬启用全新第四代红色防伪胶套封口。

20 世纪八九十年代贵州茅台酒封口膜

20 世纪 80 年代贵州茅台酒红胶套暗记

20 世纪 90 年代贵州茅台酒红胶套暗记

20 世纪 90 年代贵州茅台酒红胶套暗记

1996 年贵州茅台酒透明胶套

217

成交价格	RMB 21,083
拍卖信息	中国嘉德 2021.12.10, Lot 4105
生产年份	2000 年
容量规格	500 ml
酒精度数	53°
收藏星级	★☆

2000 年起外盒上加印“绿色食品”认证标志。

2000 年内销“五星牌”贵州茅台酒

点评： 新世纪，新千年，心悬天地外，兴在一杯中。

相关事记：

2000年3月25日，375ml茅台酒外包装盒首次使用绿色食品标志，不久之后其他各规格茅台酒也陆续使用。

6月13日，“飞天牌”贵州茅台酒启用不干胶酒标。

8月9日，“五星牌”贵州茅台酒启用不干胶酒标。

8月13日，茅台酒三种典型体——“酱香、窖底、醇甜”的发现者，勾兑大师、中国贵州茅台酒有限责任公司技术顾问、茅台酒厂原技术副厂长李兴发逝世。

9月1日，茅台集团公司获“2000年全国质量管理先进企业”称号。

11月23日，贵州省白酒专家组成立，季克良被任命为专家组组长。

该款茅台酒的外包装箱

2000年茅台酒生产日期细节：日期喷码由原先的6位改为8位，如将“990818”改为“20000818”。生产批次由4位改为6位，如将“99-04”改为“2000-04”，数字字体较1999年略瘦。原数字“θ”改为“0”。

218

成交价格	RMB 23,000
拍卖信息	中国嘉德 2021.5.18, Lot 4040
生产年份	2000 年
容量规格	500 ml
酒精度数	53°
收藏星级	★☆

2000 年外销“飞天牌”贵州茅台酒

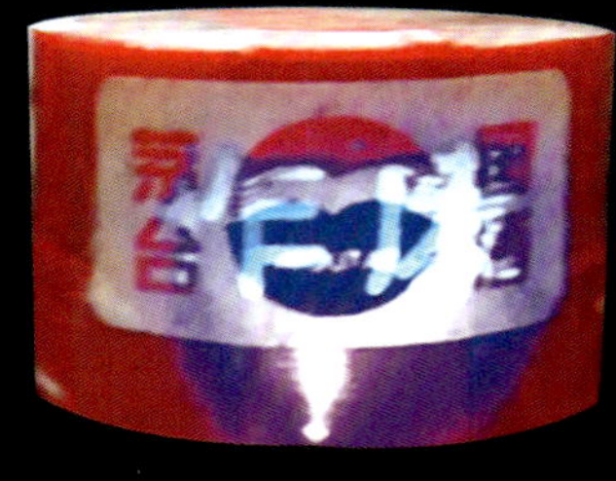

荧光灯照射显示“作废”二字。

2000 年底飞天仙女身上布满红色网点，且睁眼、张嘴。

点评：新世纪的“飞天牌”，跨越了世纪的轮回，仍然是一滴沾唇人已醉，酱香悠长。

219

成交价格	RMB 12,500
拍卖信息	香港富比 2023.4.1, Lot 6345
生产年份	2001 年
容量规格	500 ml
酒精度数	53°
收藏星级	★☆

2001 年的五星标。2001 年，使用了近十年的五星标发生了变化。①处由原来的白色变为黄色；②处白色不变；③处两个地方的麦芒，以前有黄色打底，现在变为白色。

2001 年贵州茅台酒瓶底

2001 年“五星牌”贵州茅台酒

相关事记：

标准代号内容发生改变，2001 年贵州五星茅台酒背标的标准代号内容由原来的“Q/MJJ2.1”变为“Q/MTJ02.25-2000”。

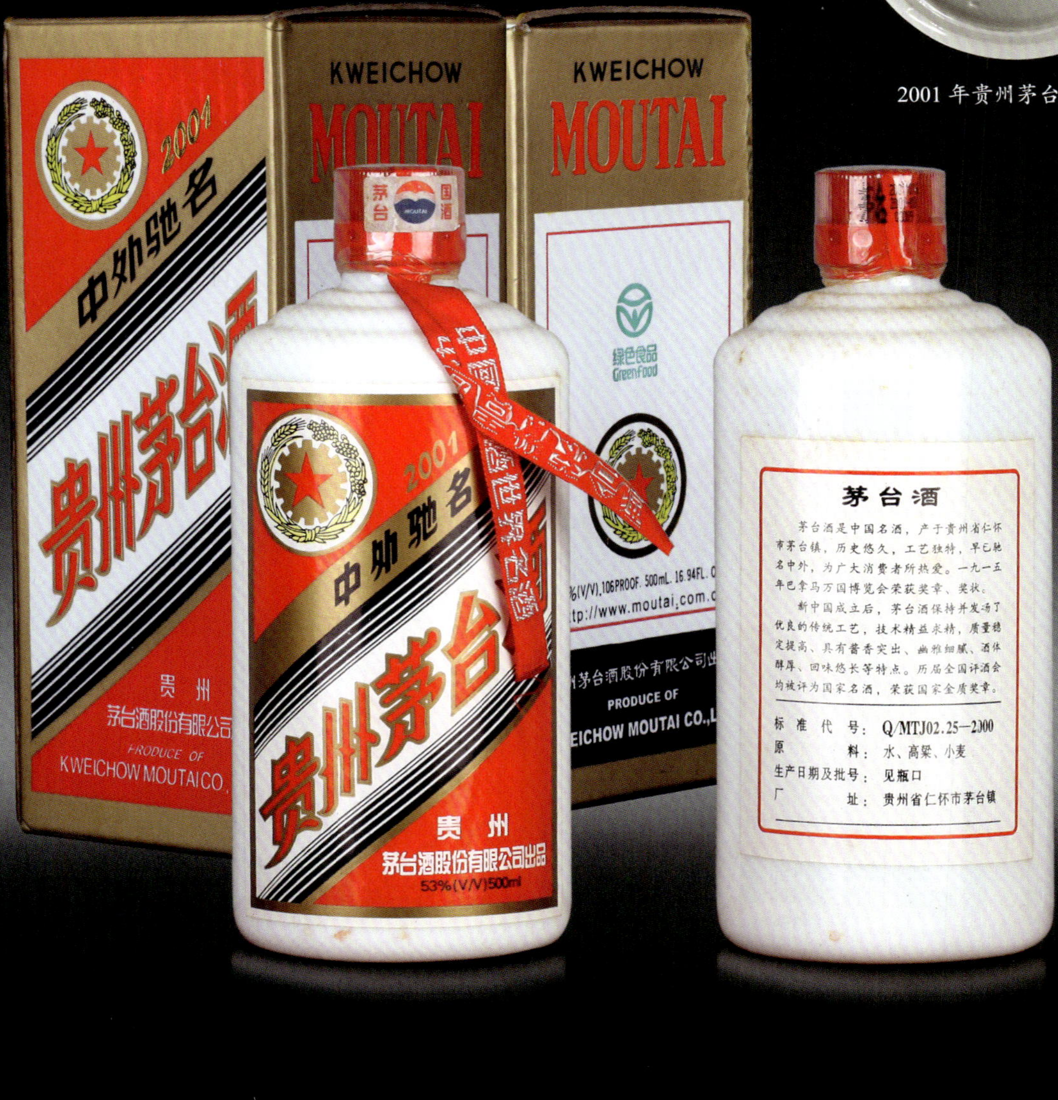

220

成交价格	RMB 11,458
拍卖信息	香港富比 2023.4.1, Lot 6370
生产年份	2001 年
容量规格	500 ml
酒精度数	53°
收藏星级	★☆

2001 年“飞天牌”贵州茅台酒

相关事记：

贵州茅台股票在上海证券交易所成功发行，募集资金 20 亿元。茅台集团公司举行建厂 50 周年活动，集会庆祝茅台酒获国际金奖 80 周年暨国酒茅台辉煌 50 年。

2001 年 1 月 4 日开始，启用带“年号”的酒标。

2001 年，53 度 500ml“飞天牌”贵州茅台酒到岸价由每瓶 178 元调整为 218 元。

贵州茅台酒正面酒标厂名落款由“中国贵州茅台酒厂出品”改为“贵州茅台酒股份有限公司出品”。封口处贴的防伪标用荧光灯照射显示“作废”二字。酒瓶封口喷码“茅台”二字中间加一小圆点。

酒瓶封口处“茅台”二字中间加一圆点。

英文字母由“KWEICHOW CHINA MOUTAI DISTILLERY（中国贵州茅台酒厂）”变为“KWEICHOW MOUTAI CO..LTD PRODUCEOF”（贵州茅台酒厂制造）

2001 年前，左侧为 1 根麦秆。2001 年改为 3 根麦秆。

221

成交价格	RMB 13,588
拍卖信息	阿里拍卖 2021.3.1, V2037
生产年份	2001 年
容量规格	375 ml
酒精度数	53°
收藏星级	★☆

2001 年贵州茅台酒

222

参考价格	RMB 11,000
拍卖信息	无
生产年份	2003 年
容量规格	500 ml
酒精度数	53°
收藏星级	★☆

2002 年“五星牌”贵州茅台酒

相关事记：

2002 年下半年，“五星牌”贵州茅台酒背标下方的食品标签中的“执行标准”发生改变。由原来的“标准代号：Q/MTJ02.25-2000”改为“执行标准：GB18356-2001”。

2002 年以后的五星标。2002 年五星标再次发生变化。①处也发生了变化；②处由 2001 年的白色变为黄色；③处稻穗的结构形状有了明显的变化；④处两个地方的麦芒线条与以往不同。

2002 年新启用的执行标

223

成交价格	RMB 3,101
拍卖信息	阿里拍卖 2019.12.26, D9273
生产年份	2002 年
容量规格	200 ml
酒精度数	53°
收藏星级	★☆

2002 年贵州茅台酒

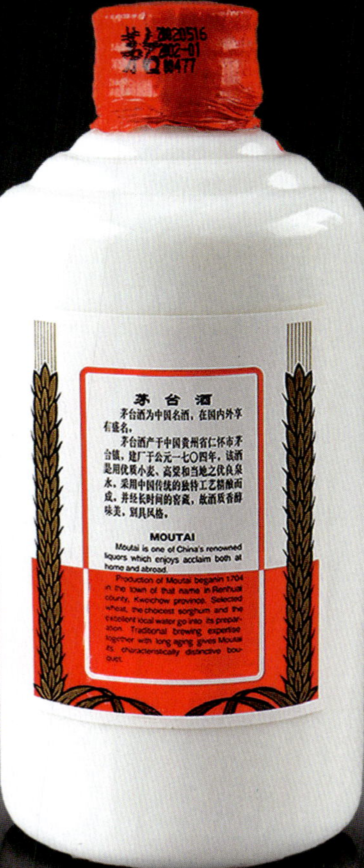

224

参考价格	RMB 11,000
拍卖信息	无
生产年份	2002 年
容量规格	500 ml
酒精度数	53°
收藏星级	★☆

2002 年“飞天牌”贵州茅台酒

2002 年起，外包装盒加印茅台官网网址。

相关事记：

中国贵州茅台酒厂（集团）昌黎葡萄酒业有限责任公司成立。贵州茅台酒股份有限公司获“2002 年全国质量管理先进企业”称号。

225

参考价格	RMB 10,000
拍卖信息	无
生产年份	2003 年
容量规格	500 ml
酒精度数	53°
收藏星级	★☆

2003 年中后期的五星标。2003 年中后期五星标再次发生变化。①处打结的线条与以往完全不一样；②处麦粒的结构形状与 2002 年比又发生了变化；③处一根尖线与之前不同。

2003 年“五星牌”贵州茅台酒

相关事记：

2003 年 3 月 20 日，“五星牌”贵州茅台酒背标增加一行文字“生产许可证：XK16-030 0001”。正面酒标在“五星牌”商标下方标注 53%（V/V）。

2003 年，“五星牌”贵州茅台酒正标下方厂名加注英文，背标增加“生产许可证：XK16-030 0001”；“水、高粱、小麦”改为“高粱、小麦、水”；“厂址”增加“（原产地）”。

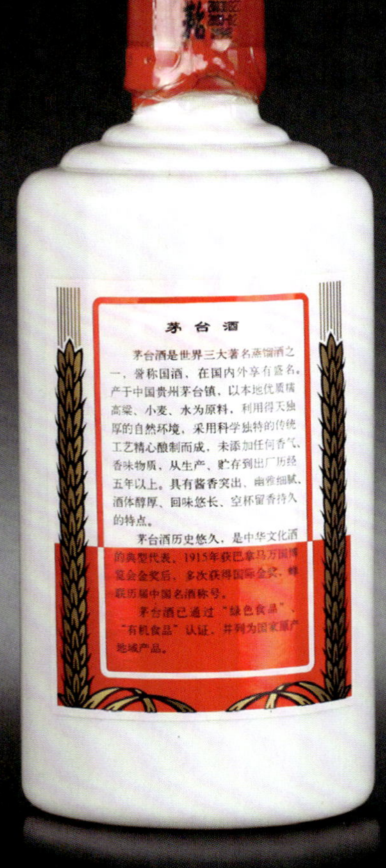

226

参考价格	RMB 10,000
拍卖信息	无
生产年份	2003 年
容量规格	500 ml
酒精度数	53°
收藏星级	★☆

2003 年“飞天牌”贵州茅台酒

相关事记：

贵州茅台名列“中国上市公司竞争力前 10 名”。载有茅台酒酿造原料高粱、小麦和曲药的神舟五号飞船升空并成功返回。贵州茅台酒股份有限公司获“2003 年全国质量管理奖”。

2003 年 10 月 27 日，贵州茅台酒价格大幅提升，平均提价幅度为 20%。其中普通茅台酒提升幅度为 18%，15 年陈提升幅度为 30%，30 年和 50 年陈提升幅度分别为 20% 和 10%。53 度 500ml“飞天牌”贵州茅台酒到岸价格由每瓶 228 元调整为 268 元。

该年“飞天牌”商标中的右侧仙女为闭眼闭嘴的表情。

2003 年前在深红色酒盒内壁上印金色飞天图案

2003 年后改为在白色酒盒内壁上印金色“贵州茅台酒”字样

2003 年各款贵州茅台酒酒标样张

茅台酒 样张

茅台酒是中国名酒，产于贵州省仁怀市茅台镇，历史悠久，工艺独特，早已驰名中外，为广大消费者所热爱。一九一五年巴拿马万国博览会荣获奖章、奖状。

新中国成立后，茅台酒保持并发扬了优良的传统工艺，技术精益求精，质量稳定提高，具有酱香突出、幽雅细腻、酒体醇厚、回味悠长等特点，历届全国评酒会均被评为国家名酒，荣获国家金质奖章。

执行标准：GB18356-2001
原料与配料：高粱、小麦、水
生产日期：见瓶盖
生产许可证号：XK16-030 0001
厂址（原产地）：贵州省仁怀市茅台镇

2003 年 53 度“五星牌”贵州茅台酒酒标样张

茅台酒 样张
43%(V/V)

“贵州茅台酒43%(V/V)”系贵州茅台酒的系列产品，是用贵州茅台酒经先进的科学方法精制而成的白酒。它既保持了酱香浓郁、幽雅细腻、协调丰满、回味悠长等贵州茅台酒的独特风格，又具有加水，加冰后不浑浊，风格不变等特点，深受国内外各界人士的欢迎。

执行标准：GB18356-2001
原料与配料：水、高粱、小麦
生产日期及批号：见瓶口
厂址（原产地）：贵州省仁怀市茅台镇

2003 年 43 度“五星牌”贵州茅台酒酒标样张

茅台酒 样张
38%(V/V)

“贵州茅台酒38%(V/V)”系贵州茅台酒的系列产品，是用贵州茅台酒经先进的科学方法精制而成的白酒。它既保持了酱香浓郁、幽雅细腻、协调丰满、回味悠长等贵州茅台酒的独特风格，又具有加水，加冰后不浑浊，风格不变等特点，深受国内外各界人士的欢迎。

执行标准：GB18356-2001
原料与配料：水、高粱、小麦
生产日期及批号：见瓶口
厂址（原产地）：贵州省仁怀市茅台镇

2003 年 38 度“五星牌”贵州茅台酒酒标样张

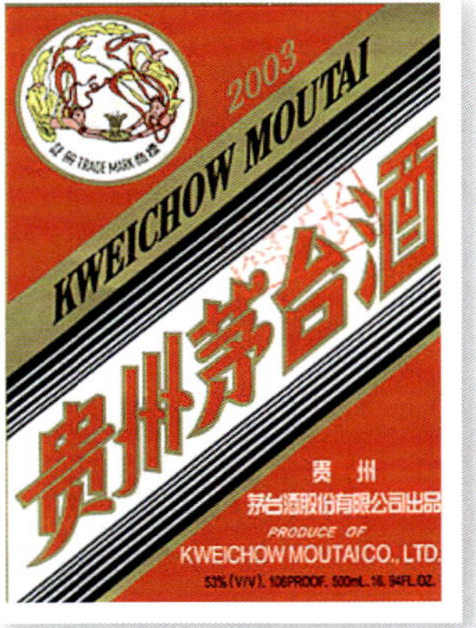

2003 年 53 度“飞天牌”贵州茅台酒酒标样张

2003 年 43 度“飞天牌”贵州茅台酒酒标样张

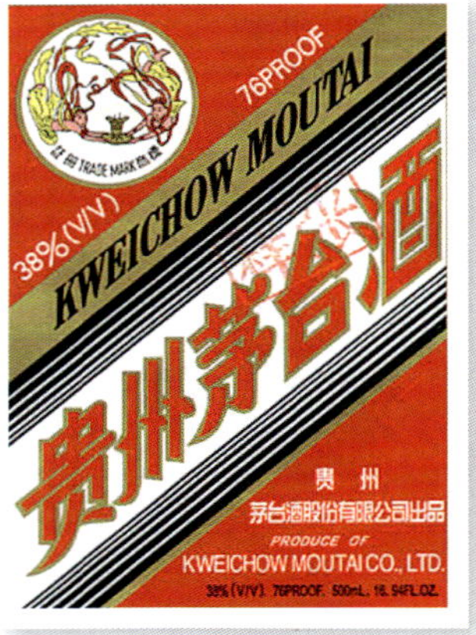

2003 年 38 度“飞天牌”贵州茅台酒酒标样张

227

- 成交价格　RMB 11,979
- 拍卖信息　华艺国际 2021.12.11, Lot 3585
- 生产年份　2004 年
- 容量规格　500 ml
- 酒精度数　53°
- 收藏星级　★☆

2004 年“五星牌”贵州茅台酒

相关事记：

茅台集团公司将重阳节定为“茅台酒节”。贵州茅台酒载入高等院校教材《中国传统文化概况》。茅台集团面向社会设立“国酒茅台自然科学研究基金”。

2004 年 2 月 9 日起，瓶口喷码上的“茅台”二字中间的“·”位置有所上移。“五星牌”贵州茅台酒更换全新背标。

2004 年起外盒上加印“绿色食品”认证标志

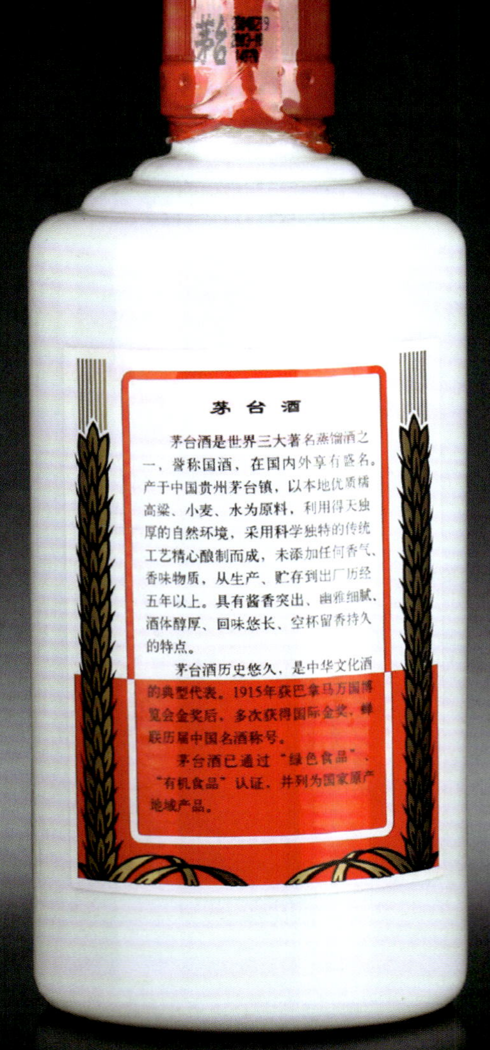

228

成交价格	RMB 10,465
拍卖信息	永乐拍卖 2022.7.26, Lot 7075
生产年份	2004 年
容量规格	500 ml
酒精度数	53°
收藏星级	★☆

2004 年“飞天牌”贵州茅台酒

相关事记：

2004 年正面酒标在“飞天牌”商标下方标注 53%（V/V），2004 年 6 月彩色包装外盒全部启用有机食品标志。封口防伪标的暗记，在荧光灯的照射下由“作废”改为灰白相间的方格。飘带上开始出现阿拉伯数字，标在下面一根飘带的上端部位。

荧光灯照射效果由之前的“作废”改为方格图案。

“飞天牌”商标仙女身上的红色点状网纹去除。

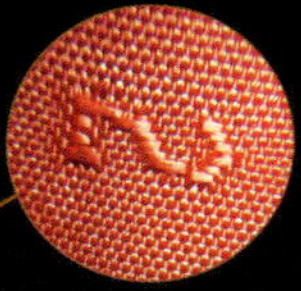

2004 年起红飘带根部绣有阿拉伯数字。

229

参考价格	RMB 8,000
拍卖信息	无
生产年份	2005 年
容量规格	500 ml
酒精度数	53°
收藏星级	★

2005 年“五星牌”贵州茅台酒

相关事记：

贵州茅台酒获准使用纯粮固态发酵白酒标志。黄帝陵民祭大典在陕西黄陵举行，茅台酒为主祭祀唯一用酒。贵州茅台酒获巴拿马万国博览会金奖暨世界名酒 90 周年纪念大会在北京人民大会堂举行。

2005 年 12 月底，“五星牌”贵州茅台酒年份标志由正标移至背标下方。

2005 年，“五星牌”贵州茅台酒，年份“2005”由正标移至背标下方，原“2005”处改为“500ml”。

230

羊	参考价格	RMB 8,000
拍	拍卖信息	无
年	生产年份	2005 年
容	容量规格	500 ml
度	酒精度数	53°
藏	收藏星级	★

2005 年“飞天牌”贵州茅台酒

相关事记：

2005 年，“飞天牌”贵州茅台酒启用全新背标，原有英文部分全部去除，内容与“五星牌”贵州茅台酒背标内容相同。正标位置加印容量信息。

231

成交价格	RMB 9,085
拍卖信息	永乐拍卖 2022.7.26, Lot 7077
生产年份	2006 年
容量规格	500 ml
酒精度数	53°
收藏星级	★☆

2006 年“五星牌”贵州茅台酒

相关事记：

“茅台酒酿制技艺”入选国家级首批“非物质文化遗产代表作”名录。季克良、吕云怀获“中国酿酒大师”称号。

2006 年上半年，彩盒及正面酒标中的酒精含量写法有“53%（V/V）”“53%VOL”两种形式，至下半年全部改为“53%vol”。

232

成交价格	RMB 10,541
拍卖信息	中国嘉德 2018.11.20, Lot 3201
生产年份	2006 年
容量规格	500 ml
酒精度数	53°
收藏星级	★☆

2006 年“飞天牌”贵州茅台酒

相关事记：

2006 年，贵州茅台酒出厂价平均上调 14.3%，53 度 500ml“飞天牌”贵州茅台酒到岸价由每瓶 268 元调整为 308 元，15 年以上陈年茅台酒价格上调近 20%。

2006 年下半年，“飞天牌”商标下方的“53%（V/V）”改为“53% vol”。

233

参考价格	RMB 8,000
拍卖信息	无
生产年份	2007 年
容量规格	500 ml
酒精度数	53°
收藏星级	★

该款茅台酒的外包装箱

2007 年“五星牌”贵州茅台酒

234

参考价格	RMB 8,000
拍卖信息	无
生产年份	2007 年
容量规格	500 ml
酒精度数	53°
收藏星级	★

2007 年“飞天牌”贵州茅台酒

相关事记：

茅台酒 RFID 防伪技术正式启动，每瓶真茅台酒将获得唯一“身份证”。

香港回归十周年庆祝晚宴上，胡锦涛用茅台酒与特区人民举杯同庆。2007 年，53 度 500ml“飞天牌”贵州茅台酒到岸价由每瓶 308 元调整为 358 元。

235

参考价格	RMB 6,250
拍卖信息	无
生产年份	2008 年
容量规格	500 ml
酒精度数	53°
收藏星级	★

2008 年“五星牌”贵州茅台酒

相关事记：

国酒茅台全国经销商户已达 1143 家，并在数十个国家和地区建立了营销机构。茅台酒传统酿造技艺被国家推荐申报联合国教科文组织“人类口头与非物质遗产代表作”。

2008 年，贵州茅台酒的产量突破两万吨，销售收入实现百亿目标。

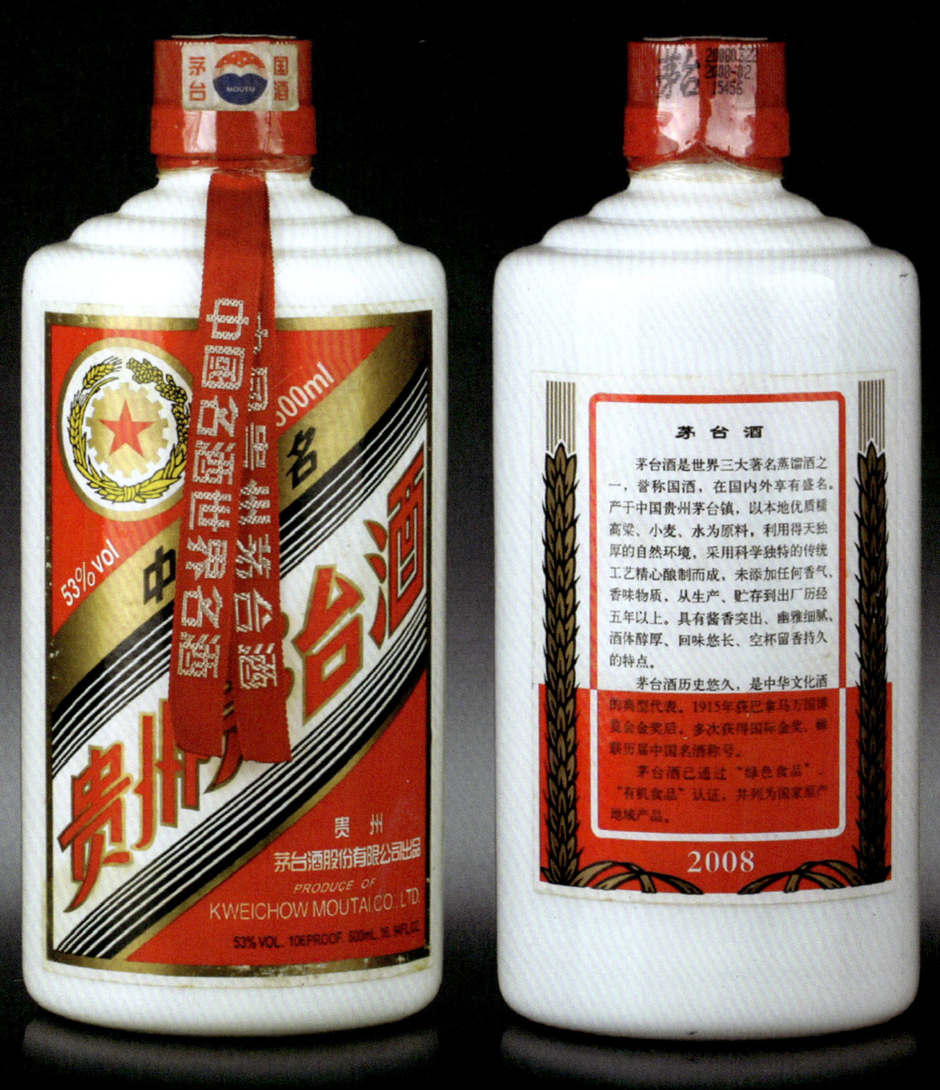

236

参考价格	RMB 6,250
拍卖信息	无
生产年份	2008 年
容量规格	500 ml
酒精度数	53°
收藏星级	★

2008 年“飞天牌”贵州茅台酒

相关事记：

2005 年至 2008 年生产的贵州茅台酒瓶底厂家代号多为：MB、口、CKK 三种形式。

2008 年 10 月 27 日启用比之前略小的第二代小酒杯。

2008 年，53 度 500ml“飞天牌”贵州茅台酒每瓶价格为 439 元，53 度 500ml“五星牌”贵州茅台酒每瓶价格为 429 元。

2008 年下半年，正标最下方黑字部分“53% VOL”改为“53% vol”。

『五星牌』贵州茅台酒酒盒展开图

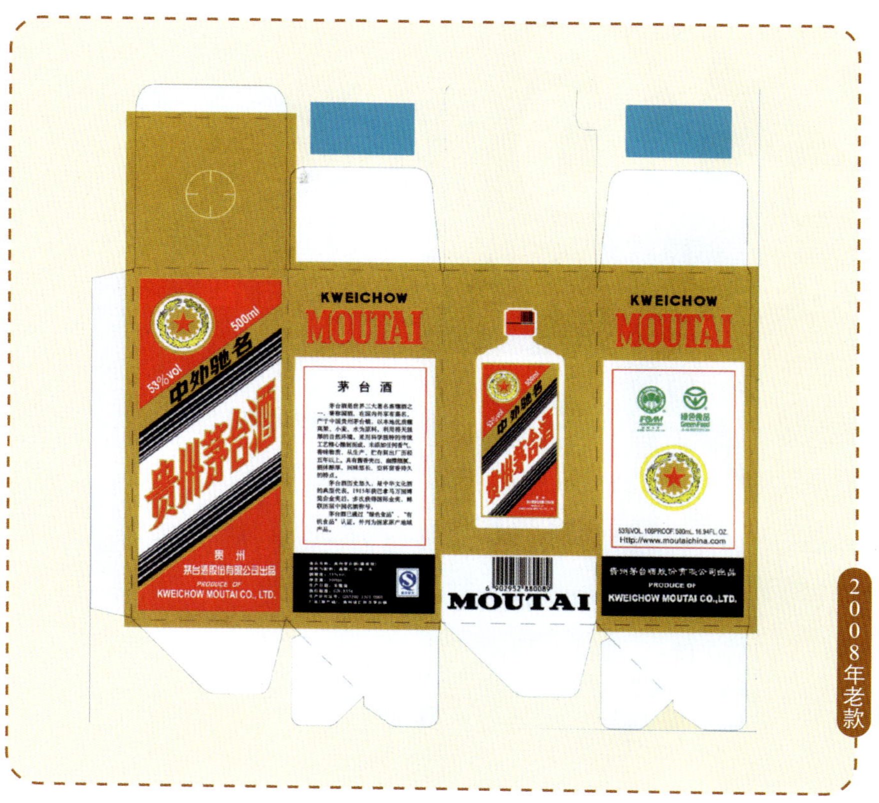

2008年老款

2009年新款

『飞天牌』贵州茅台酒 酒盒展开图

2008年老款

2009年新款

2009 年贵州茅台酒防伪全面改版

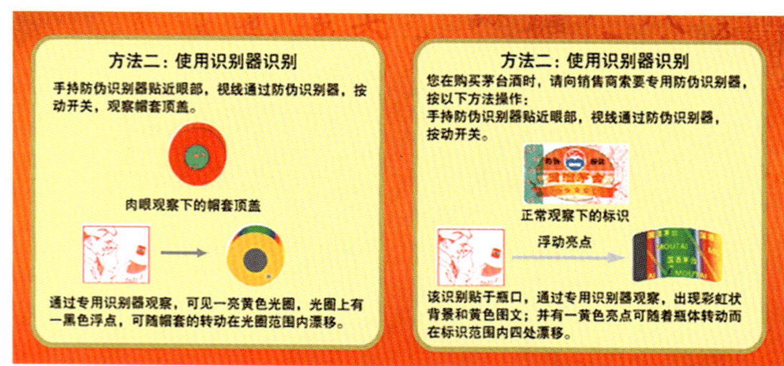

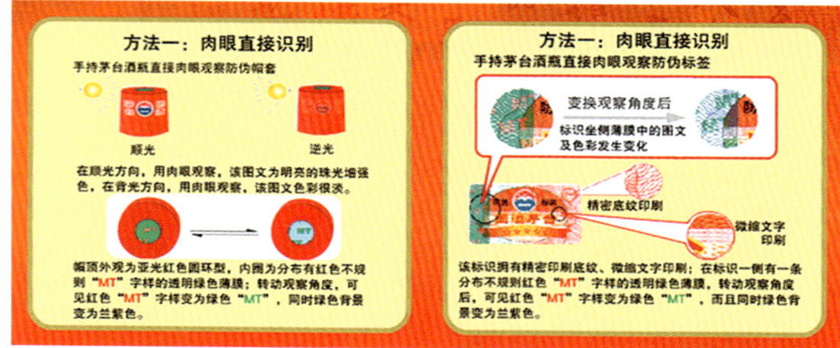

贵州茅台酒作为中国市场上最高端的品牌白酒，长期以来，各种假酒层出不穷，严重困扰着广大消费者。在各类假酒品种中，最晃人眼球的就是造假者回收使用贵州茅台酒原装瓶子、包装重新进行封装，如此一来，这瓶酒对于普通消费者来说，除了封口的那层膜以外，其他附件均属于正品，普通消费者仅凭那层封口膜，难辨其真假。

正因为如此，茅台酒厂在 2007 年时，斥巨资引进了最新的防假、防伪、胶帽和防伪标签等包装技术，并在当年 7 月 1 日投入使用。

这种采用了全新防伪技术的胶帽以及防伪标签，可以从源头上制止造假者利用茅台酒旧包装进行二次封装造假，最大限度减少了消费者在辨别真伪上所费的精力。

购买使用了此类防伪技术的茅台酒后，消费者可先将酒瓶从包装中取出，然后手持酒瓶，观察胶帽顶盖侧面，可见到色彩与标识在不同角度下产生的微妙变化。

从酒瓶盖侧面顺光方向观察，“国酒茅台”四字和茅台酒厂的 LOGO 图案呈明亮的珠光增强色；如若逆光观察，以上图案则会表现得极为平淡。

垂直观察顶盖时，胶帽顶盖中央呈现绿色小圆圈，内有“MT”红色标识。若从倾斜方向观察，小圆圈色彩变为蓝紫色，“MT”标识也随即变成绿色。如整体观察胶帽时，胶帽外观呈现出亚光磨砂红，并能在强光条件下产生明显的珠光效果。

如果使用配送的防伪识别器进行识别，我们可将防伪识别器贴近眼部，视线通过防伪识别器按动开关观察胶帽侧面。如此观察，能看到胶帽表面原图文消失，出现彩虹状背景和黄色“国酒茅台”及“MOUTAI”文字。若观察胶帽顶盖，可见其表面原图文消失，又出现一亮黄色光圈，上有一黑色浮点，可随帽套转动而在光圈内移动。

这种防伪胶帽，具有“三项二线防伪技术”“两项一线防伪技术”“一项特服密码技术”，普通消费者仅凭视觉即可辨别真伪，此项技术被称为“3+2+1 防伪胶帽”，为国内多位资深专家花费了两年多的心血研制而成，也是中国白酒行业中茅台独家使用的先进技术。

所谓“三项二线防伪技术”，即“反光彩虹 + 反光水印 + 浮点飘移”。“一线防伪技术”则是“顺光反射 + 光刻衍射”。而“一项特服密码技术”是指“SPIN 专服识别密码”仅为公司专业服务人员识别。在这些防伪技术中，“光刻技术”“反光彩虹”“浮点飘移”和“SPIN 专服识别密码”等均为世界首创和独家享有的高新科技，曾获国家认证专利 20 余项，并先后获得国家及省部级颁发的奖项 34 个。

与此同时，一直使用的茅台酒防伪标签也进行了升级。消费者持酒瓶直接观察防伪标签时，能看到该标签拥有精密印刷底纹、微缩文字印刷。在标签一侧，有一条分布不规则的红色“MT”字样透明绿色薄膜，转动观察可见红色“MT”字样变为绿色“MT”字样，同时绿色背景变为蓝紫色。在使用配送的防伪识别器识别时，可看到防伪标签表面原图文消失，出现彩虹状背景和黄色“国酒茅台”及“MOUTAI”文字，并有一黄色浮点，可随酒瓶转动在标签范围内四处移动。

这些均为茅台酒最新防伪技术，这种高新技术的使用，体现了我国先进的包装科技水平，凸显“人无我有，人有我精”的“三化”“三防”功能（即人性化设计、差异化优势、一体化功能，以及防伪、防剪、防回收）。

“人性化设计”即消费者开瓶时不用再像过去那样费力地去撕瓶盖胶帽。新的瓶盖胶帽，只需轻轻一扯，即可卸除密封于酒瓶盖上的胶帽，并撕破防伪标签。

“差异化优势”即中国酒类企业中唯有贵州茅台采用此种防伪胶帽封装技术，为茅台酒提供了打击酒类市场假冒侵权不法行为的工作力度和包装技术优势。

“一体化功能”是指胶帽一旦套上瓶口，即与酒瓶合为一体，扯脱胶帽便一次性毁坏，无法复原。

“三防”即防伪、防剪、防回收。由于特殊的防假防伪制作技术，可使企图通过剪取茅台酒防伪商标及回收旧酒瓶造假者失去制假的条件。

面对猖獗的假冒侵权不法行为，国酒茅台不惜增加生产成本采用 3+2+1 防伪胶帽，是对中国白酒市场的一个净化，也在无形中提升了茅台的品牌形象，维护了消费者的合法权益。

『五星牌』贵州茅台酒酒盒展开图

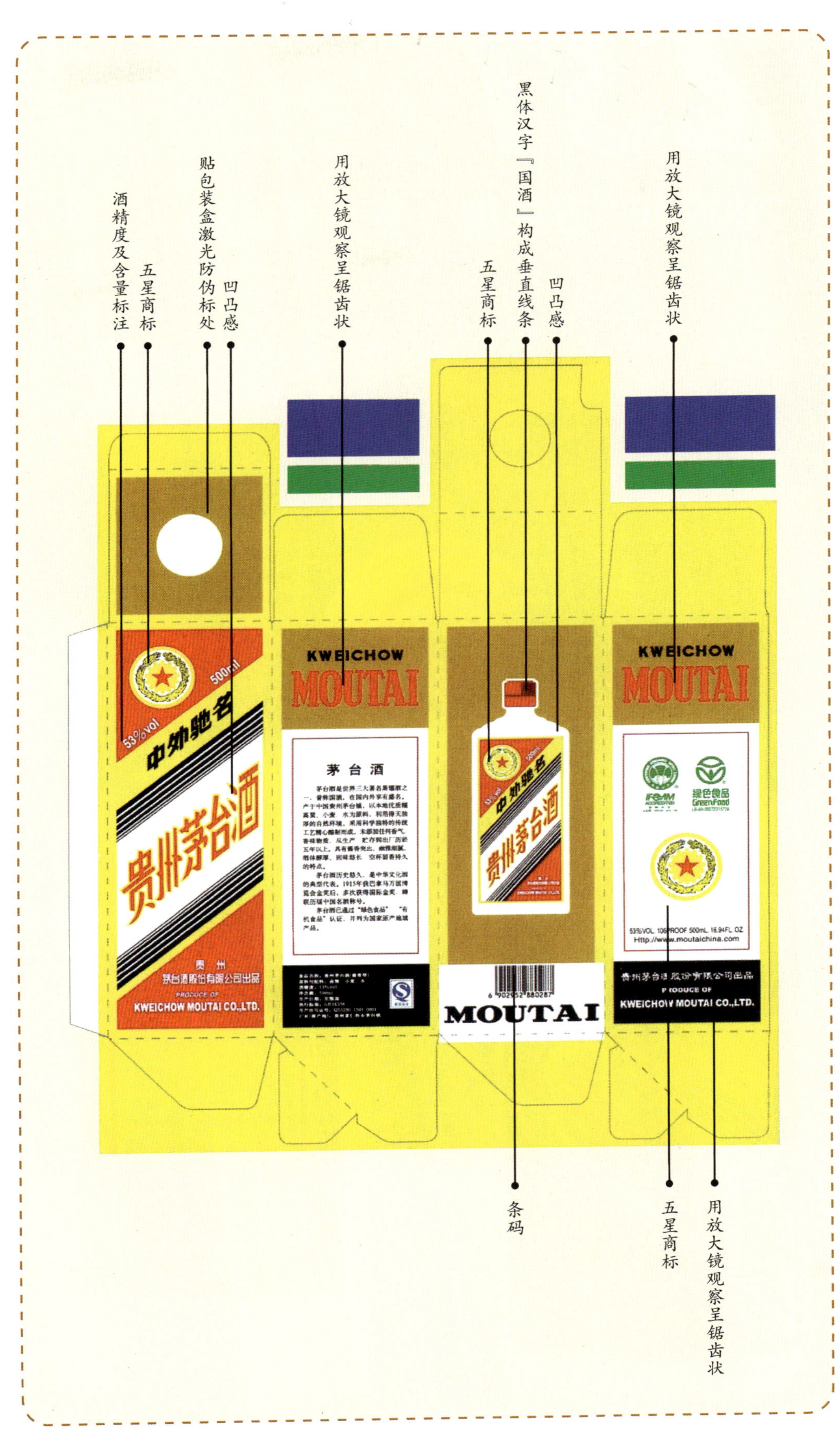

237

参考价格	RMB 6,250
拍卖信息	无
生产年份	2009 年
容量规格	500 ml
酒精度数	53°
收藏星级	★

通过贵州茅台酒专用防伪识别器观察的红胶套效果

2009 年“五星牌”贵州茅台酒

相关事记：

2009 年 2 月下旬，贵州茅台酒启用第四代全新防伪红胶套。2009 年下半年开始，背标中文字第二行“国酒”的“酒”字中的短横两头不到边。茅台酒瓶瓶底图案较以前更加清晰规则，厂名代号有“MB”（闽玻）、“口”（老美工）、“CKK”（美工）、“HB”（华玻）等。背标条码用强光照射有彩色激光片闪现。

原贴于瓶盖封膜顶部的圆形物流码，改为方形贴于背标正上方。

侧光照射有不规则的激光斑点呈现。

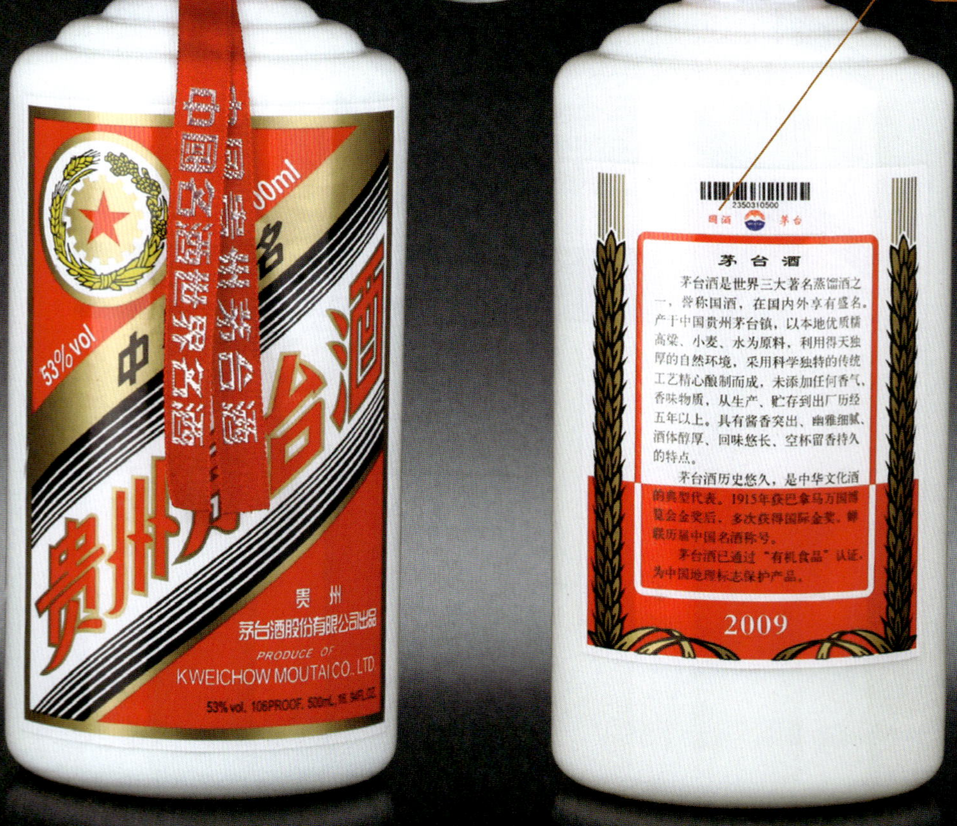

238

参考价格	RMB 5,500
拍卖信息	无
生产年份	2009 年
容量规格	500 ml
酒精度数	53°
收藏星级	★

2009 年“飞天牌”贵州茅台酒

相关事记：

季克良入选全国第三批国家级非物质文化遗产项目代表性传承人，茅台酒酿造技艺首次有了国家级传承人。茅台集团成为中国 2010 年上海世博会白酒行业高级赞助商，贵州茅台酒成为上海世博会唯一指定白酒。

2009 年下半年开始，背标中第一行和第二行中的“酒”字的区别。

239

参考价格	RMB 5,500
拍卖信息	无
生产年份	2010 年
容量规格	500 ml
酒精度数	53°
收藏星级	★

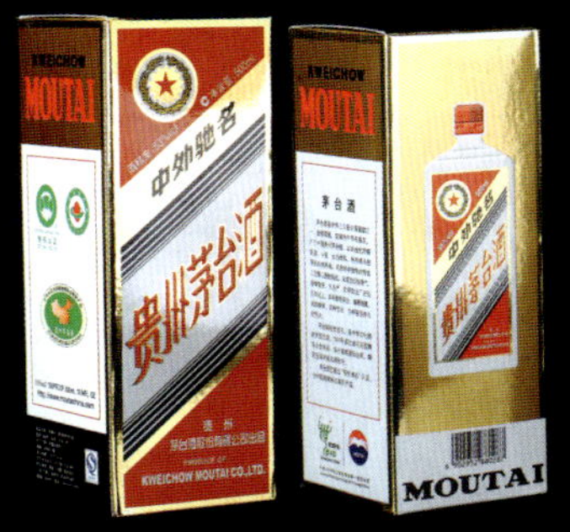

印有上海世博会标志的外盒

2010 年“五星牌”贵州茅台酒

相关事记：

2010 年，我国首次召开世界博览会，正是这场世博盛会，让近百年前的茅台酒走出国门，得到世界的认可。世博会在上海召开，茅台酒厂为纪念这一时刻的到来，特制了“世博茅台酒”，共计 81 款。此后，茅台各种纪念酒、生肖酒、文化酒层出不穷，极大地丰富了贵州茅台酒的品种。

240

参考价格	RMB 5,200
拍卖信息	无
生产年份	2010 年
容量规格	500 ml
酒精度数	53°
收藏星级	★

2010 年 9 月 30 日起，外盒上增加了储存条件、邮编、电话等信息。

2010 年“飞天牌”贵州茅台酒

相关事记：

2010 年 5 月起，“飞天牌”贵州茅台酒酒盒上印有“上海世博会”与茅台集团的标志组合，并标注“中国 2010 年上海世博会唯一指定白酒”字样。

2010 年 11 月，中国第一部关于酒类收藏研究的著作《茅台酒收藏》出版发行。

2010 年 1 月到 10 月此处为封闭形态，11 月到 12 月为断开形态。

241

参考价格	RMB 5,000
拍卖信息	无
生产年份	2011 年
容量规格	500 ml
酒精度数	53°
收藏星级	★

2011 年“五星牌”贵州茅台酒

相关事记：

茅台集团再次荣获全国质量奖。中国茅台上榜“全球酒业品牌 50 强”，排名第九。

2011 年 11 月 3 日，酒盒中附赠新式小酒杯（第三代），与之前第一代、第二代的玻璃酒杯不同，该酒杯材质为有纹路的塑玻材料。

242

参考价格	RMB 5,000
拍卖信息	无
生产年份	2011 年
容量规格	500 ml
酒精度数	53°
收藏星级	★

2011 年“飞天牌”贵州茅台酒

相关事记：

2011 年，贵州茅台酒瓶口喷码第二行批次由 6 位数改为 7 位数，如“2011-10”改为“2011-010”。53 度 500ml“飞天牌”贵州茅台酒出厂价为每瓶 819 元，零售价为 999 元。

2011 年此处为断开形态。

243

参考价格	RMB 4,900
拍卖信息	无
生产年份	2012 年
容量规格	500 ml
酒精度数	53°
收藏星级	★

2012 年“五星牌”贵州茅台酒

相关事记：

2012 年 7 月，启用 17 位有机码。10 月以后，开始印刷在背标上。2012 年以后，瓶盖喷码年份下面一行批号改为 3 位数字。

244

参考价格	RMB 4,900
拍卖信息	无
生产年份	2012 年
容量规格	500 ml
酒精度数	53°
收藏星级	★

2012 年“飞天牌”贵州茅台酒

相关事记：

2012 年 5 月，赵晨新书《茅台酒收藏投资指南》发售，一经推出即连续多年荣登全国酒类收藏投资图书销售榜首。

2012 年 1 月到 6 月此处为断开形态，7 月到 12 月为封闭形态。

2012 年 9 月起，背标条形码下方增加了有机码。

245

参考价格	RMB 4,800
拍卖信息	无
生产年份	2013 年
容量规格	500 ml
酒精度数	53°
收藏星级	★

2013 年“五星牌”贵州茅台酒

相关事记：

2013 年 5 月以后，贵州茅台酒启用 RFID 溯源系统，在瓶盖红胶套封膜内增加 RFID 芯片。

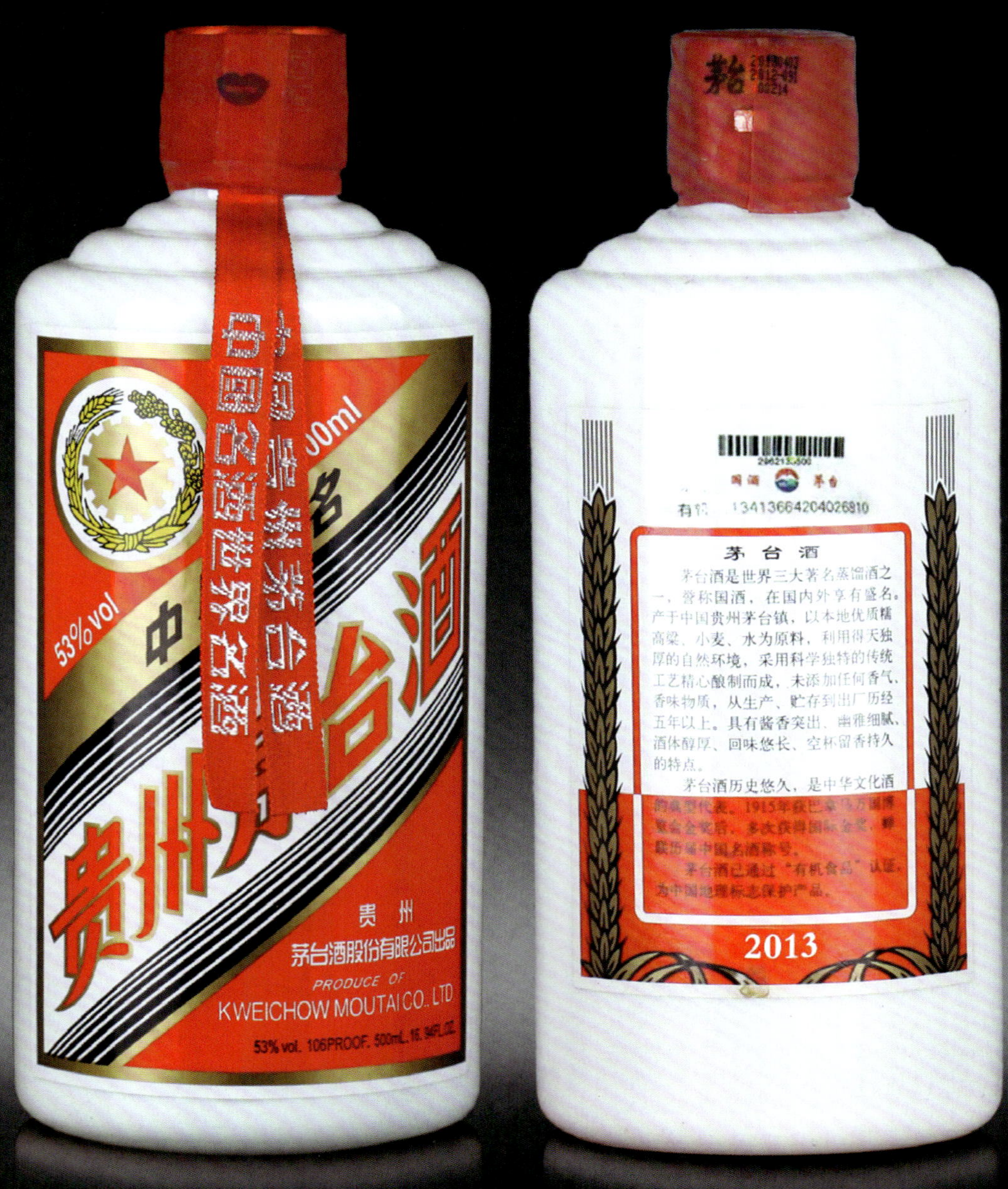

246

参考价格	RMB 4,800
拍卖信息	无
生产年份	2013 年
容量规格	500 ml
酒精度数	53°
收藏星级	★

2013 年“飞天牌”贵州茅台酒

相关事记：

贵州茅台酒 RFID 溯源体系上线。中国茅台再次上榜“全球 50 大最具价值烈酒品牌”，排名第二。2013 年 5 月 3 日，以“茅酒之源”为代表的茅台酒酿酒工业遗产群被国务院批准为“第七批全国重点文物保护单位”。

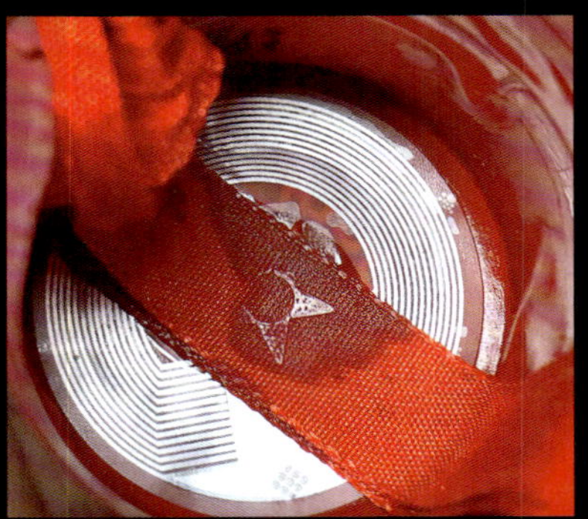

2013 年 5 月 22 日，瓶盖胶套内侧安装了呈圆形的电子线圈，为新式查询系统（RFID）。

247

参考价格	RMB 4,750
拍卖信息	无
生产年份	2014 年
容量规格	500 ml
酒精度数	53°
收藏星级	★

2014 年“五星牌”贵州茅台酒

248

参考价格	RMB 4,750
拍卖信息	无
生产年份	2014 年
容量规格	500 ml
酒精度数	53°
收藏星级	★

2014 年“飞天牌”贵州茅台酒

中国贵州茅台酒 2009—2013 年

中国贵州茅台酒 2014 年以后

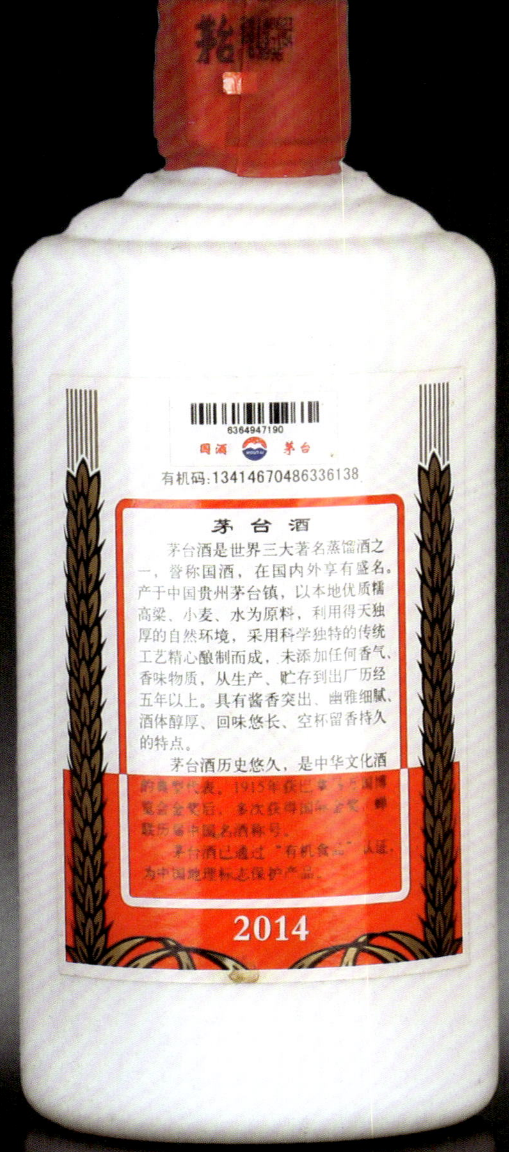

249

参考价格	RMB 4,700
拍卖信息	无
生产年份	2015 年
容量规格	500 ml
酒精度数	53°
收藏星级	★

2015 年“五星牌”贵州茅台酒

相关事记：

贵州茅台酒荣获旧金山世界烈酒大赛年度最佳白酒及双金特奖。“香飘世界百年，相伴民族复兴”茅台金奖百年系列活动启动。茅台夺得 2015 中国食品企业国际贡献奖。

250

成交价格	RMB 4,715
拍卖信息	永乐拍卖 2022.7.26, Lot 7086
生产年份	2015 年
容量规格	500 ml
酒精度数	53°
收藏星级	★

2015 年“飞天牌”贵州茅台酒

相关事记：

茅台金奖百年庆典活动在国内外多地举行，美国旧金山市长李孟贤将 11 月 12 日定为旧金山的“茅台日”。

251

参考价格	RMB 3,800
拍卖信息	无
生产年份	2016 年
容量规格	500 ml
酒精度数	53°
收藏星级	★

瓶盖顶部的暗记

2016 年“五星牌”贵州茅台酒

相关事记：

2016 年，茅台股份毛利率达 91.23%，净利率达 46.14%，均居全球烈酒第一。第十一届贵州旅游产业发展大会在茅台镇召开。

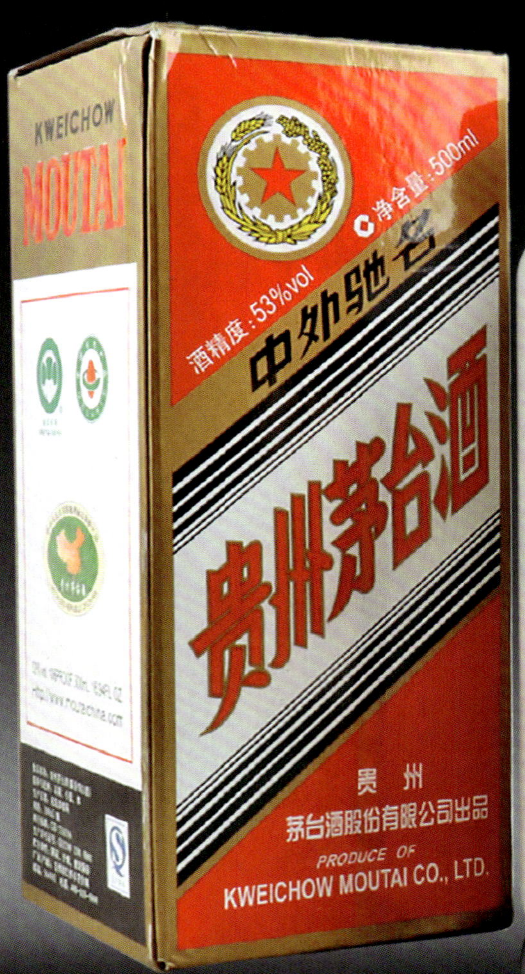

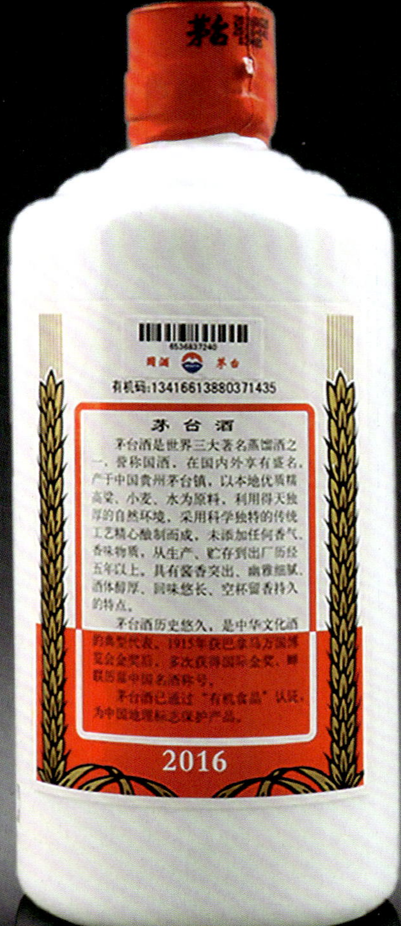

252

成交价格	RMB 4,983
拍卖信息	永乐拍卖 2023.2.22, Lot 5056
生产年份	2016 年
容量规格	500 ml
酒精度数	53°
收藏星级	★

2016 年“飞天牌”贵州茅台酒

相关事记：

2016 年，茅台股份上缴税金占全国 18 家白酒上市企业的 44.2%，在全国白酒企业中排名第一。

2016 年 9 月 27 日，坐落在赤水河畔的茅台国际大酒店正式开业。

253

参考价格	RMB 3,700
拍卖信息	无
生产年份	2017 年
容量规格	500 ml
酒精度数	53°
收藏星级	★

2017 年“五星牌”贵州茅台酒

相关事记：

2017 年，茅台品牌价值达 115.48 亿美元，超过国际酒业巨头保乐力加，成为“世界蒸馏酒第一品牌”。

254

参考价格	RMB 3,700
拍卖信息	无
生产年份	2017 年
容量规格	500 ml
酒精度数	53°
收藏星级	★

2017 年“飞天牌”贵州茅台酒

相关事记：

2017 年 10 月 31 日，由茅台集团和仁怀市人民政府共同出资建设的遵义茅台机场正式通航运行。遵义成为继上海、北京之后全国第三个拥有两座民航机场的城市。

255

参考价格	RMB 3,700
拍卖信息	无
生产年份	2018 年
容量规格	500 ml
酒精度数	53°
收藏星级	★

2018 年“五星牌”贵州茅台酒

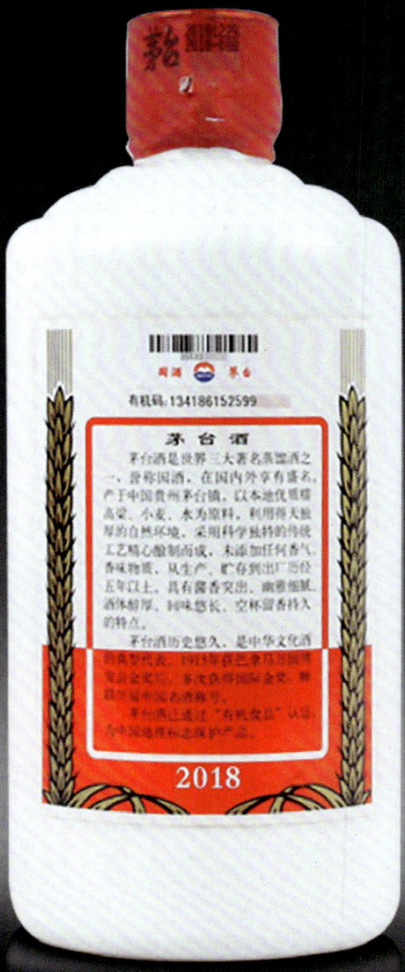

256

参考价格	RMB 3,700
拍卖信息	无
生产年份	2018 年
容量规格	500 ml
酒精度数	53°
收藏星级	★

2018 年“飞天牌”贵州茅台酒

相关事记：

2018 年 1 月，茅台酒出厂价达 969 元，官方指导零售价为 1499 元，但市场实际零售价格均已达到 1800 元。

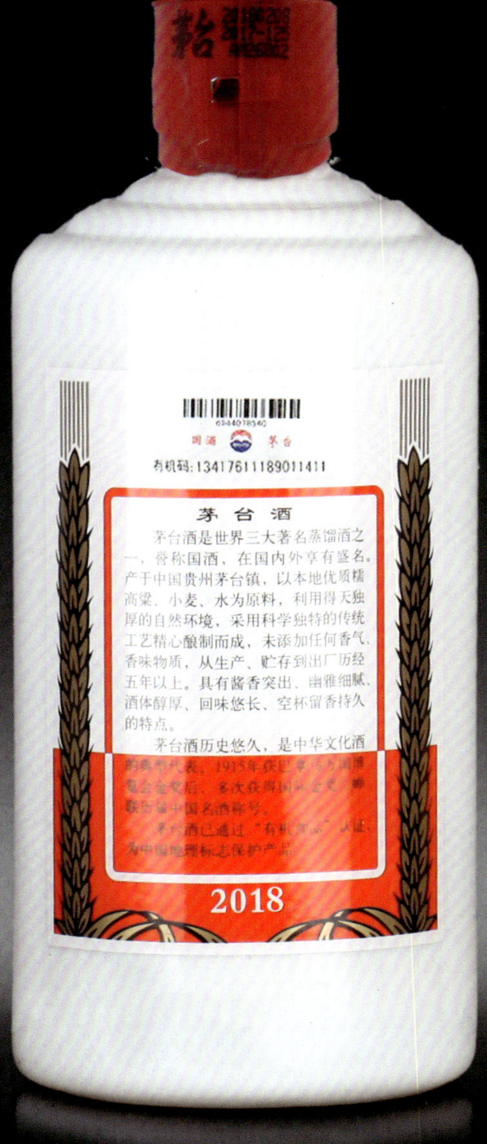

257

成交价格	RMB 4,504
拍卖信息	北京保利 2023.2.23, Lot 7080
生产年份	2019 年
容量规格	500 ml
酒精度数	53°
收藏星级	★

2019 年“五星牌”贵州茅台酒

258

参考价格	RMB 3,400
拍卖信息	无
生产年份	2019 年
容量规格	500 ml
酒精度数	53°
收藏星级	★

2019 年“飞天牌”贵州茅台酒

259

参考价格	RMB 3,200
拍卖信息	无
生产年份	2020 年
容量规格	500 ml
酒精度数	53°
收藏星级	★

2020 年“五星牌”贵州茅台酒

260

参考价格	RMB 3,200
拍卖信息	无
生产年份	2020 年
容量规格	500 ml
酒精度数	53°
收藏星级	★

2020 年“飞天牌”贵州茅台酒

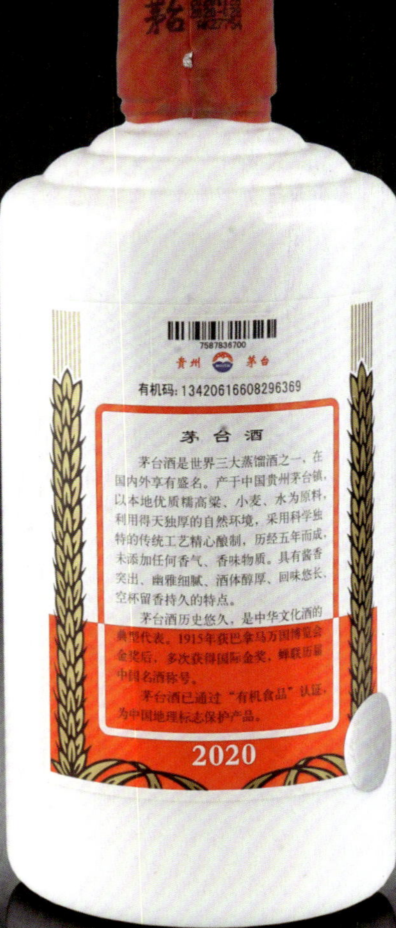

KWEICHOW
MOUTAI

酒精度:53%vol
净含量:500ml
中外驰名
贵州茅台酒
贵 州
茅台酒股份有限公司
PRODUCE OF
KWEICHOW MOUTAI CO.,

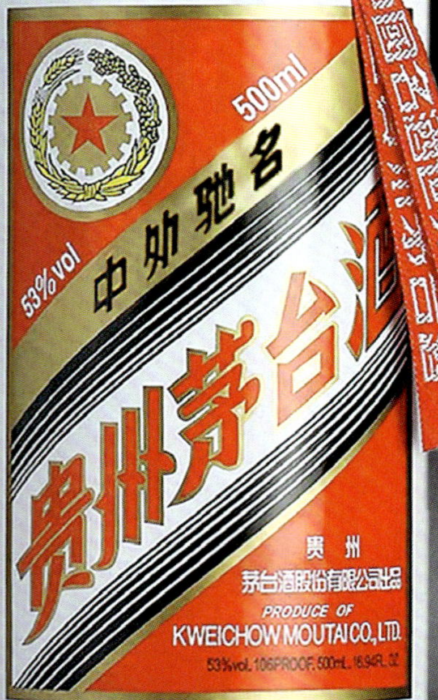

500ml
中外驰名
53%vol
贵州茅台酒
贵 州
茅台酒股份有限公司出品
PRODUCE OF
KWEICHOW MOUTAI CO.,LTD.
53%vol. 106PROOF 500mL 16.94FL.OZ

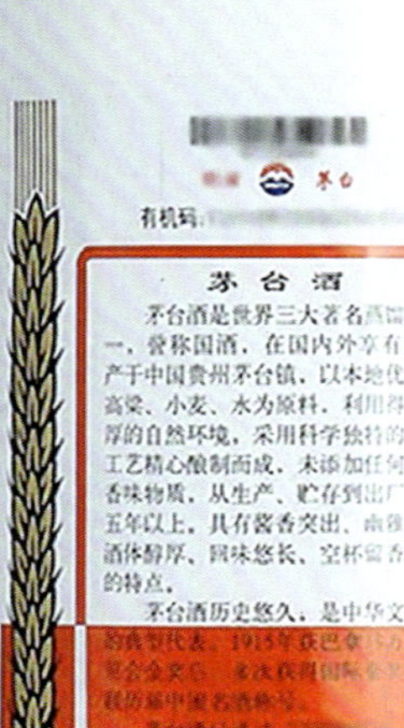

茅台酒
茅台酒是世界三大著名蒸馏酒之一，誉称国酒，在国内外享有盛名，产于中国贵州茅台镇，以本地优质精高粱、小麦、水为原料，利用得天独厚的自然环境，采用科学独特的传统工艺精心酿制而成，未添加任何香气、香味物质，从生产、贮存到出厂历经五年以上，具有酱香突出、幽雅细腻、酒体醇厚、回味悠长、空杯留香持久的特点。
茅台酒历史悠久，是中华文化酒
2021

262

成交价格	RMB 3,833
拍卖信息	永乐拍卖 2023.2.22, Lot 5077
生产年份	2021 年
容量规格	500 ml
酒精度数	53°
收藏星级	★

2021 年“飞天牌”贵州茅台酒

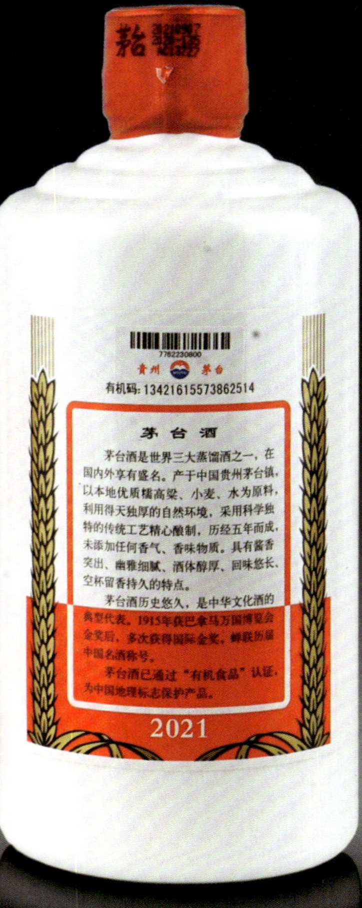

263

参考价格	RMB 3,000
拍卖信息	无
生产年份	2022 年
容量规格	500 ml
酒精度数	53°
收藏星级	★

2022 年“五星牌”贵州茅台酒

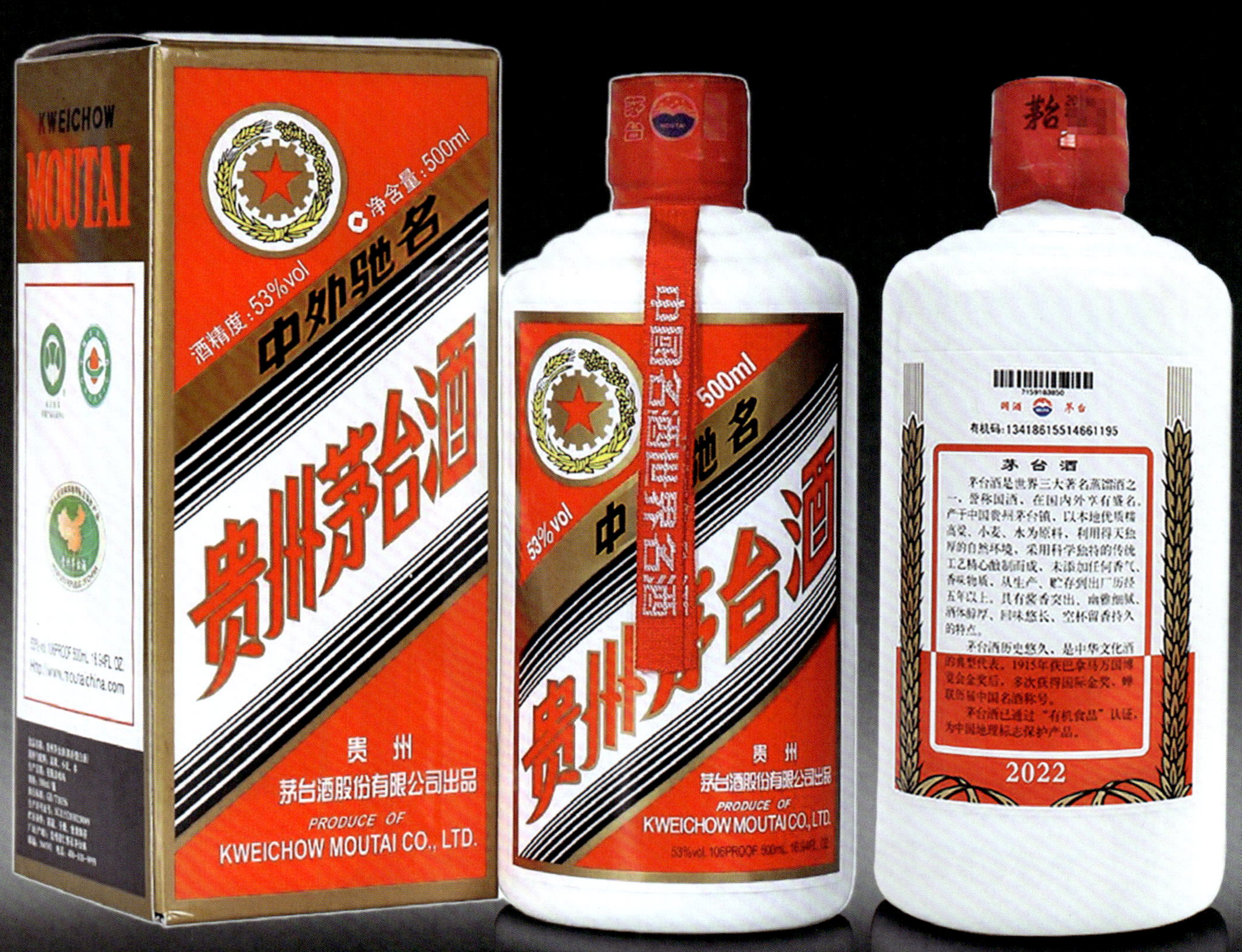

264

参考价格	RMB 3,000
拍卖信息	无
生产年份	2022 年
容量规格	500 ml
酒精度数	53°
收藏星级	★

2022 年“飞天牌”贵州茅台酒

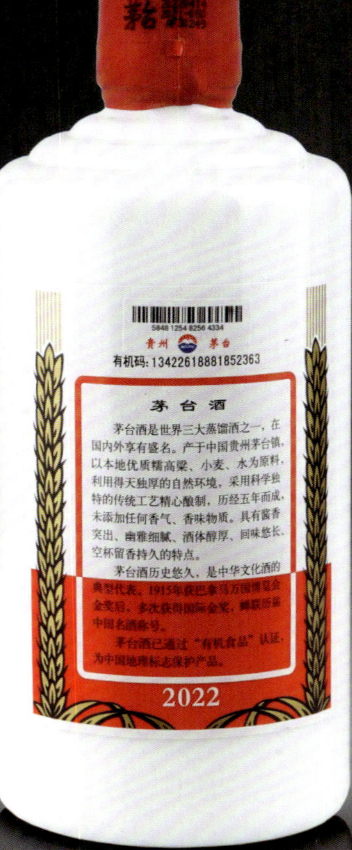

贵州茅台酒
珍藏品

贵州茅台酒封口变化

【2003—至今】

2003
警卫局专供茅台酒封口
印有“贵州茅台酒”凸起字样的红色铝制瓶盖封口，外系红飘带，再用透明塑膜封口。
2009
内销“五星牌”贵州茅台酒封口
瓶口使用红色塑料瓶盖，外系红飘带，2009 年 2 月下旬启用全新第四代红色防伪胶套封口。
2012
“飞天牌”卡慕茅台酒封口
新式塑料瓶盖加印金色“飞天牌”商标图案。
2014
马年生肖茅台酒瓶盖
印有“马”字样的凸起金色瓶盖封口。
2018
茅台年份酒封口
防伪塑料盖封口，外套电脑刺绣金黄色花纹布，再用透明塑膜封套。

贵州茅台

KWEICHOW

精美至极 独具魅力

珍品-陈年-年份酒

一七〇四-陈年-方印-曲印

-大曲印-黑瓷杯-青瓷杯

年份琼浆 旷世陈酿

第六章

珍品茅台系列

1986–2023

KWEICHOW MOUTAI
PART SIX

265

成交价格	RMB 138,000
拍卖信息	中国嘉德 2020.8.15, Lot 3075
生产年份	1986 年
容量规格	500 ml
酒精度数	53°
收藏星级	★★★★

1986 年“一七〇四年”标珍品贵州茅台酒

“飞天牌”商标面部细节

相关事记：

1986 年 10 月 12 日，英国女王伊丽莎白二世访问中国，这是英国君主首次来中国访问。邓小平与女王亲切交谈，并在钓鱼台养源斋用自己珍藏的茅台酒款待了她。

1986 年贵州茅台酒总产量为 1266.6 吨，其中出口销量为 225 吨。

清康熙四十三年 (1704 年)，茅台村杨柳湾酿酒作坊参考各种酿酒工艺，用赤河之水酿制玉液琼浆，最终酿出的酒有别于他处，袭地得名“茅台”。因此，该款珍品贵州茅台酒在醒目处标注了“一七〇四年”。

红封膜顶部细节

瓶底

珍品贵州茅台酒盒内的铜酒杯

珍品贵州茅台酒包装盒里面两种不同颜色的酒杯

点评： 因酒标左下角有汉字“一七〇四年”印章，所以此酒俗称“1704”。右下角厂名落款为简体“中国茅台酒厂出品”，此落款分两排呈现，上一排是“中国”二字。外盒上“中国贵州茅台厂出品”的印章为特征之一。此酒为第一代珍品贵州茅台酒，具有较高的收藏价值。一樽古朴的酒杯，一条火红的飘带，一枚铭刻历史的酒标，一杯由时间酝酿的醇厚玉液。

266

参考价格	RMB 100,000
拍卖信息	无
生产年份	1987 年
容量规格	500ml、375ml、200ml、50ml
酒精度数	53°
收藏星级	★★★★★

1987 年“T 字头”标珍品贵州茅台酒

267

参考价格	RMB 100,000
拍卖信息	无
生产年份	1987 年
容量规格	500ml、200ml、50ml
酒精度数	53°
收藏星级	★★★★★

1987 年“T 字头”标珍品贵州茅台酒

珍品贵州茅台酒设计者马熊

South
Export Advertising Award
1987

This is to certify that

China National Cereals Oils & Foodstuffs
Import & Export Corporation

Was successful in achieving
the First prize in the category
'Best Export Advertisement'

This Certificate was presented
at
The Third World Advertising Congress,
Beijing, China, 1987
By

Signed: ____ Date: ____

South

“亚洲之星”国际包装奖

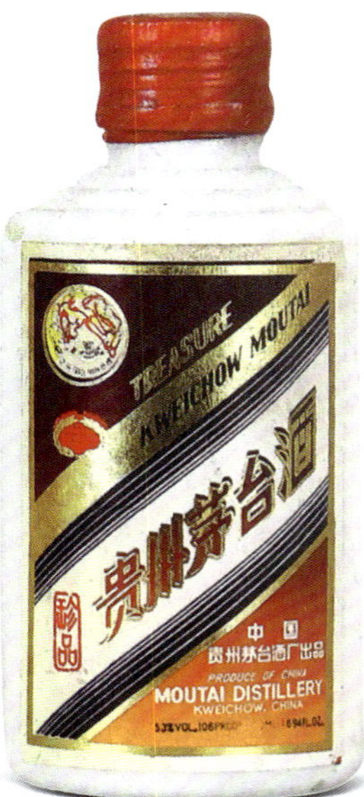

1986—1987 年珍品贵州茅台酒

鉴藏要点：

因酒标左下角有“陈年”印章，所以此酒俗称“陈年纸珍”。左下角有“陈年”繁体印章；酒盒上部金色斜印有英文“AGED”（陈年）字样。厂名落款、飞天标、背贴、外盒等与前一代产品“1704”稍有变化。茅台酒厂为“陈年”取了一个沿用至今的名字——珍品。此酒为第二代珍品贵州茅台酒，具有较高的收藏价值。

正标

1986 年“一七〇四年”标识

1987 年“陈年”标识

1986 年的酒标上方

1987 年的酒标上方有“AGED”

包装

1986 年酒盒正面

1987 年酒盒正面有厂名标注

268

成交价格	RMB 95,200
拍卖信息	中鼎国际 2011.4.24, Lot 0056
生产年份	1987 年
容量规格	500 ml
酒精度数	53°
收藏星级	★★★★

1987 年“陈年”标珍品贵州茅台酒

相关事记：

“陈年”贵州茅台酒，是珍品系列的第二代产品，标签有别于“一七〇四年”。此外还有“珍品”“方印”“曲印”“大曲印”标签之分。

1987 年珍品贵州茅台酒

鉴藏要点：

此酒厂名落款、飞天标、背贴等与前一代都稍有变化。当时“陈年”酒标没有用完，茅台酒厂为节约，就在酒标正面和酒盒上加贴了“珍品”小纸片继续使用。所以此酒俗称“小纸片纸珍”或“压印纸珍”。此酒为第三代珍品贵州茅台酒，分为“尖角”小纸片和“圆角”小纸片两种，具有较高的收藏价值。

正标

1987 年“陈年”标识

1987 年“珍品”标识

包装

1987 年“陈年”酒盒正面

1987 年“珍品”酒盒正面

269

参考价格	RMB 80,000
拍卖信息	无
生产年份	1987 年
容量规格	500 ml
酒精度数	53°
收藏星级	★★★★

1987 年“小纸片”标珍品贵州茅台酒

加贴小纸片的细节

1987—1988 年珍品贵州茅台酒

鉴藏要点：

正标

1987 年“珍品”标识

1988 年“珍品”标识

1987 年的“飞天牌”商标

1988 年的“飞天牌”商标

包装

1987 年酒盒正面

1988 年酒盒正面

1987 年酒标上方“AGED”

1988 年酒标上方“PRECIOUS”

1987 年酒标右下角厂名

1988 年酒标右下角厂名

270

成交价格	RMB 71,875
拍卖信息	中国嘉德 2017.12.18, Lot 4198
生产年份	1987 年
容量规格	500 ml
酒精度数	53°
收藏星级	★★★★

1987 年“方印”标珍品贵州茅台酒

“飞天牌”
商标细节

点评：“小纸片茅台”逐渐被“方印茅台”取代，“方印茅台”与之前“小纸片茅台”最大区别为：“飞天”商标右侧无“AGED”字样。踏遍青山情未老，此情此景此杯中。

1988—1989 年珍品贵州茅台酒

鉴藏要点：

正标

1988 年“珍品”标识

1989 年“珍品”标识

黄色光芒

金色、黑色相间光芒

1988 年的“飞天牌”商标

1989 年的“飞天牌”商标

包装

方形印章

曲形印章

1988 年酒盒正面

1989 年酒盒正面

正标

1988 年正面酒标右下角厂名

1989 年正面酒标右下角厂名

1988 年背面酒标

1989 年背面酒标

271

参考价格	RMB 50,000
拍卖信息	无
生产年份	1987 年
容量规格	500 ml
酒精度数	53°
收藏星级	★★★☆

1987 年“方印上边缺口”标珍品贵州茅台酒

珍品贵州茅台酒包装盒里面棕色的皮夹

珍品贵州茅台酒包装盒里面蓝色的包装袋

珍品贵州茅台酒包装盒里面两种不同颜色的金桂叶奖章

珍品贵州茅台酒包装盒里面红色的皮夹

珍品贵州茅台酒包装盒里面棕色的包装袋

珍品贵州茅台酒包装盒里面红色的包装袋

272

羊	参考价格	RMB 50,000
拍	拍卖信息	无
年	生产年份	1988 年
容	容量规格	500 ml
度	酒精度数	53°
藏	收藏星级	★★★☆

1988 年“厂名简体字”标珍品贵州茅台酒

点评：此年珍品贵州茅台酒正、背标较之上一代有所缩小。厂名字体、排列发生变化。茅台芳醇擎在手，赢得酒香飘五洲。

1989—1990 年珍品贵州茅台酒

鉴藏要点：

正标

1989 年“珍品”标识

1990 年“珍品”标识

1989 年的“飞天牌”商标

1990 年的“飞天牌”商标

1989 年正面酒标右下角厂名

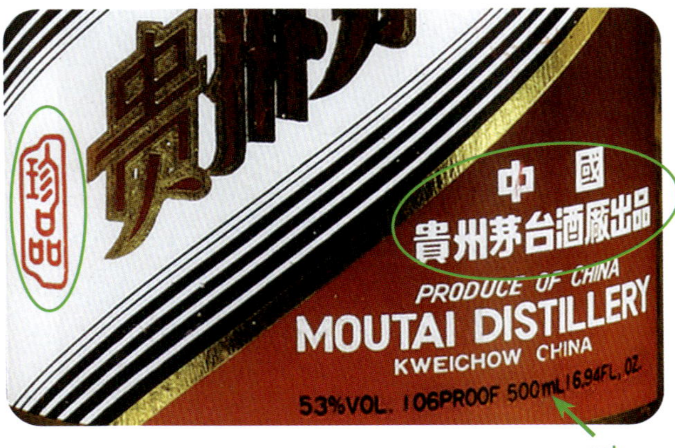

1990 年正面酒标右下角厂名

273

参考价格	RMB 50,000
拍卖信息	无
生产年份	1990 年
容量规格	500 ml
酒精度数	53°
收藏星级	★★★☆

1990 年背标加印“珍品”贵州茅台酒

珍品贵州茅台酒样标

当年该酒生产包装情景

相关事记：

1988 年，珍品豪华型茅台酒 500ml 每瓶 265 元，珍品豪华型 200ml 每瓶 145 元，外销 500ml 每瓶 190 元，内销 500ml 每瓶 170 元。1989 年，茅台酒 53%vol 500ml 的彩盒装每瓶出厂价为 80 元、调拨价 90.48 元、批发价 95.24 元，当地零售价 106 元、贵阳零售价 109 元；外销 500ml 每瓶出厂价 84 元、批发价 100 元，当地零售价 110 元、贵阳零售价 114 元。珍品 500ml 每瓶出厂价 119.50 元、批发价 142.30 元，当地零售价 158 元、贵阳零售价 165 元。

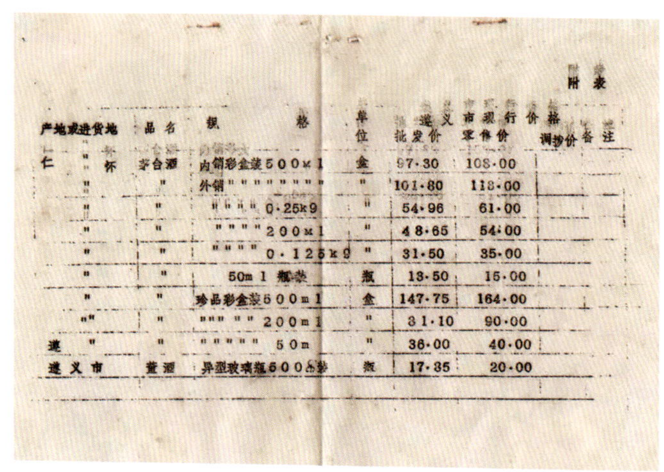

附表

产地或进货地	品名	规格	单位	遵义市现行价格 批发价	零售价	调拨价	备注
仁怀	茅台酒	内销彩盒装500ml	盒	97·30	108·00		
"	"	外销" " " " " " " "	"	101·80	118·00		
"	"	" " " " 0·25kg	"	54·96	61·00		
"	"	" " " " 200ml	"	48·65	54·00		
"	"	" " " " 0·125kg	"	31·50	35·00		
"	"	50ml 瓶装	瓶	13·50	15·00		
"	"	珍品彩盒装500ml	盒	147·75	164·00		
"	"	" " " " " 200ml	"	81·10	90·00		
遵 "	"	" " " " " 50m	"	36·00	40·00		
遵义市	董酒	异型玻璃瓶500ml装	瓶	17·35	20·00		

当年珍品贵州茅台酒价格表

珍品贵州茅台酒直立筒装酒盒

PRECIOUS
KWEICHOW MOUTAI
贵州茅台酒
中国
贵州茅台酒厂出品
PRODUCE OF CHINA
MOUTAI DISTILLERY
KWEICHOW CHINA

KWEICHOW
PRECIOUS
MOUTAI
PRODUCE OF CHINA
MOUTAI DISTILLERY
KWEICHOW, CHINA

KWEICHOW
PRECIOUS
MOUTAI
PRODUCE OF CHINA
MOUTAI DISTILLERY
KWEICHOW, CHINA

MOUTAI

珍品贵州茅台酒纸盒的两种封口

274

参考价格	RMB 60,000
拍卖信息	无
生产年份	1990 年
容量规格	500 ml
酒精度数	53°
收藏星级	★★★☆

1990 年“大曲印”标珍品贵州茅台酒

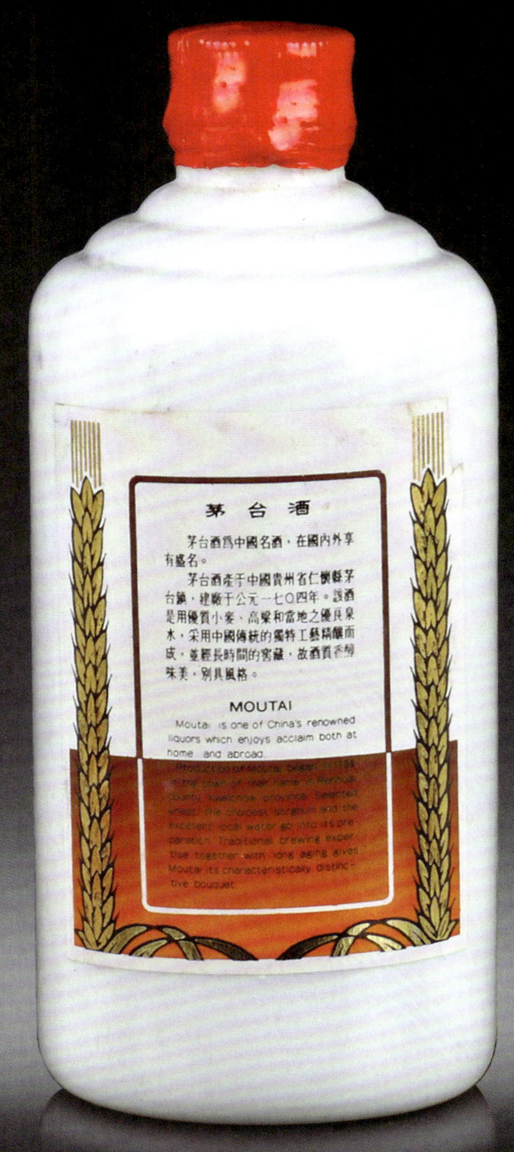

点评： 近年来，“大曲印”珍品贵州茅台酒很受收藏界的青睐，其正标印章边框较之其他产品有所不同，非常稀少，值得收藏。醇香魅力引墨客，美文美诗赞美酒。

275

参考价格	RMB 40,000
拍卖信息	无
生产年份	1991 年
容量规格	500 ml
酒精度数	53°
收藏星级	★★★

1991 年“VOL”标珍品贵州茅台酒

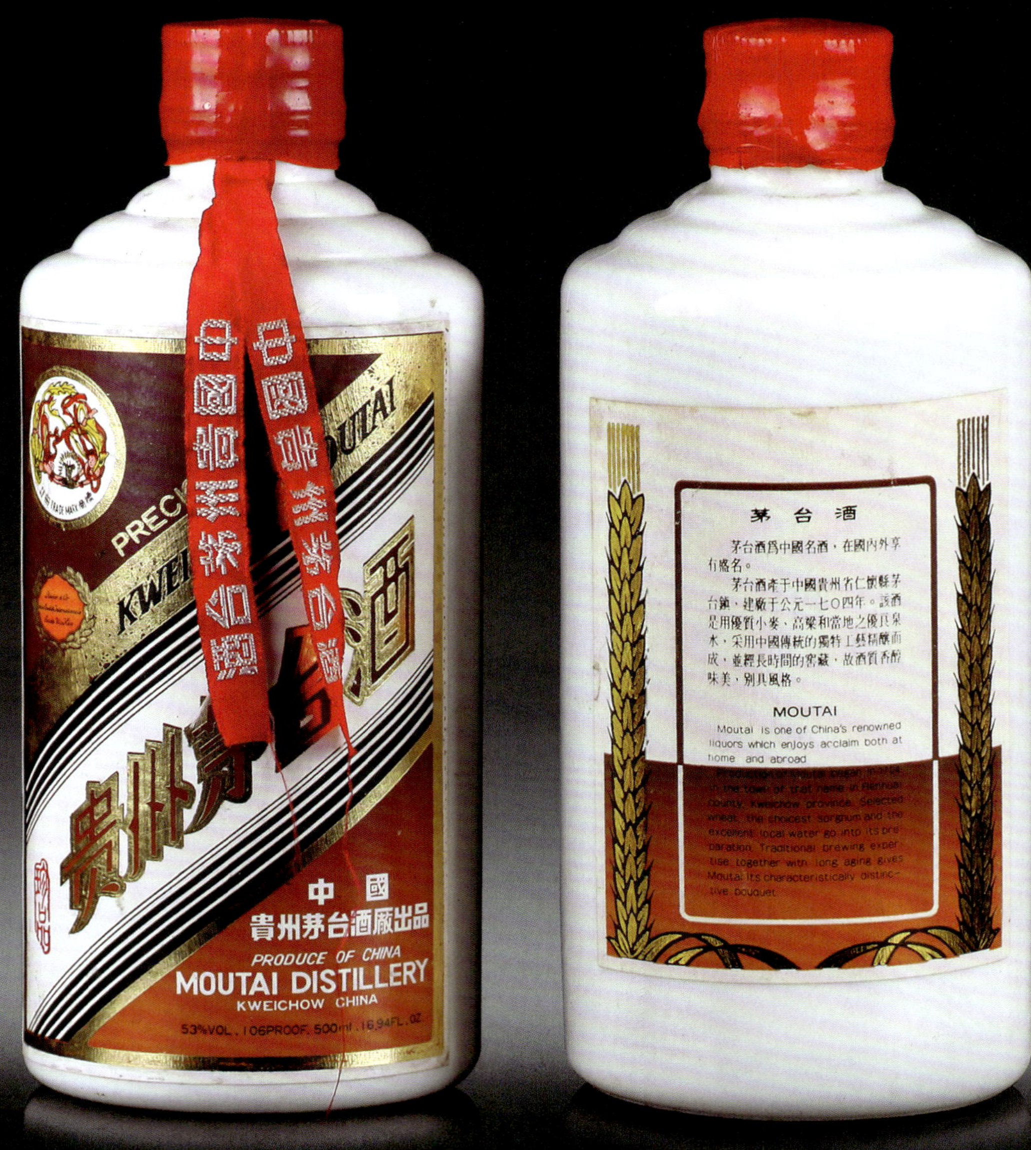

点评： 拥有“VOL”标签，出产于 1992 年 6 月 22 日前的此酒，相对稀少，确为珍品贵州茅台酒中的难寻之物。晶莹且醇香，柔和又悠长。

276

成交价格	RMB 46,000
拍卖信息	中国嘉德 2021.12.10, Lot 4042
生产年份	1992 年
容量规格	500 ml
酒精度数	53°
收藏星级	★★★★★

1992 年珍品贵州茅台酒

277

成交价格	RMB 32,583
拍卖信息	中国嘉德 2022.12.26, Lot 3241
生产年份	1993 年
容量规格	500 ml
酒精度数	53°
收藏星级	★★★

1993 年“红封膜”珍品贵州茅台酒

点评： 此年度，茅台酒利税首次突破 2 亿元，对茅台酒厂整体发展而言，具有战略意义。茅台美，美如玉，玉神采，酒情趣。

1992—1993 年珍品贵州茅台酒

鉴藏要点：

背标

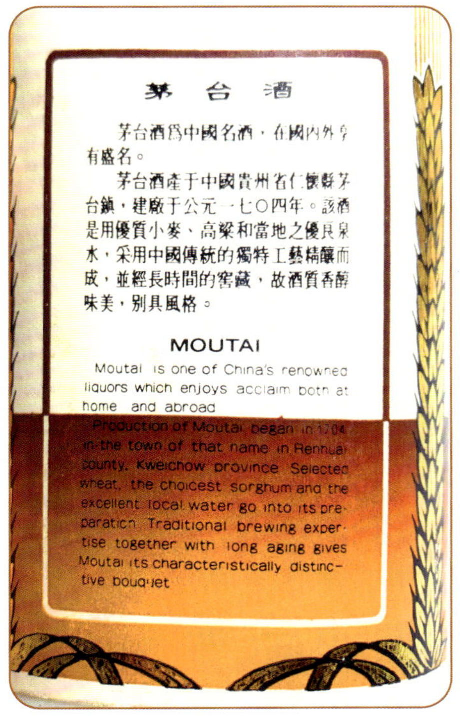

1992 年珍品贵州茅台酒背标

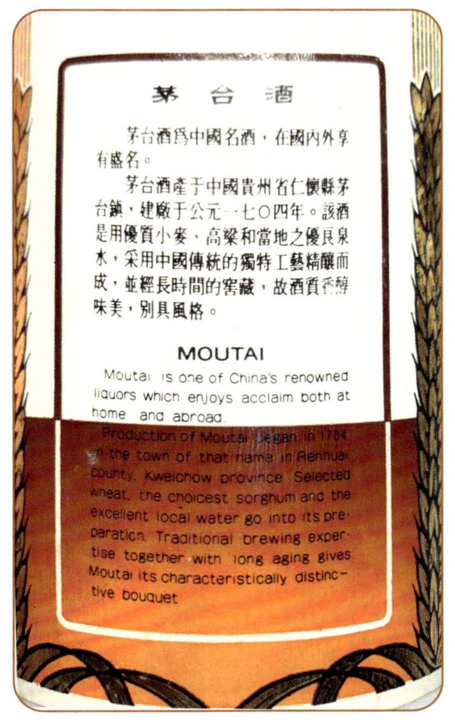

1993 年珍品贵州茅台酒背标

细节

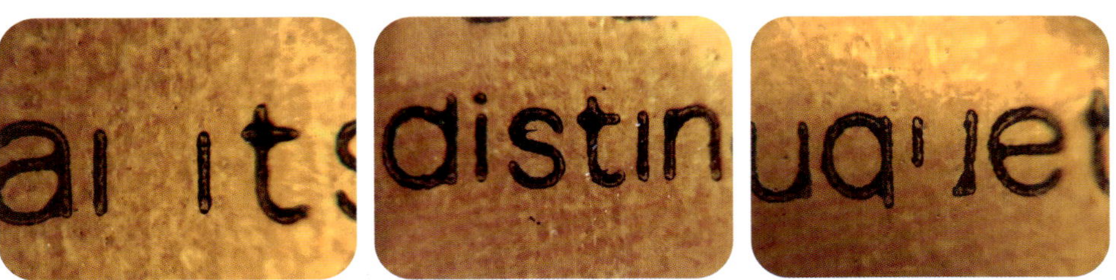

1992 年珍品贵州茅台酒背标细节

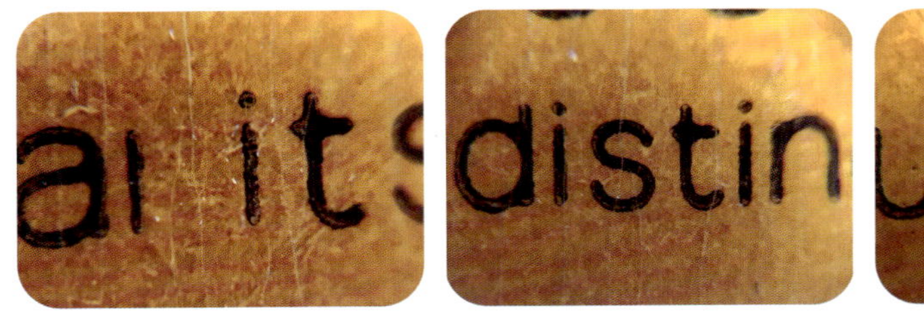

1993 年珍品贵州茅台酒背标细节

20 世纪 90 年代各款规格的珍品贵州茅台酒

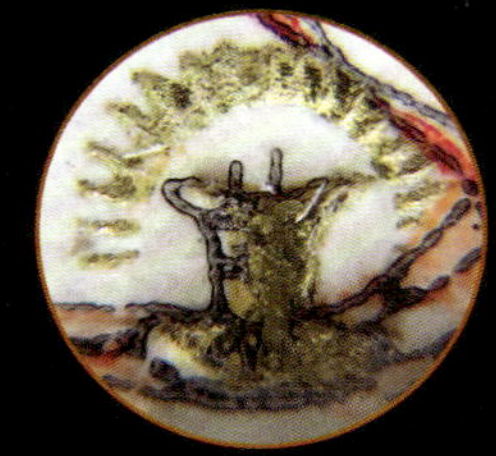

珍品贵州茅台酒（50ml）商标细节

278

成交价格	RMB 33,350
拍卖信息	北京保利 2023.2.23, Lot 7051
生产年份	1996 年
容量规格	500 ml
酒精度数	53°
收藏星级	★★☆

1996 年“透明膜”珍品贵州茅台酒

点评： 本年度茅台酒以 8 月 19 日为期分为两种包装：8 月 19 日之前包装采用铝盖和红色胶套，8 月 19 日之后包装采用防盗塑盖和透明胶套。

珍品贵州茅台酒商标（系列商标）使用变化情况及特征

1986 年“一七〇四年”瓶身正标左下角的图标

1987 年“陈年”瓶身正标左下角的图标

1987 年“小纸片”瓶身正标左下角的图标

1987 年“方印”瓶身正标左下角的图标

1987 年上边开口“方印”瓶身正标左下角的图标

1990 年“大曲印”瓶身正标左下角的曲线形图标

1991 年“曲印”瓶身正标左下角的曲线形图标

1986 年“一七〇四年”飞天商标

1987 年“陈年”飞天商标

1987 年“方印”飞天商标

1990 年“大曲印”飞天商标

1990—2004 年飞天商标

2004—2015 飞天商标

279

成交价格	RMB 24,916
拍卖信息	中国嘉德 2021.12.10, Lot 4067
生产年份	1998 年
容量规格	500 ml
酒精度数	53°
收藏星级	★★☆

1998 年“小白标”珍品贵州茅台酒

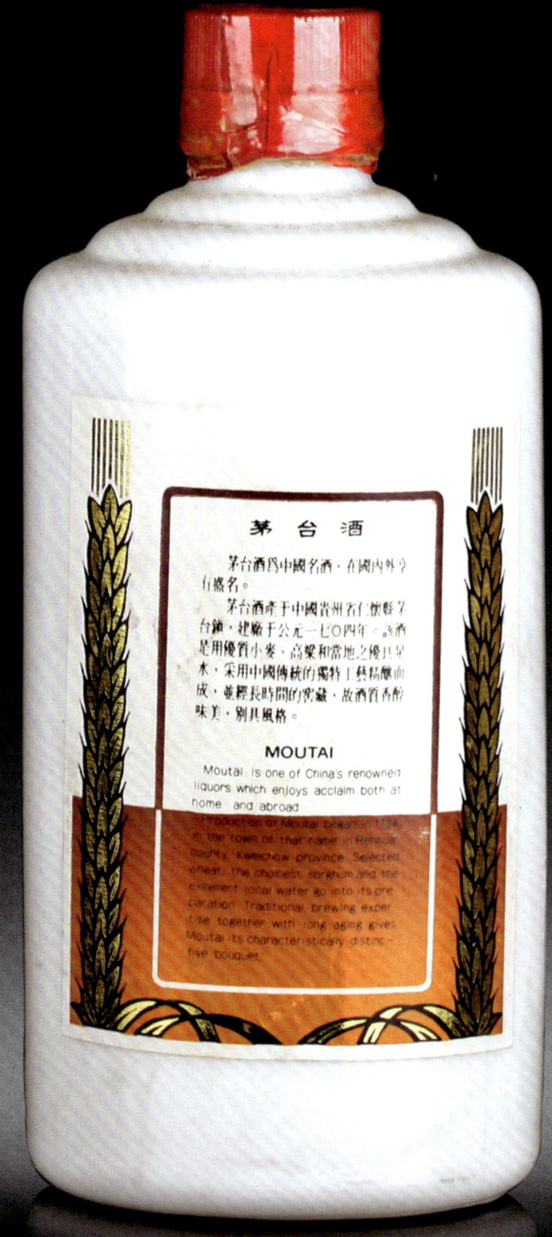

相关事记：

1998 年 1 月 1 日，珍品贵州茅台酒启用美国 3M 公司激光防伪小白标，加贴于瓶口处。该标采用最新反射防伪技术，如果用电筒照射瓶盖侧面，红色塑料胶帽上白底红字的“国酒茅台”四个字会消失，并从内部显示 OMT 字样。

通过贵州茅台酒专用防伪识别器观察小白标的效果

1998 年贵州茅台酒的原装箱

280

参考价格	RMB 18,000
拍卖信息	无
生产年份	1999 年
容量规格	500 ml
酒精度数	53°
收藏星级	★★☆

1999 年“小黑标”珍品贵州茅台酒

点评： 1999 年，茅台酒厂昂首迈出亚洲金融危机的阴影，利税一举突破 6 亿元大关。伟哉国之宝，寰宇美名扬。

281

参考价格	RMB 15,000
拍卖信息	无
生产年份	2000 年
容量规格	500 ml
酒精度数	53°
收藏星级	★★

2000 年“小彩标”珍品贵州茅台酒

点评： 进入新世纪以后，珍品贵州茅台酒也开始采用第三代激光防伪小标。我国名酒无数，茅台独一无二。

282

成交价格	RMB 14,375
拍卖信息	中贸圣佳 2022.7.24, Lot 6726
生产年份	2002 年
容量规格	500 ml
酒精度数	53°
收藏星级	★★

2002 年珍品贵州茅台酒

2002 年珍品贵州茅台酒正标样张

2002 年珍品贵州茅台酒背标样张

点评： 此年度茅台酒产量突破 8000 吨大关。和同时期的其他茅台酒一样，珍品贵州茅台酒的酒标上，也标注有生产年份。珍品茅台，珍品佳酿。

283

参考价格	RMB 10,000
拍卖信息	无
生产年份	2008 年
容量规格	500 ml
酒精度数	53°
收藏星级	★☆

2008 年珍品贵州茅台酒

点评：此年度生产的珍品贵州茅台酒，内外包装更加精美，茅台文化的精髓得到了更好的传承。风味隔壁三家醉，雨后开瓶十里芳。

284

参考价格	RMB 10,000
拍卖信息	无
生产年份	2010 年
容量规格	500 ml
酒精度数	53°
收藏星级	★★☆

2010 年新木盒珍品贵州茅台酒

285

参考价格	RMB 7,000
拍卖信息	无
生产年份	2011 年
容量规格	500 ml
酒精度数	53°
收藏星级	★☆

2011 年珍品贵州茅台酒

点评： 第四代全新防伪胶套的应用，使得茅台防伪技术再登新台阶。口感丰富，味浓、醇厚、回味，是其印象。

286

参考价格	RMB 40,000
拍卖信息	无
生产年份	1993 年
容量规格	500 ml
酒精度数	53°
收藏星级	★★★

1993 年红木盒珍品贵州茅台酒

该款茅台酒的外包装箱

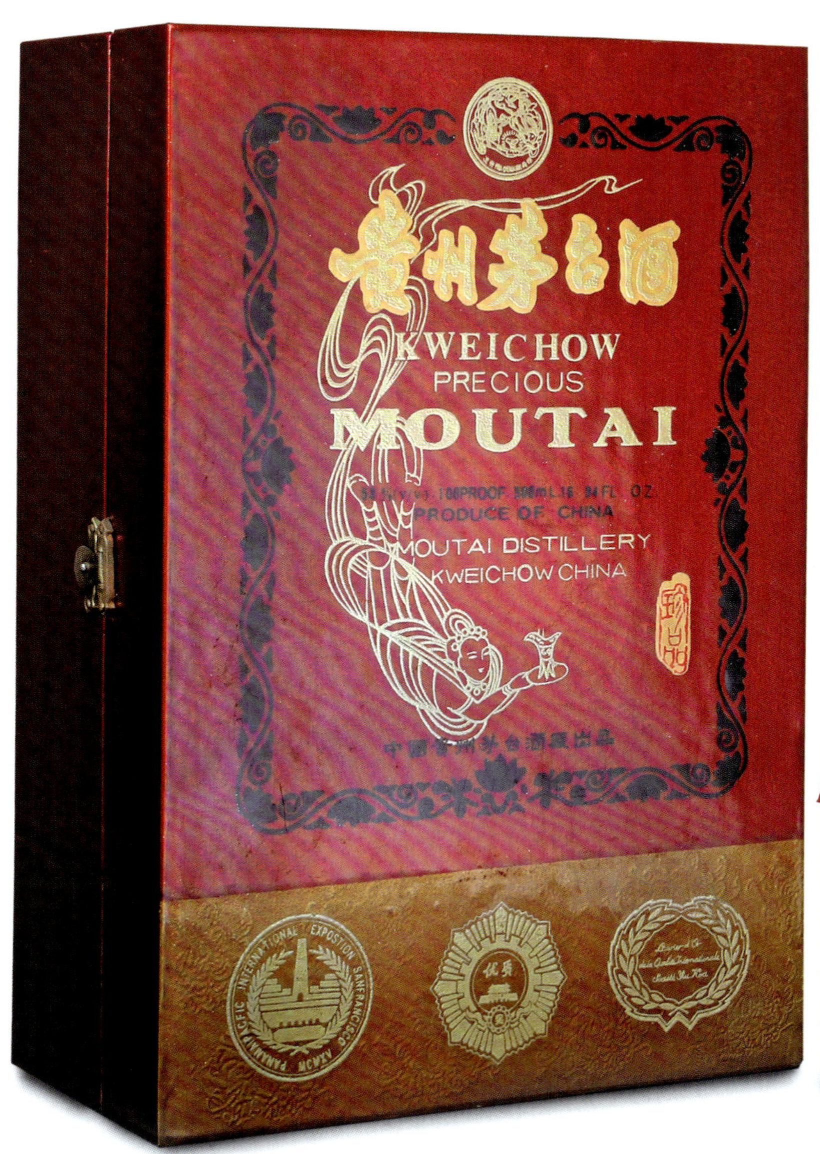

点评： 贵州大方漆器，图案优雅逼真，造型朴实，漆色光亮可鉴，色泽艳丽，经久耐用，并具有鲜明的民族特色，用于包装珍品贵州茅台酒，使文化和茅台酒完美地融合到了一起。喉间萦回的余味，正是茅台酱香。

287

成交价格	RMB 11,500
拍卖信息	永乐拍卖 2022.7.26, Lot 7068
生产年份	2012 年
容量规格	500 ml
酒精度数	53°
收藏星级	★★★

2012 年珍品贵州茅台酒

288

成交价格	RMB 20,533
拍卖信息	北京保利 2010.12.2, Lot 1433
生产年份	1997 年
容量规格	500 ml
酒精度数	53°
收藏星级	★★☆

1997 年黑木盒珍品贵州茅台酒

289

参考价格	RMB 15,000
拍卖信息	无
生产年份	2001 年
容量规格	500 ml
酒精度数	53°
收藏星级	★★☆

2001 年黑木盒珍品贵州茅台酒

290

参考价格	RMB 16,000
拍卖信息	无
生产年份	2000 年
容量规格	500 ml
酒精度数	53°
收藏星级	★★☆

2000 年大木盒珍品贵州茅台酒

点评：特用大方漆器包装珍品贵州茅台酒，大方漆器不导热、不串味、不漏水、不生虫、耐酸碱、不易腐朽、不褪色，极大地提升了茅台酒的整体品质。早期为上红下金，后期为上黑下红。独特酱香是茅台酒的特点，而停留在口中或滑过喉咙的具体感受，则由您来评价。

大木盒珍品贵州茅台酒（2008 年）

291

参考价格	RMB 10,000
拍卖信息	无
生产年份	2002 年
容量规格	500 ml
酒精度数	53°
收藏星级	★★☆

2002 年木盒珍品贵州茅台酒

292

参考价格	RMB 12,000
拍卖信息	元
生产年份	2002 年
容量规格	375 ml
酒精度数	53°
收藏星级	★★☆

2002 年纸盒珍品贵州茅台酒

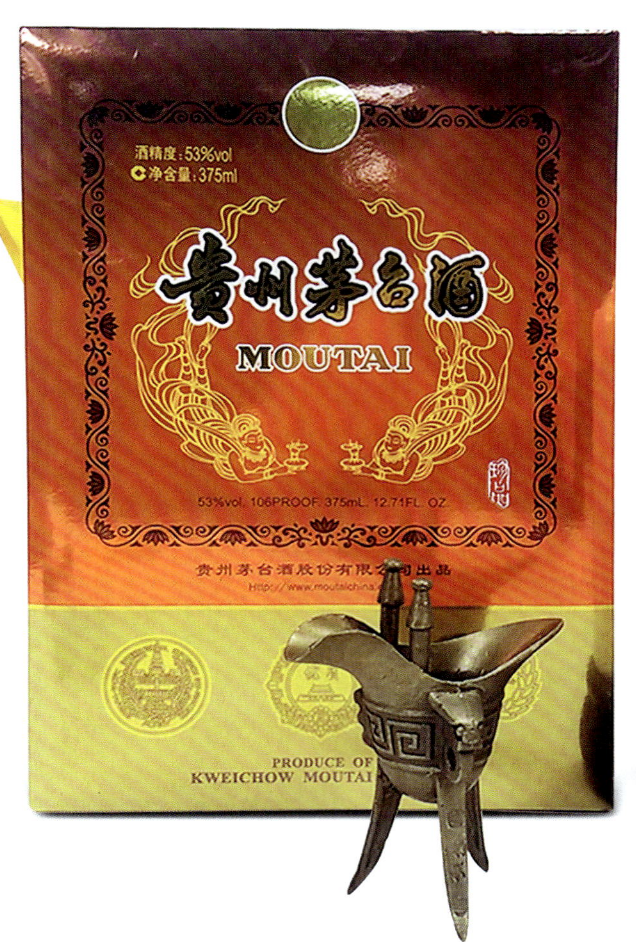

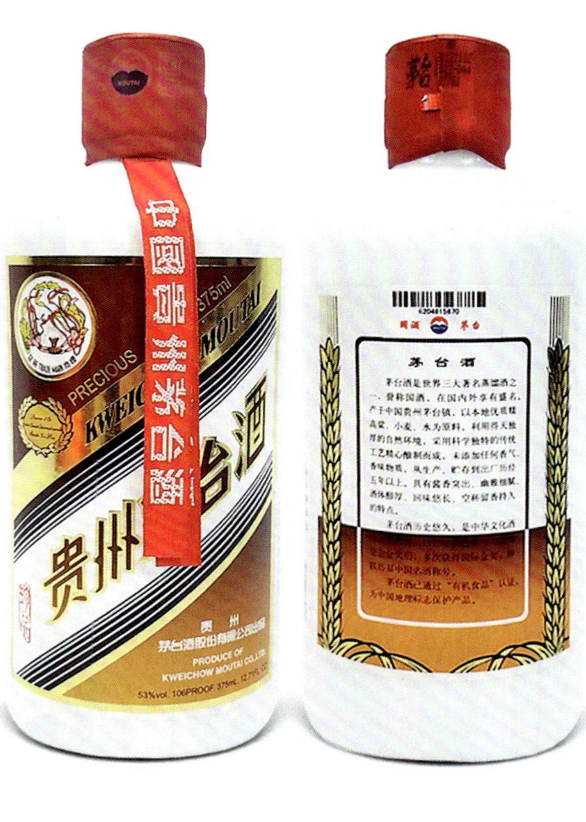

293

参考价格	RMB 10,000
拍卖信息	无
生产年份	2006 年
容量规格	500 ml
酒精度数	53°
收藏星级	★☆

2006 年珍品贵州茅台酒

点评：紫砂陶瓶的使用，丰富了珍品贵州茅台酒的种类，也增添了它的神秘感。还我青春一夕，赠我黑甜一梦，醒来日上三竿，方知茅台味重。

294

成交价格	RMB 9,201
拍卖信息	阿里拍卖 2022.2.28, Y 9157
生产年份	2008 年
容量规格	500 ml
酒精度数	53°
收藏星级	★☆

2008 年纸盒珍品贵州茅台酒

295

参考价格	RMB 8,000
拍卖信息	无
生产年份	2012 年
容量规格	500 ml
酒精度数	53°
收藏星级	★☆

2012 年纸盒珍品贵州茅台酒

296

成交价格	RMB 7,299
拍卖信息	阿里拍卖 2021.4.15, L 6742
生产年份	2018 年
容量规格	500 ml
酒精度数	53°
收藏星级	★☆

2018 年纸盒珍品贵州茅台酒

297

成交价格	RMB 9,755
拍卖信息	阿里拍卖 2021.6.20, H 7894
生产年份	2012 年
容量规格	500 ml
酒精度数	53°
收藏星级	★☆

2012 年浮雕木盒珍品贵州茅台酒

生产日期、批次

20051230 2005-01	20080730 2008-01	20120215 2010-141	20131029 2012-086	20130311 2012-011

298

参考价格	RMB 7,000
拍卖信息	无
生产年份	2021 年
容量规格	500 ml
酒精度数	53°
收藏星级	★☆

2021 年贵州茅台酒（彩釉珍品）

299

参考价格	RMB 8,000
拍卖信息	无
生产年份	2011 年
容量规格	500 ml
酒精度数	53°
收藏星级	★☆

2011 年金龙珍品贵州茅台酒

生产日期、批次

20110328
2010-56

300

参考价格	RMB 120,000
拍卖信息	无
生产年份	1985 年
容量规格	500 ml
酒精度数	53°
收藏星级	★★★☆

1985 年“陈年”贵州茅台酒

该酒包装设计者：中国著名工艺美术大师刘维亚

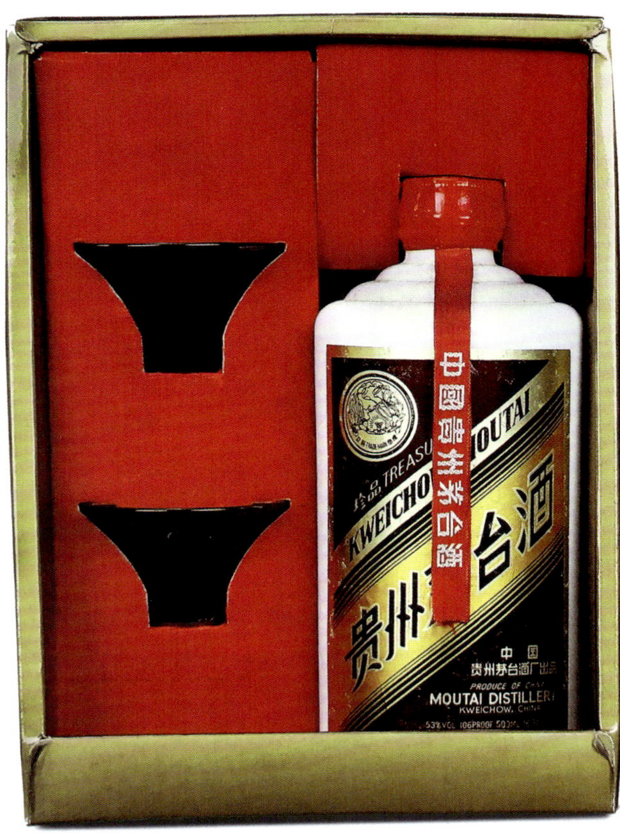

301

成交价格	RMB 95,666
拍卖信息	阿里拍卖 2022.8.19, M 6501
生产年份	1986 年
容量规格	500 ml
酒精度数	53°
收藏星级	★★★★★

1986 年“陈年”贵州茅台酒

鉴藏要点：

酒盒内的土陶酒杯，由 1985 年的两只改为 1986 年的三只。

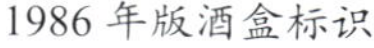
1986 年版酒盒标识

1987 年版酒盒标识

302

参考价格	RMB 96,000
拍卖信息	无
生产年份	1986 年
容量规格	500 ml
酒精度数	53°
收藏星级	★★★★★

1986 年“陈年”贵州茅台酒

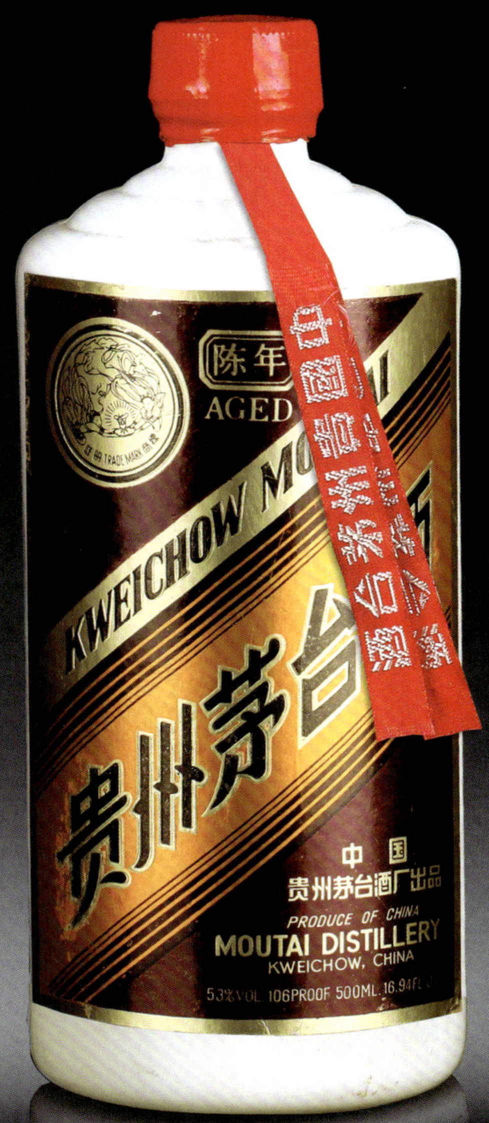

点评： 500ml 规格的“陈年”贵州茅台酒，酒质非同一般，包装在当时也可谓精美至极。如今存世极少，收藏价值奇高。酱香独特，韵味悠长，令人无法忘怀。

303

成交价格	RMB 95,001
拍卖信息	阿里拍卖 2021.6.18, I 4065
生产年份	1987 年
容量规格	500 ml
酒精度数	53°
收藏星级	★★★★☆

1987 年“陈年”贵州茅台酒

点评： 继 1985 年推出珍品贵州茅台酒后，20 世纪 80 年代末至 90 年代中后期，茅台酒厂推出当时高端品种“陈年”贵州茅台酒。因酒盒中有三只土陶瓷酒杯，俗称“陶土杯茅台”。

20 世纪 80 年代“陈年”贵州茅台酒样标

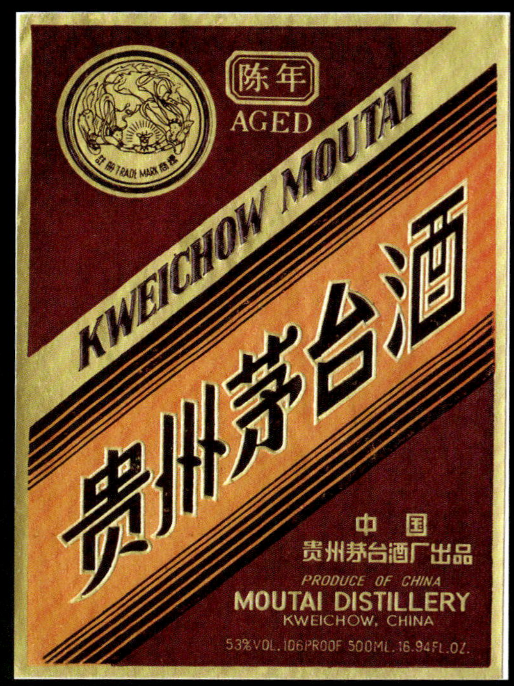

20 世纪 80 年代“陈年”贵州茅台酒的正标

20 世纪 80 年代“陈年”贵州茅台酒的背标

20 世纪 80 年代筒装“陈年”贵州茅台酒

304

成交价格	RMB 80,001
拍卖信息	阿里拍卖 2020.3.29, X 9442
生产年份	1992 年
容量规格	500 ml
酒精度数	53°
收藏星级	★★★★

1992 年“陈年”贵州茅台酒

点评：此酒为 20 世纪 90 年代前期“陈年”贵州茅台酒，与 20 世纪 80 年代品种相比，无论是瓶形、封套、酒标文字还是彩盒包装，都稍有变化。享受酱香的余韵，是品鉴茅台酒的过程中最愉快的体验。

“陈年”贵州茅台酒的外包装盒

"陈年"贵州茅台酒外包装盒上的飞天商标

20世纪80年代"陈年"贵州茅台酒的外包装盒

305

成交价格	RMB 48,875
拍卖信息	华艺国际 2020.12.15, Lot 3695
生产年份	1995 年
容量规格	500 ml
酒精度数	53°
收藏星级	★★★★

1995 年“陈年”贵州茅台酒

点评：一种与众不同的酒香，一瓶回味悠长的茅台酒。

306

成交价格	RMB 39,200
拍卖信息	阿里拍卖 2022.5.20, W 2337
生产年份	1997 年
容量规格	500 ml
酒精度数	53°
收藏星级	★★★★

1997 年“陈年”贵州茅台酒

该款茅台酒的外包装

第七章

年份酒系列

1997—2023

KWEICHOW MOUTAI

PART SEVEN

307

参考价格	RMB 18,000
拍卖信息	无
生产年份	1998 年
容量规格	500 ml
酒精度数	53°
收藏星级	★★★☆

1998 年十五年年份贵州茅台酒

该款贵州茅台酒的外包装箱

点评： 十五年人生，如花似锦，旭日东升；

十五年陈酿，沁人心脾，荡气回肠。

十五年储存老酒，精心勾制而成，酱香突出，老熟醇厚，回味悠长，空杯留香持久。

308

成交价格	RMB 17,250
拍卖信息	中国嘉德 2018.9.18 Lot 10301
生产年份	1999 年
容量规格	500 ml
酒精度数	53°
收藏星级	★★★☆

1999 年十五年年份贵州茅台酒

309

成交价格	RMB 18,975
拍卖信息	华艺国际 2021.3.30, Lot 3304
生产年份	2000 年
容量规格	500 ml
酒精度数	53°
收藏星级	★★★☆

2000 年十五年年份贵州茅台酒

310

成交价格	RMB 32,500
拍卖信息	香港苏富比 2022.4.24, Lot 7935
生产年份	2001 年
容量规格	500 ml
酒精度数	53°
收藏星级	★★★☆

2001 年十五年年份贵州茅台酒

311

成交价格	RMB 17,250
拍卖信息	华艺国际 2021.3.30, Lot 3306
生产年份	2002 年
容量规格	500 ml
酒精度数	53°
收藏星级	★★★☆

2002 年十五年年份贵州茅台酒

312

成交价格	RMB 13,440
拍卖信息	中都国际 2022.7.31, Lot 6006
生产年份	2003 年
容量规格	500 ml
酒精度数	53°
收藏星级	★★★☆

2003 年十五年年份贵州茅台酒

313

成交价格	RMB 18,783
拍卖信息	华艺国际 2021.6.3, Lot 3264
生产年份	2004 年
容量规格	500 ml
酒精度数	53°
收藏星级	★★★☆

2004 年十五年年份贵州茅台酒

314

成交价格	RMB 11,500
拍卖信息	中国嘉德 2018.9.18, Lot 10305
生产年份	2005 年
容量规格	500 ml
酒精度数	53°
收藏星级	★★★☆

2005 年十五年年份贵州茅台酒

315

成交价格	RMB 12,458
拍卖信息	华艺国际 2021.12.11, Lot 3504
生产年份	2006 年
容量规格	500 ml
酒精度数	53°
收藏星级	★★★☆

2006 年十五年年份贵州茅台酒

316

成交价格	RMB 9,200
拍卖信息	中国嘉德 2018.9.18, Lot 10308
生产年份	2007 年
容量规格	500 ml
酒精度数	53°
收藏星级	★★★☆

2007 年十五年年份贵州茅台酒

317

参考价格	RMB 9,000
拍卖信息	无
生产年份	2009 年
容量规格	500 ml
酒精度数	53°
收藏星级	★★★☆

2009 年十五年年份贵州茅台酒

318

参考价格	RMB 7,800
拍卖信息	无
生产年份	2010 年
容量规格	500 ml
酒精度数	53°
收藏星级	★★★☆

2010 年十五年年份贵州茅台酒

319

成交价格	RMB 7,001
拍卖信息	阿里拍卖 2020.12.23, M 9218
生产年份	2011 年
容量规格	500 ml
酒精度数	53°
收藏星级	★★☆

2011 年十五年年份贵州茅台酒

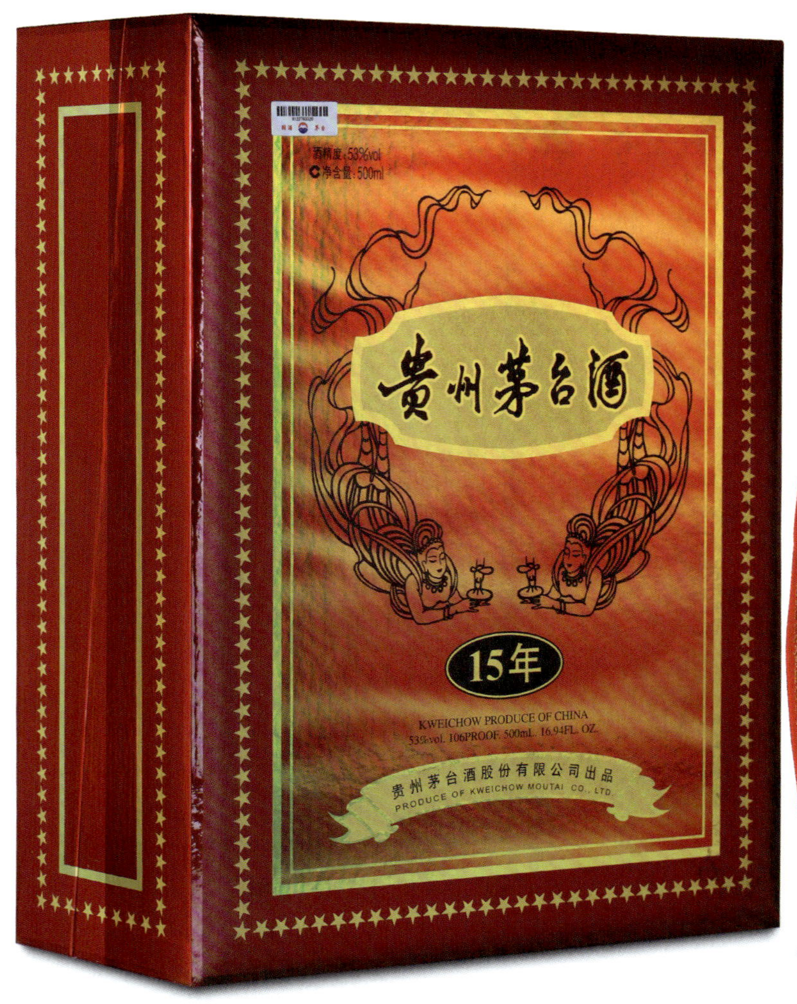

点评： 酒体外观为浅金色，经典的酱香陈酿中融合浓郁的焙烤香、坚果香、烟熏香，口感醇厚润滑，劲道十足。十五年，少儿已长至成年。十五年，不断进取，精益求精，茅台美酒第一款年份琼浆终于诞生。十五年，一个辉煌的进阶。烦嚣尘世，还有谁会等待一个十五年的约定？这款酒体现了茅台酒整体的特点和味道，对于喜欢酱香酒的人来说，这款酒一定会为他们带来愉悦的醉感！

320

参考价格	RMB 7,000
拍卖信息	无
生产年份	2015 年
容量规格	500 ml
酒精度数	53°
收藏星级	★★★☆

2015 年十五年年份贵州茅台酒

321

参考价格	RMB 7,000
拍卖信息	无
生产年份	2016 年
容量规格	500 ml
酒精度数	53°
收藏星级	★★☆

2016 年十五年年份贵州茅台酒

322

成交价格	RMB 7,501
拍卖信息	阿里拍卖 2022.2.23, C 7798
生产年份	2017 年
容量规格	500 ml
酒精度数	53°
收藏星级	★★★☆

2017 年十五年年份贵州茅台酒

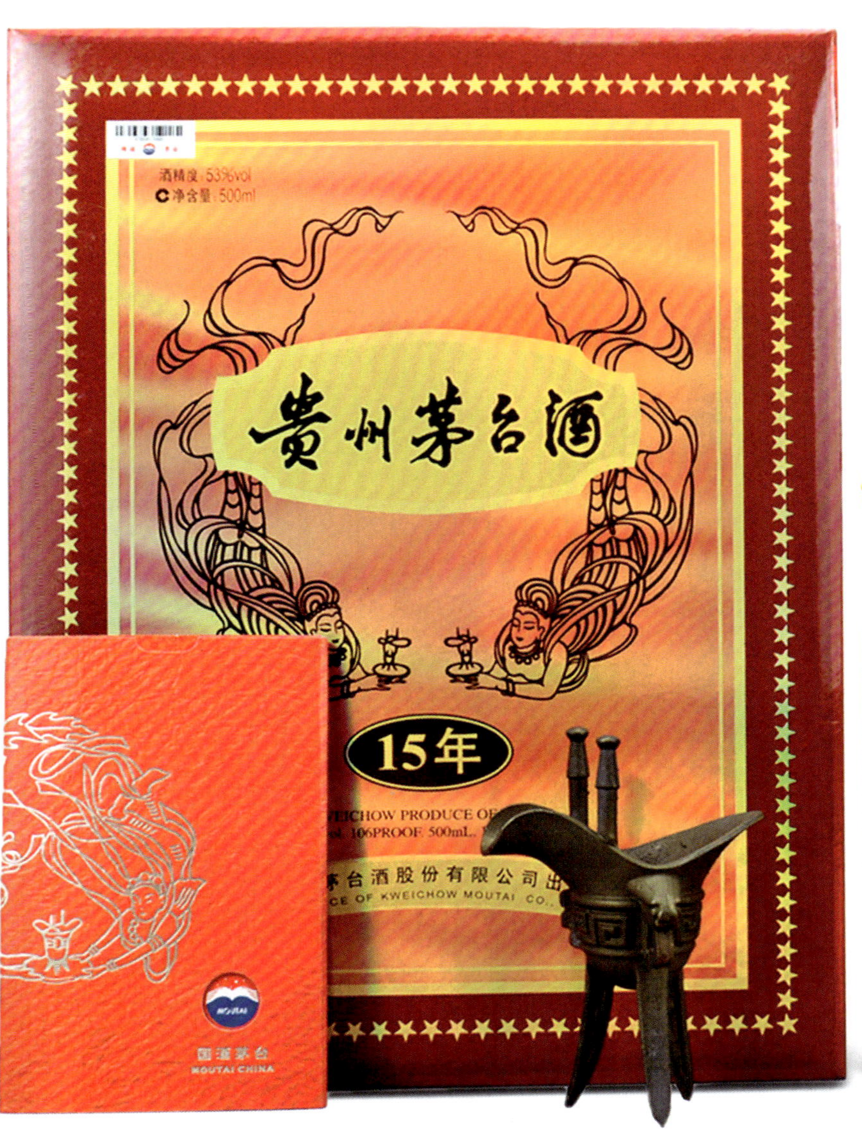

323

成交价格	RMB 6,699
拍卖信息	阿里拍卖 2022.1.1, C 4736
生产年份	2019 年
容量规格	500 ml
酒精度数	53°
收藏星级	★★☆

2019 年十五年年份贵州茅台酒

324

成交价格	RMB 6,401
拍卖信息	阿里拍卖 2022.9.24, H 4222
生产年份	2022 年
容量规格	500 ml
酒精度数	53°
收藏星级	★★★☆

2022 年十五年年份贵州茅台酒

十五年年份茅台酒 版别变化（1999—2023）

1999 年 1 月，
首批十五年贵州茅台酒，
为无“开片”的土黄色紫砂瓶体。

1999 年 6 月至 2000 年 6 月，
十五年贵州茅台酒，
使用的是加拿大深蓝色防伪标贴。

2000 年 7 月至今，
十五年贵州茅台酒，
使用的是上海天臣防伪标贴。

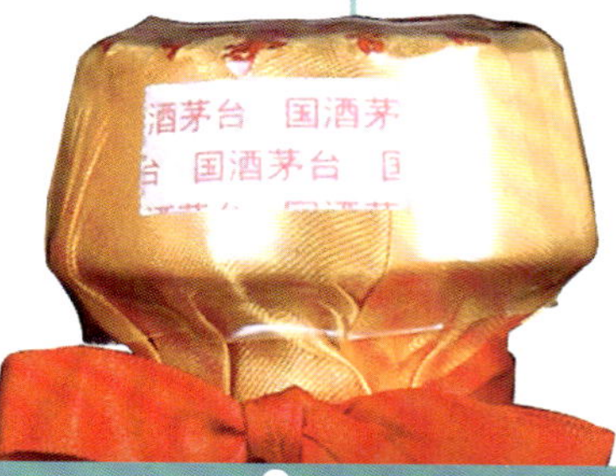

1999

2000

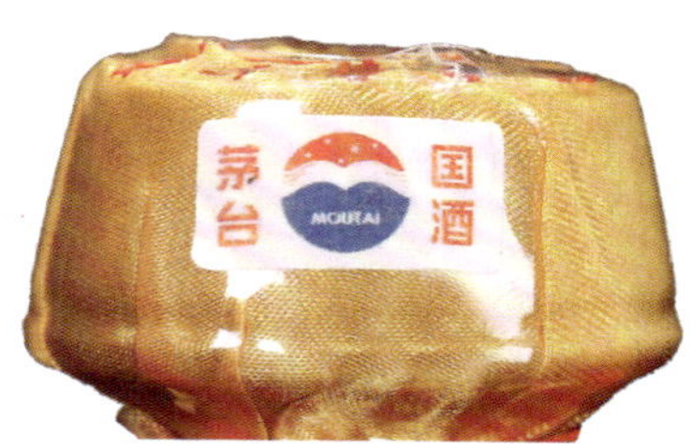

1999 年 3 月
十五年年份茅台酒封口

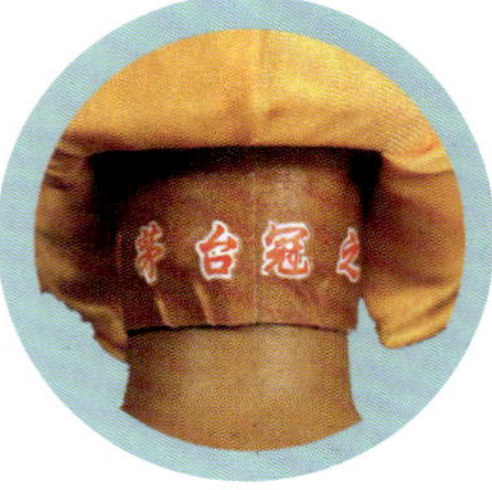

1999 年 5 月
十五年年份茅台酒封口

1999—2004 年
十五年年份茅台酒瓶底

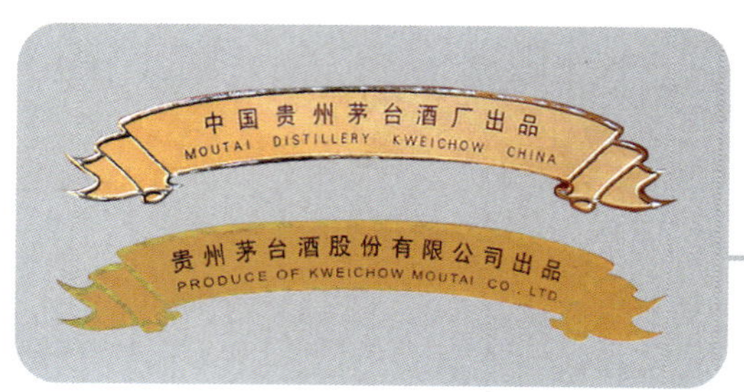

2001 年，
酒标、外盒厂名落款由
“中国贵州茅台酒厂出品”改为
“贵州茅台酒股份有限公司出品”。

2001 年，酒标、外盒厂名落款由“中国贵州茅台酒厂出品”改为“贵州茅台酒股份有限公司出品”。2001—2003 年，该酒酒标、外盒加标年份。

2004 年采用此款酒标，2005 年更换酒瓶式样，2004—2008 年，该酒正标有标注年份。

2009 年开始，该酒正标不再标注年份。

2012 年 1 月 11 日，启用颜色较深、质感更细腻的全新瓶体。

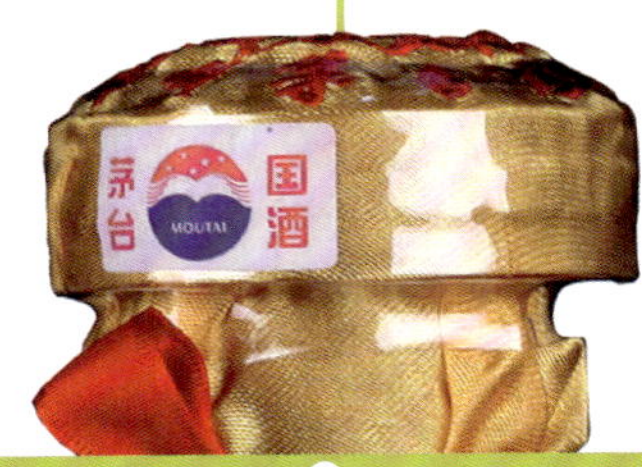

2011 年 11 月至今
十五年年份茅台酒防伪卡扣

2001

2012

2005

2009

2011

2005 年 12 月 31 日至 2009 年 6 月 30 日
十五年年份茅台酒防伪卡扣

2009 年 7 月至 2011 年 11 月
十五年年份茅台酒防伪卡扣

2012 至今
十五年年份茅台酒瓶底

2005—2011 年
使用的两款酒瓶瓶底

2009 年 6 月 17 日，开始采用新版刺绣头巾，“州”改为“州”。

325

参考价格	RMB 30,000
拍卖信息	无
生产年份	1997 年
容量规格	500 ml
酒精度数	53°
收藏星级	★★★☆

1997 年三十年年份贵州茅台酒

点评：一段百事俱兴的岁月，一个意气风发的年龄，一杯三十年茅台，一片美好的憧憬。三十年储存老酒，精心勾制而成，酱香突出，老熟醇厚，回味悠长，空杯留香持久。

326

成交价格	RMB 48,300
拍卖信息	上海嘉禾 2022.1.1, Lot 1826
生产年份	1998 年
容量规格	500 ml
酒精度数	53°
收藏星级	★★★☆

1998 年三十年年份贵州茅台酒

327

成交价格	RMB 17,500
拍卖信息	阿里拍卖 2020.11.12, M 3857
生产年份	1999 年
容量规格	500 ml
酒精度数	53°
收藏星级	★★★☆

1999 年三十年年份贵州茅台酒

328

羊 成交价格	RMB 25,999
拍 拍卖信息	阿里拍卖 2022.9.3, I 7488
年 生产年份	2000 年
容 容量规格	500 ml
度 酒精度数	53°
藏 收藏星级	★★★☆

2000 年三十年年份贵州茅台酒

329

成交价格	RMB 16,500
拍卖信息	阿里拍卖 2021.2.17, T 2749
生产年份	2001 年
容量规格	500 ml
酒精度数	53°
收藏星级	★★★☆

2001 年三十年年份贵州茅台酒

330

成交价格	RMB 17,800
拍卖信息	阿里拍卖 2022.2.1, U 7879
生产年份	2002 年
容量规格	500 ml
酒精度数	53°
收藏星级	★★★☆

2002 年三十年年份贵州茅台酒

331

成交价格	RMB 16,999
拍卖信息	阿里拍卖 2022.6.26, N 4749
生产年份	2003 年
容量规格	500 ml
酒精度数	53°
收藏星级	★★★☆

2003 年三十年年份贵州茅台酒

332

成交价格	RMB 16,800
拍卖信息	中都国际 2022.7.31, Lot 6008
生产年份	2004 年
容量规格	500 ml
酒精度数	53°
收藏星级	★★★☆

2004 年三十年年份贵州茅台酒

333

成交价格	RMB 14,401
拍卖信息	阿里拍卖 2020.12.10, E 2144
生产年份	2005 年
容量规格	500 ml
酒精度数	53°
收藏星级	★★★☆

2005 年三十年年份贵州茅台酒

334

成交价格	RMB 12,200
拍卖信息	阿里拍卖 2020.8.13, P 1558
生产年份	2007 年
容量规格	500 ml
酒精度数	53°
收藏星级	★

2007 年三十年年份贵州茅台酒

点评： 酒体外观呈浅金色，层次分明，丰富柔和的酱香陈酿中渲染焙烤香、坚果香、烟熏香。口感醇厚柔顺，余味甘甜，回味丰润而悠长。

335

成交价格	RMB 14,399
拍卖信息	阿里拍卖 2021.6.14, J 8153
生产年份	2008 年
容量规格	500 ml
酒精度数	53°
收藏星级	★★★☆

2008 年三十年年份贵州茅台酒

336

成交价格	RMB 12,999
拍卖信息	阿里拍卖 2020.12.25, R 8792
生产年份	2011 年
容量规格	500 ml
酒精度数	53°
收藏星级	★★☆

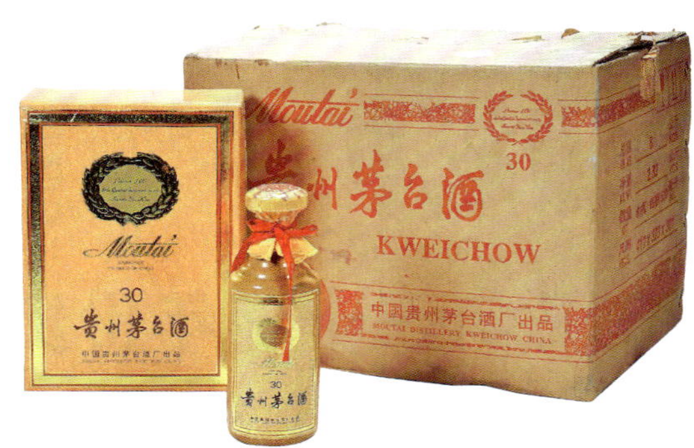

该款贵州茅台酒的外包装箱

2011 年三十年年份贵州茅台酒

点评：百年来，每一个重阳、端午都隐藏着茅台酒酱香的秘密，这款接近完美的传奇之酒，其酒液呈淡黄色，香气漫溢、浓郁，口感极其柔顺，余味绵长。此酒体色彩晶亮，高贵典雅；三十年陈酿，点滴分外凝重。如配上几款正宗淮扬菜，饮一壶此酒笑问海天："此情此景，能否了却万千烦忧？"

337

成交价格	RMB 15,650
拍卖信息	阿里拍卖 2022.10.8, H 4144
生产年份	2012 年
容量规格	500 ml
酒精度数	53°
收藏星级	★★★☆

2012 年三十年年份贵州茅台酒

338

成交价格	RMB 15,601
拍卖信息	阿里拍卖 2021.12.14, D 1679
生产年份	2018 年
容量规格	500 ml
酒精度数	53°
收藏星级	★★★☆

2018 年三十年年份贵州茅台酒

339

成交价格	RMB 15,001
拍卖信息	阿里拍卖 2022.5.23, A 0782
生产年份	2021 年
容量规格	500 ml
酒精度数	53°
收藏星级	★★★☆

2021 年三十年年份贵州茅台酒

三十年年份茅台酒 版别变化（1997—2023）

1997 年 7 月，
首批三十年贵州茅台酒，
为“开片”的土黄色紫砂瓶体。

1999 年 6 月至 2000 年 6 月，
三十年贵州茅台酒，
使用的是加拿大深蓝色防伪标贴。

2000 年 7 月至今，
三十年贵州茅台酒，
使用的是上海天臣防伪标贴。

1997

1999

2000

2006 年 10 月 26 日至 2009 年 6 月 30 日
三十年年份茅台酒防伪卡扣

2009 年 7 月至 2011 年 11 月
三十年年份茅台酒防伪卡扣

2011 年 11 月至今
三十年年份茅台酒防伪卡扣

1997—2001 年
三十年年份茅台酒瓶底
（中国宜兴）

2002 年至今
三十年年份茅台酒瓶底
（国酒茅台）

2001 年，开始标注出厂年份，酒标、外盒厂名落款由“中国贵州茅台酒厂出品”改为“贵州茅台酒股份有限公司出品”。

2012 年 1 月 10 日，启用新式酒瓶。

340

成交价格	RMB 43,125
拍卖信息	上海嘉禾 2022.1.1, Lot 1861
生产年份	1999 年
容量规格	500 ml
酒精度数	53°
收藏星级	★★★☆

1999 年五十年年份贵州茅台酒

Precious
MOUTAI
贵州茅台酒
中国贵州茅台酒厂出品

点评：五十岁人生，功成富贵；五十年陈酿，甘美天香。

储存五十年的老酒，精心勾制，酱香突出，香味幽雅细腻，老熟醇厚，回味悠长，空杯留香持久。

341

成交价格	RMB 28,999
拍卖信息	阿里拍卖 2020.11.19, W 4062
生产年份	2000 年
容量规格	500 ml
酒精度数	53°
收藏星级	★★★☆

2000 年五十年年份贵州茅台酒

342

成交价格	RMB 43,999
拍卖信息	阿里拍卖 2021.8.15, N 5422
生产年份	2001 年
容量规格	500 ml
酒精度数	53°
收藏星级	★★★☆

2001 年五十年年份贵州茅台酒

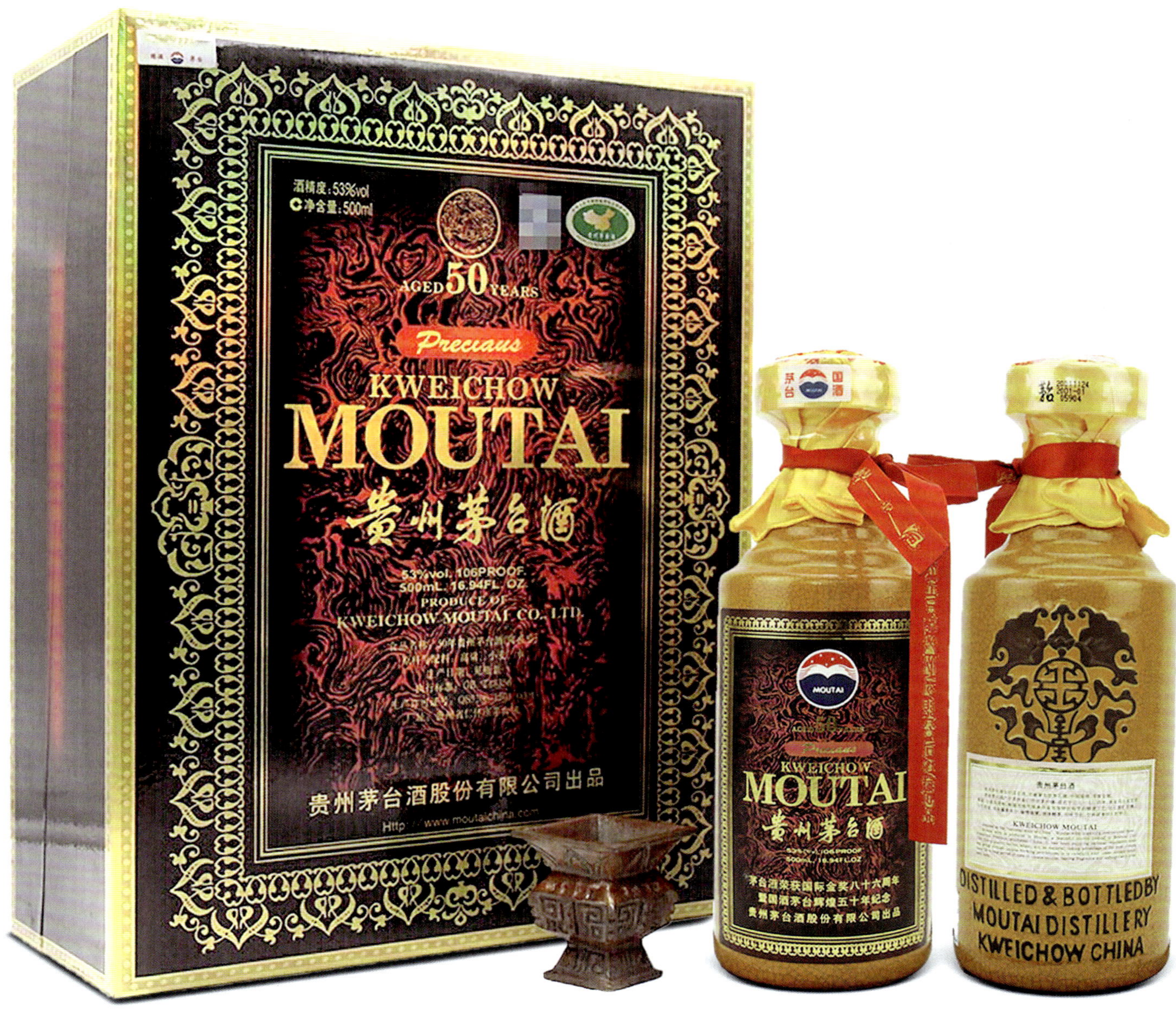

343

成交价格	RMB 15,501
拍卖信息	阿里拍卖 2017.8.4, N 2536
生产年份	2002 年
容量规格	500 ml
酒精度数	53°
收藏星级	★★★☆

2002 年五十年年份贵州茅台酒

344

成交价格	RMB 17,401
拍卖信息	阿里拍卖 2019.10.19, R 4436
生产年份	2003 年
容量规格	500 ml
酒精度数	53°
收藏星级	★★★☆

2003 年五十年年份贵州茅台酒

345

成交价格	RMB 19,022
拍卖信息	阿里拍卖 2020.4.21, R 8978
生产年份	2004 年
容量规格	500 ml
酒精度数	53°
收藏星级	★★★☆

2004 年五十年年份贵州茅台酒

346

成交价格	RMB 25,001
拍卖信息	阿里拍卖 2019.4.6, R 0938
生产年份	2007 年
容量规格	500 ml
酒精度数	53°
收藏星级	★★

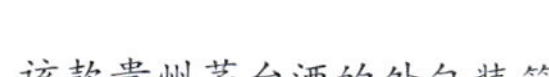

该款贵州茅台酒的外包装箱

2007 年五十年年份贵州茅台酒

347

成交价格	RMB 18,901
拍卖信息	阿里拍卖 2020.8.17, J 1601
生产年份	2008 年
容量规格	500 ml
酒精度数	53°
收藏星级	★★★☆

2008 年五十年年份贵州茅台酒

348

成交价格	RMB 23,888
拍卖信息	阿里拍卖 2021.1.6, I 2599
生产年份	2009 年
容量规格	500 ml
酒精度数	53°
收藏星级	★★☆

2009 年五十年年份贵州茅台酒

该款茅台酒包装盒内部

点评：五十年，既是茅台酒辉煌的五十年，也是中华人民共和国蓬勃发展的五十年，半个世纪的精华酿造出如此美酒，味美绝佳。如果真有五十年的等待，如果我们还能在一起，虽已不再是曾经拥有无数憧憬的少年，可是我们的承诺会永远、永远。五十年后，希望能把人世间的悲喜就此琼浆，仰首饮尽！

349

成交价格	RMB 52,500
拍卖信息	香港苏富比 2022.4.24, Lot 7934
生产年份	2010 年
容量规格	500 ml
酒精度数	53°
收藏星级	★★★☆

2010 年五十年年份贵州茅台酒

350

成交价格	RMB 30,601
拍卖信息	阿里拍卖 2022.4.29, N 2726
生产年份	2017 年
容量规格	500 ml
酒精度数	53°
收藏星级	★★☆

2017 年五十年年份贵州茅台酒

351

成交价格	RMB 28,401
拍卖信息	阿里拍卖 2022.9.24, E 8255
生产年份	2019 年
容量规格	500 ml
酒精度数	53°
收藏星级	★★★☆

2019 年五十年年份贵州茅台酒

352

成交价格	RMB 27,301
拍卖信息	阿里拍卖 2022.4.22, M 9754
生产年份	2021 年
容量规格	500 ml
酒精度数	53°
收藏星级	★★☆

2021 年五十年年份贵州茅台酒

五十年年份茅台酒 版别变化（1997—2023）

1997 年 7 月，
首批五十年贵州茅台酒，
为“开片”的土黄色紫砂瓶体。

1999 年 6 月至 2000 年 6 月，
五十年贵州茅台酒，
使用的是加拿大深蓝色防伪标贴。

2000 年 7 月至今，
五十年贵州茅台酒，
使用的是上海天臣防伪标贴。

1997

1999

2000

2006 年 10 月 26 日至 2009 年 6 月 30 日
五十年年份茅台酒防伪卡扣

2009 年 7 月至 2011 年 11 月
五十年年份茅台酒防伪卡扣

2011 年 11 月至今
五十年年份茅台酒防伪卡扣

1998—1999 年
五十年年份茅台酒瓶底
（中国宜兴、编号）

1999—2001 年
五十年年份茅台酒瓶底
（中国宜兴）

2002 年至今
五十年年份茅台酒瓶底
（国酒茅台）

2001 年，开始标注出厂年份，酒标、外盒厂名落款由“中国贵州茅台酒厂出品”改为“贵州茅台酒股份有限公司出品”。

2002 年，启用新版酒瓶。

2004 年下半年，启用新版酒标。

353

参考价格	RMB 500,000
拍卖信息	无
生产年份	1998 年
容量规格	500 ml
酒精度数	53°
收藏星级	★★★★★

该款茅台酒的外包装盒、证书、金币

1998 年八十年年份贵州茅台酒

点评： 醇香，自那一樽闪耀光芒的酒杯飘荡而出，沉醉了数百年来的饮者！融酱香、窖底、醇甜为一体，实为茅台之极品！酒体外观呈浅金色，清澈晶莹。馥郁、宜人的酱香中带有焙烤香、坚果香、烟熏香，口感丰满润滑，余味雄劲而独特。

贵州茅台酒
中国贵州

八十年年份贵州茅台酒的广告宣传画

点评：无须多讲，这是一款传奇的酒，更是一部酒的传奇！八十年，书写了一个无法超越的现实神话。

354

成交价格	RMB 264,500
拍卖信息	西泠印社 2012.12.29, Lot 1631
生产年份	2002 年
容量规格	500 ml
酒精度数	53°
收藏星级	★★★★☆

2002 年八十年年份贵州茅台酒

该款茅台酒的外包装盒

355

作者与著名藏酒家张靖（右）品鉴此酒

成交价格	RMB 172,500
拍卖信息	西泠印社 2016.12.17, Lot 4434
生产年份	2008 年
容量规格	500 ml
酒精度数	53°
收藏星级	★★★★☆

2008 年八十年年份贵州茅台酒

点评：80 年前，你代表了中国白酒那不屈的自尊；80 年后，我感受到了人生至高无上的品位。此瓶茅台酒，是采用 1915 年巴拿马万国博览会时珍藏的茅台酒精心勾兑而成的，其外包装雅致华丽，内包装木盒由楠木雕制，酒瓶则用中国宜兴紫砂陶烧制而成，盒内配有一枚 24K 纯金巴拿马金牌，重半盎司，还有一张当时中国贵州茅台酒厂有限责任公司董事长和总经理亲笔签名的卡片。夫何瑰逸之令姿，独旷世以秀群。

356

参考价格	RMB 260,000
拍卖信息	无
生产年份	2013 年
容量规格	500 ml
酒精度数	52°
收藏星级	★★★★☆

2013 年八十年年份贵州茅台酒

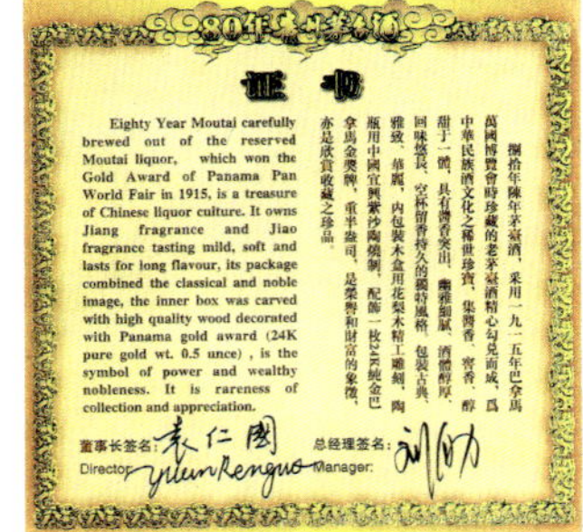

证书

捌拾年陳年茅臺酒，采用一九一五年巴拿馬萬國博覽會時珍藏的老茅臺酒精心勾兑而成，為中華民族酒文化之稀世珍寶，集醬香、窖香、醇甜于一體，具有醬香突出，幽雅細膩，酒體醇厚，回味悠長，空杯留香持久的獨特風格，包裝古典，雅致，華麗，內包裝木盒用花梨木精工雕刻，陶瓶用中國宜興紫沙陶燒制，配飾一枚24K純金巴拿馬金獎牌，重半盎司，是榮譽和財富的象徵，亦是欣賞收藏之珍品。

Eighty Year Moutai carefully brewed out of the reserved Moutai liquor, which won the Gold Award of Panama Pan World Fair in 1915, is a treasure of Chinese liquor culture. It owns Jiang fragrance and Jiao fragrance tasting mild, soft and lasts for long flavour, its package combined the classical and noble image, the inner box was carved with high quality wood decorated with Panama gold award (24K pure gold wt. 0.5 unce), is the symbol of power and wealthy nobleness. It is rareness of collection and appreciation.

董事长签名：袁仁国 Director: Yuan Renguo

总经理签名： Manager:

点评： 80 年陈年贵州茅台酒的基酒酒龄不低于 15 年，按照 80 年陈年贵州茅台酒标准精心勾兑而成。每年限量生产，每瓶均有编号及证书，是国酒之尊。具有酱香突出、优雅细腻、酒体醇厚、回味悠长、老熟芳香、舒适显著、空杯留香持久的酒体风格。酒体外观呈浅金色，闪耀着晶莹的光泽。口感如丝绸般柔顺，回味绵长、甘甜。

357

参考价格	RMB 260,000
拍卖信息	无
生产年份	2021 年
容量规格	500 ml
酒精度数	52°
收藏星级	★★★★☆

2021 年八十年年份贵州茅台酒

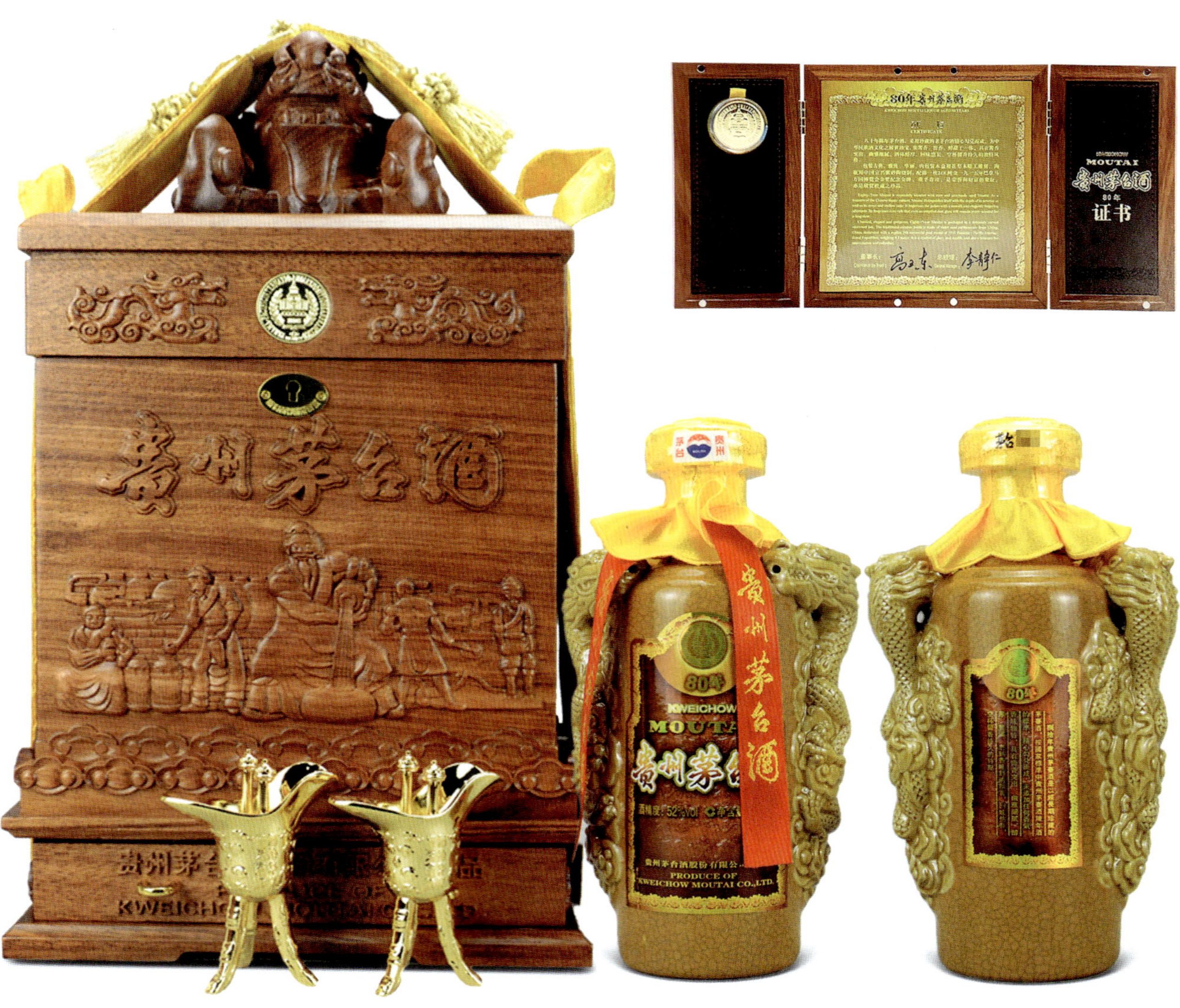

358

参考价格	RMB 12,000,000
拍卖信息	阿里拍卖 2023.5.20, Z 3340
生产年份	2014 年
容量规格	2.5L × 5
酒精度数	52°
收藏星级	★★★★☆

2014 年贵州茅台酒（1952—1989 年五届全国品酒会原酒）

相关事记：

2014 年，中国酒业协会名酒收藏委员会在贵阳成立，该协会的成立旨在弘扬中国酒文化，重视中国名酒收藏，进一步规范和完善酒类收藏体系，并建立了权威的名酒鉴定机构，扩大了收藏市场，同时也提升了中国白酒的品牌高度和美誉度。

适逢中国白酒在巴拿马万国博览会获得金奖 100 周年之际，2014 年 12 月 20 日，在四川泸州市举办了“四大名酒”历届获奖年份原酒拍卖活动。作为中国白酒的领军代表，茅台此次推出了曾在 1952 年、1963 年、1979 年、1984 年、1989 年国家组织的全国评酒会上获奖的年份陈年老酒，历史悠久，文化底蕴深厚，且数量有限，绝版发行。这些参与拍卖的各个年份陈年茅台酒都附有收藏证书和当年产品简介。

MOUTAI
贵州茅台酒
1963年
第二届全国评酒会中国名酒
酒精度：53%vol 净含量：2.5L
贵州茅台酒股份有限公司出品
中外驰名
贵州茅台酒
地方国营
茅台酒厂出品
MOUTAI
贵州茅台酒
1979年
第三届全国评酒会中国名酒
酒精度：53%vol 净含量：2.5L
贵州茅台酒股份有限公司出品
中外驰名
贵州茅台酒
地方国营
茅台酒厂出品
MOUTAI
贵州茅台酒
1984年
第四届全国评酒会中国名酒
酒精度：53%vol 净含量：2.5L
贵州茅台酒股份有限公司出品
中外驰名
贵州茅台酒
地方国营
茅台酒厂出品
茅台酒
MOUTAI
贵州茅台酒
1989年
第五届全国评酒会中国名酒
酒精度：53%vol 净含量：2.5L
贵州茅台酒股份有限公司出品
中外驰名
贵州茅台酒
中国贵州
茅台酒厂出品
茅台酒

359

参考价格	RMB 5,000
拍卖信息	无
生产年份	2021 年
容量规格	500 ml
酒精度数	53°
收藏星级	★

2021 年贵州茅台酒（彩釉珍品）

生产日期、批次

20110328 2010-56	20211223 2020-166	20220221 2020-167

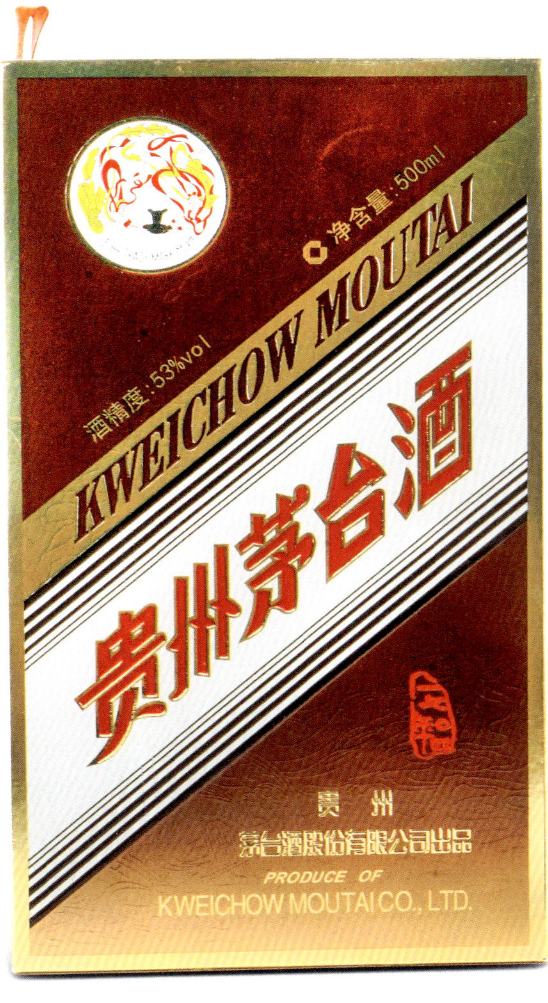

贵州茅台

KWEICHOW

承载岁月 独具特色

香港回归-国庆50周年

澳门回归-三大事件-破万吨

北京奥运会-上海世博会

岁月轮回 醇香记忆

第八章

纪念茅台系列

1997—2023

KWEICHOW MOUTAI

PART EIGHT

360

成交价格	RMB 250,000
拍卖信息	茅台集团 2007.12.17 , Lot 0001
生产年份	1997 年
容量规格	500 ml
酒精度数	53°
收藏星级	★★★★★

背标上的季克良先生亲笔签名

1997 年贵州茅台酒（香港回归纪念）

生产日期、批次

970609
97-01

带钩画的“茅”

编号细节

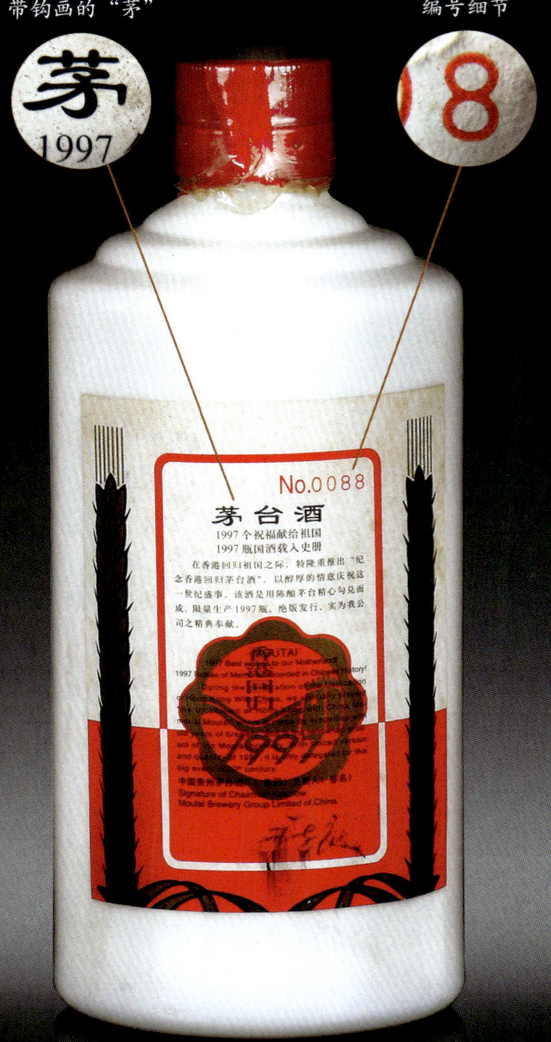

点评：茅台酒“液体黄金”的称号绝非浪得虚名。此酒为茅台最早推出的纪念酒，也是茅台酒厂已公布发行量的酒种中最稀有的品种之一。

相关事记：

穿越历史，横贯古今，特别辉煌的日子，唯有特别的酒才能铭记。在香港回归祖国之际，茅台集团特隆重推出了“纪念香港 1997 茅台酒”。该酒是用陈酿茅台精心勾兑而成，限量生产 1997 瓶，绝版发行，实为茅台之经典奉献。

此酒外包装盒、酒瓶、酒标与当年普通包装茅台酒无一相同。酒盒、酒标、绝版说明书都印有独立编号，其中尤为珍贵的是此酒背标和绝版说明书上均有中国白酒界泰斗季克良先生的亲笔签名。一瓶酒，竟有两个季克良先生的亲笔签名，十分珍贵。

2007 年 5 月 20 日，世界名酒珍品拍卖会在深圳大中华喜来登酒店举行，起拍价为 8.8 万元的 1997 年纪念香港回归茅台酒，以 18 万元的价格被买家拍得。

12 月 19 日，在贵阳大剧院举行的国酒茅台慈善拍卖会上，纪念香港回归茅台酒拍卖底价为 5 万元，最后被贵阳的一家公司以 25 万元的价格拍得。

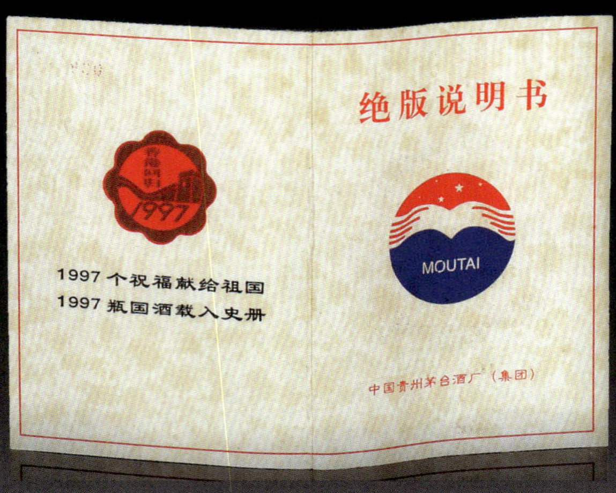

绝版说明书

1997 个祝福献给祖国
1997 瓶国酒载入史册

MOUTAI

中国贵州茅台酒厂（集团）

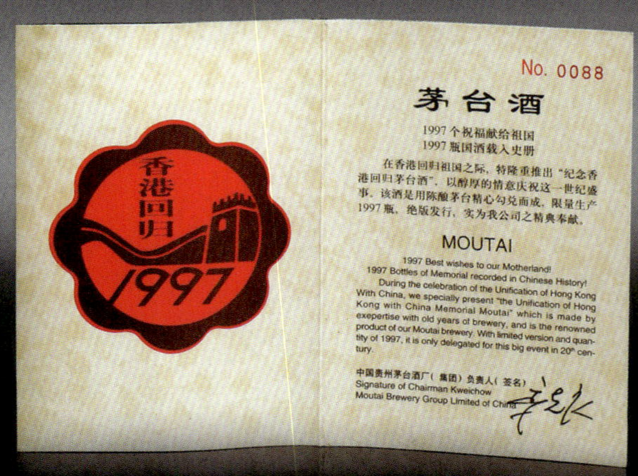

No. 0088

茅台酒

1997 个祝福献给祖国
1997 瓶国酒载入史册

在香港回归祖国之际，特隆重推出“纪念香港回归茅台酒”，以醇厚的情意庆祝这一世纪盛事。该酒是用陈酿茅台精心勾兑而成，限量生产 1997 瓶，绝版发行，实为我公司之精典奉献。

香港回归 1997

MOUTAI

1997 Best wishes to our Motherland!
1997 Bottles of Memorial recorded in Chinese History!

During the celebration of the Unification of Hong Kong With China, we specially present "the Unification of Hong Kong with China Memorial Moutai" which is made by exepertise with old years of brewery, and is the renowned product of our Moutai brewery. With limited version and quantity of 1997, it is only delegated for this big event in 20th century.

中国贵州茅台酒厂（集团）负责人（签名）
Signature of Chairman Kweichow Moutai Brewery Group Limited of China

361

参考价格	RMB 40,000
拍卖信息	无
生产年份	2002 年
容量规格	500 ml
酒精度数	53°
收藏星级	★★

2002 年贵州茅台酒（香港回归祖国五周年纪念）

点评：此酒是香港回归五周年的纪念酒，与 1997 年香港回归纪念酒、2007 年香港回归十周年纪念酒共成一系列。

362

成交价格	RMB 21,001
拍卖信息	阿里拍卖 2023.2.28, X 5310
生产年份	2007 年
容量规格	500 ml
酒精度数	53°
收藏星级	★★

2007 年贵州茅台酒（香港回归十周年纪念）

生产日期、批次

970609	20070522	20070529	20070608
97-01	2006-01	2006-01	2006-01

点评：百年历史，瞬间刷新；回归十年，普天同庆。

363

成交价格	RMB 9,500
拍卖信息	阿里拍卖 2020.8.15, Q 0692
生产年份	2007 年
容量规格	500 ml
酒精度数	53°
收藏星级	★★

2007 年贵州茅台酒（庆祝香港回归祖国十周年）

相关事记：

此酒为庆祝香港回归祖国十周年，中央人民政府驻香港特别行政区联络办公室定制酒。

中央人民政府驻香港特别行政区联络办公室（简称香港中联办或中央政府驻港联络办），成立于 1947 年 5 月，是中华人民共和国中央人民政府（国务院）在香港特别行政区的代表机构，其前身是新华通讯社香港分社。

生产日期、批次

20070625	20101228
2007-10	2010-36

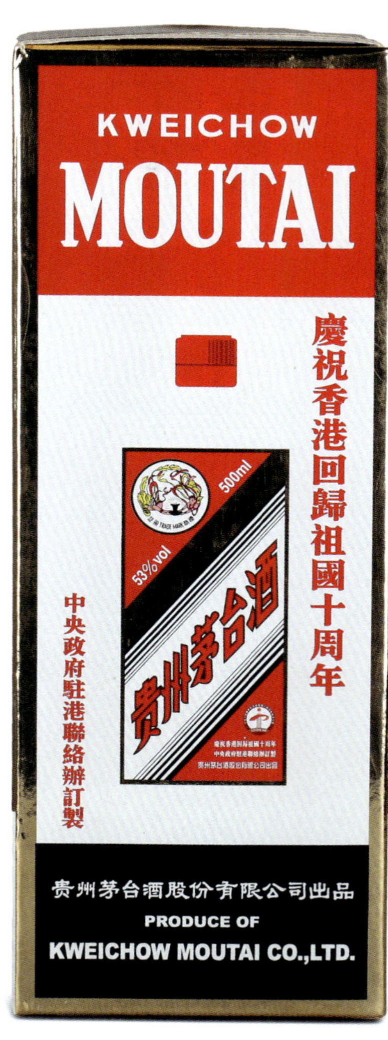

364

成交价格	RMB 15,000
拍卖信息	阿里拍卖 2019.9.9, G 1888
生产年份	2012 年
容量规格	500 ml
酒精度数	53°
收藏星级	★★

2012 年贵州茅台酒（庆祝香港回归祖国十五周年）

相关事记：

此酒为庆祝香港回归祖国十五周年，中央人民政府驻香港特别行政区联络办公室定制酒。

2000 年 1 月 18 日，新华通讯社香港分社更名为中央人民政府驻香港特别行政区联络办公室，简称香港中联办。

生产日期、批次

20121030
2012-036

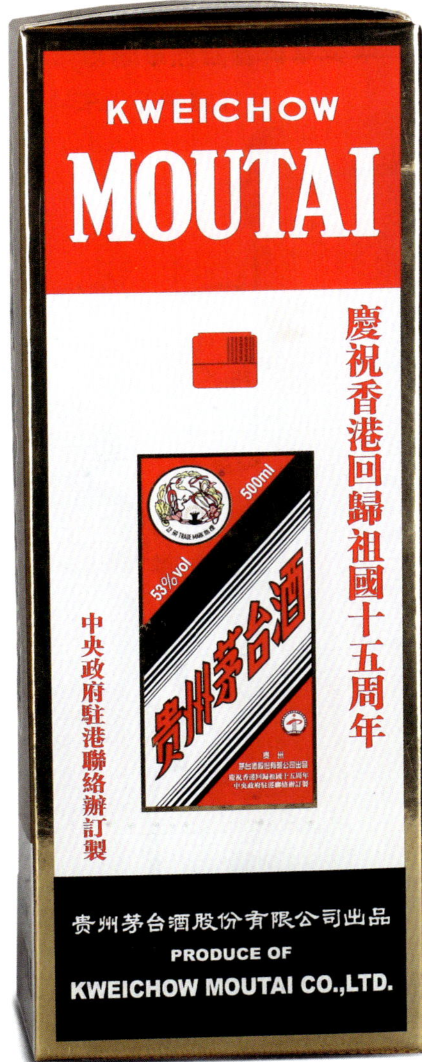

365

成交价格	RMB 9,001
拍卖信息	阿里拍卖 2017.10.20, D 5161
生产年份	2012 年
容量规格	500 ml
酒精度数	53°
收藏星级	★★

2012 年贵州茅台酒（庆祝香港回归祖国十五周年）

相关事记：

此酒是深圳紫荆山庄为庆祝香港回归祖国十五周年而定制的。

深圳紫荆山庄地处深圳市南山区，地理位置优越，环境优美，由八幢建筑楼群组成，共有客房近 300 间（套），设有多个大、中、小报告厅及会议室、宴会厅，另有网球场、游泳池、乒乓球馆、健身房、影院等多种康体设施。深圳紫荆山庄由中国港中旅集团维景国际酒店管理有限公司管理。

生产日期、批次

20120613
2011-061

366

成交价格	RMB 18,550
拍卖信息	阿里拍卖 2021.10.12, A 5474
生产年份	2012 年
容量规格	500 ml
酒精度数	53°
收藏星级	★★

2012 年贵州茅台酒（纪念香港回归典藏）

生产日期、批次

20081121	20101228	20081124	20081208	20100703	20110902	20120305	20120503
2008-01	2010-36	2008-01	2008-01	2009-08	2009-08	2010-141	2010-143

367

参考价格	RMB 4,500
拍卖信息	无
生产年份	2017 年
容量规格	375 ml
酒精度数	53°
收藏星级	★

2017 年贵州茅台酒
（鸡年庆祝香港回归祖国二十周年）

生产日期、批次

20170630
2016-126

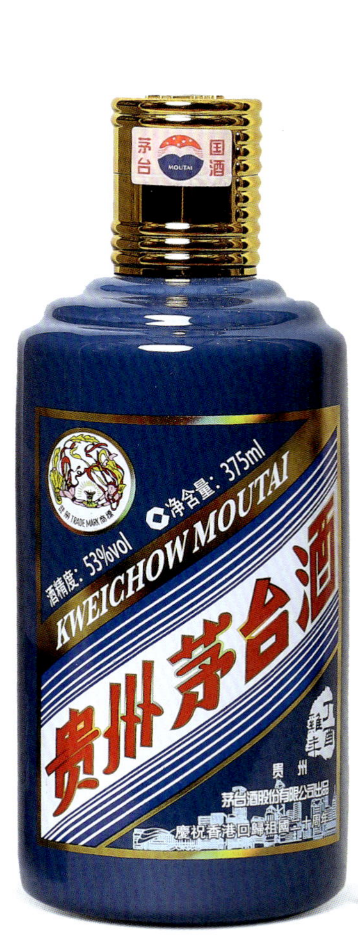

368

参考价格	RMB 13,000
拍卖信息	无
生产年份	2017 年
容量规格	500 ml
酒精度数	53°
收藏星级	★★★★★

2017 年贵州茅台酒（庆祝香港回归祖国二十周年）

生产日期、批次

20170607
2016-174

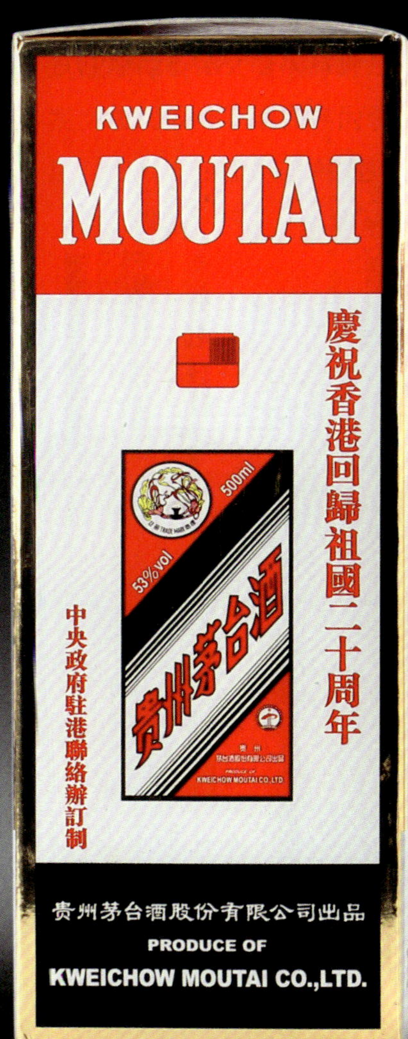

369

参考价格	RMB 10,000
拍卖信息	无
生产年份	2018 年
容量规格	500 ml
酒精度数	53°
收藏星级	★★

2018 年贵州茅台酒
（港区省级政协委员联谊会庆祝香港回归 20 周年纪念）

生产日期、批次

20181217
2018-072

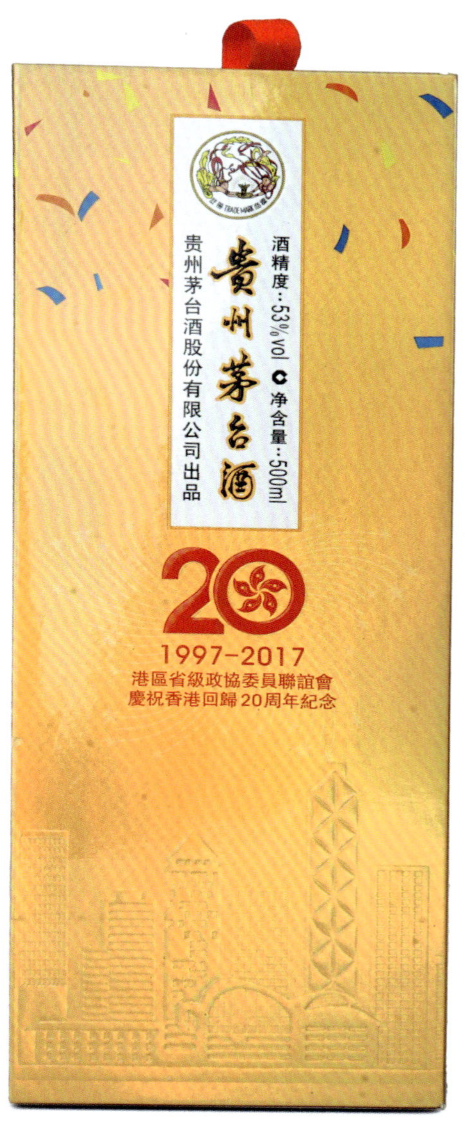

370

成交价格	RMB 53,760
拍卖信息	北京永乐 2010.11.23 , Lot 0266
生产年份	1999 年
容量规格	500 ml
酒精度数	53°
收藏星级	★★★☆

1999 年贵州茅台酒（国庆 50 周年盛典茅台纪念酒）

生产日期、批次

990924	990926	991012
99-04	99-04	99-04

鉴藏要点：

此酒是为国庆 50 周年盛典而特制的一款纪念茅台酒，包装盒及瓶身酒标上均印有 56 个民族的图案。酒瓶采用磨砂玻璃瓶，是茅台酒厂唯一的一款玻璃瓶装的茅台酒。瓶身的设计非常讲究，瓶盖造型为两层立体突出的五角星，即中国五星，同时也是茅台酒的商标。从侧面看瓶盖，又像一顶王冠，表达茅台酒为玉液之冠。俯视瓶身，整个瓶身为五星状。为了增加瓶身的美感，瓶身侧面下部装饰有一个圆形龙饰图案，饱含中国传统韵味。

侧面　　背面　　顶部　　底部

点评：名酒三千，此系独一无二者。

371

成交价格	RMB 149,500
拍卖信息	河南厚铭 2014.8.16 , Lot 0619
生产年份	1999 年
容量规格	500 ml
酒精度数	53°
收藏星级	★★★★

1999 年贵州茅台酒（国庆 50 周年盛典茅台纪念酒）

生产日期、批次

990903	990907	990918
99-01	99-01	99-01

鉴藏要点：

1999年国庆50周年前夕，茅台酒厂特别选用陈年茅台精心勾兑了一批酒用以纪念这一历史时刻。此酒瓶身古朴，使用宜兴彩陶紫砂烧制而成，并采用了“开片”技术；瓶底烧制编号，以“浙江三雕”中的“东阳木雕”为基座，镂空雕琢飞天、祥云造型环绕其上。2000年，此包装获得联合国世界包装组织“世界之星奖”。该酒出产后，中国历史博物馆接受茅台酒厂捐赠一瓶，并颁发收藏证书：“兹因茅台酒与共和国的世纪情缘和卓越品质而尊为国酒，暨在共和国五十华诞中以窖藏五十年之‘开国第一酒’晋京献礼而誉为历史见证和文化象征。现我馆接受贵州茅台酒厂陈酿酒捐赠，并予永久收藏。”此种酒共出产5000瓶。

该酒封口细节

该酒收藏证书

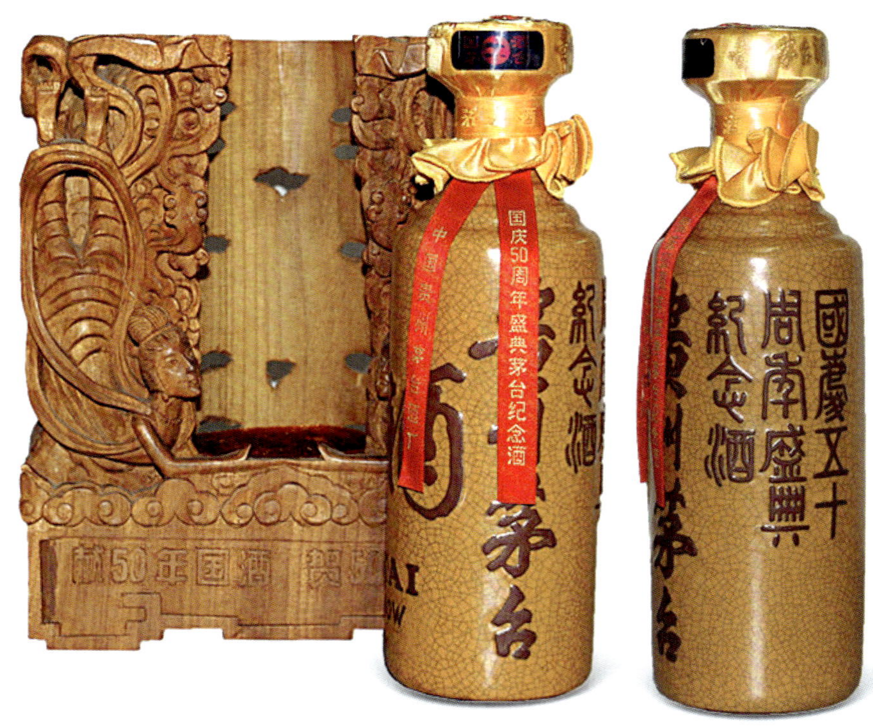

点评： 五十年奋斗，铸就共和国的传奇。岁月轮回，不老的只有关于醇香的记忆。

372

成交价格	RMB 63,250
拍卖信息	中投嘉艺 2012.1.4 , Lot 1588
生产年份	1999 年
容量规格	500 ml
酒精度数	53°
收藏星级	★★★★☆

1999 年贵州茅台酒（庆祝澳门回归祖国）

生产日期、批次

990914
99-01

点评：纵然时光已经跨越近一个世纪，独特的酒香依然在茅台镇的群山峡谷中漫溢不绝，再没有一种酒能承载得了如此多的岁月印记。一滴茅台，几多光阴！澳门回归祖国的这一天十分特殊，唯有特别的酒才能铭记！

373

成交价格	RMB 18,501
拍卖信息	阿里拍卖 2021.7.18, H 4406
生产年份	2009 年
容量规格	500 ml
酒精度数	53°
收藏星级	★★

2009 年贵州茅台酒（纪念澳门回归十周年）

生产日期、批次

20091124	20091201	20091211
2009-01	2009-02	2007-17

点评：此款茅台酒是为纪念澳门回归十周年而精心特制。承载历史，回味悠长。

374

成交价格	RMB 22,200
拍卖信息	阿里拍卖 2019.2.16, W 9367
生产年份	2014 年
容量规格	500 ml
酒精度数	53°
收藏星级	★★

2014 年贵州茅台酒
（澳门回归十五周年暨茅台文化协会成立纪念）

生产日期、批次

20140718
2012-001

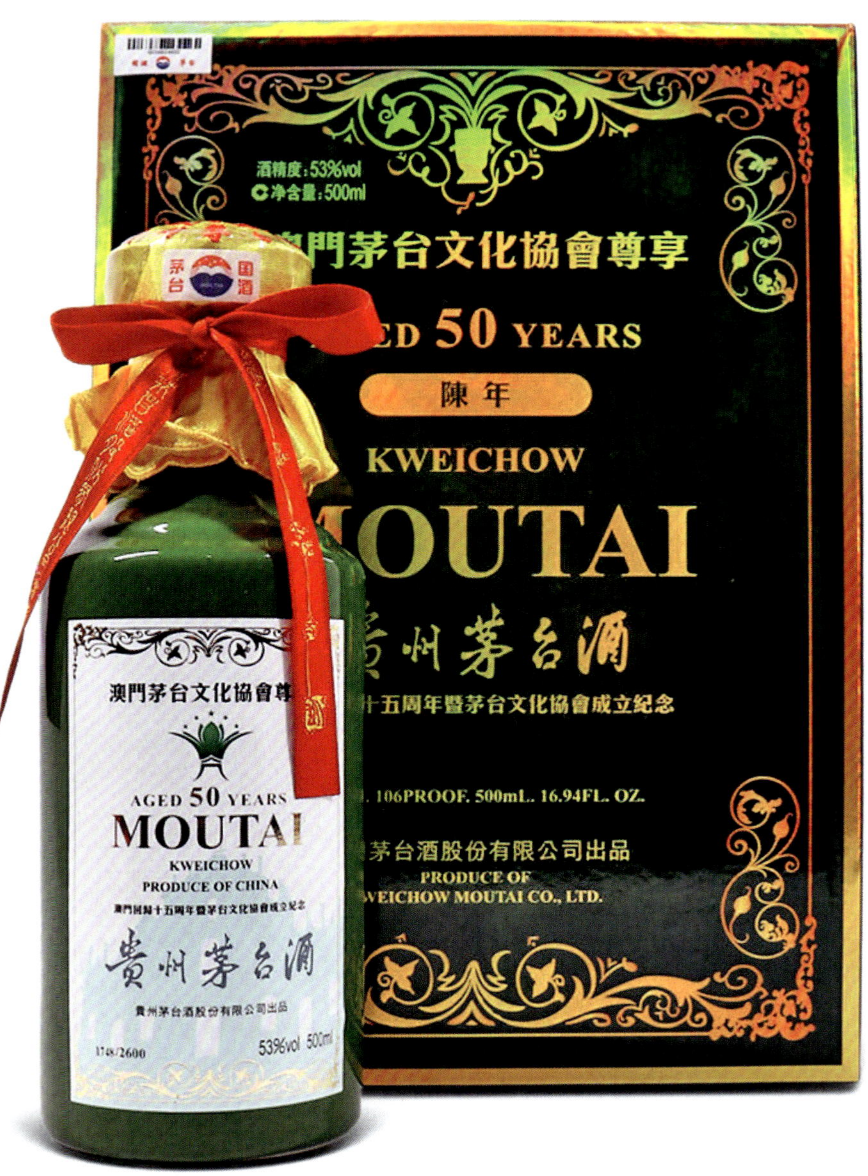

375

参考价格	RMB 5,000
拍卖信息	无
生产年份	2014 年
容量规格	500 ml
酒精度数	53°
收藏星级	★

2014 年贵州茅台酒（西泠印社）

生产日期、批次

20141231
2014-063

376

参考价格	RMB 5,000
拍卖信息	无
生产年份	2014 年
容量规格	500 ml
酒精度数	53°
收藏星级	★

2014 年贵州茅台酒（西泠拍卖十周年庆典定制）

生产日期、批次

20141121
2014-043

377

羊	参考价格	RMB 50,000
拍	拍卖信息	无
年	生产年份	2016 年
容	容量规格	5 L
度	酒精度数	53°
藏	收藏星级	★★

2016 年贵州茅台酒（澳门回归 17 周年纪念酒）

生产日期、批次

20170728
2015-057

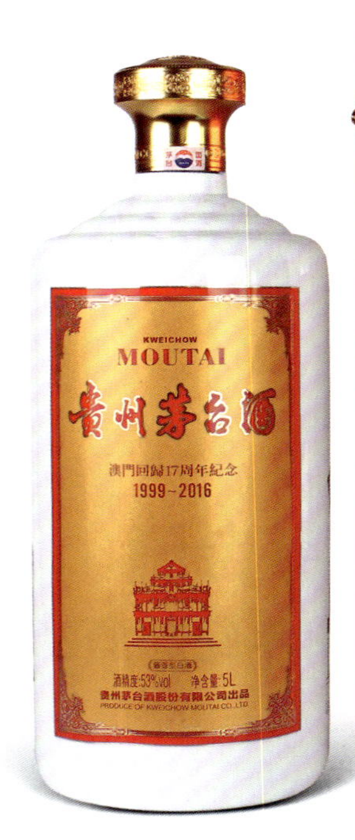

378

羊	成交价格	RMB 50,701
拍	拍卖信息	阿里拍卖 2018.7.19, W 8583
年	生产年份	2016 年
容	容量规格	5 L
度	酒精度数	53°
藏	收藏星级	★★

2016 年贵州茅台酒（澳门回归 17 周年纪念酒）

生产日期、批次

20170728
2017-057

379

成交价格	RMB 138,000
拍卖信息	中国嘉德 2022.6.26, Lot 3429
生产年份	2017 年
容量规格	5 L
酒精度数	53°
收藏星级	★★

2017 年贵州茅台酒（澳门回归 18 周年纪念酒）

生产日期、批次

20170728
2015-057

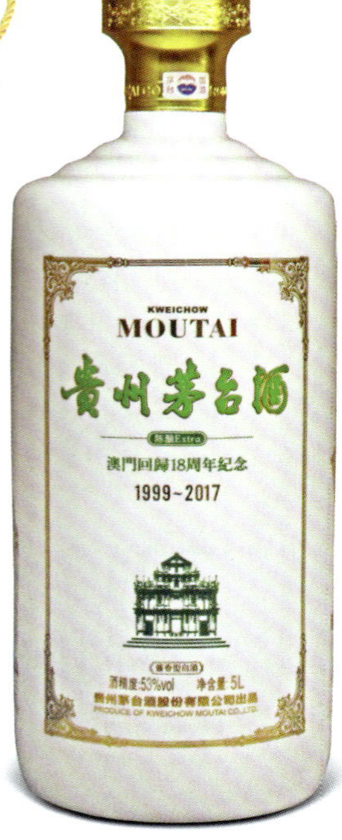

380

成交价格	RMB 42,401
拍卖信息	阿里拍卖 2020.8.13, K 5888
生产年份	2017 年
容量规格	5 L
酒精度数	53°
收藏星级	★★

2017 年贵州茅台酒（澳门回归 18 周年纪念酒）

生产日期、批次

20170731
2017-003

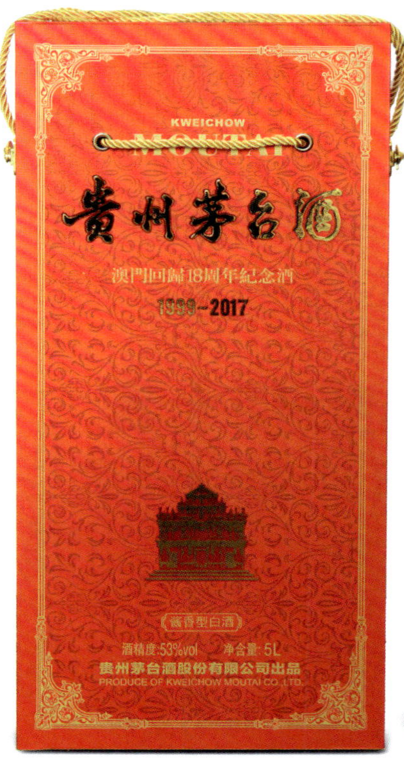

381

参考价格	RMB 40,000
拍卖信息	无
生产年份	2018 年
容量规格	5 L
酒精度数	53°
收藏星级	★★

2018 年贵州茅台酒
（澳门回归 19 周年纪念酒）

生产日期、批次

20190815
2018-167

382

参考价格	RMB 40,000
拍卖信息	无
生产年份	2018 年
容量规格	5 L
酒精度数	53°
收藏星级	★★

2018 年贵州茅台酒
（澳门回归 19 周年纪念酒）

生产日期、批次

20191220
2018-081

383

成交价格	RMB 12,000
拍卖信息	中投嘉艺 2012.1.4 , Lot 1588
生产年份	2019 年
容量规格	500 ml
酒精度数	53°
收藏星级	★★★★☆

2019 年贵州茅台酒（MACAO）

384

成交价格	RMB 18,801
拍卖信息	阿里拍卖 2019.10.28, S 4391
生产年份	1999 年
容量规格	500 ml
酒精度数	53°
收藏星级	★★★

1999 年贵州茅台酒（新世纪珍藏品）

生产日期、批次

991122	20000531
99-01	2000-01

点评： 30 余年过去后，茅台终于又见白瓷瓶。此瓶胎体更加细腻、洁白，光泽均匀，两条龙的造型更是透亮明快，惟妙惟肖。此酒令人印象深刻，入口柔和，那难以置信的圆润之感，在带来古典之美的同时，又迸发出年轻的气息。

385

成交价格	RMB 7,999
拍卖信息	阿里拍卖 2022.6.29, N 4049
生产年份	2000 年
容量规格	500 ml
酒精度数	53°
收藏星级	★★

2000 年贵州茅台酒（千年吉祥珍品）

生产日期、批次

20001123	20001226	20001230	20001230	20010910	20020109	20040818
2000-06	2000-10	2001-15	2001-16	2001-15	2001-16	2004-02

点评：此酒为第一批“千年吉祥珍品”茅台酒，具有一定的收藏价值。

386

成交价格	RMB 22,400
拍卖信息	北京永乐 2011.11.23 , Lot 0265
生产年份	2001 年
容量规格	500 ml
酒精度数	53°
收藏星级	★★★

2001 年贵州茅台酒（庆贺北京申奥成功）

生产日期、批次

20010713 2001-13	20010713 2001-17	20010713 2001-19

点评： 世间名酒皆尝遍，堪比茅台者有几?

对于国人而言，2001 年是世纪之年。这是一款非常特别的琼浆，无论是体育迷还是酒迷，一旦入口，都会为其迷人的味道和香气所折服。仅产三万瓶，数量稀少，精彩时刻值得铭记。

387

成交价格	RMB 18,501
拍卖信息	阿里拍卖 2021.7.18, H 4406
生产年份	2001 年
容量规格	500 ml
酒精度数	53°
收藏星级	★★★

2001 年贵州茅台酒（庆贺中国足球梦圆世界杯）

生产日期、批次

20011007 2001-13	20011007 2001-17	20011007 2001-18

点评： 此款酒铸就了神话——随着时间的推移，产出的茅台酒的质量越来越好，因为盛世赋予了这款酒强劲的生命力和柔美的魅力。仅产二万瓶，值得珍藏。

388

成交价格	RMB 22,001
拍卖信息	阿里拍卖 2021.4.16, W 8435
生产年份	2001 年
容量规格	500 ml
酒精度数	53°
收藏星级	★★★

2001 年贵州茅台酒（庆贺中国加入世贸组织）

生产日期、批次

20011211 2001-13	20011211 2001-19

点评： 金盏溢香风，乾坤珍酿中！

多年来，茅台酒的出产数量可谓庞大，与此相比，此酒产量一万瓶，寥若晨星，但是，它承载的意义，却非同寻常。

389

成交价格	RMB 150,000
拍卖信息	北京永乐 2010.6.9 , Lot 0002
生产年份	2001 年
容量规格	500 ml
酒精度数	53°
收藏星级	★★★★

2001 年贵州茅台酒

（茅台酒荣获国际金奖八十六周年暨国酒茅台辉煌五十年纪念）

生产日期、批次

20011123	20011124
2001-01	2001-01

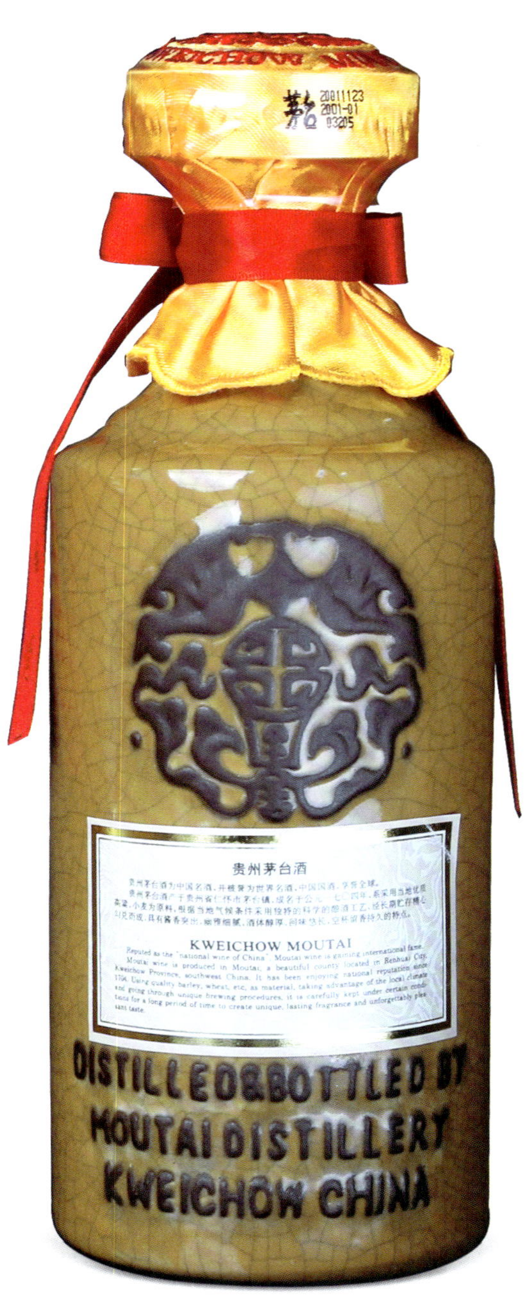

该款贵州茅台酒所采用的两种瓶形

点评：纪念茅台酒荣获国际金奖八十六周年暨国酒茅台辉煌五十年纪念，可喜可贺！

390

成交价格	RMB 52,800
拍卖信息	阿里拍卖 2021.8.27, M 4254
生产年份	2002 年
容量规格	500 ml
酒精度数	53°
收藏星级	★★★

2002 年贵州茅台酒（世纪经典）

生产日期、批次

20020429	20020521
2002-01	2002-01

点评： 此瓶制作精巧优美，表面光滑，外壁均施酱黄色釉，开细小冰裂纹。双龙造型不仅继承了中国文化的精髓，更凸显了当代中国元素，可谓开创了当代经典。触摸图腾，就如同触摸到了悠悠历史。融酱香、窖底、醇甜为一体，实为茅台之极品！

391

成交价格	RMB 28,750
拍卖信息	雍和嘉诚 2011.11.27 , Lot 3024
生产年份	2003 年
容量规格	500 ml
酒精度数	53°
收藏星级	★★★

2003 年贵州茅台酒
（纪念国酒茅台产量突破万吨）

点评：中国白酒收藏中珍稀之作，国酒茅台收藏百年里程碑。

392

成交价格	RMB 44,799
拍卖信息	阿里拍卖 2021.7.25, W 4661
生产年份	2005 年
容量规格	500 ml×2
酒精度数	53°
收藏星级	★★★

2005 年贵州茅台酒（荣获巴拿马金奖 90 周年纪念）

生产日期、批次

20051005
2005-01

点评：此酒承载了百年前赛会的光芒，照射至今。精致花梨木礼盒与百年前贵州茅台酒的坛形原型，让我们的思绪回到了那个年代……

393

成交价格	RMB 6,599
拍卖信息	阿里拍卖 2022.2.16, S 4588
生产年份	2008 年
容量规格	500 ml
酒精度数	53°
收藏星级	★

2008 年贵州茅台酒（金奖纪念）

生产日期、批次

20051005	20060104	20060412	20070718	20080207	20101027	20110810	20111015	20121103	20130105
2005-01	2005-15	2006-04	2007-10	2008-01	2010-08	2010-93	2010-120	2012-038	2012-066

394

成交价格	RMB 138,000
拍卖信息	朵云轩 2021.7.7, Lot 1890
生产年份	2015 年
容量规格	500 ml×4
酒精度数	53°
收藏星级	★★

2015 年贵州茅台酒（纪念巴拿马金奖 100 年珍藏版）

相关事记：

年份茅台酒珍藏套装（金奖百年），由贵州茅台酒股份有限公司专为纪念荣获巴拿马金奖 100 年荣誉出品。

全套酒樽采用“中国红、帝王黄、祭蓝、橘红”经典四色陶瓷釉炼制，樽身以东方皇家至尊龙纹及手工描金装饰。

生产日期、批次

5年陈年	15年陈年	30年陈年	50年陈年
20131112	20131112	20131112	20131112
2013-004	2013-003	2013-002	2013-001

395

成交价格	RMB 10,900
拍卖信息	阿里拍卖 2021.3.14, H 9482
生产年份	2020 年
容量规格	1 L
酒精度数	53°
收藏星级	★★★

2020 年贵州茅台酒（金奖纪念）

396

参考价格	RMB 5,000
拍卖信息	无
生产年份	2022 年
容量规格	500 ml
酒精度数	53°
收藏星级	★★★

2022 年贵州茅台酒（金奖纪念）

生产日期、批次

20061026	20160730	20171222	20171226	20181115	20190415
2006-13	2016-059	2017-079	2017-079	2018-057	2018-128

397

成交价格	RMB 4,216
拍卖信息	西泠拍卖 2021.1.14, Lot 0079
生产年份	2017 年
容量规格	500 ml
酒精度数	53°
收藏星级	★★

2017 年贵州茅台酒（遵义茅台机场通航纪念）

生产日期、批次

20170927
2017-047

398

成交价格	RMB 799
拍卖信息	阿里拍卖 2020.4.27, D 3308
生产年份	2017 年
容量规格	50 ml×2
酒精度数	53°
收藏星级	★★

2017 年贵州茅台酒（遵义茅台机场通航纪念）

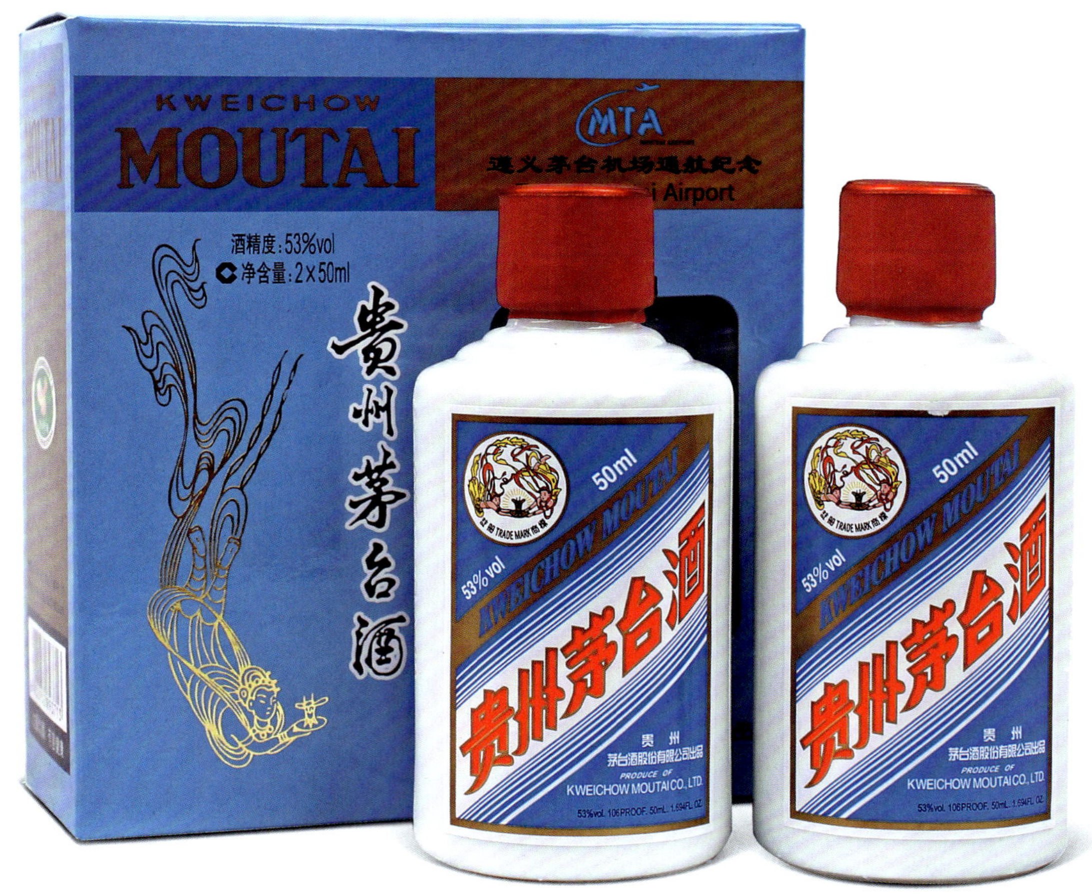

相关事记：

此酒为遵义茅台机场通航纪念酒，分单瓶 500ml 装和一盒两瓶 50ml 装两种包装。

茅台机场作为贵州省遵义市第二座民用机场，由茅台集团和仁怀市人民政府共同出资建设，距仁怀市区 16 千米。据了解，该机场按 4C 标准建设，机场跑道长 2600 米，拥有停机位 4 个、航站楼 1.5 万平方米，可起降波音 737 系列及 A320 系列机型。

2017 年 10 月 31 日，遵义茅台机场正式通航，首航当日，开通北京、天津、成都、福州、西安、海口 6 个城市航班。

生产日期、批次

20171023	20180315
2017-055	2017-131

399

成交价格	RMB 12,000
拍卖信息	阿里拍卖 2017.10.15, O 2246
生产年份	2003 年
容量规格	50 ml
酒精度数	53°
收藏星级	★★

2003 年贵州茅台酒（通州建市十周年特制）

生产日期、批次

20030408
2002-14

400

成交价格	RMB 12,601
拍卖信息	阿里拍卖 2020.5.24, J 9751
生产年份	2006 年
容量规格	500 ml
酒精度数	53°
收藏星级	★★

2006 年珍品贵州茅台酒（通州建市十周年特制）

生产日期、批次

20061004
2006-10

401

参考价格	RMB 35,000
拍卖信息	无
生产年份	2006 年
容量规格	500 ml
酒精度数	53°
收藏星级	★★☆

2006 年 30 年年份贵州茅台酒（通州建市十周年纪念）

生产日期、批次

20030408
2001-02

402

参考价格	RMB 50,000
拍卖信息	无
生产年份	2006 年
容量规格	500 ml
酒精度数	53°
收藏星级	★★☆

2006 年 50 年年份贵州茅台酒（通州建市十周年纪念）

生产日期、批次

20030408
2001-02

403

成交价格	RMB 12,000
拍卖信息	阿里拍卖 2019.12.27, R 3273
生产年份	2005 年
容量规格	1 L
酒精度数	53°
收藏星级	★

2005 年贵州茅台酒（王西京先生专供酒）

相关事记：

此酒为王西京先生专供酒，为“飞天牌”贵州茅台酒礼盒 1L 装。

王西京，1946 年 8 月生于陕西西安，中国美术家协会理事，中国美协和中国画艺委会委员，中国画学会副会长，陕西省文联副主席，陕西美术家协会主席。

生产日期、批次

20081013
2008-09

404

¥ 参考价格	RMB 50,000
拍 拍卖信息	无
年 生产年份	2005 年
容 容量规格	500 ml
度 酒精度数	53°
藏 收藏星级	★★★☆

2005 年贵州茅台酒（神舟载人飞船发射纪念）

点评：2005 年，神舟六号载人飞船发射成功。为纪念这一民族盛事，茅台酒厂推出了“神舟载人飞船发射纪念珍藏酒”，共 2005 瓶，值得收藏。

405

参考价格	RMB 50,000
拍卖信息	无
生产年份	2006 年
容量规格	500 ml
酒精度数	53°
收藏星级	★★★

2006 年贵州茅台酒（神舟载人飞船发射纪念珍藏酒）

生产日期、批次

20060103
2005-01

406

成交价格	RMB 9,701
拍卖信息	阿里拍卖 2020.10.21, G 8134
生产年份	2008 年
容量规格	500 ml
酒精度数	53°
收藏星级	★

2008 年贵州茅台酒
（神舟七号载人航天飞行专用）

生产日期、批次

20080716
2008-07

407

成交价格	RMB 6,951
拍卖信息	阿里拍卖 2021.3.16, X 7956
生产年份	2011 年
容量规格	500 ml
酒精度数	53°
收藏星级	★

2011 年贵州茅台酒
（庆祝“天宫一号”发射纪念）

生产日期、批次

20110817
2010-95

408

成交价格	RMB 9,800
拍卖信息	阿里拍卖 2019.9.18, C 9393
生产年份	2011 年
容量规格	500 ml
酒精度数	53°
收藏星级	★

2011 年贵州茅台酒
（天宫一号 · 神舟飞船交会对接任务专用）

生产日期、批次

20110829
2010-100

409

成交价格	RMB 5,833
拍卖信息	阿里拍卖 2019.10.9, L 9978
生产年份	2013 年
容量规格	500 ml
酒精度数	53°
收藏星级	★

2013 年贵州茅台酒
（庆祝长征二号 F 火箭发射神舟十号载人飞船纪念）

相关事记：

此酒为庆祝长征二号 F 火箭发射和神舟十号载人飞船纪念酒。

神舟十号飞船是中国“神舟号”系列飞船之一，它是中国第五艘搭载宇航员的飞船。飞船由推进舱、返回舱、轨道舱和附加段组成。神舟十号在酒泉卫星发射中心“921 工位”，于 2013 年 6 月 11 日 17 时 38 分，由长征二号 F 改进型运载火箭（遥十）“神箭”成功发射。

生产日期、批次

20130528
2012-104

410

成交价格	RMB 5,601
拍卖信息	阿里拍卖 2019.12.12, R 7543
生产年份	2013 年
容量规格	500 ml
酒精度数	53°
收藏星级	★

2013 年贵州茅台酒
（庆祝首次载人交会对接任务成功发射）

生产日期、批次

20130530
2012-105

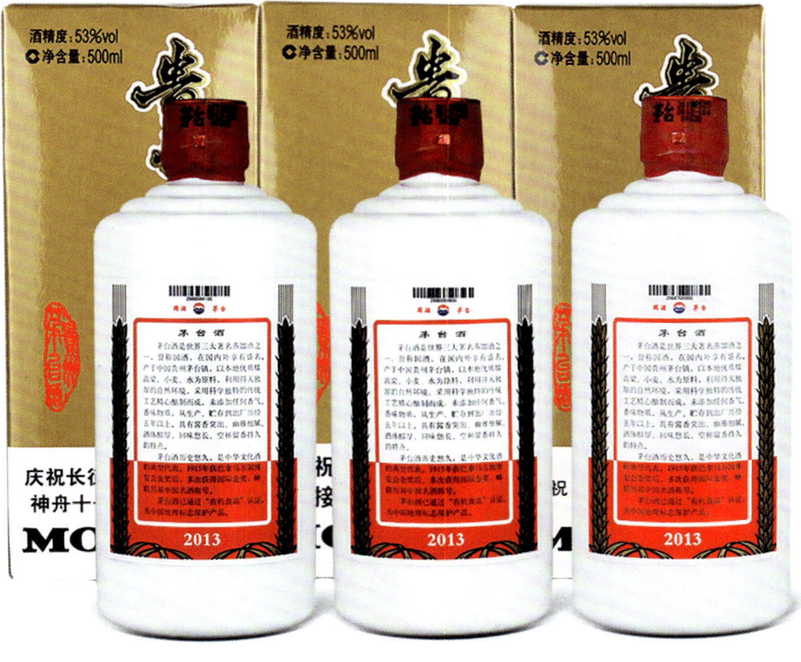

411

成交价格	RMB 8,901
拍卖信息	阿里拍卖 2020.1.11, J 7421
生产年份	2018 年
容量规格	500 ml
酒精度数	53°
收藏星级	★

2018 年贵州茅台酒（纪念中国载人航天飞行 15 周年）

生产日期、批次

20180911
2018-029

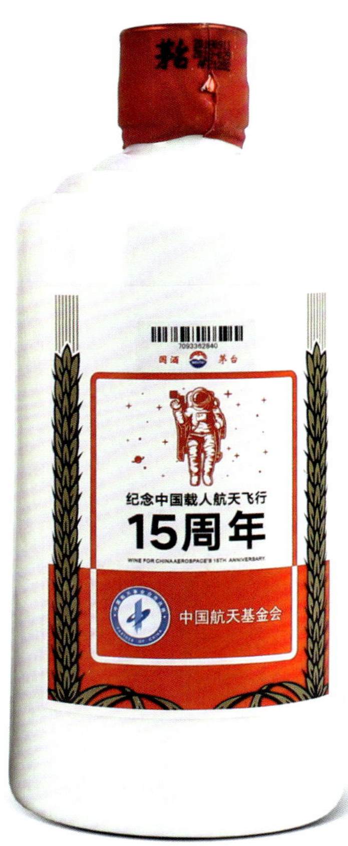

412

成交价格	RMB 10,000
拍卖信息	雍和嘉诚 2011.11.27 , Lot 3021
生产年份	2006 年
容量规格	500 ml
酒精度数	53°
收藏星级	★★

2006 年贵州茅台酒
（喜备茅台歌祖国）

生产日期、批次

20060627
2006-06

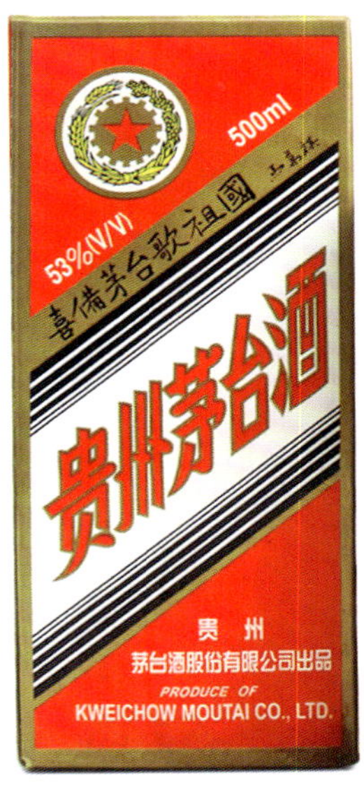

413

参考价格	RMB 9,000
拍卖信息	无
生产年份	2009 年
容量规格	500 ml
酒精度数	53°
收藏星级	★

2009 年贵州茅台酒
（喜备茅台歌祖国）

相关事记：

此酒为马万祺先生题词“喜备茅台歌祖国”定制酒。

马万祺（1919—2014），广东广州人，杰出的社会活动家，著名的爱国人士，中国共产党的亲密朋友。曾任澳门中华总商会会长、全国政协副主席。

414

成交价格	RMB 8,500
拍卖信息	雍和嘉诚 2011.11.27 , Lot 3021
生产年份	2015 年
容量规格	500 ml
酒精度数	53°
收藏星级	★★

2015 年贵州茅台酒
（喜备茅台歌祖国）

生产日期、批次

20181115
2016-174

415

参考价格	RMB 11,000
拍卖信息	无
生产年份	2018 年
容量规格	500 ml
酒精度数	53°
收藏星级	★★

2018 年贵州茅台酒
（喜备茅台歌祖国）

生产日期、批次

20181115
2016-174

416

成交价格	RMB 18,800
拍卖信息	阿里拍卖 2019.10.2, C 0808
生产年份	2007 年
容量规格	500 ml
酒精度数	53°
收藏星级	★

2007 年贵州茅台酒
（西藏和平解放六十周年）

生产日期、批次

20110621
2010-78

417

成交价格	RMB 9,601
拍卖信息	阿里拍卖 2020.8.2, E 4677
生产年份	2007 年
容量规格	500 ml
酒精度数	53°
收藏星级	★

2007 年贵州茅台酒
（内蒙古自治区 60 周年大庆）

相关事记：

此酒为纪念内蒙古自治区成立 60 周年大庆特制。1947 年 4 月 23 日，内蒙古自治区政府正式宣布成立，并决定将每年的 5 月 1 日设为内蒙古自治区政府成立纪念日。内蒙古自治区是我国最早建立的一个民族自治区，2007 年是内蒙古自治区成立 60 周年，此酒为纪念用酒。

生产日期、批次

20070514 2007-09	20070627 2007-10

418

成交价格	RMB 8,100
拍卖信息	阿里拍卖 2018.10.19, C 5564
生产年份	2008 年
容量规格	500 ml
酒精度数	53°
收藏星级	★

2008 年贵州茅台酒
（纪念宁夏回族自治区成立 50 周年专用）

相关事记：

此酒为纪念宁夏回族自治区成立 50 周年专用纪念酒。宁夏回族自治区成立于 1958 年 10 月 25 日，是中国五大少数民族自治区之一，自治区首府为银川。

生产日期、批次

20080731
2008-07

419

参考价格	RMB 12,000
拍卖信息	无
生产年份	2008 年
容量规格	500 ml
酒精度数	53°
收藏星级	★

2008 年贵州茅台酒（海南省建省 20 周年）

生产日期、批次

20080415
2008-02

420

成交价格	RMB 19,751
拍卖信息	阿里拍卖 2021.5.20, T 7809
生产年份	2008 年
容量规格	750 ml
酒精度数	53°
收藏星级	★★

2008 年贵州茅台酒（奥运纪念酒）

生产日期、批次

20080808
2008-01

点评： 奥林匹克运动需要中国，中国也需要奥林匹克运动。谨以茅台国酒纪念，寓意深刻。

421

成交价格	RMB 211,000
拍卖信息	阿里拍卖 2019.12.11, S 7928
生产年份	2008 年
容量规格	500 ml
酒精度数	53°
收藏星级	★★

2008 年贵州茅台酒（水立方冠军纪念酒）

相关事记：

贵州茅台水立方冠军纪念酒（500ml）由贵州茅台酒股份有限公司精心酿制而成，外形设计源自北京奥运主会场水立方（国家游泳中心），造型气势磅礴，瓶身为纯银打造，内盛 500ml 特酿茅台酒。

水立方位于北京奥林匹克公园内，是 2008 年北京奥运会主游泳馆，也是世界上建筑面积最大、功能要求最复杂的膜结构建筑，创造了世界快速泳池的奇迹，被世界媒体赞为“梦幻水魔方”。

422

成交价格	RMB 12,999
拍卖信息	阿里拍卖 2022.9.14, J 5892
生产年份	2011 年
容量规格	500 ml
酒精度数	53°
收藏星级	★★

2011 年贵州茅台酒
（鸟巢）

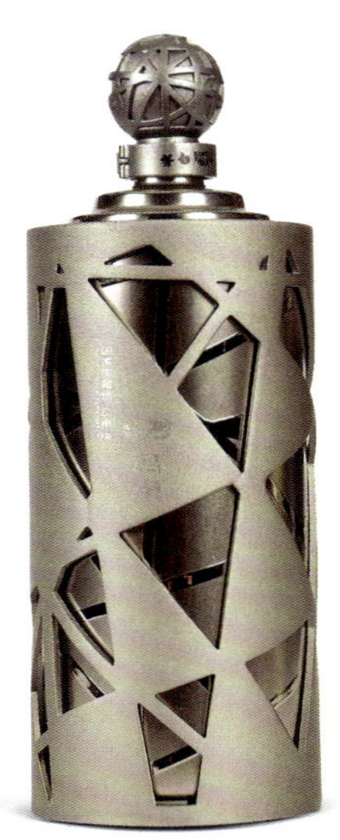

相关事记：

贵州茅台酒鸟巢外形设计源自北京奥运主会场鸟巢，造型气势磅礴，酒瓶是不锈钢材质，内盛 500ml 特酿茅台酒。此款酒一共出产 2 万瓶，每瓶有独立编号，是一款不可多得的奥运纪念藏酒。

生产日期、批次

20111202
2010-146

423

成交价格	RMB 11,401
拍卖信息	阿里拍卖 2020.3.8, S 7906
生产年份	2008 年
容量规格	500 ml
酒精度数	53°
收藏星级	★★

2008 年珍品贵州茅台酒
（苏通大桥通车庆典特制）

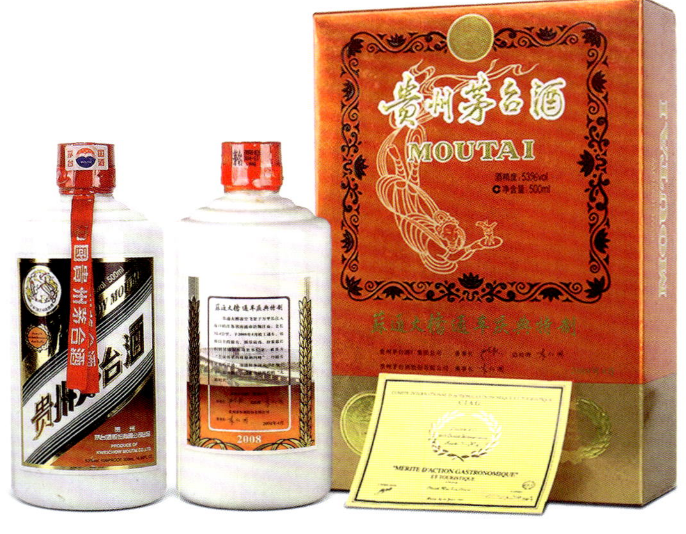

生产日期、批次

20080426
2008-03

424

成交价格	RMB 5,776
拍卖信息	阿里拍卖 2021.1.27, I 5886
生产年份	2010 年
容量规格	500 ml
酒精度数	53°
收藏星级	★

2010 年贵州茅台酒（孔子纪念酒）

相关事记：

孔子修身、齐家、治国、平天下的儒家思想是中华民族的国本国粹。

茅台孔子纪念酒的问世，是中华民族国粹与国酒的完美结合，是传统文化与非物质文化在太平盛世的绝妙相逢。孔子是中国的孔子，也是世界的孔子；茅台是中国的茅台，也是世界的茅台。

生产日期、批次

20100817
2009-24

425

参考价格	RMB 5,000
拍卖信息	无
生产年份	2011 年
容量规格	500 ml
酒精度数	53°
收藏星级	★

2011 年贵州茅台酒（孔子纪念酒）

426

参考价格	RMB 300,000
拍卖信息	无
生产年份	2017 年
容量规格	500 ml
酒精度数	52°
收藏星级	★★★★

2017 年贵州茅台酒（范曾大师八十寿辰纪念）

生产日期、批次

20170909
2017-038

427

成交价格	RMB 71,588
拍卖信息	阿里拍卖 2022.7.9, V 6748
生产年份	2017 年
容量规格	500 ml
酒精度数	53°
收藏星级	★★

2017 年贵州茅台酒（范曾大师八十寿辰纪念 / 纪念范曾大师从艺六十年）

生产日期、批次

20170915
2011-001

428

参考价格	RMB 1,800,000
拍卖信息	无
生产年份	2017 年
容量规格	40 L
酒精度数	53°
收藏星级	★★★★

2017 年贵州茅台酒（范曾八十寿辰）

生产日期、批次

20170915
2017-039

429

成交价格	RMB 16,550
拍卖信息	阿里拍卖 2019.12.1, R 1468
生产年份	2009 年
容量规格	600 ml
酒精度数	53°
收藏星级	★★

2009 年贵州茅台酒（庆祝建国 60 周年纪念酒）

相关事记:

该酒外盒设计浓缩了 60 年的经典瞬间：香港回归、神舟飞船发射成功、2008 奥运会以及人民英雄纪念碑大决战主浮雕等，以此来见证与祖国共同走过的 60 年辉煌岁月。纪念酒酒质为国酒茅台，是为祖国华诞精心勾兑的贵州茅台酒。纪念酒全部编号，限量发行 2 万瓶，每个编号仅限一瓶。

生产日期、批次

20090828 2009-01	20090908 2009-03

430

参考价格	RMB 350,000
拍卖信息	无
生产年份	2009 年
容量规格	600 ml
酒精度数	53°
收藏星级	★★★★

2009 年贵州茅台酒（建国 60 周年纪念酒）

鉴藏要点：

贵州茅台酒建国 60 周年纪念酒，提炼出“6 个 6”的设计理念：木盒六面体的结构，盒顶部代表中华人民共和国 60 年发展历程的 60 颗星，酒瓶底座周围的 6 级台阶，每级台阶高 6mm，600ml 容量，限量典藏 60 瓶。酒盒上浮雕的“天安门”是中华人民共和国成立时刻的见证者，上部的“祥云”代表 60 年繁荣祥和的发展，下部象征富贵繁荣的牡丹花灿然绽放，盒底座四周有 6 对飞龙戏珠的浮雕，飞龙游走在祥瑞云端，浑然天成。

包装木盒采用珍贵的楠木为主题材料，具有琥珀感和金色透明的水波纹，富有光泽，高贵且极其稀有，并甄选出纹理最为精彩的部位，由中国工艺美术大师，以传统的暗榫工艺、手工精心雕刻而成。酒瓶为拥有 7000 年制陶历史的宜兴产陶瓷瓶，表面采用极富美感的冰裂纹釉面特殊烧制工艺。

“贵州茅台酒建国 60 周年纪念酒”无愧于国礼级的包装，体现了国酒茅台至高无上的品质，其收藏价值、纪念意义堪称空前，弥足珍贵。此酒也必将成为庆祝共和国 60 周年华诞扛鼎之作，其收藏价值与纪念价值不可估量。

生产日期、批次

20090911
2009-01

431

成交价格	RMB 56,001
拍卖信息	阿里拍卖 2022.3.18, M 2077
生产年份	2009 年
容量规格	600 ml
酒精度数	53°
收藏星级	★★★

2009 年贵州茅台酒（国酒茅台敬贺祖国六十华诞）

相关事记:

该酒是国酒茅台为庆祝中华人民共和国六十华诞而特制，全球限量发行 21,916 套，分别对应从 1949 年 10 月 1 日开国大典到 2009 年 10 月 1 日 60 年盛典的 21,916 天，每瓶酒依其对应编号，附送当天《人民日报》原件一份，内附《中华人民共和国成立六十周年》纪念邮票一套。

产品包装锦盒以南京云锦装饰，酒瓶采用红釉浮雕描金烧制的“中国红”酒瓶，象征祖国万年红，底座为卢氏黑黄檀镶嵌寿山石。圆形酒瓶配方形底座，寓意天圆地方、和谐完美。

产品造型集“金、木、水、火、土”中国五行元素于一身，融汇了“国酒（茅台）、国瓷（中国红）、国石（寿山石）、国锦（南京云锦）、国报（《人民日报》）、国票（纪念邮票）”等元素。

生产日期、批次

20090918
2007-01

432

成交价格	RMB 2,070,000
拍卖信息	西泠印社 2021.7.23, Lot 0766
生产年份	2009 年
容量规格	500 ml × 10
酒精度数	53°
收藏星级	★★★★

2009 年“十大青铜器”特制茅台酒

铜冰鉴

虎纹觥

戈卣

勾连雷纹壶

鹰首提梁壶

鉴藏要点：

贵州茅台十大青铜器套装酒，是茅台酒厂推出的十大国宝青铜器套装酒。酒体采用30年陈年茅台酒勾调而成，为不可多得的收藏极品。

中国十大青铜名器分别是：后母戊鼎、妇好鸮尊、四羊方尊、大盂鼎、虢季子白盘、龙虎尊、琱生簋、匽侯盂、铜冰鉴和曾仲斿父壶。

四羊方尊

鸭形尊

妇好鸮尊

鸟盖变形兽纹壶

鸮纹觯

433

成交价格	RMB 6,201
拍卖信息	阿里拍卖 2020.5.29, G 4946
生产年份	2010 年
容量规格	500 ml
酒精度数	53°
收藏星级	★★

2010 年贵州茅台酒（纪念改革开放三十年珍藏版）

生产日期、批次

20100517	20110420
2009-08	2009-08

点评： 改革三十年，和谐三十年。茅台酒，以卓异的醇香，向和谐社会献礼。

434

成交价格	RMB 14,900
拍卖信息	阿里拍卖 2022.5.8, Y 6570
生产年份	2010 年
容量规格	500 ml
酒精度数	53°
收藏星级	★★☆

2010 年贵州茅台酒（醉美中华）

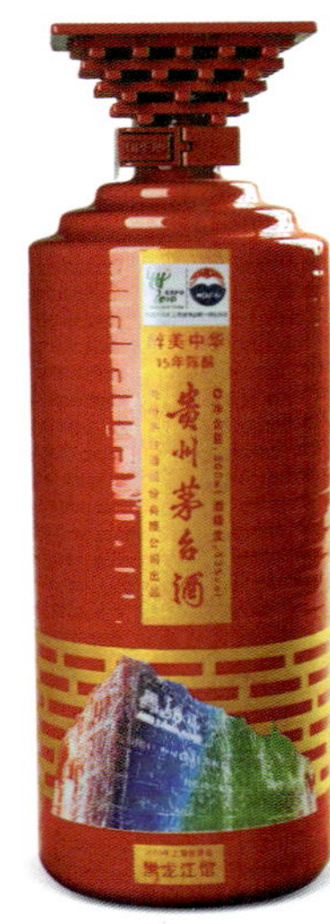

生产日期、批次

20100813
2010-01

点评： 醇香，自那一樽闪耀光芒的酒杯飘荡而出，沉醉了数百年来的饮者！

435

成交价格	RMB 7,701
拍卖信息	阿里拍卖 2022.9.5, R 0783
生产年份	2010 年
容量规格	500 ml
酒精度数	53°
收藏星级	★★☆

2010 年贵州茅台酒（世博纪念酒）

生产日期、批次

20100614	20100915	20100921	20111025
2009-11	2009-35	2009-35	2010-122

436

成交价格	RMB 5,480
拍卖信息	阿里拍卖 2022.1.16, U 5401
生产年份	2010 年
容量规格	500 ml
酒精度数	53°
收藏星级	★★☆

2010 贵州茅台酒（世博会指定用酒）

生产日期、批次

20100706	20100708	20100812	20100915	20101122	20110304
2009-32	2009-32	2009-24	2009-25	2009-04	2010-49

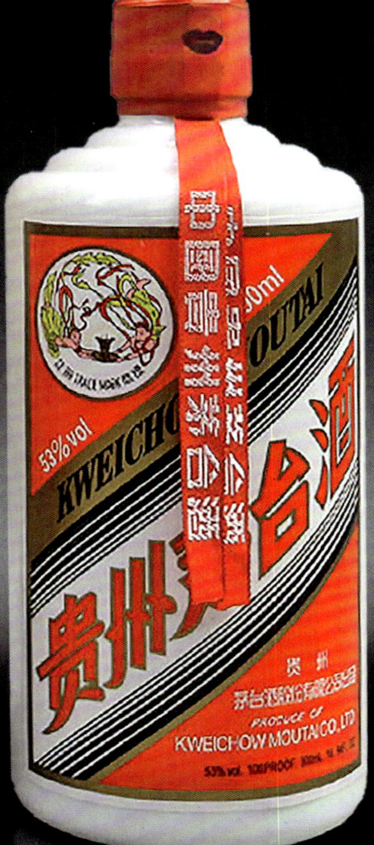

437

参考价格	RMB 120,000
拍卖信息	无
生产年份	2010 年
容量规格	500 ml
酒精度数	53°
收藏星级	★★★☆

2010 年贵州茅台酒
（中国 2010 年上海世博会 50 年陈酿珍藏）

438

成交价格	RMB 7,801
拍卖信息	阿里拍卖 2022.10.22，E 4961
生产年份	2010 年
容量规格	500 ml
酒精度数	53°
收藏星级	★

2010 年贵州茅台酒
（世博喜酒）

生产日期、批次

20100720 2009-34	20100729 2009-35	20100802 2009-35
20100818 2009-35	20100824 2009-35	20101029 2009-35

点评：独特设计，雍容华贵。如此茅台酒，以耀眼的红色传承着中国千年来的独特魅力。

439

成交价格	RMB 9,988
拍卖信息	阿里拍卖 2022.6.8，Z 5685
生产年份	2010 年
容量规格	500 ml
酒精度数	53°
收藏星级	★

2010 年贵州茅台酒
（盛世中国）

生产日期、批次

20100615 2007-17	20100625 2007-17	20100818 2007-17

440

成交价格	RMB 77,001
拍卖信息	阿里拍卖 2021.39.23, O 2924
生产年份	2010 年
容量规格	500 ml × 5
酒精度数	53°
收藏星级	★★☆

2010 年贵州茅台酒（友谊使者）

生产日期、批次

20101210 2009-08	20101214 2009-08

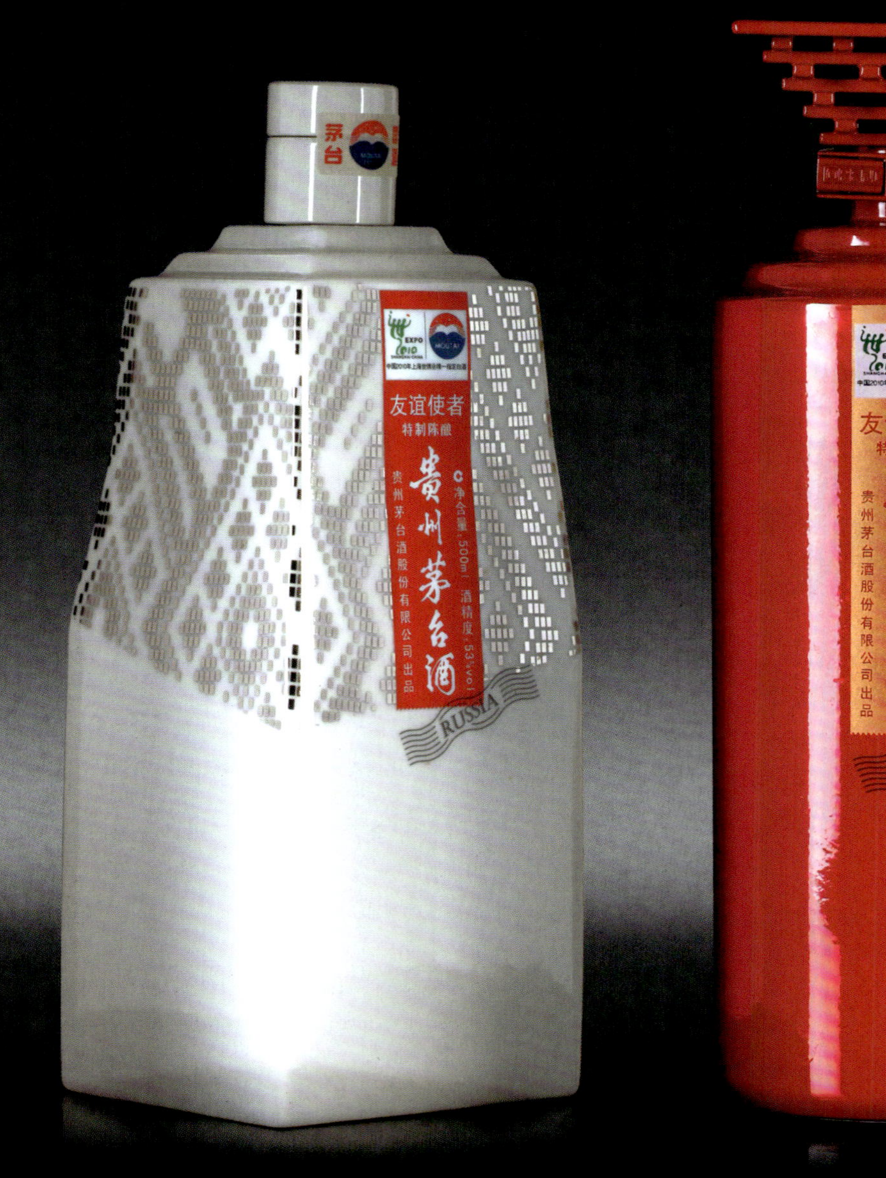

相关事记：

茅台酒作为友谊的使者，在我国的政治、经济、文化生活中发挥了重要作用，尤其为我国外交事业做出了卓越的贡献，因而被尊为“国酒”，还获得了外交酒、友谊酒等美誉。

此五款贵州茅台酒（友谊使者），酒瓶外观与上海世博会场馆中联合国五个常任理事国场馆外形相结合，具有很强的视觉冲击力。五个酒瓶都是采用中国传统陶瓷工艺烧制而成，造型独特、新颖。包装整体超越了现阶段白酒包装设计的风格，给人耳目一新美的享受。

点评：世博盛会酒，一张飘香的中国名片。

2010 年贵州茅台酒（友谊使者）创意说明

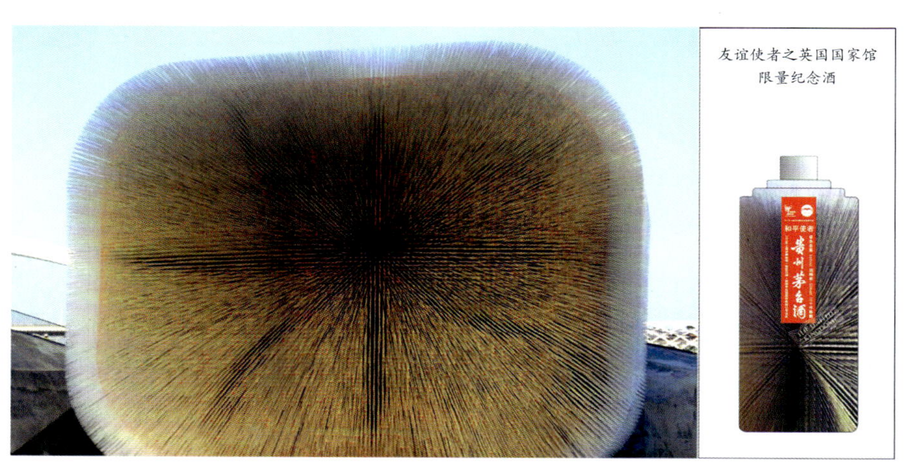

上海世博会英国国家馆的主题是“让自然走进城市”。陈列馆的核心内容是“种子圣典”，6 层高的立方体结构，大约 6 万个 7.5 米长的超薄透明的亚克力棒随风拂动。白天，这些纤维光纤丝照亮室内；夜间，光源在每一杆内部使整个结构焕发光亮。

上海世博会法国国家馆的主题是“感性城市”。占地 6000 平方米的法国馆漂浮于浅水之上，尽显水韵之美。整座建筑有着同埃菲尔铁塔一般外置的结构，被一种新型混凝土材料制成的线网包裹。场馆中心是一座垂直的法国园林，溪流沿着法式庭院流淌，小型喷泉表演、水上花园等，营造了一个清新凉爽的环境，极具法国园林艺术之美。

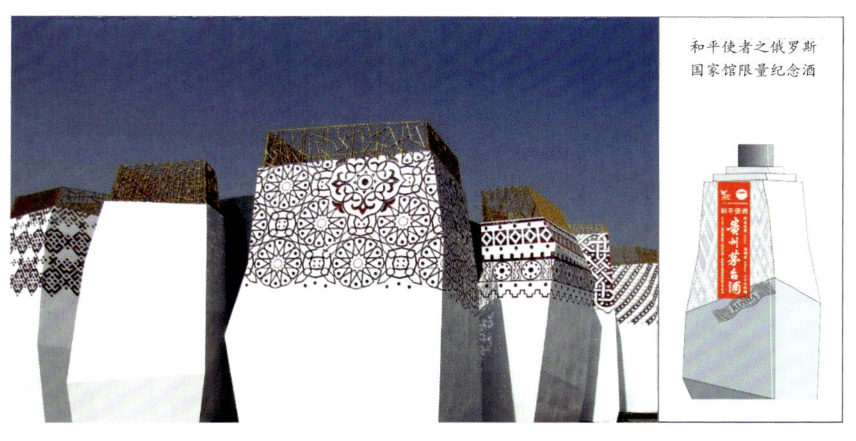

和平使者之俄罗斯
国家馆限量纪念酒

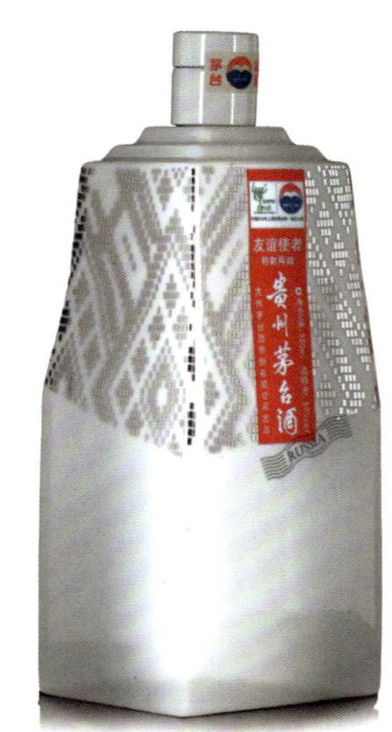

上海世博会俄罗斯国家馆的主题是“新俄罗斯：城市与人”。占地 6000 平方米的俄罗斯国家馆，是世博会最大的展馆之一。展馆建筑既似花朵，又似生命树，12 个“花瓣”构成塔楼，顶部的镂空图案则表现了俄罗斯民族的装饰特色。夜晚，塔楼的白金颜色会变成黑、红、金三色，三种颜色交相辉映，象征着俄罗斯传统文化。

和平使者之美国
国家馆限量纪念酒
USA
美国

2010 年上海世博会美国国家馆位于上海世博会浦东园区的 C 片区，占地面积 6000 平方米。以“欢庆 2030 年”为主题，营造的展示空间里由一位美籍华裔青年带领参观者徜徉于未来时空，亲身体验 2030 年的美国城市，让参观者通过感性游历领悟“可持续发展、团队精神、健康生活、奋斗和成就”这四大核心理念。美国国家馆外观宛如一只展开双翅的雄鹰，欢迎远道而来的客人。展馆是未来美国城市的缩影，包括了清洁能源、绿色空间和屋顶花园等元素，通过多维模式和高科技手段，引领参观者在四个独特的展示空间踏上一段虚拟的美国之旅，讲述坚持不懈地创新以及社区建设的故事。

2010 年上海世博会纪念茅台酒和平使者系列

（为参展的 45 个国家特制）

和平使者 6
和平使者 7
和平使者 8
和平使者 9
和平使者 15
和平使者 16
和平使者 17
和平使者 18
和平使者 24
和平使者 25
和平使者 26
和平使者 27
和平使者 33
和平使者 34
和平使者 35
和平使者 36
和平使者 42
和平使者 43
和平使者 44
和平使者 45

441

参考价格	RMB 2,100,000
拍卖信息	无
生产年份	2010 年
容量规格	500 ml × 45
酒精度数	53°
收藏星级	★★★★

2010 年世博会纪念茅台酒和平使者系列（为参展的 45 个国家特制）

相关事记：

2010 年 4 月 28 日，贵州茅台酒作为上海世博会唯一指定白酒纪念版推出暨新闻发布会在上海市举行，会上推出 4 个系列、共 81 款世博会茅台纪念酒，分别是：和平使者、醉美中华、盛世中国、世博喜酒。和平使者系列——30 年陈酿个性化国家限量纪念茅台酒，以参会的全球 45 个国家的建筑造型为模型制作的个性化包装独具匠心，每个国家的纪念酒限量出品 160 樽，均为陶瓷瓶彩盒包装。45 个国家，共计 7200 瓶。此酒既有卓越的典藏价值，更有非凡的历史意义。

442

成交价格	RMB 800,000
拍卖信息	无
生产年份	2010 年
容量规格	500 ml × 36
酒精度数	53°
收藏星级	★★★★

2010 年世博会纪念茅台酒（醉美中华）

相关事记：

醉美中华——15 年陈酿世博会中国省市馆纪念茅台酒。世博会让世界认识中国，世博会也使中国了解世界。酒瓶设计灵感来源于世博会中国国家馆的造型，瓶身印有各省市场馆的造型图，展现了博大精深的中华文化，表现了中国各民族和谐共生的美好景象。34 个省市的醉美中华纪念酒，各限量发行 2010 樽，共计 68340 瓶，具有极高的收藏价值和特别的珍藏意义。

443

成交价格	RMB 8,188
拍卖信息	阿里拍卖 2022.10.1, O 6079
生产年份	2010 年
容量规格	500 ml
酒精度数	53°
收藏星级	★

2010 年贵州茅台酒（国酒茅台文化研究会会员专用）

生产日期、批次

20090513	20090818	20100528
2009-01	2009-01	2009-08

444

参考价格	RMB 6,500
拍卖信息	无
生产年份	2013 年
容量规格	500 ml
酒精度数	53°
收藏星级	★

2013 年贵州茅台酒（国酒茅台文化研究会会员专用）

生产日期、批次

20120914	20121121	20130123
2011-108	2011-108	2012-011

445

成交价格	RMB 5,899
拍卖信息	阿里拍卖 2022.8.14, E 2136
生产年份	2017 年
容量规格	500 ml
酒精度数	53°
收藏星级	★

2017 年贵州茅台酒（国酒茅台文化研究会会员）

相关事记：

此酒为北京国酒茅台文化研究会会员专用酒。

北京国酒茅台文化研究会是非营利性社团法人机构，目的为弘扬中国酒文化。研究会决策机构为理事会。第一届理事会的理事长由时任中国贵州茅台酒厂有限责任公司名誉董事长、技术总顾问季克良先生担任。

生产日期、批次

20171229	20181008	20191212	20200820
2015-059	2016-021	2018-080	2018-133

446

参考价格	RMB 7,500
拍卖信息	无
生产年份	2017 年
容量规格	500 ml
酒精度数	53°
收藏星级	★★

2017 年贵州茅台酒（国酒茅台文化研究会）

生产日期、批次

20171212	20181015	20181023
2017-016	2018-043	2018-047

447

参考价格	RMB 5,199
拍卖信息	阿里拍卖 2021.3.8, L 9730
生产年份	2019 年
容量规格	500 ml
酒精度数	53°
收藏星级	★

2019 年贵州茅台酒（国酒茅台文化研究会会员）

448

成交价格	RMB 5,701
拍卖信息	阿里拍卖 2021.4.8, O 2866
生产年份	2020 年
容量规格	500 ml
酒精度数	53°
收藏星级	★

2020 年贵州茅台酒（国酒茅台文化研究会会员）

449

成交价格	RMB 6,016
拍卖信息	阿里拍卖 2022.11.6, E 5192
生产年份	2021 年
容量规格	500 ml
酒精度数	53°
收藏星级	★

2021 年贵州茅台酒（酒庆）

450

参考价格	RMB 35,000
拍卖信息	无
生产年份	2011 年
容量规格	50 ml × 6
酒精度数	53°
收藏星级	★★

2011 年贵州茅台酒（盛世典藏 50ml × 6）

相关事记：

2011 年是茅台酒厂建厂 60 周年，为了纪念和回顾 60 年来茅台集团的光辉发展历程，贵州茅台集团倾力打造“茅台国营 60 周年”纪念酒。一套 6 瓶，分别为“五星牌”茅台酒 2 瓶，茅台红军酒、15 年年份酒、30 年年份酒、50 年年份酒各 1 瓶，每瓶 50ml。

451

成交价格	RMB 34,500
拍卖信息	北京东正 2017.6.8 , Lot 2013
生产年份	2011 年
容量规格	500 ml×4
酒精度数	53°
收藏星级	★★★

2011 年贵州茅台酒（历史见证，光辉历程）

生产日期、批次

20111101
2009-08

2011 年辛亥革命 100 周年纪念酒

2011 年中国共产党成立 90 周年纪念酒

相关事记：

此酒为纪念辛亥革命 100 周年，缅怀伟大的民主革命先行者孙中山先生，选用陈年贵州茅台酒特制“总统府珍藏”茅台酒，全球限量 2011 樽。

2011 年，是辛亥革命 100 周年、中国共产党成立 90 周年、红军长征胜利 75 周年以及茅台酒厂建厂 60 周年。国运兴，国酒兴！长期以来，国酒茅台始终秉承光大中华酒文化和中国文化精粹的历史使命，努力为中华民族伟大复兴和铸造卓越的民族品牌而不懈奋斗。在这特殊的历史节点，茅台打造“历史见证，光辉历程”系列茅台纪念酒，一套 4 瓶，采用彩色礼盒陶瓷瓶包装，借以见证百年中国发展的光辉历程！

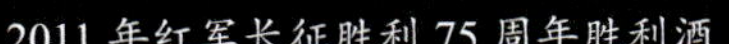
2011 年红军长征胜利 75 周年胜利酒

2012 年贵州茅台酒厂建厂 60 周年纪念酒

452

参考价格	RMB 60,000
拍卖信息	无
生产年份	2011 年
容量规格	500 ml × 4
酒精度数	53°
收藏星级	★★☆

2011 年贵州茅台酒（西安世界园艺博览会·盛世帝都）

财富人生

酒中八仙

相关事记：

2011 年 4 月 28 日至 10 月 22 日，世界园艺博览会在西安隆重举行，向世人展示 13 朝古都的悠久历史文化与中国别具一格的园林艺术。为庆祝并纪念世界园艺博览会的召开，国酒茅台特别推出 2011 西安世界园艺博览会纪念酒系列套装，分别是“花开盛世”与“盛世帝都”。

“盛世帝都”内盛 53 度茅台酒，分四款，分别是外形设计源自中国历代钱币的“财富人生”，外观设计源自经典玉琮的“八方来仪”，外观设计源自传统活字印刷的“酒中八仙”，以及外观设计源自历史文化符号的“兵马俑”。盛世帝都精美的外观设计，体现了古都风貌与历史传承。

八方来仪　　兵马俑

石榴：寓意多子

佛手：寓意多福

牡丹：寓意富贵

相关事记：

“花开盛世”内盛43度贵州茅台酒，分六款，酒瓶瓶身分别印有中国传统吉祥图案石榴、佛手、牡丹、兰花、万年青、鸟语花香图等。其中，石榴寓意多子，佛手寓意多福，牡丹寓意富贵，兰花寓意君子，万年青寓意长寿，鸟语花香寓意和谐。花开盛世别具一格的园林风格体现出大自然的艺术之美。

鸟语花香：寓意和谐

兰花：寓意君子

万年青：寓意长寿

454

羊 成交价格	RMB 117,966
拍 拍卖信息	阿里拍卖 2022.6.1, I 0734
年 生产年份	2011 年
容 容量规格	2.5 L
度 酒精度数	53°
藏 收藏星级	★★

2011 年贵州茅台酒（总统府珍藏酒）

相关事记：

此酒为纪念辛亥革命 100 周年，缅怀伟大的民主革命先行者孙中山先生，选用陈年贵州茅台酒特制“总统府珍藏”茅台酒，全球限量 2011 樽。

生产日期、批次

20111231
2010-141

455

参考价格	RMB 50,000
拍卖信息	无
生产年份	2012 年
容量规格	999 ml
酒精度数	53°
收藏星级	★★

2012 年贵州茅台酒（上海合作组织成员国元首理事会会议特制陈酿）

相关事记：

为铭记上海合作组织的历史功绩，昭示上海合作组织的美好前景，中国国酒茅台自愿担当友好合作使者，特选用 30 年茅台陈酿，推出“上海合作组织成员国元首理事会会议茅台纪念酒”，以铭此盛会，襄此盛事。会后将此酒作为礼物赠予各成员国元首理事会的与会者。本纪念酒限量出品 2012 瓶，表示北京峰会于 2012 年举行；每瓶容量 999ml，象征上海合作组织各成员国友谊长久；包装饰以长城、祥云、游龙等中国元素图案，寓意中国是上海合作组织健康发展的坚定推动者。

生产日期、批次

20121008
2012-001

点评：由于时间等因素，此酒并未按实际定量产出，除去赠予外国元首的数量，所剩无几，以至于各位茅粉极少见到实物。

456

成交价格	RMB 14,500
拍卖信息	阿里拍卖 2022.10.10, T 1378
生产年份	2012 年
容量规格	500 ml
酒精度数	53°
收藏星级	★★

2012 年贵州茅台酒（成龙特制陈酿）

生产日期、批次

20130410
2012-011

457

参考价格	RMB 80,000
拍卖信息	无
生产年份	2012 年
容量规格	500 ml
酒精度数	53°
收藏星级	★★

2012 年贵州茅台酒（中国国家博物馆见证百年复兴）

相关事记：

贵州茅台“百年国博”酒是贵州茅台酒股份有限公司为庆祝中国国家博物馆建馆一百周年，特别推出的一款纪念珍藏酒。此酒利用独特而复杂的生产工艺，采用 30 年茅台陈酿罐装，红木包装，每瓶酒都配有精美的特制收藏证书，是一款不可多得的收藏珍品。

生产日期、批次

20121228
2012-001

AGED 30 YEARS
贵州茅台酒
百年國博
贵州茅台酒股份有限公司出品
PRODUCE OF KWEICHOW MOUTAI CO.,LTD.

百年國博
中国国家博物馆
NATIONAL MUSEUM OF CHINA
100
中国国家博物馆
NATIONAL MUSEUM OF CHINA

458

成交价格	RMB 197,800
拍卖信息	北京保利 2022.7.27, Lot 3008
生产年份	2012 年
容量规格	500 ml×4
酒精度数	53°
收藏星级	★★

2012 年贵州茅台酒（中国体育代表团）

相关事记：

此产品由中国奥委会授权，以 2012 年贵州茅台酒股份有限公司与中国奥委会结为合作伙伴为背景精心打造。一套包含“金牌”“银牌”“铜牌”“庆功酒”四个系列，分别以茅台典藏 50 年、30 年、15 年和 5 年陈年酒为基础，经过特殊勾兑精酿而成。

生产日期、批次

金牌50年陈酿	银牌30年陈酿	铜牌15年陈酿
20121105	20121114	20121116
2012-001	2012-001	2012-005

459

成交价格	RMB 9,701
拍卖信息	阿里拍卖 2021.4.4, W 2144
生产年份	2012 年
容量规格	500 ml
酒精度数	53°
收藏星级	★★

2012 年贵州茅台酒（中国体育代表团庆功酒）

生产日期、批次

20120803	20161121
2012-010	2016-114

460

成交价格	RMB 20,951
拍卖信息	阿里拍卖 2021.6.25, Q 5032
生产年份	2012 年
容量规格	500 ml
酒精度数	53°
收藏星级	★★

2012 年贵州茅台酒厂建厂 60 周年纪念酒（1951—2011）

生产日期、批次

20120222
2010-141

461

成交价格	RMB 92,001
拍卖信息	阿里拍卖 2022.5.23, G 4868
生产年份	2012 年
容量规格	999 ml
酒精度数	53°
收藏星级	★★

2012 年贵州茅台酒（九龙墨宝 15 年陈）

相关事记：

贵州茅台九龙墨宝系列酒目前有三款，分别为贵州茅台酒（九龙墨宝 80 年陈）、贵州茅台酒（九龙墨宝 30 年陈）、贵州茅台酒（九龙墨宝 15 年陈）。其中，贵州茅台酒（九龙墨宝 80 年陈）全球限量发行 20 瓶，贵州茅台酒（九龙墨宝 30 年陈）全球限量发行 3010 瓶，贵州茅台酒（九龙墨宝 15 年陈）全球限量发行 6000 瓶。

贵州茅台酒（九龙墨宝 15 年陈）的长卷全部为中国书法家协会理事级别以上的书法家书写，贵州茅台酒（九龙墨宝 30 年陈）的长卷全部由中国书法家协会副主席书写，而贵州茅台酒（九龙墨宝 80 年陈）的长卷全部为中国当代大师级书法家书写。

生产日期、批次

20121128
2012-001

462

成交价格	RMB 150,000
拍卖信息	阿里拍卖 2020.11.25, F 0924
生产年份	2012 年
容量规格	999 ml
酒精度数	53°
收藏星级	★★

2012 年贵州茅台酒（九龙墨宝 30 年陈）

生产日期、批次

20120607
2011-004

463

参考价格	RMB 300,000
拍卖信息	无
生产年份	2012 年
容量规格	999 ml
酒精度数	53°
收藏星级	★★★

2012 年贵州茅台酒（九龙墨宝 80 年陈）

生产日期、批次

20120612
2011-001

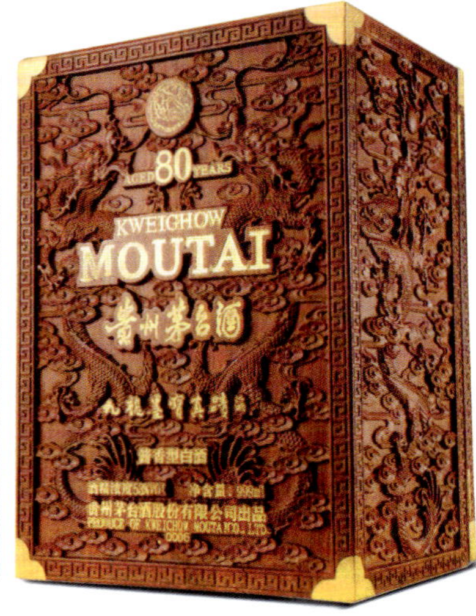

464

¥ 成交价格	RMB 32,445
拍 拍卖信息	阿里拍卖 2022.2.20, M 6829
年 生产年份	2012 年
容 容量规格	500 ml
度 酒精度数	53°
藏 收藏星级	★

2012 年贵州茅台酒（百年巨匠张大千）

相关事记：

张大千是 20 世纪中国画坛最具传奇色彩的国画大师，绘画、书法、篆刻、诗词无所不通。2012 年“百年巨匠张大千”贵州茅台酒采用 15 年陈酿酒质，名贵红木包装盒，限量生产 1 万瓶。酒盒设计独特，上盖下底座中间屏风，上下相合为储物盒，中间屏风可展开。

生产日期、批次

20120306
2010-141

465

成交价格	RMB 39,401
拍卖信息	阿里拍卖 2020.8.13, K 2111
生产年份	2012 年
容量规格	500 ml
酒精度数	53°
收藏星级	★★

2012 年贵州茅台酒（百年巨匠张大千）

相关事记：

2012 年“百年巨匠张大千”贵州茅台酒采用 50 年陈酿酒质，酒瓶为青瓷瓶，酒盒为名贵红木，限量生产 1 万瓶。

生产日期、批次

20120615
2011-002

466

成交价格	RMB 174,901
拍卖信息	阿里拍卖 2020.7.21, O 4726
生产年份	2012 年
容量规格	500 ml×8
酒精度数	53°
收藏星级	★★★

2012 年贵州茅台酒（中国龙）

相关事记：

2012 年，贵州茅台集团为了传承与发扬中国龙文化，特别发售了一批纪念酒——贵州茅台酒中国龙系列，每套 8 瓶，诠释 6 个朝代的龙文化，限量发行 999 套。

该款酒不同于另一款茅台中国龙产品，另一款为 500ml 普通酒质单瓶装，而此款为 500ml，8 瓶为一套，分为汉龙、唐龙、宋龙、元龙、明龙、清龙、中国龙、九龙国樽，酒质为 15 年陈酿，酒盒采用黑檀木制作。黑檀木以耐腐、持久性强而著称，是一种十分稀少的珍贵家具及工艺品用材。

中国龙单瓶装

生产日期、批次

20161229	20161230	20171226	20191011
2016-137	2016-138	2017-088	2019-027

中国龙系列

467

成交价格	RMB 3,941
拍卖信息	阿里拍卖 2020.12.4, E 5713
生产年份	2014 年
容量规格	500 ml
酒精度数	53°
收藏星级	★

2014 年贵州茅台酒（中国国家博物馆）

生产日期、批次

20130910	20171027
2012-154	2017-057

468

成交价格	RMB 19,001
拍卖信息	阿里拍卖 2019.11.24, C 6047
生产年份	2014 年
容量规格	500 ml
酒精度数	53°
收藏星级	★★

2014 年贵州茅台酒（诗文墨宝）

相关事记：

贵州茅台酒“诗文墨宝”系列，系庆祝茅台荣膺“巴拿马万国博览会金奖”一百周年，以中国书法为主题出品的新系列文化国酒。全系列为 100 款，邀请 100 位中国书法家协会理事级别的书法名家参与创作，书写 100 种格调高雅的经典诗文书法作品，与国酒茅台珠联璧合。

每款“诗文墨宝”推出一位书法名家，书写同一内容书法作品 2000 幅。每款产品均依据书法作品内容独立开发设计外包装，达到国酒与书法作品的完美融合。每款产品限量发售 2000 盒，其中双支礼盒 1000 盒、单支礼盒 1000 盒，每一盒中都有一幅书法名家作品真迹。贵州茅台酒“诗文墨宝”全系列 100 款中的所有书法作品，均为书法名家亲手写成，绝非复制印刷品；所有书法作品均由中国书法家协会学术委员会监制，并配有收藏证书。

生产日期、批次

20130815
2012-137

本款产品为第一款，内装书法真迹，作者为中国书法家协会理事、江西省书法家协会主席毛国典。

469

参考价格	RMB 20,000
拍卖信息	无
生产年份	2014 年
容量规格	500 ml
酒精度数	53°
收藏星级	★★

2014 年贵州茅台酒（张艺谋定制酒）

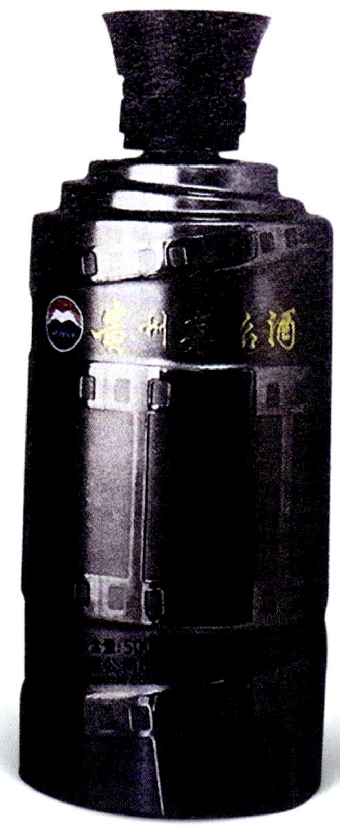

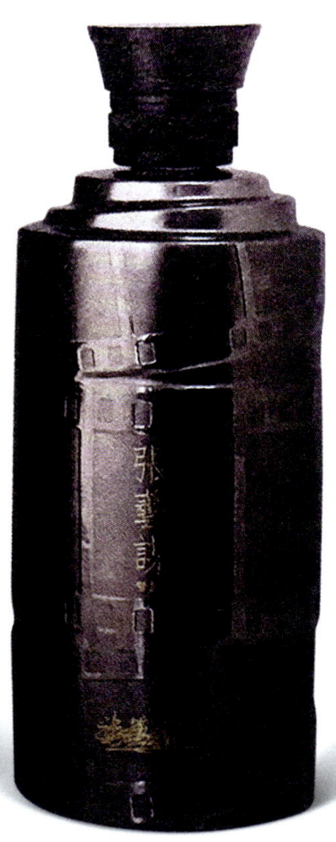

相关事记：

此酒为张艺谋导演定制的茅台酒。外包装以胶片为背景图案，印有张艺谋导演的签名。银色酒瓶瓶身以陶瓷制成，用老胶片浮雕的沉稳形象镌刻了茅台与电影艺术的历史丰碑，老胶片与长城的形象辉映叠合，传递了电影的主题，也宣示着茅台作为国酒在中国文化中的独特地位，更彰显着茅台文化酒的属性和爱国酒的精神。

生产日期、批次

20150112
2014-073

470

成交价格	RMB 6,599
拍卖信息	阿里拍卖 2022.2.15，O 0467
生产年份	2015 年
容量规格	500 ml
酒精度数	53°
收藏星级	★

2015 年贵州茅台酒（纪念中国人民抗日战争暨世界反法西斯战争胜利 70 周年）

相关事记：

2015 年，正值中国人民抗日战争暨世界反法西斯战争胜利 70 周年之际，贵州茅台酒股份有限公司特推出本款纪念酒。酒瓶瓶身上部印有衔着橄榄枝的和平鸽，提醒人们牢记战争的不幸，珍惜和平，热爱生活。瓶身下部的战争胜利画面，象征中国人民不屈不挠、英勇无敌的革命精神世代相传。

酒盒下部的石狮图案取自卢沟桥。1937 年 7 月 7 日，卢沟桥事变标志着抗日战争的全面爆发，酒盒如此设计是为了警示国民勿忘国耻。

生产日期、批次

20151031	20151113
2015-054	2015-065

471

参考价格	RMB 5,000
拍卖信息	无
生产年份	2015 年
容量规格	500 ml
酒精度数	53°
收藏星级	★

2015 年贵州茅台酒（遵义会议纪念）

生产日期、批次

20151117
2015-069

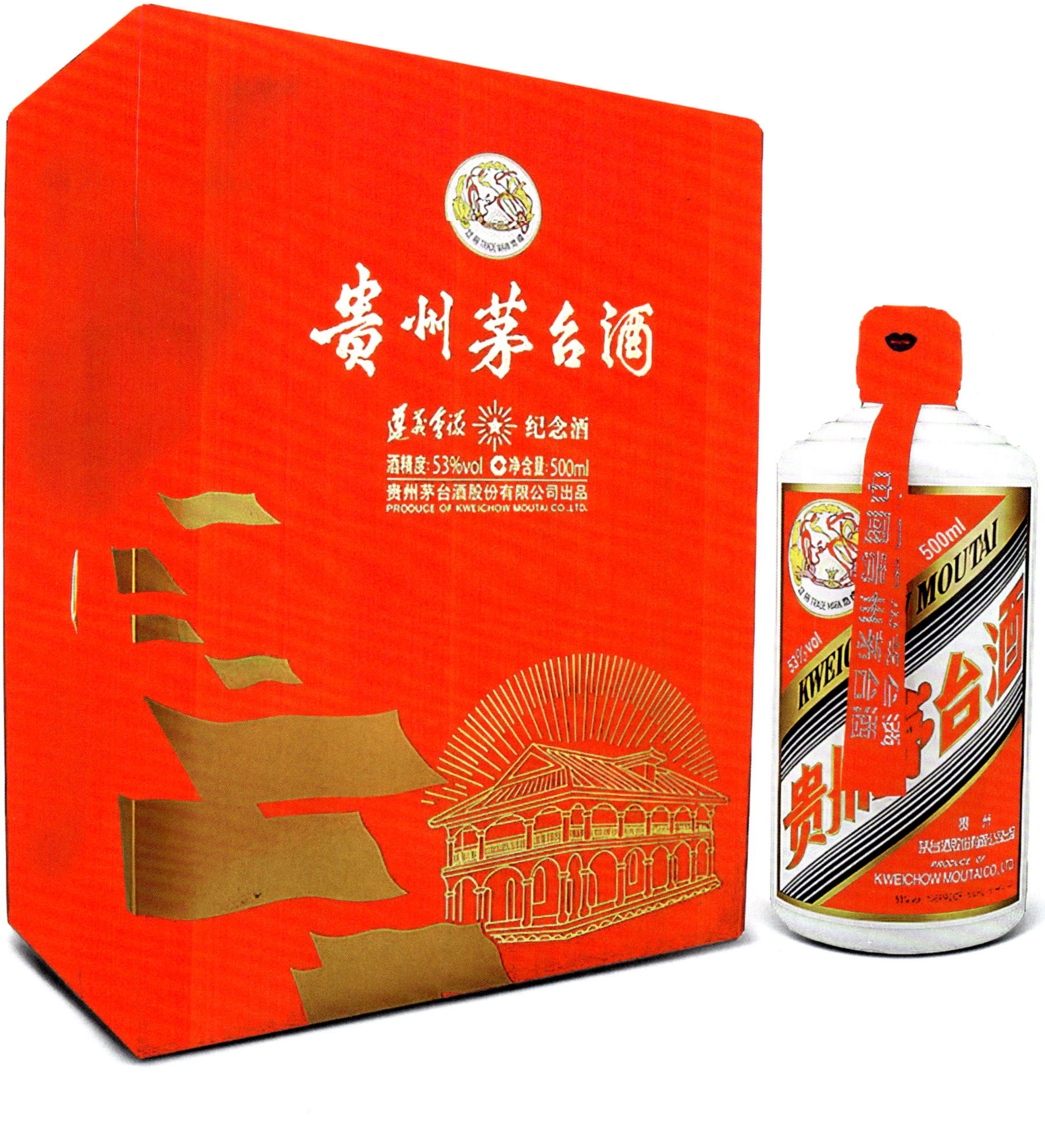

472

参考价格	RMB 5,000
拍卖信息	无
生产年份	2015 年
容量规格	50 ml × 4
酒精度数	53°
收藏星级	★

2015 年贵州茅台酒（遵义会议纪念）

相关事记：

茅台遵义会议礼盒装纪念酒是贵州茅台酒股份有限公司为纪念遵义会议 70 周年（1935—2015）而发行的一款茅台纪念酒。

遵义会议上做出了一系列重大决策，在危急时刻挽救了党、挽救了红军、挽救了中国革命，确立了毛泽东同志在党和红军的领导地位，是中国共产党历史上一个生死攸关的转折点，标志着中国共产党走向成熟。此款纪念酒限量发行。

生产日期、批次

20150923	20161130
2015-036	2016-114

473

参考价格	RMB 5,000
拍卖信息	无
生产年份	2017 年
容量规格	500 ml
酒精度数	53°
收藏星级	★★

2017 年贵州茅台酒（遵义会议纪念礼盒）

474

参考价格	RMB 5,000
拍卖信息	无
生产年份	2017 年
容量规格	500 ml
酒精度数	53°
收藏星级	★

2017 年贵州茅台酒（遵义会议纪念）

生产日期、批次

20160227	20160825	20161123
2015-119	2016-078	2016-115

475

成交价格	RMB 9,685
拍卖信息	阿里拍卖 2021.11.6, V 0959
生产年份	2015 年
容量规格	500 ml
酒精度数	53°
收藏星级	★★

2015 年贵州茅台酒（茅台日纪念）

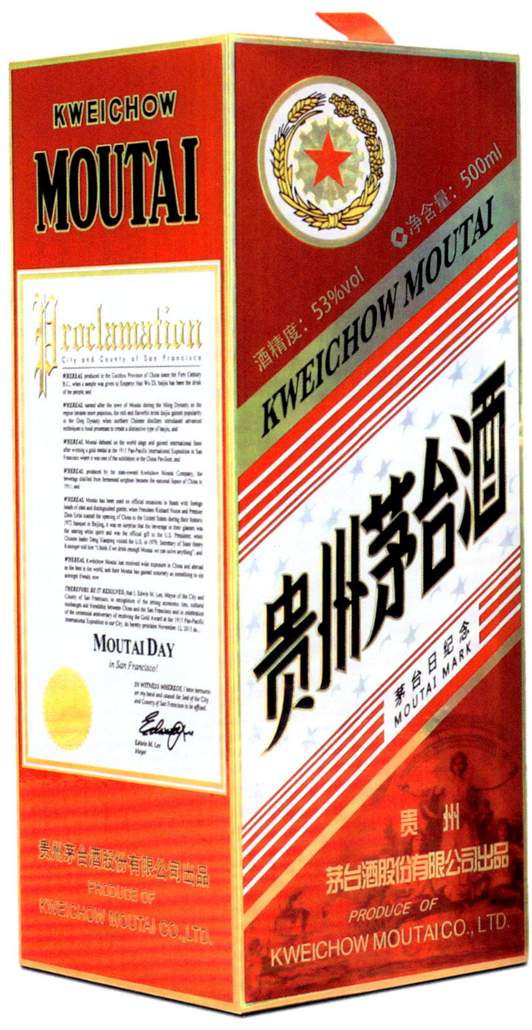

相关事记：

此酒为美国旧金山市设立“茅台日”纪念酒，采用大瓶陶瓷瓶彩盒包装。

1915 年，茅台在旧金山获金奖；2015 年，茅台人追根溯源、载誉归故里，在旧金山举行国酒茅台金奖百年庆典。旧金山首任华裔市长李孟贤宣布将 11 月 12 日定为旧金山的“贵州茅台日”。此酒是旧金山与茅台百年情缘的历史见证。

生产日期、批次

20171128
2015-057

476

成交价格	RMB 29,001
拍卖信息	阿里拍卖 2022.8.28, L 6719
生产年份	2021 年
容量规格	2.5 L
酒精度数	53°
收藏星级	★★

2021 年贵州茅台酒
（茅台日纪念 2.5L）

生产日期、批次

20200521
2018-083

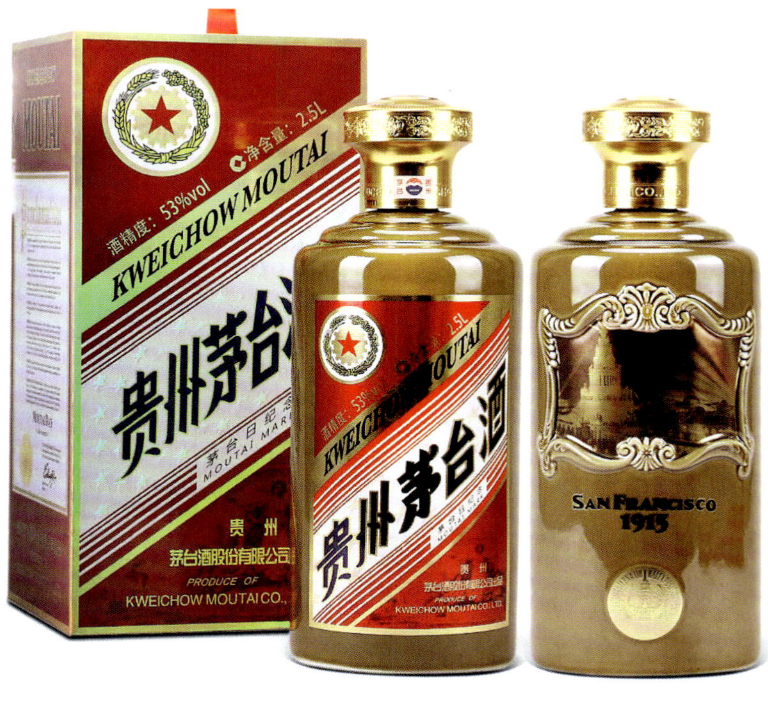

477

成交价格	RMB 13,801
拍卖信息	阿里拍卖 2021.12.10, P 9010
生产年份	2017 年
容量规格	700 ml
酒精度数	53°
收藏星级	★★

2017 年贵州茅台酒
（茅台日纪念 700ml）

生产日期、批次

20171129
2017-070

478

成交价格	RMB 29,599
拍卖信息	阿里拍卖 2023.1.15, E 3972
生产年份	2017 年
容量规格	2.5 L
酒精度数	53°
收藏星级	★★

2017 年贵州茅台酒（茅台日纪念 2.5L）

生产日期、批次

20171021
2017-053

479

成交价格	RMB 13,749
拍卖信息	阿里拍卖 2022.11.21, O 1450
生产年份	2018 年
容量规格	375 ml × 2
酒精度数	53°
收藏星级	★★

2018 年贵州茅台酒（茅台旧金山茅台日）

生产日期、批次

黄色
20180811
2018-010
银灰
20180820
2018-016

480

参考价格	RMB 6,500
拍卖信息	无
生产年份	2015 年
容量规格	125 ml × 3
酒精度数	53°
收藏星级	★

2015 年贵州茅台酒（贵州旅游）

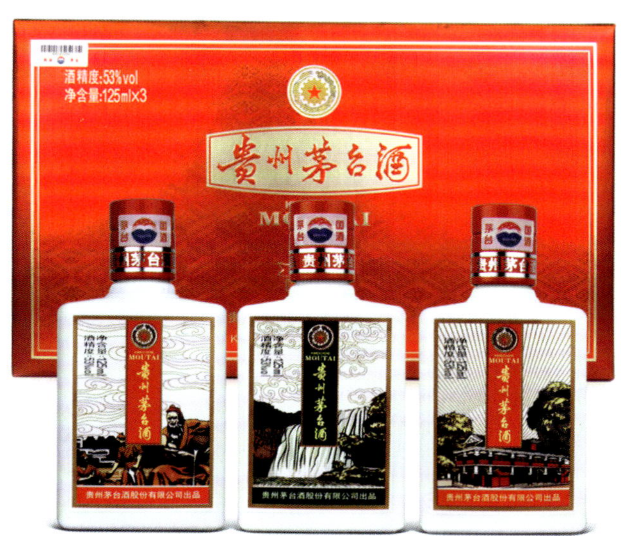

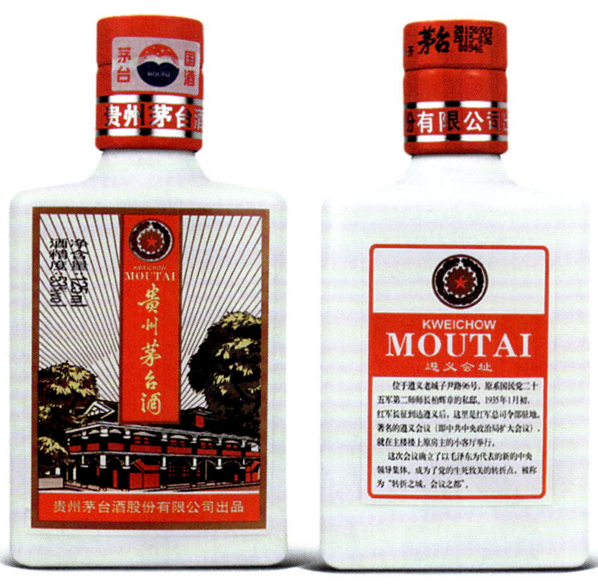

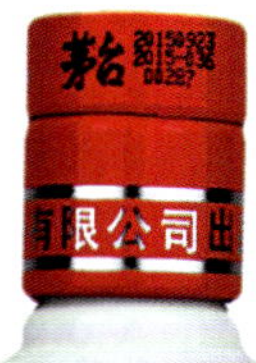

481

参考价格	RMB 8,000
拍卖信息	无
生产年份	2015 年
容量规格	200 ml × 3
酒精度数	53°
收藏星级	★

2015 年贵州茅台酒（贵州旅游）

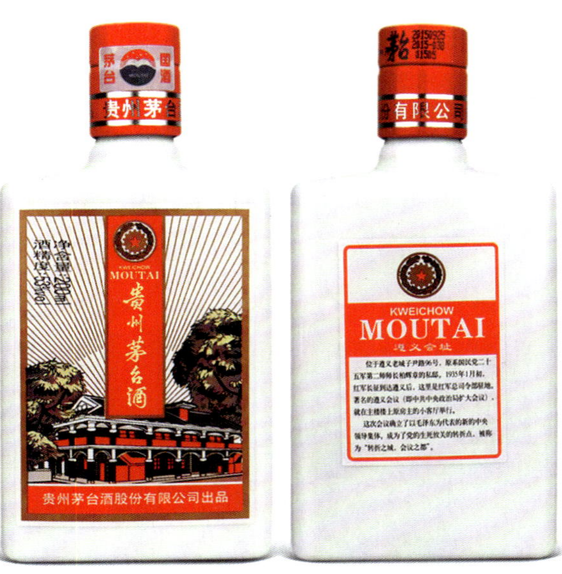

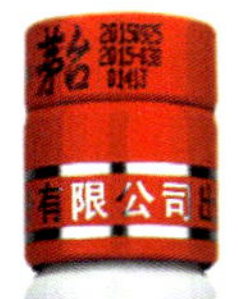

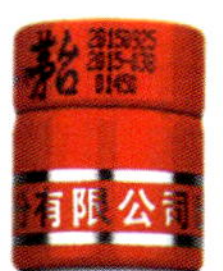

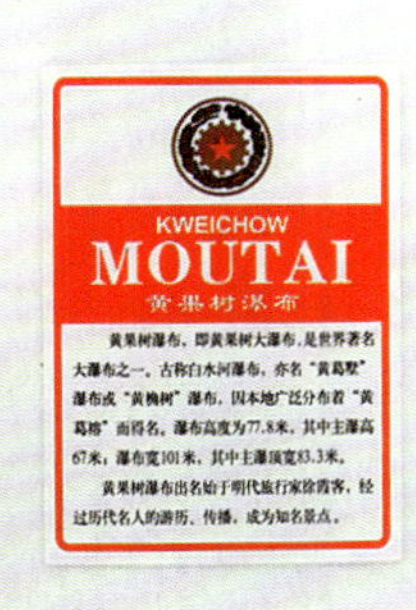

482

参考价格	RMB 15,000
拍卖信息	无
生产年份	2015 年
容量规格	500 ml × 3
酒精度数	53°
收藏星级	★

2015 年贵州茅台酒（贵州旅游）

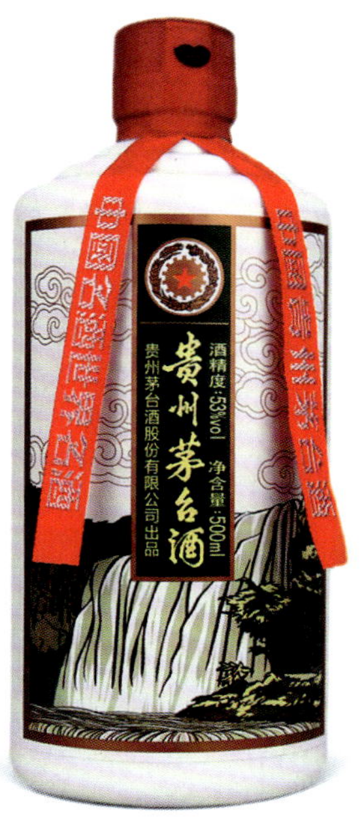

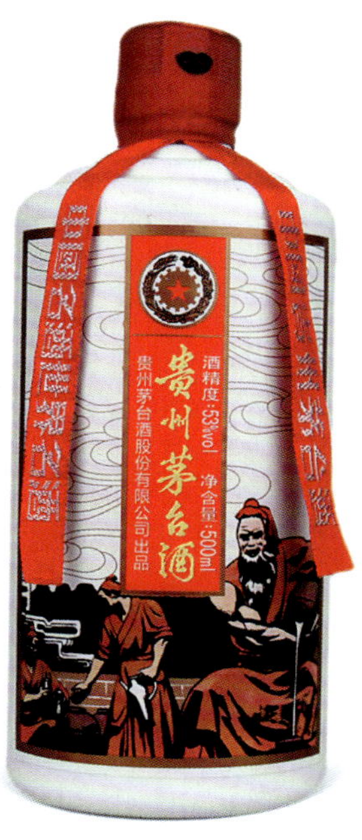

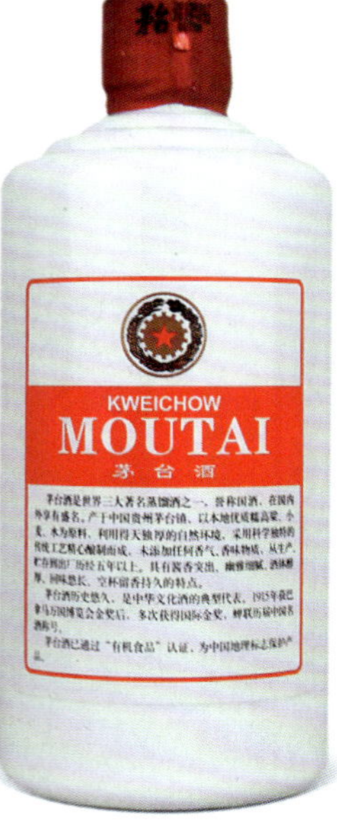

483

参考价格	RMB 5,000
拍卖信息	无
生产年份	2021 年
容量规格	50 ml × 2
酒精度数	53°
收藏星级	★

2021 年贵州茅台酒
（第十一届贵州旅游产业发展大会纪念 50ml × 2）

生产日期、批次

20160415
2015-148

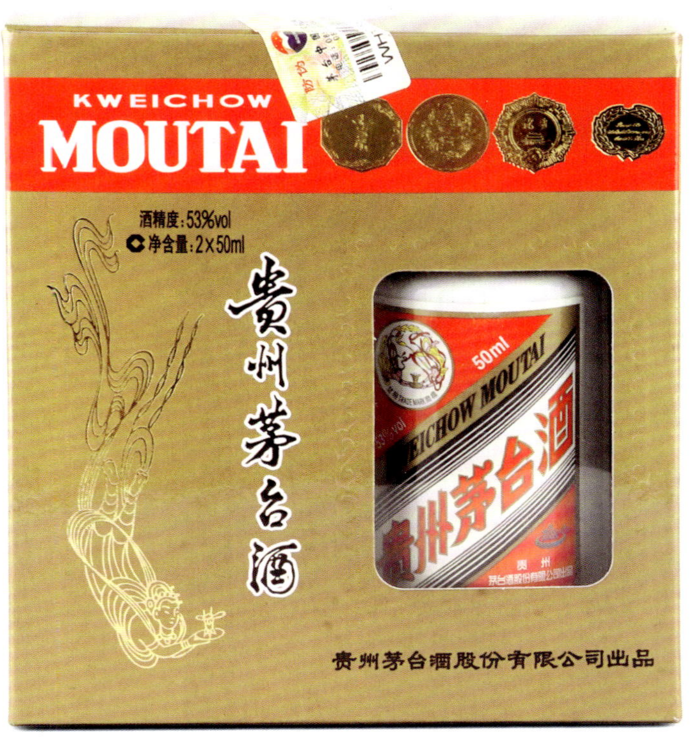

484

成交价格	RMB 14,500
拍卖信息	阿里拍卖 2019.7.12, O 7761
生产年份	2015 年
容量规格	500 ml
酒精度数	53°
收藏星级	★★

2015 年贵州茅台酒
（贵州足球第一冠）

相关事记：

此酒为纪念贵州足球第一冠而定制。2013 赛季，贵州人和国酒茅台足球队在足协杯决赛中，首回合在主场 2:0 力克广州恒大，客场 1:2 负于对手，最终以总比分 3:2 赢得冠军，成为贵州足球历史上的首个冠军。

生产日期、批次

20150402
2014-125

485

成交价格	RMB 920,000
拍卖信息	中国嘉德 2016.11.12 , Lot 3858
生产年份	2015 年
容量规格	500 ml × 100
酒精度数	53°
收藏星级	★★★

2015 年贵州茅台酒（尊冠百年纪念酒）

相关事记：

此酒为纪念茅台尊冠金奖百年而特制的纪念酒，限量发行 200 套，每套 100 瓶。这 100 瓶酒采用“56+42+1+1”的组合方式，分别代表 56 个民族、42 届世博会、1 瓶 80 年特制陈酿以及 1 瓶经典茅台酒。这套酒设计精美，十分具有收藏纪念意义。

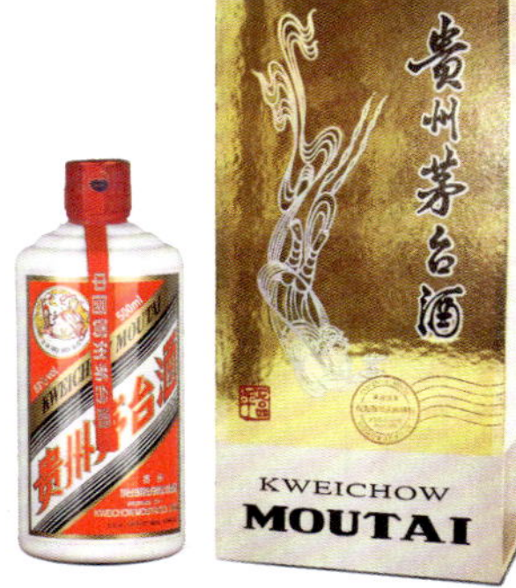

为纪念茅台尊冠金奖百年而特制的纪念酒

486

成交价格	RMB 2,100,150
拍卖信息	阿里拍卖 2022.1.21, A 2667
生产年份	2015 年
容量规格	25 L × 2
酒精度数	53°
收藏星级	★★★★

2015 年贵州茅台酒（双龙汇）

相关事记：

2015 年是中国酒业协会名酒收藏委员会成立 1 周年，也是国酒茅台自 1915 年荣获巴拿马万国博览会金奖 100 周年。因此，中国酒业协会名酒收藏委员会、贵州茅台酒股份有限公司共同倾情推出茅台双龙汇纪念酒，限量上市，两瓶一组，每瓶 50 斤，合计百斤，寓意茅台百年金奖、百年辉煌、百年灵气、百年奋斗、百年蒸蒸日上。

茅台双龙汇纪念酒瓶身采用中国传统雕龙图腾，双龙捧珠萦绕于温润瓷瓶上，取贯斗双龙之祥。

生产日期、批次

20151106 2015-149	20151205 2016-120	20160420 2015-149

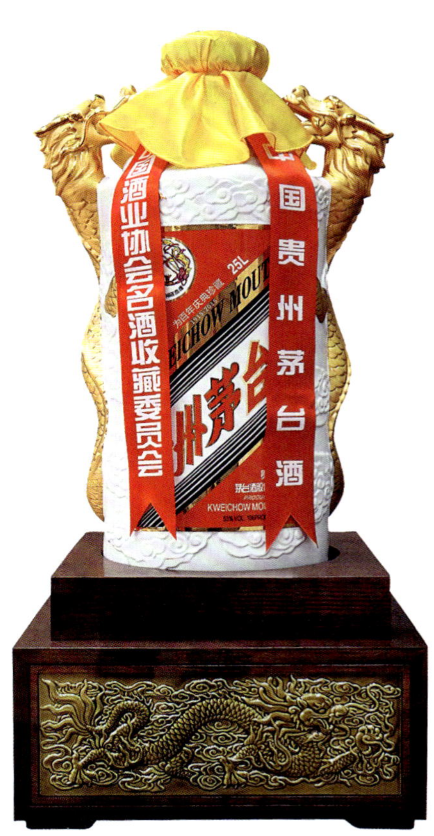

487

成交价格	RMB 929,999
拍卖信息	阿里拍卖 2022.7.24, Z 3535
生产年份	2015 年
容量规格	500 ml × 56
酒精度数	53°
收藏星级	★★★

2015 年贵州茅台酒（56 个民族）

傣族　黎族　傈僳族　佤族　怒族　锡伯族

畲族　高山族　拉祜族　水族　乌孜别克族　阿昌族

东乡族　纳西族　景颇族　柯尔克孜族　俄罗斯族　普米族

土族　达斡尔族　仫佬族　羌族　鄂温克族　塔吉克族

布朗族　撒拉族　毛南族　仡佬族

相关事记：

贵州茅台酒股份公司为纪念茅台酒荣获巴拿马金奖 100 周年，特推出茅台百年金奖 56 个民族纪念酒全套。外观融汇华夏大地 56 个民族风土人情，寓意各民族紧密团结、协同发展、共创美好时代，更包揽了中华 56 个民族图腾、服饰图案、建筑风格和手工艺元素，充分体现了丰富灿烂的民族文化，具有收藏价值。

德昂族 保安族 裕固族 京族 朝鲜族 满族

塔塔尔族 独龙族 鄂伦春族 赫哲族 侗族 瑶族

门巴族 珞巴族 基诺族 汉族 白族 土家族

蒙古族 回族 藏族 维吾尔族 哈尼族 哈萨克族

苗族 彝族 壮族 布依族

488

成交价格	RMB 46,000
拍卖信息	北京传是 2013.12.11 , Lot 0808
生产年份	2015 年
容量规格	500 ml
酒精度数	53°
收藏星级	★★

2015 年贵州茅台酒（金奖百年纪念酒）

相关事记：

由多位中国白酒界泰斗组成的专家团，依据酒体的色泽、香气、口味、风格特征四项指标进行了认真品鉴，认为该年份茅台酒珍藏套装（金奖百年）酒质色泽微黄、清亮透明、香气幽雅、诸味谐调；口感细腻、回味悠长，空杯留香持久，老熟芳香舒适，酱香突出。

生产日期、批次

20131205	20140103	20150826	20160728	20170816
2013-026	2013-043	2015-025	2016-059	2016-184

489

成交价格	RMB 300,000
拍卖信息	阿里拍卖 2020.6.20，L 9500
生产年份	2015 年
容量规格	30 L
酒精度数	53°
收藏星级	★★★

2015 年贵州茅台酒（金奖百年 30L 坛装）

相关事记：

贵州茅台酒集团以巴拿马万国博览会夺冠陶坛为原型，特推出 53 度茅台百年金奖封坛纪念酒，颠覆性地以小批量勾兑的稀缺酒质重装推出 60 斤、10 斤纪念酒，其中 60 斤限量发行。

53 度茅台百年金奖封坛纪念酒容器造型以百年前的古老陶坛为基本视觉符号，把茅台起源的汉代文化精华（皇帝服饰文化、漆器文化、玉文化、瓦当文化等）融入其中，结合现代陶瓷工艺精工烧制。其中 60 斤装外盒采用箱式木质钢琴木漆盒，以汉代漆器工艺为参考标准，专属附件奢华配套，传统与现代工艺融合一体，尽显王者气息。10 斤装外盒采用特制的绢布礼盒，制作工艺精湛，气质尊贵。

490

参考价格	RMB 35,000
拍卖信息	无
生产年份	2015 年
容量规格	1.5 L、5 L
酒精度数	53°
收藏星级	★★

2015 年贵州茅台酒（金奖百年 1.5L、5L 坛装）

2015 辉煌盛世，金奖殊荣整整百年，茅台集团溯源世博，以巴拿马夺冠陶坛为原型，打造百年金奖封坛纪念酒，为撼世巨献。

该酒设计创意来源

491

成交价格	RMB 4,551
拍卖信息	阿里拍卖 2022.10.23, E 8490
生产年份	2015 年
容量规格	500 ml
酒精度数	53°
收藏星级	★

2015 年贵州茅台酒
（百年金奖传奇）

生产日期、批次

20140923 2014-010	20150321 2014-115	20160516 2016-012
20170107 2016-143	20180508 2017-149	20190529 2018-149

492

成交价格	RMB 5,801
拍卖信息	阿里拍卖 2019.3.28, X 5535
生产年份	2015 年
容量规格	500 ml
酒精度数	53°
收藏星级	★

2015 年贵州茅台酒
（百年金奖辉煌）

生产日期、批次

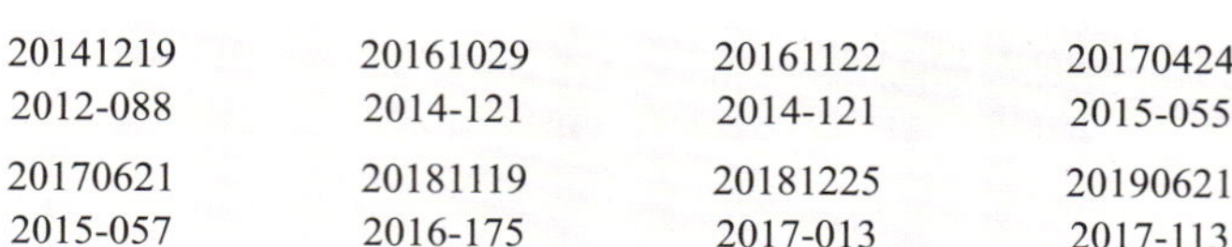

20141219 2012-088	20161029 2014-121	20161122 2014-121	20170424 2015-055
20170621 2015-057	20181119 2016-175	20181225 2017-013	20190621 2017-113

493

¥	参考价格	RMB 6,500
拍	拍卖信息	无
年	生产年份	2016 年
容	容量规格	500 ml
度	酒精度数	53°
藏	收藏星级	★

2016 年贵州茅台酒（百年金奖纪念）

相关事记：

此酒为茅台赠送给个人的百年金奖纪念酒，背标横线上可打印个人姓名。

1915 年 3 月，应“筹备巴拿马赛会事务局”之邀，茅台酒参展美国旧金山之万国博览会。其时，酒液储于陶罐，包装粗鄙，虽参观者众，然关注者寥寥。我国参展代表急中生智，佯作失手碎罐于地，酒味脱缰而出，满场飘香，遂摘桂冠。值此百年之际，特推出“百年金奖纪念”酒。

生产日期、批次

20161128	20161130
2016-114	2016-114

494

成交价格	RMB 8,551
拍卖信息	阿里拍卖 2022.7.8, K 7950
生产年份	2016 年
容量规格	500 ml
酒精度数	53°
收藏星级	★

2016 年贵州茅台酒（FAST 落成启用纪念）

相关事记：

500 米口径球面射电望远镜（Five-hundred-meter Aperture Spherical radio Telescope），简称 FAST，被誉为“中国天眼”，是世界最大单口径、最灵敏的射电望远镜。它位于贵州省黔南布依族苗族自治州平塘县大窝凼的喀斯特洼坑中，由我国天文学家南仁东于 1994 年提出构想，历时 22 年建成，于 2016 年 9 月 25 日落成启用。此酒为纪念 FAST 落成启用而特制。

生产日期、批次

20160920	20161209
2016-088	2016-124

495

成交价格	RMB 14,501
拍卖信息	阿里拍卖 2019.1.23, W 7779
生产年份	2016 年
容量规格	1.5 L
酒精度数	53°
收藏星级	★★

2016 年贵州茅台酒（丝绸之路）

相关事记：

此酒是以丝绸之路为题材而定制的一款茅台酒，采用陶瓷瓶礼盒包装，分三种规格。丝绸之路，一般指陆上丝绸之路，广义上讲又分为陆上丝绸之路和海上丝绸之路。陆上丝绸之路起源于西汉汉武帝派张骞出使西域，开辟的以首都长安（今西安）为起点，经甘肃、新疆，到中亚、西亚，并连接地中海各国的陆上通道。

海上丝绸之路是古代中国与外国进行交通贸易和文化交往的海上通道，以南海为中心，所以又称南海丝绸之路。海上丝绸之路形成于秦汉时期，发展于三国至隋朝时期，繁荣于唐宋时期，转变于明清时期，是已知的最为古老的海上航线。

生产日期、批次

20151228
2015-092

496

成交价格	RMB 20,486
拍卖信息	阿里拍卖 2019.4.10, L 9285
生产年份	2016 年
容量规格	1.5 L
酒精度数	53°
收藏星级	★★

2016 年贵州茅台酒（丝绸之路）

生产日期、批次

20151226
2015-091

497

成交价格	RMB 10,800
拍卖信息	阿里拍卖 2022.10.23, X 6068
生产年份	2016 年
容量规格	500 ml
酒精度数	53°
收藏星级	★★

2016 年贵州茅台酒（国酒书画院用酒）

相关事记：

此酒为国酒书画院用酒，采用陶瓷瓶彩盒包装。国酒书画院是在贵州茅台酒股份有限公司的鼎力支持和指导下，由西安恒丰酒文化有限公司发起成立的一家民办非营利性社会组织，其登记管理机关是陕西省民政厅，业务主管单位是陕西省文化厅。

生产日期、批次

20110721	20150521
2010-87	2012-085

498

羊 成交价格	RMB 99,901
拍 拍卖信息	阿里拍卖 2021.11.2, F 3143
年 生产年份	2017 年
容 容量规格	500 ml × 10
度 酒精度数	53°
藏 收藏星级	★★

2017 年贵州茅台酒
（中国酒韵 · 十大花鸟）

相关事记：

该酒采用画轴造型的酒瓶包装，中国酒韵邀请了 11 位画家，创作作品 30 幅。一共有 3 箱，每箱 10 瓶。分为三个系列：人物、花鸟、山水。从 2016 年开始，按顺序每年出一套。2016 年是人物题材，2017 年推出的是花鸟题材。

499

羊 成交价格	RMB 90,701
拍 拍卖信息	阿里拍卖 2022.8.28, X 3953
年 生产年份	2017 年
容 容量规格	500 ml × 10
度 酒精度数	53°
藏 收藏星级	★★

2017 年贵州茅台酒（中国酒韵 · 十大名花）

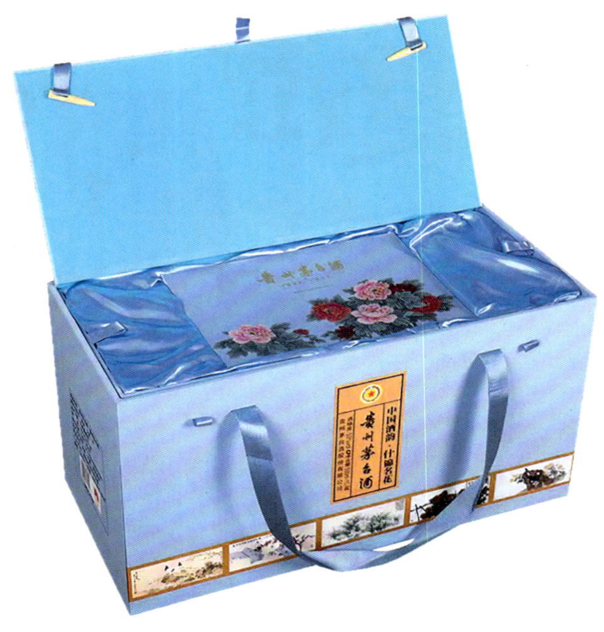

莫建成《春兰》　郭石夫《菊墩》　喻继高《和平新春》　王天胜《国色天香》　苏百钧《锦上添花》

江宏伟《荷塘清趣》　喻慧《金桂飘香》　江文湛《香中别有韵》　姚大伍《得水即仙》　龚文桢《月季鹩哥》

500

成交价格	RMB 116,901
拍卖信息	阿里拍卖 2021.11.1, X 3388
生产年份	2017 年
容量规格	500 ml × 10
酒精度数	53°
收藏星级	★★

2017 年贵州茅台酒（中国酒韵 · 十大山水）

501

成交价格	RMB 108,800
拍卖信息	阿里拍卖 2020.12.25, S 4119
生产年份	2017 年
容量规格	500 ml × 10
酒精度数	53°
收藏星级	★★

2017 年贵州茅台酒（中国酒韵 · 十大人物）

502

成交价格	RMB 386,499
拍卖信息	阿里拍卖 2022.9.11, R 7133
生产年份	2017 年
容量规格	500 ml × 8
酒精度数	53°
收藏星级	★★★

2017 年贵州茅台酒（八仙过海）

相关事记：

此款为范曾大师八十寿辰纪念酒之八仙过海。2017 年 7 月 5 日是范曾八十寿辰，贵州茅台酒股份有限公司特别为范曾寿辰定制了“范曾大师八十寿辰纪念酒”。

此款贵州茅台酒以当代艺术家范曾先生创作的《八仙过海》为题材，53 度八仙过海茅台，500ml 装，一套八瓶。八仙过海是我国民间广为传诵的神话之一，贵州茅台酒股份有限公司出品此款酒，具有一定的纪念意义和文化价值。

生产日期、批次

20170703	20170905	20170909
2016-180	2017-038	2017-038

503

参考价格	RMB 7,500
拍卖信息	无
生产年份	2016 年
容量规格	500 ml
酒精度数	53°
收藏星级	★

2016 年贵州茅台酒（贵州茅台酒个性化定制营销有限公司两周年纪念）

504

参考价格	RMB 50,000
拍卖信息	无
生产年份	2017 年
容量规格	500 ml
酒精度数	53°
收藏星级	★★

2017 年贵州茅台酒（茅粉 · 金）

505

成交价格	RMB 49,051
拍卖信息	阿里拍卖 2020.12.8, U 7326
生产年份	2017 年
容量规格	500 ml
酒精度数	53°
收藏星级	★★

2017 年贵州茅台酒（茅粉 · 红）

相关事记：

2017 年 9 月 30 日，茅台集团举办了全球第一届茅粉节，并推出了两款纪念酒——茅粉 · 金、茅粉 · 红。

“茅粉 · 金”酒全球限量 100 瓶。在茅粉节当天，一瓶茅粉 · 金纪念酒拍出 30 万元，而两箱（12 瓶）茅粉 · 金纪念酒则以 189 万元高价成交，其中有一瓶甚至拍出了 50 万元高价。

506

参考价格	RMB 5,000
拍卖信息	无
生产年份	2017 年
容量规格	500 ml
酒精度数	53°
收藏星级	★

2017 年贵州茅台酒（“诗和远方”茅粉群定制）

507

成交价格	RMB 21,000
拍卖信息	阿里拍卖 2021.4.2, S 5077
生产年份	2017 年
容量规格	500 ml
酒精度数	53°
收藏星级	★★★★

2017 年贵州茅台酒（铁杆茅粉尊享）

生产日期、批次

20171208
2017-074

508

参考价格	RMB 5,000
拍卖信息	无
生产年份	2017 年
容量规格	500 ml
酒精度数	53°
收藏星级	★

2017 年贵州茅台酒（“诗和远方”茅粉群定制）

生产日期、批次

20170525
2016-171

509

参考价格	RMB 98,000
拍卖信息	无
生产年份	2018 年
容量规格	500 ml
酒精度数	53°
收藏星级	★★★

2018 年贵州茅台酒（第二届茅粉节）

生产日期、批次

20140410
2012-086

510

参考价格	RMB 200,000
拍卖信息	无
生产年份	2018 年
容量规格	500 ml
酒精度数	53°
收藏星级	★★★★

2018 年贵州茅台酒（第二届茅粉节·50 年）

生产日期、批次

20180928
2016-002

511

成交价格	RMB 9,600
拍卖信息	阿里拍卖 2022.7.2, H 0462
生产年份	2018 年
容量规格	500 ml
酒精度数	53°
收藏星级	★

2018 年贵州茅台酒
（中国国家博物馆）

生产日期、批次

20181009
2018-042

512

参考价格	RMB 7,000
拍卖信息	无
生产年份	2018 年
容量规格	500 ml
酒精度数	53°
收藏星级	★

2018 年贵州茅台酒
（农历丁酉鸡年）

生产日期、批次

20180210
2017-123

513

成交价格	RMB 264,000
拍卖信息	佳士得上海 2019.9.21 , Lot 0100
生产年份	2017 年
容量规格	15 L
酒精度数	53°
收藏星级	★★

2017 年贵州茅台酒（灵猴献瑞）

相关事记:

贵州茅台十二生肖酒是贵州茅台酒股份有限公司与生肖设计巨擘黄永玉老先生共同打造的一款茅台主品牌酒。

生产日期、批次

20161210
2016-123

514

成交价格	RMB 5,101
拍卖信息	阿里拍卖 2022.10.4, A 8049
生产年份	2017 年
容量规格	375 ml
酒精度数	53°
收藏星级	★★

2017 年贵州茅台酒（走进非洲）

相关事记：

2017 年 11 月 17 日，茅台集团“香遇金色非洲——文化茅台走向‘一带一路’”品牌推介活动在开普敦国际会议中心隆重举行，茅台集团党委书记、总经理李保芳率队参加，盛况空前。

当天首发的贵州茅台走进非洲纪念酒为 53 度，分为 375ml、750ml 两种包装。纪念酒瓶身上绘以南非和茅台的图腾形象，寓意着中非建交 20 周年的“金色岁月”以及所凝结的深厚情感，象征着中国和非洲所共同推崇的“自然”与“和平”。

生产日期、批次

20180421	20180725
2017-142	2017-177

515

成交价格	RMB 4,801
拍卖信息	阿里拍卖 2023.4.15, X 9284
生产年份	2018 年
容量规格	375 ml
酒精度数	53°
收藏星级	★★

2018 年贵州茅台酒（走进澳洲）

516

成交价格	RMB 38,901
拍卖信息	阿里拍卖 2020.11.30, X 0182
生产年份	2018 年
容量规格	750 ml
酒精度数	53°
收藏星级	★

2018 年贵州茅台酒（走进澳洲）

生产日期、批次

20180705	20180706	20180726
2017-171	2017-171	2017-180

517

成交价格	RMB 6,999
拍卖信息	阿里拍卖 2022.1.14, V 7228
生产年份	2018 年
容量规格	500 ml
酒精度数	53°
收藏星级	★★

2018 年贵州茅台酒（中国—亚欧博览会）

相关事记：

中国—亚欧博览会是对乌鲁木齐对外经济贸易洽谈会的继承和升华，将连续举办十九届的乌洽会升格为中国—亚欧博览会，是新形势下党中央、国务院着眼于进一步加快我国沿边开放步伐，将新疆建设成为我国向西开放桥头堡，确保新疆实现跨越式发展的一项重大战略举措。

随着前几届中国—亚欧博览会的成功召开，第六届中国—亚欧博览会于 2018 年 8 月 30 日至 9 月 1 日在乌鲁木齐举办，主题为“一带一路共商共建共享”。作为西南地区的一分子，贵州茅台集团特别推出了一款特殊的纪念酒——“中国—亚欧博览会”贵州茅台酒！

生产日期、批次

20180116	20181011
2017-099	2018-033

518

成交价格	RMB 6,101
拍卖信息	阿里拍卖 2020.11.10 U 3042
生产年份	2018 年
容量规格	500 ml
酒精度数	53°
收藏星级	★★

2018 年贵州茅台酒（仲弘公益）

生产日期、批次

20181227
2017-013

519

成交价格	RMB 8,001
拍卖信息	阿里拍卖 2021.4.30, K 6090
生产年份	2018 年
容量规格	500 ml
酒精度数	53°
收藏星级	★

2018 年贵州茅台酒（习酒加入茅台二十年）

生产日期、批次

20181008
2018-042

520

参考价格	RMB 8,500
拍卖信息	无
生产年份	2019 年
容量规格	750 ml
酒精度数	53°
收藏星级	★★

2019 年贵州茅台酒（走进俄罗斯 · 莫斯科）

生产日期、批次

20191022	20191128
2019-041	2018-079

521

参考价格	RMB 8,500
拍卖信息	无
生产年份	2019 年
容量规格	750 ml
酒精度数	53°
收藏星级	★★

2019 年贵州茅台酒（走进坦桑尼亚·达累斯萨拉姆）

522

参考价格	RMB 8,500
拍卖信息	无
生产年份	2019 年
容量规格	750 ml
酒精度数	53°
收藏星级	★★

2019 年贵州茅台酒（走进意大利·米兰）

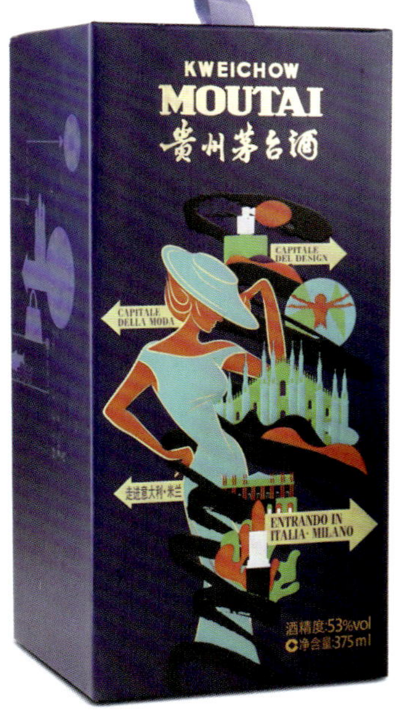

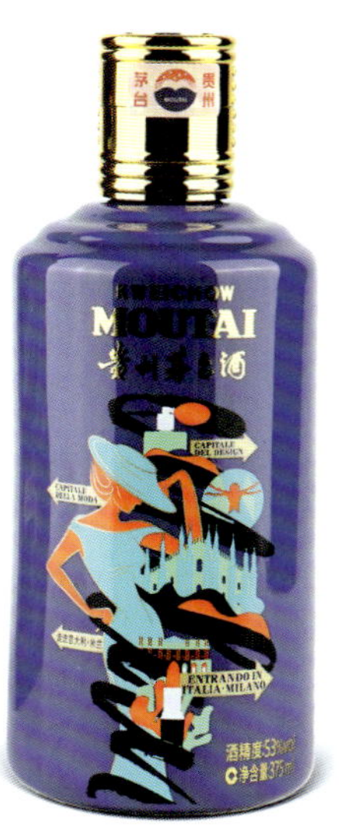

523

参考价格	RMB 8,500
拍卖信息	无
生产年份	2019 年
容量规格	750 ml
酒精度数	53°
收藏星级	★★

2019 年贵州茅台酒（走进智利·圣地亚哥）

524

成交价格	RMB 12,948
拍卖信息	阿里拍卖 2022.3.8,W 0553
生产年份	2021 年
容量规格	700 ml
酒精度数	53°
收藏星级	★★

2021 年贵州茅台酒（茅台辉煌 70 周年纪念）

第九章

特供茅台系列

1983–2023

KWEICHOW MOUTAI

PART NINE

525

参考价格	RMB 160,000
拍卖信息	无
生产年份	1983 年
容量规格	500 g
酒精度数	53°
收藏星级	★★★★

1983 年特供“五星牌”贵州茅台酒

茅台酒

茅台酒是中国名酒，产于贵州省仁怀县茅台镇，历史悠久，工艺独特，早已驰名中外，为广大消费者所热爱。一九一五年巴拿马万国博览会荣获奖章、奖状。

新中国成立后，茅台酒保持并发扬了优良的传统工艺，技术精益求精，质量稳定提高，具有酱香突出、幽雅细腻、酒体醇厚、回味悠长等特点。历届全国评酒会均被评为国家名酒，荣获国家金质奖章。

年　月　日

相关事记：

1983 年 12 月，贵州省粮油进出口公司下文通知，同意从 1984 年 1 月起，贵州茅台酒外销包装瓶盖全部改用扭断式防盗铝盖，取消原来的丝带和小标签。轻工业部也下文将茅台酒的酿造工艺列为轻工系统第一批科学技术保密项目。

当年，贵州茅台酒厂获得贵州省优质产品奖，《贵州茅台酒标准》再次修订。

1983 年茅台酒顶部、底部细节

点评： 酱瓶茅台为 20 世纪七八十年代的特殊产物，为当年国宴专用或国家特用酒。此黄麻釉酱瓶外施麻黄釉，色泽稳重，通透晶莹；瓶底收口露胎，瓶身略瘦，较为罕见。

526

成交价格	RMB 112,700
拍卖信息	中国嘉德 2011.1.18 , Lot 4608
生产年份	1983 年
容量规格	500 g
酒精度数	53°
收藏星级	★★★★

1983 年特供“五星牌”贵州茅台酒

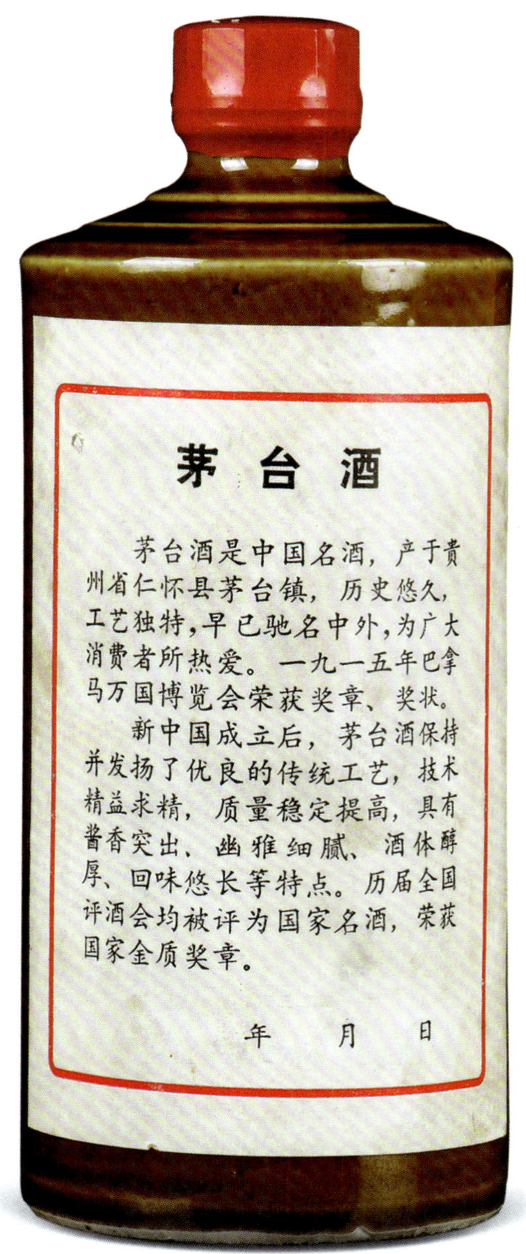

527

成交价格	RMB 184,000
拍卖信息	北京歌德 2013.6.2 , Lot 1805
生产年份	1983 年
容量规格	500 g
酒精度数	53°
收藏星级	★★★★

1983 年特供“五星牌”贵州茅台酒

528

参考价格	RMB 150,000
拍卖信息	无
生产年份	1983 年
容量规格	500 g
酒精度数	53°
收藏星级	★★★★

1983 年特供“五星牌”贵州茅台酒

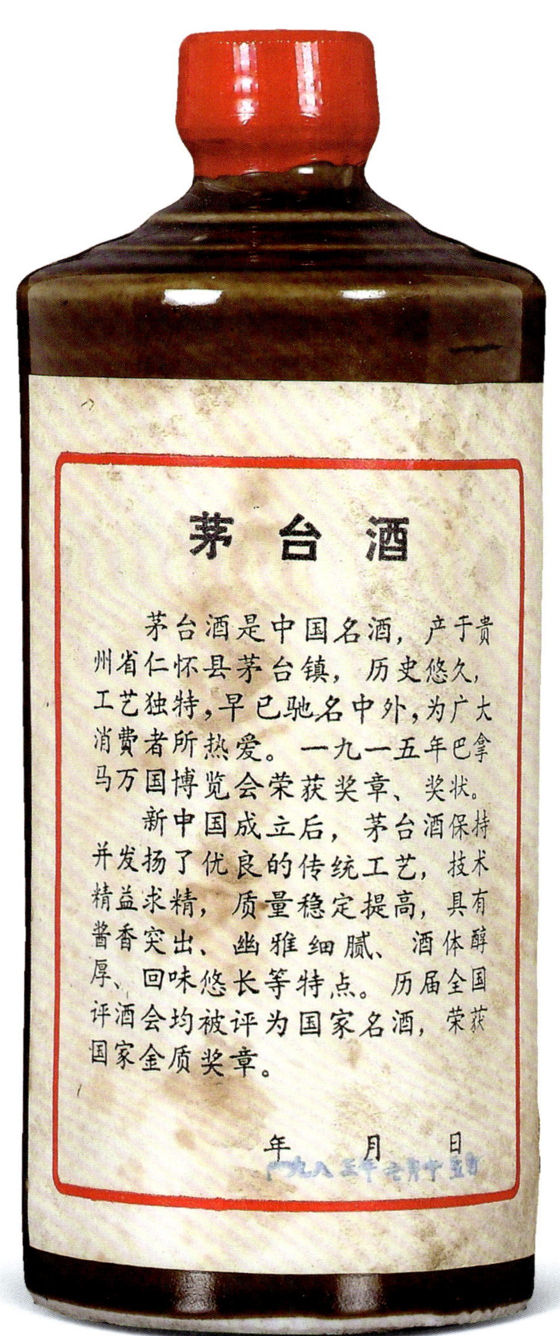

茅 台 酒

茅台酒是中国名酒，产于贵州省仁怀县茅台镇，历史悠久，工艺独特，早已驰名中外，为广大消费者所热爱。一九一五年巴拿马万国博览会荣获奖章、奖状。

新中国成立后，茅台酒保持并发扬了优良的传统工艺，技术精益求精，质量稳定提高，具有酱香突出、幽雅细腻、酒体醇厚、回味悠长等特点。历届全国评酒会均被评为国家名酒，荣获国家金质奖章。

年 月 日

529

参考价格	RMB 150,000
拍卖信息	无
生产年份	1983 年
容量规格	500 g
酒精度数	53°
收藏星级	★★★★

1983 年特供“五星牌”贵州茅台酒

530

成交价格	RMB 200,250
拍卖信息	北京歌德 2013.6.2 , Lot 1718
生产年份	1984 年
容量规格	500 g
酒精度数	53°
收藏星级	★★★★

1984 年特供“五星牌”贵州茅台酒

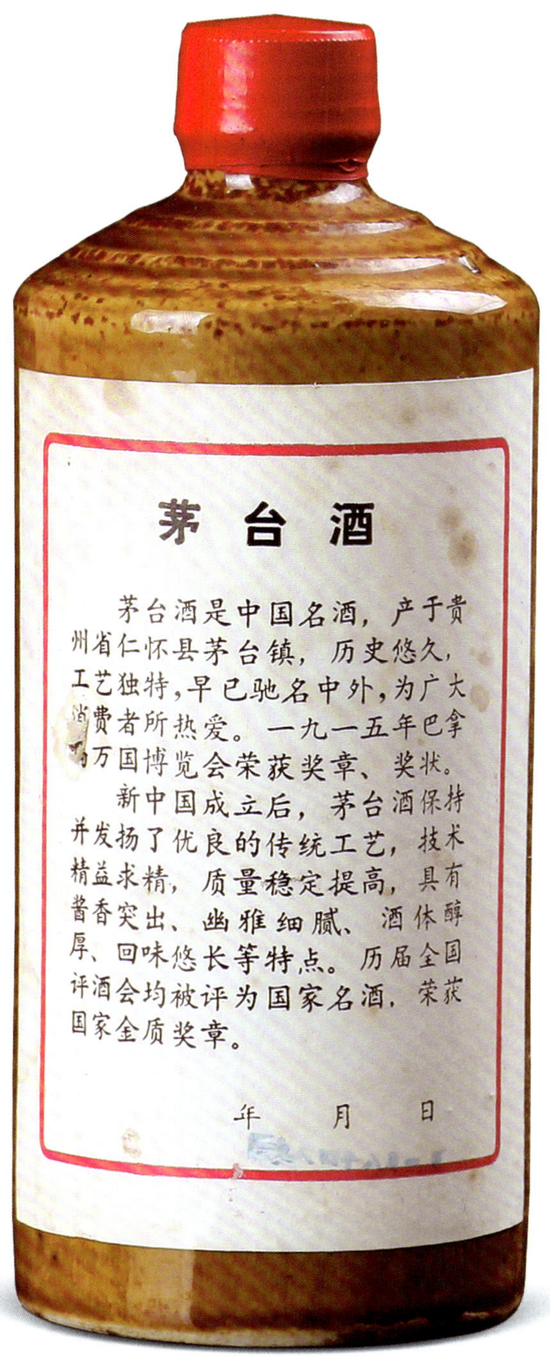

该款原纸包装的贵州茅台酒

该款贵州茅台酒顶部、底部细节

点评： 入口柔和，带来古典之美的同时又迸发出年轻的气息。酱瓶茅台酒作为特殊时期的特殊产物，具有极高的收藏价值。

531

成交价格	RMB 2,990,000
拍卖信息	北京歌德 2012.12.2 , Lot 5082
生产年份	1985 年
容量规格	500 g
酒精度数	53°
收藏星级	★★★★★

1985 年特供“五星牌”贵州茅台酒（原箱 12 瓶）

532

参考价格	RMB 120,000
拍卖信息	无
生产年份	1986 年
容量规格	500 g
酒精度数	53°
收藏星级	★★★★

1986 年特供“五星牌”贵州茅台酒

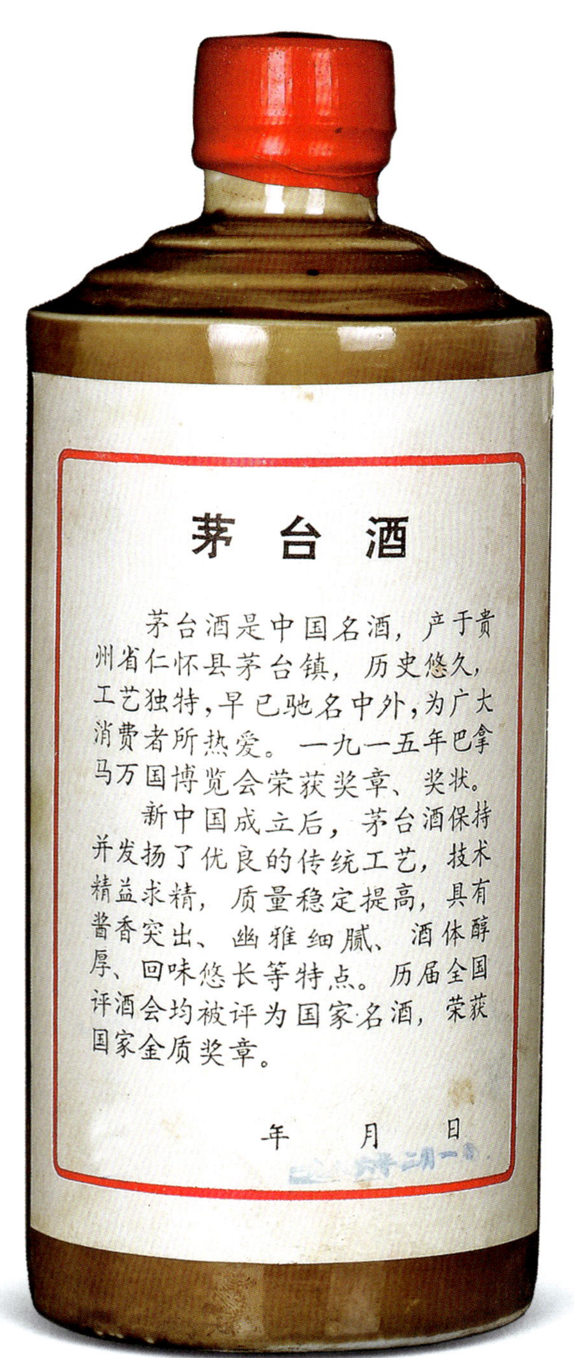

相关事记：

“酱瓶”贵州茅台酒是20世纪七八十年代的特殊产物，相当于是中国古代的“御用酒”，很长一段时期都活跃在中国政治、外交舞台上。它同样分为“五星牌”和“飞天牌”，但它们使用的包装瓶是施黄釉或酱釉的陶瓷瓶。

1986年茅台酒顶部、底部细节

点评： 茅台酒作为20世纪七八十年代的国宴特供酒，其特殊的历史地位不容忽视。

533

成交价格	RMB 118,833
拍卖信息	北京歌德 2013.6.2 , Lot 1707
生产年份	1986 年
容量规格	500 g
酒精度数	53°
收藏星级	★★★★

1986 年特供“五星牌”贵州茅台酒

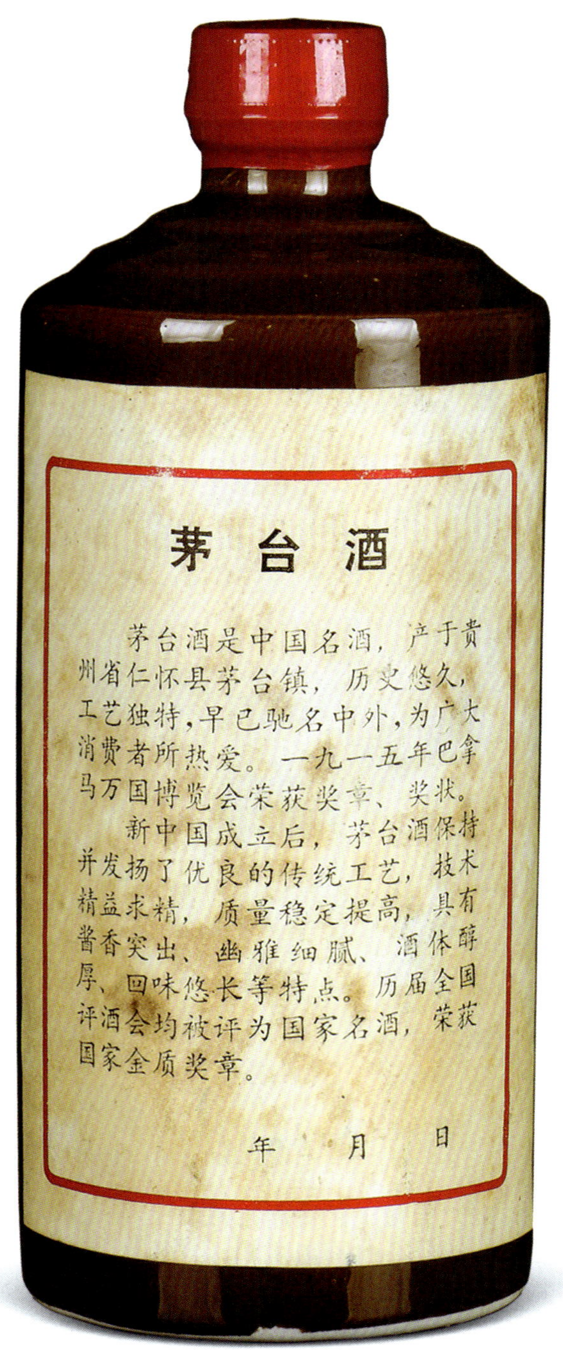

带有“茅台”暗记的红色封口膜

该款贵州茅台酒顶部、底部细节

点评：此瓶外施酱色釉，瓶底露胎，制作规整。此酱瓶茅台酒堪称“海内神品”，或饮，或藏，俱佳。

534

成交价格	RMB 246,400
拍卖信息	北京永乐 2010.11.23 , Lot 0268
生产年份	1980 年
容量规格	0.54 L
酒精度数	53°
收藏星级	★★★★★

1980 年特供“飞天牌”贵州茅台酒

相关事记：

此款特供贵州茅台酒采用专供酒质，品感绝佳醇厚。其中“五星牌”酱瓶贵州茅台酒主要用于国宴或者国家特供；“飞天牌”酱瓶贵州茅台酒则多用于宴请外宾、外交赠送。虽两者使用不同品牌区分，但品质是一致的。

该款贵州茅台酒顶部、底部细节

点评：此紫黑釉酱瓶釉色细腻优美，透明度好；酱紫色调，浑厚滋润，渲染出雍容华贵。开启此樽，神州醺然。

535

参考价格	RMB 300,000
拍卖信息	无
生产年份	1980 年
容量规格	0.27 L
酒精度数	53°
收藏星级	★★★★★

1980 年特供“飞天牌”贵州茅台酒

相关事记：

酱瓶贵州茅台酒诞生于20世纪70年代初，短嘴陶瓶是其雏形，后随着陶瓶的淘汰和挂色釉陶瓷瓶的使用，酱瓶造型逐步跟随白玻璃瓶一致，美观大方。“飞天牌”商标黄釉酱瓶茅台酒还使用了红色飘带和彩色外盒。这独特的外观颜色，使其在贵州茅台酒大家族中独领风骚，是光鲜亮丽的一个茅台酒品种。

该款茅台酒顶部、底部细节

点评： 此瓶外施酱黄釉，瓷质细腻，胎骨厚重，瓶底收口露胎。黄色在明清时期被认为是最尊贵的颜色，因此黄釉也是被控制最严格的一种釉色，只有皇家才能使用，民窑不许生产。釉是陶瓷的外衣，在中国陶瓷史上，釉的发明和使用具有划时代的意义。在釉中掺入不同的金属氧化物，在不同的温度中，釉便能呈现出不同的色泽。明清时期的黄釉瓷器，是以铅为熔剂，以铁为着色剂，在低温下烧成的。这种黄釉器产生于明代宣德年间，到明代成化、弘治时期，达到了最高水平。它的釉色纯正，淡雅娇艳，又被称为“娇黄”。“飞天牌”酱瓶茅台酒常被用于宴请外国元首，或被作为国礼赠予外宾。

536

成交价格	RMB 191,667
拍卖信息	西泠拍卖 2011.7.17 , Lot 1561
生产年份	1983 年
容量规格	0.54 L
酒精度数	53°
收藏星级	★★★★★

1983 年特供“飞天牌”贵州茅台酒

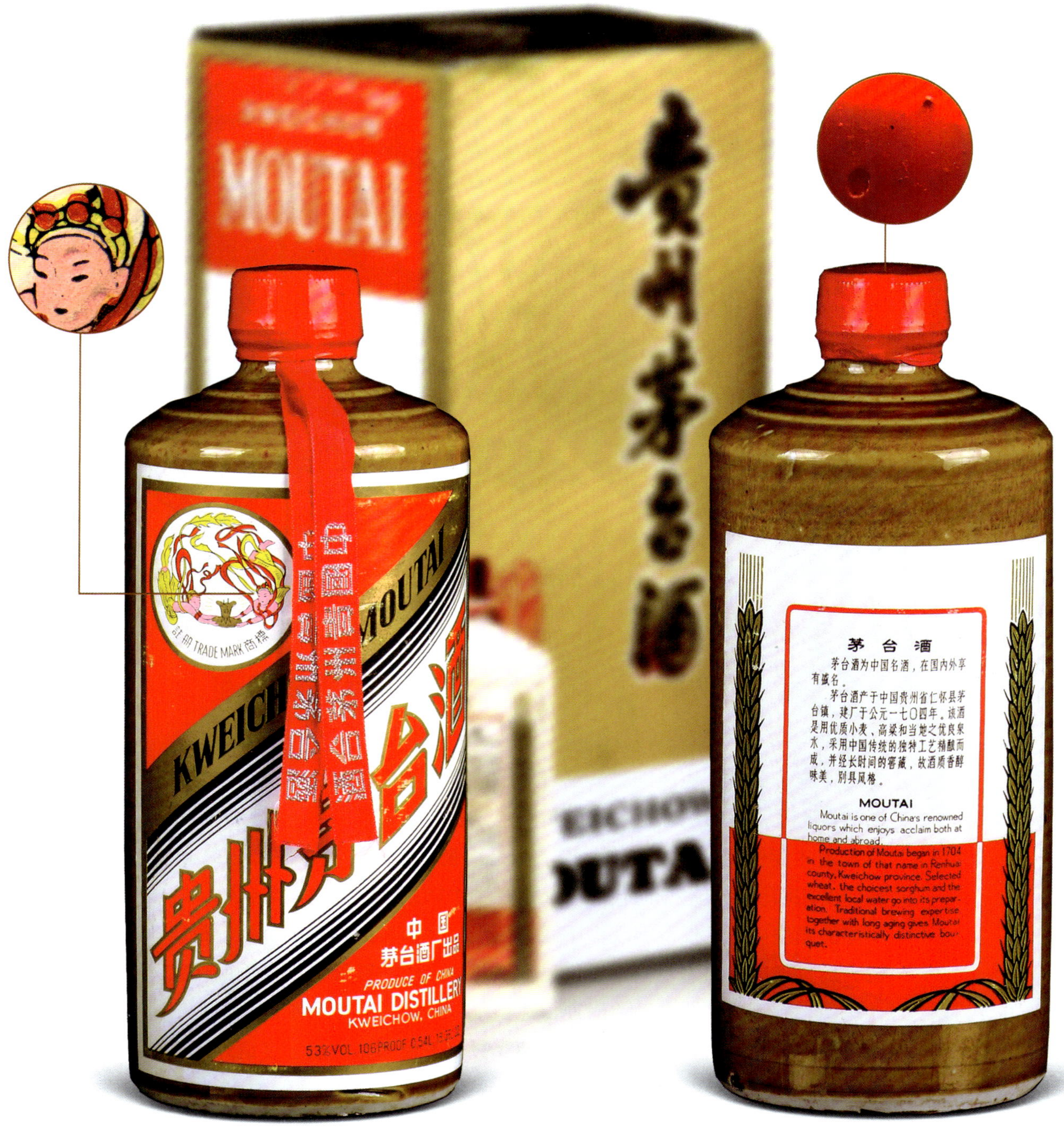

该款贵州茅台酒的原装箱

该款贵州茅台酒底部细节

537

成交价格	RMB 322,000
拍卖信息	北京歌德 2013.6.2 , Lot 1725
生产年份	1983 年
容量规格	0.54 L
酒精度数	53°
收藏星级	★★★★★

1983 年特供“飞天牌”贵州茅台酒

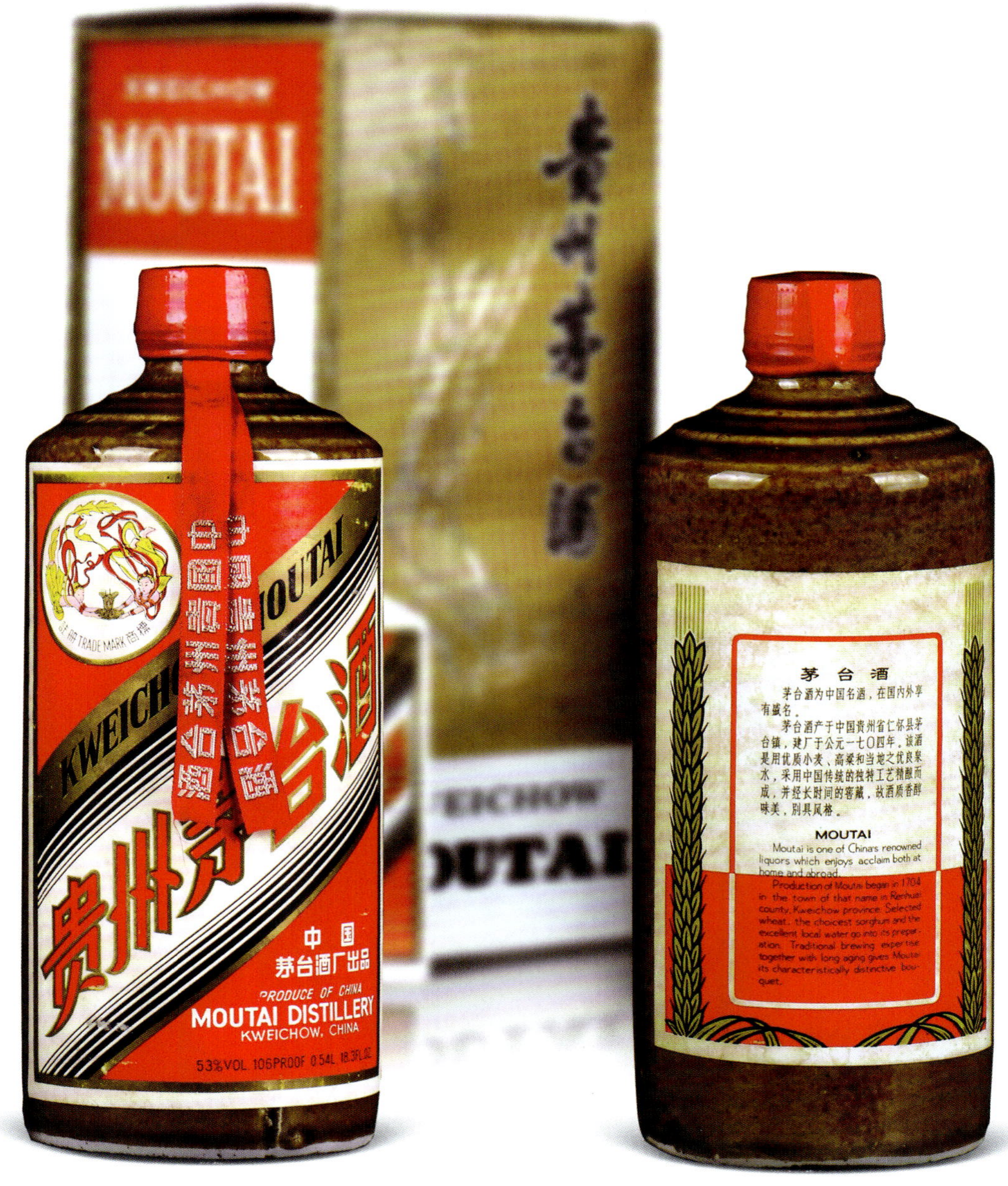

点评：醉翁之意不在酒，在乎酒后回味！

北京友谊商店包装经销的特供贵州茅台酒

北京友谊商店包装经销的贵州茅台酒

相关事记：

友谊商店曾经是北京的一家国营商店。最初友谊商店只服务外国人、外交官和政府官员，但今天对顾客已经没有限制了。在计划经济时代，取得侨汇券的人可以从这里买到贵州茅台酒，而为了吸引顾客，北京友谊商店曾自己加工一种编织包装，以两瓶贵州茅台酒套装销售，这也成了贵州茅台酒零售史上一道亮丽的风景线。

贵州茅台酒
KWEICHOW
贵州茅台酒
KWEICHOW

538

成交价格	RMB 9,200,000
拍卖信息	河南厚铭 2014.8.16 , Lot 0588
生产年份	1992 年
容量规格	500 ml
酒精度数	53°
收藏星级	★★★★★★★

1992 年汉帝茅台酒

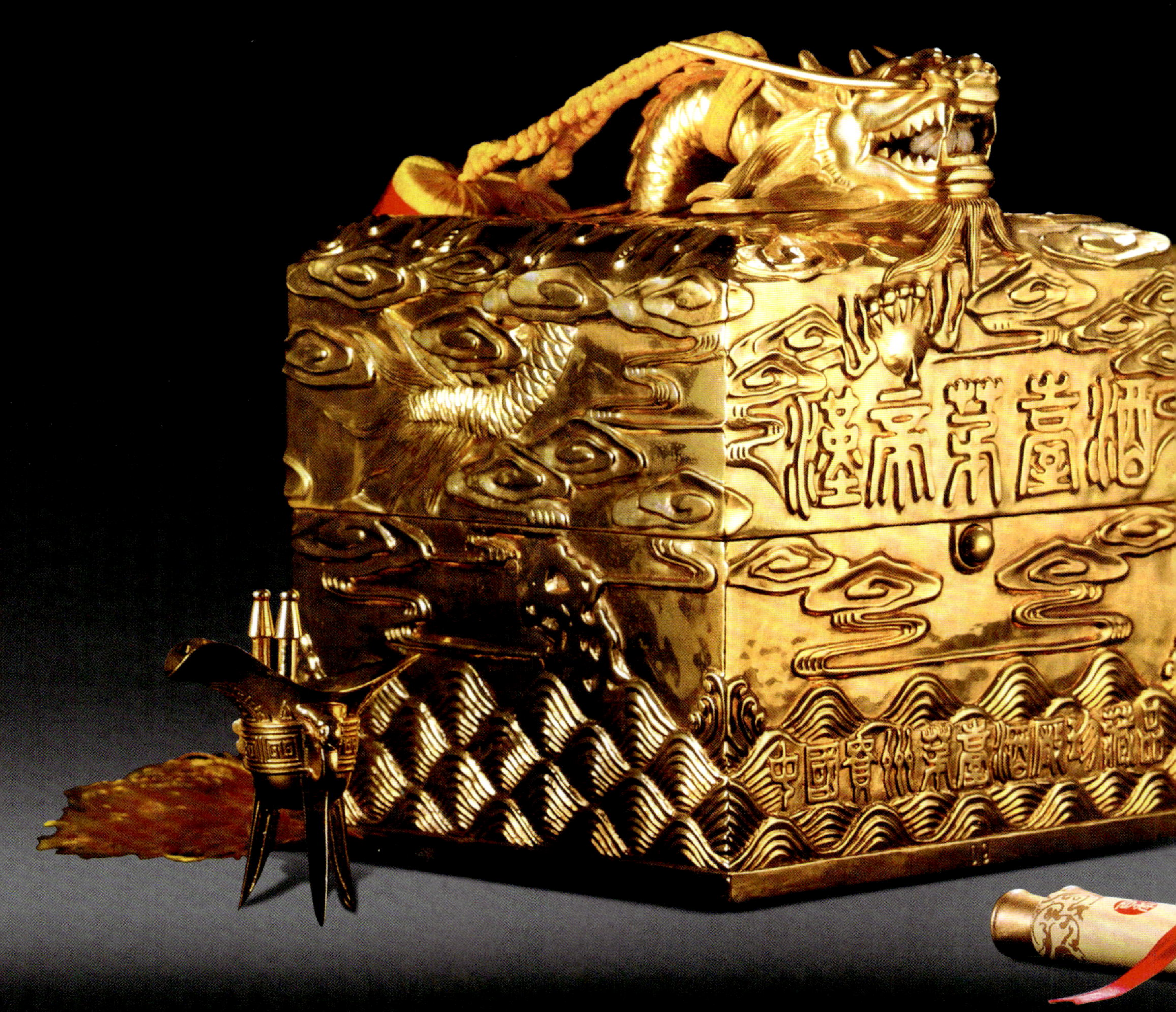

汉帝茅台酒盒底

HAN EMPEROR'S
MAOTAI LIQUOR
漢帝茅臺酒
中國貴州茅臺酒廠珍藏
500mL 53%(v/v)
Diploma
ILLUSTRATION FOR HAN
EMPEROR'S MAOTAI LIQUOR
The carefully brewed Han Emperor's
Maotai Liquor is liquor-treasure out of hundred-
year reserve and a monument of Chinese liquor.
tastes mild and soft and lasts for long flavour.
Its package combined the classical and noble
image showing the symbol of power, and wea-
worth of culture.
It smells refreshing and fragrant, collection
and appreciation.
NO
FACTORY DIRECTOR

20 世纪 90 年代初，贵州茅台酒厂推出极具收藏、品鉴价值的“汉帝茅台酒”。汉帝茅台酒报国家工商管理局注册，商标注册号为 707443，商标图形即为“漢帝茅台酒”的瓶身正面标贴，备注由欧局长特批：“可以以特例注册。”汉帝茅台酒从创意、策划、设计，到报批、问世，历经了整整 20 年。

汉帝茅台酒包装共分三层。鲜艳夺目的外包装纸盒，选用金箔纸烫印而成，中国古代福运和如意团的皇宫装饰图纹华美异常，辅以红色丝带固定，整体外观辉煌庄严，视觉冲击强烈，令人深叹内装物的奇瑰和珍贵。

第二层是精铜无缝铸就并镀金的盒子（净重 16.5kg）。设计者大胆而巧妙，把象征中国古代帝王神圣权力的玉玺放大作为包装铜盒的容器，显示出内装物的至高无上之感。盒底是刻有“汉帝茅台酒”篆体字样的印章。盒盖顶部镌刻一条驱波逐浪、出海腾飞的蛟龙，龙口含一颗纯金宝珠（净重 200g）。设计者以龙这一世界公认的中国特色形象，突出了作品的民族特性。整个铜盒金光闪闪，光彩夺目。铜盒的内设机关保护着盒内“宝物”。

翻盖打开铜盒，跃入眼帘的是带有二龙戏珠造型的白瓷酒瓶和两樽精铜镀金爵杯。机关锁片标写“汉帝茅台酒”的生产编号，还有一份仿皇帝圣旨的“汉帝茅台酒”编号收藏证书。证书内容很讲究，不仅表明了茅台酒为世界三大名酒之一的殊誉，更强调了汉帝茅台酒是用近百年陈酿精心勾兑而成的琼浆玉液，称得上是世界一流的酒，一流的酒应该有一流的包装。

作者与汉帝茅台酒

21世纪初生产的汉帝茅台酒

汉帝茅台酒以其新颖的包装、精湛的工艺、独特的寓意、唯我独尊的霸气及考究的制作用料，彰显着国酒历史的悠远、皇家贡品的高贵、酒之极品与中国白酒“王中王”的宏大气魄，无可争议地获得了1992年11月15日于法国巴黎举办的1992年世界之星国际包装博览会大奖，亦为1992年度唯一获此殊荣的中国作品。1993年2月21日下午，贵州省人民政府在北京人民大会堂为汉帝茅台酒荣获世界之星国际包装博览会大奖召开新闻发布会，各级领导及首都各界人士共300多人出席发布会，时任国务院副总理的田纪云欣然题词“祝贺汉帝茅台酒获‘世界之星’包装奖”。汉帝茅台酒存世稀少，难睹芳容，实属稀罕珍贵的艺术藏品。汉帝茅台酒仅生产十瓶（收藏编号0~9），除一瓶留存外，其余九瓶已在香港拍卖。贵州茅台酒厂在每年新年挂历首页均展示了汉帝茅台酒的夺目风采。汉帝茅台酒无比精美，极其珍贵，极具收藏和投资价值。

539

成交价格	RMB 9,968,000
拍卖信息	贵州省拍 2011.4.10 , Lot 0102
生产年份	1992 年
容量规格	500 ml
酒精度数	53°
收藏星级	★★★★★★★

1992 年汉帝茅台酒

汉帝茅台酒设计初期的酒瓶样品

藏于茅台酒厂资料档案室的
汉帝茅台酒瓶样品

汉帝茅台酒包装设计者马熊

当年汉帝茅台酒的宣传图

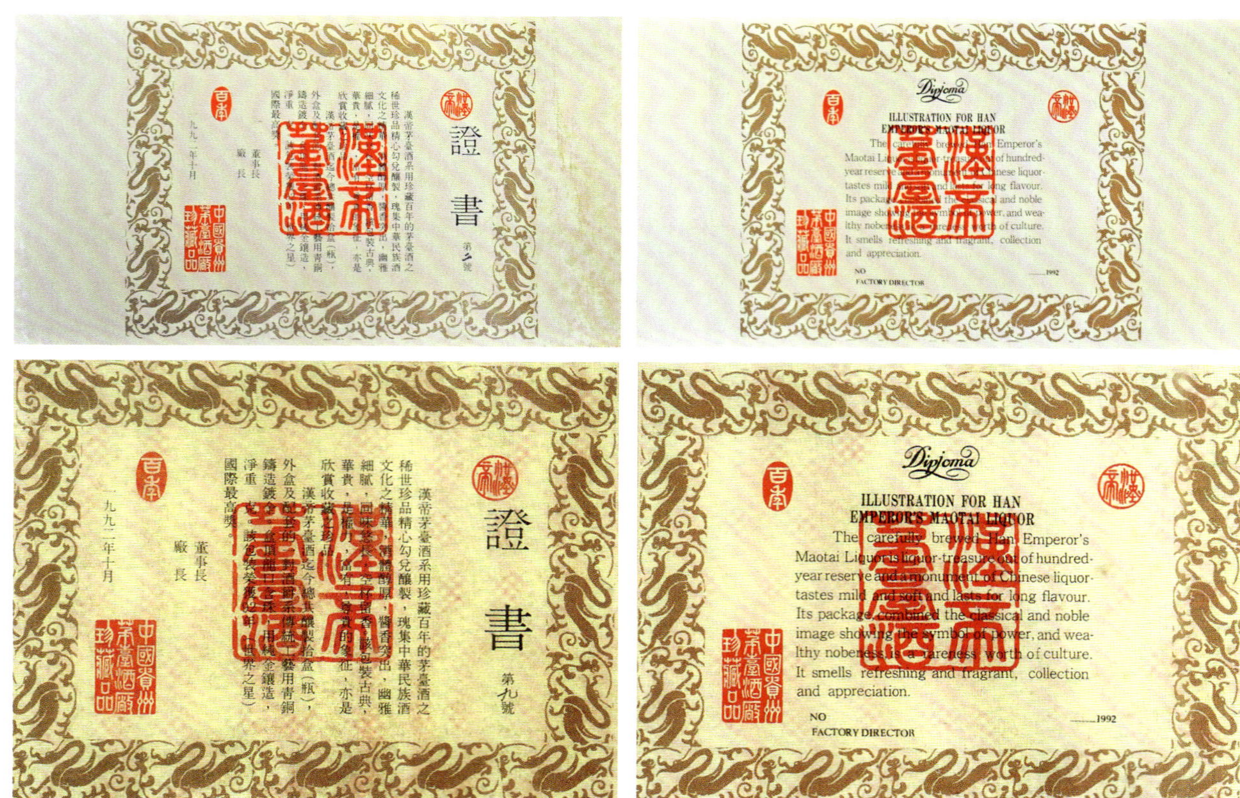

證書

第九號

漢帝茅臺酒系用珍藏百年的茅臺酒之稀世珍品精心勾兑釀製，瑰集中華民族酒文化之精華，酒體醇厚，醬香突出，幽雅細膩，回味悠長，空杯留香，該包裝古典，華貴，是權力、富有、尊貴的象徵，亦是欣賞收藏之珍品。

漢帝茅臺酒迄今總共釀製拾盒（瓶），外盒及配套的一對酒爵系傳統工藝用青銅鑄造鍍金，盒頂龍口含珠，用純金鑲造，淨重克。該包裝榮獲92年（世界之星）國際最高獎。

董事長

廠長

一九九二年十月

Diploma

ILLUSTRATION FOR HAN EMPEROR'S MAOTAI LIQUOR

The carefully brewed Han Emperor's Maotai Liquor is liquor-treasure out of hundred-year reserve and a monument of Chinese liquor-tastes mild and soft and lasts for long flavour. Its package combined the classical and noble image showing the symbol of power, and wealthy noberess is a rareness worth of culture. It smells refreshing and fragrant, collection and appreciation.

NO

FACTORY DIRECTOR

——1992

汉帝茅台酒收藏证书

第二代汉帝茅台酒样品

汉帝茅台酒荣获的“世界之星”奖章

540

参考价格	RMB 60,000
拍卖信息	无
生产年份	2003 年
容量规格	500 ml
酒精度数	53°
收藏星级	★★

2003 年贵州茅台酒（国宴专用）

相关事记：

此酒为国宴专用酒。

国宴是政府或国家元首为招待国宾、其他贵宾或在重要节日为招待各界人士而举行的正式宴会。每年国庆，都会举行盛大的国宴。

生产日期、批次

20030522	20030603	20031230	20031230	20070911
2002-02	2003-01	2002-14	2003-01	2007-01

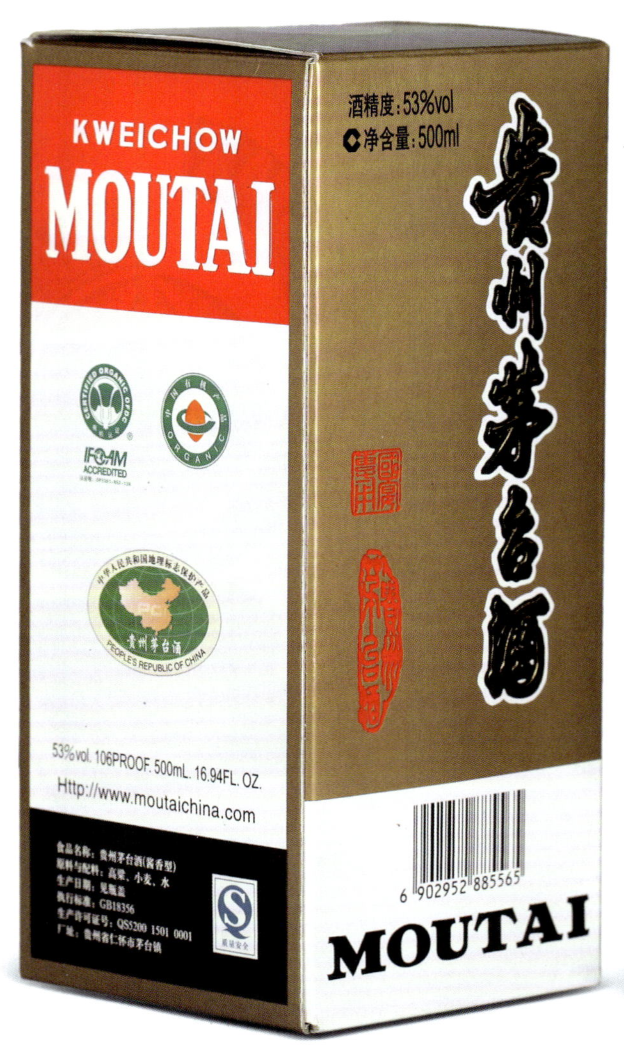

541

参考价格	RMB 60,000
拍卖信息	无
生产年份	2008 年
容量规格	500 ml
酒精度数	53°
收藏星级	★★

2008 年贵州茅台酒（国宴专用）

相关事记：

此酒为国宴专用酒。

中国国宴菜通常以淮扬菜为基准，由各地方菜系整理、改良而成。以咸味为主要口味，川菜减少了刺激性调料如辣椒、花椒的使用，淮扬菜减少了糖的使用，特点是清淡可口，软烂嫩滑，能够满足国内外大多数宾客的要求。

生产日期、批次

20070911	20080528	20081230
2007-01	2008-01	2008-01

542

参考价格	RMB 50,000
拍卖信息	无
生产年份	2010 年
容量规格	500 ml
酒精度数	53°
收藏星级	★★

2010 年贵州茅台酒（国宴专用）

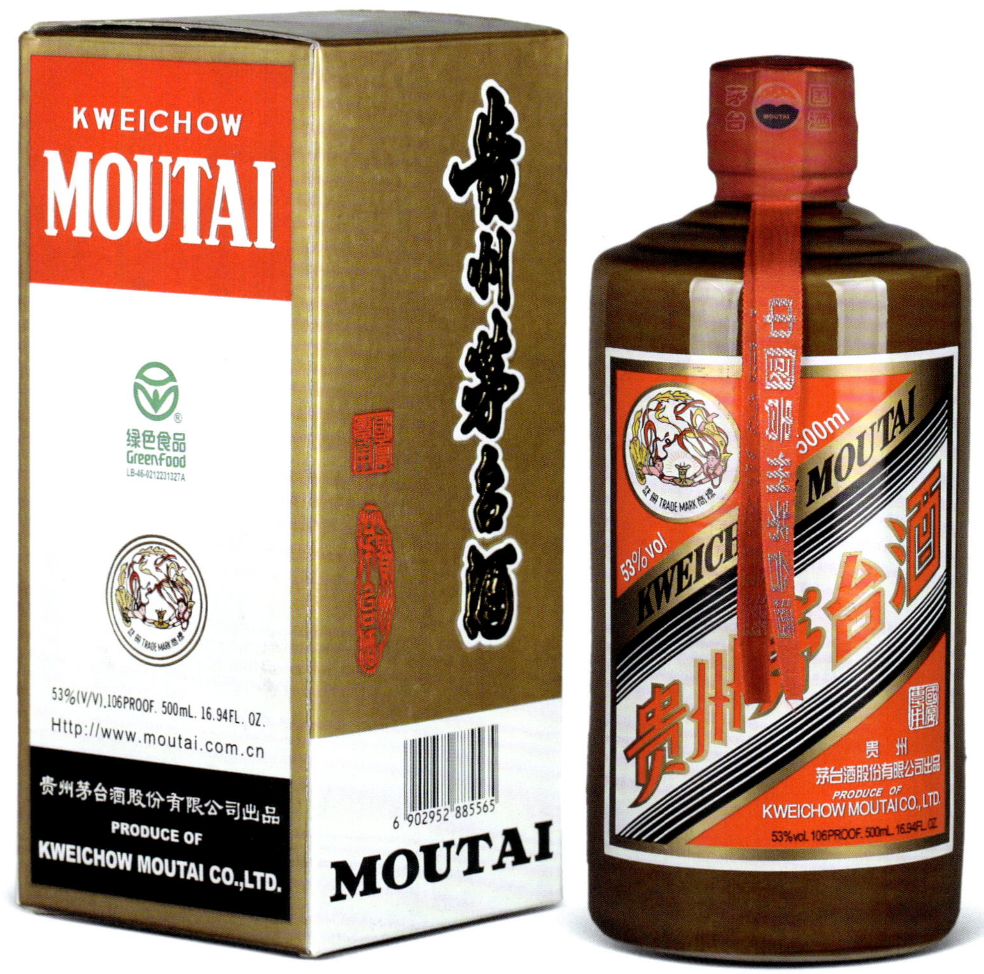

相关事记：

此酒为国宴专用酒。

国宴一般在人民大会堂或钓鱼台国宾馆举办。近年，国宴菜进行了改革，以减少开支。菜单不超过三菜一汤，不上白酒，其中狮子头、佛跳墙及三宝鸭等为国宴菜的代表菜。

生产日期、批次

20100427 2009-08	20100817 2009-08	20110715 2009-08	20111217 2010-141	20121211 2012-041	20130108 2012-025	20130115 2012-088	20130116 2012-025	20130117 2012-064
20130121 2012-064	20130128 2012-064	20130203 2012-082	20130208 2013-069	20130302 2013-068	20130926 2012-086	20131018 2012-176	20131225 2012-086	20140326 2012-086

543

成交价格	RMB 94,875
拍卖信息	朵云轩 2021.7.7, Lot 1865
生产年份	2003 年
容量规格	500 ml
酒精度数	53°
收藏星级	★★

2003 年 贵州茅台酒 （金属盖）

生产日期、批次

20030630
2002-02

544

成交价格	RMB 32,088
拍卖信息	阿里拍卖 2017.12.31, Q 9512
生产年份	2004 年
容量规格	500 ml
酒精度数	53°
收藏星级	★★

2004 年 贵州茅台酒 （金属盖）

生产日期、批次

20040525
2003-02

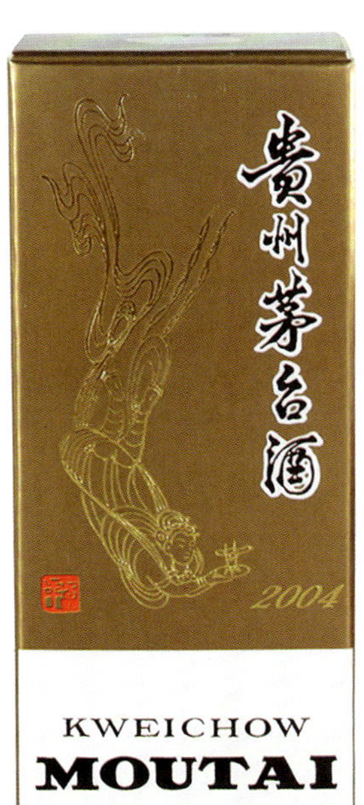

545

成交价格	RMB 19,099
拍卖信息	阿里拍卖 2017.9.6, H 5685
生产年份	2005 年
容量规格	500 ml
酒精度数	53°
收藏星级	★★

2005 年贵州茅台酒（金属盖）

546

参考价格	RMB 20,000
拍卖信息	无
生产年份	2009 年
容量规格	500 ml
酒精度数	53°
收藏星级	★★

2009 年贵州茅台酒（金属盖）

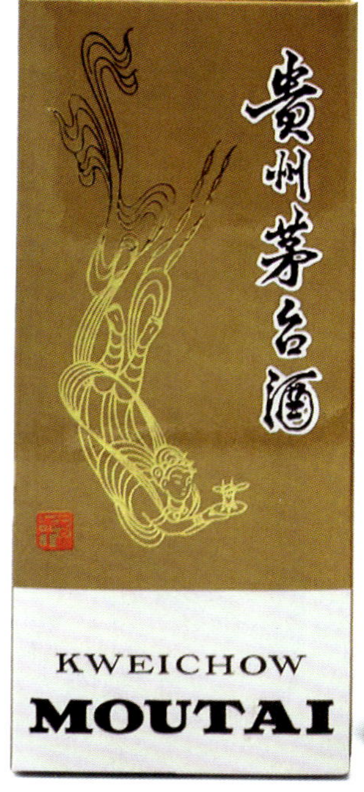

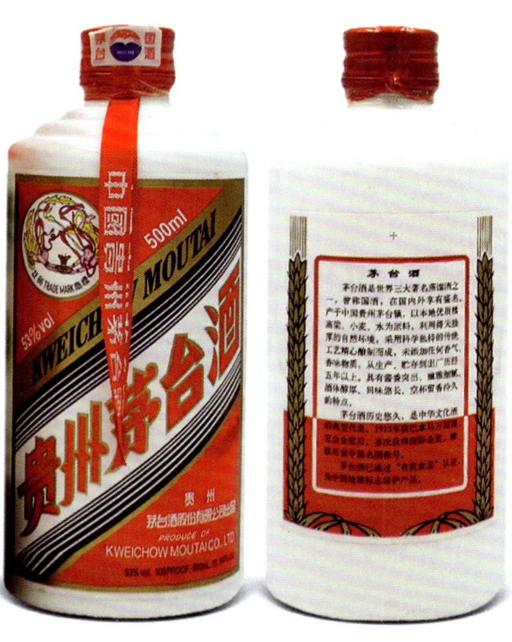

547

参考价格	RMB 19,000
拍卖信息	无
生产年份	2010 年
容量规格	500 ml
酒精度数	53°
收藏星级	★★

2010 年贵州茅台酒（金属盖）

548

参考价格	RMB 17,000
拍卖信息	无
生产年份	2011 年
容量规格	500 ml
酒精度数	53°
收藏星级	★★

2011 年贵州茅台酒（金属盖）

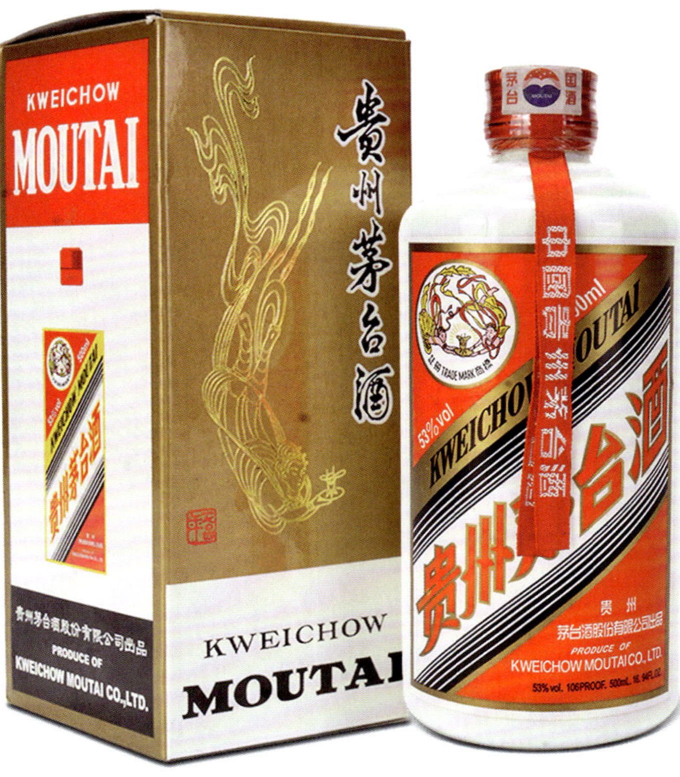

549

成交价格	RMB 15,000
拍卖信息	阿里拍卖 2017.4.25, A 7130
生产年份	2013 年
容量规格	500 ml
酒精度数	53°
收藏星级	★★

2013 年贵州茅台酒（金属盖）

550

成交价格	RMB 24,800
拍卖信息	阿里拍卖 2019.11.15, R 1415
生产年份	2012 年
容量规格	750 ml
酒精度数	53°
收藏星级	★★

2012 年贵州茅台酒
（中国海军首艘航空母舰特制纪念酒）

该酒的包装箱

相关事记：

此酒为中国海军首艘航空母舰特制纪念酒。

辽宁号航空母舰，简称“辽宁舰”，舷号 16，是中国人民解放军海军第一艘可以搭载固定翼飞机的航空母舰。前身是苏联海军的库兹涅佐夫元帅级航空母舰次舰瓦良格号，改装后中国将其称为 001 型航空母舰。

551

参考价格	RMB 7,000
拍卖信息	无
生产年份	2014 年
容量规格	500 ml
酒精度数	53°
收藏星级	★★

2014 年贵州茅台酒
（纪念中国核潜艇建成服役 40 周年）

生产日期、批次

20141121
2014-043

KWEICHOW
MOUTAI
酒精度:53%vol
净含量:500ml
贵州茅台酒
纪念中国核潜艇建成服役40周年

552

参考价格	RMB 7,000
拍卖信息	无
生产年份	2018 年
容量规格	500 ml
酒精度数	53°
收藏星级	★★

2018 年贵州茅台酒
（纪念《见证中国核潜艇》出版发行 5 周年）

553

参考价格	RMB 10,000
拍卖信息	无
生产年份	2016 年
容量规格	500 ml
酒精度数	53°
收藏星级	★★

2016 年贵州茅台酒
（2012 年—2015 年封坛酒）

生产日期、批次

20160109
0000-000

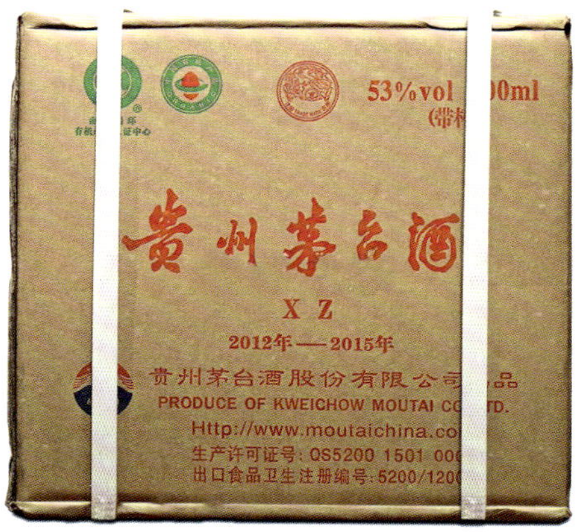

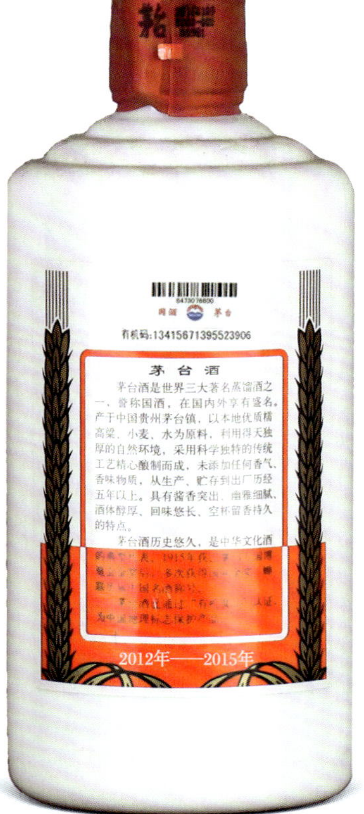

554

成交价格	RMB 15,501
拍卖信息	阿里拍卖 2021.4.6, U 4900
生产年份	2013 年
容量规格	500 ml
酒精度数	53°
收藏星级	★★

2013 年贵州茅台酒（和谐之坛　私人藏酒）

生产日期、批次

20130620
0000-000

555

参考价格	RMB 10,000
拍卖信息	无
生产年份	2013 年
容量规格	500 ml
酒精度数	53°
收藏星级	★★

2013 年贵州茅台酒（封坛酒）

生产日期、批次

20130827
0000-000

556

参考价格	RMB 10,000
拍卖信息	无
生产年份	2013 年
容量规格	500 ml
酒精度数	53°
收藏星级	★★

2013 年贵州茅台酒（珍藏封坛酒）

生产日期、批次

20130806
2012-132

557

参考价格	RMB 10,000
拍卖信息	无
生产年份	2013 年
容量规格	500 ml
酒精度数	53°
收藏星级	★★

2013 年贵州茅台酒
（封缸酒）

生产日期、批次

20130410
0000-000

558

参考价格	RMB 10,000
拍卖信息	无
生产年份	2013 年
容量规格	500 ml
酒精度数	53°
收藏星级	★★

2013 年贵州茅台酒
（王立山先生个人收藏）

生产日期、批次

20130826
2012-143

559

参考价格	RMB 10,000
拍卖信息	无
生产年份	2013 年
容量规格	500 ml
酒精度数	53°
收藏星级	★★

2013 年贵州茅台酒（飞翔之坛　私人藏酒）

生产日期、批次

20130329
0000-000

560

参考价格	RMB 10,000
拍卖信息	无
生产年份	2015 年
容量规格	500 ml
酒精度数	53°
收藏星级	★★

2015 年贵州茅台酒（封坛时间 2010 年 6 月—2015 年 6 月）

生产日期、批次

20150717
0000-000

561

参考价格	RMB 10,000
拍卖信息	无
生产年份	2015 年
容量规格	500 ml
酒精度数	53°
收藏星级	★★

2015 年贵州茅台酒

（★★★★★）

生产日期、批次

20130618	20130627	20140616
2012-109	2012-112	2013-061

562

参考价格	RMB 10,000
拍卖信息	无
生产年份	2013 年
容量规格	500 ml
酒精度数	53°
收藏星级	★★

2013 年贵州茅台酒（红色）

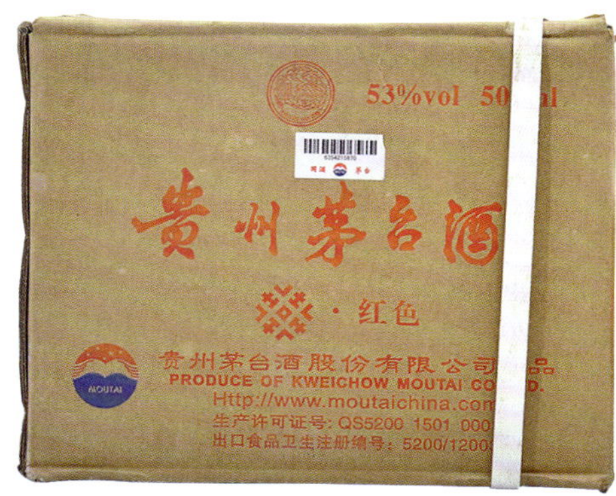

生产日期、批次

20141023
2014-023

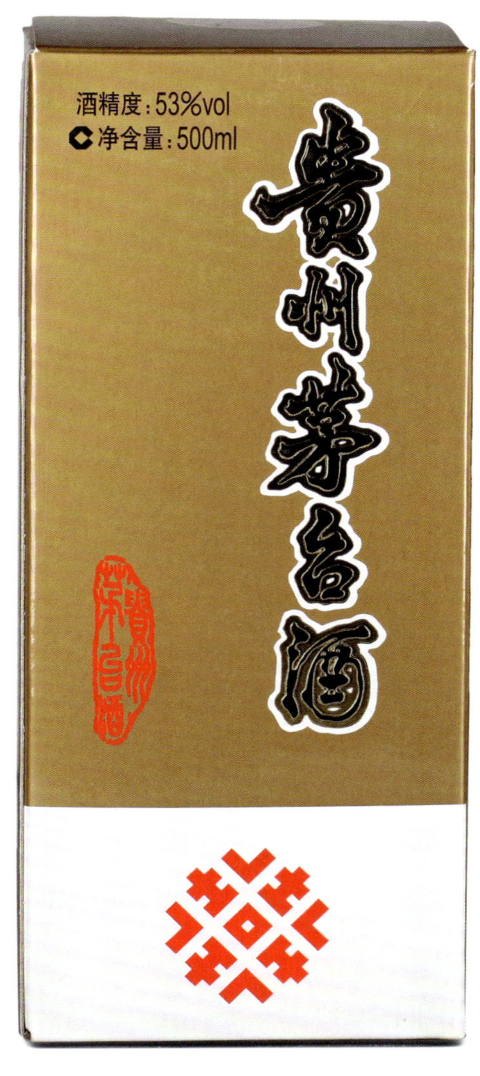

563

参考价格	RMB 10,000
拍卖信息	无
生产年份	2014 年
容量规格	500 ml
酒精度数	53°
收藏星级	★★

2014 年贵州茅台酒（黄色）

生产日期、批次

20141024
2014-024

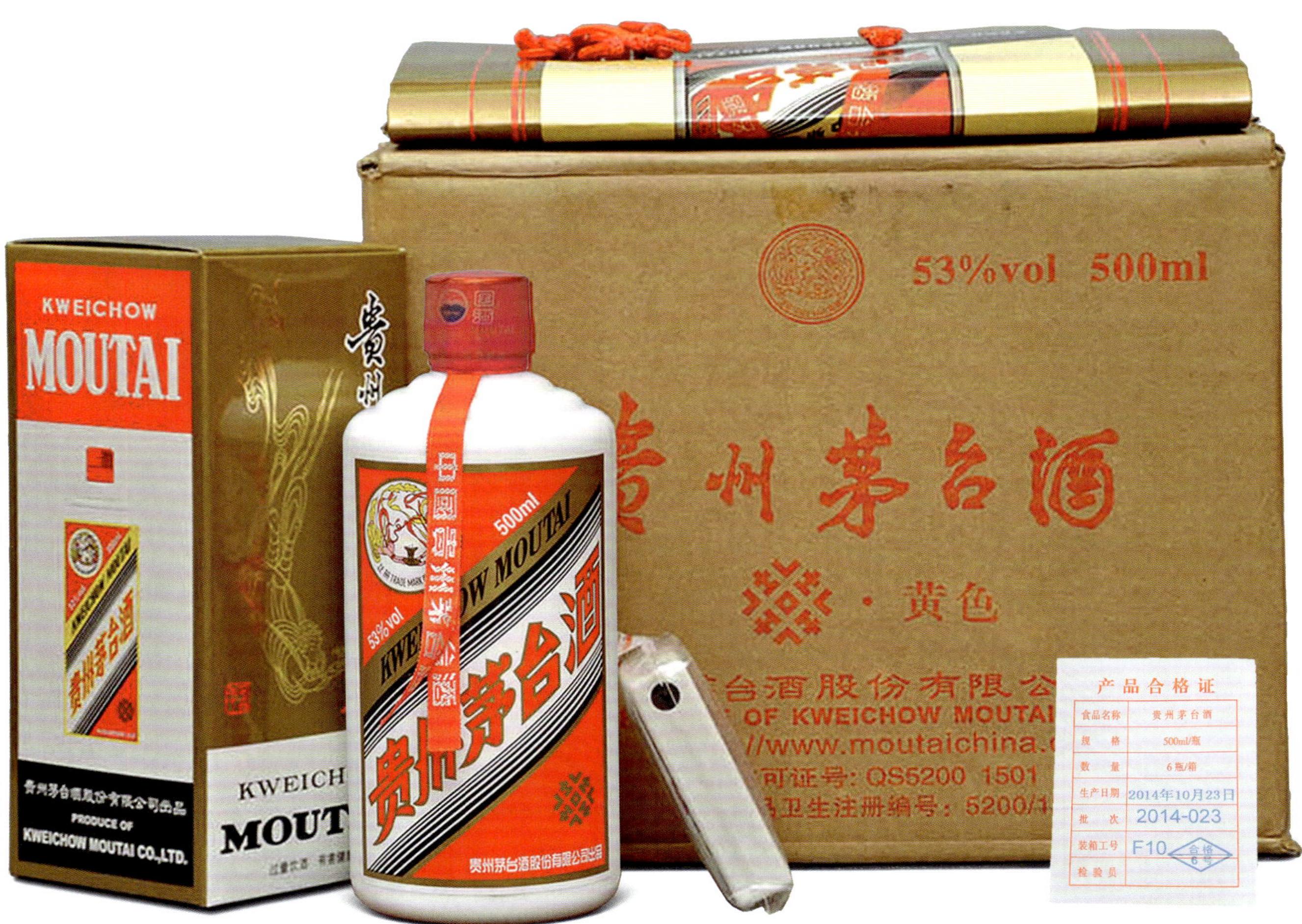

564

成交价格	RMB 8,401
拍卖信息	阿里拍卖 2022.12.14 , N 9091
生产年份	2017 年
容量规格	500 ml
酒精度数	53°
收藏星级	★★

2017 年贵州茅台酒
（港区红）

565

参考价格	RMB 4,000
拍卖信息	无
生产年份	2018 年
容量规格	250 ml
酒精度数	53°
收藏星级	★★

2018 年贵州茅台酒

（港区红）

生产日期、批次

20181022
2018-047

566

成交价格	RMB 19,801
拍卖信息	阿里拍卖 2018.11.12, D 8761
生产年份	2014 年
容量规格	500 ml
酒精度数	53°
收藏星级	★★

2014 年贵州茅台酒（澳门威尼斯人·马）

相关事记：

此酒为澳门威尼斯人酒店定制酒。

澳门威尼斯人度假村酒店占地 1050 万平方尺，设有 3000 间豪华套房，以意大利威尼斯水乡以及著名雕像为建筑特色，并以著名的拉斯维加斯威尼斯人度假村酒店作为设计蓝本，是一座超级大型的度假式酒店。

567

参考价格	RMB 20,000
拍卖信息	无
生产年份	2015 年
容量规格	500 ml
酒精度数	53°
收藏星级	★★

2015 年贵州茅台酒（澳门威尼斯人·羊）

568

参考价格	RMB 7,000
拍卖信息	无
生产年份	2020 年
容量规格	500 ml
酒精度数	53°
收藏星级	★★

2020 年贵州茅台酒（茅台陈酿）

生产日期、批次

20201021	20201022
2018-134	2018-134

2003-2023
定制茅台系列
MOUTAI

第十章

定制茅台系列

2003—2023

KWEICHOW MOUTAI

PART TEN

569

成交价格	RMB 47,451
拍卖信息	阿里拍卖 2022.1.31, R 9383
生产年份	1999 年
容量规格	900 ml
酒精度数	53°
收藏星级	★★

1999 年贵州茅台酒（圆梦中国）

生产日期、批次

20141101
2014-037

570

成交价格	RMB 4,401
拍卖信息	阿里拍卖 2022.10.4, P 7546
生产年份	2003 年
容量规格	500 ml
酒精度数	33°
收藏星级	★

2003 年贵州茅台酒（33 度礼盒·小号）

571

成交价格	RMB 6,401
拍卖信息	阿里拍卖 2019.9.25, P 7034
生产年份	2003 年
容量规格	500 ml
酒精度数	33°
收藏星级	★

2003 年贵州茅台酒（33 度礼盒·寿星）

572

成交价格	RMB 2,388
拍卖信息	阿里拍卖 2022.8.20, U 4543
生产年份	2003 年
容量规格	500 ml × 2
酒精度数	33°
收藏星级	★

2003 年贵州茅台酒（33 度礼盒）

573

成交价格	RMB 3,000
拍卖信息	无
生产年份	2003 年
容量规格	500 ml × 2
酒精度数	33°
收藏星级	★

2003 年贵州茅台酒（33 度礼盒 · 酒爵）

574

参考价格	RMB 3,000
拍卖信息	无
生产年份	2003 年
容量规格	500 ml
酒精度数	33°
收藏星级	★

2003 年贵州茅台酒（33 度礼盒）

575

成交价格	RMB 5,688
拍卖信息	阿里拍卖 2019.9.7, X 1157
生产年份	2003 年
容量规格	500 ml × 2
酒精度数	33°
收藏星级	★

2003 年贵州茅台酒（33 度礼盒）

576

参考价格	RMB 10,000
拍卖信息	无
生产年份	2004 年
容量规格	500 ml × 3
酒精度数	33°
收藏星级	★

2004 年贵州茅台酒（33 度茅台酒）

577

参考价格	RMB 8,000
拍卖信息	无
生产年份	2004 年
容量规格	500 ml、375 ml、250 ml、50 ml
酒精度数	53°
收藏星级	★

2004 年贵州茅台酒（礼盒装）

578

成交价格	RMB 9,401
拍卖信息	阿里拍卖 2022.7.22, C 2573
生产年份	2004 年
容量规格	500 ml、50 ml × 4
酒精度数	53°
收藏星级	★

2004 年贵州茅台酒（礼盒装）

579

成交价格	RMB 801
拍卖信息	阿里拍卖 2022.8.19, F 7329
生产年份	2004 年
容量规格	50 ml × 2
酒精度数	53°
收藏星级	★

2004 年贵州茅台酒

（非卖品）

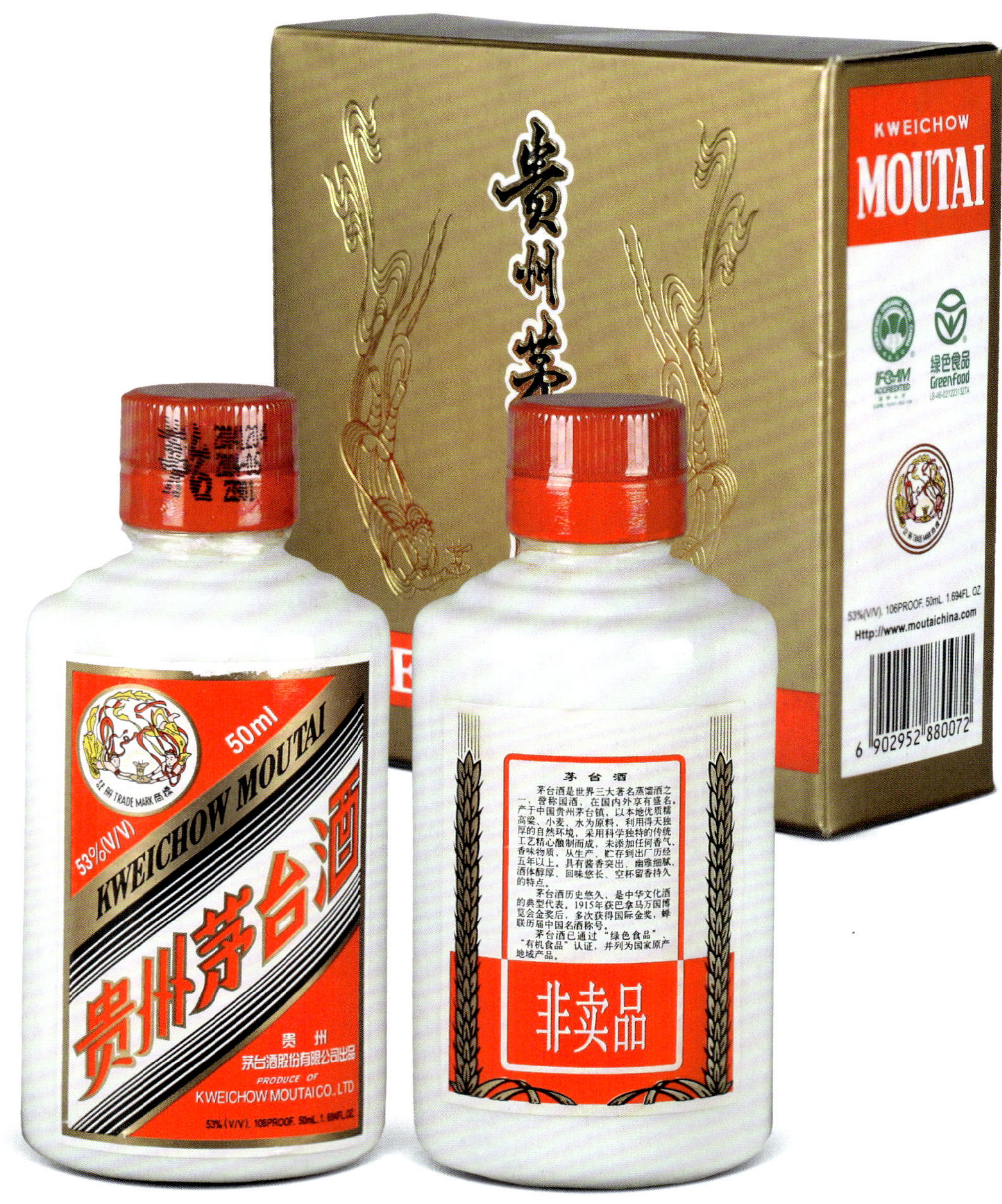

580

- 参考价格　RMB 6,300
- 拍卖信息　无
- 生产年份　2004 年
- 容量规格　500 ml
- 酒精度数　53°
- 收藏星级　★

2004 年贵州茅台酒

（专卖店专销）

581

成交价格	RMB 14,000
拍卖信息	阿里拍卖 2019.10.3, X 9905
生产年份	2004 年
容量规格	500 ml
酒精度数	53°
收藏星级	★★

2004 年贵州茅台酒（双瓶专卖店专销）

生产日期、批次

20061026
2006-14

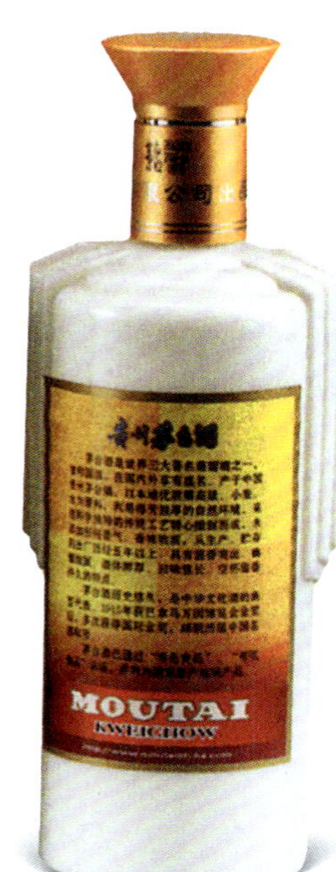

582

成交价格	RMB 11,899
拍卖信息	阿里拍卖 2018.2.5, Y 3320
生产年份	2004 年
容量规格	750 ml
酒精度数	53°
收藏星级	★★

贵州茅台酒（第五届、第六届中国—东盟博览会纪念）

2004 年贵州茅台酒
（中国—东盟博览会专用酒）

生产日期、批次

20040901
2004-02

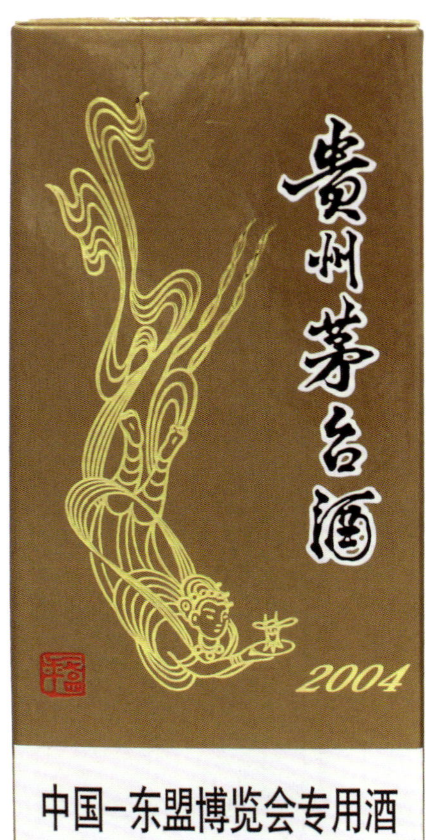

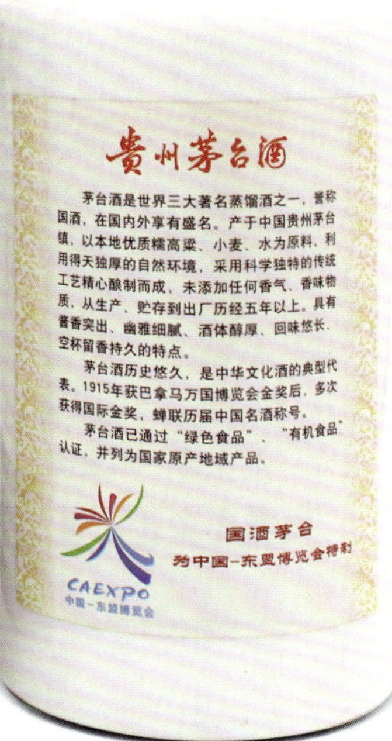

583

成交价格	RMB 10,201
拍卖信息	阿里拍卖 2019.10.8, M 9804
生产年份	2009 年
容量规格	750 ml
酒精度数	53°
收藏星级	★★

2009 年贵州茅台酒（第六届中国—东盟博览会专用）

生产日期、批次

20090929
2009-07

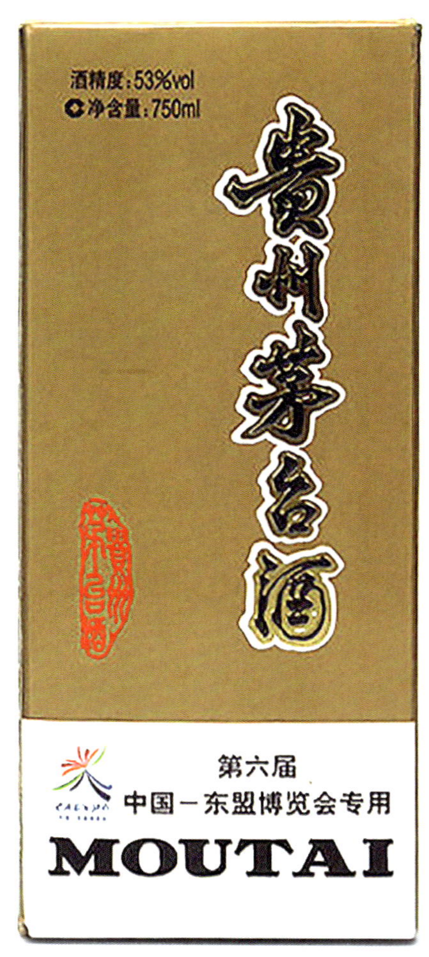

584

成交价格	RMB 7,769
拍卖信息	阿里拍卖 2022.11.29, R 4983
生产年份	2010 年
容量规格	750 ml
酒精度数	53°
收藏星级	★

2010 年贵州茅台酒（第七届中国—东盟博览会专用）

相关事记：

此酒为第七届中国—东盟博览会专用酒。

中国—东盟博览会简称东博会，由中国国务院前总理温家宝倡议，由中国和东盟十国经贸主管部门及东盟秘书处共同主办，广西壮族自治区人民政府承办的国家级、国际性经贸交流盛会，每年在广西壮族自治区南宁举办。

中国—东盟博览会是中国境内由多国政府共办且长期在一地举办的展会之一。以展览为中心，同时开展多领域多层次的交流活动，搭建了中国与东盟交流合作的平台。

生产日期、批次

20040901
2004-02

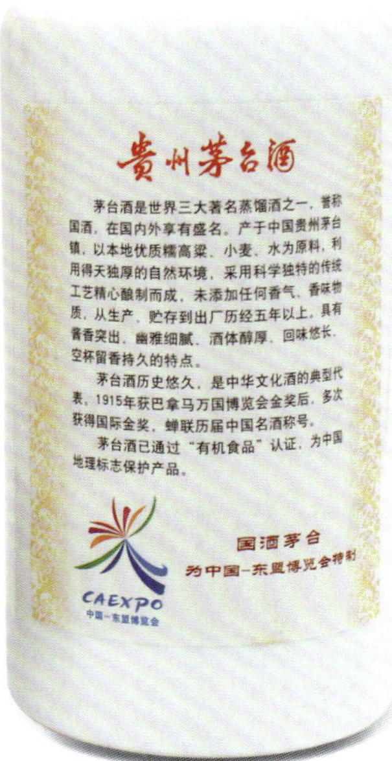

585

参考价格	RMB 6,000
拍卖信息	无
生产年份	2011 年
容量规格	750 ml
酒精度数	53°
收藏星级	★

2011 年贵州茅台酒（第八届中国—东盟博览会专用）

生产日期、批次

20111018
2010-121

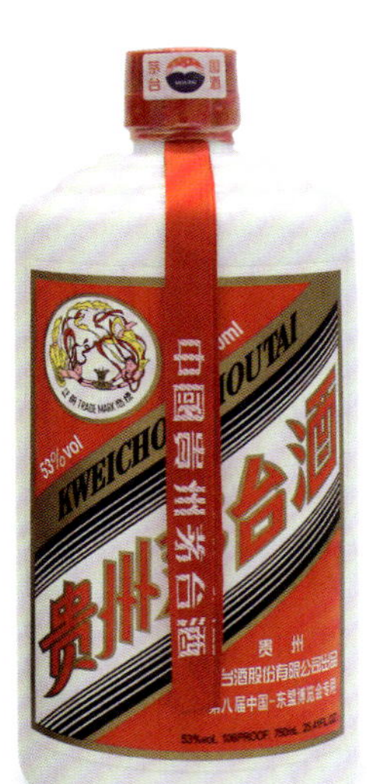

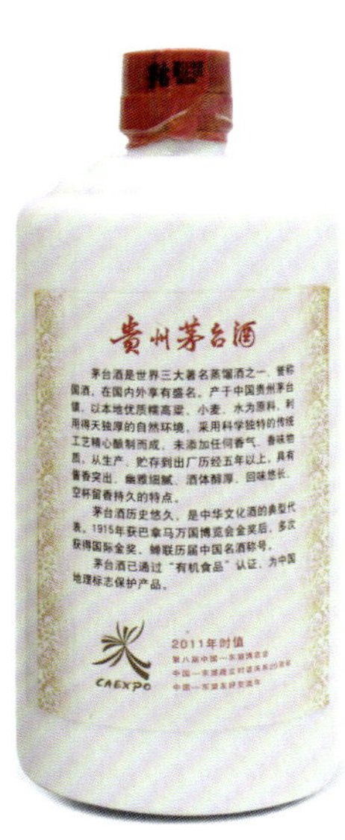

586

参考价格	RMB 6,000
拍卖信息	无
生产年份	2012 年
容量规格	750 ml
酒精度数	53°
收藏星级	★★

2012 年贵州茅台酒（第九届中国—东盟博览会）

生产日期、批次

20120906
2012-019

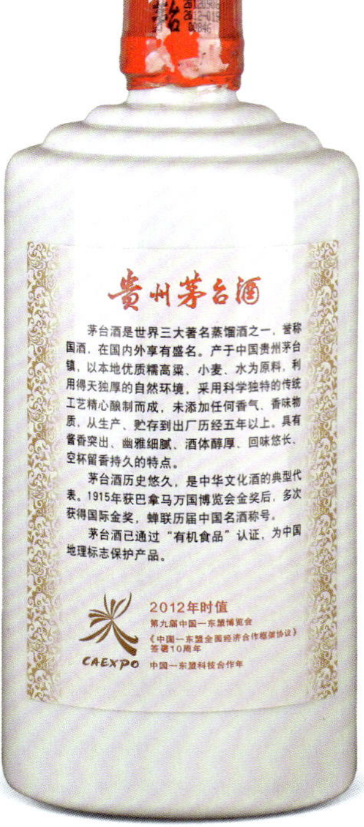

587

参考价格	RMB 10,500
拍卖信息	无
生产年份	2013 年
容量规格	500 ml
酒精度数	53°
收藏星级	★★

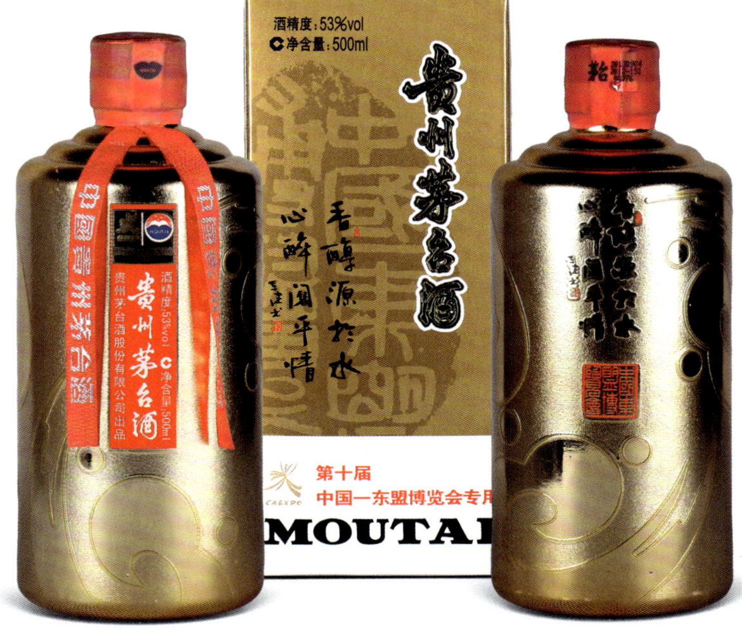

2013 年贵州茅台酒（第十届中国—东盟博览会专用）

生产日期、批次

20130904
2013-151

588

参考价格	RMB 5,500
拍卖信息	无
生产年份	2016 年
容量规格	500 ml
酒精度数	53°
收藏星级	★

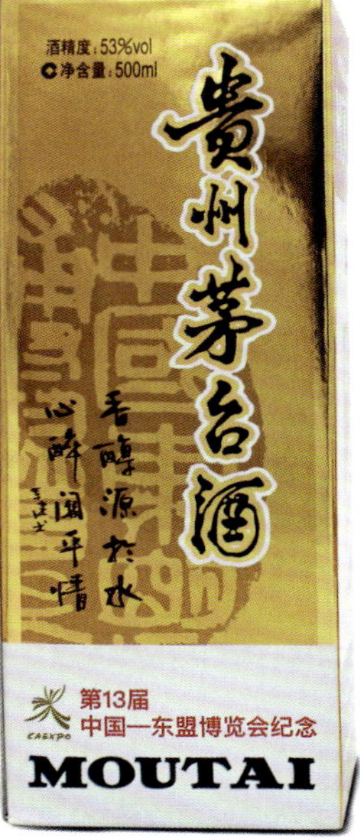

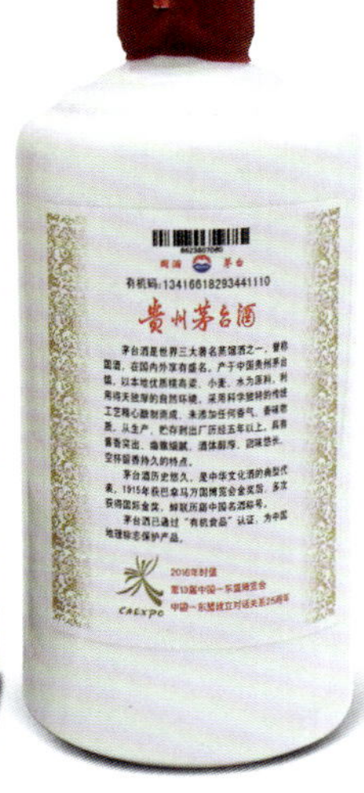

2016 年贵州茅台酒（第 13 届中国—东盟博览会纪念）

生产日期、批次

20160908
2016-085

589

参考价格	RMB 5,000
拍卖信息	无
生产年份	2017 年
容量规格	500 ml
酒精度数	53°
收藏星级	★

2017 年贵州茅台酒（第 14 届中国—东盟博览会纪念）

生产日期、批次

20170908
2017-038

590

参考价格	RMB 5 ,000
拍卖信息	无
生产年份	2018 年
容量规格	500 ml
酒精度数	53°
收藏星级	★★

2018 年贵州茅台酒（第 15 届中国—东盟博览会纪念）

生产日期、批次

20180906
2018-027

591

成交价格	RMB 7,000
拍卖信息	阿里拍卖 2021.10.2, X 2757
生产年份	2005 年
容量规格	500 ml
酒精度数	53°
收藏星级	★

2005 年贵州茅台酒（吉利控股集团董事长李书福先生收藏）

生产日期、批次

20051222
2005-14

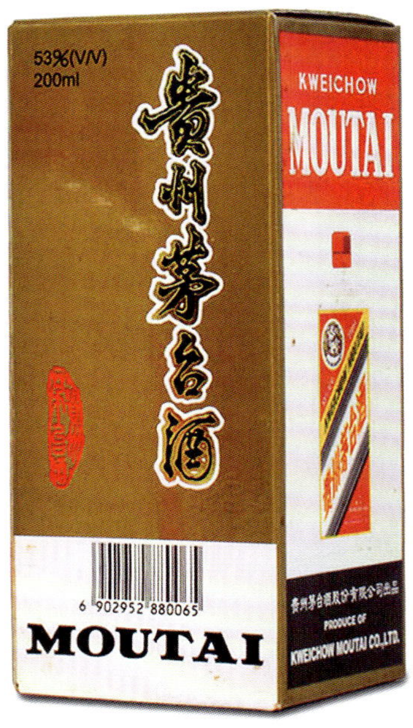

592

成交价格	RMB 1,901
拍卖信息	阿里拍卖 2021.3.26, T 1349
生产年份	2005 年
容量规格	90 ml
酒精度数	53°
收藏星级	★

2005 年贵州茅台酒（高尔夫趣味酒）

生产日期、批次

20050906
2017-152

593

成交价格	RMB 5,401
拍卖信息	阿里拍卖 2019.11.30, D 2147
生产年份	2005 年
容量规格	200 ml × 3
酒精度数	53°、43°、38°
收藏星级	★

2005 年贵州茅台酒（国家标准样品）

594

成交价格	RMB 6,401
拍卖信息	阿里拍卖 2022.4.3, R 1547
生产年份	2003 年
容量规格	375 ml
酒精度数	53°
收藏星级	★

2003 年贵州茅台酒
（15 年陈年）

595

成交价格	RMB 8,801
拍卖信息	阿里拍卖 2019.4.9, F 7737
生产年份	2005 年
容量规格	375 ml
酒精度数	53°
收藏星级	★

2005 年贵州茅台酒
（30 年陈年）

596

成交价格	RMB 6,001
拍卖信息	阿里拍卖 2019.11.10, P 3116
生产年份	2007 年
容量规格	500 ml、50ml
酒精度数	53°
收藏星级	★

2007 年贵州茅台酒

（国家标准样品）

生产日期、批次

20061026	20061128	20091230	20110513
2006-10	2006-13	2008-12	2010-61

597

参考价格	RMB 1,000
拍卖信息	无
生产年份	2010 年
容量规格	400 ml
酒精度数	53°
收藏星级	★

2010 年贵州茅台酒（中国白酒标准样）

598

成交价格	RMB 10,000
拍卖信息	阿里拍卖 2019.10.27, W 6436
生产年份	2016 年
容量规格	1L
酒精度数	53°
收藏星级	★

2016 年贵州茅台酒（吉利控股集团董事长李书福先生收藏）

生产日期、批次

20160910
2016-085

599

参考价格	RMB 5,000
拍卖信息	无
生产年份	2014 年
容量规格	500 ml
酒精度数	53°
收藏星级	★

2014 年贵州茅台酒
（德力西集团董事局主席胡成中先生收藏）

生产日期、批次

20140117
2013-059

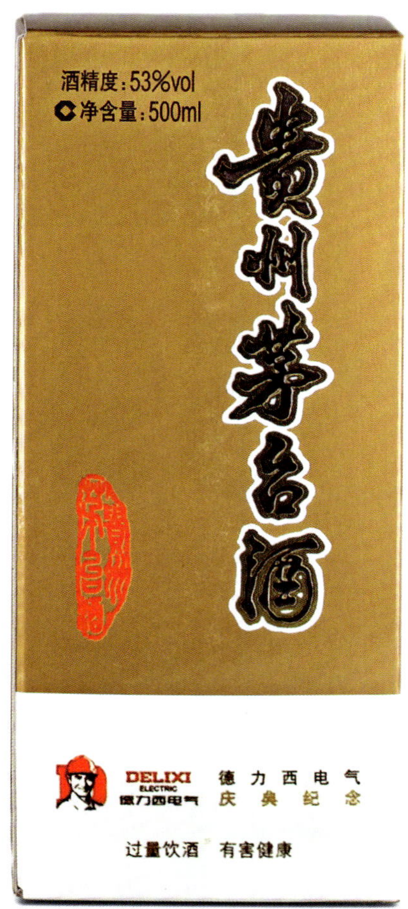

600

参考价格	RMB 5,000
拍卖信息	无
生产年份	2015 年
容量规格	500 ml
酒精度数	53°
收藏星级	★

2015 年贵州茅台酒
（德力西集团董事局主席胡成中先生收藏）

生产日期、批次

20150121
2014-082

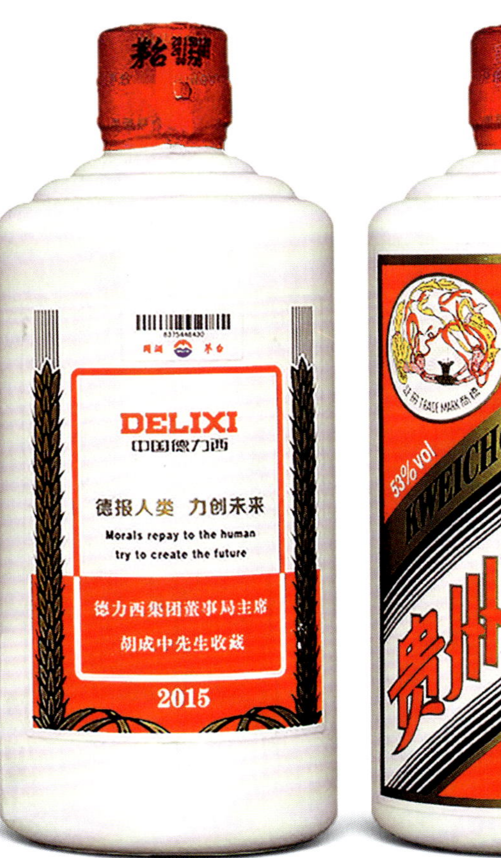

601

成交价格	RMB 15,701
拍卖信息	阿里拍卖 2022.5.17, W 7527
生产年份	2006 年
容量规格	500 ml、90ml
酒精度数	53°
收藏星级	★★

2006 年贵州茅台酒（高尔夫礼品酒）

生产日期、批次

20061228	20070112	20081022	20100125	20100129	20111013
2006-14	2006-14	2008-09	2009-20	2009-20	2010-110

602

成交价格	RMB 6,199
拍卖信息	阿里拍卖 2022.10.9, D 2253
生产年份	2006 年
容量规格	500 ml
酒精度数	53°
收藏星级	★

2006 年贵州茅台酒（高尔夫会员酒）

生产日期、批次

20060309	20060720	20060913	20060930	20061026	20061201	20061230
2006-02	2006-06	2006-09	2006-10	2006-12	2006-13	2006-14

603

参考价格	RMB 6,500
拍卖信息	无
生产年份	2006 年
容量规格	500 ml
酒精度数	53°
收藏星级	★

2006 年贵州茅台酒
（专供河南省商丘市）

生产日期、批次

20051124 2005-07	20060411 2006-04
20060718 2006-06	20070830 2007-11

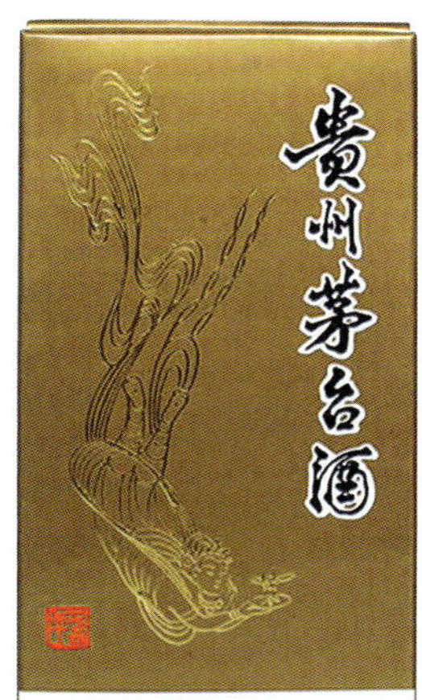

604

参考价格	RMB 7,500
拍卖信息	无
生产年份	2006 年
容量规格	750 ml
酒精度数	53°
收藏星级	★

2006 年贵州茅台酒
（专卖店专销）

605

参考价格	RMB 7,000
拍卖信息	无
生产年份	2006 年
容量规格	500 ml
酒精度数	53°
收藏星级	★★

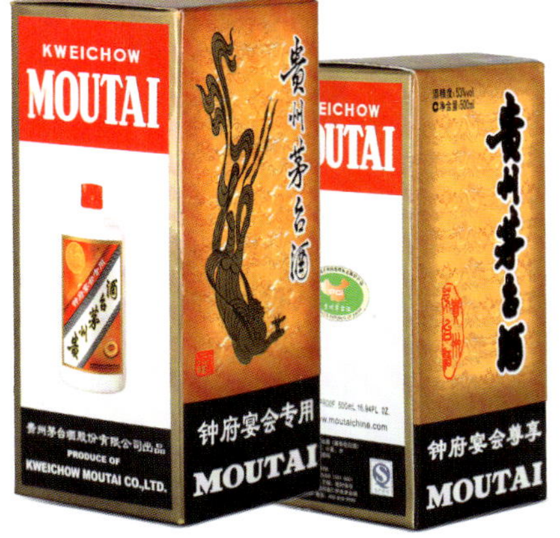

2006 年贵州茅台酒（钟府宴会专用）

生产日期、批次

20060302
2006-02

相关事记：

此酒为钟府宴会专用酒，钟府是仁恒集团董事局主席钟声坚之府。

仁恒集团即新加坡仁恒置地集团有限公司，该公司立足中国，选择中国境内高增长、战略性重点城市开发高端精装修住宅、商业及综合物业项目。

606

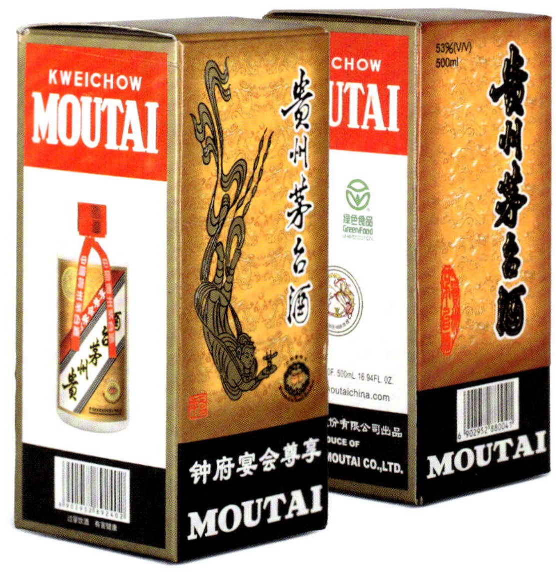

参考价格	RMB 5,000
拍卖信息	无
生产年份	2016 年
容量规格	500 ml
酒精度数	53°
收藏星级	★★

2016 年贵州茅台酒
（钟府宴会尊享）

生产日期、批次

20160108
2015-097

607

参考价格	RMB 10,500
拍卖信息	无
生产年份	2011 年
容量规格	500 ml
酒精度数	53°
收藏星级	★

2011 年贵州茅台酒（楼府尊享）

生产日期、批次

20171202
2017-070

608

参考价格	RMB 10,500
拍卖信息	无
生产年份	2011 年
容量规格	520 ml
酒精度数	53°
收藏星级	★

2011 年贵州茅台酒（陈府尊享）

生产日期、批次

20150105	20160409	20160817
2012-088	2015-144	2016-073

609

参考价格	RMB 10,500
拍卖信息	无
生产年份	2011 年
容量规格	500 ml
酒精度数	53°
收藏星级	★

2015 年贵州茅台酒

（郑府尊享）

生产日期、批次

20151112
2015-064

610

成交价格	RMB 7,901
拍卖信息	阿里拍卖 2021.3.10, L 8836
生产年份	2008 年
容量规格	500 ml
酒精度数	53°
收藏星级	★

2008 年贵州茅台酒

（博鳌亚洲论坛指定用酒）

生产日期、批次

20070113	20080402
2007-08	2007-15

611

成交价格	RMB 15,801
拍卖信息	阿里拍卖 2021.4.8, B 8085
生产年份	2011 年
容量规格	500 ml
酒精度数	53°
收藏星级	★

50ml×2 装贵州茅台酒
（博鳌亚洲论坛）

2011 年贵州茅台酒
（博鳌亚洲论坛十周年）

生产日期、批次

20111031
2009-08

612

成交价格	RMB 6,799
拍卖信息	阿里拍卖 2021.5.29, O 1285
生产年份	2012 年
容量规格	500 ml
酒精度数	53°
收藏星级	★

2012 年贵州茅台酒
（博鳌亚洲论坛年会指定用酒）

生产日期、批次

20121225
2012-077

613

成交价格	RMB 6,001
拍卖信息	阿里拍卖 2019.6.2, O 5376
生产年份	2016 年
容量规格	500 ml
酒精度数	53°
收藏星级	★★

2016 年贵州茅台酒
（博鳌亚洲论坛成立十五周年白酒纪念酒）

生产日期、批次

20160316	20160316
2015-138	2015-130

相关事记：

此酒为博鳌亚洲论坛成立十五周年纪念酒。

博鳌亚洲论坛由 25 个亚洲国家和澳大利亚发起，于 2001 年 2 月 27 日在海南省琼海市万泉河入海口的博鳌镇召开大会，正式宣布成立。

论坛为非官方、非营利性、定期、定址的国际组织，为政府、企业及专家学者等提供一个共商经济、社会、环境及其他相关问题的高层对话平台。海南博鳌为论坛的永久所在地。

614

参考价格	RMB 7,000
拍卖信息	无
生产年份	2011 年
容量规格	500 ml
酒精度数	53°
收藏星级	★

2011 年贵州茅台酒

〔中国（贵州）国际酒类博览会纪念酒〕

相关事记：

此酒为中国（贵州）国际酒类博览会纪念酒。

中国（贵州）国际酒类博览会是经国务院批准的大型酒类国际性专业展会，是中国迄今唯一通过国际展览业协会认证的酒类博览会，更是全球酒业交流合作的重要平台，举办地在中国贵州省贵阳市。在 2011 年 9 月 9 日第一届中国（贵州）国际酒类博览会上，举行了《赵晨说藏酒 · 茅台》新书首发式。

生产日期、批次

20110814
2010-102

615

参考价格	RMB 6,000
拍卖信息	无
生产年份	2013 年
容量规格	500 ml
酒精度数	53°
收藏星级	★

2013 年贵州茅台酒

〔第三届中国（贵州）国际酒类博览会纪念〕

相关事记：

此酒为第三届中国（贵州）国际酒类博览会纪念酒。

在 2013 年 9 月 9 日第三届中国（贵州）国际酒类博览会上，赵晨新书《中国名酒拍卖年鉴》《收藏级中国白酒》举行首发式。

生产日期、批次

20131008
2012-170

616

参考价格	RMB 6,000
拍卖信息	无
生产年份	2014 年
容量规格	500 ml
酒精度数	53°
收藏星级	★

2014 年贵州茅台酒

〔第四届中国（贵州）国际酒类博览会纪念酒〕

相关事记：

此酒为第四届中国（贵州）国际酒类博览会纪念酒。

在 2014 年 9 月 9 日第四届中国（贵州）国际酒类博览会上，赵晨新书《贵州名酒收藏投资指南》举行首发式。

生产日期、批次

20140902
2013-147

617

参考价格	RMB 5,500
拍卖信息	无
生产年份	2015 年
容量规格	500 ml
酒精度数	53°
收藏星级	★

2015 年贵州茅台酒

〔第五届中国（贵州）国际酒类博览会纪念酒〕

相关事记：

此酒为第五届中国（贵州）国际酒类博览会纪念酒。

2015 年 9 月 9 日，第五届中国（贵州）国际酒类博览会在贵阳举行。

生产日期、批次

20150902
2015-028

618

参考价格	RMB 5,000
拍卖信息	无
生产年份	2016 年
容量规格	500 ml
酒精度数	53°
收藏星级	★

2016 年贵州茅台酒

〔第六届中国（贵州）国际酒类博览会纪念酒〕

相关事记：

此酒为第六届中国（贵州）国际酒类博览会纪念酒。

2016 年 9 月 9 日，第六届中国（贵州）国际酒类博览会在贵阳举行。

酒博会自 2011 年举办以来，累计吸引海内外参展酒商 8963 家，签订酒类贸易合同 13209 个，贸易总额 4332 亿元，知名度、美誉度、影响力不断提升。

生产日期、批次

20160906
2016-084

619

参考价格	RMB 1,200
拍卖信息	无
生产年份	2017 年
容量规格	50 ml
酒精度数	53°
收藏星级	★

2017 年贵州茅台酒〔第七届中国（贵州）国际酒类博览会赠品〕

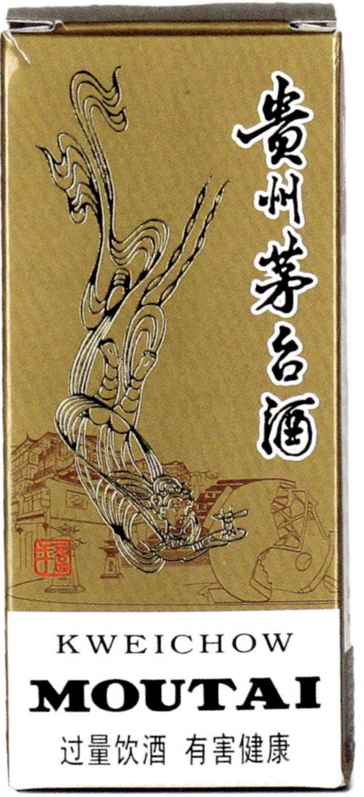

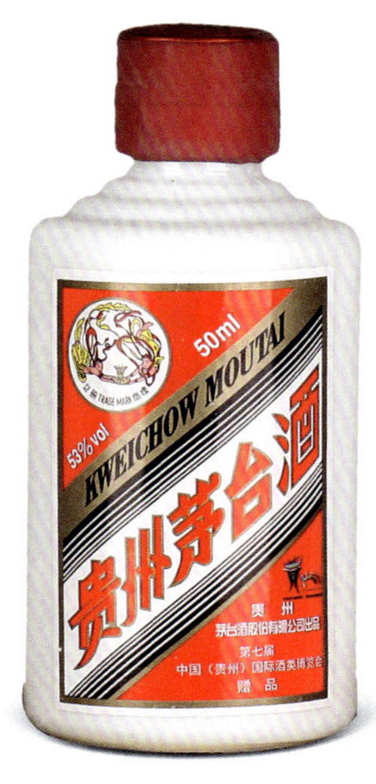

相关事记：

此酒为第七届中国（贵州）国际酒类博览会赠品酒。

2017 年 9 月 9 日，第七届中国（贵州）国际酒类博览会在贵阳举行。

620

参考价格	RMB 5,000
拍卖信息	无
生产年份	2017 年
容量规格	500 ml
酒精度数	53°
收藏星级	★

2017 年贵州茅台酒〔第七届中国（贵州）国际酒类博览会纪念酒〕

生产日期、批次

20170818
2017-025

621

参考价格	RMB 6,500
拍卖信息	无
生产年份	2018 年
容量规格	500ml、200ml
酒精度数	53°
收藏星级	★

2018 年贵州茅台酒

〔第八届中国（贵州）国际酒类博览会纪念酒〕

生产日期、批次

20180906
2018-026

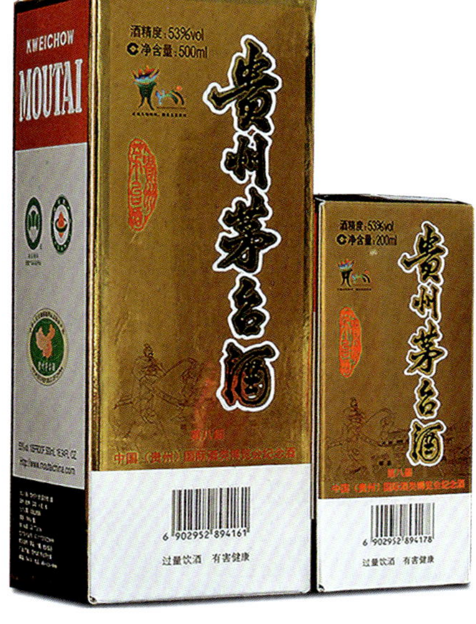

622

参考价格	RMB 5,000
拍卖信息	无
生产年份	2019 年
容量规格	500 ml
酒精度数	53°
收藏星级	★

2019 年贵州茅台酒〔第九届中国（贵州）国际酒类博览会纪念酒〕

生产日期、批次

20190827
2019-008

623

参考价格	RMB 5,000
拍卖信息	无
生产年份	2020 年
容量规格	500 ml
酒精度数	53°
收藏星级	★

2020 年贵州茅台酒〔第十届中国（贵州）国际酒类博览会纪念酒〕

生产日期、批次

20200903
2019-166

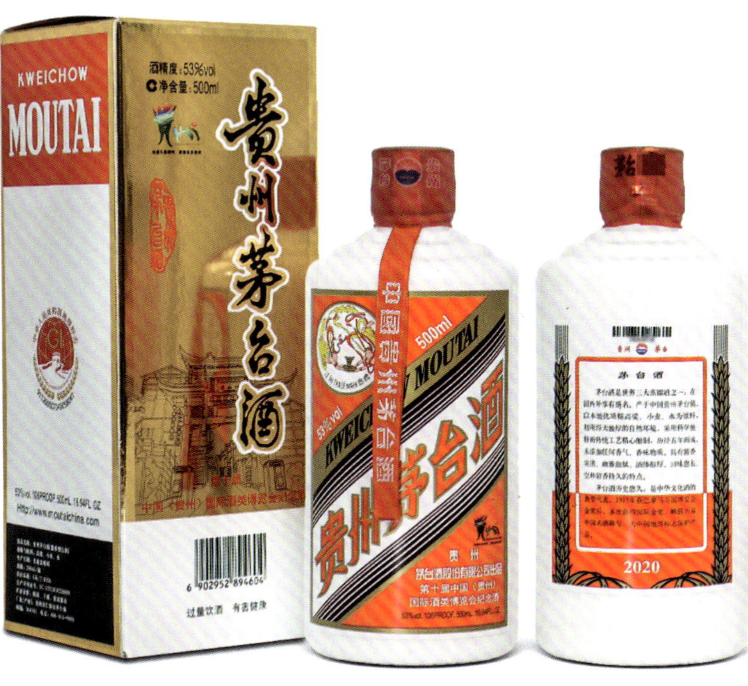

624

参考价格	RMB 5,000
拍卖信息	无
生产年份	2021 年
容量规格	500 ml
酒精度数	53°
收藏星级	★

2021 年贵州茅台酒〔第十一届中国（贵州）国际酒类博览会纪念酒〕

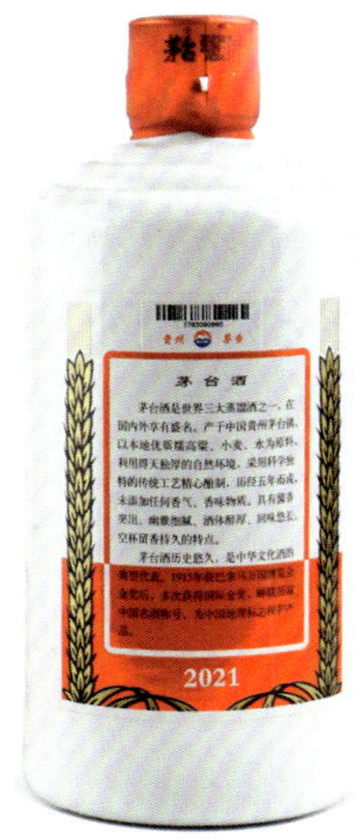

625

参考价格	RMB 8,000
拍卖信息	无
生产年份	2008 年
容量规格	500 ml
酒精度数	53°
收藏星级	★

2008 年贵州茅台酒（中国新闻出版）

生产日期、批次

20110122
2010-42

626

参考价格	RMB 8,500
拍卖信息	无
生产年份	2019 年
容量规格	500 ml
酒精度数	53°
收藏星级	★

2019 年贵州茅台酒

（弘扬国酒文化　浙江省茅台联谊十周年庆）

茅台
国酒
酒精度:53%vol
净含量:500ml
贵州茅台酒
贵州
茅台酒股份有限公司出品

627

成交价格	RMB 6,160
拍卖信息	中都国际 2022.7.31, Lot 6021
生产年份	2008 年
容量规格	500 ml
酒精度数	53°
收藏星级	★

2008 年贵州茅台酒（盛世国藏）

628

成交价格	RMB 12,901
拍卖信息	阿里拍卖 2022.9.5, Y 6813
生产年份	2008 年
容量规格	500 ml
酒精度数	53°
收藏星级	★

2008 年贵州茅台酒（贵宾特制）

629

成交价格	RMB 9,200
拍卖信息	北京保利 2022.7.27, Lot 3012
生产年份	2009 年
容量规格	500 ml
酒精度数	53°
收藏星级	★

2009 年贵州茅台酒（世纪经典）

630

成交价格	RMB 5,501
拍卖信息	阿里拍卖 2022.10.1, U 4981
生产年份	2009 年
容量规格	500 ml
酒精度数	53°
收藏星级	★

2009 年贵州茅台酒（卡慕专销）375ml × 2

贵州茅台酒卡慕礼盒包装

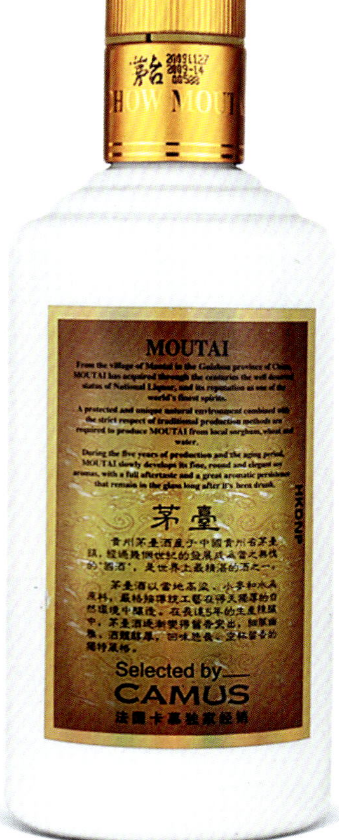

631

参考价格	RMB 200,000
拍卖信息	无
生产年份	2016 年
容量规格	500 ml
酒精度数	53°
收藏星级	★★★★☆

2016 年贵州茅台酒（百年卡慕特制）

相关事记：

“十年庆”纪念版茅台酒由法国卡慕公司设计，以世界著名的法国巴卡拉红水晶为瓶身，以法国名锡安如锡为装饰，全球限量 100 瓶，全手工制作，每瓶带有独立编号。据卡慕公司介绍，此款纪念版的设计可谓匠心独具，红色是中华民族最喜爱的颜色，代表着喜庆与祥和，而红水晶又是水晶中的极品；选择锡作为装饰材质，在于依照传统习俗，十周年称锡婚，取像锡器一样柔韧不易破碎之意。三个法国百年企业合力打造这款“十年庆”产品，旨在向中国的国酒致以崇高的敬意，意在诠释中法两个民族的百年匠心。

632

参考价格	RMB 7,500
拍卖信息	无
生产年份	2010 年
容量规格	500 ml
酒精度数	53°
收藏星级	★

2010 年贵州茅台酒
（出口韩国）

生产日期、批次

20070726 2007-10	20080418 2008-03	20080819 2008-08
20090507 2008-07	20090716 2009-02	20100619 2009-30
20100901 2009-21	20091231 2009-19	20101116 2010-15

633

成交价格	RMB 7,599
拍卖信息	阿里拍卖 2021.12.8, J 6660
生产年份	2012 年
容量规格	500 ml
酒精度数	53°
收藏星级	★

2012 年
贵州茅台酒
（出口日本）

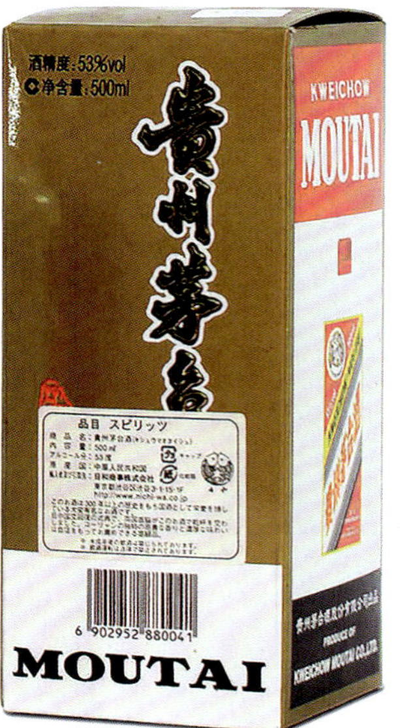

634

成交价格	RMB 5,300
拍卖信息	阿里拍卖 2022.6.13, L 7334
生产年份	2018 年
容量规格	500 ml
酒精度数	53°
收藏星级	★

2018 年贵州茅台酒（出口茅台）

生产日期、批次

20190327	20101016
2018-123	2010-04

635

成交价格	RMB 4,680
拍卖信息	阿里拍卖 2022.11.12, K 5896
生产年份	2022 年
容量规格	500 ml
酒精度数	53°
收藏星级	★

2022 年贵州茅台酒（出口茅台）

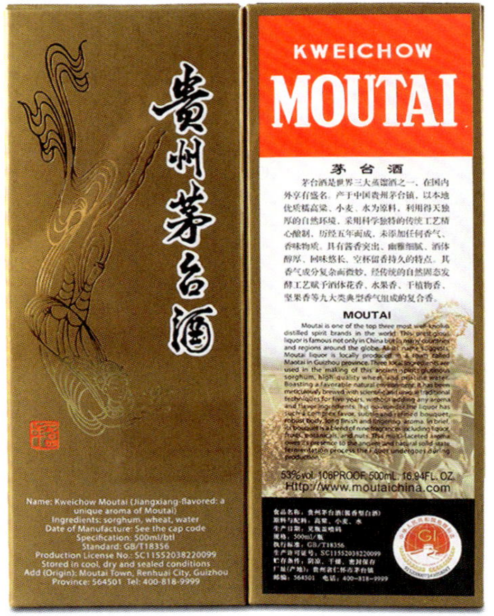

636

参考价格	RMB 10,000
拍卖信息	无
生产年份	2011 年
容量规格	500 ml
酒精度数	53°
收藏星级	★

2011 年贵州茅台酒（金砖国家领导人第三次会晤）

相关事记：

此酒为金砖国家领导人第三次会晤纪念珍藏酒。

金砖国家领导人第三次会晤，于 2011 年 4 月 14 日在海南省三亚市举行。

生产日期、批次

20111102
2009-08

637

成交价格	RMB 3,999
拍卖信息	阿里拍卖 2020.11.30, G 1259
生产年份	2011 年
容量规格	1 L
酒精度数	43°
收藏星级	★

2011 年贵州茅台酒
（东方神韵）

生产日期、批次

20111118
2011-13

638

参考价格	RMB 6,000
拍卖信息	无
生产年份	2012 年
容量规格	500 ml
酒精度数	53°
收藏星级	★

2012 年贵州茅台酒
（品鉴用酒）

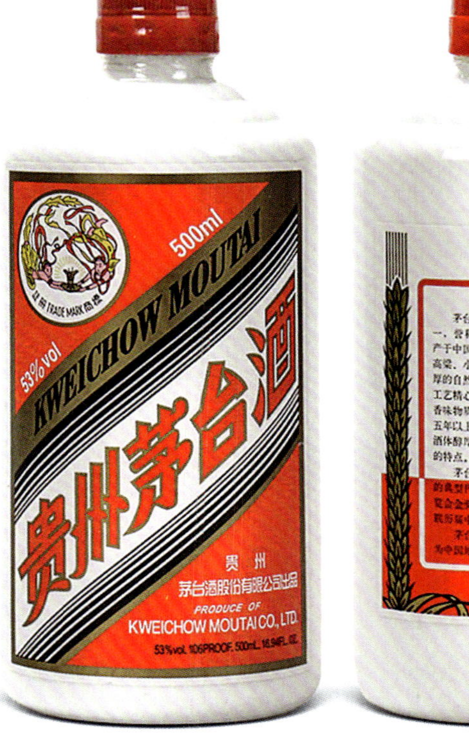

639

参考价格	RMB 5,500
拍卖信息	无
生产年份	2014 年
容量规格	500 ml
酒精度数	53°
收藏星级	★

2014 年贵州茅台酒
（品鉴用酒）

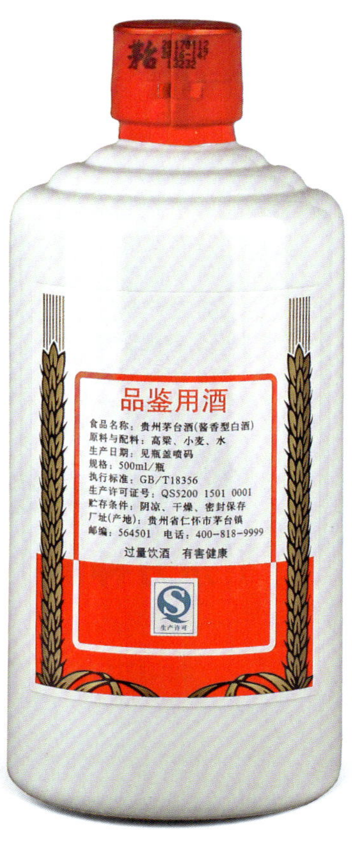

640

参考价格	RMB 6,000
拍卖信息	无
生产年份	2014 年
容量规格	500 ml
酒精度数	53°
收藏星级	★

2014 年贵州茅台酒
（贵宾品鉴酒）

生产日期、批次

20180911
2018-029

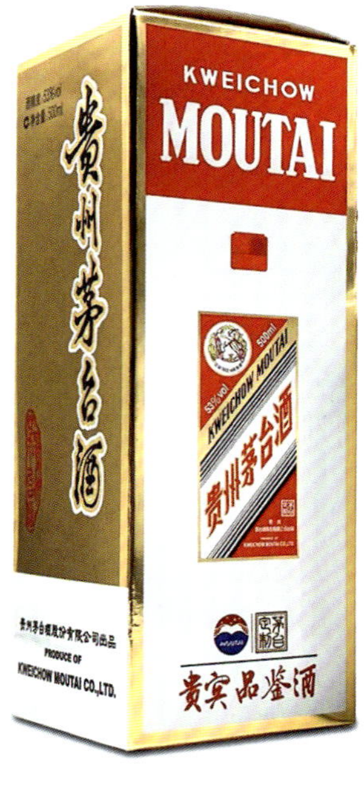

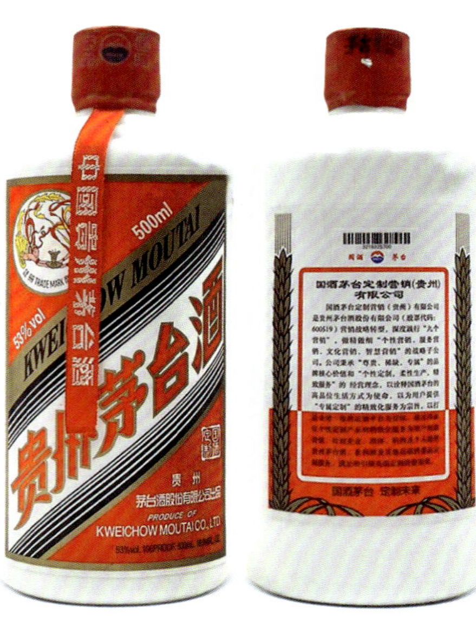

641

参考价格 RMB 5,500
拍卖信息 无
生产年份 2016 年
容量规格 500 ml
酒精度数 53°
收藏星级 ★

2016 年贵州茅台酒

（品鉴用酒）

生产日期、批次

20160127
2015-107

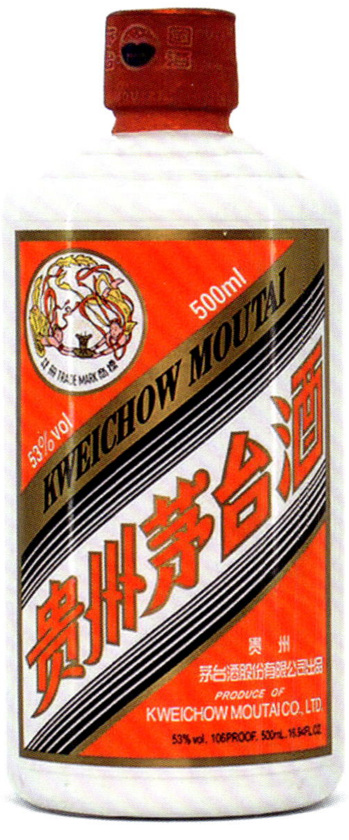

642

成交价格 RMB 3,528
拍卖信息 阿里拍卖 2021.3.10, H 6399
生产年份 2017 年
容量规格 500 ml
酒精度数 53°
收藏星级 ★

2017 年贵州茅台酒

（品鉴用酒 ）

生产日期、批次

20170113
2016-147

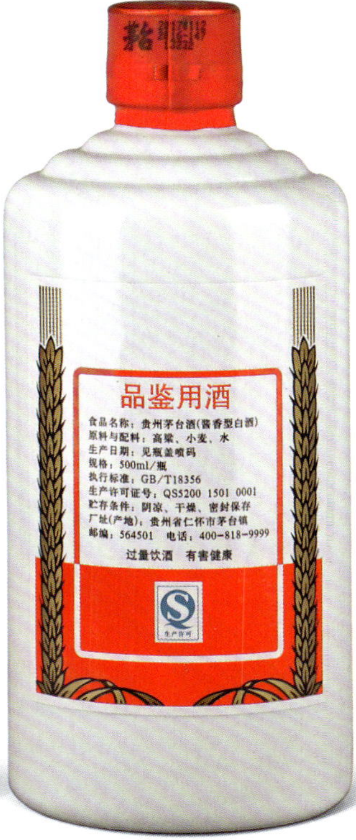

贵州茅台酒（各种规格）

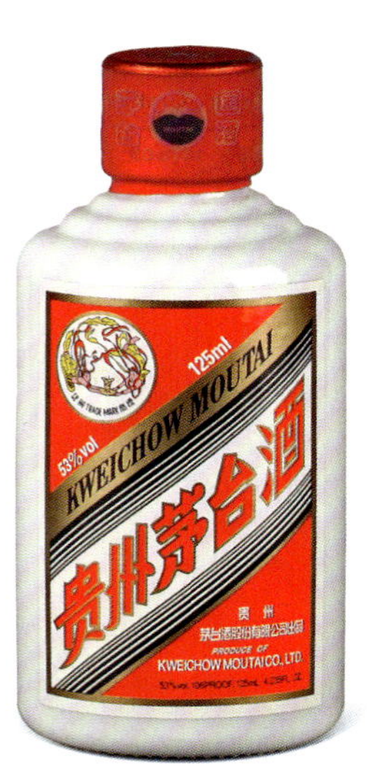

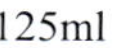
125ml

200ml

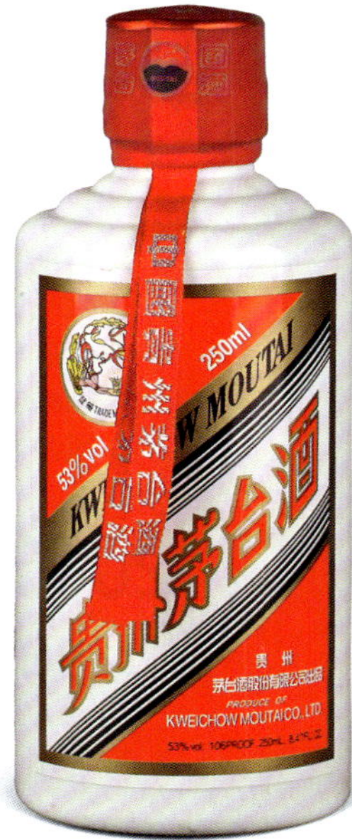

250ml

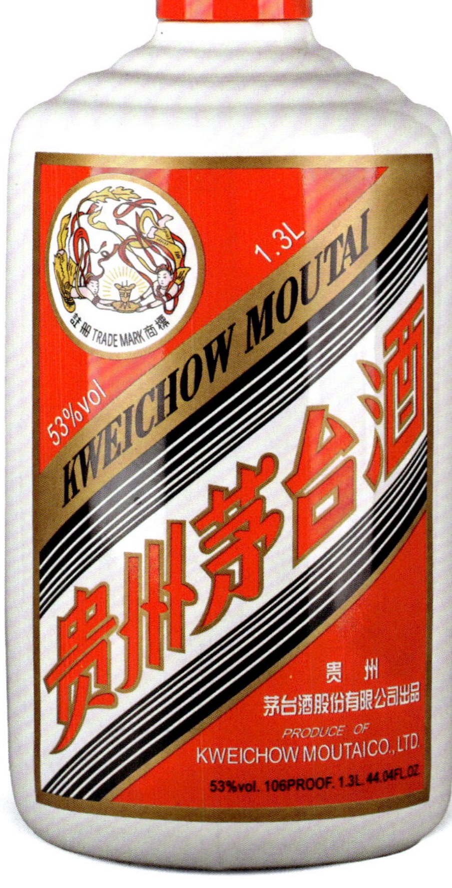

1.3 L

1000ml

900ml

375ml

375ml

400ml

880ml

750ml

500ml

475ml

643

参考价格	RMB 4,000
拍卖信息	无
生产年份	2017 年
容量规格	500 ml
酒精度数	53°
收藏星级	★

2017 年贵州茅台酒（大区业务用酒）

生产日期、批次

20170525
2016-171

644

成交价格	RMB 3,650
拍卖信息	阿里拍卖 2022.1.13, U 6397
生产年份	2018 年
容量规格	500 ml
酒精度数	53°
收藏星级	★

2018 年贵州茅台酒
（员工品鉴）

生产日期、批次

20180202
2017-111

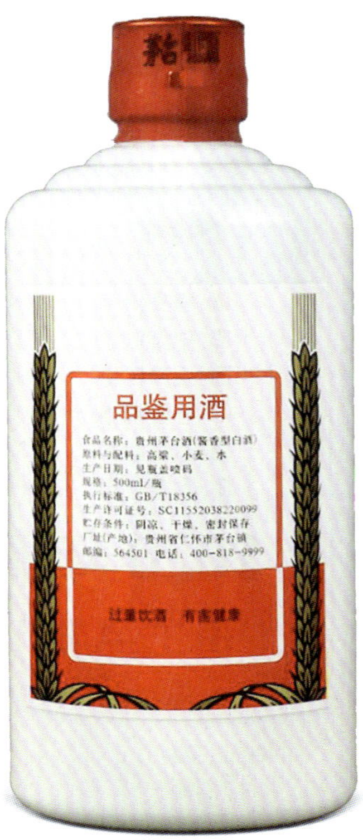

645

成交价格	RMB 3,899
拍卖信息	阿里拍卖 2021.9.23, C 5211
生产年份	2019 年
容量规格	500 ml
酒精度数	53°
收藏星级	★

2019 年贵州茅台酒
（员工品鉴）

生产日期、批次

20190121
208099-01

646

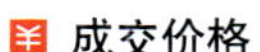

成交价格	RMB 3,501
拍卖信息	阿里拍卖 2021.3.21, O 5914
生产年份	2020 年
容量规格	500 ml
酒精度数	53°
收藏星级	★

2020 年贵州茅台酒（员工品鉴）

生产日期、批次

20200102	20200103
2019-092	2019-093

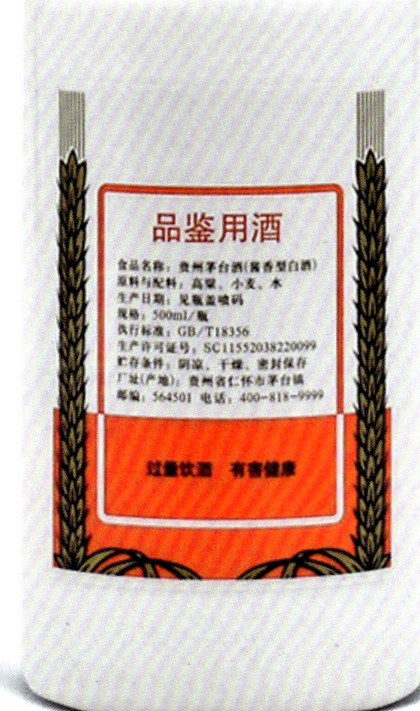

647

参考价格	RMB 3,500
拍卖信息	无
生产年份	2021 年
容量规格	500 ml
酒精度数	53°
收藏星级	★

2021 年贵州茅台酒（品鉴用酒）

生产日期、批次

20210122
2020-055

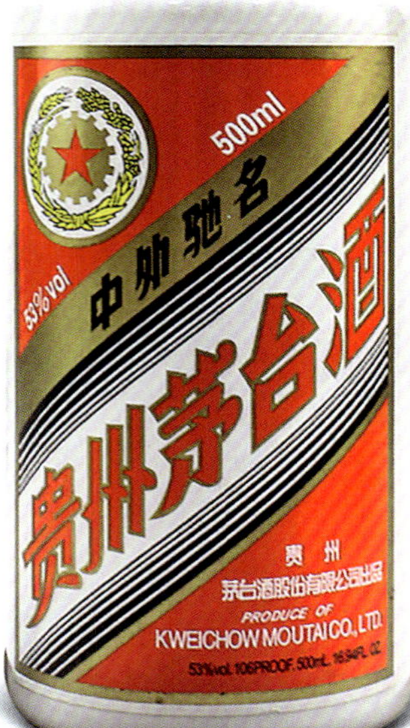

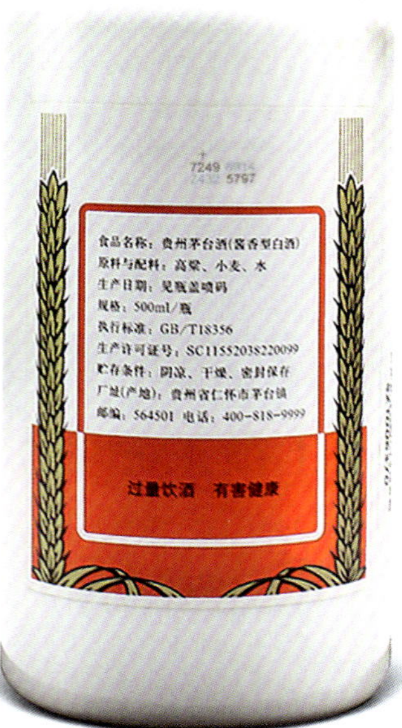

648

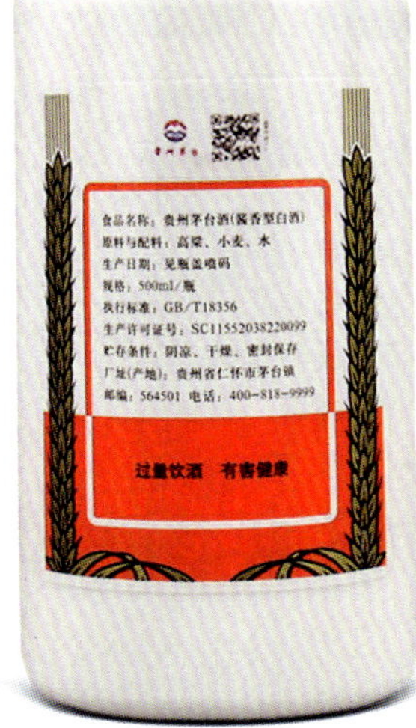

参考价格	RMB 3,000
拍卖信息	无
生产年份	2022 年
容量规格	500ml
酒精度数	53°
收藏星级	★

2022 年贵州茅台酒
（员工品鉴）

649

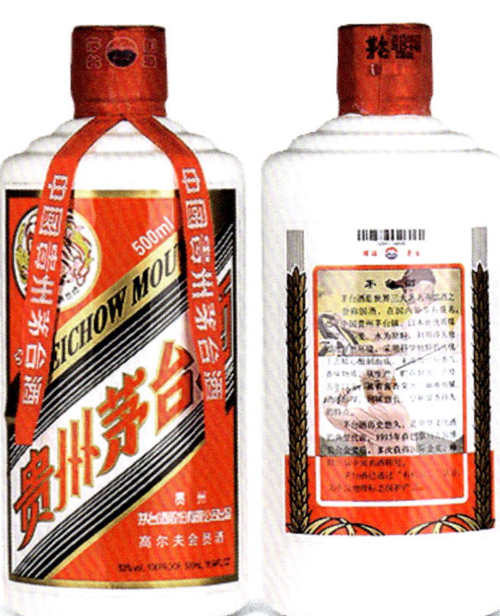

成交价格	RMB 5,490
拍卖信息	阿里拍卖 2022.7.3, O 8592
生产年份	2012 年
容量规格	500 ml
酒精度数	53°
收藏星级	★

2012 年贵州茅台酒
（高尔夫会员酒）

生产日期、批次

20120112	20120412	20120815	20120112
2011-022	2011-039	2012-013	2011-022

650

成交价格	RMB 1,180
拍卖信息	阿里拍卖 2022.7.25, R 4890
生产年份	2013 年
容量规格	125 ml
酒精度数	53°
收藏星级	★

2013 年贵州茅台酒

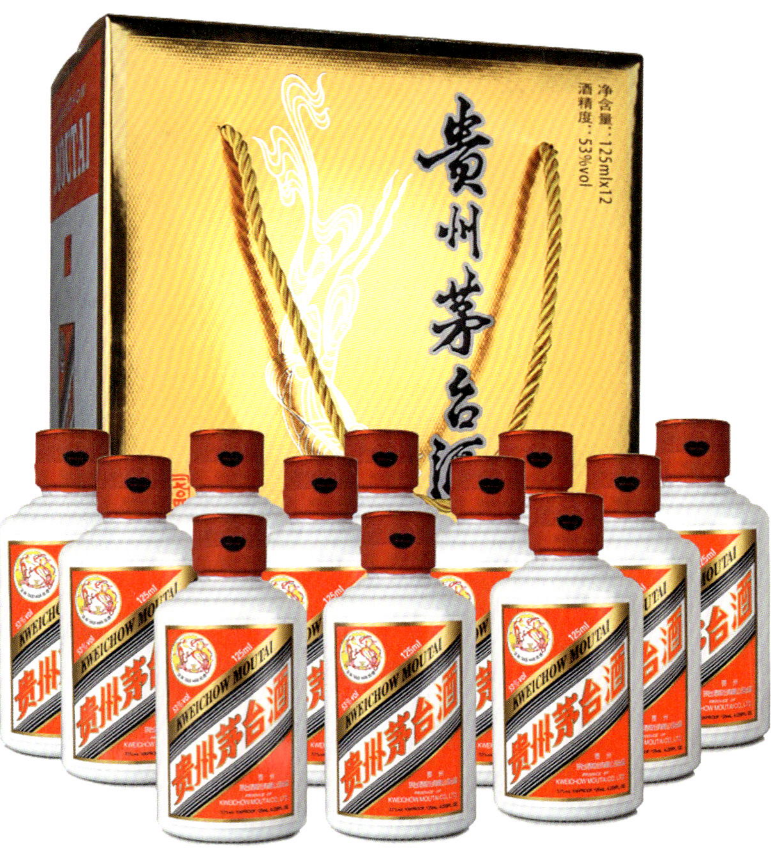

651

成交价格	RMB 18,801
拍卖信息	阿里拍卖 2021.9.28, N 3942
生产年份	2014 年
容量规格	500 ml、375 ml、250 ml、50 ml
酒精度数	53°
收藏星级	★

2014 年贵州茅台酒（礼盒）

652

参考价格	RMB 8,500
拍卖信息	无
生产年份	2014 年
容量规格	500 ml
酒精度数	53°
收藏星级	★

2014 年贵州茅台酒
（中国酒业名酒收藏委员会成立大会纪念）

相关事记：

此酒为中国酒业名酒收藏委员会成立大会纪念酒。

2014 年 4 月 15 日上午，中国酒业名酒收藏委员会成立大会在贵州饭店国际会议中心大礼堂举行。

名酒收藏委员会为规范名酒收藏、加强名酒收藏管理、增进收藏者互相交流、提升名酒收藏价值提供了一个崭新的平台，同时也对中国酒业的转型、升级和发展起到了积极的推动作用。

生产日期、批次

20140410
2012-086

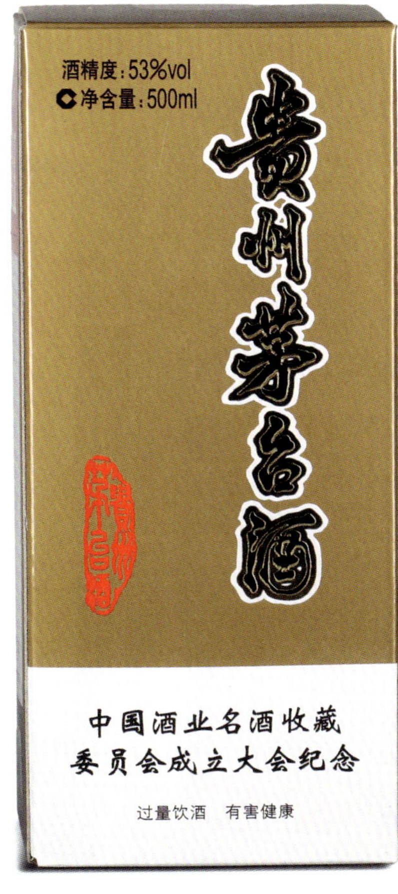

653

参考价格	RMB 5,000
拍卖信息	无
生产年份	2014 年
容量规格	500 ml
酒精度数	53°
收藏星级	★

2014 年贵州茅台酒
（生态文明贵阳国际论坛）

生产日期、批次

20140707
2013-015

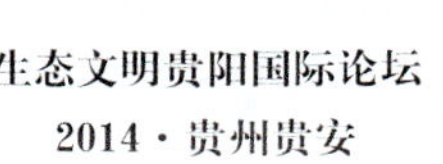

654

参考价格	RMB 4,000
拍卖信息	无
生产年份	2014 年
容量规格	500 ml
酒精度数	53°
收藏星级	★

2014 年贵州茅台酒
（2014 秋季糖酒会纪念）

相关事记：

此酒为 2014 秋季糖酒会纪念酒。

第 91 届全国秋季糖酒会于 2014 年 10 月 12 日至 15 日在重庆国际博览中心举办。这是全国糖酒会第二次落户重庆。

生产日期、批次

20140924
2014-011

655

参考价格	RMB 5,500
拍卖信息	无
生产年份	2014 年
容量规格	500 ml
酒精度数	53°
收藏星级	★

2014 年贵州茅台酒（2014 成都糖酒会纪念）

相关事记：

此酒为 2014 成都糖酒会纪念酒。

2014 全国春季糖酒商品交易会于 2014 年 3 月 28 日至 31 日在成都世纪城新国际会展中心举行。糖酒会是大型全国性商品交易会，每年春、秋两季合计举办两次。自 1955 年举办首届交易会以来，至 2022 年已是第 106 届。糖酒会因其规模大、效果显著，而被业界誉为“天下第一会”。

生产日期、批次

20140312
2013-094

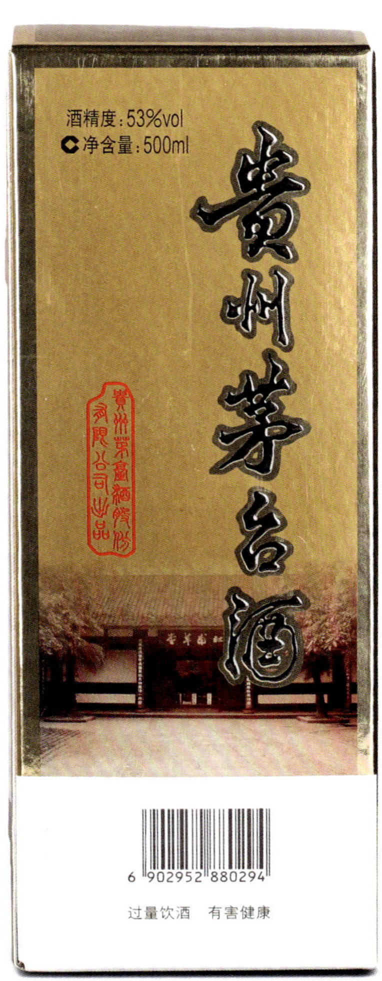

656

参考价格	RMB 5,000
拍卖信息	无
生产年份	2017 年
容量规格	500 ml
酒精度数	53°
收藏星级	★

2017 年贵州茅台酒（2017 上海国际酒交会）

生产日期、批次

20171110
2017-063

657

参考价格	RMB 5,000
拍卖信息	无
生产年份	2018 年
容量规格	500 ml
酒精度数	53°
收藏星级	★

2018 年贵州茅台酒（2018 成都春季全国酒糖会）

生产日期、批次

20140312
2013-094

658

参考价格	RMB 5,000
拍卖信息	无
生产年份	2014 年
容量规格	500 ml
酒精度数	53°
收藏星级	★★

2014 年贵州茅台酒（新年快乐）

生产日期、批次

20141121
2014-043

659

参考价格	RMB 5,000
拍卖信息	无
生产年份	2018 年
容量规格	500 ml
酒精度数	53°
收藏星级	★★

2018 年贵州茅台酒（新春快乐）

生产日期、批次

20181123
2018-060

660

参考价格	RMB 4,000
拍卖信息	无
生产年份	2014 年
容量规格	500 ml
酒精度数	53°
收藏星级	★

2014 年贵州茅台酒

（第六届中国梦盛典暨南方周末创刊三十周年庆）

生产日期、批次

20150907
2015-029

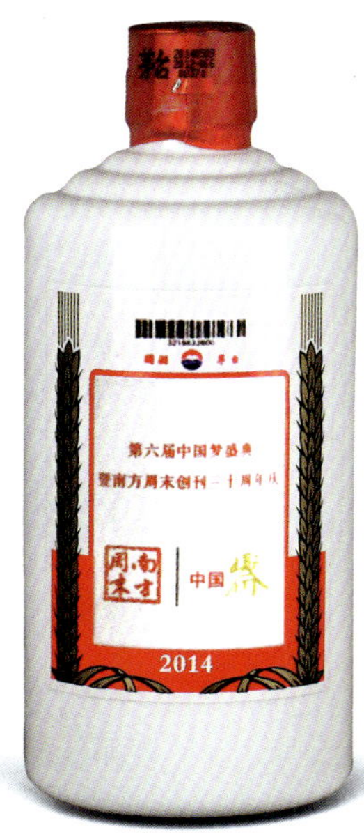

661

成交价格	RMB 6,088
拍卖信息	阿里拍卖 2018.12.22, Y 0016
生产年份	2014 年
容量规格	500 ml
酒精度数	53°
收藏星级	★

2014 年贵州茅台酒

（复星尊享珍藏陈酿）

生产日期、批次

20140227
2012-086

662

成交价格	RMB 6,201
拍卖信息	阿里拍卖 2020.5.24, K 5380
生产年份	2014 年
容量规格	500 ml
酒精度数	53°
收藏星级	★

2014 年贵州茅台酒
（国香馆两周年庆典纪念）

生产日期、批次

20140611
2013-029

663

参考价格	RMB 5,000
拍卖信息	无
生产年份	2014 年
容量规格	500 ml
酒精度数	53°
收藏星级	★

2014 年贵州茅台酒
（爱酒一生）

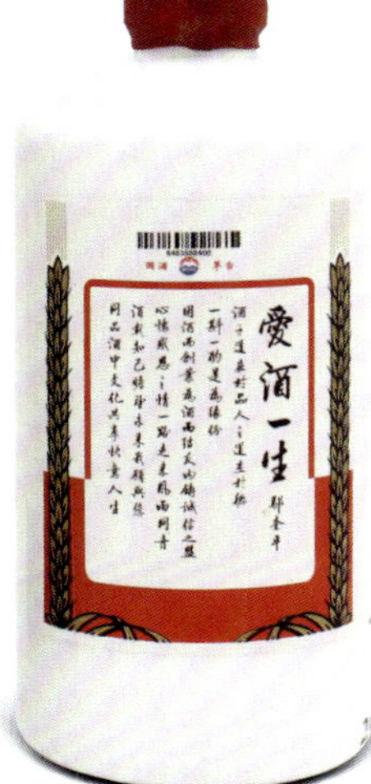

664

成交价格	RMB 5,001
拍卖信息	阿里拍卖 2022.5.23, G 7585
生产年份	2014 年
容量规格	500 ml
酒精度数	53°
收藏星级	★

2014 年贵州茅台酒（茅台商城专享）

生产日期、批次

20140902	20140909
2013-147	2014-003

665

参考价格	RMB 82,000
拍卖信息	无
生产年份	2014 年
容量规格	5 L
酒精度数	53°
收藏星级	★★

2014 年贵州茅台酒（国酒定制 · 马 5L）

666

成交价格	RMB 35,088
拍卖信息	阿里拍卖 2022.7.9, V 2137
生产年份	2014 年
容量规格	2.5 L
酒精度数	53°
收藏星级	★

2014 年贵州茅台酒（国酒定制 · 马 2.5L）

667

成交价格	RMB 11,101
拍卖信息	阿里拍卖 2018.5.14, S 8990
生产年份	2014 年
容量规格	1 L
酒精度数	53°
收藏星级	★

2014 年贵州茅台酒（会员专享）

生产日期、批次

20140702
2013-008

668

参考价格	RMB 5,000
拍卖信息	无
生产年份	2014 年
容量规格	500 ml
酒精度数	53°
收藏星级	★

2014 年贵州茅台酒（国金中心定制）

669

成交价格	RMB 3,051
拍卖信息	阿里拍卖 2021.3.29, G 9842
生产年份	2014 年
容量规格	375 ml
酒精度数	53°
收藏星级	★

2014 年贵州茅台酒（美国大文行）

670

成交价格	RMB 5,699
拍卖信息	阿里拍卖 2020.9.27, X 6942
生产年份	2016 年
容量规格	1 L
酒精度数	53°
收藏星级	★

2016 年贵州茅台酒（美国大文行）

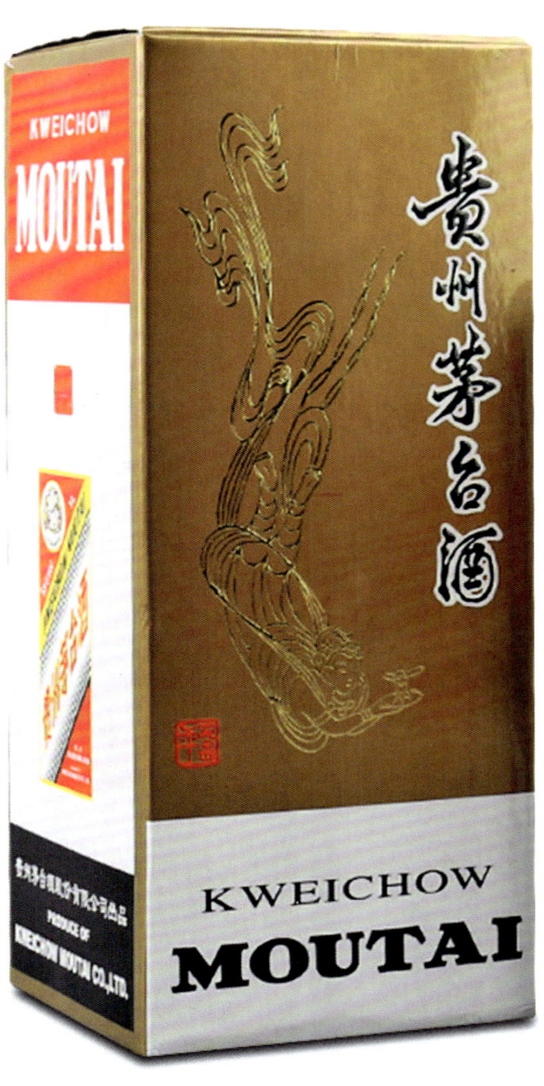

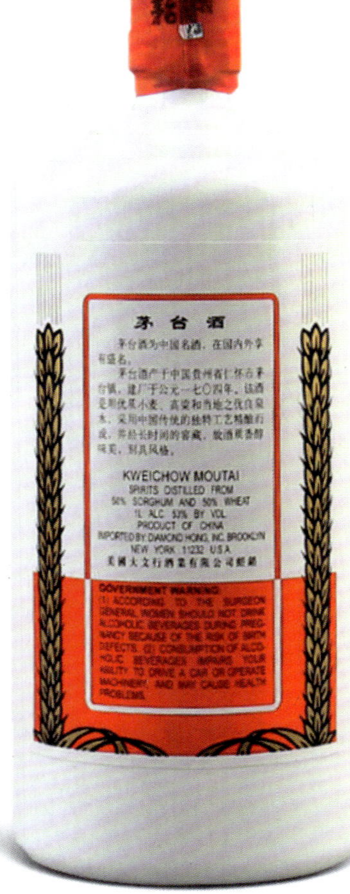

671

成交价格	RMB 22,200
拍卖信息	阿里拍卖 2019.2.16, W 9367
生产年份	2014 年
容量规格	500 ml
酒精度数	53°
收藏星级	★★

2014 年贵州茅台酒（澳门茅台文化协会尊享）

生产日期、批次

20140718
2012-001

672

成交价格	RMB 10,601
拍卖信息	阿里拍卖 2023.1.9, R 0263
生产年份	2015 年
容量规格	500 ml
酒精度数	53°
收藏星级	★★

2015 年贵州茅台酒（澳门茅台文化协会尊享）

相关事记：

此酒为澳门茅台文化协会专用酒。

2014 年 12 月，庆祝澳门回归祖国十五年暨澳门茅台文化协会成立典礼在澳门旅游塔会展中心举行。全国政协副主席何厚铧，时任澳门特别行政区行政长官崔世安等出席典礼。与会嘉宾一起品评茅台酒，探讨国酒文化。

673

成交价格	RMB 19,088
拍卖信息	阿里拍卖 2020.3.16, E 2793
生产年份	2015 年
容量规格	500 ml
酒精度数	53°
收藏星级	★★

2015 年贵州茅台酒（澳门茅台文化协会尊享）

相关事记：

此酒为澳门茅台文化协会专用酒。

澳门茅台文化协会是在澳门特区政府注册登记成立的一个非营利团体，是一个以弘扬国酒文化、推进茅台文化研究为宗旨的酒文化交流平台。协会的宗旨是品味茅台，以酒会友，推动社会公益事业，团结茅台爱好者，开展有利于社会和谐统一和提升生活品位的活动。

生产日期、批次

20170307
2015-053

674

成交价格	RMB 29,999
拍卖信息	阿里拍卖 2020.3.8, D 5641
生产年份	2016 年
容量规格	500 ml
酒精度数	53°
收藏星级	★★

2016 年贵州茅台酒
（澳门茅台文化协会尊享）

生产日期、批次

20050608
2004-02

675

成交价格	RMB 28,800
拍卖信息	阿里拍卖 2019.10.22, K 9048
生产年份	2016 年
容量规格	500 ml
酒精度数	53°
收藏星级	★★

2016 年贵州茅台酒（澳门茅台文化协会尊享）

676

成交价格	RMB 15,824
拍卖信息	阿里拍卖 2021.11.10, G 9397
生产年份	2018 年
容量规格	500 ml
酒精度数	53°
收藏星级	★★

2018 年贵州茅台酒（澳门名酒收藏协会·黄）

生产日期、批次

20181229
2018-072

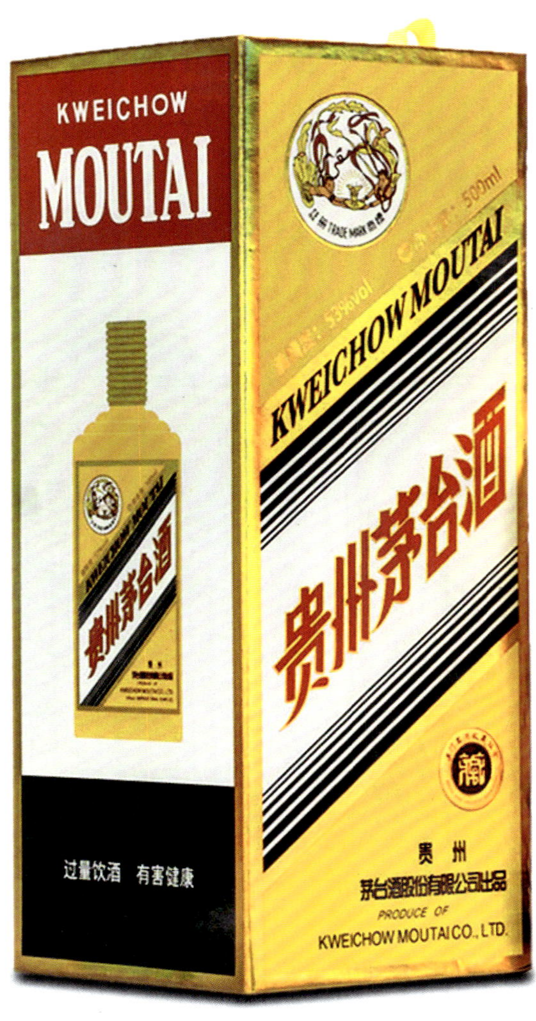

677

参考价格	RMB 16,000
拍卖信息	无
生产年份	2018 年
容量规格	500 ml
酒精度数	53°
收藏星级	★★

2018 年贵州茅台酒（澳门名酒收藏协会·黑）

生产日期、批次

20181126
2016-175

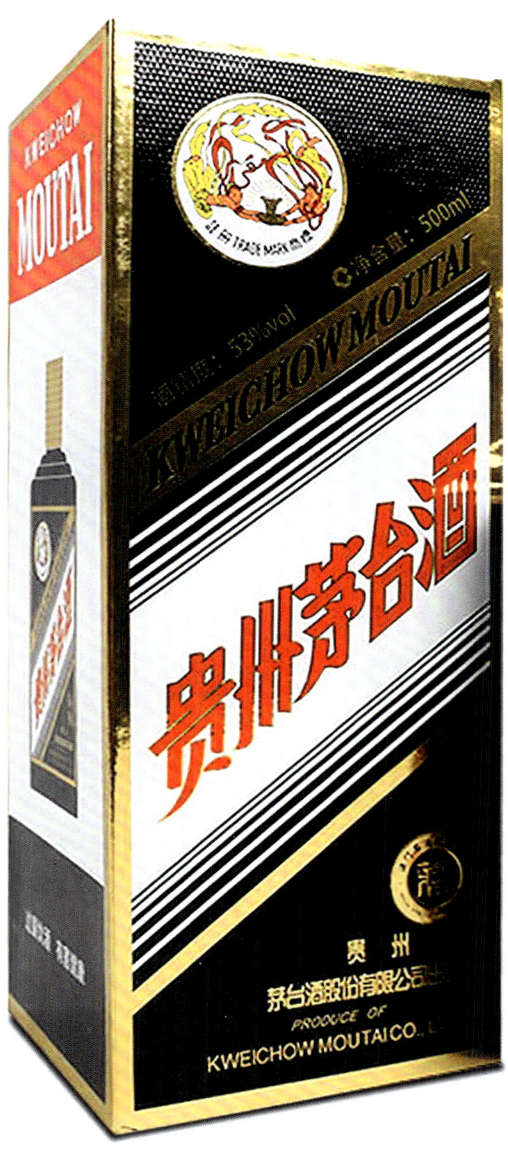

678

参考价格	RMB 150,000
拍卖信息	无
生产年份	2019 年
容量规格	5 L
酒精度数	53°
收藏星级	★★

2019 年贵州茅台酒（澳门名酒收藏协会·黄）

生产日期、批次

20190513
2018-141

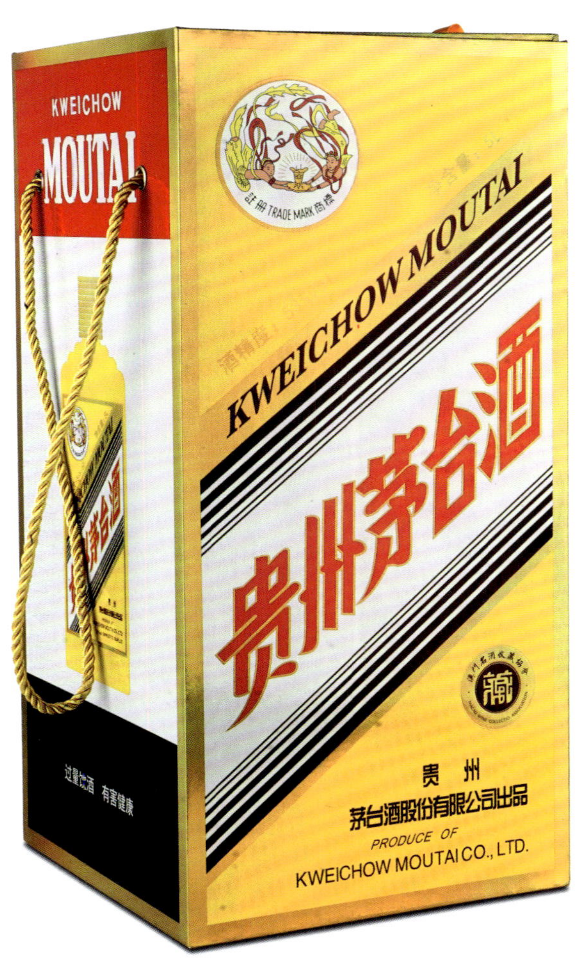

679

参考价格	RMB 150,000
拍卖信息	无
生产年份	2019 年
容量规格	5 L
酒精度数	53°
收藏星级	★★

2019 年贵州茅台酒（澳门名酒收藏协会·黑）

生产日期、批次

20190816
2017-147

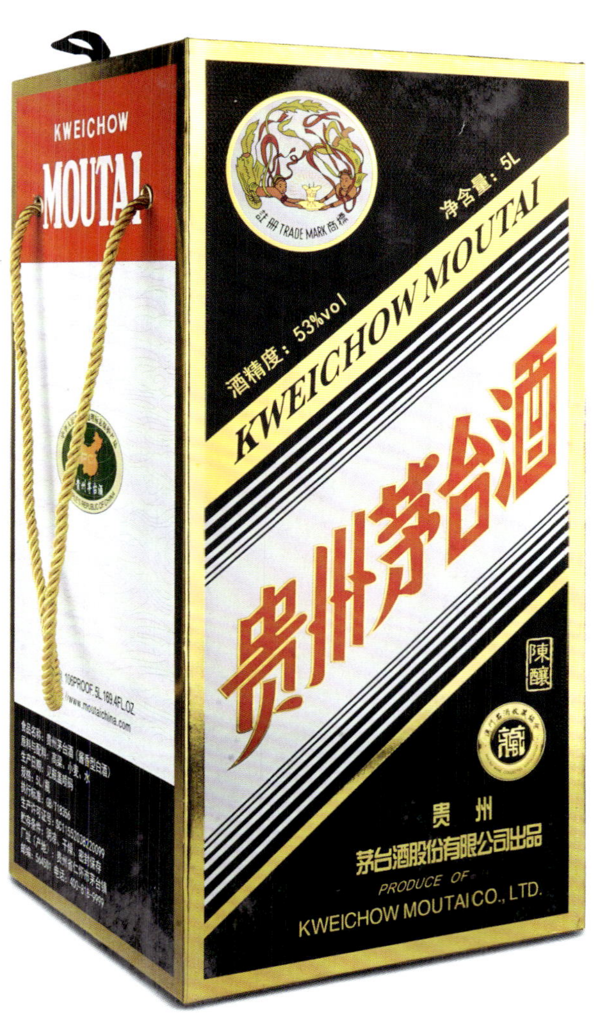

680

参考价格	RMB 10,500
拍卖信息	无
生产年份	2015 年
容量规格	500 ml
酒精度数	53°
收藏星级	★

2015 年贵州茅台酒（中国第二届酒文化收藏博览会纪念）

生产日期、批次

20151112
2015-064

681

成交价格	RMB 15,501
拍卖信息	阿里拍卖 2021.7.18, Q 8091
生产年份	2015 年
容量规格	500 ml
酒精度数	53°
收藏星级	★

2015 年贵州茅台酒（中国收藏家协会成立二十周年纪念）

生产日期、批次

20151109
2015-061

682

参考价格	RMB 10,500
拍卖信息	无
生产年份	2015 年
容量规格	500 ml
酒精度数	53°
收藏星级	★★

2015 年贵州茅台酒

（篆书贵州茅台酒）

生产日期、批次

20170728
2015-057

683

成交价格	RMB 7,001
拍卖信息	阿里拍卖 2021.3.5, L 6694
生产年份	2015 年
容量规格	500 ml
酒精度数	53°
收藏星级	★

2015 年贵州茅台酒

（庆祝达海控股集团更名、南通四建集团荣获第二十四枚鲁班奖定制）

684

成交价格	RMB 10,001
拍卖信息	阿里拍卖 2022.9.19, C 1369
生产年份	2015 年
容量规格	500 ml
酒精度数	53°
收藏星级	★

2015 年贵州茅台酒
（国酒定制 · 个性尊享 · 红）

生产日期、批次

20160813
2016-070

685

成交价格	RMB 13,800
拍卖信息	阿里拍卖 2021.9.18, O 2800
生产年份	2015 年
容量规格	500 ml
酒精度数	53°
收藏星级	★

2015 年贵州茅台酒
（国酒定制 · 个性尊享 · 金）

生产日期、批次

20151125
2014-122

686

成交价格	RMB 14,901
拍卖信息	阿里拍卖 2022.12.29, R 2109
生产年份	2015 年
容量规格	500 ml
酒精度数	53°
收藏星级	★

2015 年贵州茅台酒（国酒定制・陈酿）

生产日期、批次

20150916
2014-121

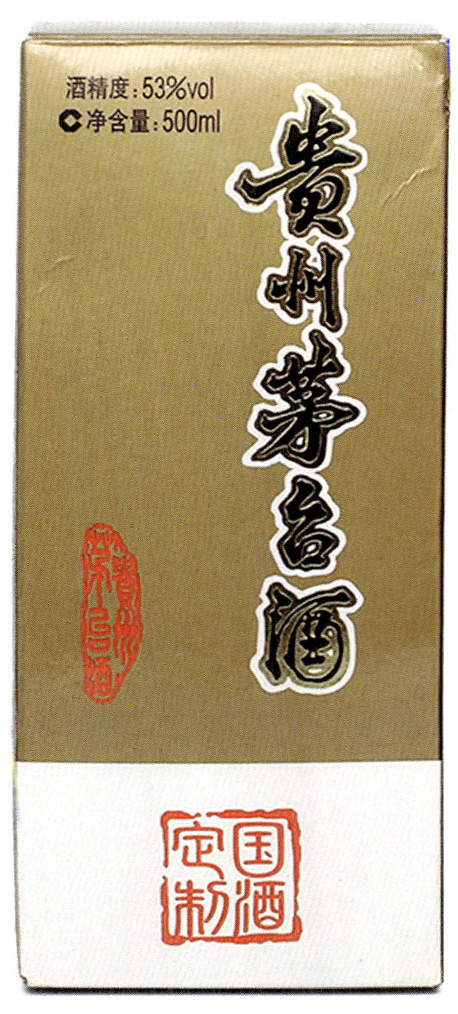

687

参考价格	RMB 7,500
拍卖信息	无
生产年份	2015 年
容量规格	500 ml
酒精度数	53°
收藏星级	★

2015 年贵州茅台酒（国酒定制 · 个性尊享陈酿）

生产日期、批次

20150916
2014-121

688

成交价格	RMB 5,341
拍卖信息	阿里拍卖 2022.4.14, A 6449
生产年份	2015 年
容量规格	375 ml
酒精度数	53°
收藏星级	★

2015 年贵州茅台酒（青岩古镇尊享）

相关事记：

此酒为青岩古镇定制酒。

青岩古镇，贵州四大古镇之一，位于贵阳市南郊，建于明洪武十年（1377 年），原为军事要塞 。古镇人文荟萃，有历史名人周渔璜、清末状元赵以炯（贵州历史上第一个文状元）。周恩来的父亲、邓颖超的母亲、李克农等革命前辈及其家属均在青岩秘密居住过。青岩古镇还是抗战期间浙江大学的西迁办学点之一。

生产日期、批次

20150625	20160130	20180425
2014-084	2015-110	2017-145

689

参考价格	RMB 10,500
拍卖信息	无
生产年份	2015 年
容量规格	500 ml
酒精度数	53°
收藏星级	★

2015 年贵州茅台酒
（香港酒瓶民艺瑰宝展纪念）

生产日期、批次

20151109
2015-061

690

参考价格	RMB 5,000
拍卖信息	无
生产年份	2015 年
容量规格	500 ml
酒精度数	53°
收藏星级	★

2015 年贵州茅台酒
（福到万家）

生产日期、批次

20150706
2014-119

691

参考价格	RMB 12,000
拍卖信息	无
生产年份	2015 年
容量规格	500 ml
酒精度数	53°
收藏星级	★

2015 年贵州茅台酒
（印象水仙）

692

成交价格	RMB 60,101
拍卖信息	阿里拍卖 2019.1.18, F 8063
生产年份	2015 年
容量规格	500 ml × 4
酒精度数	53°
收藏星级	★★

2015 年贵州茅台酒

（春、夏、秋、冬）

生产日期、批次

春	夏	秋	冬
20160518	20151109	20151112	20151113
2016-011	2015-061	2015-064	2015-065

KWEICHOW
MOUTAI
贵州茅台酒
酒精度：53%vol
净含量：500ml
秋
秋

KWEICHOW
MOUTAI
贵州茅台酒
酒精度：53%vol
净含量：500ml
冬
500ml
53%vol
贵州茅台酒
贵州茅台酒股份有限公司出品
PRODUCE OF
KWEICHOW MOUTAI CO.,LTD.
冬

693

参考价格	RMB 36,000
拍卖信息	无
生产年份	2015 年
容量规格	500 ml
酒精度数	53°
收藏星级	★

2015 年贵州茅台酒（申城老外滩）

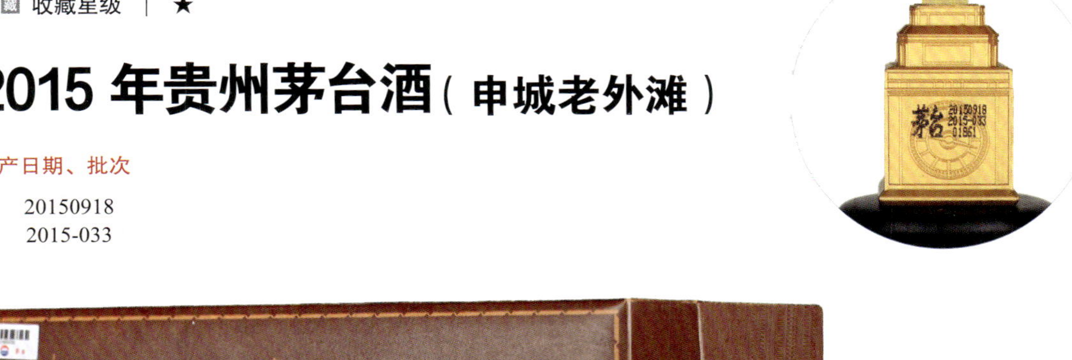

生产日期、批次

20150918
2015-033

694

参考价格	RMB 36,000
拍卖信息	无
生产年份	2015 年
容量规格	500 ml
酒精度数	53°
收藏星级	★

2015 年贵州茅台酒（申城老外滩）

生产日期、批次

20150918
2015-033

695

成交价格	RMB 8,801
拍卖信息	阿里拍卖 2022.6.22, A 1590
生产年份	2015 年
容量规格	500 ml
酒精度数	53°
收藏星级	★

2015 年贵州茅台酒（贵州特需商品）

生产日期、批次

20150417 2014-132	20150807 2015-011	20150810 2015-017	20151125 2015-071
20151213 2015-086	20160113 2015-098	20160504 2016-001	20161207 2016-121

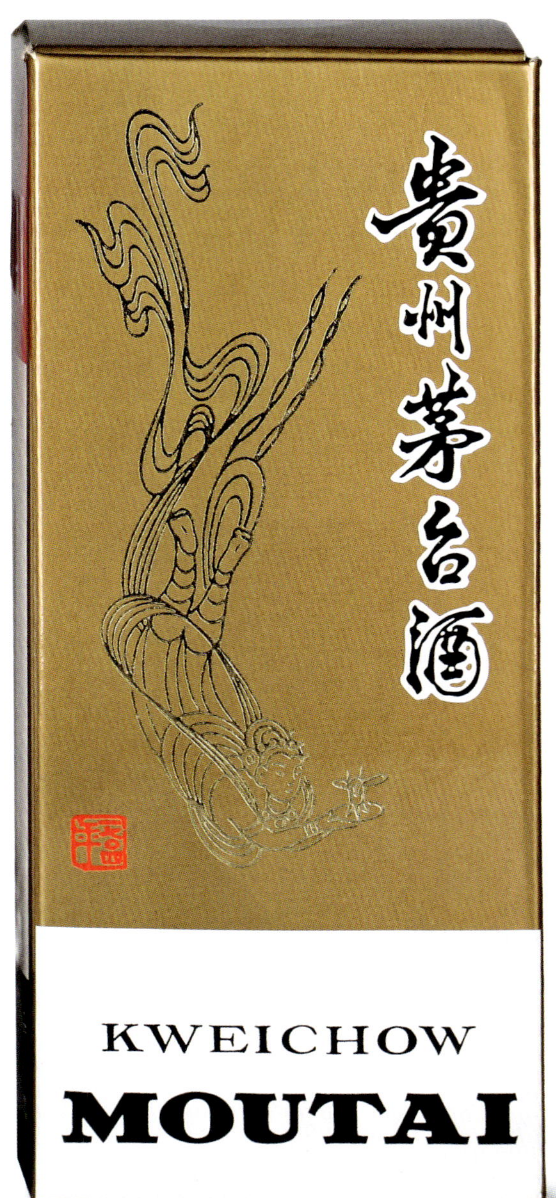

696

成交价格	RMB 30,001
拍卖信息	阿里拍卖 2022.5.16, X 4609
生产年份	2015 年
容量规格	2.5 L
酒精度数	53°
收藏星级	★

2015 年贵州茅台酒（金桂叶酱瓶）

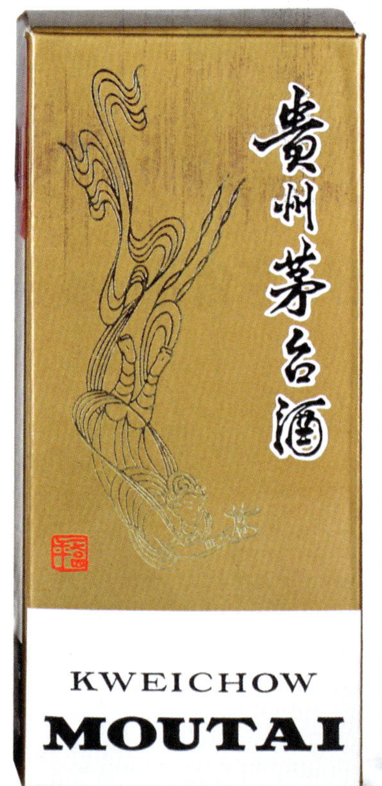

697

参考价格	RMB 12,000
拍卖信息	无
生产年份	2015 年
容量规格	500 ml
酒精度数	53°
收藏星级	★

2015 年贵州茅台酒（陈酿）

698

成交价格	RMB 12,201
拍卖信息	阿里拍卖 2019.5.24, I 0877
生产年份	2015 年
容量规格	500 ml
酒精度数	53°
收藏星级	★

2015 年贵州茅台酒（陈酿）

贵州茅台酒各款规格

高度：42cm（带底座）

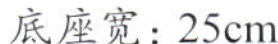

底座宽：25cm

高度：39cm

直径：27cm

高度：39cm

直径：27cm

高度：37cm

直径：14cm

高度：39cm

直径：27cm

高度：37cm

直径：14cm

高度：30cm

直径：12cm

699

成交价格	RMB 40,250
拍卖信息	永乐拍卖 2022.7.26, Lot 7010
生产年份	2015 年
容量规格	3 L
酒精度数	53°
收藏星级	★

定制茅台系列

3L 茅台酒
高约 370mm

1.5L 茅台酒
高约 290mm

500ml 茅台酒
高约 190mm

2015 年贵州茅台酒（3L）

700

成交价格	RMB 34,500
拍卖信息	中鸿信 2022.9.12, Lot 5118
生产年份	2015 年
容量规格	1.68 L
酒精度数	53°
收藏星级	★

2015 年贵州茅台酒（1680）

701

参考价格	RMB 16,000
拍卖信息	无
生产年份	2015 年
容量规格	1.68 L
酒精度数	53°
收藏星级	★

2015 年贵州茅台酒（1680）

702

成交价格	RMB 12,901
拍卖信息	阿里拍卖 2022.10.9, O 7405
生产年份	2015 年
容量规格	500 ml
酒精度数	53°
收藏星级	★

2015 年贵州茅台酒
（贵宾）

703

成交价格	RMB 8,643
拍卖信息	阿里拍卖 2021.5.16, V 5210
生产年份	2015 年
容量规格	500 ml
酒精度数	53°
收藏星级	★

2015 年贵州茅台酒
（豪华绛色）

704

成交价格	RMB 8,971
拍卖信息	阿里拍卖 2021.6.20, T 1514
生产年份	2015 年
容量规格	500 ml
酒精度数	53°
收藏星级	★

2015 年贵州茅台酒
（豪华金色）

705

成交价格	RMB 21,083
拍卖信息	中国嘉德 2018.6.18 , Lot 3511
生产年份	2015 年
容量规格	500 ml
酒精度数	53°
收藏星级	★★★

2015 年贵州茅台酒
（老蓝茅）

生产日期、批次

20151207 2015-073	20151223 2015-089	20160310 2015-126
20160328 2015-136	20160331 2015-138	20160801 2016-061

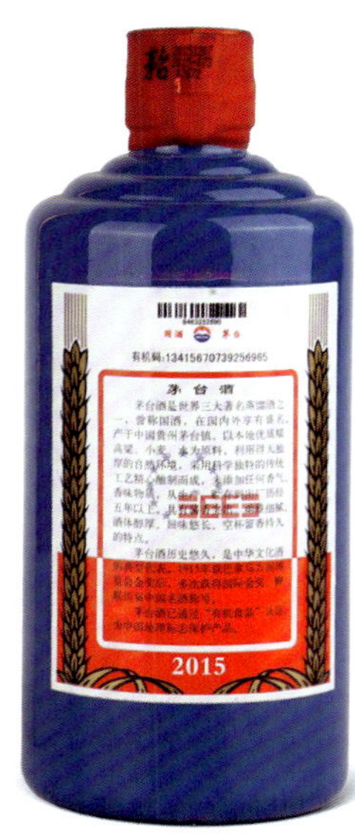

706

参考价格	RMB 7,500
拍卖信息	无
生产年份	2015 年
容量规格	500 ml
酒精度数	53°
收藏星级	★

2015 年贵州茅台酒（中华酒器首赴海外办展纪念）

生产日期、批次

20151113
2015-065

707

羊	成交价格	RMB 12,500
拍	拍卖信息	阿里拍卖 2022.1.6, P 3263
年	生产年份	2016 年
容	容量规格	500 ml
度	酒精度数	53°
藏	收藏星级	★

2016 年贵州茅台酒

〔中外酒器（北京）协会尊享·蓝〕

生产日期、批次

20160831
2016-081

708

参考价格	RMB 7,500
拍卖信息	无
生产年份	2017 年
容量规格	500 ml
酒精度数	53°
收藏星级	★

2017 年贵州茅台酒

〔首届中国国际酒器艺术品交流展纪念（中国北京）〕

生产日期、批次

20170330
2016-163

709

成交价格	RMB 6,073
拍卖信息	阿里拍卖 2020.3.25, V 9335
生产年份	2017 年
容量规格	500 ml
酒精度数	53°
收藏星级	★

2017 年贵州茅台酒〔中外酒器（北京）协会〕

生产日期、批次

20170324
2016-161

710

成交价格	RMB 8,451
拍卖信息	阿里拍卖 2021.2.24, Q 4398
生产年份	2017 年
容量规格	500 ml
酒精度数	53°
收藏星级	★

2017 年贵州茅台酒〔中外酒器（北京）协会尊享 · 红〕

生产日期、批次

20170324
2016-161

711

参考价格	RMB 7,500
拍卖信息	无
生产年份	2017 年
容量规格	500 ml
酒精度数	53°
收藏星级	★

2017 年贵州茅台酒〔中外酒器（北京）协会尊享·金〕

生产日期、批次

20170330
2016-163

712

成交价格	RMB 7,701
拍卖信息	阿里拍卖 2022.8.28、X 7957
生产年份	2015 年
容量规格	500 ml
酒精度数	53°
收藏星级	★

2015 年贵州茅台酒（亨通尊享·酱瓶）

713

参考价格	RMB 12,000
拍卖信息	无
生产年份	2015 年
容量规格	500 ml
酒精度数	53°
收藏星级	★

2015 年贵州茅台酒（亨通尊享·八骏马）

714

参考价格	RMB 11,001
拍卖信息	阿里拍卖 2022.8.28, D 9562
生产年份	2018 年
容量规格	500 ml
酒精度数	53°
收藏星级	★

2018 年贵州茅台酒（亨通尊享）

生产日期、批次

20180525
2016-018

715

成交价格	RMB 6,999
拍卖信息	阿里拍卖 2020.3.30, M 0364
生产年份	2015 年
容量规格	500 ml
酒精度数	53°
收藏星级	★★

2015 年贵州茅台酒（盛世酱香）

生产日期、批次

20151109
2015-061

716

参考价格	RMB 5,000
拍卖信息	无
生产年份	2015 年
容量规格	500 ml
酒精度数	53°
收藏星级	★

2015 年贵州茅台酒（至诚尊享）

生产日期、批次

20150907
2015-029

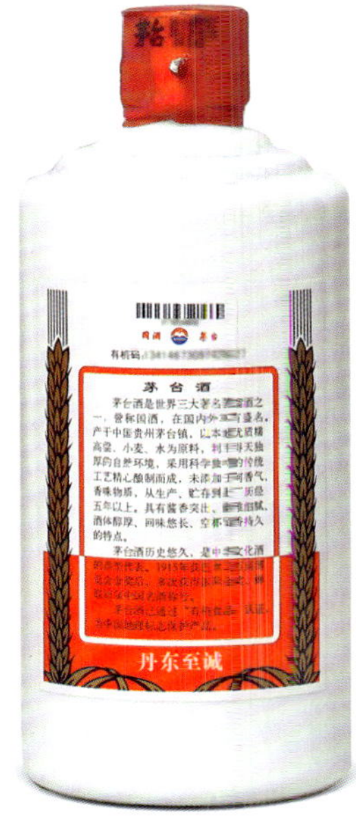

717

参考价格	RMB 5,000
拍卖信息	无
生产年份	2016 年
容量规格	500 ml
酒精度数	53°
收藏星级	★

2016 年贵州茅台酒（河南省酒业协会收藏鉴定专业委员会尊享）

生产日期、批次

20180607
2017-161

718

参考价格	RMB 5,000
拍卖信息	无
生产年份	2016 年
容量规格	500 ml
酒精度数	53°
收藏星级	★

2016 年贵州茅台酒（溧阳市餐饮业商会珍藏）

生产日期、批次

20150907
2015-029

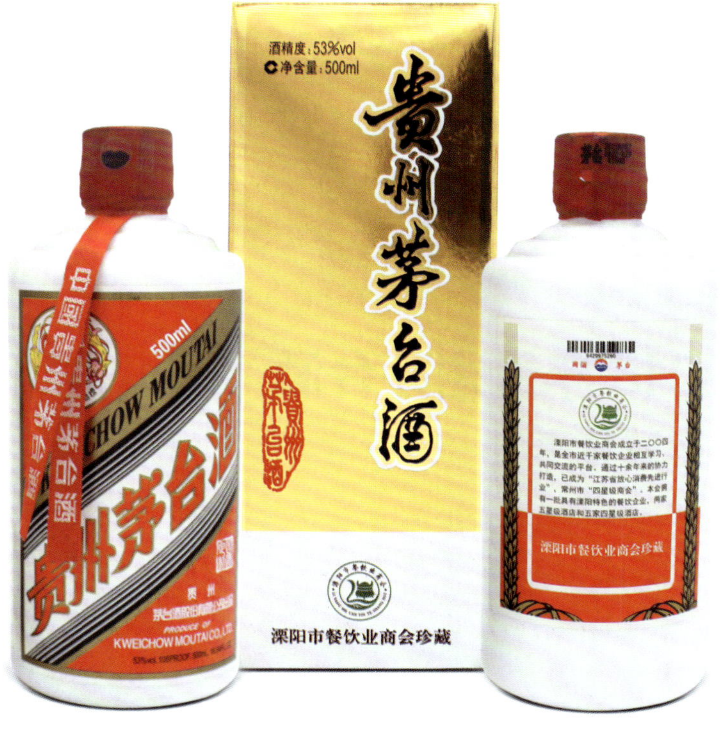

719

参考价格	RMB 5,000
拍卖信息	无
生产年份	2016 年
容量规格	500 ml
酒精度数	53°
收藏星级	★

2016 年贵州茅台酒
（第十一届贵州旅游产业发展大会纪念）

相关事记：

此酒为第十一届贵州旅游产业发展大会纪念酒。

2016 年 5 月 10 日，第十一届贵州旅游产业发展大会在仁怀市茅台镇 1915 广场隆重举行。

720

参考价格	RMB 6,000
拍卖信息	无
生产年份	2016 年
容量规格	500 ml
酒精度数	53°
收藏星级	★

2016 年贵州茅台酒
（纪念贵州茅台酒荣获 1979 年国家名酒称号）

生产日期、批次

20160409
2015-141

721

参考价格	RMB 5,000
拍卖信息	无
生产年份	2016 年
容量规格	500 ml
酒精度数	53°
收藏星级	★

2016 年贵州茅台酒
（最美高速 · 贵州名优特产中心专卖）

相关事记：

此酒为“多彩贵州 • 最美高速”定制酒。

根据 2015—2016 年度贵州全省高速公路沿线服务区、停车区（加油站）、路容路貌、执法部门服务质量的评定情况，连续两年年终考核都在前 10 名的 5 条创建路段，被授予“多彩贵州 • 最美高速”文明大道称号。

生产日期、批次

20150807	20160407	20160908	20170601	20180608
2015-015	2015-142	2016-085	2016-082	2017-161

722

参考价格	RMB 2,000
拍卖信息	无
生产年份	2016 年
容量规格	200 ml
酒精度数	53°
收藏星级	★

2016 年贵州茅台酒
（最美高速・贵州名优特产中心专卖）

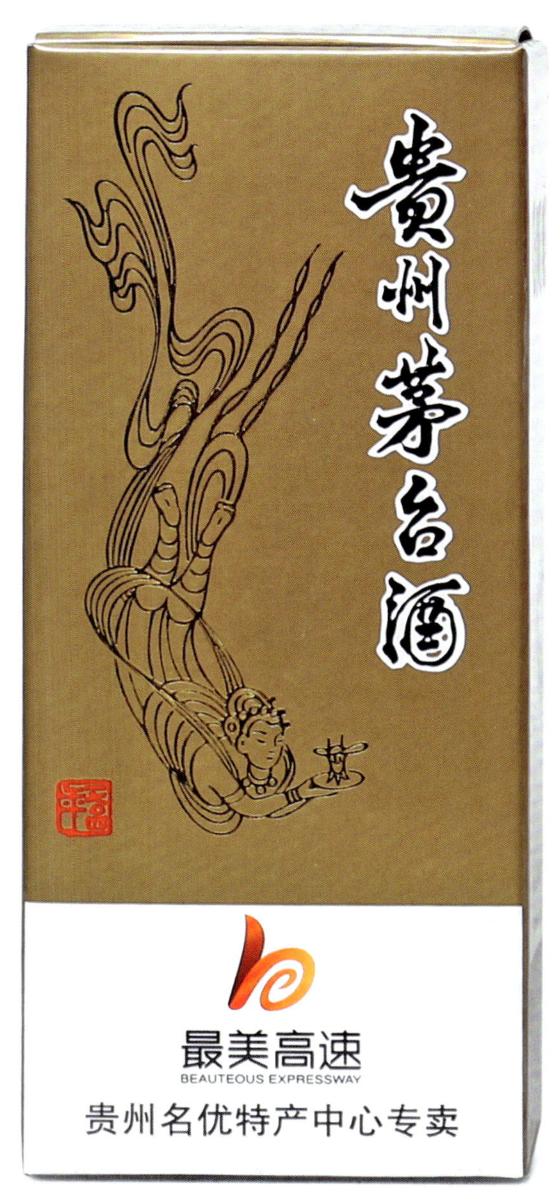

723

参考价格	RMB 10,500
拍卖信息	无
生产年份	2016 年
容量规格	500 ml
酒精度数	53°
收藏星级	★

2016 年贵州茅台酒（国酒定制）

724

成交价格	RMB 15,881
拍卖信息	阿里拍卖 2022.8.28, I 3073
生产年份	2016 年
容量规格	500 ml
酒精度数	53°
收藏星级	★

2016 年贵州茅台酒（国酒定制 个性尊享 · 红金）

生产日期、批次

20160812
2016-070

725

成交价格	RMB 8,251
拍卖信息	阿里拍卖 2022.8.17, F 8438
生产年份	2016 年
容量规格	500 ml
酒精度数	53°
收藏星级	★

2016 年贵州茅台酒（国酒定制蓝瓶）

生产日期、批次

20160123
2015-104

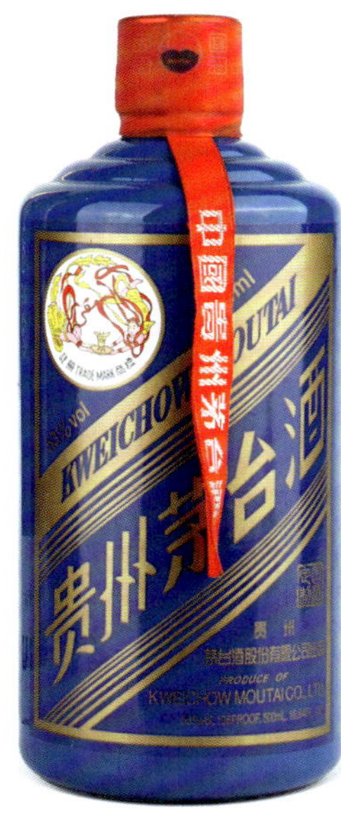

726

成交价格	RMB 12,500
拍卖信息	阿里拍卖 2021.3.8, Z 3335
生产年份	2016 年
容量规格	500 ml
酒精度数	53°
收藏星级	★

2016 年贵州茅台酒（2015 年 5 月 7 日封坛酒）

727

成交价格	RMB 44,801
拍卖信息	阿里拍卖 2022.4.28, E 1279
生产年份	2016 年
容量规格	500 ml
酒精度数	53°
收藏星级	★

2016 年贵州茅台酒（李白《将进酒》）

生产日期、批次

20160713
2016-050

728

参考价格	RMB 10,000
拍卖信息	无
生产年份	2016 年
容量规格	500 ml
酒精度数	53°
收藏星级	★★

2016 年贵州茅台酒
（酒界泰斗“秦含章”先生 109 岁寿辰珍藏）

相关事记：

此酒为秦含章 109 岁寿辰定制酒。

秦含章生于 1908 年，在中国食品、轻工科技领域奋斗将近 70 年，被尊为中国食品工业奠基人和酒界泰斗。一生著书 40 余部，近 6000 万字。

生产日期、批次

20161202
2016-119

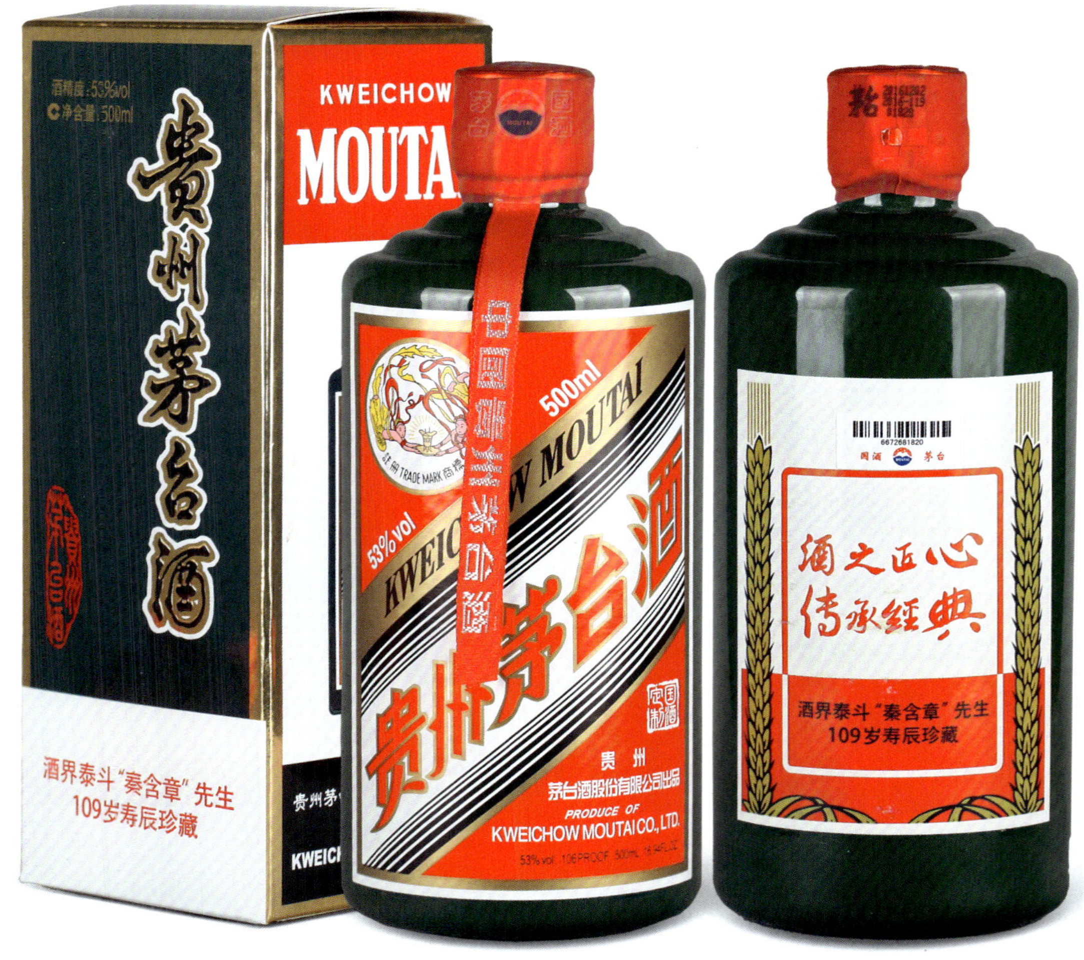

729

参考价格	RMB 10,500
拍卖信息	无
生产年份	2017 年
容量规格	500 ml
酒精度数	53°
收藏星级	★

2017 年贵州茅台酒
（秦含章先生 110 岁寿辰珍藏）

生产日期、批次

20161212
2016-124

730

参考价格	RMB 10,500
拍卖信息	无
生产年份	2016 年
容量规格	500 ml
酒精度数	53°
收藏星级	★

2016 年贵州茅台酒
（天目湖酒文化博物馆）

生产日期、批次

20160513
2016-007

731

参考价格 RMB 5,000
拍卖信息 无
生产年份 2016 年
容量规格 500 ml
酒精度数 53°
收藏星级 ★

2016 年贵州茅台酒（纪念华商书院成立10 周年珍藏版）

生产日期、批次

20160623
2016-039

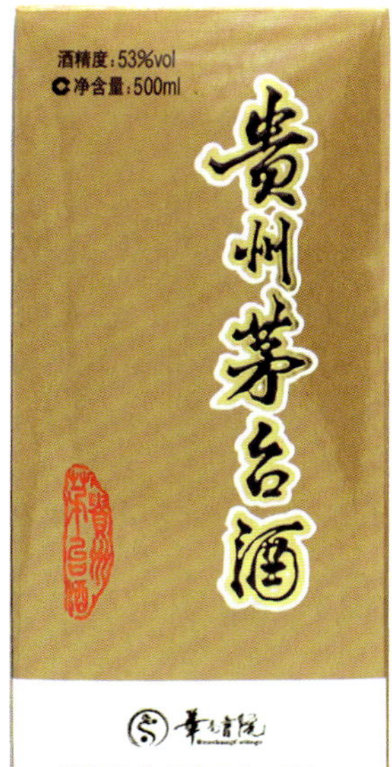

732

参考价格 RMB 10,500
拍卖信息 无
生产年份 2016 年
容量规格 500 ml
酒精度数 53°
收藏星级 ★

2016 年贵州茅台酒（一代天骄）

生产日期、批次

20161028
2016-098

733

参考价格	RMB 10,500
拍卖信息	无
生产年份	2016 年
容量规格	500 ml
酒精度数	53°
收藏星级	★

2016 年贵州茅台酒（一代天骄·黑）

生产日期、批次

20161018
2016-092

734

参考价格	RMB 10,500
拍卖信息	无
生产年份	2016 年
容量规格	500 ml
酒精度数	53°
收藏星级	★

2016 年贵州茅台酒
（一代天骄·红）

生产日期、批次

20161027
2016-096

735

参考价格	RMB 10,500
拍卖信息	无
生产年份	2016 年
容量规格	500 ml
酒精度数	53°
收藏星级	★

2016 年贵州茅台酒
（一代天骄·红金）

生产日期、批次

20161027
2016-096

736

参考价格	RMB 10,500
拍卖信息	无
生产年份	2016 年
容量规格	500 ml
酒精度数	53°
收藏星级	★

2016 年贵州茅台酒（一代天骄·蓝）

生产日期、批次

20161021
2016-096

737

成交价格	RMB 27,499
拍卖信息	阿里拍卖 2020.8.20, S 4684
生产年份	2016 年
容量规格	500 ml × 4
酒精度数	53°
收藏星级	★★

2016 年贵州茅台酒（长江图）

相关事记：

此酒为《长江图》定制酒。

2016 年，柏林时间 2 月 20 日，第 66 届柏林国际电影节主竞赛单元各大奖项揭晓，中国台湾摄影师李屏宾凭借在《长江图》中极具诗意的电影画面获颁“最佳艺术贡献银熊奖”。

生产日期、批次

黑	蓝	金	红
20170324	20170222	20170330	20170327
2016-161	2016-157	2016-163	2016-162

738

成交价格　RMB 82,999

拍卖信息　阿里拍卖 2022.10.9, G 3105

生产年份　2016 年

容量规格　500 ml × 4

酒精度数　53°

收藏星级　★

2016 年贵州茅台酒（四君子·梅、兰、竹、菊）

739

成交价格	RMB 9,101
拍卖信息	阿里拍卖 2022.6.17, N 2540
生产年份	2016 年
容量规格	500 ml
酒精度数	53°
收藏星级	★

2016 年贵州茅台酒
（中国龙）

740

成交价格	RMB 22,001
拍卖信息	阿里拍卖 2021.7.18, D 9908
生产年份	2016 年
容量规格	500 ml
酒精度数	53°
收藏星级	★

2016 年贵州茅台酒
（中欧企业家峰会）

生产日期、批次

20161111
2016-103

741

成交价格	RMB 7,101
拍卖信息	阿里拍卖 2022.8.28, X 7923
生产年份	2016 年
容量规格	500 ml
酒精度数	53°
收藏星级	★

2016 年贵州茅台酒（红星闪烁）

相关事记：

此酒为贵州茅台红星闪烁纪念酒，通身采用军绿色，呈现出怀旧、质朴、端庄、大气的精神面貌，具有强烈的军营文化特色和时代背景。设计理念融合了酒文化、军旅文化、时代风尚等多种元素，瓶身的题词与凸显的红星相得益彰。

742

参考价格	RMB 5,500
拍卖信息	无
生产年份	2016 年
容量规格	500 ml
酒精度数	53°
收藏星级	★

2016 年贵州茅台酒
（茅台云商尊享）

生产日期、批次

20161230
2016-138

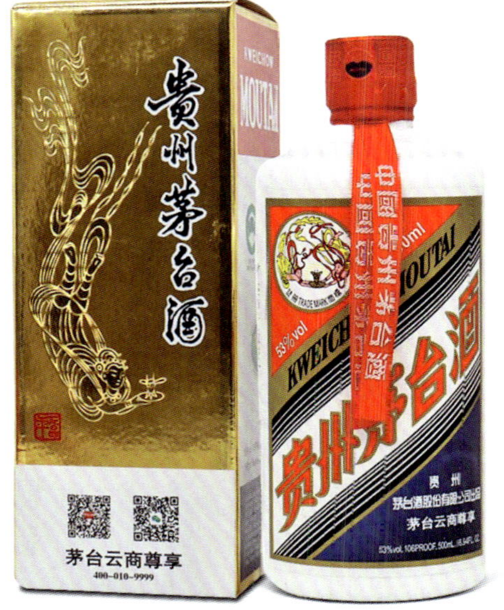

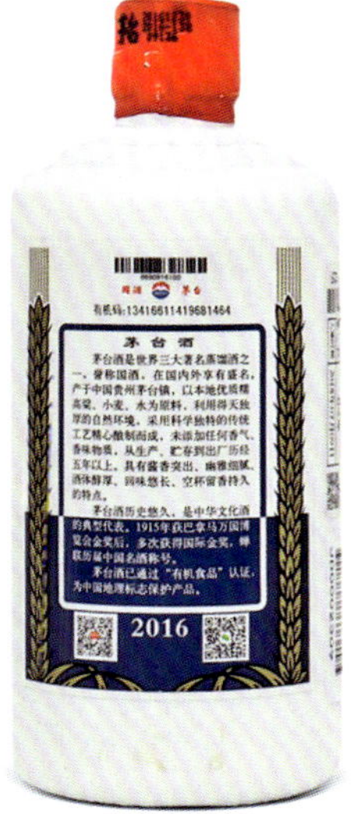

743

成交价格	RMB 2,399
拍卖信息	阿里拍卖 2019.11.11, M 2193
生产年份	2016 年
容量规格	375 ml
酒精度数	53°
收藏星级	★

2016 年贵州茅台酒
（仅供品鉴）

生产日期、批次

20161205
2016-119

744

成交价格	RMB 53,801
拍卖信息	阿里拍卖 2022.4.14, G 2333
生产年份	2016 年
容量规格	500 ml × 4
酒精度数	53°
收藏星级	★

2016 年贵州茅台酒（国之四礼）

745

参考价格	RMB 50,000
拍卖信息	无
生产年份	2016 年
容量规格	500 ml × 4
酒精度数	53°
收藏星级	★

2016 年贵州茅台酒（国之四礼）

746

成交价格	RMB 20,501
拍卖信息	阿里拍卖 2020.7.7, J 9807
生产年份	2016 年
容量规格	2.5 L
酒精度数	53°
收藏星级	★★

2016 年贵州茅台酒
（国酒定制·猴）

747

参考价格	RMB 128,000
拍卖信息	无
生产年份	2016 年
容量规格	5 L
酒精度数	53°
收藏星级	★★

2016 年贵州茅台酒（红金）

贵州茅台酒
酒精度：53%vol
净含量：5L/瓶

748

参考价格	RMB 128,000
拍卖信息	无
生产年份	2016 年
容量规格	5 L
酒精度数	53°
收藏星级	★★

2016 年贵州茅台酒（黑金）

749

成交价格	RMB 25,951
拍卖信息	阿里拍卖 2022.6.18, R 0252
生产年份	2016 年
容量规格	500 ml
酒精度数	53°
收藏星级	★★

2016 年贵州茅台酒

（绿色尊享）

生产日期、批次

20160729
2016-061

750

成交价格	RMB 5,201
拍卖信息	阿里拍卖 2022.9.30, U 8559
生产年份	2016 年
容量规格	500 ml
酒精度数	53°
收藏星级	★★

2016 年贵州茅台酒

（玫瑰金）

生产日期、批次

20160729 2016-060	20160831 2016-081	20170327 2016-163	20170511 2016-169	20170518 2016-170	20170718 2016-185	20171101 2017-059
20180130 2017-110	20180523 2017-155	20180601 2017-258	20181101 2018-047	20190528 2018-148	20190701 2018-161	

751

参考价格	RMB 128,000
拍卖信息	无
生产年份	2016 年
容量规格	5 L
酒精度数	53°
收藏星级	★★

2016 年贵州茅台酒（金）

752

成交价格	RMB 28,999
拍卖信息	阿里拍卖 2022.10.10, G 8268
生产年份	2016 年
容量规格	2.5 L
酒精度数	53°
收藏星级	★

2016 年贵州茅台酒（金桂叶酱瓶）

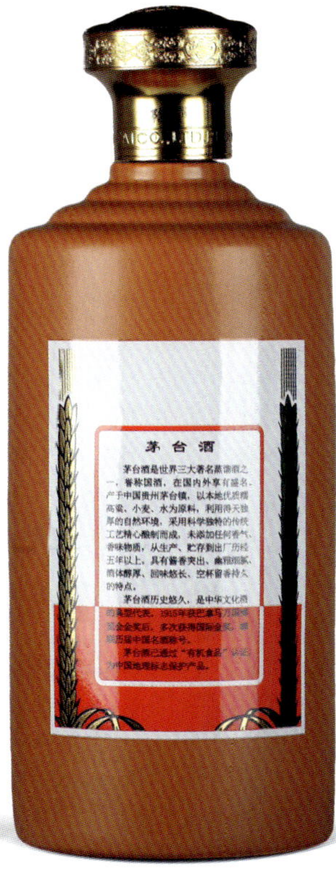

生产日期、批次

20161102 2016-101	20161202 2016-119	20170605 2016-084	20170620 2016-176
20171014 2017-049	20171016 2017-052	20180810 2017-171	20181109 2018-053

753

参考价格	RMB 28,999
拍卖信息	无
生产年份	2016 年
容量规格	500 ml
酒精度数	53°
收藏星级	★

2016 年贵州茅台酒（礼宾）

生产日期、批次

20160128 2015-106	20160420 2015-151	20160903 2016-083
20161021 2016-096	20170307 2016-159	20180606 2017-161

754

成交价格	RMB 5,501
拍卖信息	阿里拍卖 2022.10.1, U 4981
生产年份	2016 年
容量规格	50 ml × 5 瓶 / 盒 × 2
酒精度数	53°
收藏星级	★

2016 年贵州茅台酒（金条、银条）

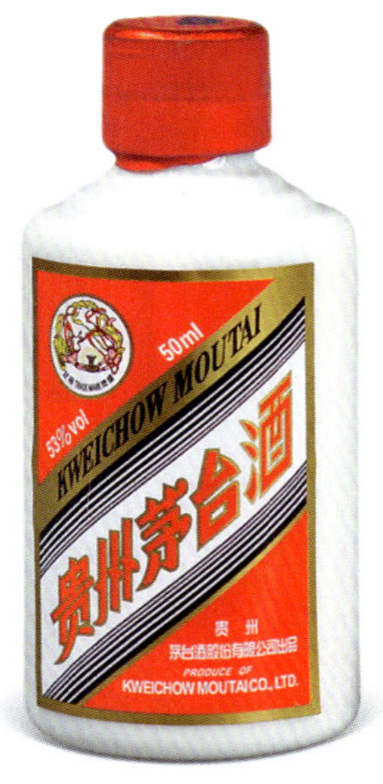

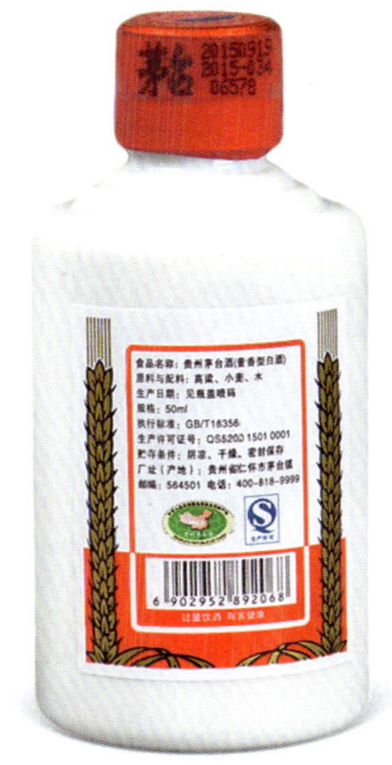

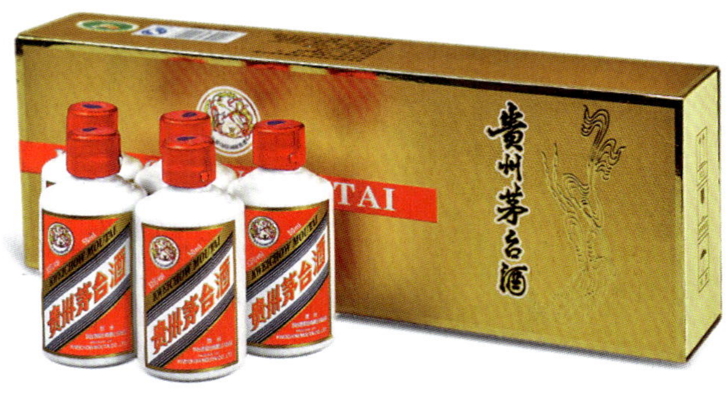

755

羊 成交价格	RMB 4,101
拍 拍卖信息	阿里拍卖 2022.9.24, U 1556
年 生产年份	2016 年
容 容量规格	375 ml
度 酒精度数	53°
藏 收藏星级	★

2016 年贵州茅台酒

（卡慕专销·李白）

756

羊 成交价格	RMB 3,781
拍 拍卖信息	阿里拍卖 2022.5.13, S 7191
年 生产年份	2016 年
容 容量规格	500 ml
度 酒精度数	53°
藏 收藏星级	★

2016 年贵州茅台酒

（卡慕专销·李白）

757

参考价格	RMB 5,000
拍卖信息	无
生产年份	2016 年
容量规格	500 ml
酒精度数	53°
收藏星级	★

2016 年贵州茅台酒（青印）

生产日期、批次

20161010	20170308	20170608
2016-092	2015-053	2015-055

相关事记：

青乃东方，印乃承诺。

《说文》解释说，“青，东方色也”。青色，代表一种庄重和典雅的颜色，被誉为尊贵、典雅和稀有的符号。青色，在东方文明古国的中国文化辞典里，寓意着浓厚的文人气息和深厚的文化底蕴。中国古代把高官显爵称为“青紫”，把道德高尚而有威望的人士尊为“青云之士”，文人在中国自古并以青衫为贵。

印是对贵州茅台酒的深沉敬畏，更是对贵州茅台酒这一民族品牌的炽热景仰，突出了多彩飞天的绚丽雅致。“青印”作为飞天茅台酒新的消费符号，正在诠释新生的消费潜力。

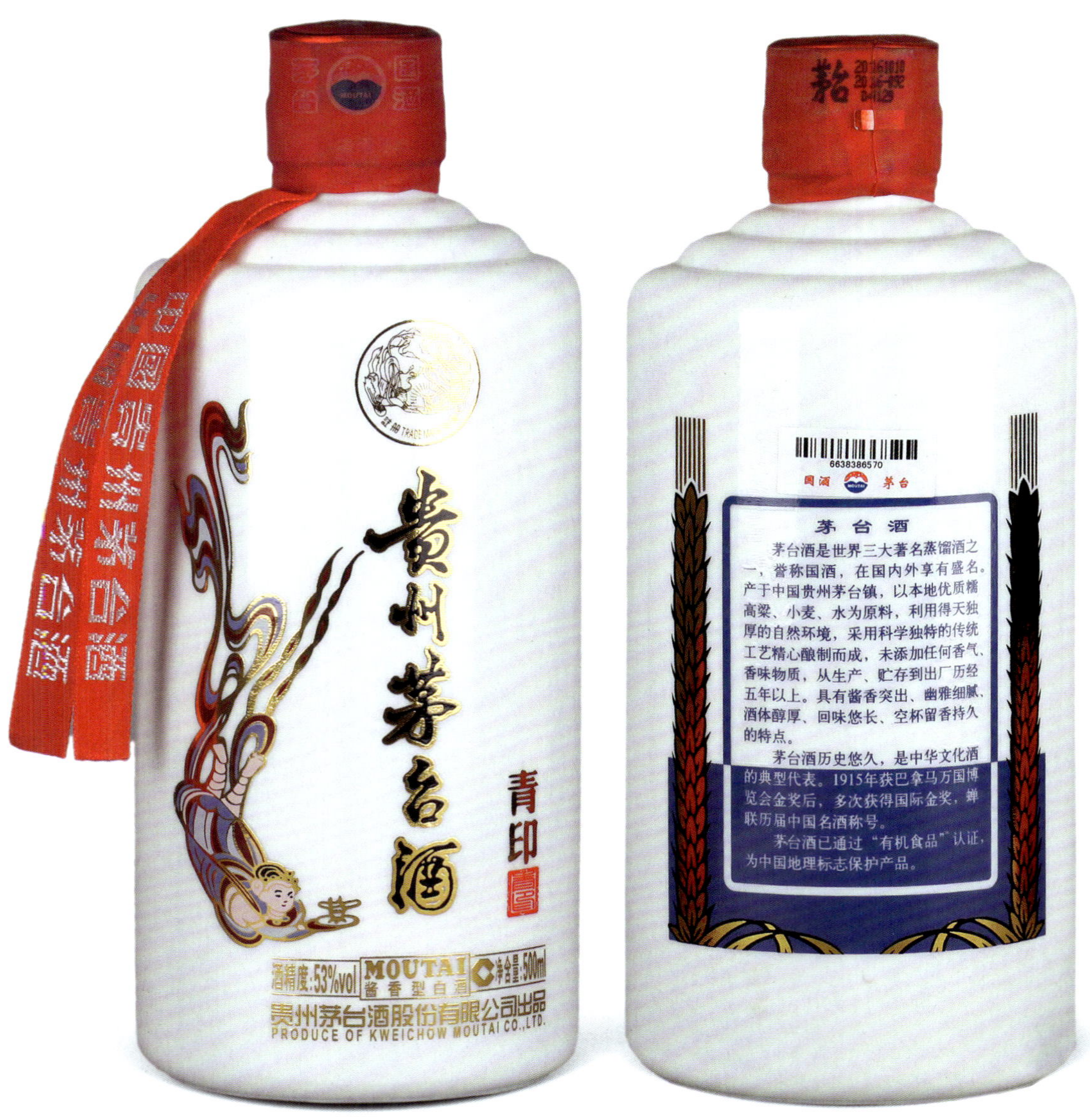

758

参考价格	RMB 5,000
拍卖信息	无
生产年份	2016 年
容量规格	500 ml
酒精度数	53°
收藏星级	★

2016 年贵州茅台酒（亚青私藏—冬）

生产日期、批次

20160129
2015-109

759

参考价格	RMB 10,500
拍卖信息	无
生产年份	2016 年
容量规格	500 ml
酒精度数	53°
收藏星级	★

2016 年贵州茅台酒（聚诚集团定制）

生产日期、批次

20161212
2016-124

760

参考价格	RMB 5,000
拍卖信息	无
生产年份	2016 年
容量规格	500 ml
酒精度数	53°
收藏星级	★

2016 年贵州茅台酒
（海印股份董事长邵建明先生收藏）

生产日期、批次

20160129
2015-109

761

参考价格	RMB 5,000
拍卖信息	无
生产年份	2016 年
容量规格	500 ml
酒精度数	53°
收藏星级	★

2016 年贵州茅台酒
（福信集团尊享）

生产日期、批次

20160903
2016-083

762

参考价格	RMB 10,500
拍卖信息	无
生产年份	2016 年
容量规格	500 ml
酒精度数	53°
收藏星级	★

2016 年贵州茅台酒

（贵州茅台酒个性化定制营销有限公司两周年纪念）

763

成交价格	RMB 10,101
拍卖信息	阿里拍卖 2021.12.25, A 6968
生产年份	2016 年
容量规格	500 ml
酒精度数	53°
收藏星级	★

2016 年贵州茅台酒

（只为卓越不凡的你）

生产日期、批次

20160805
2016-063

764

成交价格	RMB 8,701
拍卖信息	阿里拍卖 2019.12.6, E 3575
生产年份	2016 年
容量规格	500 ml
酒精度数	53°
收藏星级	★

2016 年贵州茅台酒（中国酒类流通协会酒文化体验馆）

生产日期、批次

20161217
2016-130

765

参考价格	RMB 5,500
拍卖信息	无
生产年份	2016 年
容量规格	500 ml
酒精度数	53°
收藏星级	★

2016 年贵州茅台酒（醉酒网贵宾珍藏纪念版）

生产日期、批次

20160129
2015-109

766

参考价格	RMB 5,000
拍卖信息	无
生产年份	2017 年
容量规格	500 ml
酒精度数	53°
收藏星级	★

2017 年贵州茅台酒

（贰零一一年拾贰月封·贰零一陆年拾贰月启）

生产日期、批次

20170324
0000-000

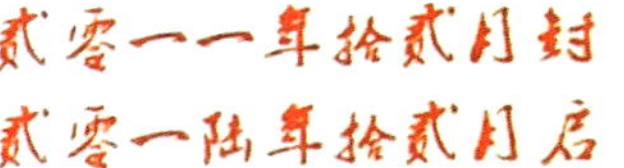

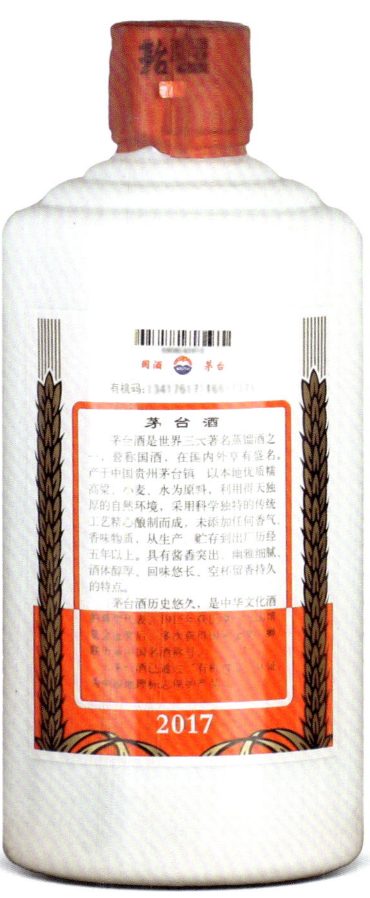

767

参考价格	RMB 6,000
拍卖信息	无
生产年份	2017 年
容量规格	500 ml
酒精度数	53°
收藏星级	★

2017 年贵州茅台酒

（纪念贵州茅台酒荣获 1963 年国家名酒称号）

相关事记：

此酒为贵州茅台酒荣获 1963 年国家名酒称号纪念酒。

在 1963 年举行的第二届全国评酒会上，贵州茅台酒再次荣获中国名酒称号。

生产日期、批次

20170818
2017-025

768

参考价格	RMB 5,000
拍卖信息	无
生产年份	2017 年
容量规格	500 ml
酒精度数	53°
收藏星级	★

2017 年贵州茅台酒（2017 中国国际酒业博览会）

相关事记：

此酒为中国酒业协会主办的第十届中国国际酒业博览会纪念酒。

由中国酒业协会主办的第十一届中国国际酒业博览会（CIADE 2017）于 2018 年 3 月 18 日在泸州开幕。中国国际酒业博览会是经商务部批准举办的唯一国际酒类专业展览会，自 2006 年第一届博览会举办以来，已连续成功举办十八届。

生产日期、批次

20170310
2016-160

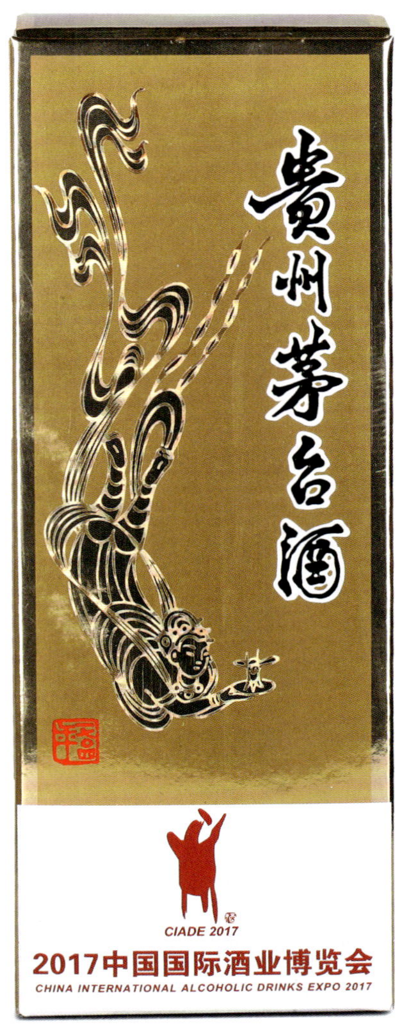

769

参考价格	RMB 5,000
拍卖信息	无
生产年份	2017 年
容量规格	500 ml
酒精度数	53°
收藏星级	★★

2017 年贵州茅台酒（中国香港酒类收藏协会鉴藏）

生产日期、批次

20170915
2017-041

770

参考价格	RMB 7,000
拍卖信息	无
生产年份	2016 年
容量规格	500 ml
酒精度数	53°
收藏星级	★★

2016 年贵州茅台酒（茅台定制 15 年）

生产日期、批次

20170213
2016-002

771

参考价格	RMB 5,000
拍卖信息	无
生产年份	2017 年
容量规格	500 ml
酒精度数	53°
收藏星级	★

2017 年贵州茅台酒（中国超级跑车锦标赛）

生产日期、批次

20170324
2016-162

772

成交价格	RMB 4,845
拍卖信息	阿里拍卖 2022.6.30, E 9287
生产年份	2017 年
容量规格	200 ml × 2
酒精度数	53°
收藏星级	★

2017 年贵州茅台酒（海外尊享）

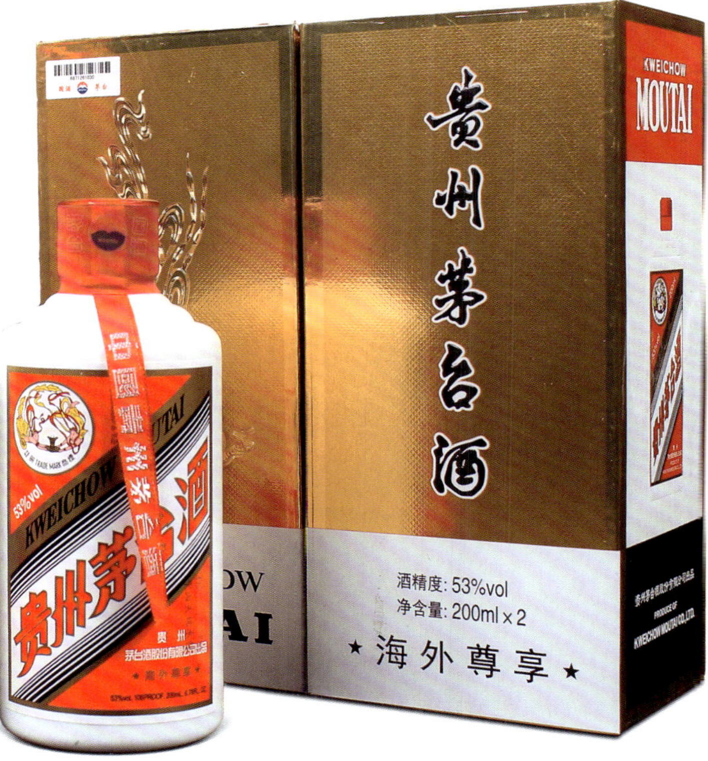

773

成交价格	RMB 4,845
拍卖信息	阿里拍卖 2022.6.30, E 9287
生产年份	2017 年
容量规格	375 ml
酒精度数	53°
收藏星级	★

2017 年贵州茅台酒（仅供品鉴）

生产日期、批次

20171030	20191011
2017-059	2019-027

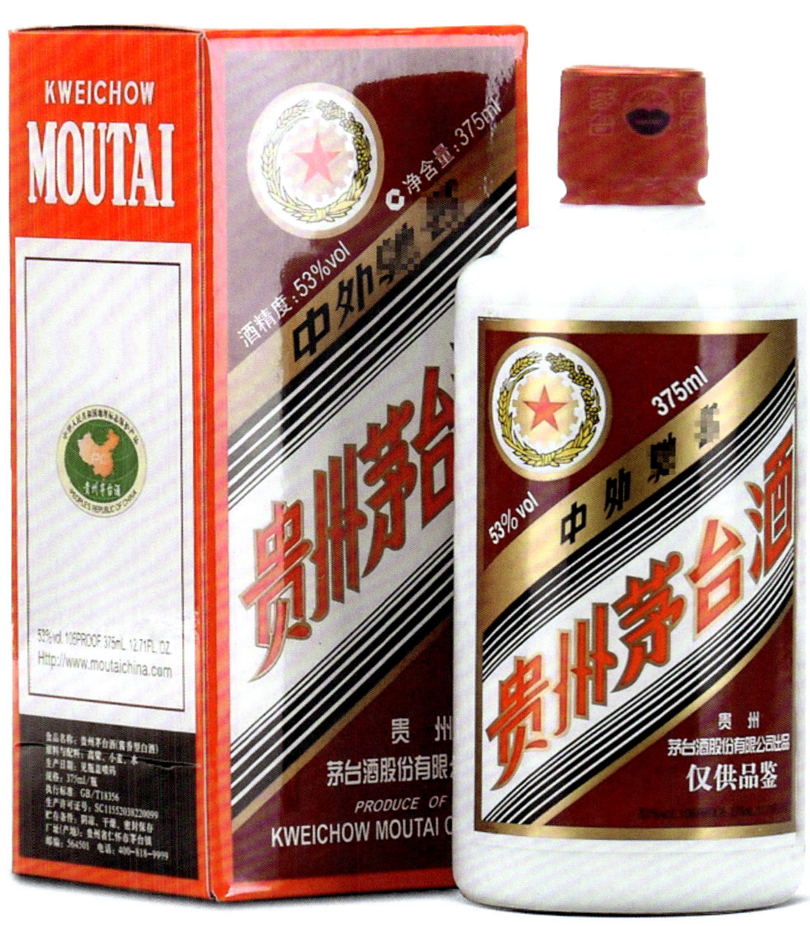

774

参考价格	RMB 2,500
拍卖信息	无
生产年份	2017 年
容量规格	50 ml × 2
酒精度数	53°
收藏星级	★

2017 年贵州茅台酒（中国酒业协会定制酒联盟年会暨中国首席白酒品酒师年会纪念品）

775

成交价格	RMB 7,866
拍卖信息	阿里拍卖 2021.4.1, M 2387
生产年份	2017 年
容量规格	375 ml
酒精度数	53°
收藏星级	★

2017 年贵州茅台酒（DFS 全球独家销售）

生产日期、批次

20160105	20170308	20170608
2013-069	2015-053	2015-055

776

成交价格	RMB 11,501
拍卖信息	阿里拍卖 2020.11.20, R 1158
生产年份	2017 年
容量规格	500 ml
酒精度数	53°
收藏星级	★

2017 年贵州茅台酒
（和为贵）

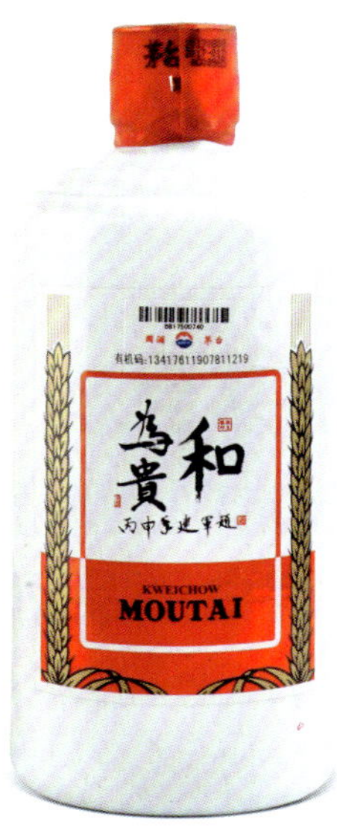

777

成交价格	RMB 8,501
拍卖信息	阿里拍卖 2020.12.8, U 5389
生产年份	2017 年
容量规格	500 ml
酒精度数	53°
收藏星级	★

2017 年贵州茅台酒
（大千门人江苹鉴赏）

生产日期、批次

20171111
2017-063

778

参考价格	RMB 260,000
拍卖信息	无
生产年份	2017 年
容量规格	1.5L、2.5L
酒精度数	53°
收藏星级	★

2017 年贵州茅台酒（美酒之醉）

779

参考价格	RMB 5,000
拍卖信息	无
生产年份	2016 年
容量规格	500 ml
酒精度数	53°
收藏星级	★★

2016 年贵州茅台酒（中国大数据产业峰会暨中国电子商务创新发展峰会指定用酒）

生产日期、批次

20170524
2016-171

780

参考价格	RMB 10,500
拍卖信息	无
生产年份	2017 年
容量规格	500 ml
酒精度数	53°
收藏星级	★

2017 年贵州茅台酒（爱在胖东来·咖啡金）

781

参考价格	RMB 10,500
拍卖信息	无
生产年份	2017 年
容量规格	500 ml
酒精度数	53°
收藏星级	★

2017 年贵州茅台酒
（爱在胖东来·金）

782

参考价格	RMB 10,500
拍卖信息	无
生产年份	2017 年
容量规格	500 ml
酒精度数	53°
收藏星级	★

2017 年贵州茅台酒
（爱在胖东来·红）

783

参考价格	RMB 5,000
拍卖信息	无
生产年份	2017 年
容量规格	500 ml
酒精度数	53°
收藏星级	★

2017 年贵州茅台酒

〔中国书法家（荣巷书社）创作培训基地〕

生产日期、批次

20170324
2016-162

784

成交价格	RMB 3,088
拍卖信息	阿里拍卖 2018.3.31, T 0172
生产年份	2017 年
容量规格	500 ml
酒精度数	53°
收藏星级	★

2017 年贵州茅台酒

（中国亚洲经济发展协会海外合作委员会尊享）

生产日期、批次

20170915
2017-041

785

参考价格	RMB 7,500
拍卖信息	无
生产年份	2017 年
容量规格	500 ml
酒精度数	53°
收藏星级	★

2017 年贵州茅台酒
（巴马壹号思想同行者尊享）

生产日期、批次

20170603
2015-055

786

参考价格	RMB 4,000
拍卖信息	无
生产年份	2017 年
容量规格	500 ml
酒精度数	53°
收藏星级	★

2017 年贵州茅台酒
（风雨十载辉煌共庆）

生产日期、批次

20170915
2017-041

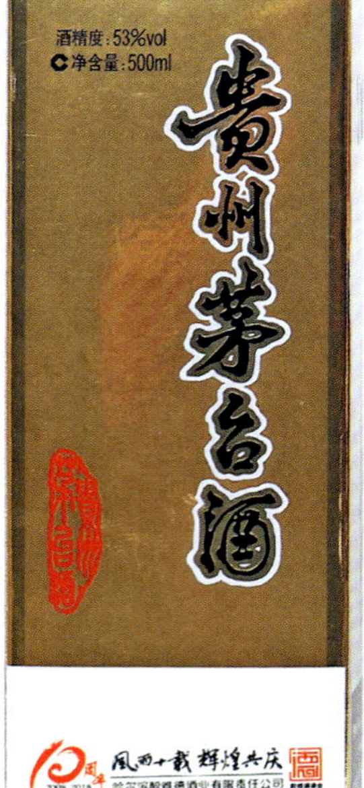

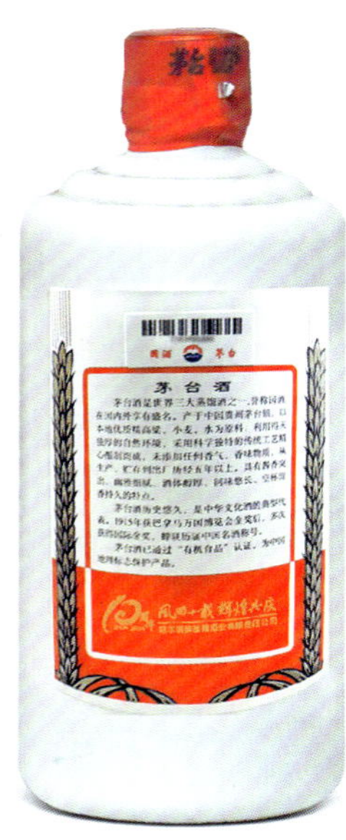

787

参考价格	RMB 5,000
拍卖信息	无
生产年份	2017 年
容量规格	500 ml
酒精度数	53°
收藏星级	★

2017 年贵州茅台酒（送给最尊贵的人）

生产日期、批次

20171111
2017-063

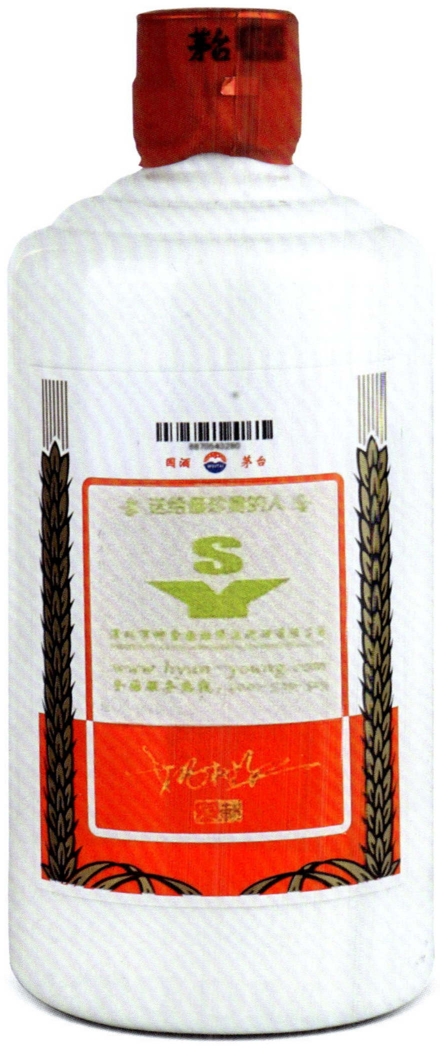

788

成交价格	RMB 21,083
拍卖信息	中国嘉德 2018.6.18, Lot 3511
生产年份	2018 年
容量规格	500 ml
酒精度数	53°
收藏星级	★★★

2018 年贵州茅台酒（蓝）

生产日期、批次

20170321	20170508	20180319	20180425	20190605	20200420	20210423
2016-161	2016-168	2017-133	2017-145	2018-151	2019-129	2020-091

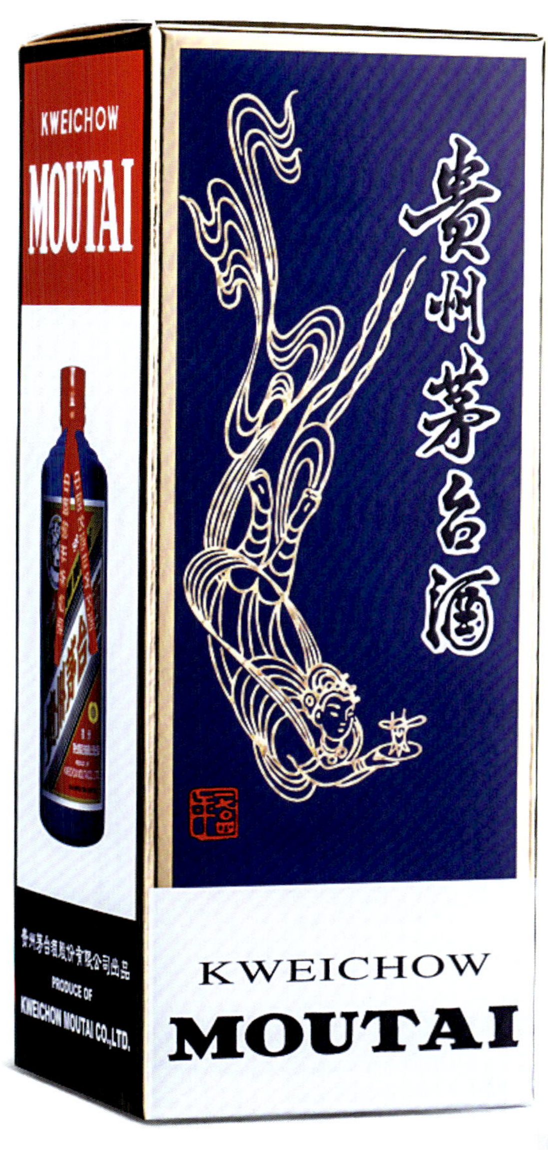

相关事记：

贵州茅台酒（蓝），又称蓝茅、蓝茅台，最早于 2015 年 10 月上市，共两个版本，第一版带小批量勾兑字样，生产量极少，第二版正标带金桂叶标志；蓝茅作为茅台酒厂最早推出的颜色系个性化酒，每年产量不大，具有很高的收藏价值。

蓝茅台还曾是第七、八、九三届中欧企业家峰会、胡润百富周年庆典、尤伦斯当代艺术中心周年庆典等多次活动唯一指定白酒，并作为国礼赠予法国前总理拉法兰、英国前首相戈登·布朗等多国政要。

茅台蓝官方公众号

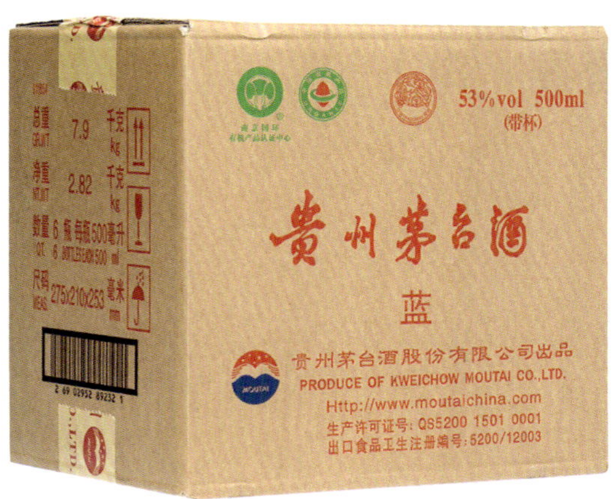

贵州茅台酒（蓝）包装箱

贵州茅台酒（蓝）瓶底细节

789

成交价格	RMB 2,383
拍卖信息	阿里拍卖 2020.8.31, B 1482
生产年份	2018 年
容量规格	500 ml
酒精度数	43°
收藏星级	★

2018 年贵州茅台酒（喜宴·白）

790

成交价格	RMB 2,800
拍卖信息	阿里拍卖 2020.8.17, B 9128
生产年份	2018 年
容量规格	500 ml
酒精度数	43°
收藏星级	★

2018 年贵州茅台酒（喜宴·红）

生产日期、批次

20191010
2019-027

791

成交价格	RMB 83,001
拍卖信息	阿里拍卖 2020.2.28, L 6043
生产年份	2018 年
容量规格	15 L
酒精度数	53°
收藏星级	★★★

2018 年贵州茅台酒（中国名山·泰山）

生产日期、批次

20200925
2019-174

792

成交价格	RMB 5,491
拍卖信息	阿里拍卖 2022.8.30, A 6339
生产年份	2018 年
容量规格	500 ml
酒精度数	53°
收藏星级	★

2018 年贵州茅台酒（粤）

生产日期、批次

20181010	20181026	20181110	20181115
2018-051	2018-050	2018-051	2018-057

793

成交价格	RMB 5,501
拍卖信息	阿里拍卖 2022.8.30, E 7561
生产年份	2018 年
容量规格	500 ml
酒精度数	53°
收藏星级	★

2018 年贵州茅台酒（豫）

生产日期、批次

20181008	20181031	20181101
2018-042	2018-047	2018-047

794

成交价格	RMB 13,501
拍卖信息	阿里拍卖 2020.8.9, H 9824
生产年份	2018 年
容量规格	500 ml
酒精度数	53°
收藏星级	★

2018 年贵州茅台酒（首届中国国际进口博览会纪念）

生产日期、批次

20200924
2019-174

795

成交价格	RMB 5,701
拍卖信息	阿里拍卖 2022.8.31, K 8742
生产年份	2018 年
容量规格	500 ml
酒精度数	53°
收藏星级	★★

2018 年贵州茅台酒（咖啡金）

796

成交价格	RMB 4,663
拍卖信息	阿里拍卖 2021.10.28, V 0737
生产年份	2018 年
容量规格	250 ml
酒精度数	53°
收藏星级	★★

2018 年贵州茅台酒（中国红）

797

成交价格	RMB 4,863
拍卖信息	阿里拍卖 2021.9.24, G 5651
生产年份	2018 年
容量规格	500 ml
酒精度数	53°
收藏星级	★

2018 年贵州茅台酒（高尔夫会员）

生产日期、批次

20180516	20181228
2017-152	2018-087

798

成交价格	RMB 8,600
拍卖信息	阿里拍卖 2022.10.30, E 2931
生产年份	2018 年
容量规格	500 ml
酒精度数	53°
收藏星级	★

2018 年贵州茅台酒（典藏）

799

成交价格	RMB 12,551
拍卖信息	阿里拍卖 2021.3.23, A 0441
生产年份	2018 年
容量规格	1 L
酒精度数	53°
收藏星级	★

2018 年贵州茅台酒（典藏）

800

成交价格	RMB 13,151
拍卖信息	阿里拍卖 2022.5.16, Y 7777
生产年份	2018 年
容量规格	500 ml
酒精度数	53°
收藏星级	★

2018 年贵州茅台酒（陈酿）

801

成交价格	RMB 3,451
拍卖信息	阿里拍卖 2020.11.10, D 4591
生产年份	2018 年
容量规格	500 ml
酒精度数	53°
收藏星级	★★

2018 年贵州茅台酒
（2018 年中国国际大数据产业博览会）

生产日期、批次

20180523
2017-155

802

参考价格	RMB 5,500
拍卖信息	无
生产年份	2018 年
容量规格	500 ml
酒精度数	53°
收藏星级	★

2018 年贵州茅台酒
（2018 序章纪念）

生产日期、批次

20181123
2018-060

803

参考价格	RMB 5,000
拍卖信息	无
生产年份	2018 年
容量规格	500 ml
酒精度数	53°
收藏星级	★

2018 年贵州茅台酒（黑骑士球员俱乐部）

804

参考价格	RMB 5,000
拍卖信息	无
生产年份	2018 年
容量规格	500 ml
酒精度数	53°
收藏星级	★

2018 年贵州茅台酒（李尚龙《刺》开机大礼）

805

参考价格	RMB 5,000
拍卖信息	无
生产年份	2018 年
容量规格	500 ml
酒精度数	53°
收藏星级	★

2018 年贵州茅台酒
（鏷之泉）

生产日期、批次

20181108
0000-000

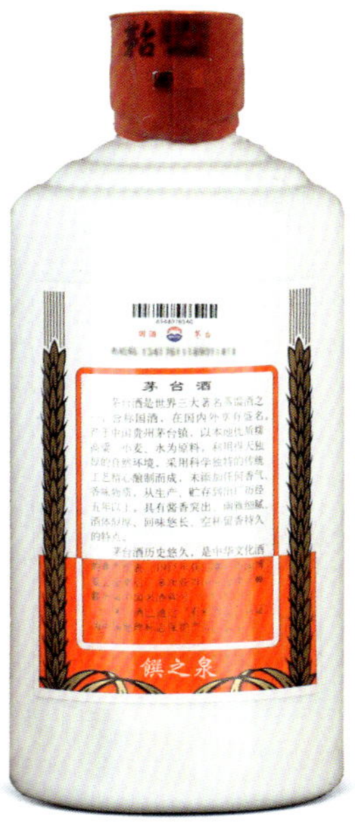

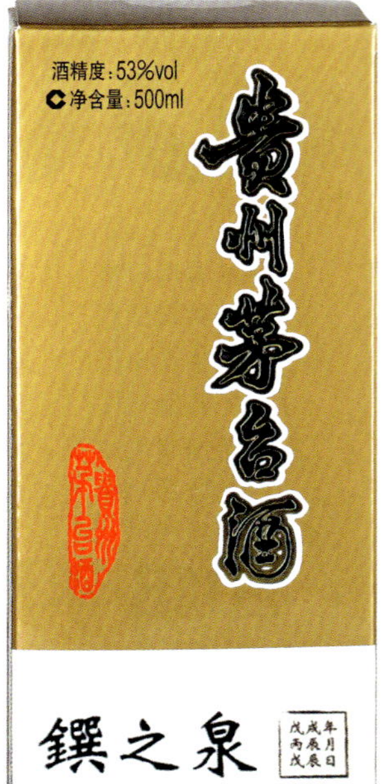

806

成交价格	RMB 5,000
拍卖信息	阿里拍卖 2022.9.28, W 9114
生产年份	2019 年
容量规格	500 ml
酒精度数	53°
收藏星级	★

2019 年贵州茅台酒
（定制尊享）

生产日期、批次

20191224
2019-087

807

成交价格	RMB 110,901
拍卖信息	阿里拍卖 2021.11.1, C 5345
生产年份	2020 年
容量规格	500 ml × 10
酒精度数	53°
收藏星级	★★

2020 年贵州茅台酒（十大爱情）

生产日期、批次

20181101
2018-051

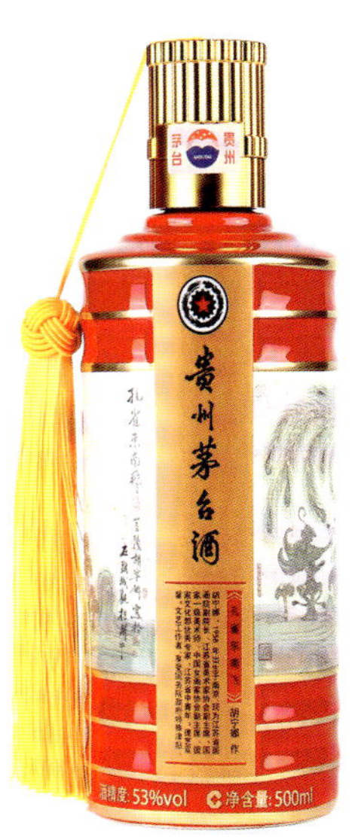
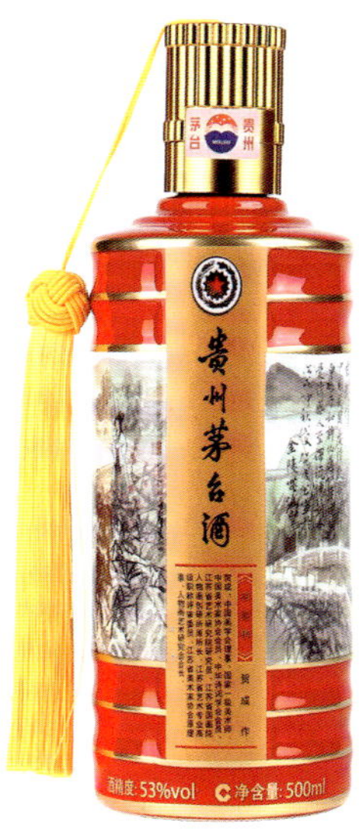

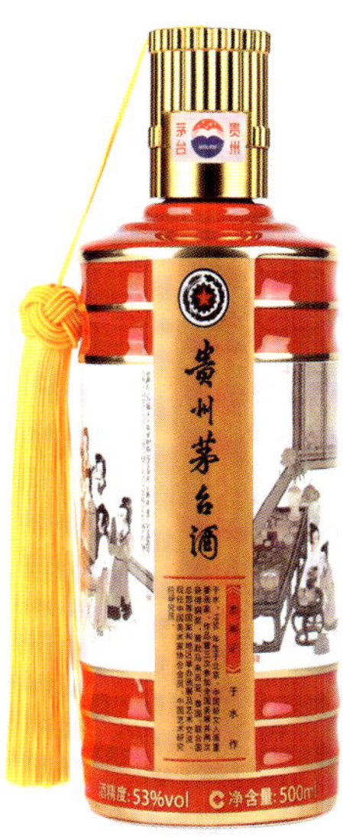

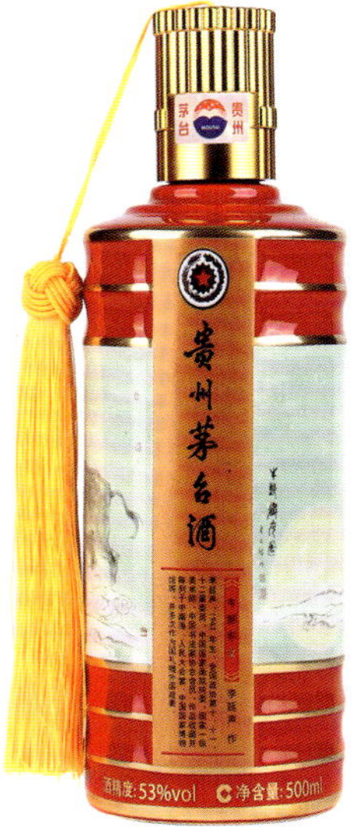

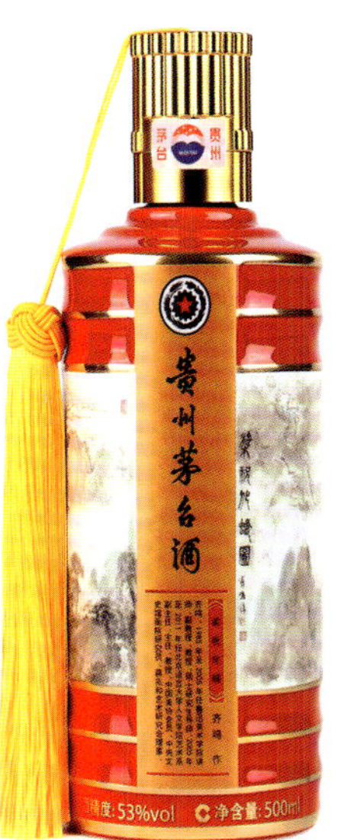

808

成交价格	RMB 5,101
拍卖信息	阿里拍卖 2022.10.7, X 4544
生产年份	2021 年
容量规格	500 ml
酒精度数	53°
收藏星级	★

2021 年贵州茅台酒
（鸽画友谊）

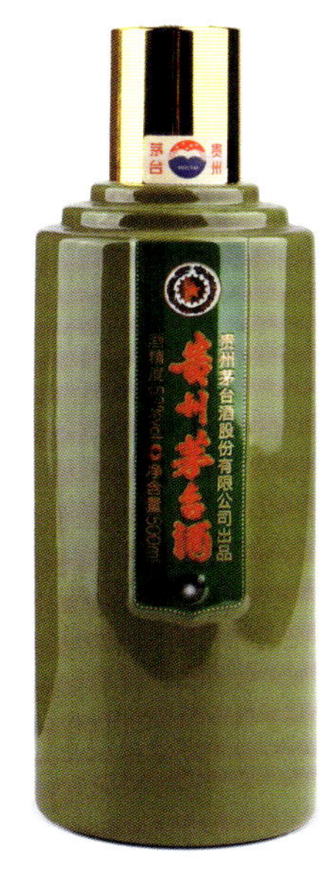

809

成交价格	RMB 8,301
拍卖信息	阿里拍卖 2022.8.28, W 4483
生产年份	2021 年
容量规格	500 ml
酒精度数	53°
收藏星级	★

2021 年贵州茅台酒
（陈酿）

810

成交价格	RMB 69,000
拍卖信息	北京保利 2022.7.27, Lot 3001
生产年份	2021 年
容量规格	6 L
酒精度数	53°
收藏星级	★

2021 年贵州茅台酒

811

成交价格	RMB 100,000
拍卖信息	阿里拍卖 2020.9.21, R 9005
生产年份	2021 年
容量规格	500 ml × 8
酒精度数	53°
收藏星级	★★

2021 年贵州茅台酒（燕京八景）

生产日期、批次

20191217	20200910	20210625
2018-080	2018-134	2019-035

812

参考价格	RMB 5,000
拍卖信息	无
生产年份	2021 年
容量规格	500 ml
酒精度数	53°
收藏星级	★★

2021 年贵州茅台酒
（香溢五洲）

生产日期、批次

20211114 2020-165	20211111 2020-165
20211106 2020-164	20210618 2020-117

813

成交价格	RMB 550
拍卖信息	阿里拍卖 2022.10.9, O 8219
生产年份	2022 年
容量规格	100 ml
酒精度数	53°
收藏星级	★

2022 年贵州茅台酒（100ml）

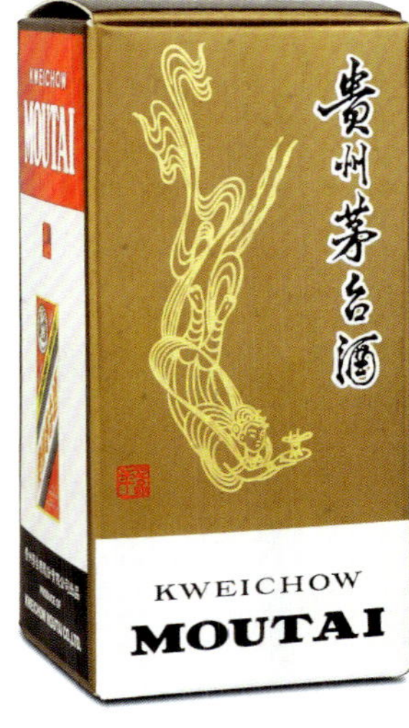

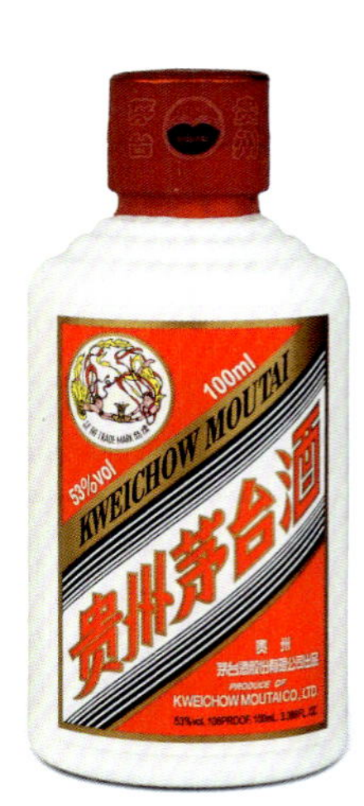

814

参考价格	RMB 3,000
拍卖信息	无
生产年份	2022 年
容量规格	1 L
酒精度数	43°
收藏星级	★★

2022 年贵州茅台酒
（夜光 43 度公斤装）

815

参考价格	RMB 5,200
拍卖信息	无
生产年份	2022 年
容量规格	500 ml
酒精度数	53°
收藏星级	★

2022 年贵州茅台酒
（匠序茅台）

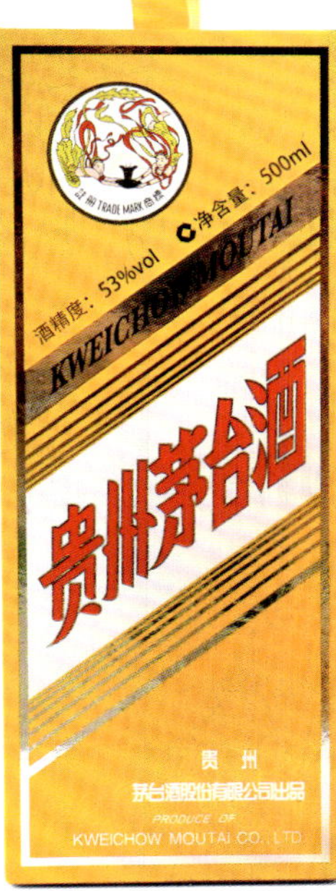

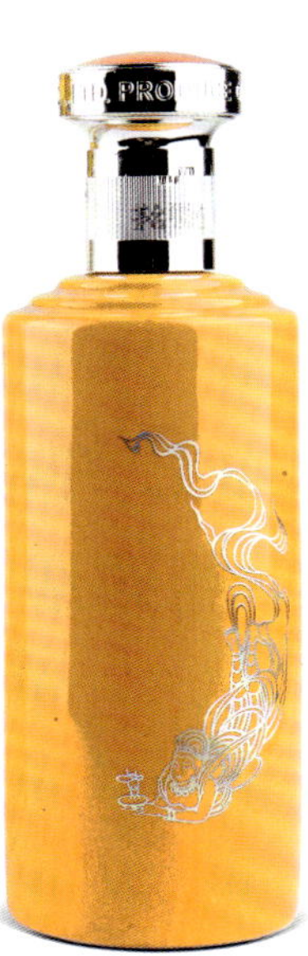

816

参考价格	RMB 5,300
拍卖信息	无
生产年份	2022 年
容量规格	500 ml
酒精度数	53°
收藏星级	★★

2022 年贵州茅台酒

（盈典佳酿）

817

成交价格	RMB 4,708
拍卖信息	阿里拍卖 2022.8.21, B 7352
生产年份	2022 年
容量规格	500 ml
酒精度数	53°
收藏星级	★

2022 年贵州茅台酒

（厚德致远）

818

参考价格	RMB 7,500
拍卖信息	无
生产年份	2003 年
容量规格	500 ml
酒精度数	53°
收藏星级	★

2003 年贵州茅台酒（刘剑锋）

生产日期、批次

20030916
2003-02

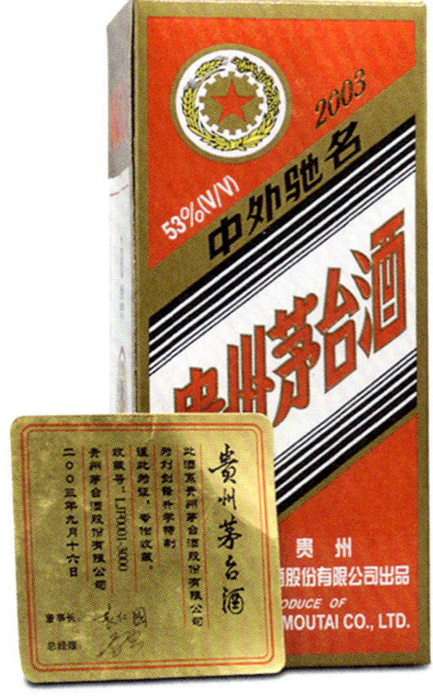

819

参考价格	RMB 7,500
拍卖信息	无
生产年份	2004 年
容量规格	500 ml
酒精度数	53°
收藏星级	★

2004 年贵州茅台酒（常雨今）

生产日期、批次

20040625
2003-10

Moutai
The wine is specially produced by Kweichow Moutai Co.,Ltd. in commemoration of Ms. ChangYujin's going abroad.
As certification and for collection only.
Collection No.CYJ0001-5000
Kweichow Moutai Co.,Ltd. 25/06/2004
Board Chairman:
Gemeral Manager:

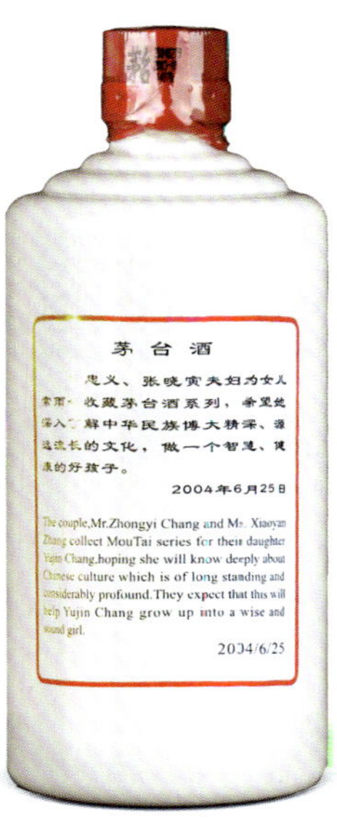

820

参考价格	RMB 7,500
拍卖信息	无
生产年份	2005 年
容量规格	500 ml
酒精度数	53°
收藏星级	★

2005 年贵州茅台酒（刘健先生定制）

生产日期、批次

20050108
2014-10

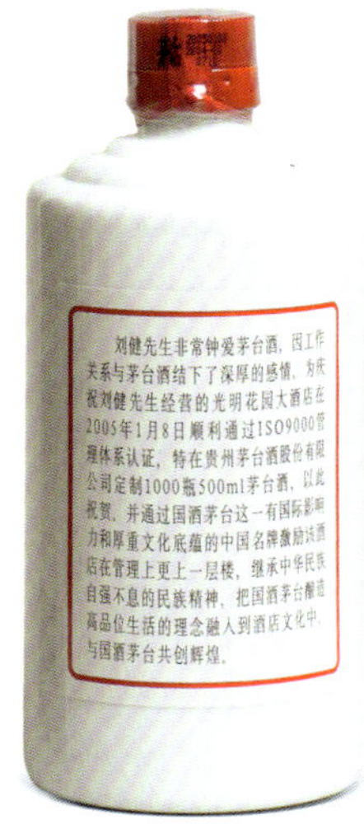

821

参考价格	RMB 8,500
拍卖信息	无
生产年份	2011 年
容量规格	500 ml
酒精度数	53°
收藏星级	★

2011 年贵州茅台酒（王府专用封坛酒）

822

参考价格	RMB 5,000
拍卖信息	无
生产年份	2013 年
容量规格	500 ml
酒精度数	53°
收藏星级	★

2013 年贵州茅台酒
（王府专用封坛酒）

823

参考价格	RMB 7,500
拍卖信息	无
生产年份	2014 年
容量规格	500 ml
酒精度数	53°
收藏星级	★★

2014 年贵州茅台酒
（知名收藏家唐勇先生定制酒）

生产日期、批次

20140514
2013-133

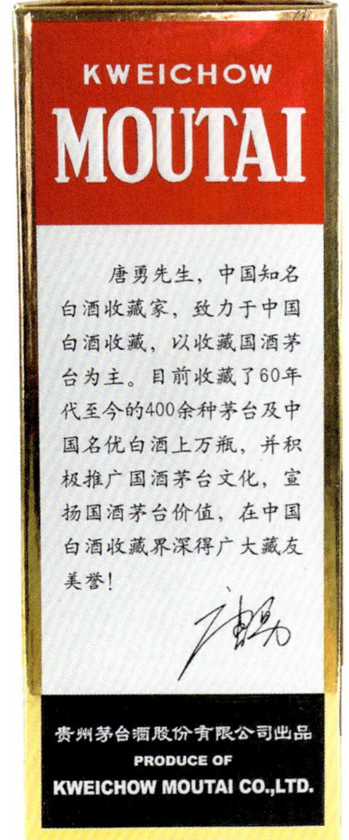

824

参考价格	RMB 5,500
拍卖信息	无
生产年份	2014 年
容量规格	500 ml
酒精度数	53°
收藏星级	★

2014 年贵州茅台酒（郑渊洁尊享）

生产日期、批次

20141121
2014-043

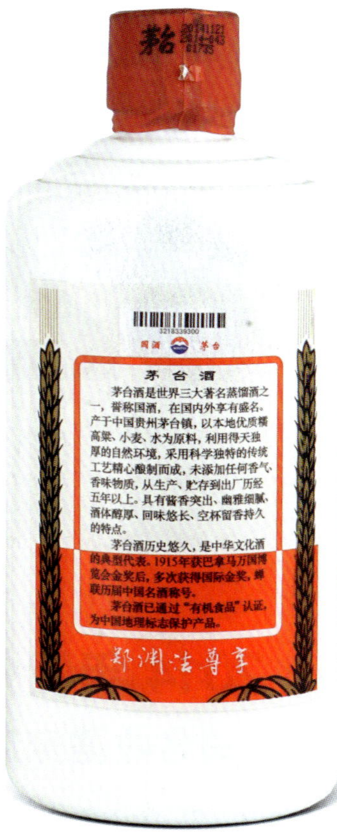

825

参考价格	RMB 5,000
拍卖信息	无
生产年份	2014 年
容量规格	500 ml
酒精度数	53°
收藏星级	★

2014 年贵州茅台酒（凤梧酒洲）

生产日期、批次

20141121
2014-043

826

参考价格	RMB 5,000
拍卖信息	无
生产年份	2014 年
容量规格	500 ml
酒精度数	53°
收藏星级	★

2014 年贵州茅台酒（刘毓全　牛淑艳夫妇乙未本命年尊享）

生产日期、批次

20151226
2015-091

827

成交价格	RMB 8,800
拍卖信息	阿里拍卖 2021.3.20, X 0616
生产年份	2014 年
容量规格	500 ml
酒精度数	53°
收藏星级	★

2014 年贵州茅台酒
（李景春定制）

生产日期、批次

20170620
2016-177

828

成交价格	RMB 4,999
拍卖信息	阿里拍卖 2021.2.22, R 6926
生产年份	2014 年
容量规格	500 ml
酒精度数	53°
收藏星级	★

2014 年贵州茅台酒
（秦良静留藏）

生产日期、批次

20171208
2017-074

829

参考价格	RMB 10,500
拍卖信息	无
生产年份	2015 年
容量规格	500 ml
酒精度数	53°
收藏星级	★

2015 年贵州茅台酒
（凤梧酒洲）

830

参考价格	RMB 5,000
拍卖信息	无
生产年份	2015 年
容量规格	500 ml
酒精度数	53°
收藏星级	★

2015 年贵州茅台酒
（33 侨村）

生产日期、批次

20151126
2014-152

831

成交价格	RMB 5,101
拍卖信息	阿里拍卖 2018.11.22, C 3305
生产年份	2015 年
容量规格	500 ml
酒精度数	53°
收藏星级	★

2015 年贵州茅台酒
（郑渊洁尊享）

生产日期、批次

20151103
2015-056

832

参考价格	RMB 5,000
拍卖信息	无
生产年份	2015 年
容量规格	500 ml
酒精度数	53°
收藏星级	★

2015 年贵州茅台酒
（孙楠尊享）

生产日期、批次

20150907
2015-029

833

参考价格　RMB 5,000
拍卖信息　无
生产年份　2015 年
容量规格　500 ml
酒精度数　53°
收藏星级　★

2015 年贵州茅台酒（郑锦钟博士珍藏）

生产日期、批次

20151126
2014-152

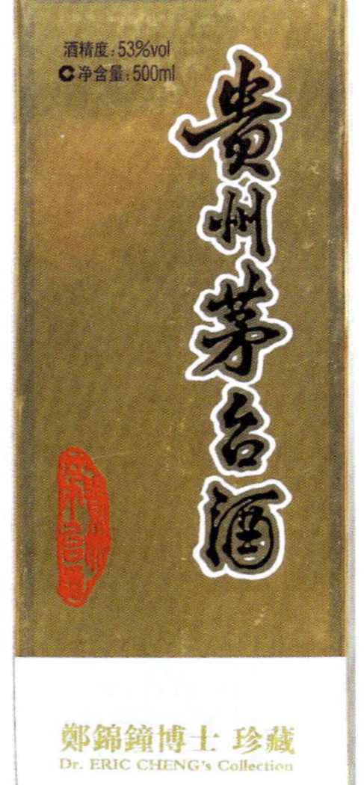

834

参考价格　RMB 5,000
拍卖信息　无
生产年份　2015 年
容量规格　500 ml
酒精度数　53°
收藏星级　★

2015 年贵州茅台酒（陈可辛尊享）

生产日期、批次

20151126
2014-152

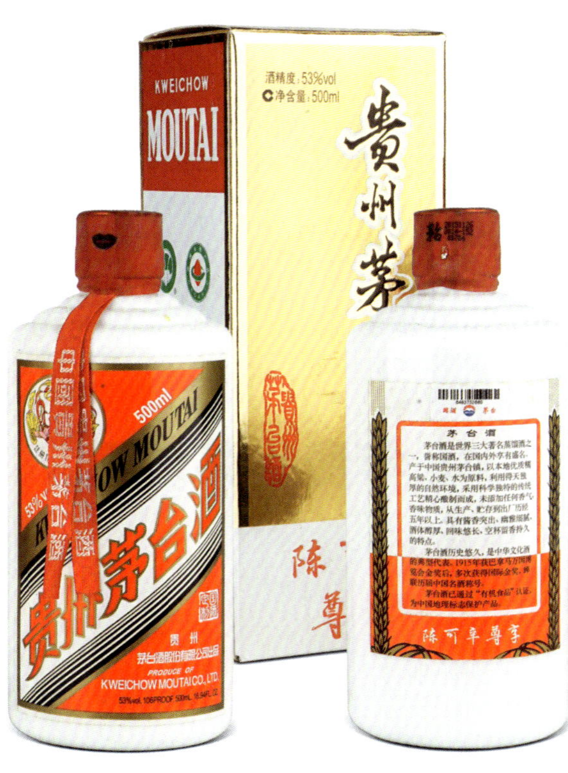

835

参考价格	RMB 5,000
拍卖信息	无
生产年份	2015 年
容量规格	500 ml
酒精度数	53°
收藏星级	★

2015 年贵州茅台酒

（胡洪明封坛酒）

836

参考价格	RMB 5,000
拍卖信息	无
生产年份	2015 年
容量规格	500 ml
酒精度数	53°
收藏星级	★

2015 年贵州茅台酒

（申氏）

生产日期、批次

20150313
0000-000

837

参考价格	RMB 5,000
拍卖信息	无
生产年份	2016 年
容量规格	500 ml
酒精度数	53°
收藏星级	★

2016 年贵州茅台酒
（胡洪明封坛酒）

838

成交价格	RMB 10,101
拍卖信息	阿里拍卖 2021.12.25, A 6968
生产年份	2016 年
容量规格	500 ml
酒精度数	53°
收藏星级	★

2016 年贵州茅台酒
（只为卓越不凡的你）

生产日期、批次

20160518	20160604
2016-011	2016-027

839

¥ 参考价格	RMB 10,500
拍 拍卖信息	无
年 生产年份	2016 年
容 容量规格	500 ml
度 酒精度数	53°
藏 收藏星级	★

2016 年贵州茅台酒
（臧跃军尊享 · 金牛雄风 ）

生产日期、批次

20161118
2016-113

840

¥ 参考价格	RMB 5,000
拍 拍卖信息	无
年 生产年份	2016 年
容 容量规格	500 ml
度 酒精度数	53°
藏 收藏星级	★

2016 年贵州茅台酒
（王石尊享）

生产日期、批次

20160129
2015-109

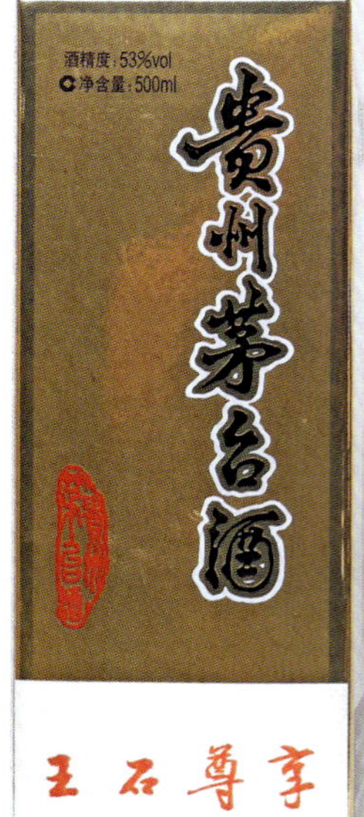

841

成交价格	RMB 12,701
拍卖信息	阿里拍卖 2021.12.29, O 6160
生产年份	2016 年
容量规格	500 ml
酒精度数	53°
收藏星级	★

2016 年贵州茅台酒
（韩磊尊享）

生产日期、批次

20161028
2016-098

842

参考价格	RMB 5,000
拍卖信息	无
生产年份	2016 年
容量规格	500 ml
酒精度数	53°
收藏星级	★

2016 年贵州茅台酒
（戴玉强定制）

生产日期、批次

20160129
2015-109

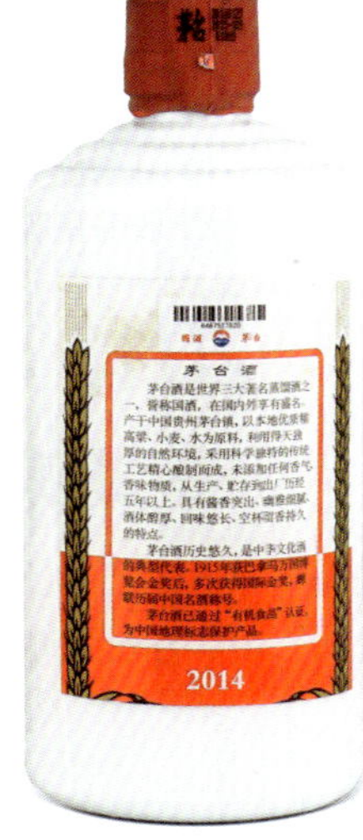

843

参考价格	RMB 5,000
拍卖信息	无
生产年份	2016 年
容量规格	500 ml
酒精度数	53°
收藏星级	★

2016 年贵州茅台酒（楼忠福尊享）

生产日期、批次

20160129
2015-109

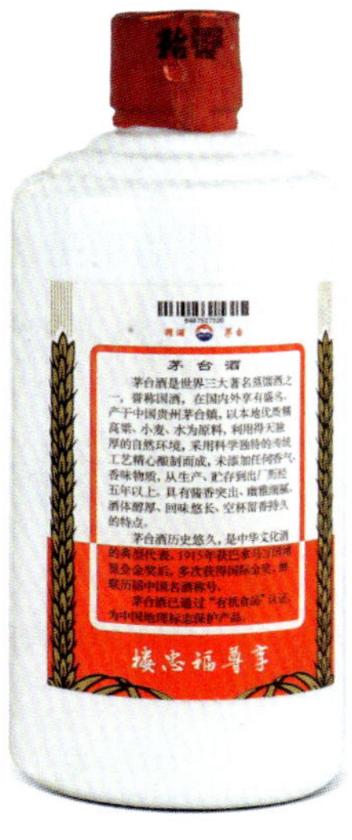

844

参考价格	RMB 5,000
拍卖信息	无
生产年份	2016 年
容量规格	500 ml
酒精度数	53°
收藏星级	★

2016 年贵州茅台酒（茅威涛尊享）

生产日期、批次

20160129
2015-109

845

参考价格	RMB 5,000
拍卖信息	无
生产年份	2016 年
容量规格	500 ml
酒精度数	53°
收藏星级	★

2016 年贵州茅台酒
（束煜辉尊享）

生产日期、批次

20161203
2016-119

846

参考价格	RMB 5,000
拍卖信息	无
生产年份	2016 年
容量规格	500 ml
酒精度数	53°
收藏星级	★

2016 年贵州茅台酒
（唐旭东定制）

生产日期、批次

20160129
2015-109

847

参考价格	RMB 5,000
拍卖信息	无
生产年份	2016 年
容量规格	500 ml
酒精度数	53°
收藏星级	★

2016 年贵州茅台酒（王巍尊享）

生产日期、批次

20160129
2015-109

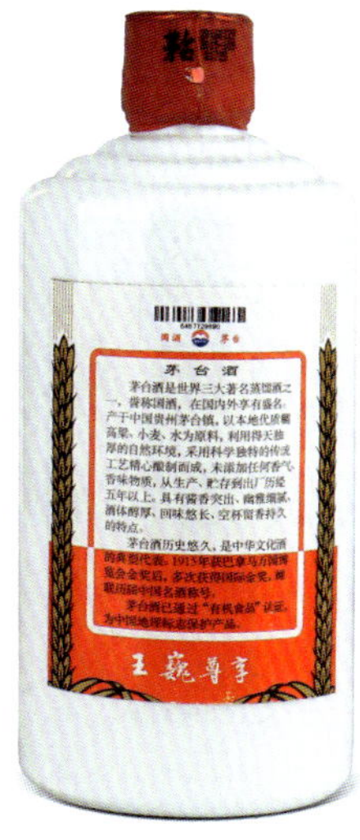

848

参考价格	RMB 5,000
拍卖信息	无
生产年份	2016 年
容量规格	500 ml
酒精度数	53°
收藏星级	★

2016 年贵州茅台酒（王小鲁尊享）

生产日期、批次

20160129
2015-109

849

参考价格	RMB 10,500
拍卖信息	无
生产年份	2016 年
容量规格	500 ml
酒精度数	53°
收藏星级	★

2016 年贵州茅台酒（医之匠心 传承经典 著名外科专家秦保明教授 89 岁寿辰纪念）

850

参考价格	RMB 5,000
拍卖信息	无
生产年份	2017 年
容量规格	500 ml
酒精度数	53°
收藏星级	★

2017 年贵州茅台酒（刘勇先生尊享）

生产日期、批次

20170915
2017-041

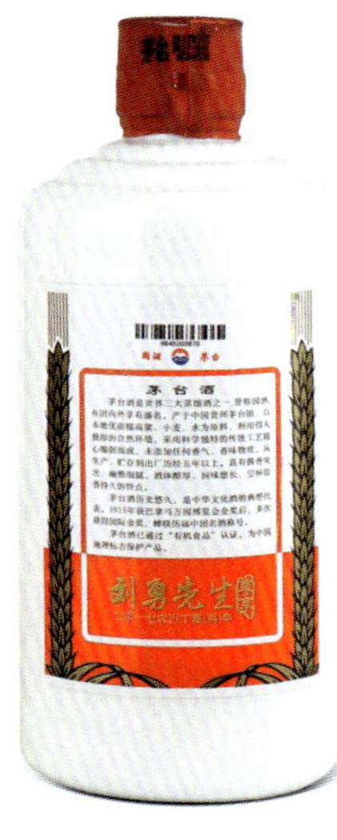

851

参考价格	RMB 5,000
拍卖信息	无
生产年份	2017 年
容量规格	500 ml
酒精度数	53°
收藏星级	★

2017 年贵州茅台酒（中国著名油画家陈子荣先生尊享）

生产日期、批次

20170311
2016-159

852

参考价格	RMB 10,500
拍卖信息	无
生产年份	2017 年
容量规格	500 ml
酒精度数	53°
收藏星级	★

2017 年贵州茅台酒（邹铭岩 2014.12.09 纪念）

853

参考价格	RMB 5,000
拍卖信息	无
生产年份	2017 年
容量规格	500 ml
酒精度数	53°
收藏星级	★

2017 年贵州茅台酒（郭广辉定制）

854

参考价格	RMB 5,000
拍卖信息	无
生产年份	2017 年
容量规格	500 ml
酒精度数	53°
收藏星级	★

2017 年贵州茅台酒（张艺达 补翘楚 新婚志喜）

855

参考价格	RMB 5,000
拍卖信息	无
生产年份	2016 年
容量规格	500 ml
酒精度数	53°
收藏星级	★

2016 年贵州茅台酒（刘俊锋先生鉴藏）

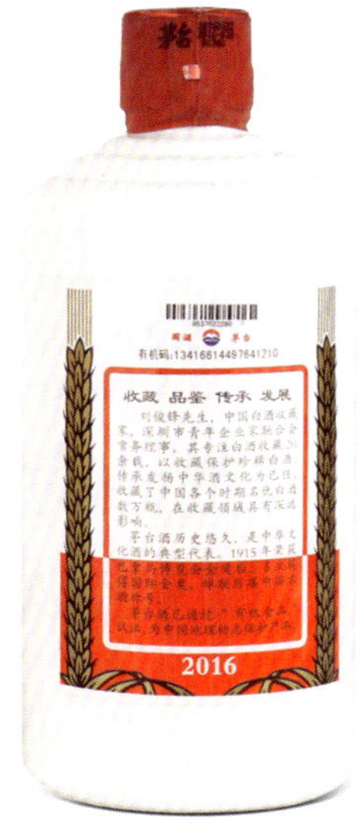

856

参考价格	RMB 7,500
拍卖信息	无
生产年份	2017 年
容量规格	500 ml
酒精度数	53°
收藏星级	★

2017 年贵州茅台酒（李辛 · 民享 15 年年份酒）

857

参考价格	RMB 5,000
拍卖信息	无
生产年份	2017 年
容量规格	500 ml
酒精度数	53°
收藏星级	★

贵州茅台酒

（赵伟 2017 年尊享）

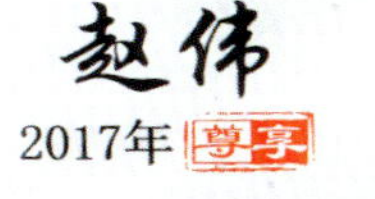

858

参考价格	RMB 5,000
拍卖信息	无
生产年份	2017 年
容量规格	500 ml
酒精度数	53°
收藏星级	★

2017 年贵州茅台酒

（深圳市林园投资管理有限责任公司余军定制）

生产日期、批次

20170915
2017-041

859

参考价格	RMB 10,500
拍卖信息	无
生产年份	2017 年
容量规格	500 ml
酒精度数	53°
收藏星级	★

2017 年贵州茅台酒（王继平珍藏）

生产日期、批次

20170518
2016-170

860

参考价格	RMB 5,000
拍卖信息	无
生产年份	2017 年
容量规格	500 ml
酒精度数	53°
收藏星级	★

2017 年贵州茅台酒（张立奇尊享）

生产日期、批次

20170620
2016-177

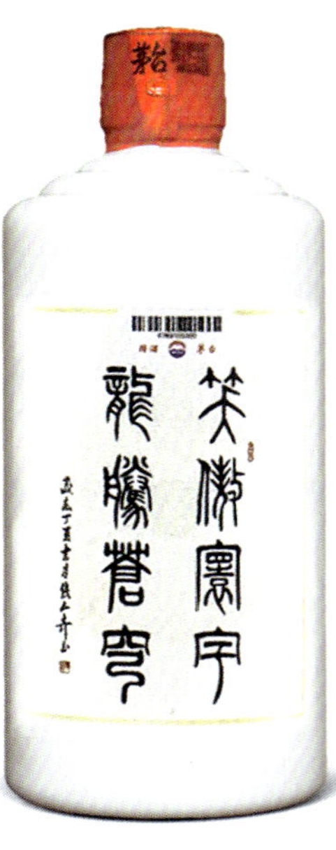

861

参考价格	RMB 5,000
拍卖信息	无
生产年份	2017 年
容量规格	500 ml
酒精度数	53°
收藏星级	★

2017 年贵州茅台酒（俞云清尊享）

862

成交价格	RMB 7,051
拍卖信息	阿里拍卖 2021.2.24, U 6444
生产年份	2017 年
容量规格	500 ml
酒精度数	53°
收藏星级	★

2017 年贵州茅台酒（罗兴红尊享）

生产日期、批次

20170818
2017-002

863

参考价格	RMB 5,000
拍卖信息	无
生产年份	2018 年
容量规格	500 ml
酒精度数	53°
收藏星级	★

2018 年贵州茅台酒
（刘晓东 王卉霖 结婚纪念）

864

参考价格	RMB 5,000
拍卖信息	无
生产年份	2018 年
容量规格	500 ml
酒精度数	53°
收藏星级	★

2018 年贵州茅台酒
（王波先生尊享）

865

参考价格	RMB 5,000
拍卖信息	无
生产年份	2018 年
容量规格	500 ml
酒精度数	53°
收藏星级	★

2018 年贵州茅台酒（百年好合 王志 李新娇 新婚纪念）

866

参考价格	RMB 5,000
拍卖信息	无
生产年份	2018 年
容量规格	500 ml
酒精度数	53°
收藏星级	★

2018 年贵州茅台酒（李浠瑞出生纪念）

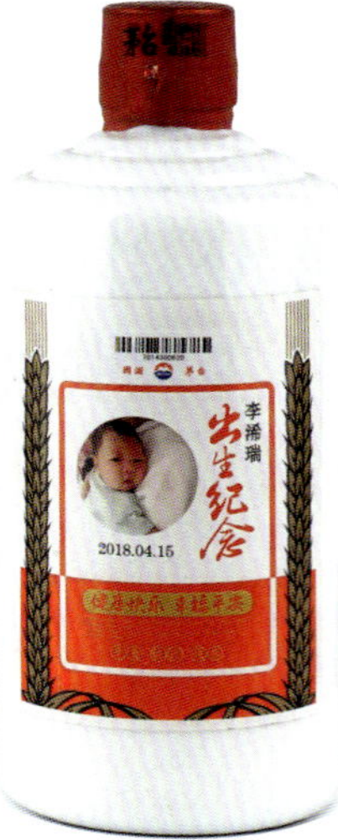

867

参考价格	RMB 7,500
拍卖信息	无
生产年份	2018 年
容量规格	500 ml
酒精度数	53°
收藏星级	★

2018 年贵州茅台酒（董方军先生尊享酱瓶）

生产日期、批次

20181220
2017-013

868

参考价格	RMB 5,000
拍卖信息	无
生产年份	2018 年
容量规格	500 ml
酒精度数	53°
收藏星级	★

2018 年贵州茅台酒（董方军先生尊享）

生产日期、批次

20181123
2018-060

869

参考价格	RMB 5,000
拍卖信息	无
生产年份	2018 年
容量规格	500 ml
酒精度数	53°
收藏星级	★

2018 年贵州茅台酒（金鑫先生尊享）

870

参考价格	RMB 5,000
拍卖信息	无
生产年份	2018 年
容量规格	500 ml
酒精度数	53°
收藏星级	★

2018 年贵州茅台酒（姚伟先生尊享）

生产日期、批次

20180203
2017-121

871

参考价格	RMB 5,000
拍卖信息	无
生产年份	2018 年
容量规格	500 ml
酒精度数	53°
收藏星级	★

2018 年贵州茅台酒（瑗融封坛酒）

生产日期、批次

20181108
0000-000

872

成交价格	RMB 113,800
拍卖信息	阿里拍卖 2021.3.17, B 2261
生产年份	2018 年
容量规格	5 L
酒精度数	53°
收藏星级	★

2018 年贵州茅台酒（侯德昌从艺 60 周年纪念）

生产日期、批次

20181225
2018-077

873

成交价格	RMB 13,000
拍卖信息	阿里拍卖 2019.12.12, E 1827
生产年份	2019 年
容量规格	500 ml
酒精度数	53°
收藏星级	★

2019 年贵州茅台酒
（磊藏 · 韩磊封坛酒）

生产日期、批次

20190429
0000-000

874

参考价格	RMB 7,500
拍卖信息	无
生产年份	2019 年
容量规格	500 ml
酒精度数	53°
收藏星级	★

2019 年贵州茅台酒
（赵雅萱定制）

生产日期、批次

20190614
2018-155

875

成交价格	RMB 15,799
拍卖信息	阿里拍卖 2021.2.21, B 4211
生产年份	2019 年
容量规格	500 ml
酒精度数	53°
收藏星级	★

2019 年贵州茅台酒
（马未都先生定制 · 祥云红）

贵州茅台

KWEICHOW

华夏传统 酱香传承

生肖全套系列酒

“二十四节气”系列酒

一岁一生肖 一酒一茅台

第十一章

生肖酒和节气酒系列

2010—2023

KWEICHOW MOUTAI
PART ELEVEN

876

成交价格	RMB 299,000
拍卖信息	北京翰海 2013.12.7 , Lot 2846
生产年份	2010 年
容量规格	500 ml
酒精度数	53°
收藏星级	★★★

2010 年贵州茅台酒（十二生肖珍藏版）

877

羊 成交价格	RMB 226,000
拍 拍卖信息	北京华铭 2011.9.25 , Lot 0047
年 生产年份	2010 年
容 容量规格	500 ml
度 酒精度数	53°
藏 收藏星级	★★

2010 年贵州茅台酒（十二生肖金版）

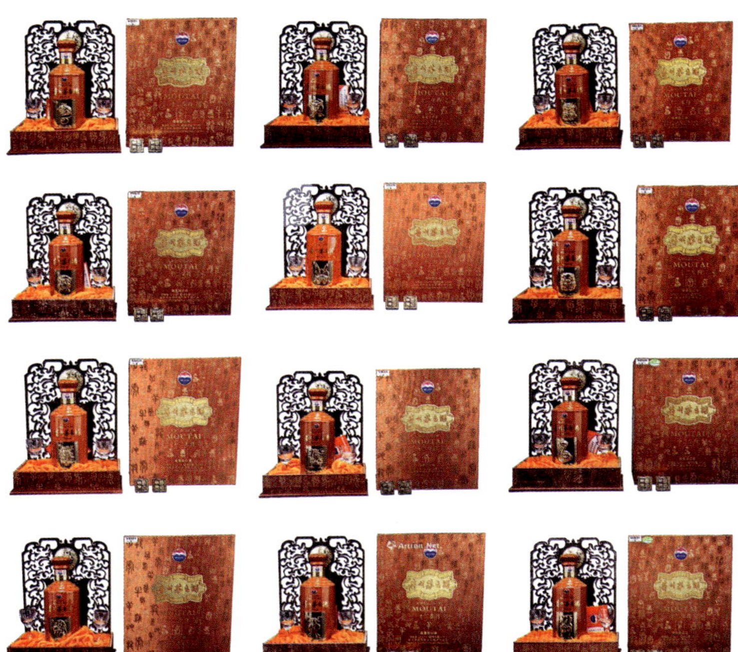

878

成交价格	RMB 253,000
拍卖信息	华艺国际 2021.6.3, Lot 3321
生产年份	2010 年
容量规格	500 ml
酒精度数	53°
收藏星级	★★

2010 年贵州茅台酒（十二生肖铜版）

相关事记：

贵州茅台十二生肖酒是2010年贵州茅台酒股份有限公司与生肖设计大师黄永玉老先生共同打造的一款茅台主品牌酒。茅台公司邀请艺术大师黄永玉在茅台酒瓶上绘制出十二生肖图案，寓意国酒茅台、国家级艺术大师与国粹生肖文化的完美结合。

879

参考价格	RMB 23,000
拍卖信息	无
生产年份	2014 年
容量规格	500 ml
酒精度数	53°
收藏星级	★★

2014 年贵州茅台酒（马年）

相关事记：

马年生肖茅台酒集生肖文化、五行文化、国画艺术等文化元素于一体，体现了中国现代白酒文化和传统文化的完美结合，具有较高的艺术品位和收藏价值。马年生肖茅台酒以红色瓶身代表马年属火的五行属性，以印章“甲午马年”为干支纪年，并由中国国画大师徐悲鸿关门弟子刘勃舒先生绘制《春风得意马蹄疾》画作。刘勃舒先生发扬其师传技艺，以马写心，以马弘志。马年伊始马到成功，国画铭国印；茅台香醇茅塞顿开，国酒展国韵。

生产日期、批次

20141201 2014-045	20141203 2014-045	20141205 2013-097	20141208 2013-097	20141211 2013-097	20141219 2014-074	20141223 2014-079
20141224 2014-079	20141225 2014-079	20141229 2014-079	20141230 2014-079	20151201 2015-074	20151221 2015-088	

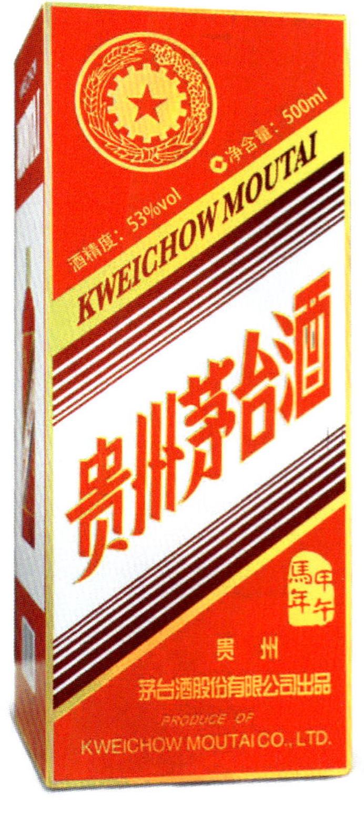

880

参考价格	RMB 23,000
拍卖信息	无
生产年份	2014 年
容量规格	500 ml
酒精度数	53°
收藏星级	★★

2014 年贵州茅台酒（港区省级政协委员联谊会尊享）

生产日期、批次

20170410
2016-164

881

参考价格	RMB 45,000
拍卖信息	无
生产年份	2014 年
容量规格	1.5 L
酒精度数	53°
收藏星级	★★

2014 年贵州茅台酒（马年）

882

参考价格	RMB 81,000
拍卖信息	无
生产年份	2014 年
容量规格	2.5 L
酒精度数	53°
收藏星级	★★

2014 年贵州茅台酒（马年）

883

参考价格	RMB 37,000
拍卖信息	无
生产年份	2015 年
容量规格	500 ml
酒精度数	53°
收藏星级	★★

2015 年贵州茅台酒（羊年）

相关事记：

乙未羊年茅台酒融生肖、五行、国画、国酒等文化元素为一体，代表了中国现代白酒文化和传统文化的有机结合，具有特殊的艺术品位和收藏价值。“三阳交泰，日新惟良。”乙未羊年茅台酒取地支五行“未土”之属性，瓶身采用“帝王黄”陶瓷釉面，彰显产品华美、高贵、神秘气质。背标引中国美术家协会主席刘大为先生画作《三羊开泰》丹青福绥，画中羊形体美健、端庄祥和，寓勃勃生机于万千气象中，饱含“吉祥、富贵”之意。

生产日期、批次

20150129 2014-092	20150418 2014-145	20150420 2014-145	20150429 2014-145	20150619 2014-059
20150626 2014-086	20151219 2015-088	20151223 2015-091	20151229 2015-091	

884

参考价格	RMB 25,000
拍卖信息	无
生产年份	2015 年
容量规格	500 ml
酒精度数	53°
收藏星级	★★

2015 年贵州茅台酒（港区省级政协委员联谊会尊享）

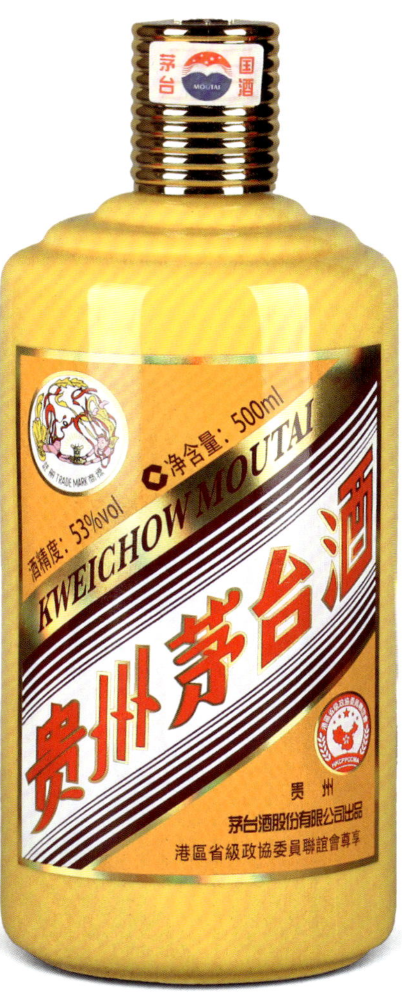

885

参考价格	RMB 72,000
拍卖信息	无
生产年份	2015 年
容量规格	1.5 L
酒精度数	53°
收藏星级	★

2015 年贵州茅台酒（羊年）

886

参考价格	RMB 97,000
拍卖信息	无
生产年份	2015 年
容量规格	2.5 L
酒精度数	53°
收藏星级	★

2015 年贵州茅台酒（羊年）

887

参考价格	RMB 5,500
拍卖信息	无
生产年份	2015 年
容量规格	50 ml
酒精度数	53°
收藏星级	★

2015 年贵州茅台酒（羊年生肖邮票）

相关事记：

中华人民共和国国家邮政局下属的中国邮政集团公司于 2015 年 1 月 1 日联合贵州茅台集团，共同发行了“《乙未年》羊年生肖邮票茅台酒”，为两瓶套装。在酒盒正面右侧，有镂空的透明方形，里侧镶嵌一枚中国邮政《乙未年》限量版邮票，面值 1.20 元，票面为山羊图形。

该酒外盒设计样稿

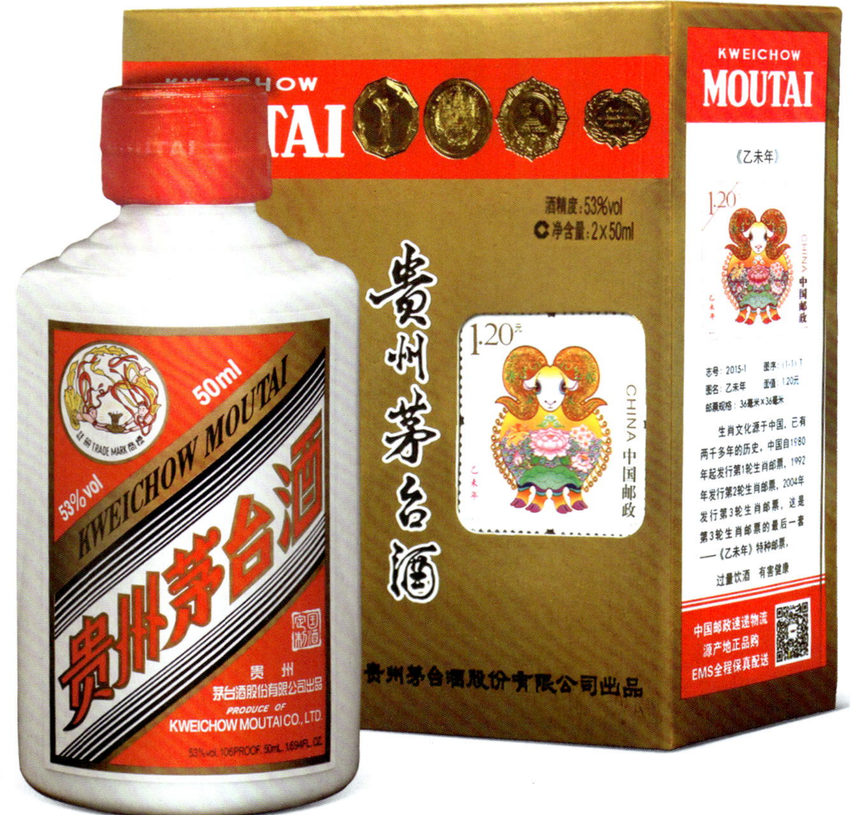

888

参考价格	RMB 4,500
拍卖信息	无
生产年份	2016 年
容量规格	50 ml
酒精度数	53°
收藏星级	★

2016 年贵州茅台酒（猴年生肖邮票）

相关事记：

中华人民共和国国家邮政局下属的中国邮政集团公司于 2016 年 1 月 1 日联合贵州茅台集团，共同发行了“《丙申年》猴年生肖邮票茅台酒”，为两瓶套装。在酒盒正面右侧，有镂空透明方形，里侧镶嵌两枚中国邮政《丙申年》限量版猴年生肖邮票，面值共 2.40 元。

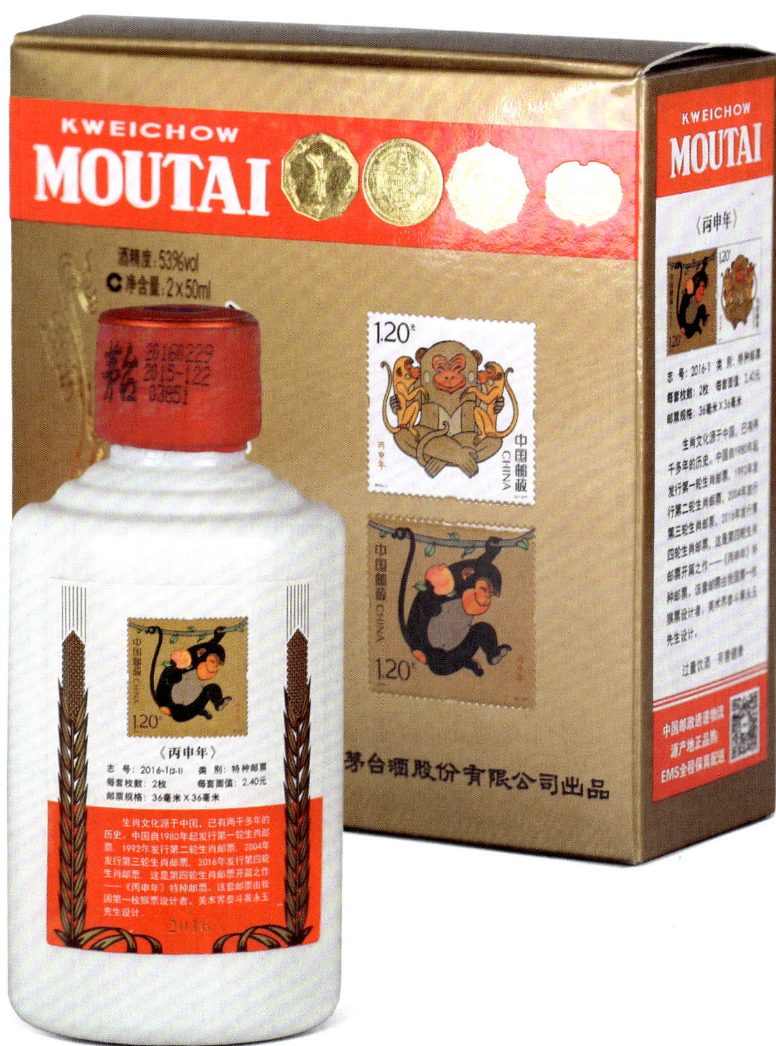

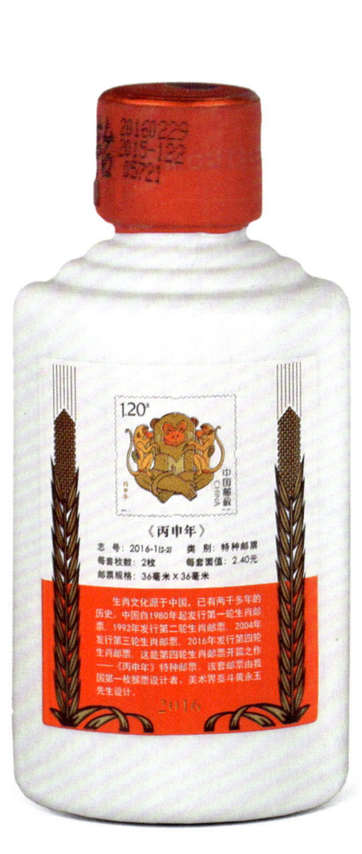

889

成交价格	RMB 5,366
拍卖信息	中国嘉德 2022.6.26, Lot 3440
生产年份	2016 年
容量规格	500 ml
酒精度数	53°
收藏星级	★

2016 年贵州茅台酒（猴年）

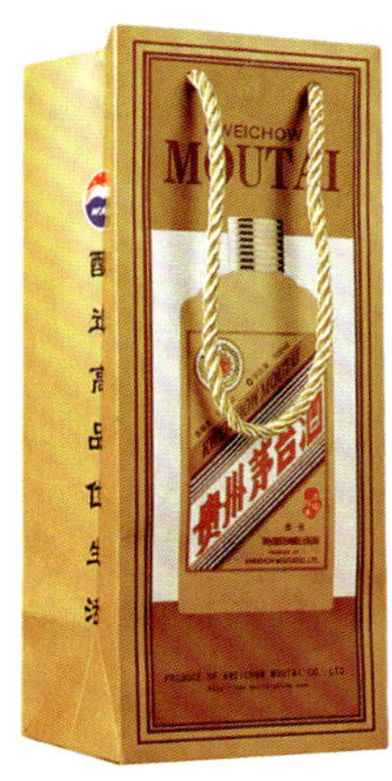

相关事记：

丙申猴年茅台酒集生肖文化、五行文化、国画艺术等文化元素于一体，具有特殊艺术品位和收藏价值。丙申猴年茅台酒瓶身金色为主色调，象征高贵、尊贵，代表至高无上。背标上配有著名画家李燕先生的画作《大神州万户猴》和中国书法家雷珍民先生的书法作品，书以“猴年喝猴酒，福禄年年有”的祝福。

生产日期、批次

20160125 2013-031	20160311 2015-128	20160430 2015-157	20160606 2016-027
20160810 2016-065	20161024 2016-098	20161101 2016-101	20161224 2016-134

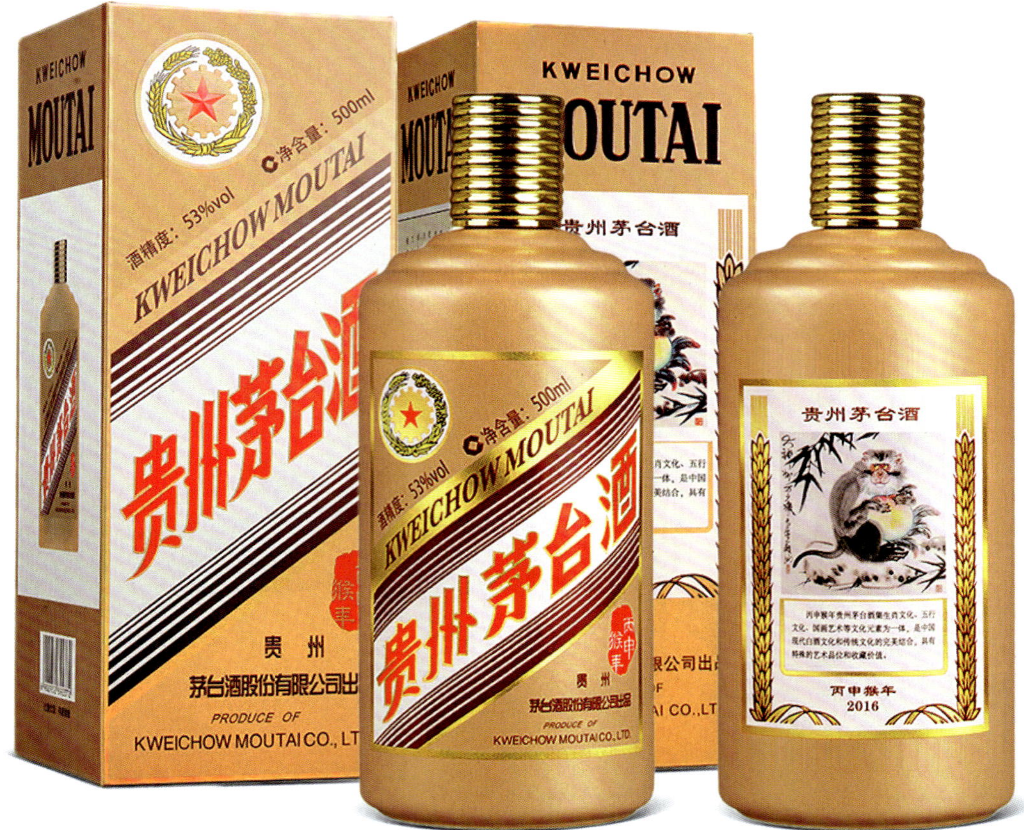

890

参考价格	RMB 6,500
拍卖信息	无
生产年份	2016 年
容量规格	500 ml
酒精度数	53°
收藏星级	★

2016 年贵州茅台酒（港区省级政协委员联谊会尊享）

891

参考价格	RMB 6,500
拍卖信息	无
生产年份	2016 年
容量规格	500 ml
酒精度数	53°
收藏星级	★

2016 年贵州茅台酒（猴年星美生活）

892

参考价格	RMB 33,000
拍卖信息	无
生产年份	2016 年
容量规格	1.5 L
酒精度数	53°
收藏星级	★

2016 年贵州茅台酒（猴年）

893

参考价格	RMB 56,000
拍卖信息	无
生产年份	2016 年
容量规格	2.5 L
酒精度数	53°
收藏星级	★

2016 年贵州茅台酒（猴年）

HOW MOUTAI
贵州茅台酒

丙申猴年
20162853

894

成交价格	RMB 5,366
拍卖信息	中国嘉德 2022.6.26, Lot 3441
生产年份	2017 年
容量规格	500 ml
酒精度数	53°
收藏星级	★

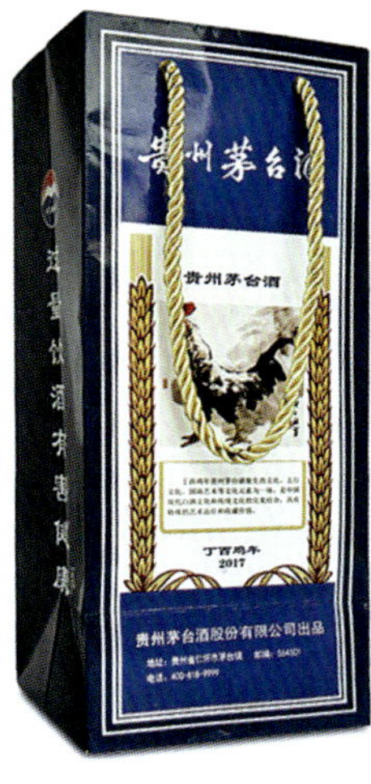

2017 年贵州茅台酒（鸡年）

生产日期、批次

20170118 2016-149	20170301 2016-159	20170313 2016-160	20170411 2016-162	20170512 2016-126	20170527 2016-127	20170809 2016-181	20170823 2017-017
20170919 2017-017	20171104 2017-017	20171129 2017-018	20171208 2017-018	20171227 2017-018	20171229 2017-089	20180112 2017-089	

相关事记：

2017 年 1 月 6 日，贵州茅台酒股份有限公司在贵阳举行新闻发布会，推出丁酉鸡年贵州茅台生肖酒。该款生肖酒集生肖文化、国画艺术等文化元素于一体，是自 2014 年起贵州茅台发布的第四款生肖酒。

895

参考价格	RMB 4,500
拍卖信息	无
生产年份	2017 年
容量规格	500 ml
酒精度数	53°
收藏星级	★

2017 年贵州茅台酒（港区省级政协委员联谊会尊享）

896

参考价格	RMB 9,500
拍卖信息	无
生产年份	2017 年
容量规格	375 ml、500 ml
酒精度数	53°
收藏星级	★★

2017 年贵州茅台酒（鸡年签名版）

生产日期、批次

王莉
20171125
2017-018

897

参考价格	RMB 22,000
拍卖信息	无
生产年份	2017 年
容量规格	1.5 L
酒精度数	53°
收藏星级	★

2017 年贵州茅台酒
（鸡年）

898

参考价格	RMB 36,000
拍卖信息	无
生产年份	2017 年
容量规格	2.5 L
酒精度数	53°
收藏星级	★

2017 年贵州茅台酒
（鸡年）

899

成交价格	RMB 4,983
拍卖信息	中国嘉德 2022.6.26, Lot 3442
生产年份	2018 年
容量规格	500 ml
酒精度数	53°
收藏星级	★

2018 年贵州茅台酒（狗年）

生产日期、批次

20180127	20180705	20180724	20180802	20180814	20180816	20181119
2017-115	2017-119	2017-119	2017-119	2017-119	2017-120	2018-004

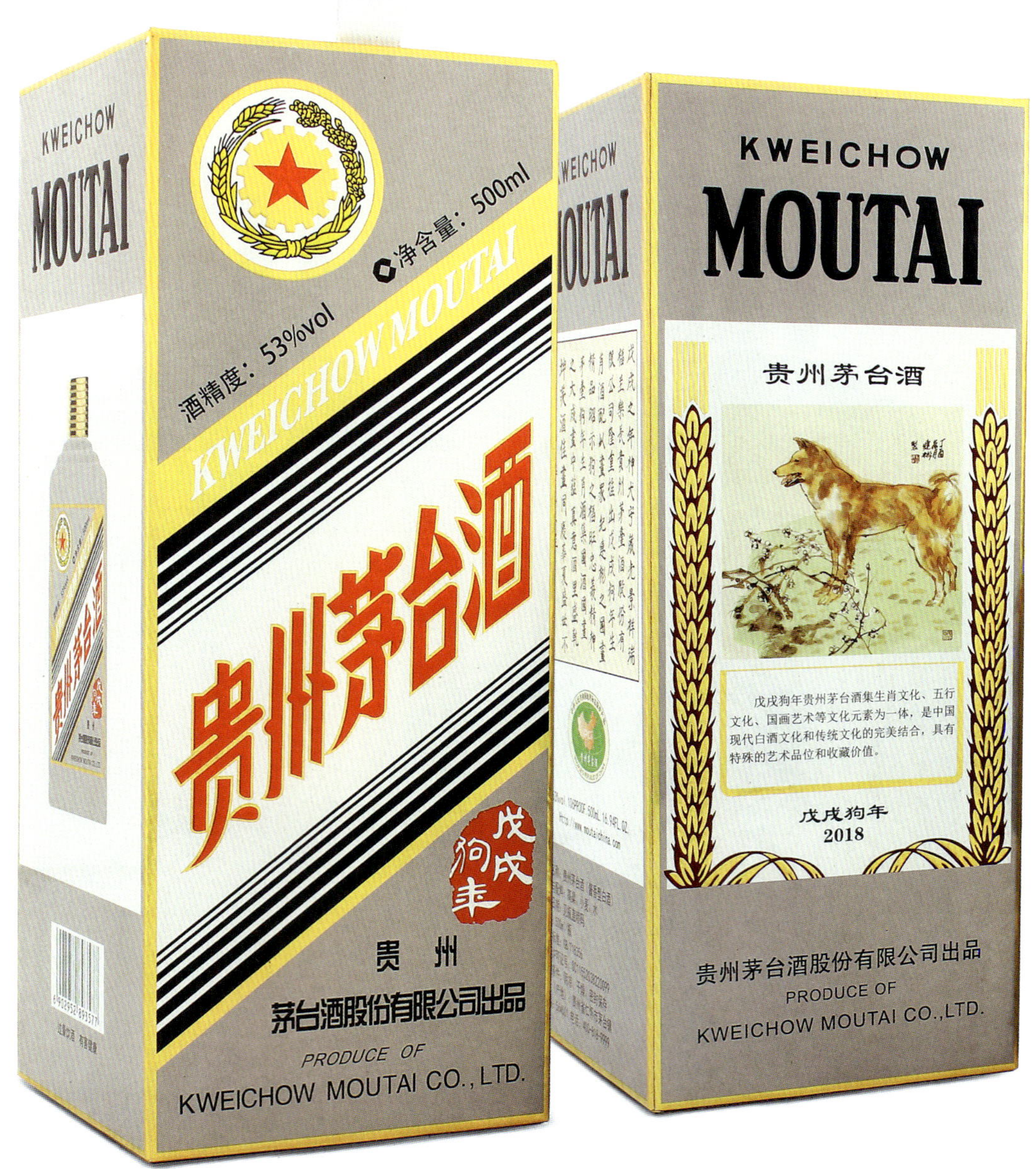

GUOJIU MOUTAI
國酒
茅臺
HG

茅台
MOUTAI
国酒
净含量：500ml
酒精度：53%vol
KWEICHOW MOUTAI
贵州茅台酒
戊戌狗年
贵州
茅台酒股份有限公司出品
PRODUCE OF
KWEICHOW MOUTAI CO., LTD.

贵州茅台酒
戊戌狗年贵州茅台酒集生肖文化、五行文化、国画艺术等文化元素为一体，是中国现代白酒文化和传统文化的完美结合，具有特殊的艺术品位和收藏价值。
戊戌狗年
2018

900

￥ 参考价格	RMB 4,100
拍 拍卖信息	无
年 生产年份	2018 年
容 容量规格	500 ml
度 酒精度数	53°
藏 收藏星级	★★

2018 年贵州茅台酒
（港区省级政协委员联谊会尊享）

901

参考价格	RMB 23,000
拍卖信息	无
生产年份	2018 年
容量规格	1.5 L
酒精度数	53°
收藏星级	★

2018 年贵州茅台酒（狗年）

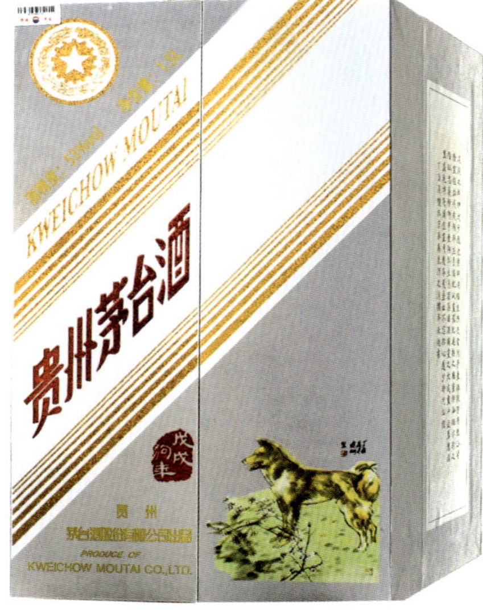

902

羊 参考价格	RMB 34,000
拍 拍卖信息	无
年 生产年份	2018 年
容 容量规格	2.5 L
度 酒精度数	53°
藏 收藏星级	★

2018 年贵州茅台酒
（狗年）

903

参考价格	RMB 5,500
拍卖信息	无
生产年份	2019 年
容量规格	375 ml × 2
酒精度数	53°
收藏星级	★

2019 年贵州茅台酒（猪年）

贵州茅台酒
己亥猪年贵州茅台酒集生肖文化、五行文化、国画艺术等文化元素为一体，是中国现代白酒文化和传统文化的完美结合，具有特殊的艺术品位和收藏价值。
己亥猪年
2019

904

参考价格	RMB 4,650
拍卖信息	无
生产年份	2019 年
容量规格	500 ml
酒精度数	53°
收藏星级	★

2019 年贵州茅台酒（猪年）

生产日期、批次

20181219	20190125	20190307	20190318	20190515	20190612	20190725
2018-005	2018-103	2018-104	2018-105	2018-144	2018-107	2018-108

905

参考价格	RMB 25,000
拍卖信息	无
生产年份	2019 年
容量规格	1.5 L
酒精度数	53°
收藏星级	★

2019 年贵州茅台酒（猪年）

906

参考价格	RMB 34,000
拍卖信息	无
生产年份	2019 年
容量规格	2.5 L
酒精度数	53°
收藏星级	★

2019 年贵州茅台酒（猪年）

907

参考价格	RMB 80,000
拍卖信息	无
生产年份	2015 年、2016 年、2017 年
容量规格	1.2 L
酒精度数	53°
收藏星级	★★

贵州茅台酒（十二生肖兽首）

贵州茅台酒
贵州茅台酒股份有限公司出品
酒精度：53%vol 净含量：1.2L
陈酿
十二生肖

贵州茅台酒
贵州茅台酒股份有限公司出品
酒精度：53%vol 净含量：1.2L
陈酿
十二生肖

908

成交价格	RMB 287,500
拍卖信息	北京保利 2022.7.27, Lot 3020
生产年份	2019 年
容量规格	700ml
酒精度数	53°
收藏星级	★★

2019 年贵州茅台酒（1949.10.1—2019.10.1）

生产日期、批次

20191024
2016-004

909

参考价格	RMB 12,000
拍卖信息	无
生产年份	2019 年
容量规格	700ml
酒精度数	53°
收藏星级	★★

2019 年贵州茅台酒（1949.10.1—2019.10.1）

相关事记：

1949.10.1—2019.10.1，70 年风雨兼程，中华民族从站起来到走出去，从落后贫穷到富裕强盛。贵州茅台集团特别推出贵州茅台酒（1949.10.1—2019.10.1）中华人民共和国成立 70 周年纪念酒。为切合中华人民共和国成立 70 周年纪念这一主题，此款茅台酒的容量规格选择的是少见的 700ml。

此款礼盒的侧面拉开之后，嵌入的内盒和外盒相接成一条金色巨龙。整条巨龙呈现出“China”字样。金色巨龙之上，有中华人民共和国70年来发展的标志性建筑形象、科技代表形象、传统文化形象等。巨龙身上有北京中央电视台、香港中银大厦、上海东方明珠塔、嫦娥一号卫星、神舟系列火箭、上海世博会中国馆、天坛、华表、牡丹等形象。

盒身正面采用的是树木年轮样式，用金色“年轮线”勾勒出中华人民共和国成立70年以来的历年国家大事：1949年10月1日，中华人民共和国成立；1997年7月1日，香港回归；2003年10月15日，神舟五号发射成功；2008年8月8日，北京奥运会成功举办……

生产日期、批次

20190911	20190919
2017-147	2017-147

910

参考价格	RMB 24,000
拍卖信息	无
生产年份	2020 年
容量规格	1.5 L
酒精度数	53°
收藏星级	★

2020 年贵州茅台酒
（鼠年）

911

参考价格	RMB 34,000
拍卖信息	无
生产年份	2020 年
容量规格	2.5 L
酒精度数	53°
收藏星级	★

2020 年贵州茅台酒（鼠年）

912

参考价格	RMB 4,300
拍卖信息	无
生产年份	2020 年
容量规格	500 ml
酒精度数	53°
收藏星级	★

2020 年贵州茅台酒（鼠年）

生产日期、批次

20191214 2018-135	20191224 2018-135	20191231 2018-137
20200221 2018-181	20200522 2019-064	20200527 2019-064

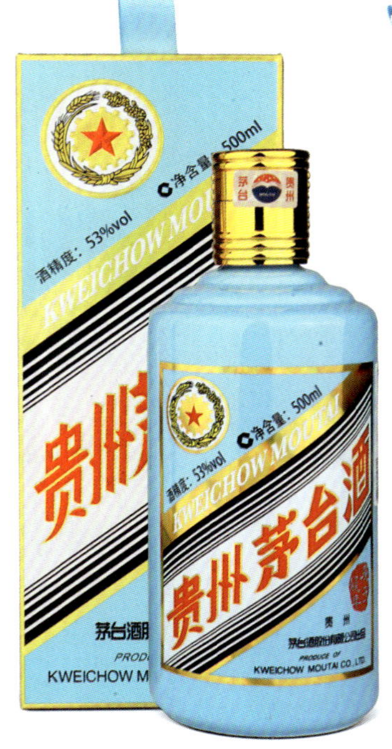

913

成交价格	RMB 5,366
拍卖信息	中国嘉德 2022.6.26, Lot 3443
生产年份	2021 年
容量规格	500 ml
酒精度数	53°
收藏星级	★

2021 年贵州茅台酒（牛年）

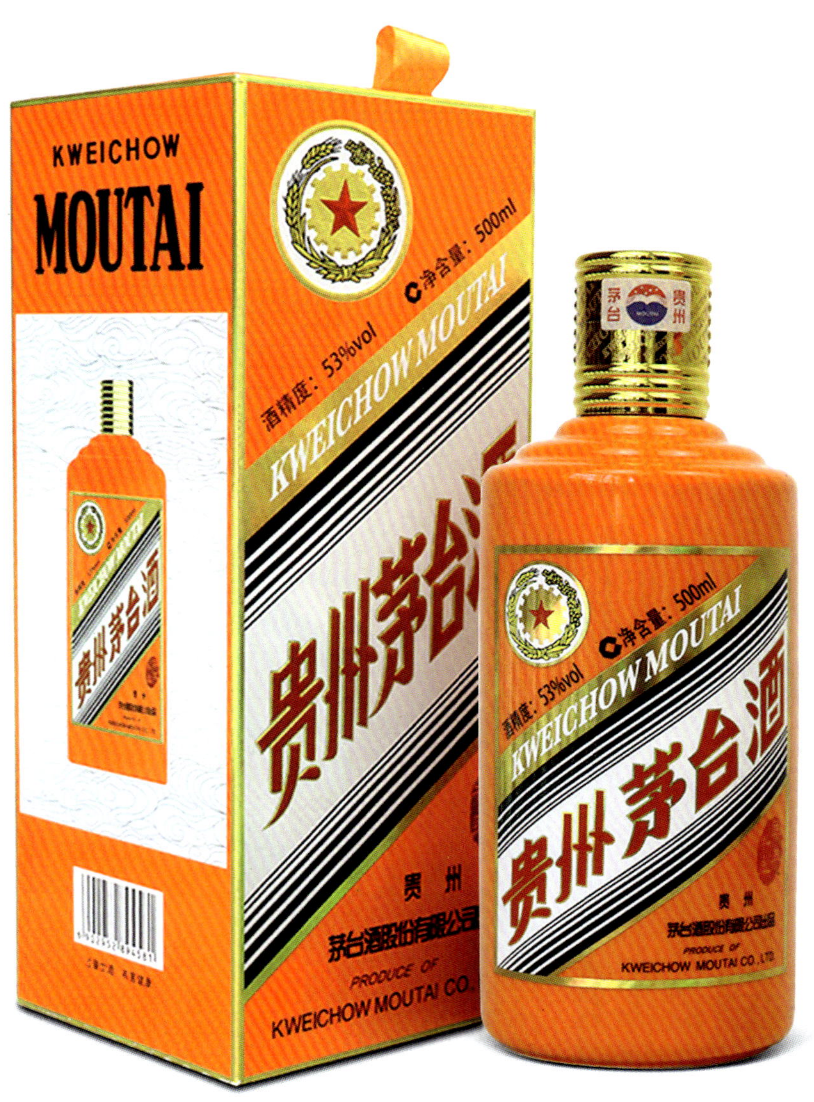

生产日期、批次

20201210 2019-101	20210120 2019-102	20210129 2019-103	20210304 2019-103	20210307 2019-103	20210312 2019-103
20210313 2019-103	20210315 2019-103	20210318 2019-104	20210517 2020-118	20210519 2020-118	20210608 2020-119
20210707 2020-120	20210806 2020-121	20210809 2020-121	20211009 2020-162	20211021 2020-163	20201210 2019-101

914

成交价格	RMB 25,300
拍卖信息	永乐拍卖 2022.7.26, Lot 7029
生产年份	2021 年
容量规格	1.5 L
酒精度数	53°
收藏星级	★

2021 年贵州茅台酒（牛年）

915

成交价格	RMB 40,250
拍卖信息	永乐拍卖 2022.7.26, Lot 7030
生产年份	2021 年
容量规格	2.5 L
酒精度数	53°
收藏星级	★

2021 年贵州茅台酒（牛年）

生产日期、批次

20210813
2020-124

916

参考价格	RMB 24,000
拍卖信息	无
生产年份	2022 年
容量规格	1.5 L
酒精度数	53°
收藏星级	★

2022 年贵州茅台酒（虎年）

917

参考价格	RMB 36,000
拍卖信息	无
生产年份	2022 年
容量规格	2.5 L
酒精度数	53°
收藏星级	★

2022 年贵州茅台酒（虎年）

918

参考价格	RMB 5,400
拍卖信息	无
生产年份	2022 年
容量规格	375 ml
酒精度数	53°
收藏星级	★

2022 年贵州茅台酒
（虎年 375ml）

919

参考价格	RMB 3,700
拍卖信息	无
生产年份	2022 年
容量规格	500 ml
酒精度数	53°
收藏星级	★

2022 年贵州茅台酒（虎年 500ml）

生产日期、批次

20220112 2020-164	20220213 2021-034	20220331 2021-041	20220428 2021-091	20220517 2021-094
20220520 2021-095	20220615 2021-101	20220629 2021-103	20220701 2021-106	20220719 2021-106
20220721 2021-106	20220725 2021-106	20220810 2021-130	20220816 2021-130	20220822 2021-130
20220902 2021-131	20220922 2021-131	20221020 2021-132	20221031 2021-132	

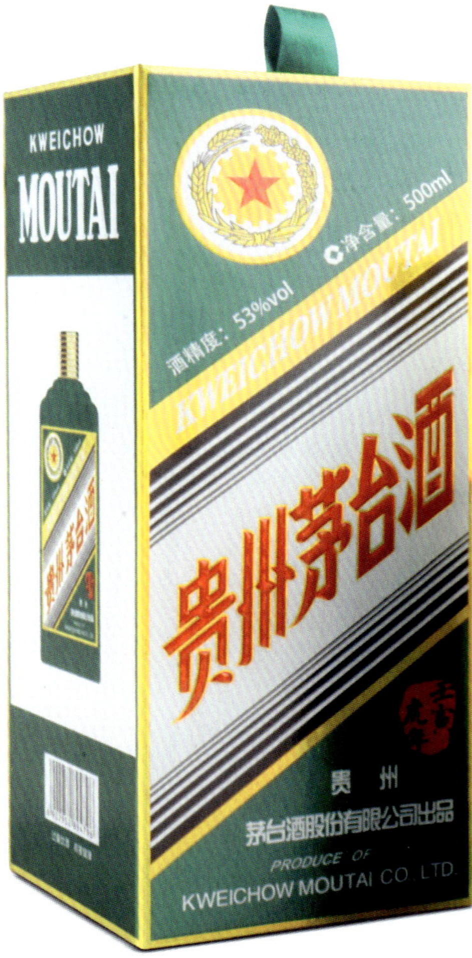

920

成交价格	RMB 3,299
拍卖信息	阿里拍卖 2023.3.9, S 1386
生产年份	2023 年
容量规格	500 ml
酒精度数	53°
收藏星级	★

2023 年贵州茅台酒（兔年）

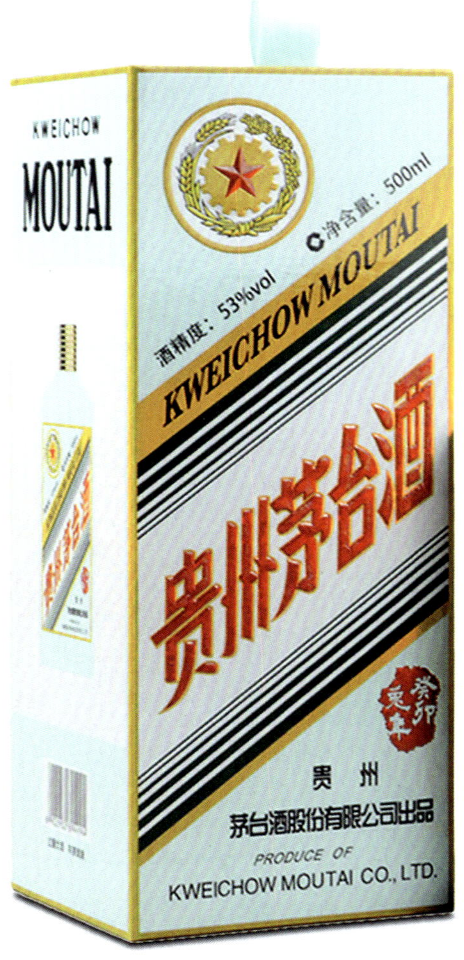

921

参考价格	RMB 5,000
拍卖信息	无
生产年份	2022 年
容量规格	500 ml
酒精度数	53°
收藏星级	★

2022 年贵州茅台酒（荷玺）

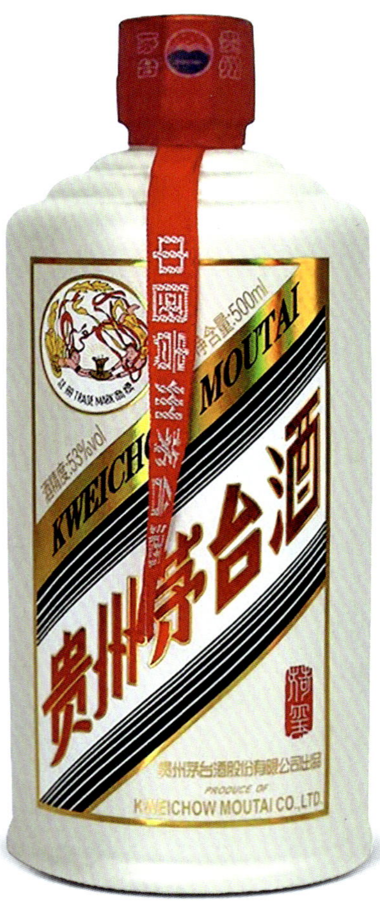

922

成交价格	RMB 5,399
拍卖信息	阿里拍卖 2023.2.22, H 7010
生产年份	2023 年
容量规格	500 ml
酒精度数	53°
收藏星级	★

2023 年贵州茅台酒（水碧山青）

923

成交价格	RMB 5,668
拍卖信息	阿里拍卖 2023.2.25, P 4675
生产年份	2023 年
容量规格	500 ml
酒精度数	53°
收藏星级	★

2023 年贵州茅台酒（淳鉴）

924

参考价格	RMB 7,500
拍卖信息	无
生产年份	2023 年
容量规格	500 ml
酒精度数	53°
收藏星级	★

2023 年贵州茅台酒（立春）

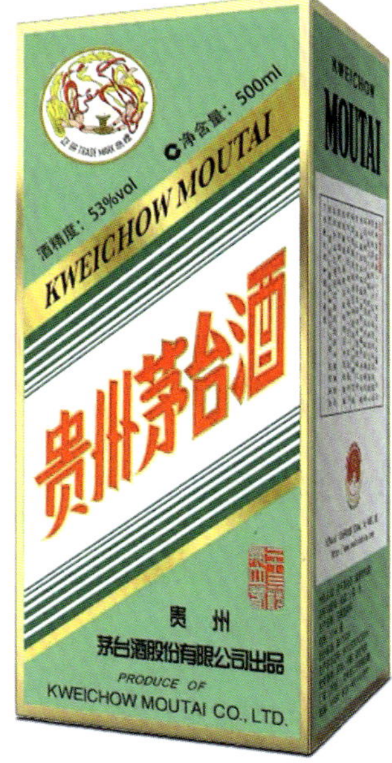

925

参考价格	RMB 1,000
拍卖信息	无
生产年份	2023 年
容量规格	100 ml
酒精度数	53°
收藏星级	★

2023 年贵州茅台酒（立春）

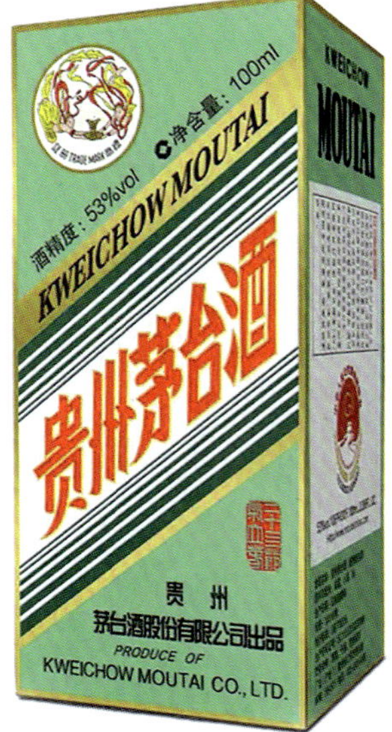

926

成交价格	RMB 7,299
拍卖信息	阿里拍卖 2023.4.19, R 1203
生产年份	2023 年
容量规格	500 ml
酒精度数	53°
收藏星级	★

2023 年贵州茅台酒（雨水）

927

成交价格	RMB 801
拍卖信息	阿里拍卖 2023.4.20, I 7681
生产年份	2023 年
容量规格	100 ml
酒精度数	53°
收藏星级	★

2023 年贵州茅台酒（雨水）

928

参考价格	RMB 7,500
拍卖信息	无
生产年份	2023 年
容量规格	500 ml
酒精度数	53°
收藏星级	★

2023 年贵州茅台酒（清明）

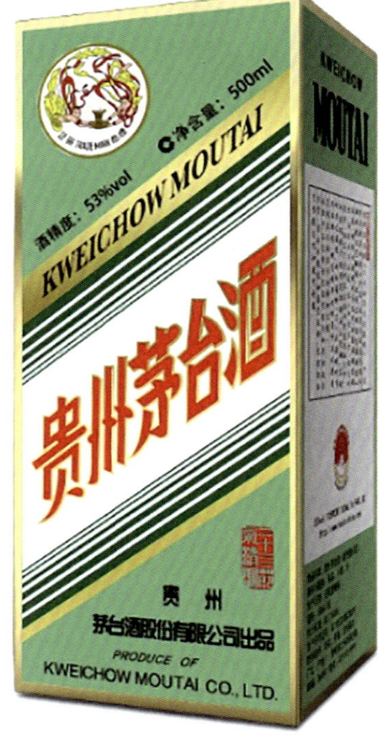

929

参考价格	RMB 1,000
拍卖信息	无
生产年份	2023 年
容量规格	100 ml
酒精度数	53°
收藏星级	★

2023 年贵州茅台酒（清明）

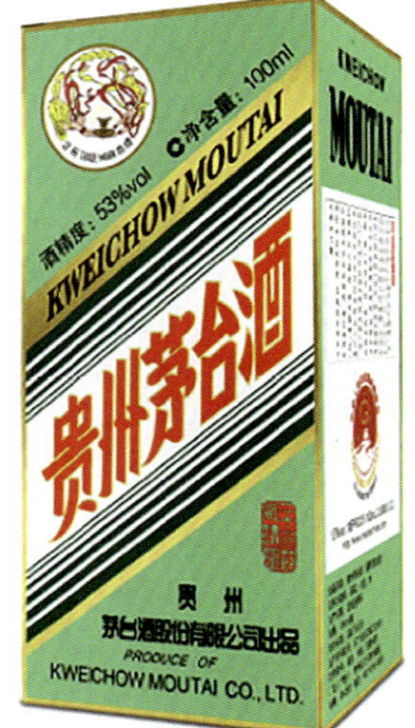

930

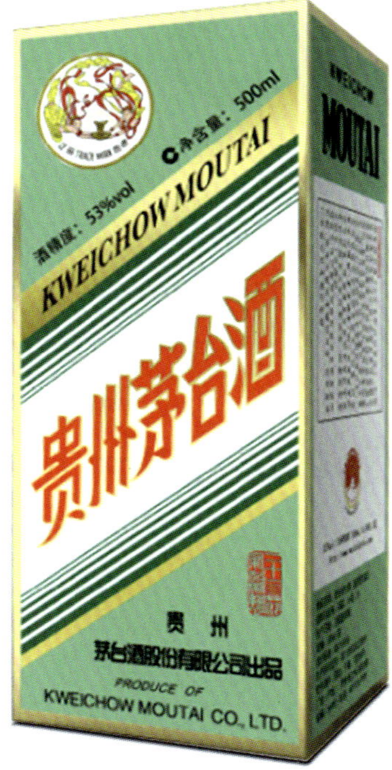

参考价格	RMB 7,500
拍卖信息	无
生产年份	2023 年
容量规格	500 ml
酒精度数	53°
收藏星级	★

2023 年贵州茅台酒（惊蛰）

931

参考价格	RMB 1,000
拍卖信息	无
生产年份	2023 年
容量规格	100 ml
酒精度数	53°
收藏星级	★

2023 年贵州茅台酒（惊蛰）

932

参考价格	RMB 7,500
拍卖信息	无
生产年份	2023 年
容量规格	500 ml
酒精度数	53°
收藏星级	★

2023 年贵州茅台酒（春分）

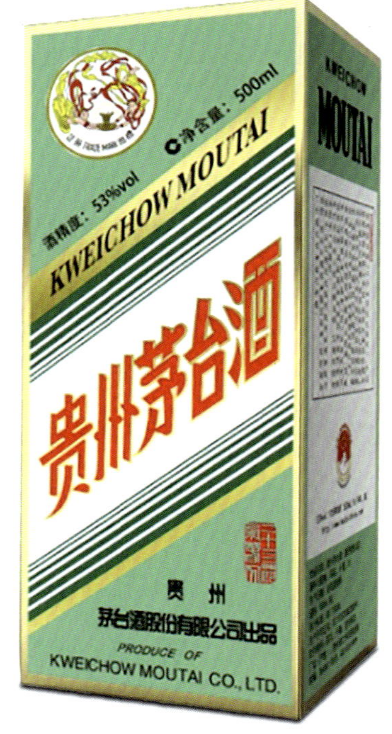

933

参考价格	RMB 1,000
拍卖信息	无
生产年份	2023 年
容量规格	100 ml
酒精度数	53°
收藏星级	★

2023 年贵州茅台酒（春分）

934

参考价格	RMB 7,500
拍卖信息	无
生产年份	2023 年
容量规格	500 ml
酒精度数	53°
收藏星级	★

2023 年贵州茅台酒
（谷雨）

935

参考价格	RMB 1,000
拍卖信息	无
生产年份	2023 年
容量规格	100 ml
酒精度数	53°
收藏星级	★

2023 年贵州茅台酒
（谷雨）

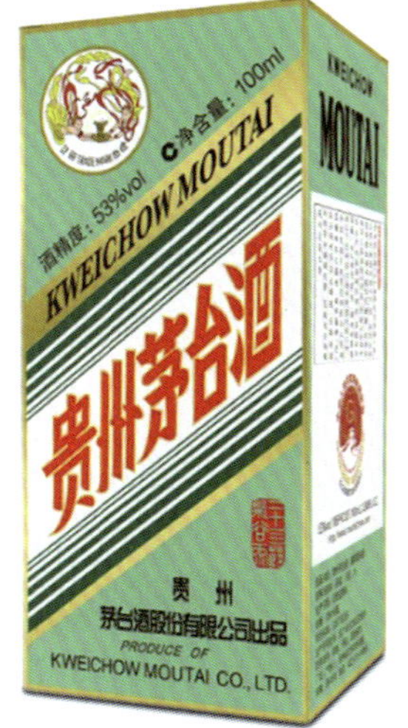

936

参考价格	RMB 7,500
拍卖信息	无
生产年份	2023 年
容量规格	500 ml
酒精度数	53°
收藏星级	★

2023 年贵州茅台酒（立夏）

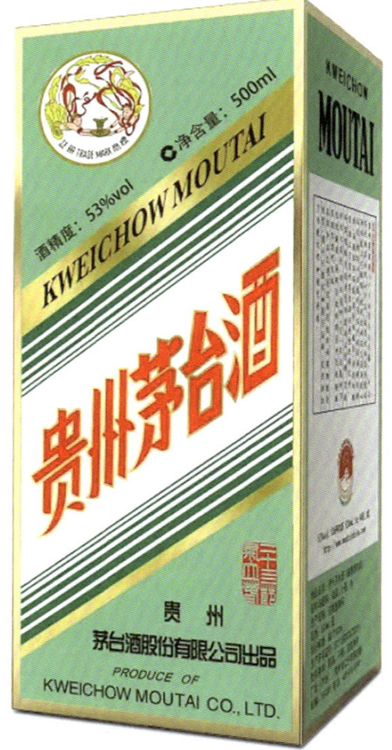

937

参考价格	RMB 1,000
拍卖信息	无
生产年份	2023 年
容量规格	100 ml
酒精度数	53°
收藏星级	★

2023 年贵州茅台酒（立夏）

贵州茅台

KWEICHOW

火眼金睛 去伪存真

形式各样非正宗茅台酒

各类高仿假贵州茅台酒

假茅台案例分析实战

打眼 换标 撬盖 拔头

第十二章

鉴别与收藏篇

1949—2018

KWEICHOW MOUTAI
PART TWELVE

博物恰闻　慧眼识真

——浅谈陈年贵州茅台酒的辨伪

茅台酒收藏简说

自古以来，收藏投资中的最大问题就是鉴别真假。赝品的出现，要么是为了炫耀，要么就是为了牟利。按常理来讲，一般人不需要去了解和学习茅台酒辨伪的相关知识，因为这种专业性极强的技术，通常是工商部门、茅台集团打假部门的专长。但在今天，我不得不说，我们踏入茅台酒收藏界的人，应该去学习且要学会辨别茅台酒真伪。这样，不但能还藏品一个真相，而且能让我们在经济上少受损失，甚至是不受损失。

我们所收藏的茅台酒，再老的年份也在近百年以内，这近百年我国乃至世界发生了许多重大事件，茅台酒就是在这样的大环境中成长至今。短暂的时间积淀并不意味着它就缺失了收藏的价值，它被文化的盔甲包裹着，我们无法动摇。我们在收藏它的同时，对它也逐步有了更全面的了解。现在有很多高科技设备，可以为我们带来便捷的生活，但有的东西，我们只能靠经验、靠知识去了解它的本质。

我们在了解事物本质的同时，还要了解它的特征和特性。只有当你了解了这些，你才有可能获得有价值的藏品。切记不要轻易相信故事，即使相信，你也必须在确认酒是真品无疑的前提下，将其作为此酒本身的附属文化去记录。有时候知识化成的力量，就是财富。任何时候多学点儿知识，都非常重要。

有经验的藏家，在看到每一瓶茅台酒的时候，都会瞬间在脑海中将对这瓶酒的认识，如历史信息、生产背景以及各种特性、特征一一展现，凭借自己丰富的知识和经验，就可以准确判断出眼前这瓶茅台酒的真伪。就像我第一次看到恒兴酒厂生产的“赖茅”时，虽是第一次见到，但我早已从资料中掌握了它的特点，眼前立即就会浮现出一连串当年“赖茅”的特征：细长、不规则的褐釉瓶子；蓝色雄鹰地球图形；加贴标签“中华人民共和国—瓶酒查验证—乙类”的原封纸；“恒兴烧房”“赖永初”等符号。虽是第一次见面，但也能判定出这瓶酒的真伪，当然这需要丰富的知识积累。茅台酒不能仅仅依据表象来判定是真还是假、品种的富裕还是稀少。正如我们结交朋友，只看外表是不够的，还必须了解他的思想、价值观，还有他的品德。将此应用到茅台酒收藏上，实际上是一个道理。

收藏和做其他事情的道理是一样的，天上不会掉下馅饼，想用捡漏的方式，低价买进价值不菲的宝贝，概率是非常低的。如果这种事情真的发生，在大多数时候，都是和骗局紧密相连。我就曾经遇到过一个送茅台酒给我鉴定的人，因为轻信卖家编造的故事，将一箱号称是从单位仓库里搬家搬出的多年前的抵债物资“酱瓶茅台酒”，以低于真品一半的价格购入，结果，经鉴定，他买的其实是一箱新做旧的假酱瓶茅台酒，这让他遭受了一笔不小的损失。

民间收藏可以陶冶情操、丰富业余生活，同时还能得到由于藏品价值的增长，给我们生活带来的质的飞跃。但我们在收藏过程中千万不能贪小便宜，要做到科学收藏，端正心态，切忌盲目下手。收藏的道路曲曲折折，收藏的过程本身就是一个学习再学习的过程。多学习、多实践、多参考，切记在任何时候都不要有贪念，保持一颗纯净的心态去收藏。在持有藏品的同时，也能够得到文化的熏陶。如此，我们定会在不经意间，获得意外的惊喜。

我们在买老茅台酒的时候，会遇到各式各样的问题，或是真伪辨别，或是年份确定，还要提防对方精心挖一个陷阱等你去跳。在这个时候，我们就必须谨慎地对待买卖这件事儿。也就是在这个时候，知识则成了强悍的理论基础。懂酒，才能让我们迅速做出准确判断。

人生的经验特别重要，我一直在强调知识的重要性。就像键盘，很多键看起来不常用，有时也就用那么一次，但也是非常重要的。正如在协助藏友鉴定 1990 年产正背标混贴的“五星”茅台酒时，我想到一件重要的事：1990 年 12 月，因为茅台酒厂“五星”背标用完而未能及时供应上，临时使用了“飞天”茅台酒的中英文对照的背标，同时还在背标底部加贴了“贵州茅台酒认证书”的小标签，上述这款茅台酒为贵州茅台酒厂出品，特此证明，并伴有公章缩略图。但很多藏友不熟悉这个事件，所以都认为这酒是假货，也导致这个版本的茅台酒当时在收藏市场无人问津。然而在今天看来，这酒还是具有一定的收藏价值的。所以，有了丰富的理论作为基础，加上实践，便可总结成为经验，这就是财富。

常见的作伪方式

在收藏陈年茅台酒时，我们要注意作伪的几种形式：一是新仿，完完全全的假货，包括生产当年仿品留存至今的，对于这样的赝品，我们主要的任务就是辨伪；二是旧仿旧，这是最为可怕的一种假冒产品，也是对收藏市场冲击最大、杀伤力最强，且影响最恶劣的。它的出现会极大地影响茅台酒收藏市场健康有序的发展。常见的旧仿旧作伪方式有哪些呢？比如选择一定年份的茅台酒瓶，重新封装蒙蔽市场；再比如，同一时期产品进行商标更换，将“飞天”换成“葵花”，新藏家很难辨别。作伪者有利益驱动，绞尽脑汁去作伪，而我们作为传承茅台酒文化的收藏者，或者是投资者，更应该用知识去武装自己的头脑，多看实物，多记特征，多了解额外的信息，少信故事，这样才会让自己的利益少受侵害。

整器作伪是后人根据历史上某个时期出现过的某个批次的某种茅台酒，按照图片信息或者相关资料记载进行仿制的，通常是最容易分辨出真伪的品种。因为生产工艺的差距，有极强的仿造痕迹，具备茅台酒基础常识的人，都可以看出其中的蹊跷。有的会在外观上做旧，以达到欺世牟利的目的。

茅台酒的整器作伪中，会出现臆造物，但相对较少。臆造物是指凭主观臆想而臆造出来的东西，简单地讲就是茅台酒厂根本没有产过这样的产品，但是它却出现在了市面上。我曾经在重庆的一家烟酒店遇到过一次。当时是夏天，我和重庆的朋友在石桥铺一家鸡汤店吃完饭，返回酒店的途中就发现了一家烟酒店，柜台后面的货架上摆满了各种各样的茅台酒盒子。走进店铺，我让掌柜拿点儿茅台酒给我看看，可惜货架上放的都只是空瓶子，没有一瓶有酒。正在我心灰意懒的时候，掌柜说道："茅台酒价钱高，不敢放外面，如果你真想买，我这真有一瓶。"我赶紧让掌柜拿出来给我看。这瓶酒拿到手后，我端详起来，掌柜便开始跟我介绍，说这是好久以前一个人到这边卖给他的，是"外国首脑特供"，价格还不低。我仔细看了看，这酒除了瓶形和茅台酒类似，从包装到印刷无一不是作假者的臆造物。我当时只是和掌柜说了这酒不准，以后收酒时要小心被骗，便离开那里。这位掌柜做的就是白酒销售和回收后再销售的生意，如果他能掌握一些基本的常识，就会很容易判定出酒的真伪。如果收藏茅台酒的人将这种人为臆造的品种收入囊中，岂不是成了天大的笑话？

鉴定主要靠知识和经验，首先就要掌握各时代所生产的茅台酒的基本特征。如胎釉、造型、外贴商标标签、背标文字内容、日期等。举个最简单的例子："三大革命"背标下方的生产日期是由蓝色标注，只要出现红色，必假无疑。

如果我们是在鉴定 20 世纪 50 年代的土陶瓶茅台酒，首先考虑到的应该是其釉陶的胎质，因为相比 50 年代以后，之前烧造的釉陶相对粗糙，且施釉不均匀。早期茅台酒厂建立时期沿用了中华人民共和国成立前的酒瓶风格，因为是手工制作，很不规则，没有两瓶是一模一样的，有的上半截粗，下半截细，有的正好相反；其次要看其瓶身的前后商标和封口标。如果是仿制品，想仿制得如同真品一样，确实很难，但空酒瓶重新灌装，这就要注意封口了，不过，仔细观察还是会发现很多破绽的。

常见的辨伪方法

茅台酒的辨伪方法主要有三种。首先是分类法：即将各时代产的茅台酒整理成发展序列，先找出它们的共同点，然后再找出它们不同的地方，从中发现它们之间的发展规律和各时期的重要特征。其次是比较法：如果我们无法判定手中的茅台酒是否伪造，那么我们可以找相关的真品实物去作比较，没有实物也可以找照片。若是同一个时期所产，虽然不能保证每瓶完全相同，但最主要的特征基本一致，就可以从中找到我们想要的答案。比较时，要用眼、手、耳去感受真品的感觉。如此，真实的答案离你就会越近。最后是请教法：在我们无法进行分类、比较，或遇到疑惑之时，我们应该及时请教身边知识丰富且有经验的藏友，他们是我们在藏酒道路上的良师。

破解“打孔”造假

在茅台酒收藏界有一个经常被提到的词语“打孔”，这个是针对跑酒的陈年茅台进行的一项增加酒水含量的作伪方法，主要目的是让本身已经跑酒的茅台酒获得最大的价值提升。同年代茅台酒因为瓶内酒含量的不同，价格相差数倍。作伪者会不惜一切代价，购买价值在4000元到1万元不等的专业玉器打孔微型钻头，在瓶底选择一个比较隐蔽的位置进行打孔灌酒，一般的作伪者还能灌点儿茅台酒进去，差点儿的直接就将自来水注入进去充酒。早期的时候作伪者在打孔注酒后使用玻璃胶密封，再弄点儿脏的东西稍微遮盖一下。现在全部改用医院牙科修复蛀牙的“磷酸锌黏固剂”作为密封剂，很不容易分辨。

目前常见的打孔方式是在瓶身的表面，利用标贴的某个部位的缺陷，或者直接掀起标贴的某个部位进行打孔注酒，这样作伪后的针眼不易被发现。更有甚者在酒瓶顶盖的任何一处空隙下手，可以说能达到“完美无瑕”的效果。我们在鉴定的时候，就要多注意、多观察。虽然现在已经很少有人在瓶底做文章了（因为容易被发现），但我们还是不能大意。我有一个朋友，也是业内专业藏酒人士，他有一次收购到一瓶1958年的茅台酒，在仔细辨认这瓶茅台酒真伪的同时，也在寻找瓶体是否被打孔注酒。后来看了没有问题，确认无误后付钱走人。回到家中，他的侄儿欣赏把玩这瓶酒的时候，突然说了一句：“怎么瓶底有个眼？”一语惊醒梦中人，我的这位朋友连忙接过他侄儿手中的茅台酒，翻个底朝天，果然看到一个非常明显的洞眼，还不怎么隐蔽。他当时就说了一句话：“我以为已经没人在瓶底打孔了，还仔细、认真地看了全身，就没看瓶底，孔还就在瓶底。即使再去找人家，人家也不会承认了。”

所以说，即使是拥有丰富经验的藏家，也要戒骄戒躁，否则会做出错误的判断。通过这件事，我们了解到对事物的观察和判断一定要全面，轻率的经验判断，或者仅凭一点就迅速做出判断，在老酒真伪鉴定中是非常错误的做法。我们对知识的掌握一定要全面，经验也必须建立在实践的基础之上。只有知识、经验全面，加上不粗心，我们才能迅速做出准确的判断。

破解“换标”造假

茅台酒换标，是一个最容易蒙蔽我们收藏者眼睛的造假方式，作伪者的这种手段所使用的一切作伪材料全部是正宗的茅台酒“部件”，所以辨别起来非常困难。我觉得我们广大收藏者应该认真针对这个问题进行学习和研究。换标行为的出现，严重扰乱了茅台酒收藏市场珍稀品种的存世量和对其价值的评估。我们不能忽视它的存在，必须有一双火眼金睛，看出作伪者的猫腻，还老茅台酒一个真实的历史。

换标的手段有很多，最难以辨别的就是用“葵花”标贴换贴同时期的“飞天”标贴。作伪者将“飞天”茅台酒的正面标贴用温水浸湿后撕下，然后将从空瓶上揭取下来的或者是从网上买来的葵花正面标贴直接粘贴到“飞天”茅台酒瓶上，这样就造出了一个以假乱真的“葵花茅台”。

实际上对于这种换标贴的造假手段，只要我们用心去观察，也非常好判断。我们可以准备一个高倍带光源放大镜，在看喷码是否为“围棋”状的同时，分辨酒标是否被换。我们首先用手指甲轻抵正标边缘，然后再轻抵背标边缘，看粘贴的牢固程度是否相等。因为市场出现过用胶水粘贴前标的案例，其边缘会非常硬，即使是同样使用糨糊粘贴，因为所使用的糨糊生产年代和品质不一，粘贴硬度上也会有很明显的区别。我们还可以用高倍放大镜对标贴进行观察，因为假的背标肯定是从其他酒瓶上揭下来的，细微的变化会让它的表面产生褶皱，且很难抹平。完整的茅台酒瓶身的标贴，印刷的细节是非常讲究的，印刷纸上的油墨不会有任何剥落和褶皱的现象出现。

还有一种换标，是更换茅台酒背标。如 1983 年后的背标更换“三大革命”，生产日期晚的换日期早的等，但是万变不离其宗，只要我们认真观察，还是看得出破绽的。我看过最明显的一次就是一位藏友给我鉴定的“葵花”茅台酒，仅正面标贴的上下位置就存在问题，红色飘带已经不在“茅”字中部的位置，一眼就能看出是换标的“葵花”。

我们有时候也会对“文革”时期的“葵花”茅台酒有误解，认为没有棉纸包裹的都会有问题，坚决不会入手。其实大可不必这样，只要用心，还是可以收藏一些没有棉纸的“葵花”的。真不真，就看你的眼睛够不够毒。

茅台酒收藏任重而道远

随着茅台酒收藏市场的火热和拍卖市场的升温，很多不法商贩想着法子打老茅台酒的主意，他们到处收购有年份的茅台酒瓶子，然后进行灌装。这种作伪只能在瓶口上下功夫，其实破绽还是很容易看出的，无论是酒瓶套，还是收缩套，都不可能制作得和原厂一模一样。茅台酒厂的生产设备在任何时期都可以说是这个时期国内较为先进的设备，毕竟是国有大型企业，即使是包装材料，都会拥有非常好的质地。比如我们经常可以看到的透明塑料封套，原厂的用火一烧，瞬间只留下一丝烟灰的痕迹；而仿造的，因为材料大多为回收，用火烧只能带来满眼云烟，烧成一团，难以清理。初级买家如果遇到此类藏品，无法判断，又无法请教专家，最好还是谨慎对待，没有十足的把握，千万不要盲目下手，毕竟市场透明，已经没有什么大便宜可讨了。对于封口缺失、损坏的茅台酒藏品，无法判断其性质的，宁可放弃，一定要保持健康的收藏心态。

在当今的收藏热中，茅台酒堪称热门品种。正因如此，茅台酒的作伪也愈演愈烈，作伪者不惜一切代价牟取暴利。茅台酒的辨伪是茅台酒收藏过程中必须掌握的一项重要技能，虽不是通过一次学习就可以完全掌握，但多了解知识、多看一些辨伪的例子，还是大有好处的。我们要从收藏中领悟到人生的道理，在辨伪中找到人生的真谛，在收藏的“琐事”中，找到生活的“乐趣”。

见多识广　辨伪存真

形式各样、五花八门非正宗茅台

01 茅台集团旗下各类子品牌

除贵州茅台酒股份有限公司为正统外，其余酒厂生产的酒均冠以“茅台集团”充斥市场，进入各类超市及经销渠道。此类酒大都包装精美大气，价格在几百元不等，并且使用了茅台商标。如“52 度国色天香”等，普通百姓根本无法识别，从外包装上看比飞天、五星等正宗茅台还气派，往往极具误导性。

贵州茅台酒股份有限公司产品

贵州茅台集团（技术开发公司、保健酒公司）产品

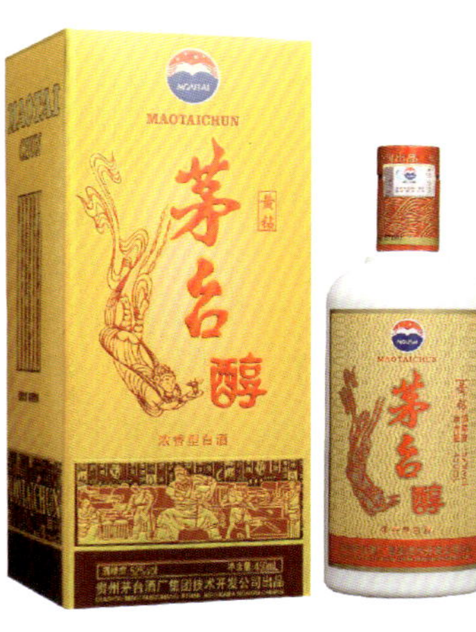

点评： 出自贵州茅台酒股份有限公司的产品，除饮用外，有一定的收藏投资价值。出自茅台集团的产品，酒质尚可，但收藏投资价值不大。

02 港台地区生产的茅台酒

贵州茅台酒拥有近百年的辉煌历史，闻名中外。由于特殊的历史原因，在1997年前，中国香港地区曾有“香港茅台”面世，由香港三生中西酒业公司出品。而从20世纪70年代至今，在我国台湾地区也酿产了一款“台湾茅台”，该酒由台湾省烟酒公卖局（2002年改制为台湾烟酒股份有限公司）出品。港台地区出现的这种“茅台酒”虽有“茅台”之名，并在当地合法销售，但与贵州茅台酒完全不是同一产品，仅可作为一个另类白酒藏品去研究、收藏。

点评：20世纪90年代中期，由香港三生中西酒业公司出品的“三生牌”茅台。

点评：自 20 世纪 70 年代至今，由我国台湾省烟酒公卖局出品的“玉山茅台酒”。

03 茅台镇生产其他品牌酒

去过茅台镇的人都知道，茅台镇大大小小酒厂作坊上千家。所以这里生产出来的酒都可以冠以“茅台镇酒”，而且上规模的大厂可以正式注册近似的商标，因为它们确实产在茅台镇。此类酒均为茅台擦边酒，与茅台酒无关。此类酒品数量、品种以千万计，此处不一一赘述。区分正宗贵州茅台酒与此类酒的最简便途径即是看产品酒标上是否印有“贵州茅台酒”标准字样。

点评：出自茅台镇，酒质良莠不齐，可以饮用，收藏投资不及正宗贵州茅台酒。

04 茅浆窖、专供酒、内供酒、特供酒、人为做旧酒

各类电商平台经常会出现这类酒，价格低、品种多，打着专供酒、内供酒、特供酒的旗号，多为人工做旧而成，其酒标、包装盒及外包装箱，均用化学制品高锰酸钾喷淋，使其外观发黄、老旧，从而迷惑消费者。

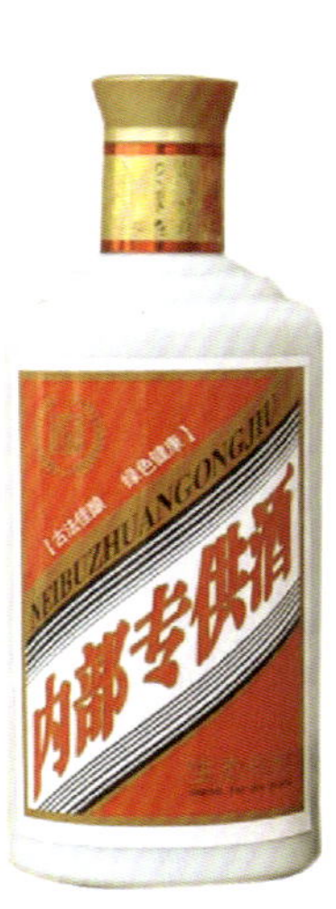

点评：此类酒品建议不要饮用，更不宜收藏投资。

05 陈年假茅台酒

由于近年来人们对陈年茅台的青睐，加之茅台市场的走俏，一些不法商家利用早期茅台产品防伪技术落后之机，对 20 世纪 60—90 年代的茅台酒进行伪造，然后在市场进行销售，以牟取暴利。此类酒品完全模仿贵州茅台酒样式，打着“贵州茅台酒”字样，批量造假，整体做旧。这类假酒多是满身土黄色，酒标印刷粗糙拙劣，商标字体、图案套色不准，比例失调，外用化学药水喷淋，使其老化，做旧痕迹明显，酒瓶却较新，毫无历史感。

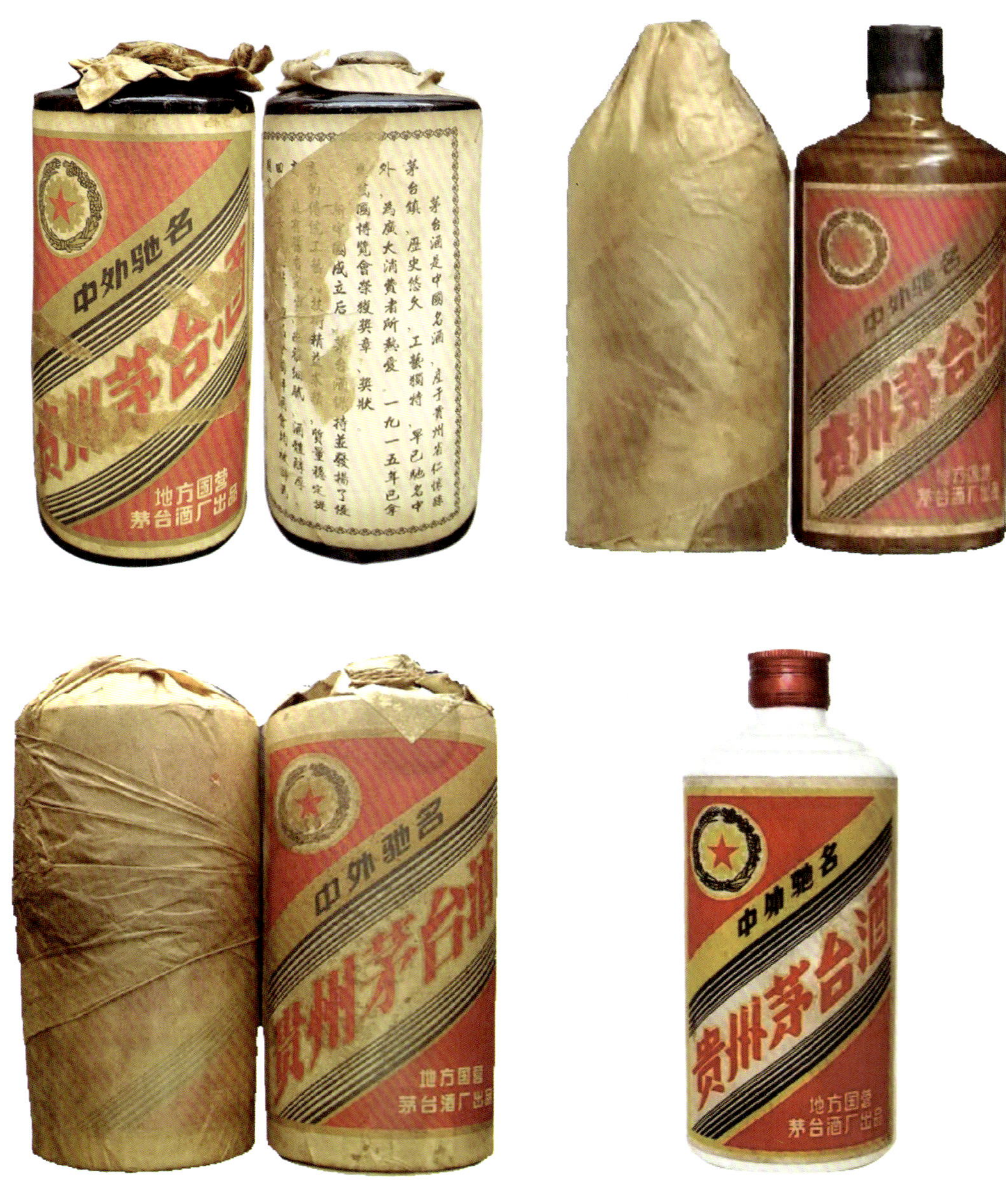

点评：此类酒品切忌饮用，更不宜收藏投资。

06 高仿茅台酒（换标、打孔、真瓶装假酒）

有些造假者用回收的真瓶重新灌装，有点儿良心的制假者会用茅台王子酒之类的酒灌装，良心完全泯灭的制假者则采用极劣质的食用酒精灌装。所以在此建议，茅台酒消费者在自己喝完茅台酒之后，把瓶毁了，不要贪图那百十块钱将酒瓶出售，说不定下次消费受害者就是你自己。

点评： 打眼茅台的造假技术越来越高，有些钻孔比针眼还小，且多在隐蔽之处，不易被发现。

07 假茅台造假技术提高

在过去，看一看防伪标就能知道酒的真假，现在不行了，茅台酒造假技术提高，真假很难辨别。但假的总归是假的，只要大家注意观察还是可以辨认出来，现在教你从以下两处看：

一、看盒盖上的激光防伪

（1）这就是激光防伪标，圈内英文 MT 很小，在 60 倍放大镜下才能看到。

（2）真酒 MT 字很小。

（3）假酒 MT 字较大。

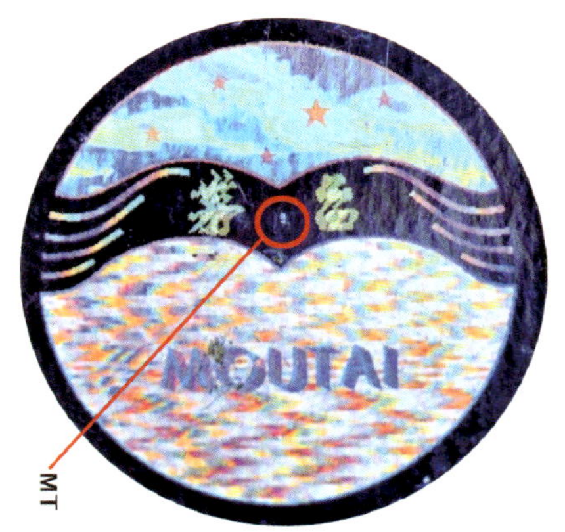

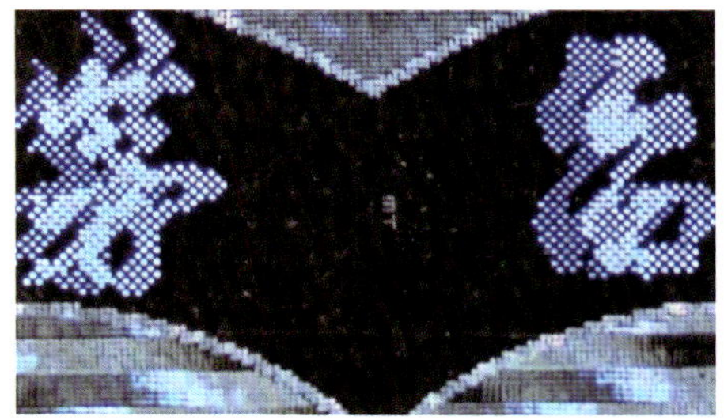

真 标

假 标

二、看合格证

（1）真酒合格证印刷清晰，花纹清楚。

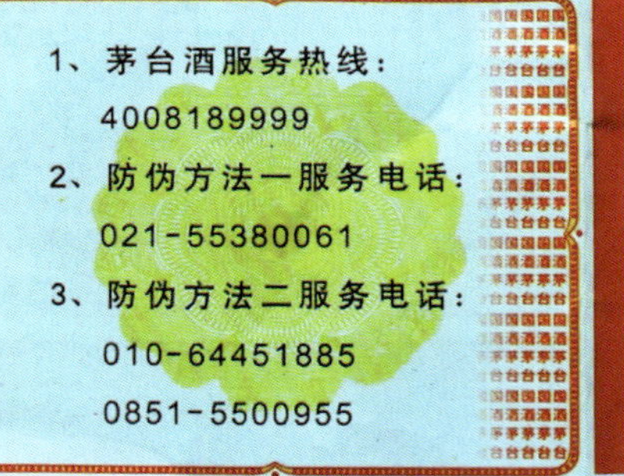
1、茅台酒服务热线：
4008189999
2、防伪方法一服务电话：
021-55380061
3、防伪方法二服务电话：
010-64451885
0851-5500955

（2）假酒合格证非常不清晰，下面是假酒合格证。

1、茅台酒服务热线：
4008189999
2、防伪方法一服务电话：
021-55380061
3、防伪方法二服务电话：
010-64451885
0851-5500955

点评： 初学者鉴别这类高仿茅台酒，一定要用真假作比对，发现并牢记各个部分的细节特征。

08 真茅台与高仿茅台细节特征对比

鉴别透明胶套的贵州茅台酒，重点看封口的喷码。用高倍放大镜看构成喷码的细小圆点，喷码不规整，大小不一，颜色不一样，黑点不圆，粗细有差别，边缘呈毛絮状的即为假酒。真酒的喷码圆点在高倍放大镜下呈现颗粒均匀，大小匀称，黑亮圆滑，如油泼的围棋子一样。

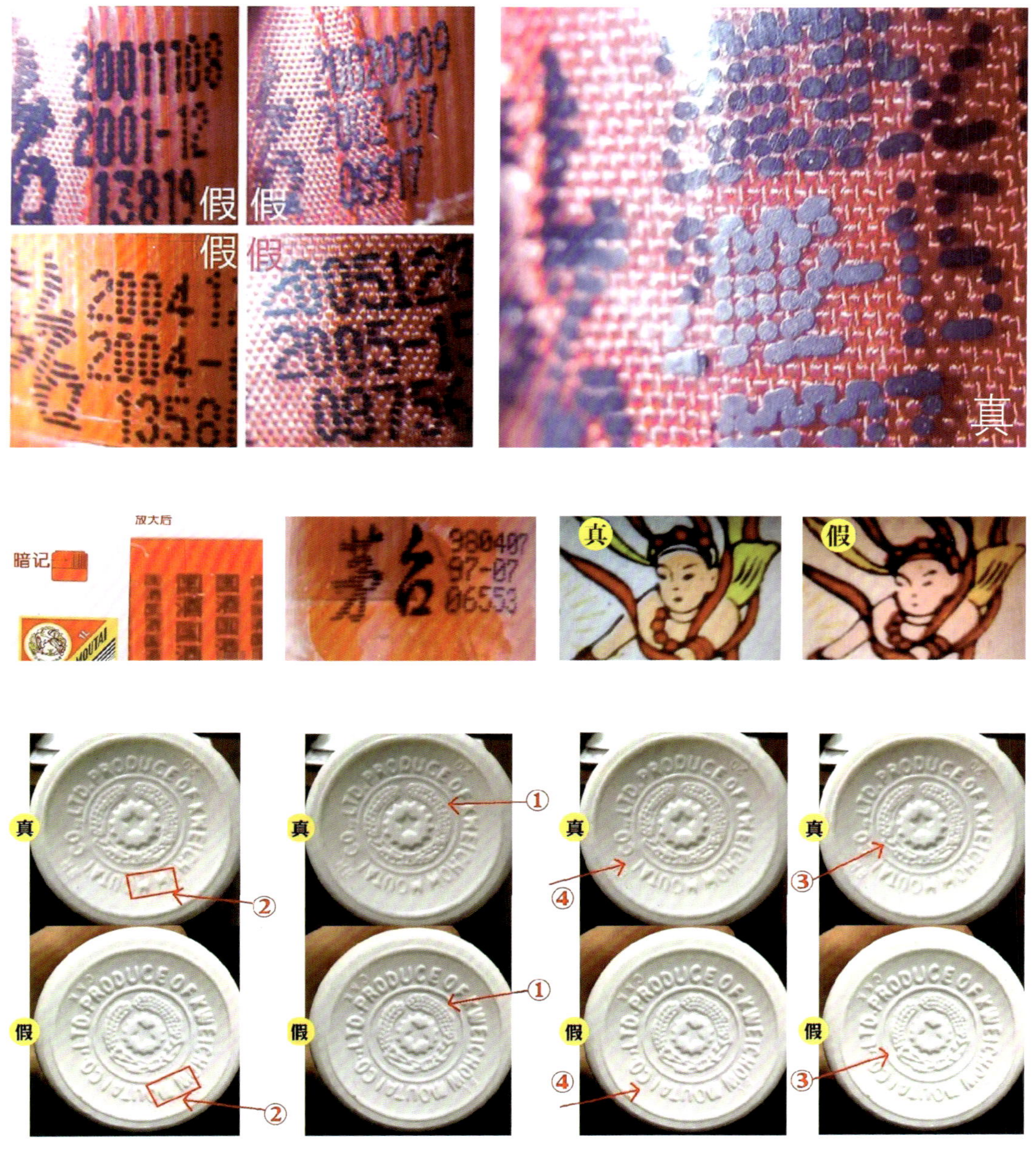

点评：高仿假酒不适合饮用，更不适合收藏。

09 真茅台与高仿茅台细节特征对比

2009 年以后使用的防伪胶帽的帽顶，在普通光线下呈现出红色背景的“红星”标志，通过识别器观察，星形标志变为灰色，底色变为亮黄色。而且，帽顶至少有一个黑色浮点随着帽套的转动而飘移。

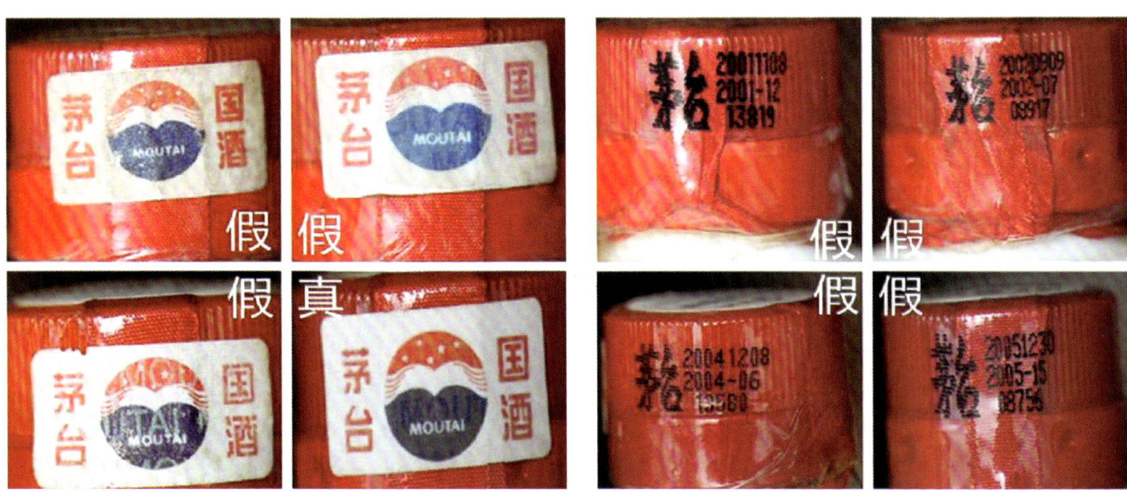

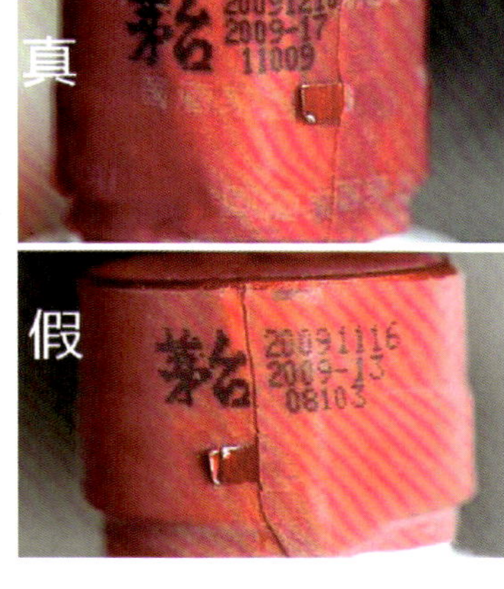

点评： 出自茅台集团，酒质尚可，可以饮用，不宜收藏。

1981年“塑盖飞天”贵州茅台酒假酒实例

01 COUNTERFEIT MOUTAI

该酒为当年生产的老假酒，整体旧气十足、包浆厚重。但仔细观察，可以看出酒瓶、酒标、瓶盖等全是伪造而成。此酒为收藏界所说的“一眼假”假茅台，这“一眼假”从没有红飘带、封口膜太长、酒标印刷质量低劣即可看出。

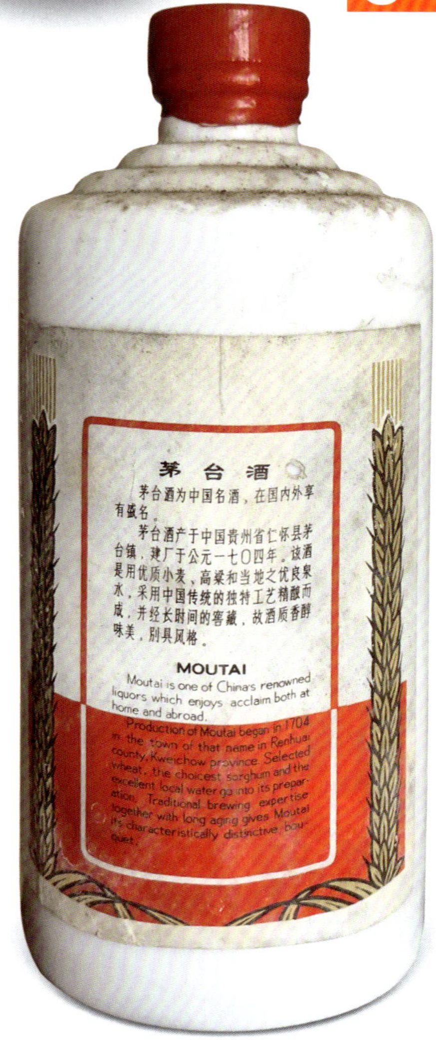

酒 标

TRADEMARK

该假酒酒标纸张质量较差，印刷质量低劣。为当年造假印刷而成。

酒 瓶

WINEBOTTLE

该酒酒瓶为当年真品。

02 COUNTERFEIT MOUTAI

该酒为当年生产的老假酒，此酒为收藏界所说的“一眼假”假茅台，这“一眼假”从红飘带即可看出，此假酒飘带系法、长度均与真品茅台相去甚远。

1982年“塑盖飞天”贵州茅台酒假酒实例

封 口

SEAL

该酒当年用伪造的封口膜重新封口，且红飘带系法完全错误。

酒 瓶

WINEBOTTLE

该假酒酒瓶外观与真品茅台酒非常相似，但从其瓶底“清玻”可以看出明显破绽。

该假酒常见地区：日本、中国台湾地区、中国香港地区、东南亚各国。

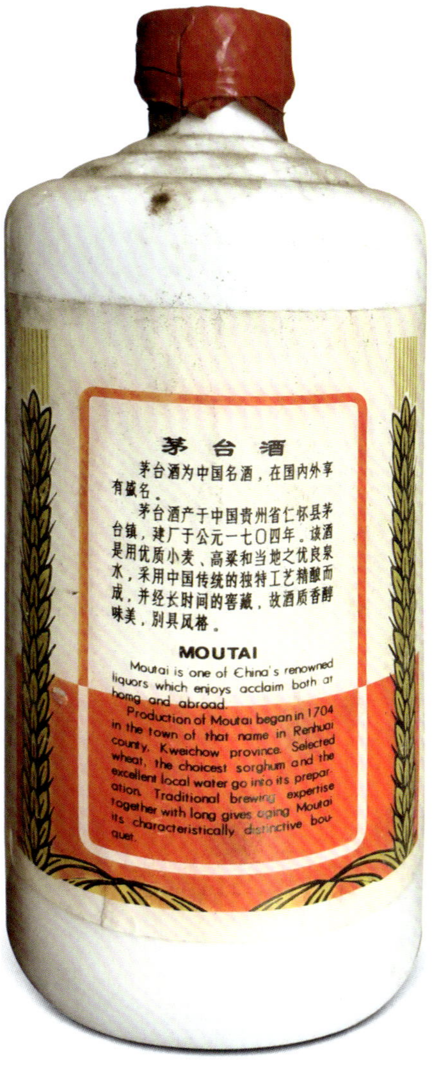

1983年“地方国营”贵州茅台酒假酒实例

03 COUNTERFEIT MOUTAI

该酒为当年生产的老假酒，整体旧气十足、包浆厚重。但仔细观察，可以看出酒瓶、酒标、瓶盖等全是伪造而成。

酒 标
TRADEMARK

该假酒正、背标纸质低劣，印刷粗糙。正标五星商标变形严重，背标印刷字体与真酒样式严重不符。

酒 瓶
WINEBOTTLE

该酒瓶外观与真品茅台酒非常相似，但从其瓶底图形可以看出明显破绽。

该假酒常见地区：中国大陆、中国台湾地区、中国香港地区。

1984年“塑盖飞天”贵州茅台酒假酒实例

04 COUNTERFEIT MOUTAI

该酒为当年生产的老假酒，整体旧气十足、包浆厚重。但仔细观察，可以看出酒瓶、酒标、瓶盖等全是伪造而成。此酒为收藏界所说的“一眼假”假茅台，这“一眼假”从红飘带即可看出，此假酒飘带为黄色字样，系法、长度均与真品茅台相去甚远。

封 口

SEAL

该酒当年用伪造的封口膜重新封口，且红飘带系法完全错误。

酒 瓶

WINEBOTTLE

该假酒酒瓶外观与真品茅台酒非常相似，但从其瓶底“清玻”可以看出明显破绽。

该假酒常见地区：日本、中国台湾地区、中国香港地区、东南亚各国。

1985年“地方国营”贵州茅台酒假酒实例

05 COUNTERFEIT MOUTAI

此酒为假酒中最难辨别的后封膜茅台。所谓后封膜茅台就是除了封口膜外，一切物件（酒瓶、酒标、瓶盖等）都是真品。因其瓶口已经打开过，不能保证其中为原有酒体，故而价格上大打折扣。

封 口
SEAL

该酒当年用伪造的封口膜重新封口。

酒 瓶
WINEBOTTLE

该酒酒瓶为当年真品。

酒 标
TRADEMARK

该酒酒标为当年真标。

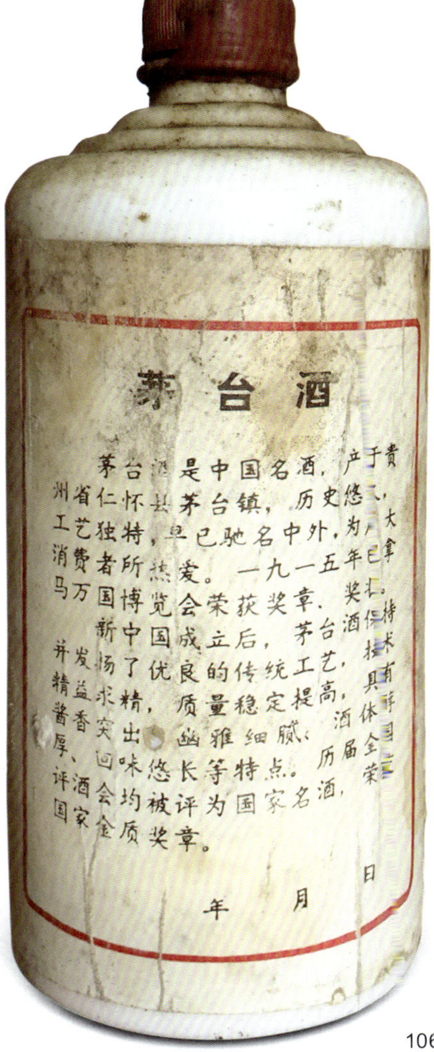

06 COUNTERFEIT MOUTAI

1986年“地方国营”贵州茅台酒
假酒实例

该酒为当年生产的老假酒，整体旧气十足、包浆厚重。但仔细观察，可以看出酒瓶、酒标、瓶盖等全是伪造而成。

酒 标
TRADEMARK

该假酒正、背标纸质低劣，印刷粗糙。正标五星商标变形严重，背标印刷字体、生产日期与真酒样式严重不符。

酒 瓶
WINEBOTTLE

该酒瓶外观与真品茅台酒非常相似，但从其瓶底图形可以看出明显破绽。

该假酒常见地区：中国大陆、中国台湾地区、中国香港地区。

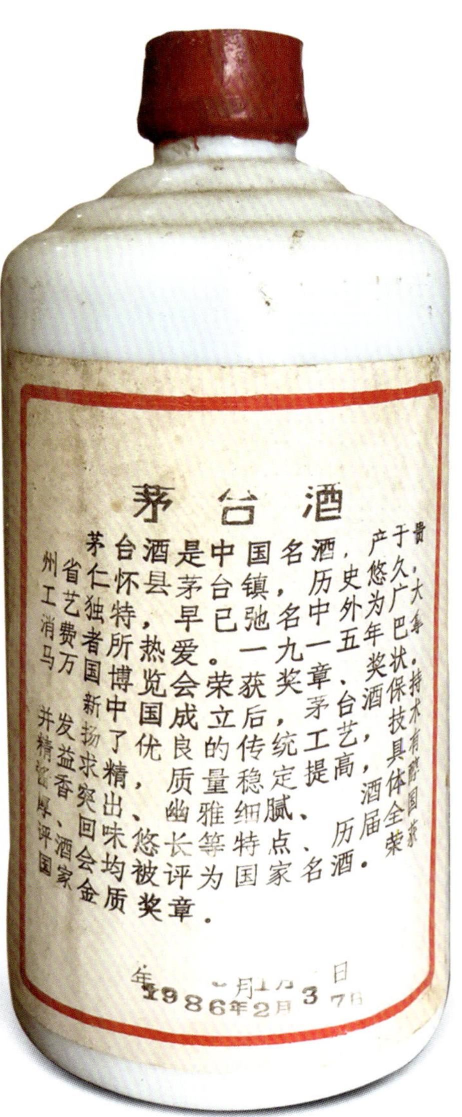

1986年“地方国营”贵州茅台酒
假酒实例

COUNTERFEIT MOUTAI

该酒为当年生产的老假酒，整体旧气十足、包浆厚重。但仔细观察，可以看出酒瓶、酒标、瓶盖等全是伪造而成。

瓶 盖

CAPSULE

该酒瓶盖为造假者臆造，从外形看与真酒近似，打开后即可看出与真酒瓶盖完全不同。

酒 标

TRADEMARK

该酒标整体形式完全仿照茅台酒排版，但印刷效果低劣，多处出现笔画粗细不一，有些地方甚至出现油墨连带现象。

酒 瓶

WINEBOTTLE

该酒瓶外观与真品茅台酒非常相似，但从其瓶底图形可以看出明显破绽。

该假酒常见地区：中国大陆、中国台湾地区、中国香港地区。

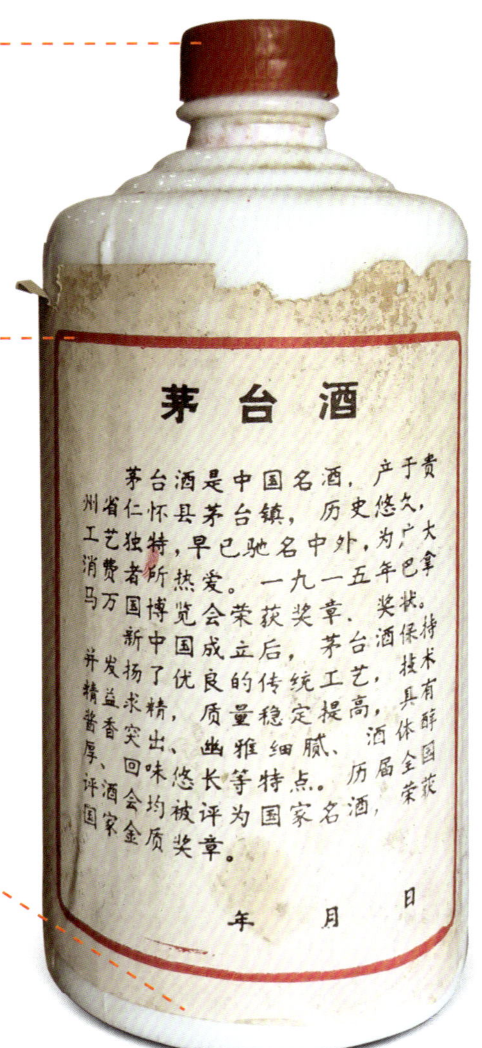

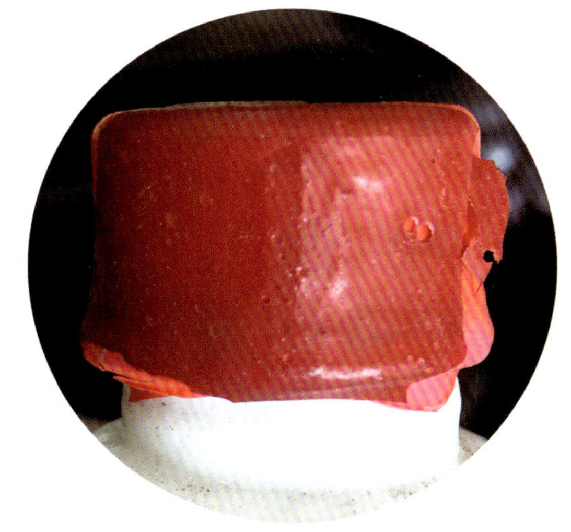

08 COUNTERFEIT MOUTAI

此酒亦为假酒中最难辨别的后封膜茅台。

1986年“地方国营”贵州茅台酒假酒实例

封 口
SEAL

该酒当年用伪造的封口膜重新封口。

酒 瓶
WINEBOTTLE

该酒酒瓶为当年真品。

酒 标
TRADEMARK

该酒酒标为当年真标。

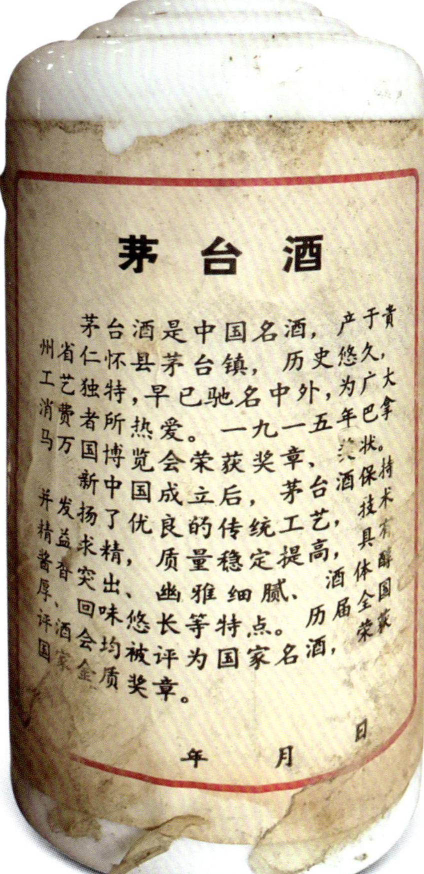

1988年“铁盖飞天”贵州茅台酒
假酒实例

09 COUNTERFEIT MOUTAI

该酒为当年生产的老假酒，整体旧气十足、包浆厚重。但仔细观察，可以看出酒瓶、酒标、瓶盖等全是伪造而成。

封 口

SEAL

该酒当年用伪造的封口膜重新封口，且红飘带系法完全错误。

酒 瓶

WINEBOTTLE

该假酒酒瓶外观与真品茅台酒非常相似，但从其瓶底图案可以看出明显破绽。

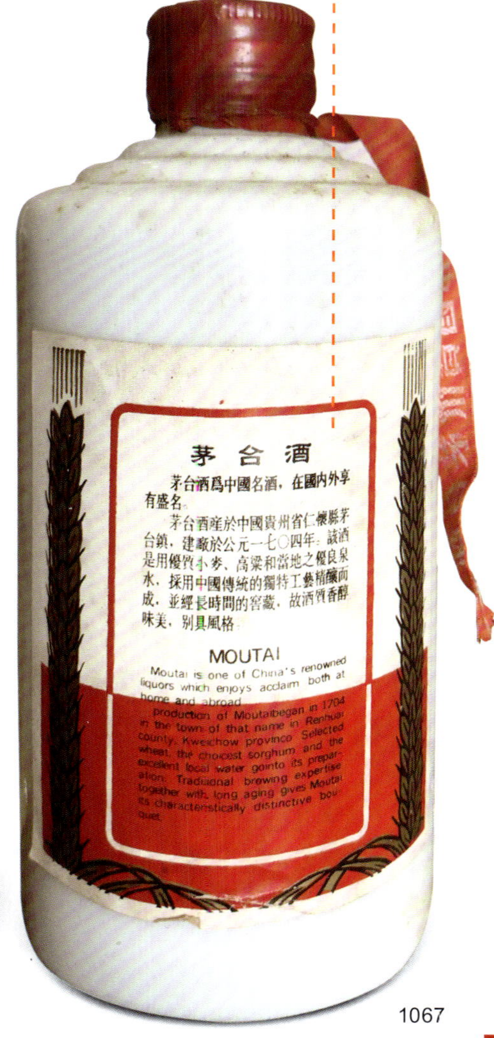

该假酒瓶盖为非进口铝材制造，烤漆工艺不过关。瓶盖表面有明显杂质且不光滑。

10 COUNTERFEIT MOUTAI

1991年“铁盖五星”贵州茅台酒假酒实例

该假酒为当年高仿酒，酒瓶、酒标、瓶盖仿造得都惟妙惟肖，初见者多为其所惑。欲辨其真假，需与真酒反复对比方可知其破绽所在。

瓶 盖
CAPSULE

该假酒所用的铝制瓶盖较之真酒暗淡无光，下圈收口毛糙、呈锯齿状凹凸不齐。

酒 瓶
WINEBOTTLE

该假酒酒瓶外观与真品茅台酒非常相似，但从其瓶底“清玻”可以看出明显破绽。

酒 标
TRADEMARK

该假酒正标印刷效果精美，为仿印造假中的上等水平，特别是泥金部分的印刷，油墨质感十足，具有较强的迷惑性。正面酒标最大的破绽是：四周所余白边宽窄不一，特别是下口白边较为明显。背标字体与真酒不符，重点看“○”。

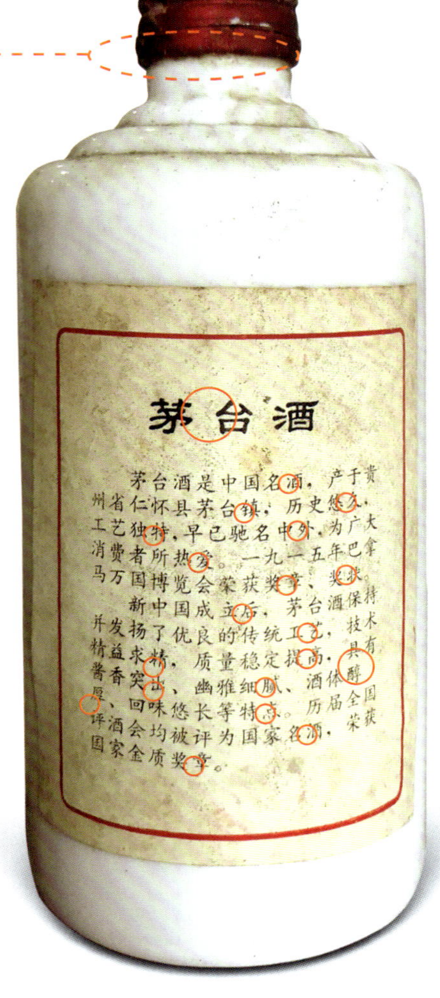

11 COUNTERFEIT MOUTAI

该假酒为当年高仿酒，酒瓶、酒标、瓶盖仿造得都惟妙惟肖，初见者多为其所惑。欲辨其真假，需与真酒反复对比方可知其破绽所在。

1991年“铁盖飞天”贵州茅台酒假酒实例

瓶 盖

CAPSULE

该假酒所用的铝制瓶盖较之真酒暗淡无光，下圈收口毛糙、呈锯齿状凹凸不齐。

酒 瓶

WINEBOTTLE

该假酒酒瓶外观与真品茅台酒非常相似，但从其瓶底“清玻”可以看出明显破绽。

酒 标

TRADEMARK

该假酒正标印刷效果精美，为仿印造假中的上等水平，特别是泥金部分的印刷，油墨质感十足，具有较强的迷惑性。正面酒标最大的破绽是：四周所余白边宽窄不一，特别是上口白边较为明显。

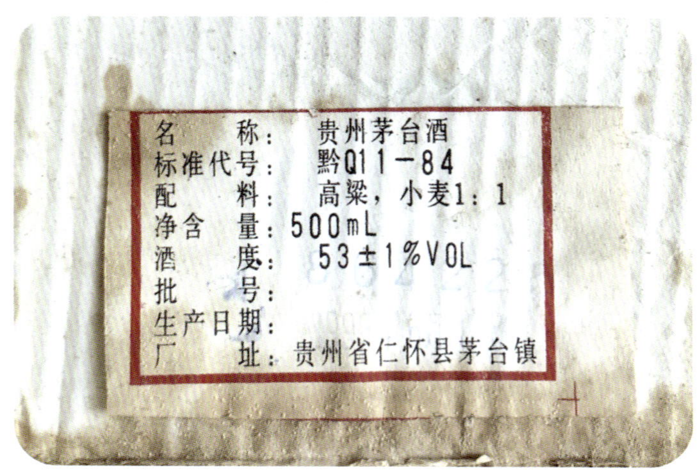
名　称：贵州茅台酒
标准代号：黔Q11—84
配　料：高粱，小麦1：1
净含量：500mL
酒　度：53±1%VOL
批　号：
生产日期：
厂　址：贵州省仁怀县茅台镇

该酒为当年生产的老假酒，为收藏界所说的“一眼假”假茅台，这“一眼假”从生产日期标贴裁切的不规则可以看出，与真品茅台相去甚远。

1991年假贵州茅台酒酒盒实例

12 COUNTERFEIT MOUTAI

该酒盒为当年生产的老假酒盒，整体旧气十足、包浆厚重。但仔细观察，可以看出飞天商标、出厂日期、字体印刷等多处破绽。

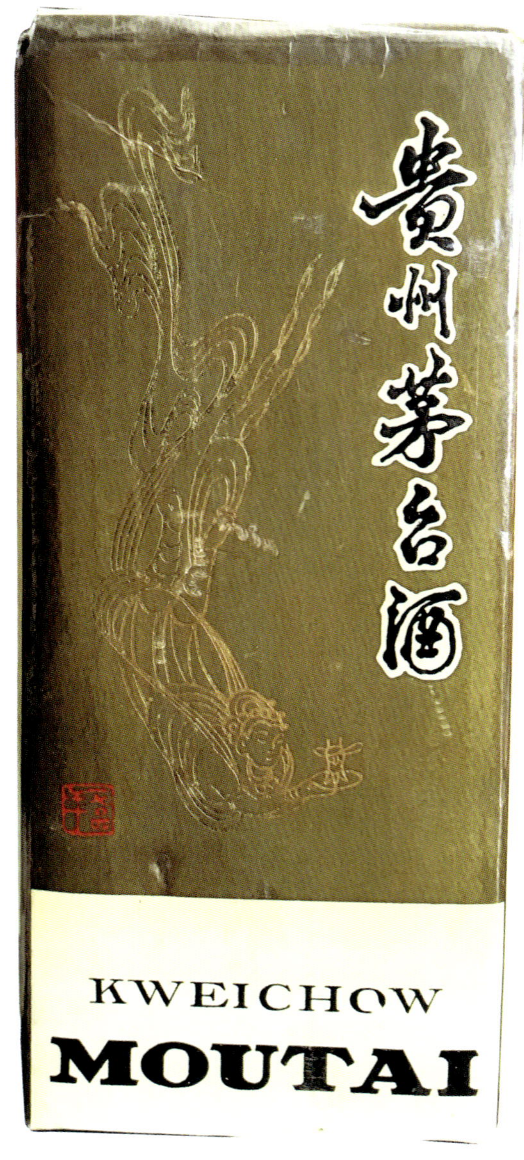

註册 TRADE MARK 商標

KWEICHOW
MOUTAI
KWEICHOW MOUTAI
贵州茅台酒
中國貴州茅台酒廠出品
DISTILLED & BOTTLED BY
MOUTAI DISTILLERY
KWEICHOW CHINA

註册 TRADE MARK 商標
KWEICHOW MOUTAI
贵州茅台酒

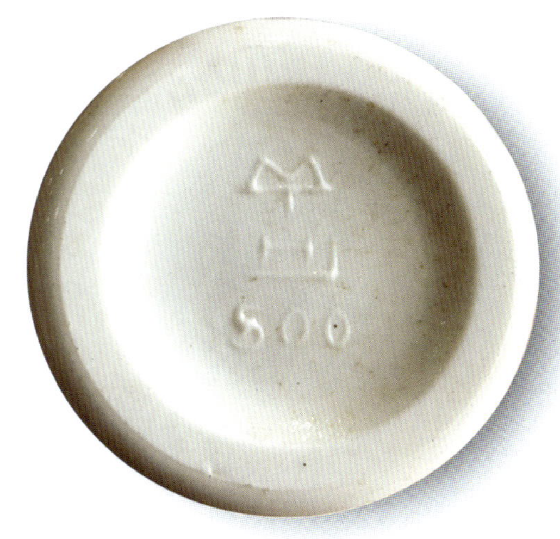

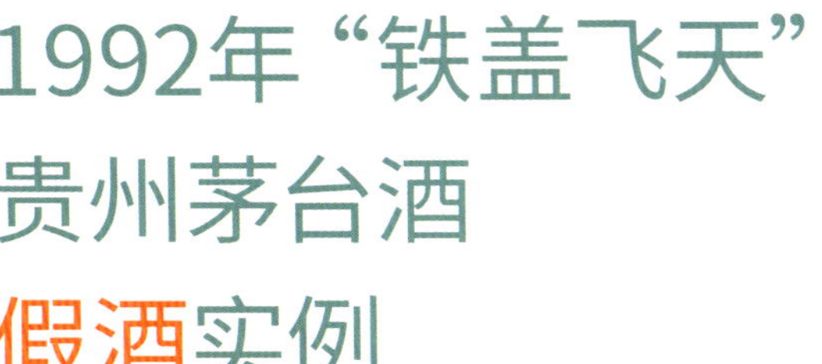

1992年“铁盖飞天”贵州茅台酒假酒实例

13 COUNTERFEIT MOUTAI

该酒为当年生产的老假酒，整体旧气十足、包浆厚重。但仔细观察，可以看出酒瓶、酒标、瓶盖等全是伪造而成。

封 口

SEAL

该酒当年用伪造的封口膜重新封口，且红飘带系法完全错误。

酒 瓶

WINEBOTTLE

该假酒酒瓶外观与真品茅台酒非常相似，但从其瓶底图案可以看出明显破绽。

> 该假酒常见地区：日本、中国台湾地区、中国香港地区、东南亚各国。

1992年“铁盖飞天”贵州茅台酒假酒实例

14 COUNTERFEIT MOUTAI

该酒为当年生产的老假酒，整体旧气十足、包浆厚重。但仔细观察，可以看出酒瓶、酒标、瓶盖等全是伪造而成。

封口

SEAL

该酒当年用伪造的封口膜重新封口，且红飘带系法完全错误。

酒瓶

WINEBOTTLE

该假酒酒瓶外观与真品茅台酒非常相似，但从其瓶底图案可以看出明显破绽。

> 该假酒常见地区：日本、中国台湾地区、中国香港地区、东南亚各国。

1994年“铁盖飞天”
贵州茅台酒
假酒实例

该酒为当年生产的老假酒，整体旧气十足、包浆厚重。但仔细观察，可以看出酒标、瓶盖等全是伪造而成，且红飘带系法完全错误。

酒 瓶

WINEBOTTLE

该酒酒瓶为真品。

封 口

SEAL

该酒当年用伪造的封口膜重新封口，且红飘带系法完全错误。

酒 标

TRADEMARK

该假酒正标印刷效果精美，为仿印造假中的上等水平，特别是泥金部分的印刷，油墨质感十足，具有较强的迷惑性。正面酒标最大的破绽是飞天商标印刷异常低劣。

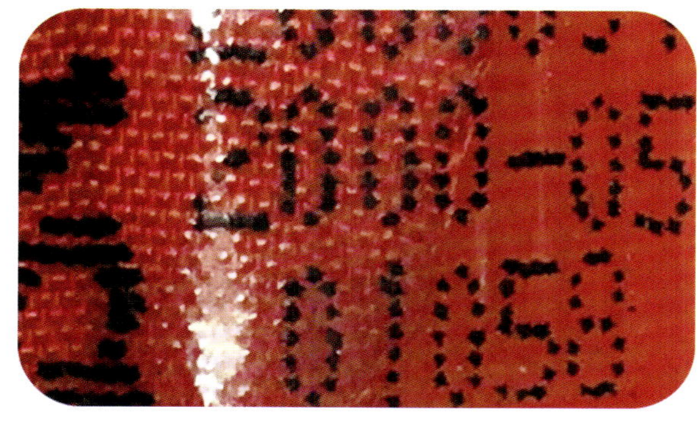

封口膜上的喷码圆点，经高倍放大镜放大后可以看到，边缘呈不规则的毛絮状，远不及真酒的圆润饱满。

2000年贵州茅台酒假酒实例

16 COUNTERFEIT MOUTAI

该酒为当年生产的老假酒，整体旧气十足、包浆厚重。但仔细观察，可以看出酒瓶、酒标、瓶盖等全是伪造而成。

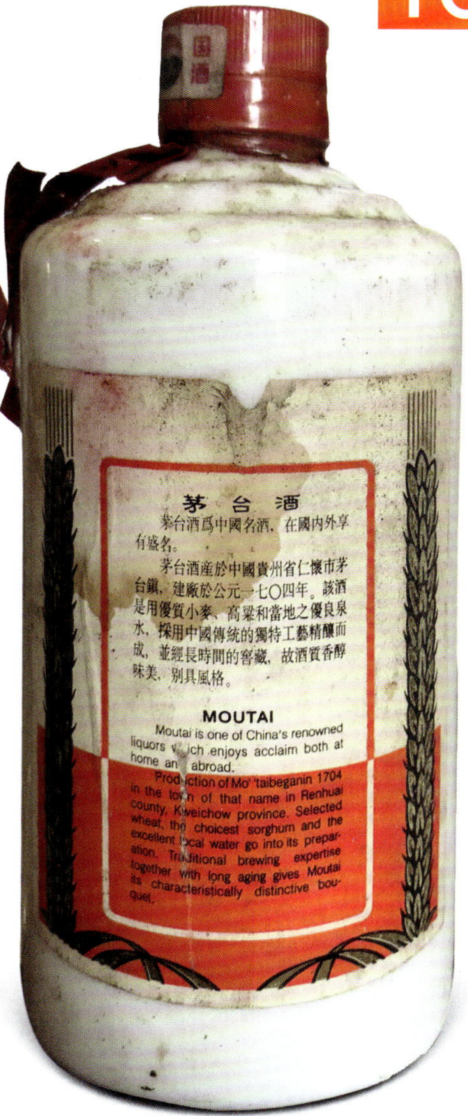

封 口

SEAL

该假酒仿真度较高，用高倍放大镜观察封口膜上的喷码可一招识别。

酒 标

TRADEMARK

该酒标整体形式完全仿照茅台酒排版，但有些细微地方还是可以观察出破绽。

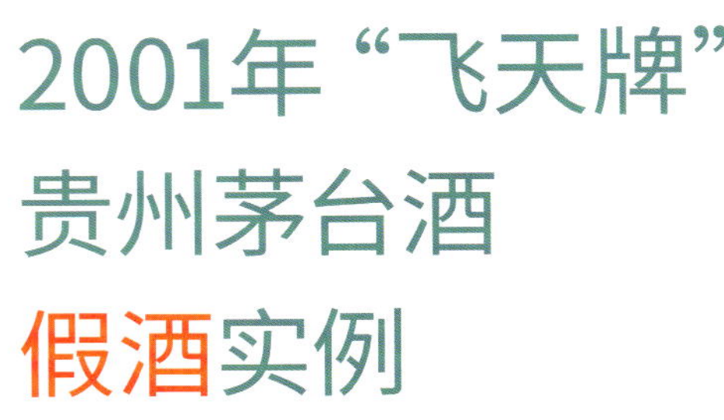

2001年“飞天牌”贵州茅台酒假酒实例

17 COUNTERFEIT MOUTAI

该假酒为当年高仿酒，酒瓶、酒标、瓶盖仿造得都惟妙惟肖，初见者多为其所惑。欲辨其真假，需与真酒反复对比方可知其破绽所在。

酒瓶

WINEBOTTLE

该假酒酒瓶外观与真品茅台酒非常相似，但从其瓶底“清玻”可以看出明显破绽。

酒标

TRADEMARK

该假酒正标印刷效果精美，为仿印造假中的上等水平，特别是泥金部分的印刷，油墨质感十足，具有较强的迷惑性。正面酒标最大的破绽是：四周所余白边宽窄不一。

2003年贵州茅台酒假酒实例

18 COUNTERFEIT MOUTAI

该酒为当年生产的老假酒，此酒为收藏界所说的“一眼假”假茅台，这“一眼假”从红飘带即可看出，此假酒飘带长度与真品茅台相去甚远。

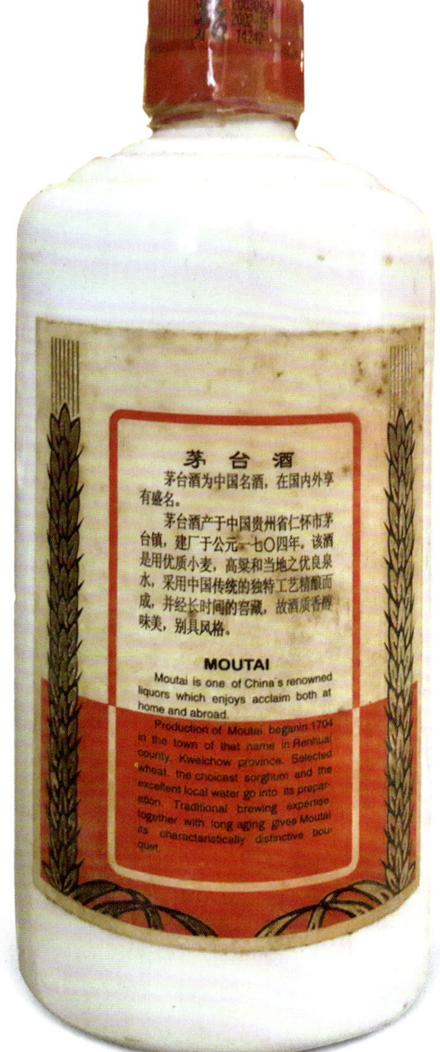

酒瓶

WINEBOTTLE

该假酒酒瓶外观与真品茅台酒非常相似，但从其瓶底图案可以看出明显破绽。

酒标

TRADEMARK

该酒标整体形式完全仿照茅台酒排版，但有些细微地方还是可以观察出破绽。

贵州茅台酒各年份的酒体

20 世纪 30 年代王茅
商标：荣和烧房
包装：黑釉土陶瓶
规格：500g
度数：55°

20 世纪 30 年代华茅
商标：成义酒房
包装：黑釉土陶瓶
规格：500g
度数：55°

1948 年赖茅
商标：飞鹰牌
包装：黑釉土陶瓶
规格：500g
度数：55°

1954 年贵州茅台酒
商标：金轮牌
包装：黑釉土陶瓶
规格：500g
度数：55°

1955 年贵州茅台酒
商标：金轮牌
包装：黑釉土陶瓶
规格：500g
度数：55°

1956 年贵州茅台酒
商标：金轮牌
包装：黑釉土陶瓶
规格：500g
度数：55°

1957 年贵州茅台酒
商标：金轮牌
包装：黑釉土陶瓶
规格：500g
度数：55°

1958 年贵州茅台酒
商标：飞天牌
包装：白瓷瓶
规格：500g
度数：55°

1959 年贵州茅台酒
商标：金轮牌
包装：黄釉土陶瓶
规格：500g
度数：55°

1960 年贵州茅台酒
商标：金轮牌
包装：黄釉土陶瓶
规格：500g
度数：53° ~52°

1963 年贵州茅台酒
商标：金轮牌
包装：黄釉土陶瓶
规格：500g
度数：53° ~52°

1966 年贵州茅台酒
商标：飞天牌
包装：白瓷瓶
规格：500g
度数：53°

1968 年贵州茅台酒
商标：金轮牌
包装：白瓷瓶
规格：500g
度数：55°

1970 年贵州茅台酒
商标：金轮牌
包装：白玻璃瓶
规格：500g
度数：55°

1971 年贵州茅台酒
商标：葵花牌
包装：白玻璃瓶
规格：500g
度数：55°

1972 年贵州茅台酒
商标：金轮牌
包装：黄釉陶瓷瓶
规格：500g
度数：55°

1973 年贵州茅台酒
商标：金轮牌
包装：白玻璃瓶
规格：500g
度数：53°

1975 年贵州茅台酒
商标：飞天牌
包装：白玻璃瓶
规格：0.54L
度数：53°

1977 年贵州茅台酒
商标：金轮牌
包装：白玻璃瓶
规格：500g
度数：53°

1979 年贵州茅台酒
商标：飞天牌
包装：白玻璃瓶
规格：0.54L
度数：53°

1980 年贵州茅台酒
商标：金轮牌
包装：白玻璃瓶
规格：500g
度数：53°

1982 年贵州茅台酒
商标：金轮牌
包装：白玻璃瓶
规格：500g
度数：53°

1984 年贵州茅台酒
商标：五星牌
包装：白玻璃瓶
规格：500g
度数：53°

1986 年贵州茅台酒
商标：五星牌
包装：白玻璃瓶
规格：500g
度数：53°

1987 年贵州茅台酒

商标：五星牌
包装：白玻璃瓶
规格：500ml
度数：54°

1989 年贵州茅台酒

商标：飞天牌
包装：白玻璃瓶
规格：500ml
度数：53°

1991 年贵州茅台酒

商标：五星牌
包装：白玻璃瓶
规格：500ml
度数：53°

1993 年贵州茅台酒

商标：飞天牌
包装：白玻璃瓶
规格：500ml
度数：53°

1995 年贵州茅台酒

商标：五星牌
包装：白玻璃瓶
规格：500ml
度数：53°

1997 年贵州茅台酒

商标：飞天牌
包装：白玻璃瓶
规格：500ml
度数：53°

1999 年贵州茅台酒

商标：五星牌
包装：白玻璃瓶
规格：500ml
度数：53°

2002 年贵州茅台酒

商标：飞天牌
包装：白玻璃瓶
规格：500ml
度数：53°

2004 年贵州茅台酒

商标：五星牌
包装：白玻璃瓶
规格：500ml
度数：53°

2006 年贵州茅台酒

商标：飞天牌
包装：白玻璃瓶
规格：500ml
度数：53°

2008 年贵州茅台酒

商标：五星牌
包装：白玻璃瓶
规格：500ml
度数：53°

2010 年贵州茅台酒

商标：飞天牌
包装：白玻璃瓶
规格：500ml
度数：53°

2012 年贵州茅台酒
商标：五星牌
包装：白玻璃瓶
规格：500ml
度数：53°

2016 年贵州茅台酒
商标：飞天牌
包装：白玻璃瓶
规格：500ml
度数：53°

1998 年贵州茅台酒（珍品）
商标：飞天牌
包装：白玻璃瓶
规格：500ml
度数：53°

2008 年贵州茅台酒（珍品）
商标：飞天牌
包装：白玻璃瓶
规格：500ml
度数：53°

2015 年贵州茅台酒（铁盖特供）
商标：飞天牌
包装：白玻璃瓶
规格：500ml
度数：53°

2015 年贵州茅台酒（15 年）
商标：五星牌
包装：陶瓷瓶
规格：500ml
度数：53°

2015 年贵州茅台酒（30 年）
商标：飞天牌
包装：陶瓷瓶
规格：500ml
度数：53°

2015 年贵州茅台酒（30 年）
商标：飞天牌
包装：陶瓷瓶
规格：500ml
度数：53°

2015 年贵州茅台酒（50 年）
商标：飞天牌
包装：陶瓷瓶
规格：500ml
度数：53°

2015 年贵州茅台酒（80 年）
商标：飞天牌
包装：陶瓷瓶
规格：500ml
度数：52°

茅台酒的收藏储存

NO.1 挑选分类

收藏的目的是在学习交流、传承经典中获得价值的提升。所以，收藏贵州茅台酒也需要如同收藏其他东西一样，经历一个精心挑选与分类的过程。我们不但要利用知识为我们如何选择藏品铺路，还需要为它们精心营造一个能长期保存且能稳定增值的收藏空间。因此，对于贵州茅台酒的收藏，挑选与分类极其重要。

全面初检一

首先观察外包装盒是否完整，印刷是否清晰，色彩是否具有较高的还原度。可以使用双手合作轻轻按压外包装盒，确认包装盒的韧性。观察防伪标记的工整性以及反光镭射的视觉效果。

全面初检二

打开外包装盒顶部“盒舌”以及内卡，单手轻轻从盒中捏住贵州茅台酒瓶体肩部，采用一手托底紧握，另一手轻握的方式，托看整瓶酒。仔细观察酒本体封口以及瓶身外观是否完整，印刷是否清晰。

全面初检三

使用强光手电筒作为工具，零距离照射瓶体，观察瓶内酒液位置，以此判断该瓶酒是否存在“跑酒”现象以及该酒是否存在“打孔注液”现象。使用强光手电筒还可以观察酒标是否存在褶皱，判断其是否为“换标酒”。

查对资料

在保证外包装盒、酒本体之酒瓶、封口膜、酒标完好无损，且不存在“跑酒”现象后，判断该酒的出产时间或者年份，需要使用专业工具书进行查询。通常一个阶段所生产的贵州茅台酒都有这个阶段独特的风格。

对比实物

在确认该酒体包装无损、无明显的各类瑕疵，并通过查询准确掌握该酒具体生产酿造年份信息后，如条件允许，可以使用年份相仿或同年代的同款贵州茅台酒进行比对。通常同时期不同日期品种会有外观差异。

使用放大镜观察

使用放大镜对贵州茅台酒进行观察，是一个较为仔细的观察方式。通常来说，可以通过这种方式检查酒标是否有褶皱，印刷套色是否精准。此外，高倍放大镜还可以观察白色封口膜喷码状况，呈围棋状为正品。

电子称重

做完对酒瓶的外观评测后，我们需要一台小型便携式电子秤，使用它我们可以精准获取该酒的准确质量信息，也可作为该酒价值以及日后升值的具体参考信息。通常为酒体称重，仅限于酒本体，不含外包装盒。

强光手电筒照酒花

为了准确判断酒瓶内酒液的准确度数，避免换标行为的发生，通常可以使用摇晃的方式激起酒花，并在酒花消失之时，采用强光手电筒零距离照射瓶体，观察瓶内酒花溅起时间以及浓度。持久、多者，为高度酒。

听酒花持续时间

通常辨别瓶内酒液度数的方式还有一种，就是采取听酒花持续时间的方式。在猛烈摇晃酒瓶后，有经验的人会直接将瓶底靠在耳朵上听酒花的爆炸声响。迅速消失的是低度酒，持续时间长的是高度酒。新手可使用听诊器。

标注酒液位置

作为档案资料整理的一个形式，在获得各方面数据之后，我们需要采用便捷的方式记录下我们的整理结果。在酒瓶上为酒液使用记号笔标注一条实心线就是最简单的归档方式。我们通过观察获得酒线位置，将其记录下来，以便日后查询使用。

整理相关资料

在确认手中的贵州茅台酒没有任何问题之后，我们可以根据一项项“体检”内容为它们一一做好记录。包括购买金额、年份、重量、酒花持续时间、度数等信息。这些信息即成为这瓶酒的收藏档案信息。

制作档案标签

整理好档案信息后，为了便于收藏，还需制作一个与外包装盒同等大小，且多出一小截可以塞进盒中的标签，作为这瓶酒的“封面”信息内容。我们将整理好的文字内容，按照类目一一填写，为以后规范收藏奠定基础。

茅台酒的收藏储存

NO.2 保管存储

一瓶用于收藏的贵州茅台酒，完整性和美观度是基础，因为这会影响到它未来的价值。收纳之时，我们应该对藏品进行全方位的检查、整理，然后再精心保存。一瓶外观干净、亮丽、完整的贵州茅台酒对于任何时间段的收藏、投资市场来讲，都享有更高的增值率与保值率，也更容易获得藏友们的青睐以及快速成交的便捷。

清洗（湿布擦拭）

在做好了酒体检查、档案录入等工作之后，可将外包装盒以及贵州茅台酒的瓶体做一番清洁整理。这种整理不能破坏瓶体本身元素，且要起到清洁的作用。可使用温湿略干的毛巾，用手指按住局部轻轻擦拭，切忌暴力擦洗。

生料带封口

在使用温湿略干的毛巾对外包装盒以及酒本体进行清洁擦拭之后，我们需要对封口进行密封性保养，即使用生料带封口，避免今后因为环境原因导致的酒液挥发。这种方式除了防止酒液挥发，还可以保护封口膜不被继续风化。

生料带封口方式

使用生料带封口时，先从瓶盖底部往上部缠绕。在到达瓶盖顶部之时，用手指将生料带绷开，用生料带的韧性彻底包裹住瓶盖。如此，上下反复几个来回，直到看不清瓶盖本身的赤红颜色即完成封口。

保鲜膜封口（薄胶套、新喷码忌用）

在没有生料带的情况下，可使用保鲜膜进行封口。保鲜膜因为其特殊的密封性和黏性，一直以来广受藏酒爱好者们的欢迎。使用保鲜膜封口可以随时观察到瓶盖封口膜的情况，可以真实地展现出该酒无封口时的封口造型。

保鲜膜封口特写

使用保鲜膜封口，我们先准备一卷保鲜膜和一把裁纸刀。将保鲜膜横向放置于桌上，用裁纸刀裁剪出一个 3 厘米的小卷即可。这种方式不影响剩余保鲜膜使用，且使用方法和生料带几乎相同，操作方便。此外也可以使用保鲜膜包裹酒瓶本体，以保护酒标不受风化或腐蚀。

珍珠棉包装

以上步骤全部操作完毕之后，将酒本体装进外包装盒后（此时酒盒内卡不能再套在酒瓶口上，以防损坏酒瓶口或瓶封口），使用珍珠棉四面包裹住酒盒，仅露出顶部档案信息便于查询。如此，放置在防潮收纳箱中，即可长期收藏。

各年份贵州茅台酒风味轮廓图

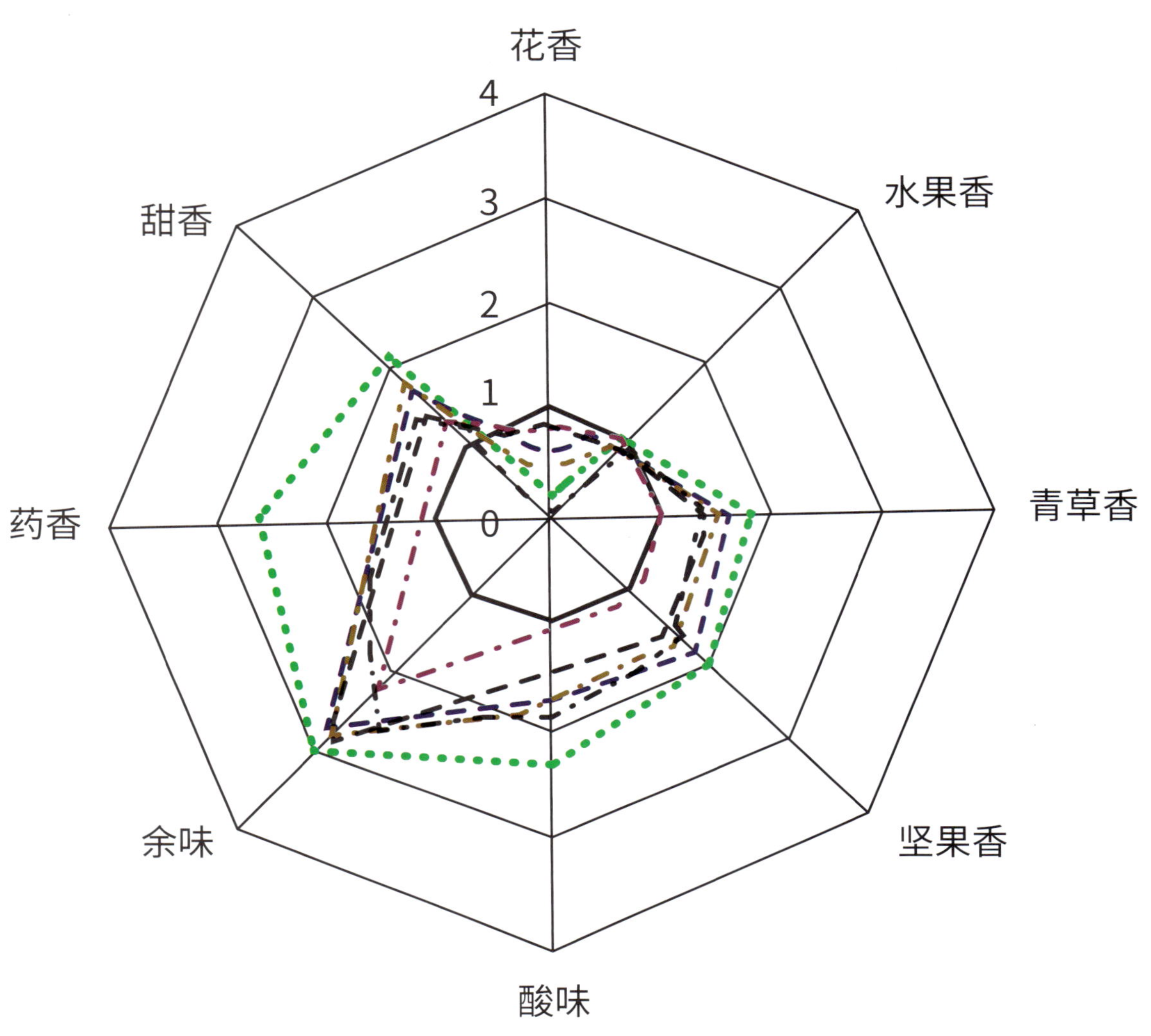

贵州茅台酒风味特征在中国白酒风味轮中的位置

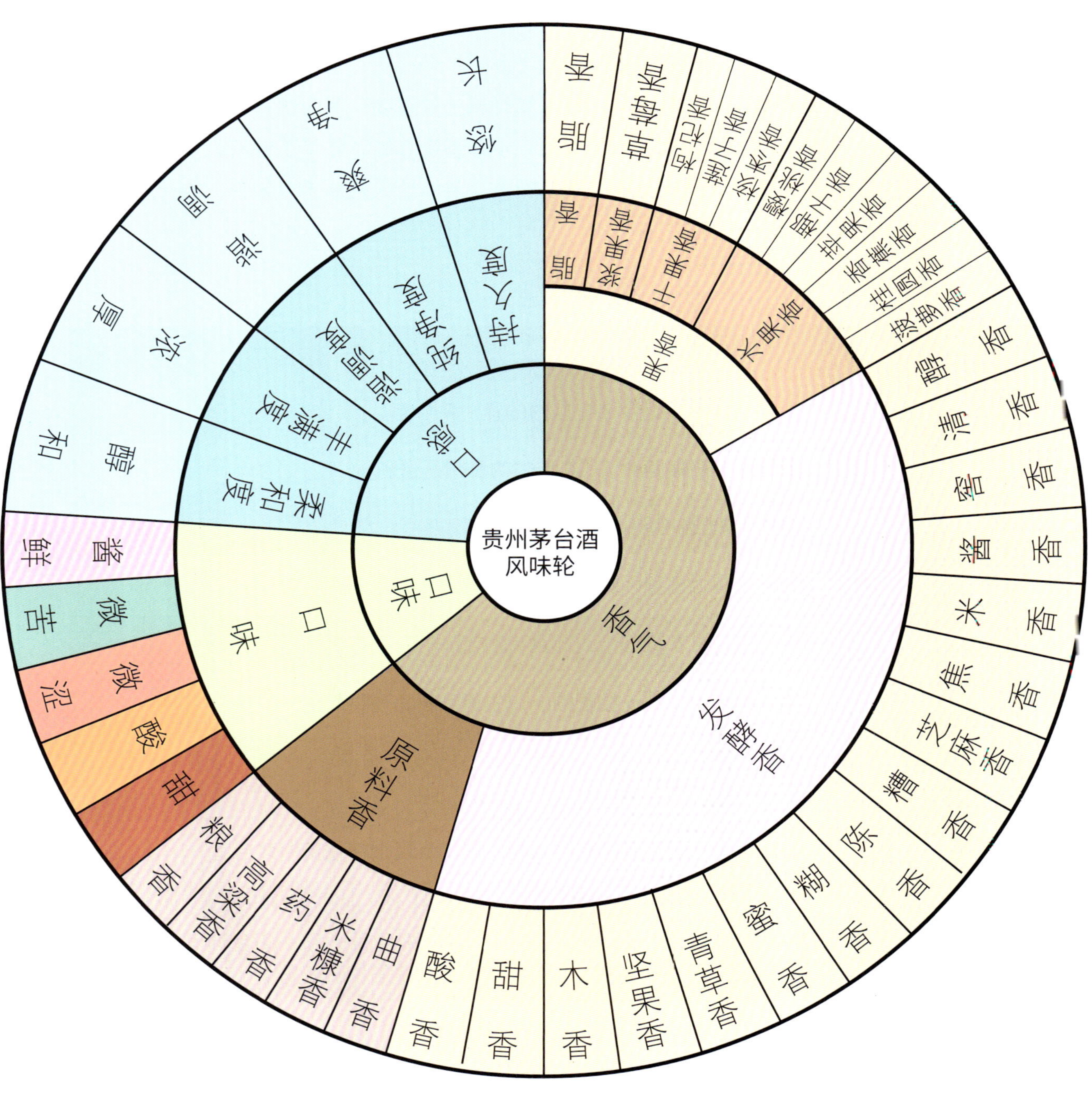

注：本图由中国著名白酒专家钟杰先生指导绘制。

贵州茅台酒收藏“行话”释义

每一个行业，都有自己独特的“行话”，藏酒界也如此。行话是藏酒人经常使用的一种术语，行外的人听不懂、不了解或者几乎用不着，因为它与生活无关。有些行话可以意会，有些行话需要解释，有些行话则需要你深入这个行业之后才能领悟与体会它的含义。新手涉足藏酒领域，如果不了解行话，则会闹出笑话。而熟悉行话的含义，也有助于你在藏酒圈中与广大藏家更好地沟通，这是一种专业的语言交流艺术。

正因如此，对于藏酒行话的规范与总结就显得格外的重要，因为这将会有助于个人藏酒素质的提升，也影响到中国藏酒事业的发展。本章系统总结了陈年茅台酒收藏圈中的各类行话，并以表格形式将行话清晰分类呈现，相信这将会给入行新手以知识，给行内老人以启发。

收藏种类	
新茅台	泛指生产日期距今 3 年以内的贵州茅台酒。
次新酒	泛指生产日期距今 3~10 年内的贵州茅台酒。
老茅台	泛指生产日期距今 10 年以上的贵州茅台酒。
纪念酒	为纪念重大事件而特意生产定制的贵州茅台酒。
特供酒	专项指定（单位或个人）且特别定制的贵州茅台酒。
生肖酒	以中国与十二地支相配的十二生肖动物为题材而生产的贵州茅台酒。
年份酒	以陈年贵州茅台酒为基酒，按照 15 年、30 年、50 年、80 年标准勾兑而成的贵州茅台酒。
定制酒	由国酒茅台定制营销有限公司生产的专属个性化贵州茅台酒。
系列酒	为贵州茅台酒股份有限公司生产的其他酱香型白酒（汉酱酒、仁酒、华茅酒、王茅酒、赖茅酒、贵州大曲、茅台王子酒、茅台迎宾酒、财富酒、成龙酒、孝道酒、九和天下酒、国博酒、三家坊）。

商 标	
五星	专指内销“五星牌”商标贵州茅台酒。

商标	
老五星（金轮牌）	1953.5.1—1982.12.30 生产的“五星牌”贵州茅台酒。
新五星	1983.1.1 至今生产的“五星牌”贵州茅台酒。
普五	泛指市面上正在流通的普通包装“五星牌”商标贵州茅台酒。
飞天	专指外销“飞天牌”商标贵州茅台酒。
老飞天（飞仙牌）	1959—1969 年生产的“飞天牌”贵州茅台酒。
大飞天	1970—1985 年生产的“飞天牌”贵州茅台酒。
黄飞天	1983—1985 年生产的黄酱瓶特供“飞天牌”贵州茅台酒。
普飞	泛指市面上正在流通的普通包装“飞天牌”商标贵州茅台酒。
葵花	专指外销“葵花牌”商标贵州茅台酒。
大葵花	1970—1975 年生产的“葵花牌”贵州茅台酒（1 斤装有飘带）。
飘带小葵花	1970—1975 年生产的“葵花牌”贵州茅台酒（半斤装有飘带）。
三大葵花	1978 年生产的贴“三大革命”背标的“葵花牌”贵州茅台酒（1 斤装无飘带）。
小葵花	1978—1982 年生产的“葵花牌”贵州茅台酒（半斤装无飘带）。
暗记葵花	1982—1983 年生产的封膜有“茅台”暗记的“葵花牌”贵州茅台酒（半斤装无飘带）。
大叶葵花	1969 年由贵阳市工艺美术研究设计室设计的“葵花牌”贵州茅台酒试用版，葵花图形为大叶。
小叶葵花	1970 年由中国粮油食品进出口公司（山东青岛）拥有版权的“葵花牌”商标。贵州茅台酒厂 1970—1983 年所生产的“葵花牌”茅台酒即使用该商标，葵花图形为小叶。

酒标信息	
绿美人	1957 年短暂生产试用的白瓷瓶外销茅台酒，因背标印刷主体为绿色，上方有飞天仙女图案，故名绿美人。
三大革命	1966—1983 年生产的内销茅台酒，因其背标文字有“开展三大革命”，故名“三大革命”，简称“三大”。

酒标信息	
地方国营	1982—1983 年生产的内销茅台酒，为区别“三大革命”茅台酒，故用前标右下方厂名“地方国营茅台酒厂出品”称呼，简称“地方”。
上记	1991 年生产的一款前标为五星标，后标为飞天标的贵州茅台酒。为消除消费者的顾虑，茅台酒厂在其背标右下方加贴了“贵州茅台酒确认书”的标签，标签上有“上记茅台酒”的字样，故而得名。

酒名称	
汉帝茅台	迄今为止拍卖价格最高的贵州茅台酒，为 1992 年生产，酒标正面标有“百年茅台”字样。
老陈年	因“文革”时期“葵花牌”商标的启用，1966—1969 年生产的“飞天牌”贵州茅台酒在仓库中积压未能销售。20 世纪 70 年代末，中国酒业贸易有限公司印刷彩色外盒将其包装，并对外销售。
陈年（土陶杯）	1985—1996 年，由著名工艺美术大师刘维亚设计的一款高档礼盒装贵州茅台酒，因其包装盒内附有土陶酒杯，故而得名。
珍品	1986 年至今，由著名工艺美术大师马熊设计的一款高档礼盒装贵州茅台酒，因其酒标上有“珍品”二字，故而得名。
1704	1986—1987 年生产的“珍品”茅台酒，因其酒标上有“1704”字样，故而得名。
T 字头	1987 年生产的“珍品”茅台酒，因其酒标上有“TREASURE”字样，故而得名。
陈年（珍品）	1987 年生产的“珍品”茅台酒，因其酒标上有“陈年”字样，故而得名。
压印（珍品）	1987 年生产的“珍品”茅台酒，因其酒标左下角“陈年”处加贴一印有方形印章“珍品”字样的小纸片，故而得名，又称“小纸片”珍品茅台。
方印（珍品）	1987—1989 年生产的“珍品”茅台酒，因其酒标上有方形印章“珍品”字样，故而得名。
曲印（珍品）	1989—1990 年生产的“珍品”茅台酒，因其酒标上有曲形印章“珍品”字样，故而得名。
大曲印（珍品）	1990—1991 年生产的“珍品”茅台酒，因其酒标上有比之前较大的曲形印章“珍品”字样，故而得名。

酒名称	
铁盖（珍品）	1991 年以后，“曲印珍品”图案固定下来，不再发生变化。1991—1996 年生产的“珍品”茅台酒，因其使用铁盖制瓶盖，故而得名。
塑盖（珍品）	1996 年至今生产的“珍品”茅台酒，因其使用的是新式塑料瓶盖，故而得名。
纸珍	1986 年至今使用纸盒包装的珍品茅台酒。
木珍	1992 年至今使用木盒包装的珍品茅台酒。
前三大事件	为纪念 1997 年香港回归、1999 年澳门回归、1999 年新中国成立 50 周年而特制的贵州茅台纪念酒。
后三大事件	为纪念 2001 年北京申奥成功、中国加入 WTO、世界杯中国足球出线而特制的贵州茅台纪念酒。

按瓶型	
土陶瓶	采用贵州当地陶土烧制的陶瓷酒瓶。
竹节瓶	20 世纪初至中叶茅台酒灌装所使用的土陶瓶。由于受烧制工艺的限制，需用两瓶相接。因拼接缝形似竹节，故而得名。
三节瓶	20 世纪初至中叶，酒瓶整体由一节瓶肩、二节瓶身三部分烧制而成，故名三节瓶。
二节瓶	20 世纪初至中叶，酒瓶整体由二节瓶身烧制而成，故名二节瓶。
白瓷瓶	由白色陶瓷瓶灌装的贵州茅台酒，在 1957—1967 年使用。
矮嘴酱瓶	1966—1973 年特供使用的瓶嘴较矮的酱色陶瓷瓶。
酱瓶	1980—1986 年特供使用的酱色陶瓷瓶。
新酱瓶	2003 年至今特供及定制酒使用的酱色陶瓷瓶。
黑酱	1983—1986 年特供使用的“五星牌”深色酱釉陶瓷瓶。
黄酱	1981—1983 年特供使用的“五星牌”黄色酱釉陶瓷瓶。
麻酱	1966—1973 年特供使用的瓶嘴较矮的带麻点的酱色陶瓷瓶。
白龙瓶	1999—2000 年生产的两侧带龙的白瓷瓶贵州茅台酒（新世纪）。

按瓶型	
黑龙瓶	2000 年生产的两侧带龙的深色酱瓶贵州茅台酒（世纪经典）。
宜兴瓶	瓶底有“中国宜兴”字样的贵州茅台酒酒瓶。
开片	开片为瓷器釉面的一种自然开裂现象。
圈足	陶瓷器足的一种样式，指器物底部承制一个圆形圈来托器身。
瓶肩	指瓶身以上瓶嘴以下的连接部分。
白玻瓶	1966 年至今，贵州茅台酒厂使用的白色玻璃瓶。
磨砂玻璃瓶	茅台酒厂唯一生产的磨砂玻璃瓶品种（1999 年新中国成立 50 周年纪念）。
清玻	贵州清镇玻璃厂生产的茅台酒酒瓶。
景玻	贵州景宏玻璃厂生产的茅台酒酒瓶。
美工	贵州美工玻璃厂生产的茅台酒酒瓶。

封口	
封口纸	1930—1966 年，贴于茅台酒瓶口处的封纸。
尿泡皮	为猪尿脬、动物内脏清洁风干后制作的封口材料。是 1930—1966 年贵州茅台酒用来包裹木塞和瓶口的一种材料。
红封膜	1966—1996 年使用的红色塑料封口膜。
暗记红封膜	1983—1996 年使用的带暗记的红色塑料封口膜。
透明膜	1996—2009 年使用的透明塑料封口膜。
新胶套	2009 年至今使用的新式塑料封口膜材料。
防伪标：1998—2009 年贴于茅台酒封口处的防伪标贴	
小白标	1998.1.1—1999.6.1 使用的美国 3M 公司生产的激光防伪白色标贴。
小黑标	1999.6.1—2000.7.1 使用的激光防伪黑色标贴。
小彩标	2000.7—2009.2.20 使用的彩色激光防伪标贴。
作废标	2000—2003 年使用的彩色激光防伪标贴，在荧光灯照射下显示“作废”二字。

防伪标：1998—2009 年贴于茅台酒封口处的防伪标贴	
方格标	2004—2009 年使用的彩色激光防伪标贴，在荧光灯照射下显示灰白相间的方格图案。
有机码	为有机食品注册认证的食品编码，由 17 位数字组成，印于背标物流码下方。
物流码	2009 年前物流码为圆形不干胶贴，贴于瓶盖顶部。2009 年后改为长方形标贴，贴于背标正上方。

制假类	
换标	造假手法的一种。对于瓶型相似的产品采用换标的方法来提升价值，一般是用高度酒标贴于低度酒瓶上。
打眼	造假手法的一种。对于跑酒、漏酒、少酒的酒品，在瓶身进行打眼注酒的造假方式。
注酒	用注射针头对打眼后的酒品加注酒液的造假方法。
撬盖	针对铝盖造假的手法之一。采用特殊器具对铝盖底口一圈进行撬动，以达到取下完整瓶盖的目的。
后封膜	用非原装封口膜对造假酒体进行二次封装。
拔头	对于近年生产的分段旋钮式瓶盖的一种造假方式。造假者为向瓶内注入酒液故意避开瓶口封口处，直接从瓶盖封口下部将整个瓶盖拔下，以达到不破坏原封口的目的。
老假	为当年生产的假茅台，因年代久远，很多已经自然生成包浆。
新假	为近年伪造的陈年假茅台，表面无包浆，多为染色做旧。
高仿	为近年高度仿真伪造的假茅台酒品种，造假工艺较先进，非专业人士几乎难以分辨其真伪。
低仿	为近年低度仿真伪造的假茅台酒品种，造假手法粗糙，只要仔细观察就能分辨其造假身份。
杂茅	对产于贵州茅台镇除贵州茅台集团产品外各类酱香型白酒的专用称呼。
镇酒	专指贵州茅台镇所产的除贵州茅台集团产品以外的各类酱香型白酒。
茅子茅孙	对贵州茅台集团生产的各类系列酒的一种称谓。

常用术语	
暗记	为防止不法商贩造假，在茅台酒包装上人为或非人为留下各种特殊记号。
喷码	1995 年至今，在茅台酒封口打印日期、批号、编号时所使用的一种工艺方式。
品相	品相用来表示收藏品的完好程度。
酒花	搅动酒体时，酒液与空气接触所产生的泡沫。
跑酒	跑酒又称跑气，是一种因为密封不严所造成的酒液挥发、酒精度降低现象。
火山坑	1966—1986 年所使用的红色封口膜上的麻点，在高倍放大镜下所呈现的类似环状火山坑的形状。
厂名	厂名又称厂铭。贵州茅台酒厂多次更换厂名，常见于正标的右下方。
回流	指当年出口国外，如今通过各种渠道回到国内的外销贵州茅台酒。瓶体一般会贴有当年的海关封条。
外销	经有关部门批准，销售给境外企业和个人的贵州茅台酒。历史上用于外销的品牌有“金轮牌”“飞天牌”“葵花牌”。外销的茅台产品其酒标上都印有英文。
内销	计划经济时期，在国内销售的贵州茅台酒。历史上用于内销的品牌有“金轮牌”“五星牌”“葵花牌”。内销的茅台产品其酒标上无英文。
厂提	到茅台酒厂内部提货的交易方式。
原箱	指原厂原包装的整箱贵州茅台酒。
拼箱	指拼凑而成带纸箱的贵州茅台酒。拼箱的产品其品相和生产日期会有所不同。
原纸	指 1987 年以前包裹在茅台酒酒瓶上的皮纸。
大货	指大批量的贵州茅台酒货品。
总经销产品	在茅台酒厂开发代理并控制其投放渠道的一款独立产品。

附录一 茅台酒历史年产量

年份	产量（吨）	出口（吨）
1947	60	
1949	20	
1950	20	
1951	20	
1952	75	
1953	72	
1954	163	
1955	209	
1956	274	14
1957	283	30
1958	627	53
1959	820	51
1960	912	40
1961	347	49
1962	363	49
1963	325	39
1964	222	51
1965	247	62
1966	312	93
1967	321	85
1968	338	73
1969	355	22
1970	232	103
1971	375	160
1972	550	118
1973	606	120
1974	665	36
1975	700	125
1976	746	28
1977	758	123
1978	1068	183
1979	1143	197
1980	1152	200
1981	1052	201
1982	1181	203

年份	产量（吨）	出口（吨）
1983	1189	200
1984	1320	200
1985	1266	215
1986	1267	225
1987	1331	233
1988	1300	200
1989	1728	
1990	1880	
1991	1959	
1992	2089	
1993	2281	
1994	3390	
1995	3979	
1996	4365	
1997	4468	
1998	5072	
1999	5074	
2000	5397	
2001	7316	
2002	8640	
2003	9257	
2004	11,522	
2005	12,540	
2006	13,839	
2007	16,865	
2008	20,431	
2009	23,004	
2010	26,284	
2011	30,026	
2012	33,600	
2013	38,425	
2014	38,745	
2015	38,700	
2016	39,000	
2017	42,771	

附录二

2023年茅台酒原箱拍卖信息

年份	名 称	图片	估价（RMB）	成交价（RMB）	拍卖信息
2009	飞天牌茅台酒原箱（12 瓶）		82,000–95,000	94,300	华艺国际 2017.5.26,Lot 3426
1988	飞天牌茅台酒 39 度原箱（12 瓶）		50,000–60,000	92,000	西泠拍卖 2017.7.17,Lot 5214
2003	500ml 贵州茅台酒原箱（12 瓶）		85,000–100,000	101,200	西泠拍卖 2023.8.7,Lot 3929
2000	500ml 贵州茅台酒原箱（12 瓶）		170,000–220,000	207,000	西泠拍卖 2022.1.21,Lot 602
2005	五星牌茅台酒原箱（12 瓶）		75,000–88,000	92,000	上海匡时 2017.11.5,Lot 1202
1997	纸盒珍品茅台酒原箱（12 瓶）		100,000–150,000	115,000	西泠拍卖 2021.7.23,Lot 758
2002	礼盒装飞天茅台酒（12 瓶）		70,000–80,000	86,300	西泠拍卖 2017.12.25,Lot 4563
1991	80 年茅台酒原箱（12 瓶）		75,000–90,000	86,300	华艺国际 2017.5.26,Lot 3437
2008	奥运纪念茅台原箱（12 瓶）		10,000–20,000	80,500	中国嘉德 2017.6.19,Lot 4195
2003	15 年陈酿茅台原箱（12 瓶）		70,000–90,000	80,500	西泠拍卖 2017.12.25,Lot 4577
1998	飞天牌茅台酒原箱（12 瓶）		450,000–600,000	517,500	西泠拍卖 2021.7.23,Lot 713
2002	五星牌茅台酒原箱（12 瓶）		280,000–350,000	322,000	西泠拍卖 2021.7.23,Lot 707
2023	生肖兔年茅台酒原箱（6 瓶）		无估价	21,850	中国嘉德 2023.9.24,Lot 13734
2012	黄永玉 12 生肖限量版茅台（12 瓶）		62,000–70,000	71,300	华艺国际 2017.5.26,Lot 3424
2001	申奥成功纪念茅台酒原箱（12 瓶）		10,000–20,000	69,000	中国嘉德 2017.6.19,Lot 4190
2017	生肖鸡年茅台酒原箱（6 瓶）		18,000–22,000	20,700	北京匡时 2017.12.4,Lot 5009

年份	名 称	图片	估价（RMB）	成交价（RMB）	拍卖信息
1984	茅台酒小瓶原箱（48 瓶）		488,000–550,000	644,000	北京匡时 2017.6.3, Lot 2877
2005	1915 年荣获巴拿马万国博览会金奖 90 周年纪念茅台酒原箱（2 瓶）		无估价	28,750	中国嘉德 2023.8.20,Lot 13770
2012	孔子纪念茅台酒原箱（6 瓶）		100.000–200,000	345,000	中国嘉德 2023.6.11,Lot 3464
2009	庆祝建国 60 周年纪念茅台酒原箱（4 瓶）		150,000–300,000	287,500	中国嘉德 2023.6.11,Lot 3461
1997	香港回归纪念茅台酒原箱（12 瓶）		500,000–2,000,000	2,185,000	中国嘉德 2021.12.10,Lot 4071
1995	飞天牌铁盖茅台酒原箱（12 瓶）		300,000–620,000	517,500	中国嘉德 2022.6.26,Lot 3362
1988	五星牌铁盖茅台酒原箱（12 瓶）		600,000–800,000	690,000	中国嘉德 2022.6.26,Lot 3370
1987	五星牌茅台酒原箱（12 瓶）		10,000–20,000	609,000	中国嘉德 2017.6.19, Lot 4172
2019	建国 70 周年纪念茅台酒原箱（4 瓶）		100,000–300,000	241,000	中国嘉德 2023.6.11,Lot 3463
2005	500ml 贵州茅台酒原箱（12 瓶）		99,000–100,000	113,850	中国保利 2023.2.23,Lot 7088
1986	五星牌茅台酒原箱（12 瓶）		200,000–200,000	575,000	中国歌德 2016.12.3, Lot 1662
1999	500ml 贵州茅台酒原箱（12 瓶）		260,000–300,000	299,000	中国保利 2022.7.27,Lot 3078
1985	飞天牌茅台酒原箱（12 瓶）		418,000–480,000	563,500	北京匡时 2017.6.3, Lot 2876
1997	500ml 贵州茅台酒原箱（12 瓶）		300,000–350,000	345,000	中国保利 2022.7.27,Lot 3077
1994	五星牌茅台酒原箱（12 瓶）		480,000–550,000	552,000	中国嘉德 2017.12.18, Lot 4212
1984	五星牌茅台酒原箱（12 瓶）		488,000–550,000	552,000	北京保利 2015.12.7, Lot 18074

年份	名 称	图片	估价（RMB）	成交价（RMB）	拍卖信息
2010	500ml 贵州茅台酒原箱（12 瓶）		86,000–130,000	98,900	中国保利 2022.2.03,Lot 1057
2003	飞天牌茅台酒原箱（12 瓶）		132,000–170,000	151,800	中国保利 2022.2.03,Lot 1105
1993	五星牌茅台酒原箱（12 瓶）		10,000–20,000	345,000	中国嘉德 2017.6.19,Lot 4174
1997	五星牌贵州茅台酒原箱（12 瓶）		264,000–340,000	303,600	中国保利 2022.2.03,Lot 1102
2021	生肖牛年茅台酒原箱（6 瓶）		30,000–38,000	34,500	中国保利 2021.9.26,Lot 1588
1993	五星牌茅台酒原箱（12 瓶）		252,000–300,000	322,000	北京保利 2017.12.6,Lot 15033
1995	五星牌茅台酒原箱（12 瓶）		10,000–20,000	322,000	中国嘉德 2017.6.19,Lot 4176
1994	五星牌茅台酒原箱（12 瓶）		10,000–3,000	322,000	中国嘉德 2017.6.19,Lot 4175
2012	十五年贵州茅台酒原箱（6 瓶 / 箱，共两箱）		80,000–120,000	13,8000	华艺国际 2021.12.11,Lot 3506
2013	十五年贵州茅台酒原箱（6 瓶）		40,000–60,000	66,7000	华艺国际 2021.12.11,Lot 3507
1993	375ml 茅台酒原箱（12 瓶）		180,000–230,000	310,500	华艺国际 2017.11.24,Lot 3331
2014	十五年贵州茅台酒原箱（6 瓶 / 箱，共两箱）		80,000–120,000	126,500	华艺国际 2021.12.11,Lot 3508
2003	1L 贵州茅台酒原箱（12 瓶）		150,000–200,000	287,500	华艺国际 2020.12.5,Lot 3121
1991	200ml 贵州茅台酒原箱（12 瓶）		80,000–120,000	92,000	西泠拍卖 2023.8.7,Lot 3930
2003	500ml 贵州茅台酒原箱（12 瓶）		100,000–150,000	126,500	西泠拍卖 2022.8.19,Lot 632
2001	飞天牌茅台酒原箱（12 瓶）		140,000–200,000	161,000	西泠拍卖 2021.7.23,Lot 708

年份	名 称	图片	估价（RMB）	成交价（RMB）	拍卖信息
2007	500ml 贵州茅台酒原箱（12 瓶）		60,000–90,000	69,000	西泠拍卖 2020.8.7,Lot 230
2007	十五年贵州茅台酒原箱（6 瓶）		30,000–50,000	345,000	西泠拍卖 2019.12.16,Lot 6562
2006	金奖纪念贵州茅台酒原箱（6 瓶）		45,000–70,000	55,200	西泠拍卖 2019.12.16,Lot 6425
1987	五星牌茅台酒原箱（12 瓶）		365,000–400,000	419,800	凤凰拍卖 2017.7.30, Lot 0440
1987	五星牌茅台酒原箱（12 瓶）		365,000–400,000	419,800	凤凰拍卖 2017.7.30, Lot 0441
1987	五星牌茅台酒原箱（12 瓶）		365,000–400,000	419,800	中国嘉德 2017.6.19, Lot 0442
2005	飞天牌茅台酒原箱（12 瓶）		无估价	402,500	中国嘉德 2017.6.19, Lot 4086
1995	五星牌茅台酒原箱（12 瓶）		10,000–3,000	391,000	中国嘉德 2017.11.12, Lot 3956
1991	飞天牌茅台酒原箱（12 瓶）		10,000–20,000	379,500	北京歌德 2017.6.19, Lot 4179
2012	百年巨匠张大千贵州茅台酒原箱（4 瓶）		30,000–50,000	46,000	西泠拍卖 2018.12.17,Lot 4066
2008	金色贵州茅台酒原箱（6 瓶 / 箱，共 5 箱）		80,000–150,000	230,000	中国嘉德 2021.12.10,Lot 4121
1991	飞天牌茅台酒原箱（12 瓶）		80,000–100,000	368,000	中国嘉德 2017.12.18, Lot 4209
1986	全棉纸五星牌贵州茅台酒原箱（12 瓶）		300,000–500,000	828,000	中国嘉德 2020.12.1,Lot 3530
1985	飞天牌铁盖贵州茅台酒原箱（12 瓶）		400,000–600,000	575,000	中国嘉德 2019.5.4,Lot 3561
2001	祝贺北京取得奥运主办权纪念贵州茅台酒（6 瓶）		30,000–50,000	57,500	中国嘉德 2018.11.7,Lot 3212
1993	珍品茅台酒（6 瓶）		60,000–80,000	356,500	中国嘉德 2017.12.18, Lot 4219

感谢上述拍卖公司对本书的支持。

单瓶茅台酒

整箱茅台酒

① 单瓶茅台酒

茅台酒

价格信息

成交价格	RMB 70,150
拍卖信息	华艺国际 2016.11.26,Lot 3346
生产时间	1985 年

“五星牌”特供贵州茅台酒，瓶身为酱黑色挂釉陶瓷瓶，主要出产于 20 世纪 80 年代中期。此酒灌装时使用窖藏陈年基酒比例较高，饮之口感醇和柔顺，酱香突出。

整箱茅台酒（12瓶）

茅台酒

价格信息

- 成交价格 | RMB 2,990,000
- 拍卖信息 | 北京歌德 2012.12.2,Lot 5082
- 生产时间 | 1985年

"五星牌"特供贵州茅台酒，为当年特供及国宴接待用酒或用于外交礼仪赠送，民间存世稀少，俗称"黑酱"。原箱12瓶，附原装箱单"黑酱"极难见到，盖因其当年产量极少，又为特供及国宴接待用酒，民间偶尔保存几瓶已是难得，遑论如此原箱，收藏价值巨大，可遇而不可求。

龙窝楼，位于古城淮安中心，漕运总督署西侧。现为茅台酒艺术博物馆驻地，该馆是赵晨先生发起和创办的中国首个茅台酒收藏博物馆，与周恩来故居一水文渠之隔。旧时与文通塔、镇淮楼、龙光阁并列为古城四大制高点。所在区域为全国历史文化名城淮安核心保护区、江苏省重点历史文化保护街区、世界文化遗产中国大运河漕运遗产区缓冲带。

龙窝楼坐西朝东，为重檐庑殿盝顶式建筑，高15.9米，进深25.7米，宽30.5米，檐牙高啄，斗拱林立，是中华传统建筑中独一无二的精品佳作。

龙窝楼始建于唐，闻名于宋，历代屡建屡废，无数文人墨客在此留下珍贵的诗词歌赋。自后周显德五年(958年)正月，赵匡胤率领禁军攻克楚州(今淮安)，曾在此下榻十三日。到宋建隆元年(960年)赵匡胤建立宋朝，此处因是宋太祖下榻之处，龙窝楼遂被定名。公元1765年(清乾隆三十年)3月，乾隆皇帝南巡驻跸龙窝楼，更使其成为名副其实的龙窝宝地。

近代以来，此地曾是苏皖边区政府盐阜地委行署公安局、淮安市人民政府、中共淮安县委、苏北行政公署盐城专区淮城区人民政府等单位驻地。2003年12月，赵晨先生创办的国酒文化研究机构迁此办公。2018年4月，国酒茅台文化研究会挂牌于此。

2014年5月，赵晨先生主持重修龙窝楼。以宋式蓝本重修的龙窝楼重放盛世光芒，茅台酒艺术博物馆也以其雄伟的身姿散发出中华传统文化的精神、气质、神韵。

茅臺酒藝術博物館

CHINA MOUTAI ART MOSEUM

龍窩樓
万酒飘香

微信公众平台

《晨醉》腾讯频道
赵晨